200ha Foto: av

Alfred Vollmer
Hawaii

„No alien land in all the world has any deep, strong charm for me but that one, no other land could so longingly and so beseechingly haunt me, sleeping and waking, through half a lifetime, as that one has done."

Mark Twain über Hawaii im Jahr 1889

(„Kein fremdes Land der Erde übt auf mich einen so tiefen, starken Reiz aus wie dieses.
Kein anderes Land konnte mich, ob schlafend oder wachend, derart flehend und sehnsüchtig fesseln
– ein halbes Leben lang.")

Impressum

Alfred Vollmer
Hawaii

erschienen im
REISE KNOW-HOW Verlag Peter Rump GmbH
Osnabrücker Str. 79
33649 Bielefeld

© Peter Rump 1995, 1997, 1999, 2001, 2004
6., komplett aktualisierte und neu gestaltete Auflage 2006

Alle Rechte vorbehalten.

Gestaltung
Umschlag: M. Schömann, P. Rump (Layout)
    A. Pentzien (Realisierung)
Inhalt: G. Pawlak (Layout), A. Pentzien (Realisierung)
Karten, Stadtpläne: Catherine Raisin
Umschlagkarten: Bernhard Spachmüller
Fotos: vom Autor, wenn nicht anders angegeben
Titelfoto: der Autor

Lektorat (Aktualisierung): André Pentzien

Druck und Bindung
Fuldaer Verlagsanstalt GmbH & Co. KG, Fulda

ISBN-10: 3-8317-1504-1
ISBN-13: 978-3-8317-1504-6
Printed in Germany

Dieses Buch ist erhältlich in jeder Buchhandlung
Deutschlands, der Schweiz, Österreichs,
Belgiens und der Niederlande.
Bitte informieren Sie Ihren Buchhändler
über folgende Bezugsadressen:
Deutschland
Prolit GmbH,
Postfach 9, D-35461 Fernwald (Annerod)
sowie alle Barsortimente
Schweiz
AVA-buch 2000
Postfach, CH-8910 Affoltern
Österreich
Mohr Morawa Buchvertrieb GmbH
Sulzengasse 2, A-1230 Wien
Niederlande, Belgien
Willems Adventure
Postbus 403, NL-3140 AK Maassluis

Wer im Buchhandel trotzdem kein Glück hat,
bekommt unsere Bücher auch über unseren
Büchershop im Internet:
www.reise-know-how.de

Alfred Vollmer

Hawaii

Reise Know-How im Internet

Aktuelle Reisetipps und Neuigkeiten
Ergänzungen nach Redaktionsschluss
Büchershop und Sonderangebote

www.reise-know-how.de
info@reise-know-how.de

Wir freuen uns über Anregung und Kritik.

Aloha!

Hawaii ist viel zu schade für einen reinen Badeurlaub. Das hat sich aber noch nicht überall herumgesprochen. Sie finden auf den Inseln riesige Kontraste auf kleinstem Raum:

Einerseits Massentourismus mit Hotel-Hochhausburgen und vollen Stränden, andererseits Naturschönheiten, die nur von ganz wenigen besucht werden. Hier herrliche Strände, sehr trocken, mit wüstenartiger Vegetation und dort, keine 20 km davon entfernt, Regenwald sowie der regenreichste Punkt der Erde. Während bei fast garantiertem Sonnenschein die Badetouristen in der Sonne braten und auf Wasserskifahrer blicken, fahren 4000 m höher ein paar Unverbesserliche im Schnee Ski, während wiederum am anderen Ende der Insel die flüssige Lava brodelt, dampft und spritzt.

Neben den landschaftlichen Schönheiten verfügt Hawaii auch über kulturelle Reize. Das Spektrum reicht von der Kultur der alten Hawaiianer (Hula, Gesänge) bis hin zu Ausstellungen moderner Kunst.

Für Freunde des Wassersports hat die Inselgruppe vom Tauchen über das Hochseefischen bis zum Windsurfen Einiges zu bieten. Aber auch auf dem Land bieten sich viele Betätigungsmöglichkeiten in einer wundervollen Umgebung.

Das A & O einer individuellen Hawaiireise ist die Planung. Durch die innerhawaiianischen Flüge und die zum Teil nötigen Hotel-, Campingplatz- und Autobuchungen werden die Besucher des Archipels schnell in ein relativ starres Korsett gezwängt, da die Verweildauer auf den einzelnen Inseln meist schon von zu Hause aus festgelegt wird.

Während viele Reisende, die etwa den Westen der USA bereisen, schon lange vor ihrer Reise wissen, dass sie unbedingt den Grand Canyon oder San Francisco besuchen wollen, ist die Sachlage bei Hawaii-Reisenden meist etwas anders. Weil der US-Bundesstaat Hawaii über ein „Südsee-" (obwohl es auf der Nordhalbkugel liegt) beziehungsweise Bade-Image verfügt, haben viele potenzielle Besucher ihr „Aha-Erlebnis" erst, wenn sie sich intensiver mit der Inselgruppe beschäftigen. Auf einmal rückt dann Waikiki Beach, der neben der Copacabana in Rio berühmteste Strand der Welt, in den Hintergrund. Im Vordergrund stehen dann plötzlich die Na-Pali-Küste sowie der Waimea Canyon auf Kauai, der Haleakala-Krater sowie die Seven Pools auf Maui und der aktive Vulkan auf Hawaii Big Island.

Je weiter Sie sich von den Haupt-Aussichtspunkten dieser Attraktionen entfernen, um so ruhiger und intensiver können Sie alles erleben. In diesem Reiseführer werden Sie auch viele Hinweise auf Außergewöhnliches finden, das allzu oft übersehen wird.

Auch erhalten Sie immer wieder Hilfestellungen zum Abwägen, wo wann welche Aktivität besonders lohnend ist. Das schont den Geldbeutel, ohne gleich in eine übertriebene Spar-Mentalität zu verfallen.

Damit Sie zum einen optimal planen können (und durch Voraus-Buchung bzw. -Reservierung Geld und Urlaubszeit sparen), enthält dieses Buch nicht nur unzählige Telefonnummern für die Zeit auf den Inseln, sondern auch eine Fülle topaktueller Internet-Adressen zur sorgfältigen Vorbereitung auf die Reise.

Die Inselgruppe bietet eine Vielzahl interessanter Alternativen, obwohl Hawaii kein Billig-Reiseziel ist.

Mit sorgfältiger Planung können Sie also aus Ihrem Hawaii-Aufenthalt mehr machen als einen reinen Badeurlaub und dennoch das Reisebudget in Grenzen halten. Dabei wird Ihnen dieses Buch helfen.

Alfred Vollmer

Danke

Mein ganz besonderer Dank gilt meiner Frau Gaby, die mich in den vielen Stunden der Recherche, des Schreibens und der Produktionsphase dieses Buches oft kaum noch zu Gesicht bekommen hat, mir aber dennoch immer wieder neue moralische Unterstützung zukommen ließ.

Sehr gefreut habe ich mich aber auch über die tatkräftige Unterstützung von Axel und Christine Rösner, Werner Vollmer sowie von Thomas Vollmer.

Auch bei meinen vielen Freunden auf den Hawaii-Inseln möchte ich mich für Ihre Unterstützung und ihren Einsatz bedanken.

Ohne die aktive Hilfe von Hans R. Grundmann und Wolfram Schwieder als Lektor wäre dieses Buch nie möglich geworden. Mahalo!

Inhalt

Exkurse

Niihau & Kahoolawe

Anhang

Hinweise zur Benutzung

Aufgrund der geringen Größe der Hawaii-Inseln liegt alles relativ dicht beisammen. Dadurch, dass sich im Innern jeder Insel stets ein oder mehrere Berge bzw. eine Bergkette befinden, konzentrieren sich die Haupt-Verbindungsstraßen und -wege auf allen Inseln im küstennahen Bereich. So ist es nicht verwunderlich, dass die meisten Besichtigungstouren sich im Wesentlichen auf die Schönheiten entlang dieser Highways konzentrieren. Alle sinnvollen Abweichungen oder Abzweigungen von diesen Routen werden in diesem Buch mit den verschiedenen Alternativen diskutiert – und zwar in einer Art und Weise, die es ermöglicht, bereits vor der Buchung den Zeitbedarf einer individuellen Reise zu ermitteln. Während der Reise kann man mit Hilfe der Infos in diesem Buch dann ganz spontan die Route ändern.

Aufbau des Buches

Das Kapitel **„Vor der Reise"** stellt das Reiseziel kurz vor und gibt Tipps, die man braucht, bevor man seine Reise organisiert. Auch und vor allem Amerika-Kenner, die bereits (mehrfach) die USA besucht haben, sollten unbedingt das Kapitel „Besonderheiten im Vergleich zum amerikanischen Festland" lesen – und zwar **vor** Buchung einer Hawaii-Reise. **Praktische Tipps** zur Organisation der Reise mit allen Details ist Thema des zweiten Kapitels (unter Mitarbeit von E. H. M. Gilissen).

Im Kapitel **Land und Leute** werden alle Facetten Hawaiis ausführlich vorgestellt, von der Natur des Archipels über seine Geschichte bis zur Bevölkerung und ihren Gepflogenheiten.

Alle **praktischen Hilfen,** von der Ankunft bis zum (hoffentlich nicht eintretenden) Notfall, stehen im Kapitel Unterwegs in Hawaii (unter Mitarbeit von E. H. M. Gilissen).

Die Kapitel **zu den einzelnen Inseln** sind alle nach dem gleichen Schema aufgebaut, um den raschen Zugriff zu erleichtern: Am Anfang steht ein **Überblick,** in dem neben Größe, Gestalt und einer Karte der Insel auch etwas zu Klima und Zeiteinteilung zu finden ist. Im folgenden Abschnitt **Infrastruktur** erfährt man alles zu Entfernungen, Flughäfen, Straßen und Verkehrsmitteln. Danach erfolgt die eigentliche **Beschreibung der Inseln,** zumeist in kleinere geographische Abschnitte aufgeteilt. In den Beschreibungen wird in der Kopfzeile auf die jeweils entsprechende Karte verwiesen, ein Verzeichnis aller Karten steht im Anhang im Anschluss an das Register. Den Abschluss bilden Hinweise zu **Stränden, Aktivitäten und Unterkünften,** gekennzeichnet durch **schwarze Griffmarken** am rechten Seitenrand. Bei den Aktivitäten sind oftmals nur die Telefonnummern angegeben, um das Buch nicht unnötig dick werden zu lassen. Wo es nötig ist, wird die entsprechende Lokalität und deren Anfahrtsweg näher beschrieben.

Internet

Wer seine individuelle Hawaii-Reise gut planen möchte, der sollte auch die in dieser sechsten Auflage nochmals stark erweiterten Hinweise auf die Internet-Seiten nutzen. Die **URLs** (=Internet-Adressen) von unmittelbar im Zusammenhang stehenden Internet-Seiten sind in der Regel auf der Seite abgedruckt, die sich mit dem Thema befasst. Manchmal hat der Autor bewusst auch eine übergeordnete URL angegeben, von der aus die Suche in verschiedene Richtungen gehen kann oder man sich das Eintippen einzelner URLs ersparen kann, weil direkte Links angeboten werden. Ein typisches Beispiel dafür sind die Fluggesellschaften, wo Sie mit einem Mausklick direkten Zugriff auf die entsprechenden Homepages haben. Der Vorteil dieses Mediums liegt auf der Hand: Informationen, die kontinuierlichen Schwan-

kungen unterliegen (z. B. Flugpläne, Preise etc.) sowie tagespolitische Entwicklungen sind im Internet in der Regel aktuell verfügbar. Der Nachteil des Mediums liegt zum einen in der ungeheuer großen Informationsflut, die unsortiert und zeitaufwendig zusammengesammelt werden muss, zum anderen in der Tatsache, dass praktisch sämtliche Infos in englischer Sprache sind, die im Falle von Hawaii noch von Hawaiianischen Ausdrücken durchsetzt werden.

Im **Anhang** finden Sie Informationen zu weiterführender Literatur, eine ausführliche Liste mit passenden URLs für Fans des (Internet-)Surfens, einen kurzen Einblick in die hawaiianische Sprache, Register und ein Verzeichnis der im Buch verwendeten Karten.

Hawaii Big Island

Die südlichste und gleichzeitig größte Insel des gesamten Archipels ist die *Insel Hawaii,* auch *Big Island* (große Insel) genannt. Um Verwechslungen mit der gesamten Inselkette zu vermeiden, wird die *Insel Hawaii* in diesem Buch stets als **Hawaii Big Island** oder **Big Island** bezeichnet. Ist nur von *Hawaii* die Rede, dann ist damit die gesamte Inselkette gemeint.

Schreibweise

In der englischsprachigen Literatur finden Sie hawaiianische Wörter, die mit einem sog. **Glottalstop** (Knacklaut, mit einem ' gekennzeichnet) versehen sind: Hawai'i, Lu'au oder Mu'umu'u.

Auf der Basis der englischen oder amerikanischen Sprache sind diese Glottalstops durchaus sinnvoll, aber für Deutsche zumeist nicht nötig. Im Hawaiianischen wird jeder Vokal einzeln gesprochen. Das Wort Luau spricht man somit L - u - a - u, wobei die a-u-Laute manchmal schon fast zu einer Art „au" zusammengezogen werden. Wer diese Regel berücksichtigt, der weiß, dass man das lange, wallende Gewand namens Muumuu eben Mu-u-mu-u spricht und dass der Puu Oo, der derzeit aktive Vulkankrater, eben als Pu-u O-o über die Lippen kommen sollte. In diesem Buch wird bewusst auf die (im Deutschen eher verwirrenden) Glottalstopps verzichtet.

Eine **Ausnahme** gibt es jedoch. Das Wort Hawaii selbst wird nicht Hawa-i-i gesprochen, sondern Hawa-i, also mit einer ganz kurzen Pause zwischen dem „Hawa" und dem (normalen, nicht langen!) „i". Wenn man es ganz genau nimmt, müsste man eigentlich Hawa-i-i sagen, aber das tun ja nicht einmal die Hawaiianer!

Leider hört man aber auch die annähernd korrekte Aussprache recht selten, weil die meisten Besucher eben Amerikanisch und nicht Hawaiianisch sprechen. Zur besseren Verständlichkeit und teilweise aus Unwissenheit haben die Kellner, Verkäufer und Rezeptionisten sich leider schon das falsche, aber amerikanische „How aye" statt Hawa-i angewöhnt.

Vor der Reise

204ha Foto: av

205ha Foto: av

Hang Loose

Aloha Island Air

Strand von Puuhonua o Honaunau

Hawaii im Überblick

In den folgenden Kapiteln finden Sie jeweils einen kurzen Überblick über landeskundliche Themen, die dann im Kapitel Land und Leute ausführlicher behandelt werden.

Lage

Die Hawaii-Inseln sind die am weitesten von anderen Inseln oder vom Festland entfernten Inseln der Erde. Sie erstrecken sich über eine Länge von knapp 2500 km von Nordwesten nach Südosten durch den Pazifik. Insgesamt besteht der Archipel aus einer Kette von über 130 Inseln, Korallenriffen und Inselresten, die bei hoher Brandung völlig überschwemmt sind.

Größe

Mittlerweile hat es sich eingebürgert, nur die südlichsten 20 Inseln als Hawaii-Inseln zu bezeichnen. Die nördlicheren, sehr kleinen Inseln werden zu den **Midway-Inseln** gerechnet.

Details zur Entstehung der Inselkette finden Sie im Kapitel Geologie.

Während die nördlichen 120 bis 125 Inseln nicht einmal 7 km² einnehmen, beanspruchen die acht im Südwesten gelegenen Hauptinseln Hawaiis (Oahu, Maui, Kauai, Hawaii Big Island, Molokai, Lanai, Niihau und Kahoolawe) eine **Fläche** von zusammen immerhin 16.633 km². Das entspricht weniger als 5 Prozent der Fläche Deutschlands beziehungsweise knapp 0,2 Prozent der Gesamtfläche der USA.

Sieben dieser acht Inseln sind bewohnt, aber nur sechs Hawaii-Inseln sind für Touristen zugänglich. Während **Kahoolawe** militärisches Sperrgebiet ist, befindet sich **Niihau** in Privatbesitz; sie darf nur auf persönliche Einladung hin betreten werden. Daher befasst sich der zweite Teil dieses Buches ausführlich mit den Inseln Oahu, Maui, Kauai, Hawaii Big Island, Molokai und Lanai. Sie finden dort aber auch noch einige ergänzende Informationen zu den beiden anderen Inseln.

Touristische Schwerpunkte der einzelnen Inseln

Oahu

- Hauptstadt, Verwaltungs- und Wirtschaftszentrum der Inselkette
- Internationaler Flughafen
- Touristenfalle Honolulu/Waikiki
- Polynesisches Kulturzentrum

Maui

- Haleakala-Krater (größter Vulkankrater der Erde)
- Seven Pools (üppig überwuchertes tropisches Paradies)
- die besten Wassersportmöglichkeiten in Hawaii

Kauai

- üppige, subtropische Vegetation: Die gesamte Insel ist ein großer Garten und wird Garteninsel genannt

Die amerikanische Flagge prangt stets groß über der kleineren Hawaii-Flagge

- wilde Na-Pali-Küste (Steilküste)
- erstklassige Wandermöglichkeiten, auch im kühleren Klimabereich
- Waimea Canyon: Grand Canyon des Pazifiks

Big Island

- aktive Vulkane zum Greifen nah
- zwei über 4000 m hohe Berge
- die größte landschaftliche Vielfalt

Molokai

- Ruhe, Gelassenheit
- Leprakolonie Kalaupapa
- höchste Steilküste der Welt, höchster Wasserfall Hawaiis

Lanai

- gediegene Gastlichkeit in Luxusumgebung
- Garden of the Gods

Geographie

Allen Hawaii-Inseln ist prinzipiell gemeinsam: in der Mitte liegt ein Bergmassiv vulkanischen Ursprungs, das die Insel in verschiedene **geographische Bereiche** und **Klimazonen** unterteilt. Die Nordküste ist stets von niederschlagsreichen, z. T. hohen Steilklippen geprägt, während die Südwestküste erheblich flacher und niederschlagsärmer ist. Deshalb sind die meisten Hotels auch an der Süd- bzw. Westküste zu finden. Beispiele hierfür sind Waikiki auf Oahu, Lahaina/Kaanapali und Kihei/ Wailea auf Maui, Poipu auf Kauai und Kona auf Hawaii Big Island.

Berge

Auf der Insel Maui liegt der **Haleakala-Krater.** Er ist mit 3055 m nicht nur

002ha Foto: av

der höchste Berg Mauis und der dritthöchste Berg der Inselkette, sondern auch der größte Vulkankrater der Erde.

Die beiden höchsten Erhebungen Hawaiis liegen auf der gleichnamigen Insel Hawaii, die den Beinamen Big Island trägt. Der **Mauna Loa** bringt es auf 4169 m und der **Mauna Kea** gar auf 4205 m Gipfelhöhe, womit er, vom (tief unter Wasser gelegenen) Fuß bis zum Gipfel gemessen, sogar der höchste Berg der Erde ist.

Nähere Details zur Geographie einer jeden Insel finden Sie im zweiten Teil dieses Buches im jeweils ersten Abschnitt der Insel-Kapitel.

Bevölkerung

Insgesamt leben in Hawaii etwa 1,3 Millionen Menschen – über drei Viertel davon (etwa 905.000) auf Oahu. Die meisten von ihnen wohnen im Großraum Honolulu.

Auf den Inseln leben Angehörige vieler ethnischer Gruppen: Asiaten, Polynesier, Europäer und andere. Etwa ein Drittel der Bevölkerung gehört zu den Mischlingen, bei denen eine direkte Zuordnung zu einzelnen Völkergruppen nicht mehr möglich ist.

Tier- und Pflanzenwelt

Aufgrund der isolierten Lage Hawaiis entwickelten sich hier Pflanzen- und Tierarten, die nirgendwo sonst auf der Welt zu finden sind.

Tiere

Vor der Besiedelung durch die Polynesier gab es auf den Hawaii-Inseln, abgesehen von einer Fledermaus-Art, keine Landsäugetiere. Dafür hatten sich viele verschiedene, hochspezialisierte, an ihren jeweiligen Lebensraum optimal angepasste **Vogelarten** entwickelt.

Die Polynesier, die Vorfahren der Hawaiianer, brachten dann **polynesische Hausschweine und Hühner** mit.

Der große Eingriff in Hawaiis Tierwelt erfolgte ungewollt durch die ersten weißen Ankömmlinge. **Ratten,** die als blinde Passagiere an Bord der Segelschiffe waren, fanden hier gute Lebensbedingungen vor, aber keine natürlichen Feinde. Entsprechend stark vermehrten sie sich.

Um die Rattenplage auf den Zuckerrohrfeldern einzudämmen, führte man die zur Gattung der Katzen zählenden **Mungos** ein. Diese jagten jedoch nicht nur die Ratten, sondern sie machten sich auch über die zahlreichen am Boden nistenden Vogelarten her.

Unterstützt wurde diese Dezimierung und Ausrottung vieler Tierarten durch die mit dem Hausgeflügel der Weißen (Hühner, Gänse etc.) eingeschleppten **Vogelkrankheiten.** Die Neuanlage landwirtschaftlicher Nutzflächen für den Zuckerrohr- und Ananasanbau tat ihr Übriges zur Zerstörung des natürlichen Lebensraumes. Leider sind daher mittlerweile viele Vogelarten ausgestorben.

Hawaii hat trotz dieser Probleme eine sehr interessante Tierwelt zu bieten. Sie reicht von den sich hier jeden Winter einfindenden **Walen** sowie **Delfinen** und **Meeresschildkröten** über hochspezialisierte **Fischarten** und eine an ihre ökologische Nische angepasste Gänseart namens **Nene** (der Staatsvogel Hawaiis) bis zur Spinnenart der **Happy Face Spider.**

Früher gab es in Hawaii einige wenige Reptilien, aber seit hier die Mungos auf Jagd gehen, leben auf der Inselgruppe praktisch weder Schlangen noch Echsen – von einer Ausnahme abgesehen, dem **Gecko.** Die meist in der Dämmerung und nachts aktiven Geckos ernähren sich von Insekten – auch von Stechmücken, die übrigens erst seit der Ankunft der Weißen auf den Inseln leben.

Pflanzen

Die fruchtbare Vulkanerde und ein das ganze Jahr über mildes, aber vielfältiges Klima führten zur Entwicklung einer großen Zahl von endemischen (nur hier vorkommenden) Pflanzen. Diese **ursprünglichen Pflanzen** wurden allerdings von den eingeführten Pflanzen stark verdrängt. Ein eindrucksvolles Beispiel dafür ist die Überwucherung des „native bush", also des ursprünglichen Urwaldes, im Kokee State Park auf Kauai durch eine Efeu-Art. Besonders gut zu erkennen ist diese Überwucherung dort bei einer Wanderung auf dem Nualolo-Trail.

Die **Zuckerrohr- und Ananasplantagen** sorgten für eine weitere Dezimierung der ur-hawaiianischen Flora.

Darüber hinaus stellen die eingeführten Haustiere oftmals eine Bedrohung dar. Ein Paradebeispiel dafür ist die Beinahe-Ausrottung des **Silberschwerts** im Haleakala-Krater auf Maui. Ein für die Öffentlichkeit gesperrter Teil des Haleakala National Parks ist mittlerweile eines der letzten Refugien vieler endemischer Pflanzen. Daher ist es kein Wunder, dass in großen Teilen der Inseln **importierte Nutz- und Zierpflanzen** das Landschaftsbild bestimmen. Das Spektrum reicht von der Ananas über das Zuckerrohr bis hin zur Plumeria, den Orchideen und der Staatsblume Hawaiis, dem Hibiscus.

Wer nicht gerade auf der Suche nach fast ausgestorbenen Pflanzen ist, der kommt in Hawaii voll auf seine Kosten, denn fast überall, wo genügend Regen fällt, wachsen im Küstenbereich **tropische Blumen.** Strelizien zieren z. B. oft die Vorgärten, manchmal unmittelbar neben einer Hecke aus Weihnachtssternen und einem Hibiscus-Busch. Viele der botanischen Gärten sind eine wahre Augenweide mit sehr guten Fotografiermöglichkeiten.

Auch die eingeführten **Früchte** wie Avocados, Bananen, Guaven, Mangos, Kokospalmen oder Papayas stehen oftmals wild am Wegesrand.

Durch die teilweise über 4000 m hohen Berge ergibt sich entlang der Hänge eine Vielfalt der **Vegetationszonen,** die vom Regenwald über Hochweiden bis zur alpinen Vegetation reichen.

Näheres zu Flora und Fauna erfahren Sie im Kapitel Land und Leute.

Naturparks

Nationalparks

Der Begriff des National Park, eines besonders geschützten Gebiets mit kontrolliertem Zugang, braucht hier wohl nicht näher erklärt zu werden. In Hawaii gibt es zwei davon: den **Haleakala National Park** auf Maui und den **Hawaii Volcanoes National Park** auf Hawaii Big Island. Beide Parks sind in ihrer Art einzigartig auf unserem Planeten.

Diese Nationalparks verfügen nicht nur über sehr gute Besucherzentren (Visitor Center) mit interessanten Diashows und Filmen, sondern auch über schöne, kostenlose Campingplätze. Verwaltungstechnisch gesehen unterstehen die National Parks dem National Park Service und damit dem Innenministerium in Washington D.C.

Allgemeine Infos erhalten Sie im Internet unter www.nps.gov/parks.html (dann unter „search": „Hawaii" eingeben).

State Parks

Bei den State Parks handelt es sich meist um Picknick- und Campingplätze am Strand. Ausnahmen stellen im Wesentlichen folgende Parks dar: der **Kokee/Na Pali State Park** auf Kauai, der sich vom Meer bis auf etwa 1400 m über dem Meeresspiegel erstreckt, der **Palaau State Park** (auf knapp 500 m) auf Molokai sowie der **Lava Tree State Park** (auf ca. 100 m) auf Hawaii Big Island. Wie der Name schon sagt, unterstehen die State Parks dem Staat Hawaii.

● www.state.hi.us/dlnr/dsp/dsp.html

County Parks

Sämtliche County Parks liegen in unmittelbarer Meernähe. Vor allem an Wochenenden werden die gut 100 County Parks wie auch die State Parks sehr gern von den Einheimischen zum Campen oder für ein ausgiebiges Picknick aufgesucht. Auch hier ist das Campen gebührenpflichtig.

Verwaltungstechnisch unterstehen diese Parks den jeweiligen Counties.

Sport und Erholung

Strände

Über 90 Prozent der Hawaii-Besucher sind auf den Inseln, um die Strände zu besuchen. Die meisten Touristen zieht es an die weißen Strände. Hawaii bietet aber auch Alternativen: auf Hawaii Big Island gibt es beispielsweise auch schwarzen beziehungsweise grünen Sand, auf Maui auch roten Sand. Erfreulicherweise sind alle Strände in Hawaii öffentlich – zumindest die ersten paar Meter am Meer entlang. Der leichte Zugang zu einem Strand kann jedoch manchmal nur über Privatgelände erfolgen.

Sport

Hawaii bietet noch mehr: Begünstigt durch Klima, Lage und amerikanische Aktivität, herrscht an sportlichen Betätigungsmöglichkeiten kein Mangel. Allein das Meer bietet zahlreiche Varianten: Boots- und Kajaktouren, U-Boot-Fahrten, Wasserski, Parasailing, Surfen und Windsurfen, Hochseefischen, Walbeobachtung und alle Arten von Tauchen.

Wieder an Land, können Sie wählen zwischen Golfspielen, Jagen oder Reiten, Fahrten mit Allradfahrzeugen oder

Mountainbike oder sogar Skifahren an den Hängen von Mauna Loa oder Mauna Kea. Wer noch höher hinaus will, kann auch noch Rundflüge buchen.

Es geht aber auch sehr viel einfacher; viele Ziele sind mit dem Auto erreichbar, und am meisten sehen Sie sowieso bei einer Wanderung, sei sie nun geführt oder selbstständig auf einem der zahlreichen im Buch beschriebenen Wanderwege.

Einen ausführlichen Überblick über die Sportmöglichkeiten finden Sie im Kapitel „Unterwegs in Hawaii" und dann jeweils bei den einzelnen Inseln.

Die unabhängige Hawaiireise

Individuell oder pauschal reisen

Prinzipiell gibt es zwei Möglichkeiten, die Inselkette kennen zu lernen: entweder auf einer Pauschalreise, bei der gleichzeitig mit dem Flug ein festes Programm mit einer Reisegruppe gebucht wird, oder auf einer Individualreise, bei der jeder „sein" Hawaii auf eigene Faust erkunden kann.

Pauschal

An **Pauschalangeboten** herrscht wahrlich kein Mangel. Das Spektrum reicht von der (relativ) preisgünstigen Gruppenreise im Kleinbus mit Zeltübernachtungen bis zur Rundreise im Luxusbus mit Unterkunft in Luxusho-

tels und Begleitung durch einen deutschen Arzt. Der große Vorteil einer Pauschalreise liegt darin, dass der potenzielle Hawaii-Tourist sich sowohl im Vorfeld der Reise als auch während des Aufenthalts auf den Inseln nicht um organisatorische Details kümmern muss.

Individuell

Mit einigen Englischkenntnissen ausgestattet, bestehen aber durchaus auch Möglichkeiten für eine vollkommen individuelle Reise, bei der von Europa aus nur der Flug gebucht wird und sämtliche Organisationen vor Ort erfolgen. Einmal auf den Inseln angekommen, kann der weitere Verlauf der Reise individuell an die jeweils aktuellen Wünsche angepasst werden.

Kombination

Aufgrund seiner im Rahmen vieler Hawaii-Reisen gewonnenen Erfahrungen rät der Autor jedoch dem europäischen „Normalreisenden" von dieser äußerst individuellen Reiseform ab. Auch wenn diese für den amerikanischen Kontinent ideal ist, empfiehlt sich für Hawaii eine **individuelle Pauschalreise.** Wer für einen Besuch der Inselgruppe nur drei bis vier Wochen Zeit hat und eigentlich eine Individualreise geplant hatte, der sollte einige Reiseleistungen wie die Automiete, manche Hotelreservierungen sowie mindestens einen Teil der innerhawaiianischen Flüge bereits von Europa aus buchen. Das spart viel Zeit, Nerven und vor allem auch Geld, bietet aber dennoch ein hohes Maß an Flexibilität.

Nur wer in extrem einfachen Unterkünften auf Jugendherbergs-Niveau (oder zum Teil auch darunter) übernachtet, kann unter finanziellen Gesichtspunkten bei einem günstigen Dollarkurs auf eine Reservierung verzichten.

Die Wahl des Transportmittels

Ebenso wie auf dem amerikanischen Festland sind individuelle Erkundungen nur mit Hilfe eines **eigenen Fahrzeugs** möglich. Wer nicht gerade in Waikiki auf Oahu oder an der Westküste Mauis ein Hotel gebucht hat, der kommt ohne Mietwagen nicht einmal vom Flughafen bis in seine Unterkunft.

Bus

Auf der Insel Oahu existiert im Großraum Honolulu ein gut ausgebautes, preisgünstiges Busnetz. Lediglich hier ist ein Mietwagen aufgrund der Parkplatzprobleme eher hinderlich.

Mietwagen

Auf allen anderen Inseln haben Individualreisende ohne Mietwagen so gut wie keine Chance, etwas von den Schönheiten der Inselwelt zu sehen, weil Hawaii als Teil der USA auf den absoluten Individualverkehr setzt.

Wohnmobile, Cabrios

Wohnmobile (RVs, Camper) gibt es mittlerweile in beschränktem Umfang auf Big Island zu mieten, aber die Anzahl der schönen Stellplätze ist gering.

Nähere Infos bei folgenden Vermietern:

- **Island RV,** www.islandrv.com/, Tel. (800) 406-4555 oder 334-0464
- **Harpers Car & Truck Rental,** www.harpershawaii.com, Tel. 969-1478 oder außerhalb von Big Island: (800) 852-9993

Sehr beliebt sind dagegen **Cabriolets** (*Convertibles*), die bei schönem Wetter wie eine natürliche Klimaanlage wirken, aber auch schon bei so manchem Besucher für einen steifen Nacken gesorgt haben.

Tipp: Probieren Sie sofort beim Vermieter aus, wie das Verdeck aufgezogen wird und lassen Sie sich Schadstellen am Dach im Übergabeprotokoll vermerken. Der nächste Regen kommt garantiert!

Motorrad

Es gibt auf den Inseln diverse Motorrad-Verleiher. Sehr gut ist eine Vorab-Info im Internet auf der Seite des in Honolulu ansässigen Unternehmens *Cruzin Hawaii,* wo auch diverse Links zu Motorrad-Vermietern auf anderen Inseln gesetzt sind.

- **Cruzin Hawaii Motorcycle Rentals,** 1980 Kalakaua Avenue Honolulu, Big Island, Tel. 96815, (808) 945-9595, www.cruzinhawaii.com.

Taxis

Auf allen Inseln gibt es Taxis; sie stehen aber außerhalb des Großraums Honolulu nicht immer sofort zur Verfügung und sind darüber hinaus nicht gerade preisgünstig.

Trampen

Trampen ist auf allen Inseln offiziell verboten. Vor allem auf Maui drängt die Polizei auf die Beachtung des Verbotes. Die wenigen Tramper, die am Straßenrand zu sehen sind, haben deshalb ihre eigene Methode entwickelt: Sie lächeln die vorbeirauschenden Fahrer an – in der Hoffnung auf einen „ride". Als prinzipielles Fortbewegungsmittel ist Trampen nicht geeignet, wohl aber, um nach einer Wanderung (vielleicht) zum Auto zurückzukommen.

Flugzeug

Das einzige Verkehrsmittel zwischen den Inseln ist das Flugzeug. Aloha Airlines fliegt mit Jets des Typs Boeing 737, Hawaiian Airlines mit Jets des Typs Boeing 717 zwischen den Hauptinseln. Lediglich nach Molokai und nach Lanai sowie zu einigen kleinen „Provinzflughäfen" (Kapalua/West Maui und Hana/Maui) fliegt Island Air mit Turboprop-Maschinen.

Schiff

Derzeit gibt es nur zwischen Lahaina auf Maui und Lanai (Manele Bay) bzw. Molokai (Kaunakakai) eine regelmäßige **Fährverbindung,** die auch für Touristen interessant sein kann. Allerdings können keine Autos transportiert werden. Näheres dazu im Kapitel Maui.

Ab Mitte 2007 soll die **Hawaii Superferry** täglich von Oahu (Honolulu, Pier 19) nach Kauai (Nawiliwili), Maui (Kahului) und Hawaii Big Island (Kawaihae) fahren. Die Überfahrt dauert jeweils 3 (Kauai, Maui) bzw. 4 Stunden (Big Island). Dienstag bis Donnerstag werden dann die günstigsten Tickets

erhältlich sein, und beim Vorab-Kauf im Internet wird's noch mal billiger. Diese Fähre dürfte zumindest langfristig signifikante Auswirkungen auf den innerhawaiianischen Flugverkehr und die Autovermieter haben – vor allem für die *Kamaainas* (Einheimischen), da die Superferry auch Autos und Trucks transportiert. Ob die Vermieter das Transportieren der Mietwagen per Superferry gestatten, sollten Sie bei Bedarf schon von Europa aus genau prüfen.

Da **Fliegen** zwischen den Inseln seit dem 11. September 2001 nicht mehr so problemlos wie Busfahren vonstatten geht, dürfte die Fähre für viele Touristen aus Zentraleuropa von großem Interesse sein, so dass vor Beginn der detaillierten Reiseplanung auf jeden Fall ein Blick ins Internet unter www. hawaiisuperferry.com lohnt, um den aktuellen Status Quo abzufragen.

Der Autor freut sich ausdrücklich, wenn Sie ihm von Ihren Erfahrungen bei der Fahrt mit der Superferry berichten – egal ob positiv oder negativ! Eine kurze e-Mail an info@reise-know-how.de genügt.

Die Wahl der Unterkunft

So eindeutig wie beim Thema „Mietwagen" lässt sich hier keine Aussage treffen. Das Spektrum bei den Übernachtungen reicht vom Campingplatz über Bed & Breakfast bis zum Super-Luxus-Hotel. Die typischen Motels des amerikanischen Festlandes wird der Besucher auf den Inseln vergeblich suchen.

Hotels

In der Praxis kann man zwar oft noch kurzfristig ein Hotelzimmer buchen – allerdings meist erheblich teurer als von Europa aus. Lediglich die Hotels im unteren Preisbereich, bei denen das Zimmer (für 1 bis 2 Personen) etwa 60 Dollar pro Nacht kostet, berechnen vor Ort etwa den gleichen Preis wie bei einer Buchung von Europa aus. Allerdings sind gerade diese einfachen Hotels in der Regel recht schnell ausgebucht. Außerdem ist es durchaus möglich, dass sich der Standard dieser Häuser innerhalb eines Jahres entscheidend verschlechtert.

Da jedoch zurzeit aufgrund der Auswirkungen der Rezession selbst in der sommerlichen Hauptsaison meist noch Zimmer leerstehen, ist es momentan eher eine Frage des Preises als eine Frage der Verfügbarkeit, ob man völlig individuell reist oder nicht.

Seit Mitte der 1990er Jahre gibt es immer mehr **kleine Hotels** sowie vor allem **Bed & Breakfasts,** die oftmals sogar **spontan noch gebucht werden können.** Vor allem die Bed & Breakfasts weisen in vielen Fällen eine schöne, ruhige Lage abseits der Haupt-Bettenburgen auf. Wer bereit ist, die **Mindestaufenthaltsdauer** der Bed & Breakfasts von meist zwei bis drei Tagen zu akzeptieren, der hat jetzt bessere Chancen als je zuvor, auch bei vollkommen individueller Reiseform noch kurzfristig ein Zimmer zu bekommen. Dennoch kann es zu **Engpässen** kommen – vor allem während der **amerikanischen Sommerferien** (etwa 15. Juli bis 15. August) sowie um Weihnachten und Ostern herum. Diese Situation kann sich allerdings schnell wieder ändern.

Campingplätze

Die Campingplätze in Hawaii sind mit denen auf dem amerikanischen Kontinent nicht zu vergleichen. Viele der Campingplätze auf den Inseln liegen zwar landschaftlich recht schön, aber das „Drumherum" wirkt oftmals sehr störend.

Die jeweils akzeptablen Plätze sind in den einzelnen Inselkapiteln beschrieben. Bevor Sie sich für Camping in Hawaii entscheiden, sollten Sie die allgemeinen Hinweise im Kapitel „Unterkunft" lesen.

Die konkrete Planung der eigenen Reise

Reisezeit und Klima

Bevor Sie Reisetermin und Route festlegen, sollten Sie sich über einige Randbedingungen im Klaren sein, die Ihre Zeit in Hawaii prägen. Vor allem sind das die Länge der Tage, die Saisonzeiten und die klimatischen Bedingungen.

Tageslänge

Auch wenn die Inseln noch knapp südlich des nördlichen Wendekreis liegen, spielt die Tageslänge schon eine Rolle. Im Winter ist es etwa 11 Stunden lang hell, im Sommer knapp 13 Stunden lang. Wenn im Winter die

Sonne früher untergeht, dann bleibt zwar viel Zeit für das Nightlife, aber recht wenig für die täglichen Erkundungsreisen.

Hauptsaison

Zwei Mal im Jahr ist in Hawaii Hauptsaison: von Mitte Dezember bis Mitte Januar mit Schwerpunkt von kurz vor Weihnachten bis kurz nach dem Neujahrstag sowie der Hochsommer in den Monaten Juli und August. In diesen Zeiten herrscht in den Touristenzentren oft reges Gedränge, und auch am Strand muss dichter zusammengerückt werden. Bei Hubschrauberflügen und ähnlichen, vor Ort buchbaren Aktivitäten gibt es dann Wartezeiten von zwei bis drei Tagen, manchmal sogar von bis zu einer Woche. Auch auf den ansonsten eher einsamen Wanderwegen ist dann erheblich mehr los.

Etwa von Mitte März bis Mitte Mai sowie von Mitte September bis Mitte November kommen die wenigsten Touristen auf die Inseln.

Klima

Vom klimatischen Standpunkt her sind die Inseln das ganze Jahr über gut zu bereisen. Trotzdem sind einige klimatische „Feinheiten" wichtig: Von den 22 verschiedenen Klimazonen der Erde existieren 21 auf den Hawaii-Inseln. Sie reichen von der Wüste über tropischen Regenwald bis hin zu hochalpinen Zonen. Lediglich polare Gebiete, wie sie an Nord- und Südpol anzutreffen sind, gibt es hier nicht. Zwangsläufig existieren daher verschiedene Klimazonen sehr dicht beieinander – einer der besonderen Reize des Archipels.

Am **Beispiel Kauai** wird dieses Phänomen besonders deutlich: An der Südwestküste herrscht stets ein wüstenartiges Klima, aber nicht einmal 20 km weiter im Landesinneren liegen das höchstgelegene Sumpfgebiet der Erde sowie ein Regenwald mit dem regenreichsten Punkt unseres Planeten. An der steilen Nordküste mit ihren hängenden Tälern existieren subtropische Regenwälder, in Küstennähe tummeln sich viele Fischarten in den Korallenriffen.

Vereinfacht gilt für alle Inseln folgende Regel: Im Westen bzw. Südwesten liegen jeweils die **sonnigen Trockengebiete** und damit die meisten Hotels. In diesen Inselteilen herrscht schon fast eine Sonnenschein-Garantie.

Im Norden bzw. Nordosten befinden sich die **niederschlagsreichen Gegenden,** die teilweise üppigen subtropischen Regenwald bieten. Während also in einem Teil der Insel die Sonne die Haut verbrennt, kann es ein paar Kilometer weiter bereits kräftig regnen.

Die von den **Passatwinden** aus Nordosten herangetriebenen Regenwolken regnen sich meist an den Bergen im Landesinnern ab. Deshalb sind bestimmte Gebirgsteile in Hawaii in Wolken gehüllt.

Das Studium der **Wettervorhersage** für die Inseln lohnt sich somit nur zur Ermittlung der allgemeinen Großwetterlage – z. B. wenn ein Wirbelsturm (Hurrican) vorbeizieht oder auf die Inseln zukommt. Die beste Möglichkeit, an das aktuelle Wetter heran zu kommen, besteht über das Internet auf Deutsch z. B. über www.wetter.de (Weltwetter, Nordamerika, Honolulu) oder wer es genauer wissen möchte: http://hawaiiweathertoday.com (ohne www!). Die Experten schauen sich den Wetterbericht inkl. Satelliten-Zeitraffer-Video und Wetter-Radar-Bild an: www.pearlharbor.navy.mil/wx.html.

Dank der stetigen Passatwinde liegen die **Tagestemperaturen** im Jahresdurchschnitt bei 24 °C. In den Sommermonaten steigt das Thermometer tagsüber oft auf 30 °C, im Winter sinken die Tagestemperaturen an der Küste manchmal auf knapp über 20 °C.

Jahreszeiten

Soweit man in Hawaii überhaupt von einem **Winter** sprechen kann, sind die Monate November bis Februar gemeint. Winter in Hawaii heißt: hohe Brandung (an der Nordküste oft bis zu 8 m hohe Wellen) und öfters Regen. Verregnete Tage sind im Winter außerhalb der Trockenzonen erheblich häufiger als im Sommer. Auf den beiden Bergen Mauna Kea und Mauna Loa (jeweils Hawaii Big Island) liegt von Januar bis März oft Schnee – manchmal auch auf dem Haleakala (Maui).

Im **Sommer** fällt zwar statistisch gesehen fast genauso viel Niederschlag, aber in anderer Form. Während im Winter warmer Nieselregen oder leichter Dauerregen über einen längeren Zeitraum dominiert, stürzt im Sommer das Wasser meist als 5- bis 30-minütiger Wolkenbruch auf die Erde. Auch die Brandung ist im Sommer in der Regel mit einer Wellenhöhe von 0,50 bis 1,50 m auf „normalem" Niveau.

Vor allem im Sommer wird das Wetter auf der Inselgruppe oftmals von kleinen **Wirbelstürmen** beeinflusst, die jedoch meist vorbeiziehen. Wenn allerdings ein Hurrican auf Hawaii trifft, dann richtet er beträchtlichen Schaden an. Der letzte große Wirbelsturm, der über die Inseln zog, trieb im September 1992 sein Unwesen. Mit Geschwindigkeiten von bis zu 360 km/h verwüstete er vor allem Kauai. Selbst zwei Jahre später waren an vielen Stellen die Sturmschäden noch sichtbar. Mittlerweile hat sich die Insel, vor allem ihre Vegetation, erstaunlich gut erholt.

Die **Wassertemperaturen** liegen ganzjährig um 22° C. Während viele Zentraleuropäer im Sommer unter der großen Schwüle auf den Inseln leiden, trüben im Winter die häufigen Regenfälle oftmals das Urlaubsvergnügen. Die für Europäer **angenehmsten Reisezeiten** sind also Frühling und Herbst.

Zeiteinteilung

Je mehr Sie sich mit der Planung Ihrer Hawaiireise beschäftigen, um so stärker rückt eine Frage in den Mittelpunkt: Wie teile ich meine Zeit ein? Die individuelle Beantwortung können nur Sie selbst vornehmen, nachdem Sie die einzelnen Inselbeschreibungen gelesen haben. Im Folgenden eine grobe Empfehlung zur Einschätzung Ihres Zeitbedarfs, wenn Sie einen reinen **Erlebnisurlaub** planen (Motto: Soviel sehen und erleben wie möglich; ausruhen kann ich mich auch zu Hause). Echter Erholungs- und Badeurlaub schlägt dann mit zusätzlichen Tagen zu Buche.

Eine Woche Hawaii
- 2 Tage Oahu
- 5 Tage Maui (Haleakala, Seven Pools, Iao-Tal, Westküste: Schnorcheln)

Zwei Wochen Hawaii (stressig)
- 2 Tage Oahu (evtl. ein Tag Inselrundfahrt)
- 4 Tage Maui (Haleakala, Seven Pools, Iao-Tal, Westküste: Schnorcheln)
- 4 Tage Kauai (Waimea Canyon, Na-Pali-Küste, Heliflug)
- 4 Tage Big Island (Vulkan mit Heliflug, Akaka-Falls)

Drei Wochen Hawaii
- 3 Tage Oahu (ein Tag Inselrundfahrt; evtl. aufteilen: 1 Tag zu Beginn, 2 Tage am Ende der Reise)
- 5 Tage Maui (Haleakala, Seven Pools, Iao-Tal, an der Westküste: Schnorcheln/Tauchen)
- 5 Tage Kauai (Waimea Canyon, Na-Pali-Küste, Heliflug, Tageswanderung Kokee State Park)
- 5 Tage Big Island (Vulkan mit Heliflug, Akaka-Falls, Inselrundfahrt)
- 3 Tage Molokai (inkl. Halbinsel Kalaupapa)

Vier Wochen Hawaii
- 3 Tage Oahu (ein Tag Inselrundfahrt; evtl. aufteilen: 1 Tag zu Beginn, 2 Tage am Ende der Reise)

- 5 Tage Maui (Haleakala, Seven Pools, Iao-Tal, Westküste: Schnorcheln/Tauchen)
- 7 Tage Kauai (Waimea Canyon, Na-Pali-Küste, Heliflug, Tageswanderung Kokee State Park)
- 7 Tage Big Island (Vulkan mit Heliflug, Akaka-Falls, Inselrundfahrt)
- 3 Tage Molokai (inkl. Halbinsel Kalaupapa)
- 3 Tage Lanai (inkl. Ausruhen; falls es das Budget hergibt)

Wer es etwas ruhiger liebt und sich auch Zeit für Erholung gönnen möchte, der möge bei der Zwei-Wochen-Variante entweder Kauai oder Big Island und bei der Drei-Wochen-Variante Molokai auslassen. Freunde des **Wassersports** (auch Schnorcheln/ Tauchen) finden an der Westküste Mauis die bestentwickelte Infrastruktur mit dem günstigsten Preis-/Leistungsverhältnis.

Reisekosten

Eine Hawaiireise ist kein billiges Vergnügen. Allein schon die Preise für Lebensmittel und Benzin liegen etwa 30 % über denen auf dem amerikanischen Festland.

Selbstverpflegung
Bei **kompletter** Selbstverpflegung aus dem Supermarkt sollten sparsame Individualreisende als Untergrenze von einem Tagessatz von 40 $ ausgehen. Geringe Eintrittsgelder, Nebenkosten und auch mal ein Hamburger sind darin enthalten, nicht aber die Kosten

für alkoholische Getränke, Kneipen- und Restaurantbesuche oder spezielle Aktivitäten.

Restaurant

Ein abendlicher Restaurantbesuch mit einem Entree (etwa Steak oder Fisch) schlägt inklusive Getränk (Bier, Cocktail etc.), Steuer und Trinkgeld meist mit etwa 40 bis 50 $ pro Person zu Buche. Lediglich in den Touristenzentren Waikiki und Lahaina/Kaanapali ist das Preisniveau bei gleicher Leistung aufgrund der großen Konkurrenz oftmals 10 bis 15 % niedriger. Die günstigste warme Mahlzeit außerhalb der Fast-Food-Läden erhält man beim Lunch (Mittagessen, oft in Buffet-Form). Ein normales amerikanisches Frühstück ist meist für knapp 10 $ zu haben.

Unterkunft

Die Unterkunftskosten liegen je nach persönlicher Präferenz zwischen 5 $ beim Campen im State Park und ca. 500–2500 $ pro Nacht im Doppelzimmer eines Luxushotels. Die akzeptablen Hotels (sauber und gepflegt) sind ab etwa 80 $ pro Zimmer und Nacht zu haben.

Auto

Dazu kommen die Kosten für den Transport vor Ort. Für einen **Mietwagen** inklusive Vollkaskoversicherung und erweiterter Haftpflichtversicherung müssen Sie bei Buchung in Deutschland je nach Kategorie zwischen 200 und 350 €/Woche einplanen.

Ein Wagen der günstigsten Kategorie (Economy) verbraucht schätzungsweise zwei bis zweieinhalb Gallonen **Benzin** pro 100 km. Bei einem Benzinpreis von über 2 $/Gallone fallen somit bei einer Fahrleistung von 2000 km Kosten von knapp 100 $ für Treibstoff an.

Aktivitäten

Erheblich kostenintensiver sind die vor Ort buchbaren Aktivitäten wie **Hubschrauberflüge** (ab etwa 200 $/Flug), **Walbeobachtung** (ca. 70 $) und Ähnliches.

Interkontinentalflug

Der größte Einzelposten ist jedoch meist der Flug. Teilweise sind bereits Tickets für die Strecke Frankfurt–Honolulu–Frankfurt für etwa 900 € (inklusive ca. 100 € Steuern und Flughafengebühr) zu haben. In den meisten Fällen (und bei einem bequemen Flug ohne lange Umsteigezeiten) schlägt der Flug mit etwa 1000 bis 1200 € zu Buche. Hinzu kommen die innerhawaiianischen Flüge mit jeweils etwa 70 $.

Insgesamt

Mittlerweile gibt es auch recht günstige Pauschalreisepakete, bestehend aus Flug von Europa nach Hawaii, Hotels, Mietwagen und innerhawaiianischen Flügen. Alles in allem wird eine individuelle Hawaiireise von drei Wochen Dauer ab Europa pro Person wohl selten unter 3000 € kosten, wenn Übernachtungen in Hotels vorgesehen sind.

Vor der Reise

Besonderheiten im Vergleich zum Festland

Wer bereits auf dem amerikanischen Kontinent auf eigene Faust unterwegs war, für den ist es eine gängige Praxis, sich am Nachmittag eine Bleibe (einen Campingplatz oder ein Motel) für die kommende Nacht zu suchen.

In Hawaii liegt die Sache etwas anders: Selbst beim Campingurlaub muss man etwas weiter vorausplanen (siehe Kapitel Übernachtung). Und Motels wird man in Hawaii praktisch vergeblich suchen.

Anderes Reiseverhalten

Einer der Hauptgründe für das Fehlen der Motels dürfte die Tatsache sein, dass die Amerikaner Hawaii als ein großes *Resort*, als ein großes Urlaubsparadies ansehen. Wer in ein *Resort* fährt, der bucht die Übernachtung stets im Voraus. Auch die Japaner, die mit über 1,5 Millionen Besuchern (etwa 21 %) im Jahr 2004 die zweitstärkste Besuchergruppe stellten, sind nicht bekannt für individuelles Reisen. Wenn somit 66 % (Amerikaner) + 21 % (Japaner) = 87 % der Hawaii-Besucher überwiegend Pauschalreisen mit vorgebuchter Unterkunft unternehmen, dürfte klar werden, warum es auf den Inseln schwierig ist, kurzfristig ein preiswertes Quartier zu bekommen: durch langfristige Buchungen lassen sich Kapazitäten besser auslasten; die Hotels sind somit oft schon Wochen im Voraus ausgebucht.

Reiseempfehlung

Für eine selbstständige Hawaiireise bietet sich daher vor allem die **individuelle Pauschalreise** an, bei der von Europa aus folgende Leistungen gebucht werden:

- Hin- und Rückflug
- Innerhawaiianische Flüge (zumindestens einige)
- Automiete
- Hotels

Damit ist zwar die Flexibilität der Reisenden etwas eingeschränkt, aber auch neuer Freiraum gewonnen, denn die zeitraubende Quartiersuche entfällt. Wenn Sie sich dann gut vorbereiten und bereits vor der Hotelbuchung und der damit verbundenen Festlegung wissen, wie lange Sie sich auf welcher Insel aufhalten wollen, dann steht diese Reiseform der Individualreise nur wenig nach.

Dieses Buch wurde bewusst so geschrieben, dass Ihnen einerseits im Vorfeld der Reise ein Abwägen zwischen den einzelnen Inseln erleichtert wird, dass Sie andererseits aber auch am Ort noch relativ flexibel reagieren können.

206ha Foto: av

Praktische Reisetipps

207ha Foto: av

208ha Foto: av

Nacktbaden ist verpönt

„Bio-Klimaanlage" eingebaut

Waikiki Beach

¶Informationen

Touristische Information

Fremdenverkehrsamt

Die **Hawaii Tourism Authority** *(HTA)* wird in Deutschland von der Firma *Mangum* repräsentiert:

- **Hawaii Tourism Authority,**
c/o Mangum Management GmbH,
Sonnenstr. 9, 80331 München,
Tel. 089/23662177,
Fax 089/23662199, Hawaii@magnum.de,
www.hawaii-tourism.de

Im **Internet** ist das Fremdenverkehrsamt von Hawaii unter www.go hawaii.com erreichbar, bei Compuserve gibt es unter GO HAWAII Detailinfos. Etwas Skepsis sollte gegenüber dem Inhalt der Seiten, Foren und Blogs sowie gegenüber den (offiziell privat) eingesandten e-Mails angebracht sein, die allzu sehr irgendetwas anpreisen, denn zum Teil sind dies „Nachrichten" und e-Mails von Privatpersonen, die gleichzeitig ein geschäftliches Interesse am entsprechenden Thema haben. So kann es durchaus vorkommen, dass der Inhaber einer Tauchschule als Privatperson einen „unglaublich schönen, einmaligen" Tauchplatz beschreibt, den er auf seinen kommerziellen Tauchtouren besucht.

Informationen aus dem Internet

Die folgenden URLs ermöglichen den Zugang zu den offiziellen Websites der Visitors Bureaus:

- www.gohawaii.com
- www.visit-oahu.com
- www.visitmaui.com
- www.bigisland.org
- www.kauaidiscovery.com
- www.molokai-hawaii.com
- www.visitlanai.net

Ganz wichtig

Es gibt zwar die beiden offiziellen Hauptsaison-Zeiten (Juli/August und Mitte Dezember bis Anfang Januar), aber in der Praxis wird es auch oft zu anderen Zeiten eng, so dass dann kurzfristig (und das kann durchaus 6 Wochen vorher heißen) kein Flug und keine Unterkunft mehr zu bekommen sind. Nach Ansicht des Autors ist es vor allem von Ende November bis nach Ostern sinnvoll, so früh wie möglich zu buchen, wenn man unbedingt auf einen bestimmten Flug will oder in

Tipp

Machen Sie sich **Fotokopien** der wichtigsten Papiere und bewahren Sie sie getrennt von den Originalen auf. Nach dem Verlust oder Diebstahl der Originale sind die Kopien oft hilfreich.

Noch sicherer ist es, die wichtigen Dokumente ordentlich am heimischen PC zu scannen und sinnvoll komprimiert im eigenen e-Mail-Postfach zu lagern. So haben Sie praktisch von jedem Internet-Café aus mit Ihrem Passwort Zugriff auf Kopien Ihrer Dokumente. Eventuell lohnt es sich auch, speziell für diesen Zweck ein eigenes e-Mail-Postfach anzulegen. Allerdings sollte man den Inhalt dieses Postfachs regelmäßig kontrollieren, um zu verhindern, dass der e-Mail-Account mangels Benutzung deaktiviert wird.

eine richtig „schnuckelige" Privat-Unterkunft möchte. Eine 08/15-Unterkunft lässt sich jedoch oft auch noch sehr kurzfristig organisieren und irgendein Flug für zwei Personen innerhalb eines Zeitfensters von zwei bis drei Tagen findet sich meist noch eine Woche vorher.

Sehr oft vergisst man bei der Reise-Organisation die amerikanischen Feiertage und spezielle Veranstaltungen auf den Inseln. Wenn z. B. Anfang Dezember der Honolulu Marathon stattfindet, dann sind die Flüge nach/von Honolulu schon lange im Voraus ausgebucht. Analoges gilt bei diversen kleineren und größeren Veranstaltungen vom Football-Match über das Kajak-Rennen bis zum Hula-Festival.

Führerschein

Offiziell genügt in den USA der deutsche, österreichische oder Schweizer Führerschein. Es empfiehlt sich jedoch aus praktischen Gründen, **zusätzlich** den **Internationalen Führerschein** (International Driver's Licence) mitzunehmen, wenn Sie dort ein Fahrzeug steuern möchten. Beim Autovermieter, aber auch bei Verkehrskontrollen oder einem Unfall kommen die Amerikaner mit der International Driver's Licence besser zurecht als mit dem nur in deutscher Sprache abgefassten Papier. Die neueren, roten Euroführerscheine oder die Führerscheine im Scheckkartenformat stellen in dieser Beziehung jedoch kein Problem mehr dar.

Erhältlich ist der Internationale Führerschein in der Regel beim Ord-nungsamt jeder Gemeinde oder bei der zuständigen Kfz-Zulassungsstelle gegen Vorlage von Personalausweis und Führerschein (Passfoto und ca. 15 € mitbringen).

Achtung: Der Internationale Führerschein gilt nur in Kombination mit dem nationalen Führerschein. Reisende müssen somit zusätzlich zum Internationalen Führerschein auch die nationale Fahrerlaubnis mitnehmen.

Ein- und Ausreisebestimmungen

Achtung

Die folgenden Angaben haben den Stand Juli 2006. Aufgrund der allgemeinen welt- und sicherheitspolitischen Lage empfiehlt es sich in jedem Fall, die **aktuellen Einreise-Bestimmungen** rechtzeitig vor Reise-Buchung bzw. -Antritt jeweils noch einmal auf der Homepage der US-Embassy (s. o.) oder besser noch unter www.dhs.gov/us-visit detailliert zu studieren. Auf dieser Website wird auch die Einreiseprozedur mit (tintenfreiem, rein elektronischem) Fingerabdruck-Scan und Foto im Detail erklärt – auch als Deutsch in Form eines PDF-Dokuments oder Videos (hohes Datenvolumen!) zum Download. Dies gilt besonders für Reisende, die nicht in einem klassischen Reisebüro buchen, sondern z. B. direkt über das Internet.

Botschaften und Konsulate

Der beste und aktuellste Kontakt erfolgt über das Internet über www.

usembassy.de (Deutschland), www. usembassy.at (Österreich) bzw. http:// bern.usembassy.gov (Schweiz). Der normale Hawaii-Tourist wird jedoch wohl kaum direkten Kontakt mit der Botschaft bzw. den Konsulaten aufnehmen müssen.

Adressen siehe Kapitel „Unterwegs in Hawaii".

Reisepapiere

Reisepass

Für die Einreise in die USA (und damit nach Hawaii) ist ein maschinenlesbarer Reisepass (Deutsche/Österreicher: der bordeaux-farbene Europa-Pass) erforderlich, der noch mindestens bis 6 Monate nach der Rückkehr nach Europa gültig sein sollte. Bei deutschen Touristen reicht eine Gültigkeit bis zum Tag der Rückkehr nach Deutschland. Der Personalausweis ist bei USA-Reisen unbrauchbar.

Visum

Seit der Abschaffung der Visumpflicht für deutsche, österreichische und schweizer Staatsbürger stellt die Einreise in die USA und damit nach Hawaii bei einer Aufenthaltsdauer von maximal drei Monaten im Rahmen des *Visa Waiver Program* (VWP) kein wesentliches Problem mehr dar. Wer länger als 90 Tage bleiben will, braucht allerdings ein Visum, in Amerika *Visa* genannt. Die Beantragung eines Visums für die USA kostet viel Zeit und Geld (90 €). Auf der US–Embassy-Homepage (siehe oben) finden Sie die nötigen Details.

Die Generalkonsulate sind angehalten, bei Reisen bis zu 3 Monaten keine Visa mehr auszustellen. Wer aufgrund der Reisedauer ein Visum braucht, sollte zuerst telefonischen Kontakt mit dem zuständigen Generalkonsulat aufnehmen. Da die meisten Hawaii-Besucher in der Regel sowieso nur wenige Wochen auf den Inseln, also in den USA, weilen, wird das Thema hier nicht weiter behandelt.

Achtung: auf einigen Flughäfen wie Atlanta, Chicago, New York/Newark oder San Francisco muss man vor der Ausreise hinter der Sicherheitskontrolle noch einmal die Zeigefinger und den Pass scannen lassen und erhält einen entsprechenden Beleg. Wer das unterlässt, kann Schwierigkeiten bei der nächsten Einreise in die USA bekommen.

Einreiseerlaubnis

Selbst ein gültiges Visum im Pass ist keine Garantie für eine Einreiseerlaubnis in die USA. Ob man einreisen darf, entscheidet der *Immigration Officer* (Beamter der Einwanderungsbehörde) bei der Ankunft in den USA. Das hört sich schlimmer an, als es ist. Wer ordentlich gekleidet (ein sauberes T-Shirt mit unpolitischer Aufschrift gilt als durchaus „ordentlich") und gepflegt bei der Einreise *(Immigration)* auftritt, höflich die Fragen beantwortet und über ein Rückflugticket sowie entsprechende Geldmittel verfügt, der dürfte bei der Einreise keine Schwierigkeiten bekommen.

Manchmal lässt sich der *Immigration Officer* die mitgebrachten Geldmittel zeigen. Hierbei empfiehlt es sich, neben etwas Bargeld und der Kreditkarte auch einige Reiseschecks auf den Tisch legen zu können und darüber hinaus die Mietwagen- und Hotelgutscheine zu präsentieren. Der Beamte muss sich nur vergewissern, dass Sie zum einen in der Lage sind, Ihren Aufenthalt im Land zu finanzieren, ohne in den USA zu arbeiten, und zum anderen vor Ablauf der genehmigten Aufenthaltsdauer das Land wieder verlassen können.

Versicherungen

Egal welche Versicherungen man abschließt, hier ein Tipp: Für alle abgeschlossenen Versicherungen sollte man die **Notfallnummern** notieren und mit der **Policenummer** gut aufheben! Bei Eintreten eines Notfalles sollte die Versicherungsgesellschaft sofort telefonisch verständigt werden!

Auslandskrankenversicherung

Für eine Reise in die USA ist der Abschluss einer Reisekrankenversicherung unbedingt notwendig, denn die Behandlungskosten sind extrem hoch, und die Kosten für eine Behandlung in den USA werden von den gesetzlichen Krankenversicherungen in Deutschland und Österreich praktisch nicht übernommen. Reisekrankenversicherungen sind z. B. in Deutschland ab 5–10 € pro Jahr sehr günstig (siehe FINANZtest 05/2005).

Damit Sie ein Gefühl für die Kostenstruktur im amerikanischen Gesundheitswesen bekommen: Eine Magenspiegelung kostete vor einigen Jahren für Privatpatienten in Deutschland etwa 130 €, in den USA etwa 1000 $.

Schweizer sollten bei ihrer Krankenversicherungsgesellschaft nachfragen, ob die Auslandsdeckung auch für die USA inbegriffen ist. Sofern man keine Auslandsdeckung hat, kann man sich bei Soliswiss (Gutenbergstr. 6, 3011 Bern, Tel. 031-3810 494, info@soliswiss.ch, www.soliswiss.ch) über mögliche Krankenversicherer informieren.

Angesichts der hohen Arzt- und Krankenhauskosten in den USA ist unbedingt auf **Vollschutz ohne Summenbegrenzung** zu achten.

Außerdem sollte geprüft werden, ob im Falle einer schweren Krankheit oder eines Unfalls die Kosten eines **Rücktransports** übernommen werden. (Achtung: Bei manchen Versicherungsgesellschaften müssen die Patienten im Zielland in stationärer Behandlung gewesen sein – also für mindestens eine Nacht im Krankenhaus aufgenommen worden sein, damit der Rücktransport bezahlt wird.)

Ein weiterer wichtiger Punkt ist die **automatische Verlängerung im Krankheitsfall:** Falls die Rückreise aus medizinischen Gründen (Krankheit, Unfall) nicht zum vorgesehenen Zeitpunkt möglich ist, sollte die Leistungspflicht noch weiter gelten (beispielsweise 3 Monate). Dieser Punkt ist besonders wichtig, damit nicht ab dem vorgesehenen Rückreisetag der Patient selbst für die in Amerika horrend hohen Behandlungskosten aufkommen muss.

Aufgrund der immens hohen Kosten im Krankheitsfall sollten Touristen auch über eine entsprechende Liquidität verfügen, um 20.000 bis 30.000 $ sofort bezahlen zu können, wenn beispielsweise eine Operation durchgeführt werden muss. Solange die Kostenfrage nicht geklärt ist, gibt es oft andere Notfälle, die leider dringend Vorrang haben und daher zuerst behandelt werden müssen, lautet sonst leicht die offizielle Erklärung.

Wer zu solch beachtlichen Vorleistungen nicht in der Lage ist (oft beträgt beispielsweise der Spielraum bei Kredikarten nur ca. 2500 €), der sollte unbedingt eine **Reisekrankenversicherung mit Sofortkostenübernahme** wählen.

Zur Erstattung der Kosten benötigt man ausführliche **Quittungen** (mit Datum, Namen, Bericht über Art und Umfang der Behandlung, Kosten der Behandlung und Medikamente).

Der Abschluss einer **Jahresversicherung** ist in der Regel kostengünstiger als mehrere Einzelversicherungen. Günstiger ist auch die **Versicherung als Familie** statt als Einzelpersonen. Hier sollte man nur die Definition von „Familie" genau prüfen.

Andere Versicherungen

Ob es sich lohnt, weitere Versicherungen abzuschließen wie eine Reiserücktrittsversicherung, Reisegepäckversicherung, Reisehaftpflichtversicherung oder Reiseunfallversicherung, ist individuell abzuklären. Gerade diese Versicherungen enthalten viele **Ausschlussklauseln,** sodass sie nicht immer Sinn machen.

Die **Reiserücktrittsversicherung** für 35–80 € ist nur sehr bedingt sinnvoll, und auch die **Reisegepäckversicherung** lohnt sich seltener, da meist nur der Zeitwert nach Vorlage der Rechnung ersetzt wird. Wurde eine Wertsache nicht im Safe aufbewahrt, gibt es bei Diebstahl auch keinen Ersatz. Kameraausrüstung und Laptop dürfen beim Flug nicht als Gepäck aufgegeben worden sein. Gepäck im unbeaufsichtigt abgestellten Fahrzeug ist ebenfalls nicht versichert. Die Liste der Ausschlussgründe ist endlos … Überdies deckt häufig die Hausratsversicherung schon Einbruch, Raub und Beschädigung von Eigentum auch im Ausland.

Falls das Gepäck verloren geht, während es unter der Obhut der Fluggesellschaft ist, erfolgt in der Regel eine Erstattung zu einem Pauschalpreis pro kg.

Eine **Privathaftpflichtversicherung** hat man in der Regel schon. Hat man eine **Unfallversicherung,** sollte man prüfen, ob diese im Falle plötzlicher Arbeitsunfähigkeit aufgrund eines Unfalls im Urlaub zahlt. Auch durch man-

Sonnenschutz
ist nicht nur für Touristen wichtig

che **Kreditkarten** oder eine **Automobilclubmitgliedschaft** ist man für bestimmte Fälle schon versichert. Die Versicherung über die Kreditkarte gilt jedoch meist nur für den Karteninhaber und unterliegt meist noch zusätzlichen Einschränkungen, so dass sie in der Praxis vielfach nicht den gewünschten Deckungsumfang aufweisen. Es ist nun einmal nicht alles echtes Gold, was glänzt ...

Weitere Infos

Wer sich unsicher ist, welche Versicherung und welche Versicherungsgesellschaft in Frage kommt, kann sich über Tests der **Stiftung Warentest** in Deutschland und der **VKI** (**Konsument**) in Österreich weiter informieren. Über ihre Webseiten kann man Testberichte herunterladen, Online-Abonnent werden oder Hefte zum Thema bestellen: www.warentest.de; www.konsument.at.

Kreditkarteninhaber

Inhaber von Kreditkarten sollten prüfen, ob sie auf Auslandsreisen begrenzter Dauer (meist bis sechs Wochen pro Reise) mit Zahlung der Jahresgebühr nicht automatisch **krankenversichert** sind (möglicherweise sogar einschließlich mitreisender Familienangehöriger).

Anbieter

Praktisch jedes **Reisebüro,** aber auch beispielsweise die Volksbanken/ VR-Banken/Raiffeisenbanken (recht preisgünstig) halten Formulare für den Abschluss einer Reisekrankenversicherung bereit. Wer gerne **online** die Versicherung buchen möchte, der kann dies z. B. unter http://reisebuch.de/ shop_and_service/specials/ tun. Unabhängig vom Alter und Geschlecht des Reisenden lassen sich zu relativ geringen Tagessätzen Versicherungsverträge bis zu einem Jahr Dauer abschließen. Der Vertragsabschluss ist denkbar einfach und kann auch noch in letzter Minute erfolgen.

Versicherungspaket

Häufig ist die Krankenversicherung im Paket mit Gepäckversicherung, Unfallversicherung und Reisehaftpflicht zu haben. Diese Kombinationsversicherung erhalten Sie in der Regel auch in den Reisebüros – allerdings meist in Verbindung mit einer **Reise-Rücktrittskosten-Versicherung.** Die Kosten dieser Reise-Rücktrittskosten-Versicherung sind hoch, wenn man bedenkt, in welchen speziellen Fällen die Versicherung wirklich zahlt (und dann, je nach Police, manchmal nur die Hälfte der Stornokosten). Fragen Sie bei der Buchung nach den eventuellen Stornokosten und vergleichen Sie diese mit der entsprechenden Versicherungsleistung und der dafür aufzubringenden Prämie. Die Versicherungen und die Reisebüros verdienen gut daran.

Gesundheit

Sie brauchen in Hawaii weder Angst vor Tropenkrankheiten noch vor giftigen Tieren zu haben. Auch vorbeugende Impfungen sind nicht notwendig. Trotzdem sollten Sie sich die folgenden Hinweise durchlesen, um im Krankheitsfall nicht ganz hilflos dazustehen.

Angaben zu Gesundheitsvorsorgemaßnahmen und zu möglichen aktuellen Gesundheitsrisiken im Zielland siehe auch Kapitel **„Aktuelle Gesundheits-Informationen"** im Anhang oder unter www.travelmed.de.

Ärzte und Zahnärzte

Wie bereits erläutert, sollten Sie für den Fall einer in Hawaii notwendigen Behandlung in puncto Versicherung und Liquidität unbedingt vorsorgen. Es gibt leider immer wieder Fälle, in denen die Behandlung auch im Notfall verzögert oder sogar abgelehnt wird, wenn unklar ist, wie und ob sie bezahlt werden kann – selbst wenn offiziell in Notfällen jedem geholfen werden muss.

Aufgrund der Vielzahl der Touristen werben die Kliniken und Ärzte sogar in den Info-Broschüren. Das Hotelpersonal hilft, einen Arzt- oder Zahnarzt-

---

Buchtipp

●*M. Dürfeld, E. Rickels:* **Selbstdiagnose und Behandlung unterwegs,** Praxis-Reihe, REISE KNOW-HOW Verlag

Praktische Tipps

termin zu vereinbaren. Relativ zwecklos ist der Versuch, ohne Termin in einer Praxis *(Doctor's Office)* vorzusprechen; daher vorher besser telefonisch anmelden. Telefonnummern finden Sie in den Gelben Seiten *(Yellow Pages)* unter *Medical Doctors.*

Apotheken

Reine Apotheken *(Pharmacies)* findet man in Hawaii außerhalb von Waikiki selten. Vielen Drugstores oder Supermärkten ist eine Apothekenabteilung zugeordnet. Dort erhalten Sie die rezeptfreien Medikamente per Selbstbedienung. Die rezeptpflichtigen Arzneimittel gibt es an einer Sondertheke für *Prescriptions.*

Medikamente

Eine kleine **Reiseapotheke** kann man in Hawaii in Drugstores und Supermärkten per Selbstbedienung mit rezeptfreien Medikamenten relativ preiswert komplettieren. Dazu gehören in den USA auch manche Medikamente, die bei uns verschreibungspflichtig sind, wie zum Beispiel Antibiotika- oder Kortisonsalben. Andererseits gibt es in den USA aber auch einige Medikamente nur auf ärztliches Rezept, die bei uns im Freiverkauf rezeptfrei erhältlich sind, wie Cremes gegen Herpes-Bläschen am Mund. Benötigt man **rezeptpflichtige Medikamente,** ist es gut, nicht auf amerikanische Ärzte angewiesen zu sein. Außer in Notfällen kommen Touristen schwer ohne persönliche Beziehungen kurzfristig an

Arzneimittel. Die Mitnahme eines Vorrats an Medikamenten für den Eigenbedarf ist somit anzuraten.

Drogerieartikel

Seife, Zahnpasta, Haarwaschmittel, Hautcreme und Sonnenschutzmittel sind in Hawaii relativ teuer. Waschlotions, Duschgel etc. sind drüben lange nicht so verbreitet wie hier und kaum oder nur sehr teuer zu bekommen. Lediglich **Sonnenblocker** mit einem Faktor weit über 20 sind etwa genau so teuer wie in Europa. Vor allem Personen mit heller Haut brauchen diese hohen Lichtschutzfaktoren aufgrund der starken Sonneneinstrahlung in Hawaii.

Insektenschutz

Gegen Mücken und andere Quälgeister helfen Essenzen aus europäischer Produktion kaum. Mit amerikanischen Mitteln hält man sich die meisten Biester hingegen gut vom Leib. Vor allem auf Kauai sowie in den tropischen Wäldern können die **Sandflöhe** und andere Plagegeister ohne entsprechendes Gegenmittel ein zum Teil heftig juckendes, wochenlang anhaltendes „Souvenir" zur Folge haben. Insektenspray, Lotions etc. gibt es in jedem Supermarkt oder Drugstore, aber auch in vielen kleinen Läden.

Klimaanlagen

Die überall anzutreffenden Klimaanlagen *(Air Conditioning,* kurz: A/C) sind wegen der recht hohen Temperaturen bei hoher Luftfeuchtigkeit einerseits eine Wohltat. Andererseits wird maßlos übertrieben. Eisiger Wind empfängt den Besucher von Restaurants, Banken und Einkaufszentren.

Hotelzimmer besitzen fast ausnahmslos eine A/C, die vor allem in preisgünstigen Häusern sehr lautstark arbeitet. Bei nächtlicher Schwüle hat man die Wahl zwischen schweißtreibender Wärme oder dem Lärm der Anlage. Nur in Hotels der gehobenen Kategorie findet man Klimaanlagen mit Thermostat-Regelung. Ansonsten wird die A/C oft digital betrieben: on oder off.

Jedes **Mietfahrzeug** verfügt bei den großen Autovermietern über eine Klimaanlage, deren Betrieb mindestens einen Extra-Liter pro 100 km schluckt. Oft fährt man mit etwas Fahrtwind angenehmer und gesünder – vor allem auf Besichtigungstouren, bei denen alle 5–10 Minuten das Auto verlassen wird.

Rauchen

Sehr zum Leidwesen der Zigarettenindustrie wird das Rauchen in den USA und damit auch in Hawaii systematisch eingeschränkt. Wer sich, wie hierzulande üblich, ohne Rückfrage bei den Umstehenden eine Zigarette anzündet, muss mindestens mit einem höflichen, aber äußerst bestimmten Hinweis rechnen, dass Rauchen hier nicht erwünscht ist. In vielen Bereichen des öffentlichen Lebens (Flughäfen, Banken etc.) herrschen ausgedehnte **Rauchverbote.** Wenn ein Restaurant nicht ein generelles Rauchverbot ausgesprochen hat, gibt es oft eine kleine *Smoking Section* (Raucherzone) und eine große *Non Smoking Section* (Nichtraucherzone). Auch wenn es sehr ungewöhnlich klingt, ist das Rauchen in allen Toiletten *(Restrooms)* per Gesetz des Staates Hawaii verboten.

Alle inneramerikanischen und somit auch alle innerhawaiianischen Flüge sind **Nichtraucherflüge.**

Im Notfall

Überall lautet die **Telefon-Notrufnummer** für Notfälle aller Art *(Emergencies)* **911** – auch per Handy.

Die Finanzen
Banken

Banken finden Sie in den Touristenzentren zur Genüge. Alle akzeptieren die gängigen Dollar-Reiseschecks und zahlen meist gegen Abzug einer Gebühr den Nennwert aus. Normalerweise verlangen sie dabei die Vorlage des Passes. Das gilt ebenso für die Auszahlung von Bardollars gegen Kreditkarte *(Cashing)*. Die Mehrheit der Banken akzeptiert hierbei Mastercard und VISA, schiebt die Kunden aber bevorzugt an den Geldautomaten.

Die Banköffnungszeiten sind montags bis freitags von 9 bis 14 oder 16 Uhr durchgehend. Orientieren Sie sich

bitte am disziplinierte Verhalten der Kunden.

Kreditkarten

Ohne Kreditkarte sollte kein Tourist mehr in die USA reisen. Dieses universelle Zahlungsmittel spielt im alltägli-chen Geschäftsleben der USA eine viel stärkere Rolle als im deutschsprachigen Europa.

So verlangen mittlerweile praktisch alle **Autovermieter,** dass die stets fällige Kaution für den Wagen per Kreditkarte hinterlegt wird. Darüber hinaus wird oft auch von jedem zusätzlichen Fahrer ein Kreditkartenabdruck verlangt. Wer ohne Kreditkarte ein Auto mieten möchte, der bekommt trotz vorbezahltem Gutschein meist kein Fahrzeug mehr ausgehändigt.

Allein schon aus diesem Grund ist die Kreditkarte im Gepäck Pflicht. Außerdem können Sie damit in Hotels, vielen Geschäften und Restaurants bezahlen, und darüber hinaus ist sie als **Reserve für Notfälle** gut geeignet.

Geldautomaten gibt's genug

Oftmals wird beim Bezahlen die Frage *Cash or Charge?* (Bargeld oder Kreditkarte?) gestellt.

Gold- und Platinkarten

Über Vor- und Nachteile der einzelnen Kreditkarten kann man seitenlang diskutieren, denn es gibt viele Varianten – zumindest was Visa und Mastercard angeht. Vor allem in den Gold- und Platinkarten sind oft diverse **Versicherungen** eingeschlossen (bitte lesen Sie die Versicherungsbedingungen genauestens durch!), wobei eine Verkehrsmittel-Unfallversicherung (gilt für Flugzeug, Auto, Bahn etc.) bei den Gold- und Platinkarten praktisch zum Standard gehört. Generell gilt: sämtliche Versicherungen gelten nur, wenn die Leistung mit der entsprechenden Karte bezahlt wird/wurde.

Wer keine Kreditkarte besitzt und diese nur für einen einmaligen Hawaii-Besuch benötigt, der kann auch probeweise für drei Monate die Karte kostenlos beantragen. Der Urlaubstermin muss dann nur innerhalb dieser drei Monate liegen, und schon ist die Karte für diesen Zeitraum gebührenfrei. Zur Abschätzung der effektiven Gesamtkosten beim Zahlen mit Kreditkarte lohnt ein Blick auf die Homepage der „Stiftung Warentest", www. stiftungwarentest. de.

Bezahlen mit Karte

In Hawaii können alle großen Kreditkarten genutzt werden: American Express, Diners Club, Mastercard und Visa.

Praktische Unterschiede zwischen den einzelnen Karten zeigen sich bei ihren Einsatzmöglichkeiten. Fluggesellschaften, die großen Autovermieter, bessere Hotels sowie exklusive Restaurants und noble Läden akzeptieren zwar alle vier Karten. Wer jedoch eine besonders universell einsetzbare Kreditkarte will, der kommt um eine Mastercard oder eine Visa-Karte nicht herum, denn diese beiden Karten werden in Hawaii praktisch an jeder Tankstelle, in so gut wie jedem Buchladen, jedem Hotel, jedem Restaurant (außer Fast Food), jedem Souvenirladen, bei jedem Autovermieter, ja sogar von manchen Supermärkten akzeptiert.

Beim **Bezahlen per Kreditkarte** ist es in Hawaii üblich, dass die Vertragsunternehmen der Kreditkarten-Organisationen die vorgelegte Karte bei jedem Zahlungsvorgang überprüfen. Der Karteninhaber erhält eine Kopie, die er mit den später in Rechnung gestellten Beträgen überprüfen kann.

Wichtige Vorteile der Zahlung per Karte sind die **nachträgliche Belastung** (speziell bei relativ hohen Ausgaben) und die Zugrundelegung ei-

---

Wechselkurse

1 US$ = 0,78 €
1 € = 1,28 US$
1 US$ = 1,23 SFr.
1 SFr. = 0,81 US$

(Stand Juli 2006)

nes Wechselkurses, der je nach Bank und Kreditkarte zwischen dem Kurs für Reiseschecks und dem Sorten-Verkaufskurs liegt. Einzelne Banken verlangen sogar deutlich mehr. Genaues Hinschauen beim Kleingedruckten lohnt sich in diesem Falll immer. Der Verzögerungseffekt kann nachteilig ausfallen, wenn zwischenzeitlich der $/€-Wechselkurs sinkt. Man bezahlt dann mehr, als wenn man die Ausgaben bar abgerechnet hätte. Umgekehrt nimmt man einen erfreulichen Währungsgewinn mit, wenn der $/€-Kurs steigt.

Tipp: Wichtig beim Ausfüllen des Kreditkartenbelegs: Eine „1" ist nur ein senkrechter Strich. Wer nicht aufpasst, bekommt eventuell statt 100 $ einen Betrag von 700 $ abgebucht. Bei handgeschriebenen Belegen ist stets nur der unter „Total" eingetragene Betrag relevant.

Bargeld gegen Karte

Wohl jede Bank der USA verfügt mittlerweile über einen **Geldautomaten** *(ATM, Automatic Teller Machine).* Sehr viele dieser Geldautomaten (stehen z. T. auch im Eingangsbereich der Supermärkte) nehmen eine Kreditkarte an.

Tipps zum Kreditkartengebrauch

● Die Abhebungen am Automaten funktionieren wie bei uns nur mit der persönlichen **Geheimzahl.** Zur Barauszahlung muss die Taste *Withdrawal* (Geld mitnehmen) gedrückt werden.

● **Barabhebungen** per Kreditkarte kosten je nach ausstellender Bank bis zu 5,5 % an Gebühr, aber für das **bargeldlose Zahlen** werden nur ca. 1–2 % für den Auslandseinsatz berechnet. Also am besten viel bargeldlos bezahlen und für Bargeld gleich größere Summen mit der Maestro-(EC-)Karte bzw. SparCard abheben (s. u.).

● Oft besteht eine **Höchstgrenze** für Barabhebungen von 500 bis 1000 $ pro Woche.

● Darüber hinaus gibt es die Möglichkeit, unter Vorlage des Reisepasses **Bargeld am Bankschalter** per Kreditkarte zu bekommen.

● Eine vielversprechende Alternative für seltenes Bargeld-Abheben im Ausland (inkl. USA mit Hawaii) ist die „SparCard 3000 plus" der Postbank, denn mit ihr gibt es an jedem Visa-Geldautomaten Bares zu interessanten Konditionen (z. B. viermal pro Jahr gebührenfrei bei attraktivem Umrechnungskurs). Nähere Infos in jeder Niederlassung der Deutschen Post AG.

Verlust

Bei Verlust einer Kreditkarte siehe Kapitel „Unterwegs in Hawaii – Information und Hilfe/Notfälle".

Bargeld per Maestro-(EC-)Karte

Für die Barabhebung vom Geldautomaten mit der Maestro-(EC-)Karte wird je nach Hausbank pro Abhebung eine Gebühr von ca. 1,30–4 € bzw. 4–6 SFr. berechnet.

Dieses Verfahren erfordert aber gute Englischkenntnisse und etwas Probierfreudigkeit, weil die Bedienungsprozedur noch nicht ganz einheitlich ist. Der Autor hatte in Nordamerika an Geldautomaten, die das „Cirrus"-zeichen tragen, stets Erfolg, wenn er zuerst „Withdraw" (Geld abheben) und anschließend „from Savings" (etwa: „aus Sparguthaben") eintippte.

Praktische Tipps

Bargeld und Reiseschecks

Bargeld

Auch wenn immer wieder behauptet wird, die USA seien zu einer Gesellschaft des Plastik-Geldes geworden, ist Bargeld *(Cash)* nicht aus der Mode gekommen. Mittlerweile ist sogar ein umgekehrter Trend zu erkennen: Weil die Kreditkartenorganisationen relativ hohe Provisionen (zwischen 2,5 % und 6 % des Kaufbetrages) vom Händler verlangen, gab es früher öfter, heute nur noch seltener einen **Rabatt bei Barzahlung.** Bei den Supermarktketten (Safeway, Foodland, Star Market) ist es kein Problem mehr, mit Kreditkarte (Mastercard, Visa) zu zahlen.

US-Dollar-Banknoten aller Nennwerte (die Scheine lauten auf 1, 2, 5, 10, 20, 50 und 100 Dollar) unterscheiden sich nicht in der Größe und weisen alle dieselbe Farbgebung auf: Zahlseite grauschwarz und Rückseite grün (daher der Begriff Greenback für die Dollarwährung). Speziell beim Herausgeben ist daher mehr Aufmerksamkeit als hierzulande geboten. Lediglich von der 20-Dollar-Note gibt es bereits eine „buntere" Version, aber auch die 50- und die 100-Dollar-Note sollen über kurz oder lang in einer mehrfarbigen Version in den Verkehr kommen. Der größte im freien Handel sinnvoll zu nutzende Schein ist die 50-Dollarnote. Hunderter werden oft nicht akzeptiert.

Münzen gibt es in der Stückelung 1, 5, 10, 25 und 50 Cents. Die 50-Cents-Münze ist ebenso selten wie die vorhandene 1-Dollar-Münze. Für die Münzen haben sich folgende umgangssprachliche Bezeichnungen eingebürgert:

Nickel   5 Cents
Dime   10 Cents
Quarter 25 Cents

Der Dollar wird auch gerne als **Buck** bezeichnet.

Die wichtigste Münze ist der Quarter, man benötigt ihn zum Telefonieren und für Automaten jeder Art. Seit einigen Jahren bringen einige US-Staaten jedes Jahr einen Quarter im neuen Design auf den Markt. Viele dieser Münzen landen in den Alben der Sammler, aber manche auch in den Geldbeuteln der Touristen.

Reiseschecks

Reiseschecks *(Traveller's Cheque, TC)* sind in den USA eine sehr praktische Angelegenheit, wenn sie auf US-$ ausgestellt sind. TCs in US-$ sind in Europa bei fast allen Geldinstituten erhältlich.

Reiseschecks bieten folgende **Vorteile:**

- Sie sind zu einem erheblich **günstigeren Kurs** (meist Devisenbriefkurs plus 1 %) erhältlich als Bargeld. Je nach Dollarkurs sind TCs bis zu 5 €-Cents pro 1 $ billiger als Cash, allerdings verlangen einige Banken höhere Gebühren.
- Traveller's Cheques sind in voller Höhe gegen Verlust **versichert** (s. u.).
- TCs werden wie Bargeld **ohne Abzug** akzeptiert.
- TCs werden beim Kauf zum **Tageskurs** verrechnet. Wer somit beispiels-

weise bei einem \$/€-Kurs von 1,20 \$/ € (man erhält somit 1,20 \$ für einen Euro) seine TCs kauft, sie aber erst einsetzt, wenn der Dollar auf 0,90 € (man erhält 0,90 \$ für einen Euro) steht, dessen Urlaub ist eben entsprechend „günstiger". Wie sich der Dollar entwickelt, ist natürlich reine Spekulationssache.

● Übrig gebliebene TCs werden unter Vorlage der Kaufquittung von dem Institut, bei dem sie erworben wurden, jederzeit zum Tageskurs zurückgenommen.

● Wenn ein Laden Kreditkarten akzeptiert, dann ist bei netter Nachfrage vor allem in kleinen Läden durchaus ein geringer **Rabatt** (zwischen 2 und 3 %) oder ein kleines „Geschenk" aushandelbar.

Stückelung

Traveller's Cheques in einer Stückelung von 50 US-\$ (eventuell auch 20 US-\$) haben sich bei Hawaiireisen als sehr gut geeignet herausgestellt. Oft wird beim Einlösen eines Reiseschecks eine *ID (Identification)* wie zum Beispiel der Reisepass oder der Führerschein verlangt.

Das Einlösen von TCs (*Cheque Cashing*) kann auch **am Bankschalter** erfolgen, dann allerdings oft gegen eine (manchmal recht hohe) Gebühr.

Die Reisekasse

Die beste Vorsorge für die Reise besteht aus einer **Mischung aller drei Zahlungsmittel,** wobei es darauf ankommt, wie die Reise gestaltet ist.

Einen gewissen Barbestand für die ersten Ausgaben in Hawaii (ggf. bereits im Flugzeug) sollte man unabhängig von der ansonsten bevorzugten Zahlungsweise auf jeden Fall dabeihaben. Und zwar in relativ kleinen Scheinen bis maximal 50 \$. Mit größeren Banknoten gibt es gelegentlich Probleme bei der Annahme. Ein guter Vorrat an 1-Dollar-Noten darf nicht fehlen. Denn die braucht man für den Gepäckkarren am Airport, für Trinkgelder und kleine Ausgaben vom Moment des Betretens amerikanischen Bodens an. Ebenfalls praktisch sind ein paar Quarter.

Einmal im Hotel angekommen, kann man nach dem Einchecken fragen, ob die Rezeption einen oder mehrere Reiseschecks zu Bargeld macht. Wer stets auf genügend Bargeld achtet, der ist in Hawaii bei einer individuellen Pauschalreise (Flüge, Mietwagen bzw. Hotels zu Hause buchen und bezahlen) mit folgender Mischung gut gerüstet: etwa die Hälfte der kalkulierten Ausgaben in Form von TCs mitnehmen und den Rest mit einer Kreditkarte bezahlen.

„Trinkgeld"

In der amerikanischen Dienstleistungsgesellschaft ist das *Tip* fester Bestandteil des Entlohnungssystems – und zwar nicht nur in der Gastronomie oder im Taxigewerbe. Ein *Tip* wird im besseren Hotel von den diversen dienstbaren Geistern erwartet und auch im Supermarkt(!), wenn der höfliche junge Mann hinter der Kasse behilflich ist.

Praktische Tipps

So klare Regeln für die **Höhe des Tip** wie im Restaurant (siehe Essen und Trinken) gibt es nicht. Münzgeld reicht selten aus, eine Dollarnote muss es heutzutage selbst bei kleinen Handreichungen schon sein, möchte man indignierte Reaktionen vermeiden. Der *Bell-Boy* (Kofferträger) im Hotel erwartet mindestens einen Dollar pro Gepäckstück, bei drei Gepäckstücken eher 5 $.

Das Tip ist **kein** Trinkgeld, sondern ein Bedienungs- bzw. Dienstleistungs-Entgelt, das nur bei miserablem Service nicht gegeben werden sollte.

Steuern

Auf alle Preise, auch im Supermarkt, wird eine Art Mehrwertsteuer *(Tax, Sales Tax)* in Höhe von mindestens 4 % aufgeschlagen. Bei Hotels kommt noch eine *Acomodation Tax* von ca. 8 % hinzu.

Der Flug nach Hawaii

Überblick

Die Buchung eines Fluges nach Hawaii ist an sich eine unkomplizierte Angelegenheit, denn etwa 99 % der europäischen Hawaii-Besucher fliegen per Linienmaschine. Nur sehr selten kommen Chartermaschinen zum Einsatz.

Da der Flug nach Hawaii immer über den nordamerikanischen Kontinent führt, sind Hawaii-Flüge preislich an die Saisonzeiten Nordamerikas gebunden. Anfang Juni werden die Flüge dann in der Regel 250 bis 600 € teurer, aber bereits Mitte August wieder etwas günstiger. Ende September/Anfang Oktober sinkt der Preis erneut. Die wirklich preisgünstigen Flüge erhalten Sie meist ab Ende Oktober bis Mitte April, wobei ab etwa 10. Dezember bis 10. Januar mit leichten Preisaufschlägen gerechnet werden muss.

Drei Hauptüberlegungen bestimmen jeweils die Buchung:
● der **Flugpreis** (oft unabhängig von der Hochsaison in Hawaii, aber abhängig von der Hochsaison auf dem amerikanischen Kontinent oder in Neuseeland)
● die **Verfügbarkeit** von Sitzplätzen zum gewünschten Flugtermin
● die **Flugroute** und damit die Bequemlichkeit der Verbindung (Direktflug, Umsteigen, manchmal müssen sogar Zwischenübernachtungen in Kauf genommen werden)

Preise

Ein Flug von Zentraleuropa nach Hawaii schlägt mit ca. 1000 bis 1300 € zu Buche. Mit etwas Glück kann man vielleicht auch einmal schon für 800 € ein Ticket bekommen, aber zur Hauptsaison oder bei kurzfristigerer Buchung können die Preise auch durchaus auf 1500 € für die Passage in der Touristenklasse ansteigen.

Wer versucht, vier Wochen vor Beginn der Sommerferien noch einen Hawaii-Flug zu ergattern, der wird es zum einen schwer haben, überhaupt noch einen Platz in den Maschinen zu bekommen und zum anderen – vor allem bei den schnellen Verbindungen – oft nochmals ein paar Hundert Euro zusätzlich pro Person auf den Tisch legen müssen.

Zum Teil gibt es günstigere Jugend- und Studententickets für alle jungen Leute bis 29 Jahre bzw. Studenten bis 34 Jahre.

Reisebüro

Wenn man sich im Reisebüro nach Flugpreis und Verfügbarkeit von Plätzen erkundigt, sollte man bedenken, dass manche Reisebüroketten nur bestimmte Fluggesellschaften bzw. bestimmte Reiseveranstalter empfehlen, von denen sie dann höhere Provisionen (so genannte Superprovisionen) erhalten. Aufgrund der oftmals unbemerkten Übernahme kleiner, vormals privater Reisebüros durch Reisebüroketten ist auch hier nicht immer die unabhängige Beratung gewährleistet. Die Anfrage bei mehreren Reisebüros

und Preisvergleiche sind somit in jedem Fall lohnenswert. Andererseits werden aber auch immer wieder kleinere Reisebüros gegründet, die sich auf bestimmte Reiseziele spezialisiert haben. Ein für Hawaii relevantes Beispiel für ein derartiges Reisebüro finden Sie unter www.hawaiinei.de (Tel. 0861- 90 98 316).

Spezialveranstalter

Viele Hawaii-Spezialveranstalter inserieren im Reiseteil der Wochenendausgaben überregionaler Tageszeitungen, in diversen Reisezeitschriften (Abenteuer & Reisen, Saison, USA usw.) oder in diesem Buch (siehe Anhang).

Prinzipiell gilt: Je günstiger das Flugticket, um so schwieriger oder teurer werden **Änderungen** des Fluges.

Gebühren

In jedem Fall kommen zu den reinen Ticketkosten noch etwa 100 € an Flughafen- und Sicherheitsgebühren bzw. Ausreisesteuer hinzu.

Last Minute

Günstige Last-Minute-Flüge von Europa nach Hawaii sind praktisch nicht zu bekommen. Meist sind diese Flüge außerdem nur unwesentlich billiger als ein bereits früh gebuchtes Ticket. Da

---

Buchtipp

● *Frank Littek:* **Fliegen ohne Angst,** Praxis-Reihe, REISE KNOW-HOW Verlag
● *Erich Witschi:* **Clever buchen, besser fliegen,** Praxis-Reihe, REISE KNOW-HOW Verlag

Jet Lag – Probleme mit der Zeitverschiebung

Ärzte definieren Jet Lag als „die Summe sämtlicher subjektiver **Befindlichkeitsstörungen,** die durch Zeitverschiebung eintreten", stellen aber auch fest, dass Jet Lag keine Krankheit ist.

Die **Umstellung der inneren Uhr** dauert einige Tage, und es ist dementsprechend ganz normal, wenn man nach einer solchen Reise nicht oder nur schlecht schlafen kann. Die Anpassung der inneren Uhr an die Ortszeit verläuft mit einer Geschwindigkeit von ein bis drei Stunden pro Tag.

Bei der Beachtung einiger Regeln fällt die Zeitumstellung leichter, denn die Symptome des Jet Lags treten dann nicht so stark auf:

• So früh wie möglich an die **Zeit im Zielland** anpassen. Im obigen Beispiel hieße das, dass man beim Abheben in Frankfurt ruhig schlafen sollte, denn dann beginnt in Honolulu ja gerade die Nacht. Auch im weiteren Verlauf des Transatlantik-Fluges empfiehlt es sich somit zu schlafen. Von der Ankunft an der Westküste der USA bis zur Ankunft im Hotel sollte das Schlafen vermieden werden, denn dann herrscht Tag in Hawaii. Auf dem Rückweg von Hawaii nach Europa möglichst erst auf dem Transatlantikflug schlafen.

• Die **Schlafzeiten** in den ersten drei Nächten nach der Zeitumstellung auf etwa 8 Stunden beschränken. Sonst besteht die Gefahr, dass man nach einem „erholsamen" Schlaf von vielleicht 10 oder 12 Stunden in der nächsten Nacht partout nicht einschlafen kann.

• Nach der Zeitumstellung in der ersten Woche tagsüber nicht schlafen und möglichst viel im Freien aufhalten, denn **Sonnenlicht** erleichtert das Wachbleiben und die Zeit-Kompensation. Zu empfehlen ist für Honolulu eine Wanderung am Vormittag.

• Im Flugzeug wenig oder besser gar keinen **Alkohol** trinken, stattdessen Fruchtsäfte und vor allem viel Wasser. **Schlaf- und Aufputschmittel** meiden.

• Zur Vermeidung des *Economy Class Syndrom* (Thrombose auf Grund des engen Sitzabstands in Kombination mit Bewegungsmangel) sollte man möglichst einmal pro Stunde im Gang umher gehen oder zu-

auch oft ganze Leistungspakete gebucht werden, scheidet meistens ein Last-Minute-Flug aus.

Frühbucher

Wer als Frühbucher bereits Monate vor dem Abflug (beispielsweise im September/Oktober für den März des folgenden Jahres) bucht, der kann häufig ein Ticket zu erstaunlich niedrigen Preisen ergattern. Auch bei den zusätzlich gebuchten Leistungen (Auto, Hotel) sind dann günstige Angebote zu haben.

Flugverbindungen

Ein Flug von Europa nach Hawaii ist stets anstrengend – nicht nur wegen der Zeitverschiebung von elf oder zwölf Stunden. Unter 16 Stunden reiner Flugzeit ist selten etwas möglich. Daher lohnt es sich, nach einer **bequemen Verbindung** Ausschau zu halten. Es soll in diesem Zusammenhang nicht um den Service an Bord gehen, sondern vielmehr um die effektiv benötigte Zeit von Ihrem Wohnort bis zum Zielflughafen (meist Honolulu auf mindest gymnastische Übungen machen. Eine der bestmöglichen Vorbeuge-Übungen ist die Venenpumpe: Dazu krallt man zunächst die Zehen am Boden fest, hebt die Hacken an und zieht die Wadenmuskulatur an. Anschließend wieder alle Muskeln entspannen. Etwa zehn mal wiederholen. Bei jedem dritten mal sollte man dabei auch noch das Gesäß anheben, um einen Blutstau in der Leiste zu vermeiden. Durch das Aktivieren der Muskeln drückt man nämlich auf die Venen und befördert das Blut weiter. Zur Förderung der Blutzirkulation sollte man viel (alkoholfreies!) trinken.

● Oftmals kommt die **Verdauung** nach der großen Zeitverschiebung nicht so recht in Gang. Wer im Flugzeug vegetarisches Essen bestellt (spätestens drei Tage vor Abflug vom Reisebüro erledigen lassen) und im Zielland ballaststoffreiche Kost zu sich nimmt, tut sich da erheblich leichter ...

● Gegen den Jetlag hilft auch, auf dem US-Festland einen kurzen Zwischenstopp zu machen und z. B. nach dem Interkontinental-Flug eine Nacht in LAX oder SFO im Flughafen-Hotel zu verbringen, und erst am Morgen früh weiter zu fliegen.

Oahu) und umgekehrt beim Rückflug sowie die damit verbundenen Auswirkungen auf das körperliche Wohlbefinden (Jet Lag).

Nonstop

Die schnellste und bequemste Verbindung nach Hawaii wäre ein Nonstop-Flug, bei dem man in Europa einsteigt und ohne Zwischenlandung direkt in Honolulu wieder aussteigt. Es gibt derzeit aber leider keine Verbindung.

Direkt

Die zweitschnellste Verbindung ist der Direktflug, bei dem man in Europa einsteigt und nach einer (oder mehreren) Zwischenlandung(en) mit dem gleichen Flugzeug in Honolulu ankommt. Das Flugzeug muss dabei jeweils nur während des Auftankens verlassen werden. Seit Air New Zealand nicht mehr mit eigenem Fluggerät ab Frankfurt fliegt, gibt es keine Direkt-Verbindung mehr ab Deutschland.

Mit Umsteigen

Die langsamste, aber häufigste Verbindung ist die normale Umsteigeverbindung. Dabei wird auf dem ersten Flughafen in den USA, auf dem die Maschine landet, die Einreiseprozedur in die USA vollzogen.

Bei Delta Airlines geschieht die Immigration meist in Atlanta, New York oder Cincinatti, bei American Airlines meist in Chicago oder Dallas, bei United Airlines meist in Chicago, Denver, Washington DC oder San Francisco und bei Lufthansa meist in Los Angeles oder San Francisco.

Das Gepäck wird anschließend im International Terminal wieder auf ein Förderband gelegt und damit automatisch zum Anschlussflugzeug nach Hawaii befördert, wenn es bereits in Europa bis nach Honolulu oder gar auf eine Nachbarinsel durchgecheckt wurde (erkennbar an der Aufschrift „HNL" auf dem Gepäckabschnitt). Der Anschlussflug ist dann ein *Domestic Flight* (Inlandsflug), bei dem keine Einreise-Passkontrollen mehr stattfinden, wohl aber ID-Checks (Vergleichen der Namen auf der Bordkarte und im Pass) beim Boarding. Auch in amerikanischen Flughäfen sind in der Regel die Inlandsflüge in einem anderen Terminal als die Auslandsflüge untergebracht. Nach der Einreiseprozedur (stets mit dem gesamten Gepäck!) muss somit meist auch noch das Terminal gewechselt werden. Allerdings haben die meisten größeren Fluggesellschaften direkt hinter der Zollkontrolle so genannte Baggage Drop-Offs eingerichtet. Es handelt sich hierbei um Förderbänder, auf die man sein durchgechecktes (siehe Gepäckabschnitt) Gepäck selbst hinauflegt. Man muss lediglich darauf achten, dass man das Förderband der Fluggesellschaft des Anschluss-Fluges nutzt. Wer z. B. von München nach Los Angeles mit Lufthansa und dann unter Lufthansa-Flugnummer weiter nach Honolulu (HNL) fliegt, der muss sein Gepäck in Los Angeles meist auf das United-Band legen, denn der Weiterflug erfolgt trotz LH-Flugnummer im so genannten Code-Sharing mit einer United-Maschine (erkennbar an dem Vermerk „operated by United" auf dem Ticket). Dadurch ergeben sich meist Umsteigezeiten von mindestens zwei, zum Teil sogar drei bis vier Stunden.

Teilweise erfolgt ein weiterer Zwischenstop oder ein zweites Umsteigen (in der Regel in Los Angeles „LAX" oder San Francisco „SFO"). Eventuell ist sogar eine Zwischenübernachtung in einem Flughafenhotel nötig. Aufgrund der Kooperationen von Fluggesellschaften und die daraus resultierenden Codeshare-Flüge mit abgestimmten Flugplänen ergeben sich mittlerweile oft erstaunlich schnelle Anschlussverbindungen.

Beispiele

Durch die Kooperation von Lufthansa (LH), Swiss (LX), Austrian (OS) und und Scandinavian (SK) sowie US Airways (US), United Airlines (UA), Air New Zealand (NZ) und Air Canada (AC) im Rahmen der Star Alliance ergeben sich von fast allen Flughäfen Zentraleuropas aus interessante Verbindungen auf die Inselgruppe. So geht es z. B. täglich mit LH nach LAX (Los Angeles) oder SFO (San Francisco) und weiter mit NZ oder UA nach HNL (Honolulu) oder täglich von München über SFO oder LAX mit LH und UA nach HNL. Es lohnt sich, die Preise für einen konkreten Flugwunsch mit gleichen Flugdaten bei allen Partnern der Allianz (LH, UA, NZ, AC) zu erfragen. Oft bringen auch Variationen des Datums erstaunliche Preisunterschiede, wobei Donnerstag sich immer wieder als ein besonders preisgünstiger Abflugtag für den Transatlantik-Flug herausgestellt hat.

Ebenfalls recht interessant ist die Verbindung der LX von Zürich (ZRH) nach LAX (Zubringer-Flug aus D, A, CH möglich) und weiter mit UA, wobei oft auch eine Kombination aus LH/LX-Flug über den Atlantik möglich ist, da die LH der Eigentümer der LX ist. Auch mit Air Canada kommt man von Europa über Vancouver mehrfach pro Woche auf die Inseln.

Der Zusammenschluss der Fluggesellschaften in Allianzen und das gerin-

Praktische Tipps

gere Flugaufkommen (vor allem nach dem 11. September 2001) hat zu einer Neuordnung der Flugpläne geführt. Während man früher beispielsweise von München mit Delta (DL) über Atlanta und Los Angeles innerhalb eines Kalendertages nach Honolulu reisen konnte, geht dies nunmehr nur noch mit einer Zwischenübernachtung in Atlanta. Dafür besteht aber die Möglichkeit, unter DL-Flugnummer mit Air France (AF) nach Paris und von dort weiter mit AF nach San Francisco zu fliegen, um dann mit Delta weiter nach HNL zu fliegen, während der Rückflug dann wieder ausschließlich mit Delta über Atlanta erfolgen kann.

Um es kurz zu machen: Drei Systeme beherrschen den Markt für den direkten Flug von Europa nach Honolulu und retour: Die Star Alliance mit LH, UA, SK, US, NZ, LX und OS, Sky Team mit DL, AF, KLM (KL) und Northwest (NW) sowie One World mit American Airlines (AA) und British Airlines (BA).

Gabelflug

Amerikanische Fluglinien wie United, Delta, American bieten die Möglichkeit des Gabelfluges. Man fliegt dann von Europa nach Honolulu und kehrt von Kahului auf Maui wieder zum europäischen Ausgangsflughafen zurück. Damit spart man sich einen innerhawaiianischen Flug.

Als einzige Fluggesellschaft bietet United Airlines von der Westküste der USA aus Nonstopflüge auf alle vier Hauptinseln (Oahu, Maui, Big Island, Kauai) an, die auch mit einem Ticket

aus Deutschland kombiniert werden können. Allerdings sind nur die Flüge nach bzw. von Oahu und Maui sinnvoll an den Interkontinentalflugplan (am Hin- und am Rückflug!) angeknüpft. Wer allerdings noch einen Aufenthalt an der Westküste (SFO oder LAX) plant, der kann auch nonstop nach Kona (KNA, Big Island) oder Lihue (ITO, Kauai) fliegen.

Tipp: Bevor Sie buchen, sollten Sie sowohl die Zeit als auch die Gesamtkosten (inklusive evtl. Zugkosten zum/vom Abflughafen, Zwischenübernachtung auf dem amerikanischen Kontinent, etc.) von Ihrer Wohnung und retour berücksichtigen.

Im Internet kann man sich leicht einen Überblick über die möglichen Flugverbindungen und -zeiten verschaffen. Daher hier noch die Internet-Adressen der wichtigsten relevanten Airlines:

- Lufthansa: www.lufthansa.com
- United Airlines: www.ual.com
- Air New Zealand: www.airnz.co.nz
- Austrian Airlines: www.aua.com
- Delta Air Lines: www.delta.com
- Air France: www.airfrance.com/de
- American Airlines: www.aa.com
- KLM: www.klm.com
- Northwest Airlines: www.nwa.com
- Swiss: www.swiss.com
- Continental: www.continental.com
- Scandinavian: www.scandinavian.net
- US Airways: www.usairways.com

Abstecher nach Hawaii

Wer im Rahmen eines Besuches auf dem amerikanischen Kontinent einen Abstecher nach Hawaii unternehmen will, der hat mehrere Möglichkeiten, auf die Inseln zu kommen:

• In den Wochenendausgaben der amerikanischen Zeitungen sind oft sehr preisgünstige Pauschalangebote oder auch reine Hawaii-Flüge zu finden. Für die meisten Touristen sind diese Angebote jedoch nicht praktikabel, weil meist schon Wochen oder Monate im Voraus gebucht und bezahlt werden muss. Manchmal werden für solche Super-Sonderangebote keine Kreditkarten (wohl aber Traveller's Cheques) akzeptiert. Wer da keinen Onkel (oder Bekannte ...) in Amerika hat, der die Buchung vornimmt, hat somit schlechte Karten. Die Preise sind allerdings wirklich attraktiv, etwa: Flug Los Angeles – Honolulu und zurück inklusive 1 Woche Hotel (Doppelzimmer) für 399 $ (plus Steuern). Andererseits besteht über das Internet die Möglichkeit, bereits Monate im Voraus ein günstiges Ticket per Kreditkarte zu kaufen, das als elektronisches Ticket ausgestellt wird.

• Der Hawaii-Aufenthalt erfolgt am Anfang oder am Ende der Reise auf den nordamerikanischen Kontinent. Dann kann der Besuch der USA als Stopover auf dem Weg nach oder als Rückweg von Hawaii angesehen werden – auch wenn man nur eine Woche in Hawaii, aber vier Wochen auf dem Kontinent bleibt.

• Unter Umständen ist auch der offene Gabelflug interessant. Man bucht zu Hause z. B. die Strecken Frankfurt – San Francisco sowie Honolulu – Frankfurt und lässt die Strecke San Francisco – Honolulu offen. Das Oneway-Ticket für diese Strecke kauft man entweder bereits zu Hause oder in den USA. Wer ein günstiges Oneway-Ticket in Amerika sucht, der muss damit rechnen, dass er viel Zeit für die Suche verliert und im Endeffekt nur eine verhältnismäßig geringe Summe spart. Außerdem muss dann der Mietwagen in Hawaii von Amerika aus gebucht werden, weil die genauen Mietzeiten ja von Deutschland aus noch nicht feststehen. Sehr viel preisgünstiger ist es da, ein Billig-Rückflugticket zu buchen und den Rückflug verfallen zu lassen.

Mit sehr viel Glück lässt sich jedoch am Flughafen auf dem US-amerikanischen Kontinent durchaus ein Schnäppchen ergattern – meist auf Standby-Basis.

• Die einfachste Methode besteht darin, bereits zu Hause ein weiteres Ticket vom Kontinent nach Hawaii und zurück zu kaufen.

Die Telefonnummern der Fluggesellschaften finden Sie in den USA in den *Yellow Pages* (Gelben Seiten) unter *Airline Companies*.

Unter der URL http://airinfo.aero finden Sie eine umfassende Liste von Fluggesellschaften, zu deren Homepage Sie per Link gelangen können.

Fluggepäck

Auf allen Flügen von Europa gilt das (neue) *Piece Concept* (Stückkonzept), demzufolge jeder Passagier zwei Gepäckstücke à maximal 23 kg einchecken darf. Die Summe aus Länge, Breite und Höhe eines jeden Gepäckstücks darf dabei nicht größer als 158 cm sein. Dazu kommt das übliche Handgepäck (55 cm x 40 cm x 20 cm, maximal 8 kg). Das Piece Concept ist auch im Flugticket vermerkt. Dort steht dann in der Spalte *Weight Allowance* oder *Baggage Allowance* der Vermerk „PC".

Aus Sicherheitsgründen dürfen **Taschenmesser, Nagelfeilen, Nagelscheren,** sonstige Scheren und Ähnliches nicht mehr im Handgepäck untergebracht werden. Diese sollte man unbedingt im aufzugebenden Gepäck verstauen, sonst werden diese Gegenstände bei der Sicherheitskontrolle einbehalten. Darüber hinaus gilt, dass Feuerwerkskörper, leicht entzündliche Gase (in Sprühdosen, Campinggas), entflammbare Stoffe (in Benzinfeuerzeugen, Feuerzeugfüllung) etc. nichts im Passagiergepäck zu suchen haben.

Check-in

Nicht vergessen: Ohne einen **gültigen Reisepass** kommt man nicht an Bord des Fluzeuges.

Bei den meisten internationalen Flügen muss man **zwei bis drei Stunden vor Abflug** am Schalter der Airline eingecheckt haben. Viele Airlines neigen zum Überbuchen, d. h., sie buchen mehr Passagiere ein, als Sitze im Flugzeug vorhanden sind, und wer zuletzt kommt, hat dann möglicherweise das Nachsehen.

Wenn ein **vorheriges Reservieren** der Sitzplätze nicht möglich war, hat man die Chance, einen Wunsch bezüglich des Sitzplatzes zu äußern.

Rückbestätigung

Bei den meisten Airlines ist heutzutage die **Bestätigung des Rückfluges** nicht mehr notwendig. Allerdings empfehlen alle Airlines, sich dennoch telefonisch zu erkundigen, ob sich an der Flugzeit nichts geändert hat, denn kurzfristige Änderungen der genauen Abfluguhrzeit kommen beim zunehmenden Luftverkehr heute immer häufiger vor.

Wenn die Airline allerdings eine Rückbestätigung *(reconfirmation)* **bis 72 oder 48 Stunden vor dem Rückflug** verlangt, sollte man auf keinen Fall versäumen, die Airline anzurufen, sonst kann es passieren, dass die Buchung im Computer der Airline gestrichen wird; der Flugtermin ist dahin. Das Ticket verfällt aber nicht dadurch, es sei denn, die Gültigkeitsdauer wird überschritten, aber unter Umständen ist in der Hochsaison nicht sofort ein Platz auf einem anderen Flieger frei.

Die **Rufnummer** kann man von Mitarbeitern der Airline bei der Ankunft, im Hotel, dem Telefonbuch oder auf der Website der Airline erfahren.

Rückeinreise nach Europa

Bei der Rückreise gibt es auch auf europäischer Seite **Freigrenzen, Verbote und Einschränkungen,** die man beachten sollte, um eine böse Überraschung am Zoll zu vermeiden. Folgende **Freimengen** darf man zollfrei einführen:

- **Tabakwaren** (über 17-Jährige in EU-Länder und in die Schweiz): 200 Zigaretten oder 100 Zigarillos oder 50 Zigarren oder 250 g Tabak
- **Alkohol** (über 17-Jährige in EU-Länder): 1 l über 22 % Vol. oder 2 l bis 22 % Vol. und zusätzlich 2 Liter nicht-schäumende Weine; (in die Schweiz): 2 Liter (bis 15 % Vol.) und 1 Liter (über 15 % Vol.)
- **Andere Waren für den persönlichen Gebrauch** (über 15-Jährige): nach Deutschland 500 g Kaffee, nach Österreich zusätzlich 100 g Tee, (ohne Altersbeschränkung): 50 g Parfüm und 0,25 Liter Eau de Toilette sowie Waren bis 175 €. In die Schweiz Waren bis zu einem Gesamtwert von 300 SFr. pro Person.

Wird der Warenwert von 175 € bzw. 300 SFr überschritten, sind **Einfuhrabgaben** auf den Gesamtwert der Ware zu zahlen und nicht nur auf den die Freigrenze übersteigenden Anteil. Die Berechnung erfolgt entweder pauschalisiert oder nach dem Zolltarif jeder einzelnen Ware zuzüglich sonstigen Steuern.

Einfuhrbeschränkungen bestehen z. B. für Tiere, Pflanzen, Arzneimittel, Betäubungsmittel, Feuerwerkskörper, Lebensmittel, Raubkopien, verfassungswidrige Schriften, Pornographie, Waffen und Munition; in Österreich auch für Rohgold und in der Schweiz auch für CB-Funkgeräte.

Praktische Tipps

Flüge zwischen den Inseln

Von der Ausnahme Maui-Lanai, bzw. Maui-Molokai abgesehen ist das Flugzeug derzeit noch die einzige Verbindung zwischen den Inseln (s. Kapitel „Die unabhängige Hawaiireise", „Transportmittel"). Die **Flugzeit** liegt jeweils zwischen 15 und 45 Min.

Preise

Ein innerhawaiianischer Flug *(Inter Island Flight)* kostet pro Flugstrecke etwa 70 $. Manchmal lässt sich auch bei sehr rechtzeitiger Vorausbuchung in Internet ein Sonderangebot von ca. 45–50 $ ergattern. Meist sind Abflugs- und Zielflughafen auf den Inseln dabei beliebig, solange mit einem Jet und nicht mit einer Propellermaschine geflogen wird. Sogar das Umsteigen (ohne Stopover) ist in der Regel mit inbegriffen, wobei eventuell eine zusätzliche Steuer/Sicherheitsgebühr von unter 5 $ für das zweite Flugsegment fällig wird. Ein Flug von Lihue nach Hilo (ca. 400 km) kostet somit meist (praktisch) genau so viel wie ein Flug von Oahu nach Molokai (ca. 100 km).

Fast alle innerhawaiianischen Flugtickets gelten nur für eine Fluggesellschaft. Die Unternehmen erkennen die vom Konkurrenten ausgegebenen Flugscheine nicht an.

Routen und Airlines

Sowohl Hawaiian Airlines (HA) als auch Aloha Airlines (AQ) in Verbindung mit ihrer Tochtergesellschaft Island Air (WP) bieten jeweils (noch) ein dichtes Flugnetz. Hinzu kam im Juni 2006 der Newcomer **go!,** über den Sie auf den nächsten Seiten mehr erfahren.

Sowohl Hawaiian Airlines als auch Aloha Airlines haben massive finanzielle Probleme. Spätestens wenn der schnelle **Fährverkehr** per Superferry zwischen den Inseln funktioniert, dürfte es zu entscheidenden Veränderungen im innerhawaiianischen Luftverkehr kommen.

Eine „Luft-Autobahn" ist die **Strecke Honolulu-Kahului/Maui.** Werktags zwischen 5 und 21 Uhr gibt es, HA, AQ und YV zusammen genommen, etwa 35 Flugverbindungen auf dieser Strecke – und natürlich genauso oft zurück (man spricht somit von etwa 45 Flugpaaren täglich). Vor dem 11. September 2001 gehörte diese Strecke zu den zehn meistfrequentierten Flugrouten der USA.

Nicht ganz so turbulent geht es auf den anderen „Luft-Highways" zu, nämlich **Honolulu-Lihue** (HA + AQ + YV zusammen knapp 40 Flugpaare), **Honolulu-Hilo** (HA + AQ + YV: zusammen etwa 25 Flugpaare) **und Honolulu-Kona** (HA + AQ + YV zusammen über 35 Flugpaare).

Da die Flugkapazitäten zwischen den Inseln nach dem 11. September 2001 durchweg um etwa 50 % gestrichen wurden, sind die Maschinen jetzt häufig ausgebucht. Früher war eine Umbuchung meist kein Problem, heute heißt es oftmals „Sorry, we are booked-out." (Leider ausgebucht.)

Praktische Tipps

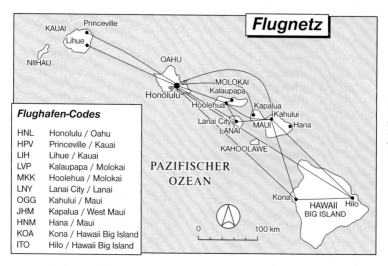

Flughafen-Codes

HNL	Honolulu / Oahu
HPV	Princeville / Kauai
LIH	Lihue / Kauai
LVP	Kalaupapa / Molokai
MKK	Hoolehua / Molokai
LNY	Lanai City / Lanai
OGG	Kahului / Maui
JHM	Kapalua / West Maui
HNM	Hana / Maui
KOA	Kona / Hawaii Big Island
ITO	Hilo / Hawaii Big Island

Aufgrund der neuen Lage empfiehlt es sich, auch die Inter-Island-Flüge schon mindestens sechs Wochen, bei schwach frequentierten Strecken drei Monate im Voraus zu buchen. Probieren kann man es dennoch. Dazu genügt ein Anruf bei den Fluggesellschaften – recht früh im Voraus.

Wer Zugang zum Internet hat, findet dort stets die aktuellsten Flugpläne – leider oft unübersichtlich.

Aloha Airlines

- Auf Oahu: Tel. 484-1111
- Von den Nachbarinseln (gebührenfrei): 1-800-367-5250
- Vom amerikanischen Festland und Kanada aus (gebührenfrei): 1-800-367-5250
- www.AlohaAirlines.com

Aloha Airlines lässt Island-Air-Flüge unter eigener Flugnummer laufen. Die Flugnummern 1000 bis 1999 werden immer von Island Air durchgeführt.

Islandair

- Auf Oahu: Tel. 484-2222
- Von den Nachbarinseln (gebührenfrei): 1-800-652-6541
- Vom amerikanischen Kontinent aus (gebührenfrei): 1-800-323-3345
- www.islandair.com

Hawaiian Airlines

- Auf Oahu: Tel. 838-1555
- Von den Nachbarinseln (gebührenfrei): 1-800-882-8811
- Vom amerikanischen Festland und Kanada: 1-800-367-5320 (gebührenfrei)
- www.hawaiianair.com

Newcomer „go!"

- (gebührenfrei) 1-888-IFLYGO2 (1-888-4359462)
- www.iflygo.com

Wenn alles nach Plan läuft, dann fliegt go! (seit Juni 2006) jetzt in Konkurrenz zu AQ und HA mit Jets des Typs Canadair CRJ200 auf den Strecken HNL-OGG (10 Flugpaare/Tag), HNL-KOA und HNL-LIH (jeweils 8 Flugpaare/Tag) sowie HNL-ITO (4 Flugpaare/Tag). Das Unternehmen setzt stark auf die **Internet-Buchung** und erlaubt die Buchung über das Web **bis 3 Stunden vor Abflug.**

Aufgrund des geringen Stauraums in der Kabine (kleine Overhead Compartments) der relativ kleinen Canadair-Jets mit jeweils 50 Sitzplätzen dürfte go! sicherlich strikt auf kleines Carry-On (Kabinengepäck) achten. Wie Aloha Airlines arbeitet auch go! mit Open Seating (freie Platzwahl in der Kabine), während Hawaiian Airlines feste Sitzplatznummern (z. B. 3C) vergibt.

go! nutzt für den Flugbetrieb Flugzeuge der Mesa Airlines. Mesa betreibt mit etwa 5000 Angestellten 181 Flugzeuge, die täglich etwa 550 Flugpaare zu 165 Städten in 45 US-Staaten, nach Kanada und nach Mexico fliegen (jeweils noch ohne Hawaii). Damit ist go! keine kleine Kltische, sondern ein äußerst ernstzunehmender Konkurrent auf den Inseln. Es ist nur eine Frage der Zeit, bis aus den kleinen Canadair-Jets (50 Plätze) große Canadair-Jets (90 Plätze) und später noch größere Jets werden. Das Potential ist da und dürfte den Besucher erfreuen.

Zum Vergleich: Aloha Airlines fliegt mit 10 Boeing 737-200 à 127 Sitzplät-

Seit Juni 2006 heißt es in Hawaii auch: Let's go!

Praktische Tipps

ze zwischen den Inseln, mit 8 Boeing 737-700 zur US-Westküste sowie mit drei reinen Frachtmaschinen. Insgesamt arbeiten ca. 3700 Menschen für AQ. Die etwa 3400 Angestellten von Hawaiian Airlines sorgen dafür, dass HA mit 11 Boeing 717 à 123 Sitzen zwischen den Inseln sowie mit 14 Boeing 767 zum US-Festland und zu diversen Zielen im Pazifik fliegt. Auf Gut Deutsch: Es gibt mächtig Konkurrenz!

Hawaiian, Aloha und go!

Neben den drei großen Fluggesellschaften Hawaiian Airlines, Aloha Airlines und go! existieren noch ein paar weitere kleine Airlines, die jedoch für Touristen nicht sonderlich attraktiv sind. Es handelt sich dabei vor allem um **Air Molokai** und **Panorama Air,** die mit Propellermaschinen von Honolulu nach Molokai und Lanai fliegen. Die Freigepäckgrenze liegt bei diesen Unternehmen bei maximal 20 kg/Person. Ebenfalls mit kleinen Propeller-Maschinen und wenig Platz fürs Gepäck fliegt Paragon Air (www.paragon-air.com) – allerdings mehr auf Charter-Basis.

Fluggepäck

Auch innerhawaiianisch gilt das (neue!) Piece Concept: zwei Gepäckstücke à 23 kg darf jeder Passagier als Freigepäck mitnehmen.

Die beiden Inter-Island-Airlines bieten ihren Kunden die Möglichkeit, dennoch Gepäckstücke bis 31 kg zu transportieren – allerdings für einen Aufpreis von 25 $ pro Gepäckstück. Günstiger ist es da oft, die beiden Freigepäckstücke mit maximal 23 kg zu packen und ein drittes Gepäckstück als *Excess Baggage* aufzugeben, denn für diese *Excess Baggage* (maximal 23 kg) wird ebenfalls „nur" 25 $ pro Zusatz-Gepäckstück verlangt. Für die Festlands-Amerikaner bedeutet das eine versteckte Flugpreis-Erhöhung um 25 $ bzw. 50 $ pro Flugsegment.

Auf den Flügen, die mit **Propellermaschinen** bedient werden, ist sogar nur ein Freigepäckstück (maximal 23 kg) gestattet, und auch beim Kabinengepäck wird aufgrund des sehr geringen Platzangebots in den Turboprop-Maschinen viel restriktiver vorgegangen. Der Autor empfiehlt daher, bei Flügen nach/von Molokai und Lanai darauf zu achten, dass im Flugplan ausschließlich Jets aufgeführt werden oder diese Inseln gleich von Maui aus per Fähre zu besuchen. Es handelt sich dabei um Flüge zu und von den folgenden Flughäfen: Hoolehua/Molokai, Kalaupapa/Molokai, Lanai, Hana/Maui, Princeville/Kauai und Kapalua/West Maui.

Tipps zu den Flügen

● Aufgrund der wesentlich geringeren **Flughöhe der Propellermaschinen** haben Sie auch bei bewölktem Himmel eine sehr gute Sicht.
● Vertrauen Sie nicht darauf, dass der erste, sehr frühe oder letzte, sehr späte Flug eines Tages auch tatsächlich stattfindet. Gelegentlich werden **schlecht ausgebuchte Flüge** zu diesen Tages-

Inter-Island-Flüge im Wandel der Zeit

Beim ersten Hawaii-Besuch des Autors (im Jahr 1988) lief innerhawaiianisches Fliegen noch nach echter Hang-Loose-Mentalität ab: Zwar gab es einen offiziellen Flugplan, aber niemand schien sich darum zu kümmern, dass die Maschinen auch pünktlich abfliegen. Warum auch: Es gab drei Fluggesellschaften (*Hawaiian Airlines* und *Aloha Airlines* sowie deren Tochtergesellschaft *Aloha Island Air*), und bei allen Dreien lief der Flugbetrieb offensichtlich erheblich lockerer ab als auf dem US-Kontinent, ohne dass die Passagiere eine Alternative hatten. Andererseits funktionierte der Flugbetrieb dennoch bestens, nur machte eben niemand richtig Druck.

Die Tickets waren eigentlich Fluggutscheine, denn auf ihnen standen die Namen der Inseln und man umkreiste je eine Insel im „Leaving-from"- sowie im „Destination"-Teil, trug den eigenen Namen sowie die Flugnummer ein – natürlich gerne auch mit Bleistift – und so übergab man das Dokument beim Check-In. Binnen Sekunden überreichte der Check-In-Agent die Bordkarten und die Gepäckabschnitte.

Zur Gepäckabfertigung gab es vorgedruckte durchnummerierte Anhänger mit Aufdruck des Airport-Codes (ohne Flug-Nr. oder Passagier-Name), wobei jeder Flughafen eine eigene Farbe hatte. Das Gepäck wurde einfach in die nächste Maschine eingeladen, die zum entsprechenden Flughafen flog, obwohl der Passagier eventuell erst auf den (über)nächsten Flieger dorthin gebucht war.

Wenn man z. B. von Kauai über Honolulu nach Kahului flog, dann kam es öfter vor, dass eine Minute nach der Ankunft in der Abflughalle von HNL eine Durchsage des folgenden Typs zu hören war: „*Aloha Ladies and Gentleman. Wir haben noch 15 freie Plätze auf unserem nächsten Flug nach Kahului. Wenn Sie mitfliegen möchten, dann gehen Sie bitte jetzt zu Gate 3. Mahalo.*" So kam es, dass der Aufenthalt in HNL statt einer Stunde oft nur 2 Minuten betrug. Bei der Ankunft war das Gepäck dann meist schon da.

Mit den **Sicherheitsvorschriften** nahm man es bei Inter-Island-Flügen damals auch nicht so genau. Auf Molokai machte sich oft niemand die Mühe, die Metalldetektoren einzuschalten, und auf Lanai wurde der Autor einmal aufgefordert, über die Waage in den für die Angestellten reservierten Bereich zu steigen und von dort über eine Seitentüre direkt zum Flugzeug zu gehen.

Konkurrenz belebt das Geschäft

Im Jahr 1990 scheiterte ein Versuch, Aloha Airlines und Hawaiian Airlines Konkurrenz zu machen: *Discovery Airways* stellte nach nur wenigen Monaten den Flugbetrieb ein. Als sich Mitte 1993 neue Konkurrenz für die angestammten Inter-Island-Airlines am fernen Horizont abzeichnete, starteten diese eine Service-Initiative und machten sich gegenseitig madig – z. B. mit Werbespots wie „Was, Du wartest hier immer noch in der Ankunftshalle? Warum ist Dein Freund denn nicht mit uns geflogen?" Gleichzeitig hielten die Airlines ihre Abflugzeiten peinlich genau ein, aber sonst blieb alles beim Alten.

211tba Foto: Archiv Egon Vollmer

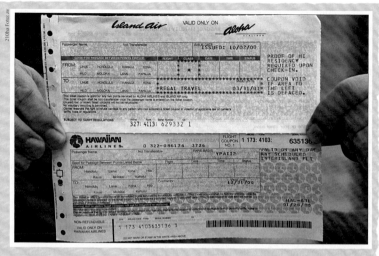

Im Oktober 1993 nahm *Mahalo Air* den Flugverkehr zwischen den Inseln auf. Der Newcomer versuchte zu Anfang mit allen Mitteln, Marktanteile zu gewinnen – teilweise wurden Flugscheine zu Dumpingpreisen von 25 $ pro Flug verkauft. Als Aloha Airlines nachzog, senkte Mahalo die Flugpreise auf sensationelle 10 $ pro Flug, um Marktanteile zu gewinnen und bekannt zu werden. Selbst hier zog Aloha nach – mit Spezialtarifen für Einheimische (Kamaaina) und Militärangehörige. Mitte 1994 hatte sich das Preisgefüge wieder normalisiert und Mahalo verkaufte die Tickets für 54 $ pro Flugsegment, während die angestammten Airlines eher 60 bis 70 $ verlangten. Ende 1995 zog sich Mahalo Air aus dem Geschäft zurück.

Dennoch hatten Discovery Airways und Mahalo Air den Konkurrenzgeist von Aloha und Hawaiian Airlines geweckt. So führte Aloha Airlines 1999 eine **Zufriedenheits-Garantie** ein: Jeder Passagier, der nachweislich und begründbar nicht zufrieden war (z. B. wegen eines deutlich verspäteten Abflugs), erhielt ein Gratis-Flugticket (einfach).

Die schrecklichen Ereignisse des 11. September 2001 vergraulten nicht nur die Touristen, sondern sie sorgten auch dafür,

dass Fliegen innerhalb Hawaiis mittlerweile genau so standardisiert abläuft wie ein Flug innerhalb Europas oder der auf dem US-Kontinent. Gleichzeitig bekamen HA und AQ massive Finanzprobleme, die immer noch nicht so recht ausgestanden sind.

Mit der Zeit stiegen auch die Flugpreise, wobei das Maximum von 200 $ für einen Hin- und Rückflug im Sommer 2003 erreicht war. Anfang 2006 hatten sich die Ticketpreise dann wieder bei ca. 70–80 $ pro Flugsegment eingependelt.

Am 9. Juni 2006 kam mit go! eine neue Konkurrenz für die angestammten Inter-Island-Carrier AQ und HA auf den Markt – und zwar mit Ticketpreisen von 39 $ im ersten Betriebsquartal (bzw. 59 $ retour) bei entsprechender Vorausbuchung. Zur Aufnahme des Flugbetriebs bot go! sogar 2,5 Tage lang auf seiner Homepage Oneway-Flüge für 19 $ an und verzeichnete bereits nach nicht einmal 12 Stunden bis zu 600 Internet-Klicks pro Minute auf der go!-Homepage.

Da musste die Konkurrenz reagieren, und prompt verschenkte Aloha Airlines 1000 Rückflugtickets, für deren Erwerb sich lange Schlangen bildeten; viele gingen leer aus.

Es bleibt also spannend.

zeiten annulliert. Wer da den ersten bzw. letzten Flug bucht, bringt unter Umständen seine Hotel- und Auto-Buchungen durcheinander oder verpasst gar den Rückflug.

Vorbuchung des Mietwagens

Fahrer

Wer bei den großen Autovermietungen einen Wagen anmietet bzw. fahren will, der muss **mindestens 21 Jahre** alt sein, zum Teil gibt es Ausnahmen, die allerdings recht teuer bezahlt werden müssen.

Für jeden Fahrer **unter 25** müssen in der Regel Aufschläge von 8 bis 20 $ pro Tag, Auto und Insel bezahlt werden. Manche Autovermieter lassen Fahrer unter 25 gar nicht erst ans Steuer.

Zusätzliche Fahrer müssen im Mietvertrag eingetragen sein, sonst erlischt der Versicherungsschutz. Für den Eintrag eines jeden zusätzlichen Fahrers wird in Hawaii eine Gebühr erhoben. In der Höhe dieses Betrages unterscheiden sich die Vermieter erheblich. Manche verlangen 3 bis 5 $ pro Tag und Mietvertrag, andere eine Pauschale von 10 bis 25 $ pro Mietvertrag (und damit pro Insel). Auf jeder Insel wird für jedes Fahrzeug ein Mietvertrag ausgestellt. Es lohnt sich auf jeden Fall, die einzelnen Pakete der Veranstalter genau zu vergleichen, denn eine Sonderleistung (zweiter Fahrer, Tankfüllung, Kindersitz etc.) ist beim einen Veranstalter im Preis enthalten, beim anderen nicht. Jeder schnürt hier sein individuelles Paket.

Kaution

Die Kaution muss fast immer per Kreditkarte gestellt werden – auch bei Vorausbezahlung des Fahrzeugs von zu Hause aus. Auch wenn einige Reiseveranstalter schreiben, dass die Kaution auch anders entrichtet werden kann, empfiehlt sich unbedingt eine Kreditkarte.

Versicherungen

Haftpflicht

Die vorgeschriebene **Mindest-Haftpflicht-Versicherungssumme** beträgt in Hawaii gerade einmal lächerliche 25.000 $. Nur diese Basis-Versicherung ist im reinen Mietpreis enthalten.

Durch Zahlung einer **Zusatzversicherung** (LIS – Liability Insurance; EP – Extended Protection und anderen) von etwa 8 bis 12 $ pro Tag und Mietvertrag lässt sich die Versicherungssumme in Hawaii auf meist 1 Mio $ erhöhen. Bei den in Amerika horrenden Schadenersatzforderungen von Unfallopfern ist die Summe von 25.000 $ nur ein Tropfen auf den heißen Stein und eine Erhöhung der Versicherungssumme unter allen Umständen anzuraten.

Achtung: Einige Veranstalter haben die erweiterte Haftpflichtversicherung wieder aus ihren Mietwagen-Standardangeboten herausgenommen, was nach Ansicht des Autors einen signifikanten Rückschritt darstellt – und das nur, um mit einem auf den ersten Blick niedrigeren Basispreis „glänzen" zu können. Zwar bieten diese Veranstalter die erweiterte Haftpflichtversicherung für etwa 2 bis 3 €. Aufpreis pro Tag an, aber wer es bei der Buchung zu Hause vergisst, der zahlt dann statt 14 bis 21 € Aufpreis pro Woche vor Ort etwa 80 $ pro Woche für eine dringend notwendige Versicherung, die z. B. beim Marktführer DERTOUR, aber auch beim ADAC, Meiers Weltreisen oder Holiday-Autos bereits im Grundpreis enthalten ist. Bei diesen Anbieter liegt die Versicherungssumme bei 1 bzw. 1,5 Mio. €.

Vollkasko

Da die Autovermieter nach etwa 5 bis 24 Monaten die Wagen wieder abstoßen, ist auch eine Vollkaskoversicherung (CDW – Collision Damage Waiver; LDW – Loss Damage Waiver) empfehlenswert. Die meisten Reiseveranstalter bieten deshalb Miettarife inkl. Vollkaskoversicherung an (teilweise ohne Selbstbeteiligung): nie unter 9,95 $, meist für 14–19 $.

Achtung: Der Versicherungsschutz erlischt bei **grober Fahrlässigkeit.** Dieser Tatbestand wird bereits beim Befahren von für Mietwagen verbotenen Straßen (z. B. ein Teil des Highway 31 auf Maui, die Saddle Road auf Big Island und alle ungeteerten Straßen) erfüllt. Diese Straßen sind zum einen auf den Karten der Autofirmen gekennzeichnet, werden aber auch in den Inselkapiteln erwähnt.

Unfall

Die vor Ort angebotene Insassen-Unfallversicherung (PAI – Passenger Accident Insurance) ist meist überteuert im Verhältnis zur relativ niedrigen Versicherungssumme (um 30.000 $). Der Abschluss einer entsprechenden Reise-Unfallversicherung von zu Hause aus deckt diesen Fall mit ab und ist erheblich billiger. Selbstverständlich gilt die private Unfallversicherung mit weltweiter Gültigkeit auch in Hawaii.

Wagentypen und -klassen

Alle Wagen der großen Autovermieter verfügen in Hawaii über Automatikgetriebe und Klimaanlage.

Viele Autovermieter arbeiten eng mit einem Hersteller zusammen. Während Avis primär Wagen von General Motors (Chevrolet, Pontiac) im Programm hat, sind es bei Hertz meist Fahrzeuge von Ford.

Bei der Buchung wird kein Wagentyp, sondern eine der **Wagenklassen** reserviert, die vom Kleinwagen (Opel-Corsa- oder Ford-Fiesta-Größe) bis zum Cadillac reichen. Sehr beliebt sind Convertibles (Cabrios).

Cabrios

Von Europa aus sind Convertibles meist recht teuer. Wer aber gerne einmal für ein paar Tage ein Cabrio hätte, der kann z. B. bei Avis vor Ort meist das Fahrzeug nach ein paar Tagen noch in ein Convertible umtauschen – gegen Gebühr als Aufpreis zum in Europa bezahlten Mietwagenpreis. Manchmal wird man bei der Anmietung gefragt (vorsichtig selbst fragen schadet auch nichts), ob man nicht für 10 bis 20 $ Aufpreis pro Tag ein Cabrio mieten möchte. Insgesamt kommt man somit noch günstiger weg als bei der Direkt-Anmietung eines Convertibles von Europa aus.

Da Kleinwagen (Subcompact, Compact) in großer Anzahl vorhanden sind, ist das Spekulieren auf ein größeres Fahrzeug (wenn die Kleinwagen bereits vermietet sind) in Hawaii außerhalb der Hauptsaison selten von Erfolg gekrönt. Da Fahrzeuge in den USA im Vergleich zur Wagengröße meist einen relativ kleinen Kofferraum haben, sollte die Fahrzeugkatgorie sorgfältig ausgesucht werden.

Buchung

Der Autor würde in jedem Fall den Mietwagen für eine Reise nach Hawaii Big Island, Kauai, Maui und Molokai bereits **in Europa** vorbuchen und bezahlen. Dies gilt ebenso für einen Abstecher zur Besichtigung von Lanai. Wer allerdings ein paar Tage Luxus-Hotel-Urlaub will, der braucht für Lanai keinen Wagen.

Vor der Buchung empfiehlt sich ein Vergleich der **Gesamtpreise.** Diese setzen sich zusammen aus:

- Wagenmiete
- Vollkasko-Versicherung (Selbstbeteiligung?)
- erweiterte Haftpflichtversicherung (Höhe?)
- eventuelle Gebühren für den zusätzlichen Fahrer
- eventuelle Gebühren für Fahrer zwischen 21 und 25.

Wer in Deutschland über die Reiseveranstalter den Mietwagen bucht, erhält einen Mietwagen-Gutschein (Voucher), der vor Ort eingelöst wird – ohne dass zusätzliche Kosten anfallen. Die Kreditkarte dient dabei nur als Sicherheit.

Wer allerdings vor Ort einen Wagen bucht und diesen mit Kreditkarte bezahlt, der muss damit rechnen, dass diverse Steuern und Abgaben (Sales Tax, Road Tax, Local Tax) den ursprünglich vereinbarten Preis um fast 25 % erhöhen.

Bedenken Sie bei der Reservierung, Übernahme und Rückgabe die Flugzeiten. In der Regel akzeptieren die Autovermieter zwar eine **verspätete Rückgabe** bis zu einer Stunde nach vereinbarter Rückgabe ohne Aufpreis auf die Fahrzeugmiete, aber für jede angefangene 24 Stunden wird in jedem Fall die Versicherung für einen ganzen Tag fällig. Trotz Voucher kann in solch einem Fall eine um nur eine Minute verspätete Abgabe 20 $ und mehr kosten.

Auf Oahu ist normalerweise auch **kurzfristig** (ein Abend vorher) ein Mietwagen ab Flughafen oder Waikiki zu bekommen. Die günstigen Angebote gibt es allerdings nur bei rechtzeitiger Buchung (3 bis 7 Tage im Voraus).

Für die **telefonische Buchung** benötigen Sie Ihre Kreditkartennummer. Der Vermieter bestätigt die Reservierung mit einer *Confirmation Number,* die Sie bei der Ausstellung des Mietvertrags parat haben sollten.

Vermieter

Die gebührenfreien Rufnummern der wichtigsten **Autovermieter** *(Rent a Car Companies):*

● **Alamo**	1-800-327-9633
● **Avis**	1-800-331-1212
● **Budget**	1-800-777-0164
● **Dollar**	1-800-342-7398 und
	1-800-342-7398
● **Hertz**	1-800-654-3131
● **National**	1-800-328-4567

Tipp: Bei Anmietung des Fahrzeugs in Waikiki und Rückgabe am Flughafen oder umgekehrt wird meist eine **Drop Charge** genannte Zusatzgebühr von ca. 20 $ erhoben, die aber billiger als ein Taxi von Waikiki zum Flughafen ist. Sie lässt sich unter Umständen einsparen, indem man mit dem Bus *(Airporter Bus* oder *The Bus* Linie 19 und Linie 20) zum Flughafen rausfährt und dort das Auto holt.

Sonderfall Honolulu

Auf Oahu empfiehlt sich **nur für eine Inselrundfahrt** ein Mietwagen, da er in Honolulu nur hinderlich ist und signifikante Aufwendungen für Parkge-

bühren nach sich zieht. Da die meisten europäischen Veranstalter Mietwagen erst ab drei Tagen vermieten, ist eine entsprechende Reservierung von Europa aus über die meisten Veranstalter nicht möglich. Eine löbliche Ausnahme ist da *HolidayAutos,* die bei Internet-Buchungen unter www.holidayautos.de auch Buchungen für nur einen Tag zum Ferientarif vornehmen.

Unterkunft

Hotels

Überblick

Hotels konzentrieren sich unübersehbar jeweils in der Nähe der Strände, meist an der Westküste. Zwischen den einzelnen Hotelklassen liegen Welten: hier das Einfach-Hotel, dort das Luxushotel mit einer Infrastruktur wie in Disneyland. Die meisten Hotels in Hawaii sind recht schön bis sehr schön, was sich natürlich auch im Übernachtungspreis niederschlägt.

Fast jedes Hotel verfügt über mindestens ein **Restaurant** und eine **Bar,** manchmal auch über die preisgünstige Alternative zum Restaurant, den *Coffee Shop.*

Die **Innenausstattung** der Hotelzimmer zeichnet sich durch weitgehende Uniformität aus: Je nach Größe des Raums ein französisches Bett *(King-/Queensize)* oder zwei davon, gegenüber ein Schränkchen, auf dem der Fernseher thront, in der Ecke zwei Sessel plus Tischchen. Man schläft zwischen zwei Laken unter einer Wolldecke, deren Zustand lediglich in billigen Unterkünften manchmal zu wünschen übrig lässt.

Bis in die Preisregion 150 $ pro Zimmer drücken sich Preisunterschiede meist nur durch die Zimmergröße, die Qualität der Ausstattung und die Art der hawaii-typischen Dekoration, aber nicht durch zusätzliches Mobiliar aus. Erst in der Ober- und Luxusklasse sieht die Möblierung individueller aus.

Im Gegensatz zu Europa gehören ein eigenes **Bad,** der **Farbfernseher** und die **Klimaanlage** (nicht bei Häusern in Höhenlagen) selbst in einfachen Quartieren zur Grundausstattung. Da aufgrund der oftmals nicht dicht schließenden Mini-Klappfenster mit Einfachverglasung keine besondere Wärmedämmung vorhanden ist, muss die Klimaanlage fast ununterbrochen laufen (und damit lärmen), wenn das Zimmer kühl sein soll.

Preise

Ein vernünftiges Hotelzimmer ist ab etwa 75 $ pro Nacht zu haben – und zwar unabhängig davon, ob eine oder zwei Personen darin übernachten.

In der **Preisklasse unter 75 $** muss man meist Abstriche in puncto Schlafkomfort und Sauberkeit in Kauf nehmen. Unter 40 $ werden normalerweise keine Zimmer vermietet.

Die Mehrheit der Unterkünfte liegt im Bereich 90 bis 250 $ pro Nacht und Zimmer.

Im Jahr 1990 lag der **durchschnittliche Preis** eines Hotelzimmers bei 102,10 $ pro Nacht; im Jahr 2000 waren es bereits 139,42 $, in 2005 sogar 166,86 $.

Nach oben existieren kaum Grenzen. Der Listenpreis für die Präsidenten-Suite im Hilton Waikoloa Resort liegt z. B. bei 3000 $ pro Nacht.

Auch innerhalb einzelner **Luxushotels** gibt es erstaunliche Preisunterschiede, die von der Lage des Zimmers abhängen. Für den Meerblick muss man meist erheblich tiefer in die Tasche greifen als für den Gartenblick im untersten Stockwerk, bei dem die hohen Sträucher manchmal für ganztägigen Schatten vor dem Fenster sorgen.

Nach Angaben einer Studie von *Smith Travel Research, Hospitality Advisors* wiesen die Unterkünfte der Inselkette im Jahr 2005 die in der Tabelle unten aufgeführten Preise bzw. Belegungsraten auf:

	Durchschnittlicher Preis/Zimmer 2005	Durchschnittliche Belegungsrate 2005
Hawaii gesamt	166,86 $	81,2 %
Oahu	139,68 $	85,6 %
Maui	214,41 $	79,6 %
Big Island	173,67 $	72,2 %
Kauai	184,10 $	76,7 %

Anmerkung: Diese Statistik beruht auf der Untersuchung von 47528 Zimmern. 79,3 % der klassischen Hotel bzw. Condominum-Hotels und 66,8 % der anderen Unterkünfte (inklusive Hostels) beteiligten sich an der Umfrage.

Hotelzimmer
in einem 80 $-Hotel in Honolulu

Buchung

Während der Flug nicht früh genug gebucht werden kann, genügt es bei den Mittelklasse-Hotels in der Regel, ca. acht Wochen vor Reisebeginn zu buchen. Allerdings sind in der Hauptsaison die schönsten Zimmer (Meerblick) der Luxushotels früh ausgebucht.

Da Hawaii von den meisten Besuchern nur für relativ kurze Zeit (ca. 1 Woche) besucht wird, leisten sich überdurchschnittlich viele Touristen die Unterkunft in einem relativ noblen Hotel. Entsprechend hoch ist das Angebot an **Hotelzimmern der oberen Klasse** und der Luxusklasse. Wohl nirgendwo auf der Welt stehen außerhalb von Las Vegas so viele Luxushotels derart dicht beieinander.

Ein typisches Merkmal der meisten **preisgünstigeren Hotels** besteht darin, dass sie einige Gehminuten vom Strand entfernt liegen. Wer dieses „Manko" in Kauf nimmt und auf Luxus keinen besonderen Wert legt, der kann viel Geld sparen, zumal alle Strände Hawaiis öffentlich sind.

Die Reiseveranstalter kaufen den Hotels große Zimmerkontingente ab und so sind die Hotelzimmer von der unteren Mittelklasse bis zur Luxusklasse in 99 % der Fälle aufgrund dieses Mengenrabatts erheblich billiger, wenn man sie bereits in Deutschland über einen Reiseveranstalter bucht. Lediglich bei ganz einfachen Häusern hat man vor Ort die Chance einen ähnlich günstigen Preis wie in Deutschland zu ergattern. **Preisvergleiche** zwischen einzelnen Reiseveranstaltern lohnen sich immer, denn für das gleiche Hotel zahlt man bei einem anderen Veranstalter oft einiges weniger. Achtung: Einige Veranstalter verlangen einen Buchungszuschlag, wenn man nur einige wenige Übernachtungen, aber keine Flüge, Mietwagen, etc. bucht.

Hilfreich bei der Auswahl der Hotels (und bei der Vorbuchung ohne Reisebüro) sind die vom Hawaiianischen Fremdenverkehrsamt regelmäßig herausgebrachten Broschüren **Hawaii on a Budget** und **Accomodation Guide.**

Internet-Buchung

Besonders hilfreich ist das Internet. Ein guter Startpunkt für die Suche einer Unterkunft vom Bed & Breakfast bis zum Luxushotel ist die Seite des **hawaiianischen Fremdenverkehrsamts,** bei der Sie eine Suchmaschine mit Eingabemöglichkeit eines Preislimits verwenden können: www.goha waii.com.

Auch die individuellen Homepages der Inseln bieten eine Fülle von Informationen zum Thema Unterkunft:

- **Oahu:** www.visit-oahu.com
- **Maui:** www.visitmaui.com
- **Kauai:** www.kauaivisitorsbureau.com
- **Big Island:** www.bigisland.org
- **Molokai:** www.molokai-hawaii.com
- **Lanai:** www.visitlanai.net

Die Inseln selbst sind zwar relativ klein, aber dennoch sollten vor der Entscheidung für ein bestimmtes Hotel auch die **Anfahrtstrecken** zu Besichtigungen mit in Betracht gezogen werden. Wer beispielsweise auf Kauai im Princeville Resort an der Nordküste wohnt, aber vor allem Wanderungen im Kokee State Park durchführen möchte, der muss die jeweils gut zweistündige An- und Abfahrt in seinem Zeitplan berücksichtigen (siehe Inselbeschreibungen im zweiten Teil dieses Buches).

Für die **erste Nacht** sollten Sie auf jeden Fall ein Hotel in Waikiki buchen. Es ist ungemein beruhigend, nach dem langen Flug eine feste Anlaufstelle zu haben.

Wer **kurzfristig** ein Quartier sucht, sollte sein Glück auch am Flughafen versuchen. Dort befinden sich in Prospekt-Ständern nicht nur Werbezettel einiger Unterkünfte, sondern im Ankunftsbereich auch das *Courtesy*

Phone, ein Telefon, das auf Knopfdruck kostenlos eine Verbindung zum gewünschten Hotel herstellt.

In den über 20 Häusern der auf vier Inseln präsenten **Outrigger-Kette,** die Zimmer in allen Preislagen (die einfacheren Hotels heißen dann **„Ohana"** statt **„Outrigger"**) anbietet, findet man außerhalb der Hochsaison oft auch kurzfristig noch ein freies Hotelzimmer. Sonderpreise werden jedoch nur bei Buchung einige Tage im Voraus im Rahmen verfügbarer Zimmer gewährt. Die zentrale Reservierung der Outrigger-Hotels ist von den USA und Kanada aus unter Tel. 303-369-7777 oder gebührenfrei unter 1-800-OUTRIGGER (1-800-688-7444) erreichbar. In Deutschland wird Outrigger von *Wiechmann Tourism Service* in Frankfurt vertreten (Tel. 069/44 60 02, Fax 069/43 96 31). Immer dann, wenn der Dollar im Vergleich zum Euro innerhalb kurzer Zeit erheblich billiger geworden ist, kann man bei einer Direktbuchung über Wiechmann unter Umständen beachtliche Preisvorteile erzielen, da die Rechnungsstellung auf Basis des tagesaktuellen Dollarkurses erfolgt. Infos zu den Hotels gibt's auch unter www.outrigger.com bzw. unter www.ohanahotels.com.

In Kahului/Maui, Hilo/Big Island und Kona/Big Island sowie in Kapaa/Kauai steht jeweils ein Hotel aus der „einzigen Hotelkette, die sich in hawaiianischem Besitz befindet", so der Werbeslogan. Es handelt sich dabei um das Maui Seaside Hotel, das Hilo Seaside Hotel und das Kona Seaside Hotel sowie das Kauai Sands Hotel,

die allesamt im Bereich zwischen 80 und 110 $ akzeptable Zimmer anbieten. Die Einrichtung ist recht einfach, und zum Teil verfügen Sie nur bei Wahl einer etwas teureren Zimmerkategorie über eine Klimaanlage (besonders im Sommer sehr angenehm). Die Lage der Häuser ist mit „verkehrsgünstig" wohl am besten beschrieben, denn sowohl die Aussicht als auch die Nachtruhe lassen manchmal doch etwas zu wünschen übrig. Die zentrale Reservierung dieser Kette für preisbewusste Inselbesucher erreichen Sie unter Tel. 737-5800 oder im Internet: www.sand-seaside.com. Details finden Sie in den Unterkunfts-Kapiteln der Inseln.

Tipp: Selbst wenn man nur eine Bleibe für die kommende Nacht sucht, sollte man die anvisierte Unterkunft stets zuerst telefonisch kontaktieren. In der Regel lässt sich damit ein besserer Preis oder ein Rabatt *(Discount)* erzielen. Außerdem spart es Zeit fürs Umherfahren und man erhält *Directions* (Hinweise zum Anfahrtsweg).

Noch ein Tipp: Eine weitere Möglichkeit, eine Unterkunft zu finden, besteht darin, sich an einer Tankstelle oder in einem kleinen Lebensmittelladen zu erkundigen. Oft erhält man dort wertvolle Tipps, oder der Inhaber des Ladens ruft persönlich bei der Unterkunft (B&B) an. Da *Local Calls* (also eine Art Ortsgespräche) in Hawaii von Privatanschlüssen aus kostenlos sind, ist dieser persönliche Einsatz für den Touristen eher als Service für gute Tank- bzw. Lebensmittel-Kunden zu sehen.

Steuern, Frühstück

Alle Preisangaben sind netto, hinzu kommt **immer** die **Hotelsteuer,** die zwischen vier und acht Prozent beträgt.

Bei einer Buchung vor Ort ist **nie** ein **Frühstück** im Preis enthalten. In den meisten besseren Hotels gibt es üppige Frühstücksbüffets, an denen man sich ab etwa 12 $ (meist 15 bis 20 $, teilweise bis 30 $) bedienen und nach Herzenslust sattessen kann. Manchmal besteht die Möglichkeit, nur ein *Continental Breakfast* am Buffet einzunehmen und durch das Weglassen der warmen Speisen etwas Geld zu sparen.

Gepäckträger

In der Regel bringt ein *Bell Boy* genannter Kofferträger die Gepäckstücke aufs Zimmer. Für diesen Service ist ein Dollar pro Gepäckstück üblich, bei schweren oder sperrigen Teilen etwas mehr, bei drei Gepäckstücken dann 5 $. Achtung: Normalerweise wechselt der *Bell Boy* kein Geld. Man sollte sich daher spätestens beim Bezahlen des Transfers vom Flughafen zum Hotel mit Ein-Dollar-Noten eindecken.

Privat-Unterkünfte

Bed & Breakfast

Eine Übernachtungsform, die man in Hawaii im Vergleich zu Hotels noch selten, aber immer öfter antrifft, ist Bed & Breakfast (Übernachtung mit Frühstück, kurz B&B) in Privathäusern und Pensionen. Bei Besuchern aller Altersgruppen erfreut sich Bed & Breakfast in letzter Zeit steigender Beliebtheit. Vereinzelt bietet diese Unterkunftsform Einblicke in das Alltagsleben auf den Inseln sowie kurzfristige Buchungsmöglichkeiten.

Die Zimmer sind in der Regel in sehr kleinen Häusern (recht oft ohne Klimaanlage) untergebracht und nicht in einem unpersönlichen Hotelblock.

Wegbeschreibung

Da die Zimmer/Bungalows/Apartments in den meisten Fällen etwas abseits der Küste liegen, befinden sie sich oft 100 bis 500 oder gar 1000 m über dem Meeresspiegel, so dass die Klimaanlage in der Regel auch nicht erforderlich ist. Aufgrund dieser (teilweise auch sehr ruhigen) Lage abseits der Massen sind diese Häuser nicht immer leicht zu finden, so dass sich empfiehlt, rechtzeitig nach einer Wegbeschreibung (*directions*) zu fragen. Wer das gesuchte Quartier partout nicht findet, sollte telefonisch den Vermieter um Hilfe bitten.

Preis

Beim Preis bieten Privat-Unterkünfte nur manchmal Vorteile gegenüber Hotels. Rechnen Sie je nach Lage und Komfort mit etwa 80 bis 200 $ pro Nacht und Doppelzimmer. Der Durchschnittspreis liegt zwischen 100 und 115 $.

Während Travellers Cheques fast immer akzeptiert werden, ist das bei Kreditkarten nur teilweise der Fall.

In der Regel wird ein **Mindestaufenthalt** von drei (manchmal auch nur zwei) Nächten verlangt.

Mini-Apartment, Cottage

Mittlerweile ist vieles, was sich Bed & Breakfast nennt, gar keine echte Frühstückspension mehr. Vielmehr haben die meisten Vermieter mittlerweile eine *Kitchenette* (kleine Selbstversorger-Küche) eingebaut und bieten dafür kein Frühstück mehr an. Etwa 80 % aller privaten Unterkünfte verfügen heute über einen eigenen Eingang, eigenes Bad und Kochgelegenheit, sind somit eine Art Mini-Apartment, so dass Begriffe wie *Private Vacation Rental* oder *Cottage* wohl passender wären.

Ein klassisches Bed & Breakfast ist trotz des eigentlich niedrigeren Komforts (z. B. Gemeinschafts-Bad) mittlerweile eher teurer als ein Ferien-Apartment von privat. Der Grund dafür dürfte zum einen in der Atmosphäre und den damit verbundenen Kontaktmöglichkeiten liegen und zum anderen schlicht und einfach Marketing-Gründe haben, denn echtes B&B ist nun mal angesagt. Achtung: Auch manche Hotels nennen sich Bed & Breakfast.

Wer heute in Hawaii ein B&B neu aufmacht, der darf nichts Selbstgekochtes anbieten, denn Kochen dürfen die Inhaber nur für ihre Gäste, wenn sie ein lizenziertes B&B sind, und eine Lizenz ist so gut wie nicht zu bekommen. Die Lizenz beinhaltet diverse Auflagen wie beispielsweise eine separate Gästeküche (Hygiene-Verordnung), ausgewiesene Parkplätze etc. Wenn man somit nicht genau aufpasst, erhält man in einem B&B nur abgepacktes Gebäck und Obst.

Viele der Privat-Vermieter sind tagsüber berufstätig, so dass sie nur am Abend telefonisch persönlich erreichbar sind; tagsüber ertönt dann nur der Anrufbeantworter. Auch bei den B&Bs/Apartments/Cottages sollte man möglichst bereits drei Monate im Voraus buchen, denn die schönsten Unterkünfte bzw. die echten Schnäppchen sind am schnellsten vergriffen. Wer kurzfristig bucht, bekommt sehr oft nur noch zweite oder gar dritte Wahl.

Eine Leserin schrieb: „Wir haben auf den Inseln viele ausgefallene Privat-Unterkünfte gesehen: echte Baumhäuser, exotische Bambushäuser, japanische Teehäuser, echte Shacks (ganz einfache Hütten), Artist Cottages (von Künstlern individuell gestaltete kleine Häuschen/Hütten) und mehr. Die Leute lassen sich hier viel einfallen und wer einmal so Ferien macht, der will nie mehr ins Motel."

Vermittler

Im Reisebüro ist die Auswahl der Privat-Unterkünfte meist ziemlich dürftig. Wer somit in einem B&B, Cottage etc. übernachten möchte, muss Eigeninitiative zeigen. Zwar bietet das Internet hier hervorragende Möglichkeiten, aber es ist auch sehr zeitaufwendig, stets das Kleingedruckte zu lesen. Viel Arbeit spart, wer von Europa aus direkt an einen Vermittler von Privat-Unterkünften herantritt, der auf den Inseln zu Hause ist. Obwohl die Vermittler von Provisionen leben, zahlt man bei ihnen in der Regel nicht mehr als bei einer Direktbuchung.

Eine kleine **Bitte des Autors:** Wenn Sie gute/schlechte oder auch nur neutrale Erfahrungen mit einem Vermittler gemacht haben (oder auch eine besonders ausgefallene Unterkunft gefunden haben), dann teilen Sie es uns doch bitte kurz per e-Mail mit – ein Dreizeiler genügt: info@reise-know-how.de.

Nachstehend eine kleine Auswahl empfehlenswerter Vermittler von Privatunterkünften:

●**BeBack Hawaii**
3429 Kanaina Avenue, Honolulu, Hawaii 96815, Tel. 732-2921, Fax 732-6618, gebührenfreies Telefon vom US-Festland: 1-877-4BeBack, beback@lava.net, www.beback.com bzw. auf Deutsch: www.beback.com/index_d.htm

Brigitte Baccus, die Inhaberin von BeBack Hawaii, ist Deutsche, wohnt aber seit 1974 mit ihrem Mann in Hawaii. Sie bietet bei Bedarf sogar den Komplettservice bis zum Hochzeitspaket, kennt die Bedürfnisse der deutschen Besucher und berät ihre Kunden umfassend und mit sehr viel Hawaii-Erfahrung. Teilweise sind Brigitte Baccus' Paketangebote (Hotels, Mietwagen, Inter-Island-Flüge) günstiger als die Angebote der europäischen Veranstalter, was bei hawaiianischen Unternehmen sehr selten ist. Reservierung und ca. 15–20 % Anzahlung kann per Kreditkarte erfolgen. Die Restzahlung an die Unterkunft erfolgt meist mit Bargeld oder Traveller Cheques, weil die Privat-Vermieter zu 80 % keine Kreditkarten nehmen. (Inter-Island-)Flüge und Mietwagen bezahlt man bei Ihr fast immer mit Kreditkarte.

●**Bed & Breakfast Honolulu**
3242 Kaohinani Drive, Honolulu, Hawaii 96817, Tel. 595-7533 oder gebührenfrei vom Kontinent sowie von den anderen Inseln unter: 1-800-288-4666, Fax 595-2030. rainbow@hawaiibnb.com, www.hawaiibnb.com

Dieses Unternehmen vermittelt Unterkünfte auf allen sechs Hauptinseln, kooperiert mit dem *Bed & Breakfast Reservations Service Worldwide* und macht einen zuverlässigen Eindruck. Visa-/Mastercard werden akzeptiert.

●**All Islands Bed & Breakfast**
Kailua, Hawaii 96734, Tel. 263-2342, oder gebührenfrei aus den USA 1-800-542-0344, Fax 263-0308, inquiries@all-islands.com, www.all-islands.com.

Dieses Unternehmen vermittelt für alle Inseln, hält ein *Directory* (Gesamtverzeichnis) bereit. Reservierung und 20 % Anzahlung per Kreditkarte. Restzahlung mit Bargeld oder Traveller Cheques.

●**Bed & Breakfast Hawaii**
PO Box 449, Kapaa, HI 96746, Tel. (gebührenfrei) 1-800-733-1632 oder 822-7771, www.bandb-hawaii.com, reservations@bandb-hawaii.com

Darüber hinaus genügt ein Blick in die **Yellow Pages** (Branchen-Fernsprechbuch von Hawaii), um weitere B&Bs ausfindig zu machen.

Eine wahre Fülle an Unterkünften liefert die **Homepage des hawaiianischen Fremdenverkehrsverbands** unter „Accomodations":
●www.gohawaii.com.

Praktische Tipps

Lanikai Beach im Westen Oahus

Weitere Unterkünfte

Condos

Die *Condominiums* oder *Condos* genannten Apartments (Studios) bzw. **Ferienwohnungen** erfreuen sich vor allem bei den Amerikanern großer Beliebtheit. In der Regel verfügen sie über eine voll eingerichtete Küchenecke inklusive Geschirr, Töpfen, Herd und Kühlschrank im Wohnzimmer sowie ein oder mehrere Schlafzimmer.

Ursprünglich handelt es sich dabei vom Begriff her um Eigentumswohnungen, jedoch wird *Condo* heutzutage oft auch für normal vermietete Apartments gebraucht. Einige europäische Reiseveranstalter haben mittlerweile auch *Condos* in ihr Programm aufgenommen.

Cabins

Cabins, eine Art **Blockhütten,** stehen nur an wenigen Stellen: im Kokee State Park auf Kauai, im Hawaii Volcanoes National Park auf Hawaii Big Island und im Waianapanapa State

Park auf Maui. Es handelt sich dabei um einfache, sehr preisgünstige Unterkünfte ohne Komfort abseits der Touristenzentren, die meist lange im Voraus ausgebucht sind. Nähere Hinweise finden Sie im entsprechenden Inselkapitel.

Backpacker's Hostels

Auf einigen Inseln stehen mit den Backpacker's Hostels relativ preisgünstige Übernachtungsmöglichkeiten zur Verfügung. Die Quartiere sind in der Regel mehr als nur einfach, aber im Mehrbettzimmer schon ab 20 $ pro Nacht zu haben, (mit eigenem Schlafsack).

Camping

Camping in Hawaii

Wer in Hawaii Campingplätze wie auf dem amerikanischen Kontinent vermutet, der irrt. Von wenigen Ausnahmen in den Nationalparks abgesehen, handelt es sich ausschließlich um *Walk-in Campgrounds,* bei denen das Auto am Parkplatz bleibt, das Zelt aber auf einer für Fahrzeuge gesperrten Wiese steht.

Folgende Faktoren haben den Autor wiederholt bei verschiedenen Reisen beim Camping gestört:

- Die **Reservierung** von Campingplätzen ist trotz Internet relativ aufwendig, und oft sind die schönen Plätze bereits alle lange im Voraus ausgebucht (vor allem an Wochenenden).
- Die **sanitären Einrichtungen** sind häufig sehr dürftig, werden aber regelmäßig (meist täglich) gereinigt.

- An den Plätzen in Strandnähe treffen sich nicht nur an Wochenenden die Einheimischen zu **lautstarken Festen,** bei denen trotz Verbots große Mengen Alkohol konsumiert werden, wodurch der Lärmpegel ständig steigt. Bitten um Ruhe stoßen oft nur auf Ablehnung oder auf Aggression. Auf Hawaii Big Island hat man sich dieses Problems bereits angenommen, am Spencer Beach Park dürfen sich nach 22 Uhr nur noch Camper aufhalten. Wachpersonal sorgt für die Einhaltung dieser Regel.
- Bei der **Anmietung eines Fahrzeugs** fragen die Autovermieter nach dem Namen des Hotels, in dem man untergebracht ist. Wer hier „Camping" sagt, bekommt in der Regel trotz Reservierung und Mietgutschein das Fahrzeug nicht.
- Durch die vielen innerhawaiianischen Flüge muss **die Ausrüstung** oft verstaut, herumgetragen und eingecheckt werden. Da die Airlines damit nicht gerade zaghaft umgehen und sich ein Zelt mit Isomatte und Schlafsack schlecht im Hartschalenkoffer verstauen lässt, leidet die Ausrüstung erheblich unter einer Hawaii-Reise. Weil in Hawaii Camping relativ unüblich ist, gibt es so gut wie keine Möglichkeit, vor Ort entsprechende Ausrüstung nachzukaufen.
- Während die eigentlichen Zelte ziemlich selten einem **Diebstahl** zum Opfer fallen, wechseln selbst Schlafsäcke und Isomatten, die tagsüber im Zelt liegen, manchmal unfreiwillig den Besitzer. Um diesbezüglich auf Nummer Sicher zu gehen, kommt man um

das allmorgendliche Einpacken der gesamten Ausrüstung nicht herum.

● Da Camper nur relativ wenig Geld auf den Inseln lassen, ist man an ihnen in Hawaii generell nicht besonders interessiert. Auch das Image der Camper-Touristen ist rundum schlecht. Wer in Hawaii campt, wird meist als Aussteiger angesehen. Dementsprechend aufwendig ist es, eine Erlaubnis zu bekommen. Die Campingplätze existieren wohl nur noch, weil die Einheimischen hier gerne (primär am Wochenende) ausspannen.

Wen dies nicht beeindruckt, der kann auf Kauai, Maui, Molokai und Hawaii Big Island sehr preisgünstig an teilweise sehr schön gelegenen Plätzen übernachten. Auf Lanai gibt es nur einen sehr kleinen Campingplatz, der möglicherweise von der Bildfläche verschwinden soll. Auf Oahu sollten Sie aus Sicherheitsgründen nicht campen!

Campingplätze

Campgrounds in County Parks liegen meistens direkt am Meer. Viele verfügen über einen eigenen Strand und sind oft sehr schön, manchmal sogar traumhaft gelegen. Sie sind meist mit Kaltwasserduschen ausgestattet und verfügen teilweise über so genannte *Pavillons* (überdachte Tische und Bänke).

Pro Person und Tag kostet die Übernachtung 3 $. In den meisten Parks darf man nur einmal für bis zu 5 Nächte innerhalb von 30 Tagen campen. Teilweise variieren diese Regeln kurzfristig ohne ersichtlichen Grund.

Die Buchung selbst und die Erteilung einer *Camping Permit* (Genehmigung) erfolgt im *County Building* in Lihue (für Kauai), Wailuku (für Maui), Kaunakakai (für Molokai) oder Hilo (für Big Island). Ohne *Permit* darf hier nicht gecampt werden; die Kontrollen finden manchmal mitten in der Nacht oder frühmorgens statt. Das Erlangen einer *Camping Permit* für einen *County Park* ist eine rundum umständliche Angelegenheit. Die Details stehen jeweils in den Kapiteln der einzelnen Inseln.

● **Campgrounds in State Parks** sind nur auf Kauai, Maui sowie eventuell auf Molokai interessant. Auf Hawaii Big Island liegen die *State Parks* mit Campingmöglichkeit in einer eher unsicheren Gegend.

In State Parks ist pro Nacht eine Gebühr von 5 $ pro Family Campsite (bietet Platz für bis zu 10 Personen) fällig. Allerdings gelten hier ähnlich einschränkende Regeln wie bei *County Parks*. Bei der Erteilung der *Permit* muss für jede Person, die dort übernachten will, der gültige Reisepass vorgezeigt werden. Die Buchung kann für alle Inseln auf einmal in einem *State Building* vorgenommen werden. Ohne *Permit* darf auch hier nicht gecampt werden. Das Prozedere und die Regeln ändern sich öfter. Die jeweils aktuell gültige Regelung erfährt man nur im Internet unter: www.state.hi.us/dlnr/dsp/dsp.html. Die Hinweise in den Unterkunfts-Kapiteln der einzelnen Inseln sind von daher nur als Momentan-Aufnahme zum Zeitpunkt des Redaktionsschlusses zu sehen. Eine

Ausnahme bildet der *Haena-Kalalau-Trail*, auf den im Kapitel Kauai ausführlich eingegangen wird. Der Popularität dieses Wanderweges ist es wohl auch zu verdanken, dass Reservierungen für *State Parks* nunmehr per Kreditkarte möglich sind.

●**Campgrounds in National Parks.** Sowohl auf Maui als auch auf Hawaii Big Island existieren in den Nationalparks jeweils zwei recht schöne Campingplätze mit akzeptablen sanitären Einrichtungen. Die Übernachtung ist hier kostenlos, allerdings auf jeweils maximal 3 Tage innerhalb von 30 Tagen limitiert. Ein *Permit* ist nicht erforderlich.

●**Private Campgrounds.** Auf Kauai und Maui gibt es akzeptable private Campingplätze, auf denen die Zelte allerdings ziemlich dicht beieinander stehen. Die Kosten liegen bei etwa 8 bis 15 Dollar pro Person und Nacht. Der große Vorteil dieser Plätze besteht darin, dass sich meist noch ein Plätzchen findet, selbst wenn die anderen Campgrounds bereits voll sind.

●Vom **wilden Campen** rät der Autor ab, denn wildes Campen heißt in Hawaii meist Campen auf einem Privatgrundstück, was wiederum von den Besitzern nicht sehr geschätzt wird. Die Polizei weiß, dass die Grundbesitzer das wilde Campen nicht mögen und hält diesbezüglich die Augen offen.

Fotografieren

Filme

Jeder Supermarkt und jeder Souvenirladen verkauft Filme, aber das Sortiment ist stark eingeschränkt. Wer einen Film kauft, der kann schon „Oh, you still use analog film" zu hören bekommen. Erheblich mehr als 90 % der in Hawaii erhältlichen Filme stammen vom Hersteller Kodak, sind Negativfilme und weisen jeweils 24 Aufnahmen auf. Wer da versucht, auf den Inseln einen Diafilm mit 36 Aufnahmen zu bekommen, der muss sich anstrengen. Wenn dieser Film dann gar von Fuji sein soll, dann wird der Kauf zum Spießrutenlauf, bei dem man am Ende bereitwillig 20 $ für einen 36er Diafilm ohne Entwicklung bezahlt, wenn es überhaupt klappt.

Fazit: Nehmen Sie Ihren gesamten **Film- und Akkubedarf** von Europa mit nach Hawaii.

Negativfilme werden in allen Touristenzentren im Expressverfahren **entwickelt.** Meist sind nach einer Stunde bereits die Abzüge fertig. Ein üblicher Preis für die Entwicklung eines 36er Negativfilms inklusive Abzüge 9 x 13 ist 10 $ in den ABC-Stores, zum Teil werden aber auch bis zu 20 $ verlangt. Manche Expressdienste entwickeln auch Diafilme.

Auch von **digitalen Medien** kann man sich in den Touristenzentren oftmals Abzüge machen lassen. Darüber hinaus brennen diverse Läden die Bilddaten von der Speicherkarte auf eine CD. Speicherkarten sind auf den Inseln meist etwa doppelt so teuer wie in Deutschland.

Foto-Ausrüstung

Um in Hawaii vernünftige Bildresultate zu erzielen, ist ein **UV- oder Skylightfilter** für alle Kameras (auch digitale) ratsam.

Die **Preise** für Fotoapparate, Videokameras und Zubehör sind in Hawaii mindestens so hoch wie in Europa, meist höher.

Die **Auswahl** ist meist sehr dürftig und geht selten über einfache Autofocus-Kompaktkameras bzw. Digitalkameras hinaus.

Die größte Auswahl (wie bei uns: fast nur noch Digitalkameras) bieten die Foto-Fachgeschäfte *Ritz Camera* und *Sam Goodys* in der Ala Moana Shopping Mall auf Oahu.

Preisgünstiger ist es meist, im **Versandhandel** das entsprechende Material zu bestellen und sich dieses per *Federal Express* ins Hotel schicken zu lassen, bezahlt wird dabei per Kreditkarte. Entsprechende Foto-Fachzeitschriften (z. B. *Shutter-Bug*) stehen in jedem Zeitschriftenregal.

Video/Speicherkarten

Videocassetten und Speicherkarten sind in Hawaii eher teurer als bei uns, aber für die Systeme VHS und Video 8 sowie Mini-DV meist recht leicht zu

> **Buchtipp**
> ● *Helmut Hermann:* **Reisefotografie,** Praxis-Reihe, REISE KNOW-HOW Verlag
> ● *Volker Heinrich:* **Reisefotografie digital,** Praxis-Reihe, REISE KNOW-HOW Verlag

bekommen. Wichtig ist, dass das Akkuladegerät für die Kamera auch mit 110 V arbeitet (siehe weiter unten).

Elektrizität

Hawaii verfügt über ein Wechselstromnetz mit einer **Spannung von 110 – 125 V** und einer Frequenz von 60 Hertz. Geräten, die sich auf 110/ 125 V umschalten lassen, schadet der Frequenzwechsel von 50 auf 60 Hz nicht. Rasierapparate laufen etwas schneller.

Föhn, Rasierapparat, Akku-Ladegerät und andere elektrische Geräte lassen sich dort nur betreiben, wenn sie von 220 V auf 110 V umstellbar sind oder ausdrücklich für den gesamten Spannungsbereich von 100 bis 240 V ausgewiesen sind. Das ist mittlerweile bei den meisten neuen Schaltnetzteilen z. B. für Notebooks, Handys und Akkuladegeräte der Fall. Dennoch sollte man die Ausrüstung rechtzeitig vor Abflug auf ihre 110-Volt-Tauglichkeit überprüfen.

Achtung: **Nach der Rückkehr** bei Bedarf unbedingt auf 220 V zurückstellen, sonst droht der Totalausfall. Ein Aufkleber am Stecker zur Erinnerung hat sich sehr bewährt.

Darüber hinaus ist ein **Adapter** für den Stecker erforderlich, der möglichst schon aus Europa mitgebracht werden sollte, weil Adapter erfahrungsgemäß in Hawaii nur schwer zu beschaffen sind, eine große Auswahl bietet hier Radio Shack. Adapter sind in Europa in Travel-Shops und vielen Kaufhäusern zu haben.

Studium in Hawaii

Im August 2004 bin ich von meiner Berliner Heimat aus um die halbe Welt geflogen, um im Anschluss an mein Wirtschaftsstudium in Berlin für ein Jahr im Rahmen meines Fulbright Stipendiums in den USA meinen MBA-Abschluss zu machen. Meine Entscheidung für die Wahl der amerikanischen Hochschule fiel nicht schwer. Studieren inmitten von Sonne, Strand, Meer und Palmen, an einer Uni mit internationalen Studenten aus der ganzen Welt? Ja, das wollte ich.

Daher fiel meine Wahl auf die Hawaii Pacific University (HPU) in Honolulu auf Oahu. Entgegen der allgemeinen Meinung kann man in Hawaii nicht nur wunderbar Urlaub machen, sondern auch in einem mörderischen 12-Monats-Stressprogramm den MBA erlangen. 12 Monate später, also im August 2005 hielt ich nach einem lehrreichen, intensiven, positiven und mich an meine persönlichen Grenzen treibenden Jahr voller Stolz mein MBA-Abschlusszeugnis in den Händen. Aber der Reihe nach ...

Nach meiner Ankunft erschlugen mich am Ziel meiner Träume erst mal die Wand aus 30 °C Lufttemperatur sowie 80 % Luftfeuchtigkeit und auch ansonsten die herbe Realität. Die Hotelbunker in Waikiki, der Lärm und die Hektik erinnerten mich keineswegs an das von mir erträumte und ersehnte Paradies. Hinzu kamen der Stress und die Schwierigkeiten der Wohnungssuche, verschärft und verstärkt durch die unglaublich hohen Preise auf den Hawaii-Inseln.

Wie Tausende andere frisch angekommene Studenten habe ich in den ersten Wochen in Zeitungen und Internet die Anzeigen nach bezahlbaren Appartements abgegrast. Bezahlbar hieß locker um die 1000 Dollar und mehr für ein Studio bzw. ab 500 $ aufwärts für ein Zimmer in einer WG, das man sich mit einem anderen Studenten teilt. Ich habe echte Bruchbuden zu unverschämten Preisen zu sehen bekommen, und zum Schluss wollte ich eigentlich nur noch etwas ohne Kakerlaken haben. Hier lernt man das Prinzip von Angebot und Nachfrage ganz neu und an sehr praktischen Beispielen kennen.

Irgendwann zwei Wochen und jede Menge gelassene Nerven später hatte ich dann aber auch endlich etwas gefunden. Ich bin in ein Studio im Herzen Waikikis gezogen, nur einen Block vom Strand entfernt. Mit unglaublich günstigen 700 Dollar pro Monat für ein eigenes Zimmer mit Bad und Küchenzeile hatte ich im Gegensatz zu vielen meiner Mitstudenten extrem viel Glück gehabt. (Ich durfte nur nicht drüber nachdenken, dass ich in Berlin für eine 100-m²-Dachgeschosswohnung auch nicht mehr bezahle, aber Berlin bietet vielleicht auch nicht den richtigen Vergleichsmaßstab, man zahlt halt in Hawaii den Paradieszuschlag).

Auch von meinen Vorstellungen, jeden Tag am Strand zu liegen und dort zu lernen, konnte ich mich schnell verabschieden. In der Praxis musste ich leider feststellen, dass ich wirklich nicht zum Urlaub machen in Hawaii bin und das 12-Monats-MBA-Programm es wirklich in sich hat.

Mit mir hatten ca. 20 weitere Studenten aus aller Welt das 12-Monats-MBA-Programm begonnen und wir wurden von unseren Professoren am ersten Tag begrüßt mit den Worten „Welcome to the No Life MBA". Wir mussten im Laufe der vier Semester (in einem Jahr!) leider feststellen, dass das nicht untertrieben war. In den ersten Wochen habe ich den Strand nur noch von weitem gesehen.

Die Tage waren ausgefüllt mit Hausaufgaben, Gruppenprojekten, 20-seitigen Papers und Präsentationen. Der Arbeitsaufwand für jeden einzelnen Kurs ist im Unterschied zum deutschen Studium enorm hoch. Jede Woche gibt es einen Test, ein Quiz oder eine Fallstudie zu bearbeiten und Hunderte von Seiten zu lesen. Übrigens: Anwesenheit ist Pflicht. Meiner Meinung nimmt man durch das aktive Auseinandersetzen mit jedem Kurs aber viel mehr mit als in der einen oder anderen deutschen Vorlesung, wo man seinen Prof. nur zur Prüfung sieht.

Nachdem ich den Anfangsstress, das Herbstsemester und das Wintersemester und somit die ersten 6 Monate hinter mir hatte,

Praktische Tipps

hatte sich mein Leben eingependelt und ich mich ganz gut an das enorme Arbeitspensum gewöhnt. So konnte ich wieder anfangen, auch ein Leben außerhalb der Uni zu haben sowie die Zeit in Hawaii auch wirklich zu genießen und nach dem Hang-Loose-Motto der Hawaiianer leben zu lernen.

Die Betreuung der Studenten an der HPU ist wirklich toll, die Professoren sind sehr gut, fähig und international besetzt. Es gibt nicht mehr als 20 Studenten pro Kurs und der Professor kennt jeden Studenten mit Namen. Wenn die Professoren im Hawaiihemd in die Vorlesung kommen oder die Mitstudenten mit Surfbrett direkt vom Strand zur Vorlesung erscheinen und man selbst mitten im Winter mit kurzer Sommerbekleidung und Flip Flops (einfache Badelatschen) im Klassenraum sitzt, dann kommt trotz all der Lernerei schon das Aloha-Feeling auf.

Sobald man rausfährt aus Honolulu, die Küsten entlang, entdeckt man die wirklich schönen Seiten von Oahu, und dann kommt auch das Paradiesfeeling: schöne Landschaften, tropische Pflanzen, Blumen und Palmen überall. Alles ist sehr grün und die Surferstrände an der weltberühmten Northshore oder in Kailua haben wirklich Traumstrandqualitäten mit ihrem weißen Sand, dem extrem klaren blauen Wasser und kuscheligen 25 °C Wassertemperatur das ganze Jahr über. Beim Schnorcheln in der traumhaften Hanauma Bay haben wir regelmäßig Wasserschildkröten gesehen. Im Februar ist in Hawaii Walsaison, und bei einer Katamarantour kann man etliche dieser riesigen Meeresbewohner beobachten: sehr beeindruckend.

Im November 2004 hatten wir das Glück der ganz großen Wellen und der weltberühmten Surfmeisterschaften. Surfprofis aus der ganzen Welt zeigten, was sie können bei bis zu 50 Fuß (15 m) hohen Wellen. Seit Jahren zum ersten Mal gab es im Dezember 2004 den „Eddie Would Go" – Big Wave Surfcontest, wo die Weltelite der Surfer zu Ehren des verstorbenen hawaiianischen Surfers Eddie Aikau riesige lebensgefährliche Wellen surft. Das sind Bilder, die ich mein Leben lang nicht mehr vergessen werde.

Neben der beeindruckenden Landschaft gibt es aber auch einiges an hawaiianischer Kultur zu entdecken, z. B. bei einer Fahrt ins Polynesian Culture Center, beim Hula-Tanz, beim Flechten der Lei-Blumenkränze oder beim Luau. Die wenige freie Zeit, die ich in Hawaii hatte, habe ich auch dazu genutzt, mir einige der anderen faszinierenden hawaiianischen Inseln anzusehen.

Neben dem Surfen habe ich mein Herz fürs Segeln entdeckt. Hawaii bietet eines der besten Segelgebiete der Welt, mit anspruchsvollen Winden und einer traumhaften Kulisse. Ich habe auf einer Segelyacht angeheuert, auf der wir regelmäßig für Rennen trainiert haben und selber Rennen gesegelt sind. Zwischen den hawaiianischen Inseln zu segeln hat einen ganz besonderen Reiz.

Mein Jahr in Hawaii war sehr intensiv, hat mich extrem geprägt, mir meine Grenzen gezeigt, mir neue Perspektiven, die Welt zu sehen, eröffnet und mir einige gute neue Freunde beschert. Spätestens als es in Deutschland im Winter kalt und ungemütlich war und ich in Hawaii immer noch die Sonne genießen sowie jeden Tag im Meer baden, surfen oder segeln gehen konnte, aber auch die Möglichkeit hatte, im Open Air Kino unterm Sternenhimmel am Strand zu sitzen oder die malerischen Sonnenuntergänge mit einem Mai Tai in der Hand zu beobachten, da wusste ich, warum ich mich trotz all dem Stress an der Uni für Hawaii entschieden habe.

Mir hat es so gut gefallen, dass ich seit Dezember 2005 wieder zurück bin in Hawaii, um für ein weiteres Jahr hier zu arbeiten.

Aloha, a hui hou und Hang Loose

Anja Frommelt

212ha Fotos: av

Land und Leute

213ha Foto: av

214ha Foto: av

Beim Tauchen

Hula

Puuhonua o Honaunau

Geologie und Vulkanismus

Geologische Geschichte

Lange Zeit hindurch konnte man sich die Entstehung der Inselkette Hawaii nicht recht erklären. Erst die Theorie, die von J. Tuzo Wilson im Jahr 1963 aufgestellt wurde, ordnete alle Phänomene in einem neuen Zusammenhang. Wilsons Theorie gilt heute als Erklärung für die Entstehung der Inselkette und für den Vulkanismus in Hawaii. Um sie nachvollziehen zu können, sollen zwei Teilaspekte näher erläutert werden:

Hot Spot

Die geologische Geschichte Hawaiis ist eng verknüpft mit dem Vulkanismus, ja sie ist sogar ein Musterbeispiel für die Entstehung von Inseln vulkanischen Ursprungs. Hawaiis Vulkanismus geht auf einen so genannten Hot Spot (heißer Punkt) zurück. Es handelt sich dabei um eine Stelle, an der der obere Erdmantel besonders dünn ist. Daher kann das heiße Magma aus dem Erdinnern relativ nahe an die äußere Erdkruste gelangen, wodurch diese an einem Punkt aufgeschmolzen wird. Dieses Aufschmelzen nehmen wir als Vulkanismus wahr, denn dabei tritt flüssiges Magma aus dem Erdinnern nach außen. Sowie das Magma das unterirdische Rohrleitungssystem, durch das es an die Erdoberfläche gelangt, verlassen hat, spricht man nicht mehr von Magma, sondern von Lava.

Bereits vor etwa 70 bis 80 Millionen Jahren begann im Bereich der Hawaii-Inseln die erste Lava genau an der Stelle aus dem Erdinneren zu fließen, an der sich jetzt die Südostküste von Hawaii Big Island befindet. Diese Stelle, dieser Hot Spot ist also geostationär, d. h. immer genau an der gleichen Stelle der Erdkugel. Wieso aber gibt es dann nicht einen großen Vulkan, sondern eine ganze Inselkette?

Plattentektonik

Die Erdkruste besteht nicht aus einem einzigen Stück, sondern aus einzelnen Kontinentalplatten, die auf dem unteren Erdmantel (er besteht aus flüssigem, sehr heißem Magma, das unter hohem Druck steht) „schwimmen". So gibt es eine europäisch-asiatische Kontinentalplatte, eine antarktische, eine indo-australische, eine pazifische, eine nordamerikanische und eine südamerikanische Kontinentalplatte. Diese Platten bewegen sich. Man geht davon aus, dass die Kontinente einstmals zusammenhingen und sich dann von einander lösten. Dieser Prozess der **Kontinentalverschiebung** – von Alfred Wegener bereits 1912 als Theorie aufgestellt und inzwischen durch zahlreiche Beweise gesichert – wird auch als Plattentektonik bezeichnet.

Sehr viele Vulkane entstehen an Stellen, an denen zwei Kontinentalplatten aufeinandertreffen oder sich vonei-

Buchtipp

● Jens Edelmann: **Vulkane besteigen und erkunden,** Praxis-Reihe, REISE KNOW-HOW Verlag

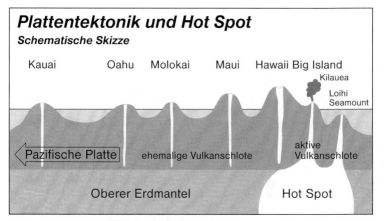

Plattentektonik und Hot Spot
Schematische Skizze

Kauai   Oahu   Molokai   Maui   Hawaii Big Island
                                            Kilauea
                                            Loihi
                                            Seamount

Pazifische Platte   ehemalige Vulkanschlote   aktive Vulkanschlote

Oberer Erdmantel   Hot Spot

Land und Leute

nander entfernen. Das ist zum Beispiel auf Island der Fall. Bei Hawaii liegt der Sachverhalt anders, denn die Inseln liegen mitten auf der pazifischen Platte. Hier handelt es sich um Hot-Spot-Vulkanismus.

Entstehung der Inselkette

Über den geostationären *Hot Spot* gleitet mit einer Geschwindigkeit von etwa 10 cm/Jahr die pazifische Kontinentalplatte Richtung Nordwesten. Das Magma, das durch den Hot Spot ausgeworfen wird, bildet tief unter dem Meeresspiegel beginnende **Lavaberge.** Die Spitzen dieser Berge kennen wir als die Inseln von Hawaii.

Aufbau

Ein Blick auf die genaugenommen knapp 5000 km lange Inselkette von Hawaii zeigt, dass die Inseln wie an einer Schnur aufgereiht sind, was sich jetzt leicht erklären lässt: Irgendwann,

nachdem eine Insel geboren war, war ihre Entfernung zum Hot Spot wegen der Kontinentaldrift so groß, dass die unterirdischen Magmazuflüsse verstopften, weil sie erkalteten. Stattdessen suchten sich die austretenden Magmaströme neue, leichtere Wege: Ganz langsam wuchs eine neue Insel.

Die so gebildete Inselkette beginnt an den Aleuten im Norden und macht an einer Stelle einen gut sichtbaren Knick. Wissenschaftler schließen daraus, dass vor etwa 40 Millionen Jahren die pazifische Kontinentalplatte ihre Driftrichtung änderte.

Erosion

Die Erosion durch Wind und Wasser sorgte dafür, dass die Inseln sich veränderten. Sie formte die Oberfläche, sorgte für die Entstehung der fruchtbaren Vulkanerde und schuf damit die Grundlage für pflanzliches und später auch tierisches Leben.

Dieser Erosionsprozess schreitet aber stetig voran, er zerstört die Inseln mit der Zeit auch wieder; genauer gesagt, die Erosion sorgt für das langsame Abtragen der Inseln. Die ältesten Inseln Hawaiis (von den Aleuten bis zum Knick in der Inselkette) sind schon gar nicht mehr sichtbar, weil sie bis unter den Meeresspiegel abgetragen sind, und die nordwestlichen Inseln (Midway Islands, French Frigate Islands) sind nur noch sehr flach. Daher bezeichnet man im Normalfall nur noch den etwa 2500 km langen, sichtbaren Teil der Inseln, nämlich von Midway bis Big Island, mit dem Namen Hawaii; im touristischen Sinn sind mit „Hawaii" sogar nur die südlichsten acht Inseln gemeint. Je weiter man nach Südosten kommt, um so höher ragen die einzelnen Inseln aus dem Meer empor, denn die Inseln im Nordwesten sind am ältesten und die Inseln im Südosten am jüngsten, sie liegen direkt in der Nähe des *Hot Spot.*

Gipfelhöhen

Während zum Beispiel die höchste Erhebung Kauais immerhin schon 1598 m über dem Meeresspiegel liegt, hat der Berg Haleakala auf der gut 300 km südöstlich gelegenen Insel Maui bereits eine Höhe von über 3057 m. Auf der jüngsten Insel der Kette, Hawaii Big Island, stehen auch die beiden höchsten Berge Hawaiis: der 4169 m hohe Mauna Loa und der 4205 m hohe Mauna Kea. Unter dem Meeresspiegel setzen sich diese Berge noch einmal über 5000 m tief fort. Mit einer Höhe von etwa 9000 m vom Fuß bis zum Gipfel sind sie damit die höchsten Berge der Erde.

Loihi Seamount

Big Island wächst noch, denn hier besteht noch eine Verbindung zur „Magmapipeline" vom *Hot Spot.* Währenddessen wächst wenige Kilometer südlich von Big Island, genau oberhalb des *Hot Spot,* bereits ein neuer Vulkankegel. Hier entsteht die Insel Loihi (*Loihi Seamount*), die sich mittlerweile schon weit mehr als 4000 m über dem Meeresgrund erhebt. Sie muss nicht einmal mehr 1000 Höhenmeter wachsen, bis sie aus dem Meer auftaucht – aber das dauert noch mindestens tau-

Meeresstraßen zwischen den Inseln		
zwischen	Name	Breite [km]
Niihau und Kauai	Kaulakahi Channel	27
Kauai und Oahu	Kauai Channel	115
Oahu und Molokai	Kaiwi Channel	47
Molokai und Lanai	Kalohi Channel	14
Lanai und Maui	Auau Channel	14
Molokai und Maui	Pailolo Channel	14
Lanai und Kahoolawe	Kealaikahiki Channel	29
Kahoolawe und Maui	Alalakeiki Channel	11
Maui und Hawaii	Alenuihaha Channel	48

Glossar zum Vulkanismus

Ash	Asche
Caldera	Caldera (von span. „Kessel"; eingestürzter Vulkankrater)
Cinder	Schlacke
Cinder Cone	Kegelförmiger Berg aus Schlacke
Crater Rim	Kraterrand
Kilauea	Derzeit aktiver, sichtbarer Vulkan auf Hawaii Big Island
Kipuka	Eine von einem Lavafluss verschonte Stelle an einem Berghang; meist eine grüne Insel inmitten einer Lavawüste
Kupaianaha	Einer der derzeit aktivsten Vulkankrater des Kilauea-Massivs (meist Ausgangspunkt für unterirdische Lavaflüsse)
Lava Bomb	Lavabombe (ein großer Lavabrocken, der en bloc herausgeschleudert wurde)
Lava Tree	Ein Baum, dessen Rinde von schnell vorbeifließender Lava bedeckt wurde. Der Baum stirbt meist. Zurück bleibt ein schwarzer Lavaschlot.
Lava Tube	Lavahöhle (siehe Big Island: Entstehung einer Lava Tube)
Obsidian	Obsidian (sehr harte Lava; sieht aus wie schwarzes Glas)
Pele	Vulkangöttin von Hawaii
Pele's hair	Peles Haar: Extrem dünne, spröde Fäden erkalteter Lava. Die Fäden sind fast so dünn wie Haare.
Pillow Lava	Kissen-Lava
Pit Crater	Kleiner Krater (meist innerhalb eines Kraters), der kleiner als die Gipfelcaldera ist
Pumice	Bimsstein (sehr leicht und porös)
Puu Oo	Name von einem der derzeit aktivsten Vulkankrater des Kilauea-Massivs (kleiner Schlot, meist dampfend)
Rift Zone	Spalte (Austrittsgebiet der Lava; manchmal fließt die Lava von der Riftzone aus unterirdisch weiter)
Ropy Lava	Stricklava
Seamount	Berg unterhalb der Meeresoberfläche (meist: Loihi, die derzeit im Entstehen begriffene Insel südlich von Big Island)
Shield Volcano	Schildvulkan (typisches Beispiel: die weit ausladenden Hänge von Mauna Kea oder Mauna Loa)
Spatter Cone	Lavakegel, der durch unregelmäßig (mal jede Sekunde, mal mit fünf Sekunden Abstand oder in längeren Intervallen) herausgeschleuderte flüssige Lava entsteht
Steam Vent	Dampfendes Loch im Boden (der Dampf entsteht, wenn Grundwasser auf heißes Magma trifft)
Sulfur	Schwefel
Sulfur Banks	Schwefelhügel
Tree Mold	Loch in erkalteter Lava, in dem einstmals ein Baum stand, der von der flüssigen Lava umspült wurde und dann verfaulte. Oft ist die Rindenstruktur noch sichtbar.

Land und Leute

send Jahre. Wahrscheinlich wird Loihi keine neue Insel werden, sondern ein Teil von Big Island.

Vulkane

Nur auf Hawaii Big Island gibt es einen aktiven Vulkan, den Kilauea. Alle Vulkane nördlich von Maui gelten als erloschen, der Haleakala, Mauna Loa und Mauna Kea als schlafend.

Im Lava Tree State Park:
„ordinärer" Lava Tree

Wissenschaftliche Beobachtungen am Kilauea

Aufgrund des sehr geringen Gasgehaltes der hawaiianischen Lava kommt es hier praktisch nie zu gefährlichen Explosionen, sondern lediglich zu relativ sanften Eruptionen, die dann aber ziemlich lange andauern.

Vulkanausbruch

Am 2. Januar 1983 begann einer der längsten Vulkanausbrüche seit Menschengedenken. An diesem Tag begann der Vulkan Kilauea kurz nach Mitternacht mit einer Eruption, die bis heute andauert, manchmal stärker und manchmal schwächer. Allein die Lavaströme dieses Ausbruchs haben weit

Aa-Lava

über 100 Quadratkilometer Land bedeckt sowie die Insel um etwa 130 Hektar vergrößert. Viele Häuser wurden dabei vernichtet und viele Menschen obdachlos.

Vulkanforschung

Für die Wissenschaftler ist der Kilauea mit seiner Dauereruption jedoch ideal, denn sie haben die Möglichkeit, den Vulkanismus am „lebenden Modell" zu erforschen. Daher hat sich Hawaii als das internationale Zentrum der Vulkanforschung etabliert. Bereits im Jahr 1912 gründete *Thomas A. Jagger* das Vulkanforschungs-Observatorium von Hawaii. *Jagger* gilt als einer der Gründerväter der modernen Vulkanologie. Die in Hawaii gesammelten Erkenntnisse haben beispielsweise dazu beigetragen, die Eruption des Pinatubo, die 1991 auf den Philippinen stattfand, vorherzusagen. Damit konnten viele Menschenleben gerettet werden. Insgesamt leben in der Nähe aktiver Vulkane über 500 Millionen Menschen, die allesamt von den Erkenntnissen aus Hawaii profitieren können.

Lava

Bei einer Vulkanexplosion werden oftmals viele verschiedene Stoffe aus der Erde herausgeschleudert: Lava, Bimsstein, Schwefel ...

Land und Leute

Meist treffen Sie in Hawaii auf zwei grundverschiedene Lavaformen: *Pahoehoe-Lava* und *Aa-Lava*. Beide Wörter stammen aus dem Hawaiianischen.

Pahoehoe-Lava

Die Oberfläche der *Pahoehoe-Lava* verfügt über eine ziemlich glatte, durchgehende Haut. In heißem Zustand fließt *Pahoehoe-Lava* relativ zügig. Oft bildet sich auf dem heißen Lavafluss eine erstarrte, aber noch heiße Oberfläche. In vielen Fällen ergeben sich entweder Kissenformen (Kissen-Lava, *pillow lava*) oder weich aneinander gelegte, aufeinander geschobene kreisförmig angeordnete Wellen (Strick-lava, *ropy lava*).

Aa-Lava

Wenn *Pahoehoe-Lava* erkaltet und dabei einen Teil ihrer eingeschlossenen Gase abgibt, kann sich *Aa-Lava* bilden. Deren Oberfläche ist sehr rau. Der Name *Aa* soll von den Polynesiern stammen, die beim (Barfuß-)Laufen über die *Aa-Lava* „aaah-aaah" gerufen haben sollen. *Aa-Lava* bewegt sich sehr langsam, aber fast unaufhaltsam vorwärts, wobei an der Vorderfront immer wieder Brocken abbrechen und herabfallen. Von Laien wird die in der *Aa-Lava* steckende Gewalt aufgrund der sehr geringen Geschwindigkeit leicht unterschätzt.

Farbe

Erstarrte Lava hat je nach chemischer Zusammensetzung eine unterschiedliche Farbe zwischen tiefschwarz und dunkelbraun. Je heller (gelber, weißer) flüssige Lava ist, um so heißer ist sie. Rote Lava ist somit kälter als orangefarbene Lava.

Temperaturen

In Hawaii liegen die Temperaturen der für Touristen sichtbaren Lava im Bereich der Chain of Craters Road meist um die 1000 °C bis 1200 °C.

Lava kühlt bedeutend langsamer ab, als man meist vermutet. Auch 14 Tage nach einer Eruption ist das Gestein oft noch immens heiß. Ein 100 m tiefer Lavasee, der sich beispielsweise im Kilauea-Iki-Krater formte, hatte auch sieben Monate nach seiner Bildung erst eine sechs Meter dicke, feste Kruste.

Die Natur Hawaiis

Überblick

Isolierte Lage

Aufgrund der isolierten Lage Hawaiis entwickelten sich hier Pflanzen- und Tierarten, die nirgendwo sonst auf der Welt zu finden sind. Die Biologen gehen davon aus, dass Samen, Sporen und Insekten mit Zugvögeln sowie teilweise auch mit dem Wind auf die Inselgruppe kamen. Allerdings musste die riesige Distanz von der nächsten Inselgruppe bzw. vom nächsten Festland zunächst einmal überwunden werden. Auf der fruchtbaren Vulkanerde breiteten sich die Pflanzen dann relativ schnell aus.

Entwicklung
neuer Pflanzen und Tiere

Pflanzen und Tiere benötigen etwa 70.000 Jahre, um sich zu verschiedenen Arten (Spezies) zu entwickeln. Da Hawaii über 70 Millionen Jahre alt ist, hatte die Natur somit genügend Zeit dafür. Sie konnte sich ungestört entwickeln und eine gigantische Vielfalt hochspezialisierter Lebewesen hervorbringen. In den Regenwäldern der Inselkette entdeckten die Botaniker beispielsweise über 90 Abarten der Lobelia – eine Pflanze, die ursprünglich aus Südostasien stammt. Vermutlich wurden die ersten Lobeliasamen von einem Hurrican auf die Inseln geweht.

Vor etwa 10 bis 20 Millionen Jahren kam wohl eine kleine Population von nordamerikanischen Finken auf die Inselgruppe. Aus ihnen entwickelten sich im Laufe der Zeit die knapp 50 verschiedenen Arten von Kleidervögeln. Aus einer Schmuckfliegenart wurden mindestens 800 verwandte Arten, aus etwa 100 Insektenarten wurden über 10.000 verschiedene Arten. Eine davon ist die seltene Pinao, die größte Libelle der Welt. Sie kommt nur noch im geschützten Teil des Haleakala National Park auf Maui vor.

Artenreichtum

Dieser Artenreichtum setzte sich in vielerlei Weise fort, so ziemlich in jeder ökologischen Nische entwickelten sich eigene, optimal angepasste Arten. Die meisten Tiere hatten keine natürlichen Feinde, denn in Hawaii gab es nur zwei Säugetierarten: eine Fledermausart und die vom Aussterben bedrohte Mönchsrobbe. So sind beispielsweise viele der hawaiianischen Vogelarten Bodenbrüter. Etwa ein Viertel aller Tierarten der USA kommt nur in Hawaii vor. Gut 95 % der Pflanzenarten sollen in Hawaii vor der ersten Ankunft von Menschen endemisch gewesen sein.

Ankunft der Polynesier

Dann kamen die Polynesier. Da auf den einsamen Pazifikinseln ursprünglich keine Pflanzen wuchsen, die Menschen als Nahrung dienen konnten, brachten die Polynesier ihr eigenes Saatgut, ihre Setzlinge und ihre Haustiere, Schweine und Hühner, mit nach Hawaii. Um Felder für den Ackerbau und die Viehzucht zu bekommen, rodeten diese ersten Siedler kleine Landstriche und sorgten damit für einen ersten, noch relativ unbedeutenden Eingriff in die Ökologie Hawaiis. Schon damals wurden aber bereits einige Vogelarten ausgerottet.

Regenwälder

Die Regenwälder waren für die Polynesier allerdings nicht nutzbar. Deshalb überließen sie diese den Göttern. Ökologisch gesehen wurden die Regenwälder somit von den Polynesiern fast nicht angetastet. Aber eben nur fast, denn für die hawaiianischen Herrscher galt der Federmantel als Symbol der Macht wie bei uns die Krone oder das Zepter. Für eine solche prachtvolle Federrobe mussten ca. 80.000 Kleidervögel sterben. Im Bishop Museum auf Oahu sind solche Federmäntel ausgestellt.

Ankunft der Weißen

Der eigentliche, entscheidende Eingriff in das Ökosystem Hawaii erfolgte mit der Ankunft der ersten Weißen Ende des 18. Jahrhunderts, denn mit den Weißen folgte eine Invasion von Tieren, Pflanzen und Krankheiten, die auf der Inselgruppe bisher fremd waren. So fraßen die Rinder die Landschaft kahl und sorgten damit für eine drastische Dezimierung des Regenwaldes. Nutzpflanzen wie Zuckerrohr und Ananas veränderten mit ihren zahlreichen, groß angelegten Plantagen nachhaltig das Bild der Insel.

Starke Erosion

Der Regenwald war noch in der Lage gewesen, die Niederschläge fast vollständig zu binden und kontinuierlich an Bäche und Flüsse abzugeben, die Plantagen und kahlgefressenen Hänge aber schafften das nicht mehr. Als Folge nahm die Erosion zu. Bei jedem größeren Regen färben sich daher die mit Erde angefüllten Flüsse braun. Diese mit Erde versetzten Flüsse fließen ins Meer, was bei innerhawaiianischen Flügen entlang der Küste oft nicht zu übersehen ist: Das tiefblaue Wasser ist dann in Küstennähe rotbraun gefärbt. Dieser Schlamm setzt sich auch auf die Korallen im Meer und nimmt ihnen das lebensnotwendige Sonnenlicht, was zum Sterben ganzer Korallenriffe führt.

Überwucherung

Selbst so einfache Pflanzen wie die Brombeere können die ursprüngliche Vegetation bedrohen, denn die Brombeere wuchert zu riesigen Hecken und erstickt damit andere Pflanzen. Ein typisches und rein optisch wunderschönes Beispiel für diese Überwucherung finden Sie z. B. auf Kauai im oberen Teil des Nualolo-Trails, wo die Bananenpoka sich mit efeuähnlichen Blättern an den Bäumen hochrankt.

Wildschweine

Die kleinen, dunkel gefärbten Schweine der Polynesier paarten sich mit den großen, hellen Schweinen der Weißen. Ihre Nachkommen, die hawaiianischen Wildschweine, fraßen die Regenwälder selbst in Regionen kahl, die von den Rindern gemieden wurden. Auch verwilderte Ziegen und die teilweise bewusst von Jägern ausgesetzten Axishirsche setzen der ur-hawaiianischen Pflanzen- und Tierwelt zu.

Ratten und Mäuse

Kleintiere wie Ratten und Mäuse betätigten sich als Nesträuber bei zahlreichen Bodenbrütern. Die ebenfalls von den Europäern nach Hawaii importierten Ameisen vernichteten die meisten Insekten in den Tälern. Auch die Krankheiten der Europäer machten vielen Vogelarten zu schaffen.

Etwa die Hälfte der in Hawaii endemischen Vogelarten ist bereits ausgerottet, die andere Hälfte stark gefährdet.

Bergland

Nur die höher gelegenen Regenwälder stellen eine Art letztes Refugium der ur-hawaiianischen Pflanzen und

Tiere dar. Je höher man den Berg hinaufkommt, um so ursprünglicher wird die Flora und Fauna. Auf Kauai handelt es sich dabei um die Alakai-Sümpfe und den Bereich des Waialeale. Auf Maui existiert im Bereich des Oberlaufs des Oheo-Flusses am Osthang des Haleakala ein schwer zugängliches Naturschutzgebiet, das außerdem nur mit einer Sondergenehmigung betreten werden darf. Selbst Wissenschaftler haben Schwierigkeiten, eine solche Genehmigung zu bekommen.

Inseln im Nordwesten

Ebenfalls zur Inselkette Hawaii gehören die etwa 600 km nordwestlich knapp oberhalb des Wendekreises des Krebses gelegenen **French Frigate Shoals,** eine Inselgruppe, die zu allen umliegenden Inseln einen Mindestabstand von 100 km hat. Diese flachen Inseln dienen als Rückzugsgebiet für einige stark gefährdete Tierarten. Früher einmal vom Militär genutzt, ist sie mittlerweile ein Tierparadies, in dem sich auch eine Vielzahl von Meeresvögeln tummelt. Das Betreten ist nur mit Sondergenehmigung erlaubt.

Mönchsrobben

Auf den French Frigate Shoals leben einige der letzten **Mönchsrobben** (*Monachus schauinslandi*) – eine nur in Hawaii vorkommende Robbenart, die von Fachleuten als die engste lebende Verwandte der Ur-Robbe angesehen wird. Man nimmt an, dass sich die Tiere innerhalb der letzten 15 Millionen Jahre nicht verändert haben, weshalb

man sie als „Lebendes Fossil" bezeichnet. Der strenge Artenschutz der Mönchsrobben zahlt sich aus, denn mittlerweile sieht man mit viel Glück einmal ein entsprechendes Tier am Touristenstrand. Da die Tiere unberechenbar und teilweise sogar angriffslustig sind, sollte man sich ihnen maximal auf 30 m nähern und sich unter keinen Umständen zwischen ihnen und dem Meer aufhalten, denn die Tiere wissen, dass sie im Meer sicher sind. Wenn ein Mensch ihnen diesen Fluchtweg „versperrt", dann können sie sehr ungehalten reagieren. Der NMFS (*National Marine Fisheries Services*) freut sich über einen Anruf, wenn man Mönchsrobben gesehen hat. Tel. 983-5715 (Honolulu) oder 278-5121 (Maui).

Auf der größten dieser Inseln, French Frigate Island, nisten auf 1 km Strandlänge etwa 60 % der gesamten Population von **grünen hawaiianischen Meeresschildkröten** (*Hawaiian Green Turtle*). Diese Tierart ist älter als die Dinosaurier, wird aber von Menschen (primär „Gourmets" und „Souvenirjäger", die dem Panzer nachstellen) zusehends bedroht.

Naturschutz

Auf den Inseln laufen inzwischen viele Projekte zum Schutz der noch vorhandenen Natur. Dazu gehört auch die Ausweisung von totalen Schutzzonen. Andere Beispiele dafür sind die Einzäunung des Haleakala zum Schutz vor verwilderten und wilden Tieren sowie die systematische Jagd nach Wildschweinen.

Land und Leute

Hierbei kommt es jedoch bereits wieder zu **Interessenskonflikten** zwischen den Naturschützern, die die Wildschweine ganz ausrotten wollen, und den Jägern, die ihrem Hobby auch in Zukunft nachgehen wollen.

Eine sicherlich einzigartige Aktion zum **Erhalt einer Art** findet jedes Jahr auf Molokai statt. Früher einmal sorgte eine bestimmte Insektenart für die Bestäubung der Alula-Pflanze, die auch *Brigamia* genannt wird. Die Alula wächst nur an der höchsten Steilküste der Erde am Nordrand von Molokai in einer extrem unzugänglichen Umgebung. Einmal pro Jahr seilen sich Naturschützer zu den wenigen verbliebenen Pflanzen am Steilhang ab, entnehmen den Blütenstaub und bringen ihn mit feinen Pinseln auf die Stempel einer anderen Alula-Pflanze. Hier übernimmt der Mensch die Arbeit einer mittlerweile ausgestorbenen Insektenart.

Wasserverbrauch

Ein anderer ökologischer Aspekt wird allzuoft unter den Tisch gekehrt: der Tourismus. Aufgrund des hohen Wasserverbrauchs der Touristen wird die Wasserversorgung immer schwieriger. Die West Maui Mountains sind gleich nach dem Waialeale auf Kauai das regenreichste Gebiet unseres Planeten. Trotzdem herrscht an den nur wenige Kilometer davon entfernten Touristenorten wie Lahaina und Kaanapali bereits eine leichte Wasserknappheit.

An der Nordwestküste von Maui dürfen mittlerweile keine neuen Hotels mehr gebaut werden, weil die Wasserversorgung ansonsten nicht mehr gewährleistet wäre.

Vor allem die in Hawaii wirklich perfekt grünen **Golfplätze** verbrauchen Unmengen von Wasser. Golfplätze sind ebenso wie Ananas- und Zuckerrohrfelder reine Monokulturen, die wiederum zum Artensterben beitragen. Da das begrenzt vorhandene Wasser in der Tourismusindustrie mehr Ertrag bringt als in der Landwirtschaft, werden mehr und mehr Plantagen geschlossen.

Der Autor hat trotz intensiver Bemühungen in Hawaii bisher nur selten **Kläranlagen** entdeckt. Es lässt vermuten, dass die Abwässer oftmals direkt ins Meer geleitet werden.

Dieser Kurzausflug in die Ökologie Hawaiis hat Sie vielleicht erschreckt und lässt Sie unter Umständen annehmen, dass die Pflanzen- und Tierwelt Hawaiis mittlerweile arm an Arten ist. Dem ist nicht so, denn sie wurde „lediglich" ärmer an ur-hawaiianischen Arten.

Während die Tierwelt zu Lande nicht soviel zu bieten hat, sorgen die importierten tropischen Pflanzen für eine prachtvolle Pflanzenwelt, die in schillernden Farben und Formen zu einem positiven Urlaubserlebnis entscheidend beiträgt. Hawaii lebt trotz seiner ökologischen Probleme — in einer beeindruckenden Vielfalt.

Die Pflanzenwelt

Importierte Pflanzen

Auf allen Inseln finden Sie importierte tropische Pflanzen, die nun in Hawaii heimisch sind. Das Spektrum ist riesig und reicht vom Afrikanischen Tulpenbaum (engl. *African Tulip Tree)* und Anthurium *(Anthurium)* über Bromelia *(Bromeliad)*, Frangipani (in Hawaii: *Plumeria)*, Helikonie *(Heliconia)*, Hibiscus *(Hibiscus)*, Orchidee *(Orchid)* und Strelizie *(Bird of Paradise)* bis hin zur Wasserlilie *(Water Lily)*. Wer an diesen Blumen interessiert ist, dem sei das auf den Inseln erhältliche Buch *Pua Nani – Hawaii is a garden* empfohlen, das für knapp 30 $ eine Vielzahl herrlicher Pflanzenbilder enthält.

Weniger bekannt sind die von den Polynesiern eingeführten Nutzpflanzen sowie einige ur-hawaiianische Pflanzen.

Ohia-Lehua-Bäume

Überall auf den Inseln stehen die hier endemischen *Ohia-Lehua-Bäume* (Höhe je nach Standort zwischen 50 cm und über 20 m). Sie gehörten zu den ersten Pflanzen, welche im Südpazifik enge Verwandte haben: der bekannteste ist der *Pohutukawa*, der neuseeländische Weihnachtsbaum.

Silberschwert

Das Silberschwert (engl. *Silversword,* hawaiianisch *Ahinahina,* lat. *Argyroxiphium sandwicense)* gehört zu den seltensten Pflanzen der Erde. Es wächst praktisch nur im Haleakala-Krater auf Maui. Einige wenige Exemplare sollen auch in den West Maui Mountains sowie an Mauna Kea und Mauna Loa wachsen. Genauso wie unsere Sonnenblumen und Chrysanthemen gehört es zur Gattung der

Compositae. Die Pflanze benötigt für ihr Wachstum fünf bis 20 Jahre, bis sie etwa 100 bis 500 Einzelblüten treibt, die auf einem ein bis zweieinhalb Meter hohen Stamm gedeihen. Nach dem Abwurf der Samen stirbt die Pflanze, denn jedes Silberschwert blüht nur einmal. Die schönsten Exemplare wachsen entlang des Sliding Sands Trail am Haleakala.

Schraubenbaum

Der Schraubenbaum (engl. *Screw Pine,* hawaiianisch *Hala,* lat. *Pandanus)* kommt in vielen Arten auf allen Inseln Polynesiens vor. Auch in Hawaii gibt es mehrere endemische Arten. Vom eigentlichen Stamm zweigen mehrere zeltartig aufstrebende Stelzenwurzeln ab, die manchmal an Mangroven erinnern, mit diesen aber nichts gemein haben. Pandanusbäume werden Sie in allen Küstenbereichen entdecken. Besonders schöne Exemplare stehen an der NaPali-Küste auf Kauai. Wenn die Früchte reif sind, fallen orange- und gelbfarbene Fruchtteile auf den Boden. Die Früchte selbst sehen in ganz groben Zügen einer Ananas ähnlich. Da sie von Touristen oft mit Ananas verwechselt wurden, wird der Schraubenbaum von den Einheimischen gelegentlich *Tourist Pineapple* (Touristen-Ananas) genannt.

Kukui

Kukui nennen die Hawaiianer eine Pflanze, die wohl von den ersten Polynesiern mit auf die Inseln gebracht wurde. Die auch als *Candle Nut Tree* (Kerzennuss-Baum) bezeichnete Pflanze lieferte früher das Brennmaterial für die „Laternen" der Hawaiianer und ist der Staatsbaum von Hawaii.

Ti-Pflanze

Die *Ti-Pflanze* kam ebenfalls mit den Polynesiern nach Hawaii und ist auf allen Inseln vertreten. Die Blätter dienten früher (und auch heute noch) zum Einwickeln von Fleisch beim Kochen im Erdofen. Sorgsam aufgefädelt fungieren sie in seltenen Fällen (z. B. bei guten Hula-Shows) als Rock der Hulatänzerinnen. Am Wegesrand sowie am Rand des Halemaumau-Kraters kann man öfter in Ti-Blätter eingewickelte Steine oder Früchte sehen. Der Sage nach beruhigt das die Götter und sorgt dafür, dass sie den Menschen wohlgesonnen sind.

Banyan-Baum

Der immergrüne *Banyan-Baum* wurde von den weißen Einwanderern auf die Inselgruppe gebracht. *Banyan Trees* gehören zur Gattung der Maulbeerbäume und wachsen sehr schnell. Der Baum verfügt über viele Luftwurzeln, die dann zum Boden wachsen und zu richtigen Stützstämmen für die weit ausladende Krone werden. Besonders schöne Exemplare stehen am Banyan Drive in Hilo auf Hawaii Big Island, am Iolani Palace in Honolulu/Oahu sowie in Lahaina auf Maui. Letzterer ist der älteste Banyanbaum der Inselgruppe. Er wurde 1873 gepflanzt.

Norfolk-Tanne

Besonders auf Lanai (in Lanai City) ist die Norfolk-Tanne (*Norfolk-Pine*)

zahlreich vertreten. Die von weißen Missionaren auf die Inseln gebrachten Tannen sind aber auch auf anderen Inseln zu sehen.

Farne

Primär rund um den Kilauea-Krater sowie im Oheo-Teil des Haleakala-Nationalparks kommen die hawaiianischen Farne mit Namen *Amau* und *Hapuu* vor. Die endemischen Farne werden bis zu fünf Metern hoch. Im Deutschen bezeichnet man sie wegen ihrer Ähnlichkeit mit Bischofsstäben auch als *Bischofsstab-Farne*.

Taropflanze

Auch die *Taropflanze,* zu deutsch: Wasserbrotwurzel, kam mit den Polynesiern auf die Inseln. Die stärkehaltigen Knollen, im Rohzustand giftig, dienten den Hawaiianern als Grundnahrungsmittel. Sie wurden gegart und zerstampft, bis das pink- bis violettfarbene **Poi** entstand, das auch heute noch bei echten (und nur bei echten!) Hawaiianern sehr beliebt ist. Die Blätter wurden gekocht und als Gemüse gegessen. Mittlerweile ist die Pflanze seltener geworden, obwohl verwilderter *Taro* immer wieder entlang von Flussläufen zu sehen ist. Das größte *Tarofeld* befindet sich im Hanalei Valley auf Kauai. Aber auch an der Nordküste Mauis (z. B. im Keanae Arboretum) sowie im Waipio-Tal (auf Big Island) werden Sie auf *Taro* stoßen.

Ananas

Weiße Einwanderer brachten die ersten Ananaspflanzen nach Hawaii, aber

Land und Leute

014ha Foto: av

die Ananas blieb lange Zeit hindurch eine Frucht der Privilegierten. Erst als *James Dole* im Jahr 1901 in Hawaii mit dem systematischen Anbau der Ananas (engl. *Pineapple*) begann, wurde die Frucht zu einem erschwinglichen Massengut. Mit Hilfe der von seinem Mitarbeiter *Ginaca* entwickelten Maschine gelang es ihm, die Ananas maschinell dosengerecht zu zerschneiden und die Dosenananas in alle Welt zu verschicken. *Dole* kaufte Anfang der 1920er Jahre letzten Jahrhunderts die Insel Lanai und machte sie zu einer großen Ananasplantage. Mittlerweile ist der Anbau von Ananas wirtschaft-

Taropflanze

lich nicht mehr interessant, die Ananasfelder auf Lanai wurden zu Rinderweiden umfunktioniert und die Ananasfabrik in Honolulu geschlossen. In Südostasien lassen sich die Früchte erheblich billiger anbauen und verpacken. Nur noch auf Oahu und Maui existieren einige kleine Felder – wohl aus Imagegründen und wegen der Touristen.

Die Tierwelt

Vögel

Hawaiis freilebende Tierwelt konzentriert sich auf zwei Gruppen von Lebewesen: Vögel und Meeresbewohner. Vor allem die Regenwälder bieten einer Vielzahl von Vögeln ein letztes Re-

fugium. Leider bekommen die Touristen diese Vögel nur selten zu Gesicht — aber durchaus zu Gehör. Beispiele dafür sind der Hosmer Grove Trail am Eingang des Haleakala National Park auf Maui sowie der Kipuka Puaulu im Hawaii Volcanoes National Park auf Hawaii Big Island. Die besten Erklärungen dieser Vogelwelt erhalten Sie von den Rangern der Nationalparks und in den Ausstellungen der Visitor Centers.

Nene

Die Nenes sind sicherlich die berühmtesten Vögel Hawaiis. Die mit unseren Gänsen verwandte Nene (Bran-

Roter Kardinal

ta sandvicensis) kommt nur in Hawaii vor und dort fast ausschließlich im Haleakala National Park auf Maui und im Hawaii Volcanoes National Park auf Hawaii Big Island. Ihre Heimat sind die kargen Lavafelsen. Nur mit Hilfe spezieller Programme konnten die Nenes vor dem Aussterben gerettet werden. Die größten Chancen, eine Nene zu sehen, hat man im Haleakala – hier vor allem im Bereich der Holua Cabin am Halemauu Trail sowie am Trailhead dieses Wanderwegs. Überall auf den Inseln herrscht ein absolutes Fütterverbot für Nenes.

Roter Kardinal

Immer wieder wird Ihnen der Rote Kardinal begegnen, ein manchmal zutraulicher Vogel mit tiefrotem Gefieder. Der Rote Kardinal gehört zu den wenigen Vögeln Hawaiis, die man unter normalen Umständen auch zu sehen bekommt.

Meerestiere

An den **Riffen Hawaiis** leben über 600 Riff-Fischarten. Davon sind etwa 150 verschiedene Arten endemisch. Außerdem leben in den Inselgewässern relativ viele Mantarochen mit Spannweiten von bis zu 4,50 m, aber nur ganz wenige Stachelrochen.

Buckelwale

Das große Highlight der Unterwasserwelt sind die Buckelwale, die hier überwintern. Sie paaren sich in den Gewässern Hawaiis und bringen dort ein Jahr später auch ihre Jungen zur Welt. Die beste Stelle zur Beobachtung von Walen ist der Kanal zwischen Maui und Lanai. Ausgangspunkt dieser *Whale-Watching-Tours* ist Lahaina. Näheres hierzu im Kapitel Maui.

Wasserschildkröten

In den letzten Jahren haben sich die Populationen der Wasserschildkröten (*Sea Turtles,* hawaiianisch *Honu*) wieder etwas vergrößert, so dass vor allem die Chance, eine grüne Hawaiianische Wasserschildkröte zu sehen, wieder recht groß ist. Vom Land aus bieten sich vor allem an der Westküste von Big Island immer wieder gute Beobachtungsmöglichkeiten. Bei einem Bootsausflug ist die Wahrscheinlichkeit noch größer. Die bis zu 200 kg schweren Tiere verdanken ihren Namen der grünen Farbe ihres Körperfetts. Zur Paarung sowie zur Eiablage schwimmen sie von ihren Futterplätzen an den hawaiianischen Hauptinseln bis zu 1500 km weit Richtung Nordwesten auf die nordwestlichen Hawaii-Inseln, hauptsächlich nach French Frigate Island.

Recht gering ist allerdings die Chance, eine *Hawksbill Sea Turtle* (hawaiianisch *Ea*) zu Gesicht zu bekommen, denn sie sind sehr selten geworden – wenn überhaupt, dann am wahrscheinlichsten in den Gewässern von Molokai und Hawaii Big Island.

Die bis zu 750 kg schweren *Leatherback Sea Turtle* (Lederrücken-Wasserschildkröte) wird öfter in den Gewässern zwischen den Inseln gesehen, aber diese Tiere legen ihre Eier nicht in Hawaii ab. Es handelt sich hierbei um die einzigen Wasserschildkröten, die keine harte Schale besitzen.

Eine Liste mit Links zum Themengebiet Geologie/Flora/Fauna/Umwelt finden Sie im Anhang.

Geschichte

Die ersten Menschen in Hawaii

Die Hawaii-Inseln wurden erst relativ spät besiedelt. Über den genauen Zeitpunkt streiten sich die Wissenschaftler. Die einen behaupten, dass die ersten Siedler etwa im Jahr 800 vor Christus von den Marquesas-Inseln im

Land und Leute

Südpazifik nach Hawaii kamen. Andere glauben, dass die erste Besiedelung Hawaiis erst zwischen 200 und 400 nach Christi Geburt stattfand – vom ebenfalls im Südpazifik gelegenen Tonga oder Samoa aus.

Polynesier

Einig sind sich die Gelehrten darüber, dass die ersten Menschen in Hawaii Polynesier waren, die über 1000 Jahre vor den ersten Weißen dort eintrafen. Sie legten die gewaltige Strecke von mindestens 3500 km über das offene Meer mit Auslegerbooten zurück,

Hawaiianer mit einer rituellen Haube
(Original: Hawaii State Archive)

auf denen sie auch Nutzpflanzen wie etwa Taro und Haustiere, vor allem Schweine, mitführten.

Navigation

Zu einer Zeit, als sich europäische Seefahrer kaum außer Sichtweite der Küsten trauten, um nicht von der Erdscheibe herunterzufallen, begaben sich die Polynesier auf bis zu sechs Wochen lange Fahrten über den Pazifik. Besonders erstaunlich sind ihre guten Navigationskenntnisse. Höchstwahrscheinlich nutzten die Polynesier ihre Kenntnisse über den Sternenhimmel und den Lauf der Sonne in Verbindung mit der Beobachtung des Meeres (Färbung, Strömung etc.) und des Himmels. Die Nähe von Land erkannten sie an bestimmten Vögeln und Wolkenformationen. Diese Pionierleistung der Seefahrt – immerhin mehr als 1000 Jahre vor *Christoph Kolumbus* – wird leider viel zu oft vergessen.

Über diese ersten Bewohner der Inselgruppe ist nur sehr wenig bekannt.

Das alte Hawaii

Zweite Besiedlung

In einer zweiten Besiedelungswelle um 1000 nach Christus kamen die Polynesier von den Gesellschaftsinseln (Tahiti) nach Hawaii, unterdrückten oder töteten die damaligen Ureinwohner und gründeten eine Gesellschaft, die allgemein als das „alte" Hawaii bekannt ist. Wenn in diesem Buch also vom „alten" Hawaii die Rede ist, wird Zeit und Kultur nach der zweiten Besiedelungswelle gemeint.

Aufgrund der „Reiselust" der Polynesier, die vermutlich durch Platzmangel auf ihren alten Heimatinseln ausgelöst wurde, sind alle Völker Polynesiens miteinander verwandt: Die Ureinwohner von Hawaii, den Marshall-Inseln, von Tahiti, Samoa, Tonga, den Cook-Inseln sprechen ähnliche Sprachen und pflegen ähnliche Traditionen.

Nähere Infos über die Besiedelung durch die Polynesier finden Sie im Internet bei der Polynesian Voyage Society:

● www.pv-hawaii.com

Herrscher

Das **Leben im alten Hawaii** war hoch entwickelt und beruhte auf einer Art Kastensystem, an dessen Spitze die *Alii* (Häuptlinge und Könige) standen. Den *Alii* fast ebenbürtig waren die *Kahuna* (Priester). Die *Kahuna* sorgten für die Einhaltung der *Kapus* (Gesetze) und hatten die Funktion eines Medizinmannes inne.

Diese *Kapus* waren die Stütze des Staates, sozusagen das moralische Gerüst. Wer gegen ein Kapu verstieß, wurde zumindest aus der Gesellschaft ausgeschlossen, wenn nicht gar zum Tode verurteilt. Wenn ein Ausgestoßener es schaffte, eine *Puuhonua* genannte Zufluchtsstätte zu erreichen, dann war er gerettet (siehe Kapitel Hawaii Big Island).

Bauern

An den unteren Hängen der Gebirge legten die Hawaiianer Felder an, die durch ein ausgeklügeltes System bewässert wurden, denn jeder Tropfen

Trinkwasser war eine Kostbarkeit und durfte nicht verschwendet werden.

Fischer

Die Fischer benutzten Netze, Angeln und besonders konstruierte Kanus. Um die Fischarten nicht auszurotten, gab es von Zeit zu Zeit Fangverbote. Darüber hinaus hatten sie Fischteiche mit einem raffinierten System von Schleusen angelegt, so dass praktisch stets frischer Fisch verfügbar war.

Handwerk

Die Verwendung von Metallen oder Edelsteinen war bei den Hawaiianern unbekannt.

Die Häuptlinge wurden an ihren Umhängen und Gewändern erkannt, die kunstvoll mit Federn geschmückt waren. Einer der Stoffe, *Kapa*, wurde aus der inneren Rinde des Maulbeerbaumes gewonnen und nach einer langwierigen Bearbeitung in verschiedenen Farben gefärbt, die selbst aus Beeren, Früchten und Baumrinde hergestellt wurden.

Glaube

Es gab zahlreiche Götter, und es gab keinen Tag, der nicht einem Gott geweiht war. Von den Göttern, die eine einzelne Familie beschützten, bis zu den großen Göttern, die in heiligen Zeremonien angebetet wurden — der Glaube an die Kraft des Übernatürlichen war allgegenwärtig.

Musik und Tanz waren weit mehr als nur Unterhaltung. Poetische Gesänge überlieferten die hawaiianische Geschichte. Jedes Wort, jeder Vers, jede

Bewegung erzählte von den alten Zeiten.

Alle Hawaiianer fühlten sich als *Ohana* – als eine **große Familie,** und alle fühlten sich zu *Aloha,* der Zuneigung und der Anteilnahme am Mitmenschen, sowie zu *Kokua,* der allgegenwärtigen Hand, die stets hilft, verpflichtet.

Kämpfe

Natürlich skizziert diese Darstellung den Idealzustand, auch in Hawaii gab es kriegerische Auseinandersetzungen. Aber die Hawaiianer waren durch die jahrhundertelange Isolation äußerst schlecht vorbereitet auf den Umgang mit fremden Bräuchen, Sitten und besonders Krankheiten.

Die Ankunft der Weißen

James Cook

Mitten in das wohlgeordnete Gesellschaftssystem platzte am 18. Januar 1778 der britische Seefahrer Captain *James Cook,* der Hawaii nur durch Zufall entdeckte, denn damals war er mit seinen Schiffen *Discovery* und *Resolution* auf der Suche nach der Nordwest-Passage. Dieses Datum leitete eine neue Phase der Geschichte Hawaiis ein. Die Hawaiianer verehrten *James Cook* anfangs als Gott und bereiteten ihm in der Bucht von Waimea auf Kauai einen großartigen Empfang.

Nach seinem Auftraggeber und Förderer, dem britischen *Earl of Sandwich,* nannte *Cook* die Inselgruppe **Sandwich-Inseln.** Er fertigte auch die ersten Karten von Hawaii an.

Cook tauschte Ziegen und Schweine sowie europäische Nutzpflanzen wie Zwiebeln oder Melonen gegen frische Vorräte ein **und brachte damit die ersten Pflanzen und Tiere der westlichen Welt auf die Inseln.** Außerdem kamen mit den Seefahrern auch blinde Passagiere wie zum Beispiel Moskitos, Flöhe oder Ratten.

Der britische Kapitän war sich der Tragweite seiner Entdeckung bewusst und kannte auch die Auswirkungen, als er damals in sein Logbuch schrieb: „Wir führen unsere Bedürfnisse ein und unsere Krankheiten." Seine Matrosen verkehrten trotz ausdrücklichen Verbots (mit Androhung des Auspeitschens!) rege mit den hawaiianischen Frauen und sorgten damit für das **Einschleppen von Geschlechtskrankheiten** in Hawaii. Die damals tödlichen Krankheiten dezimierten das Volk innerhalb von 75 Jahren um etwa 80 % von etwa 300.000 auf ca. 60.000 Einwohner.

Zweite Reise

Captain Cook brach von Hawaii aus nach Norden auf und kehrte Mitte Januar 1779, also knapp ein Jahr später, mit einem teilweise ramponierten Schiff zu einem zweiten Besuch nach Hawaii zurück. Diesmal ging er in der Kealakekua Bay an der Westküste von Hawaii Big Island vor Anker. Die anfänglich große Freude über die Ankunft *Cooks* verschwand zusehends. Mitte Februar 1779 wurde *Cook* dann bei einem Handgemenge von Hawaiianern getötet, als er versuchte, ihren Häuptling zu entführen, um damit die

Land und Leute

Herausgabe eines gestohlenen Bei-
bootes zu erzwingen.

Handelsstützpunkt

Im Jahr 1785 lief das erste Handels-
schiff die Hawaii-Inseln an, und es
folgten eine Reihe von See- und Kauf-
leuten, die Hawaii als Stützpunkt für
Pazifikreisen nutzten. Bald schon wurde Hawaii zu einer wichtigen Station,
um Schiffe aus aller Welt mit Proviant
zu versorgen, bevor sie weiterse-
gelten.

Captain Cook
(Original: Hawaii State Archive)

Monarchie und Mission

Kamehameha I.

Zu Beginn des 19. Jahrhunderts ver-
einigte der berühmte König *Kamehameha I.* (*Kamehameha der Große*;
wenn nur von *Kamehameha* die Rede
ist, ist *Kamehameha I.* gemeint), der
bei *Captain Cooks* Ankunft noch ein
junger Krieger war, durch zahllose,
blutige Kriege alle Inseln zu einem Kö-
nigreich. Bis dahin hatte jede Insel
noch einen oder mehrere Herrscher.
Seine Regierung war ein Versuch, das
überlieferte *Kapu-System* vergangener
Zeiten zu bewahren und vor den Einflüssen des Neuen zu beschützen. Als
er Mitte 1819 in Kailua-Kona starb,
starb mit ihm endgültig das alte Ha-

waii. Etwa vier Monate nach seinem Tod trafen die ersten Walfänger in Hawaii ein.

Ende des Kapu-Systems

Königin *Kaahumanu* übernahm daraufhin gemeinsam mit *Kamehameha II. (Liholiho)* die Regierung. Ihre erste Amtshandlung war die Abschaffung des *Kapu-Systems,* um allen, insbesondere den Frauen, mehr Freiheiten zu ermöglichen. Die Götterbilder wurden verbrannt, die heiligen Plätze zerstört und die strenge soziale Hierarchie abgeschafft.

So waren die Inseln in einer Phase der kompletten Umstrukturierung, aber auch der religiösen Entwurzelung, als Ende März/Anfang April des Jahres 1820 das erste Schiff mit strenggläubigen Missionaren aus Boston/Neuengland in Hawaii eintraf – beseelt von dem Vorsatz, alle Menschen im **christlichen Glauben** zu erziehen. Die Missionare erreichten einige ihrer Ziele, indem sie Schulen und Kirchen errichteten und dem Königshaus als Berater zur Seite standen.

1823 fuhren *Kamehameha II.* und seine Frau *Kamamalu* nach England. Noch bevor sie mit *König Georg* zusammentreffen konnten, starben sie und ihr Gefolge an einer für Europäer harmlosen Krankheit, wahrscheinlich der Grippe.

Nachfolger wurde sein jüngerer Bruder *Kauikeaouli,* der sich *Kamehameha III.* nannte. Da *Kamehameha III.* damals erst knapp 10 Jahre alt war, lag die Regierungsgewalt fast ausschließlich bei seiner Stiefmutter Königin *Kaahumanu,* die sich schließlich taufen ließ und zum Christentum bekannte. Kaum wussten die Missionare, dass die Regentin auf ihrer Seite steht, schon holten sie im Jahre 1825 zu einem umfassenden Rundumschlag aus. Während sie bisher die Nacktheit der Hawaiianer als notwendiges Übel geduldet hatten, war das Nackt-Sein von nun an eine große Sünde. Die Geburtsstunde der luftigen hawaiianischen Kleidung, vor allem des Muumuus (ein wallendes, leichtes und weites Kleid) war gekommen. Sie erreichten sogar, dass *Kaahumanu* den altehrwürdigen **Hulatanz** verbieten ließ. Die Begründung lautete damals, der Tanz sei obszön, ein Akt des Abscheus und gotteslästernd.

Verfassung

Unter dem Einfluss der Missionare führte *Kamehameha III.* schließlich im Jahr 1840 die erste Verfassung Hawaiis ein, die auf amerikanischen und europäischen Vorbildern basierte. Außerdem wurden die Wahlen zum ersten Parlament durchgeführt und ein Gerichtshof eingesetzt.

Souveränität

1843 erkannten Frankreich, Großbritannien und die USA die Souveränität Hawaiis an. Im Jahr 1845 schließlich verlegte der König seinen Regierungssitz von Lahaina nach **Honolulu.**

Walfang

Ab 1820 war der Walfang der dominierende Wirtschaftsfaktor auf den Inseln. Teilweise sollen über 400 Schiffe

im Jahr den Hafen von Lahaina angelaufen haben. Auch die Walfänger übertrugen bei ihren Landgängen eine Vielzahl von Krankheiten wie Grippe, Masern, Syphilis etc. auf die Hawaiianer(innen), die meist daran starben. Als Ende der 1840er Jahre jedoch die Walbestände derart massiv dezimiert waren, dass der Walfang nicht mehr lukrativ war, fand das große Tiergemetzel zwischen 1850 und 1860 ein allmähliches Ende.

Kamehameha der Große
(Original: Hawaii State Archive)

Landreform

1850 trat die zweite Phase der Landreform in Kraft. Von nun an durften auch Ausländer ohne Einschränkungen Land kaufen und und es für immer als Grundbesitz behalten. Diese Landreform kam gerade zur rechten Zeit, denn sie ermöglichte den Ausländern, große Ländereien aufzukaufen, um darauf Zuckerrohr anzubauen.

Zuckerrohranbau

Innerhalb weniger Jahre mauserte sich der Zuckerrohranbau zum Hauptfaktor der hawaiianischen Wirtschaft. Die einheimische Bevölkerung war durch die eingeschleppten Krankheiten stark dezimiert. Außerdem war ihnen Arbeit gegen Bezahlung nicht nur unbekannt, sondern sogar völlig unverständlich: Das regelmäßige Erscheinen am Arbeitsplatz zu festgelegten Zeiten, aber auch die Pflicht, innerhalb dieser Zeiten volle Leistung zu bringen und danach wieder (damals allerdings nur sehr wenig) Freizeit zu haben, konnten sie aufgrund ihrer Kultur bzw. Lebensweise nicht in die Praxis umsetzen. Aus diesem Grund heuerten Regierung und Plantagenbesitzer ausländische Arbeitskräfte aus China, Japan, den Philippinen, Thailand, Portugal und anderen Teilen der Welt an. Diese hatten die Möglichkeit, nach Ende ihres Vertrages in ihre Heimat zurückzukehren, doch viele zogen es vor, in Hawaii zu bleiben und in der neuen Heimat Wurzeln zu schlagen.

Parallel dazu ging die Zahl der Ur-Hawaiianer immer stärker zurück, was die Regierung alarmierte, so dass **Gesundheit und Erziehung** zu einem Hauptanliegen wurden. Unter *Kamehameha IV.*, der eigentlich *Alexander Liholiho* hieß und der Neffe des verstorbenen *Kamehameha III.* war, wurden damals viele Schulen und Krankenhäuser gebaut.

Ende der Monarchie

Als *Kamehameha IV.* im Jahr 1863 im Alter von nicht einmal 30 Jahren starb, trat sein älterer Bruder *Lot Kamehameha* die Thronfolge als *Kamehameha V.* an. Als dieser 1872 im Alter von knapp über 40 Jahren als Junggeselle starb, war das Ende der *Kamehameha-Dynastie* gekommen. Zum nächsten König wurde daraufhin *William C. Lunalilo (Prince Bill)* gewählt, der allerdings bereits nach knapp einjähriger Amtszeit verstarb. Da auch er Junggeselle war, mussten die Abgeordneten wiederum einen Nachfolger wählen: *David Kalakaua* wurde Anfang 1874 König von Hawaii. Kalakaua erhielt den Beinamen *Merry Monarch* (fröhlicher Monarch), setzte sich für den Erhalt kultureller Traditionen ein und hob das 1825 verhängte Hula-Verbot auf.

Als *Kalakaua* 1891 verstarb, wurde seine Schwester *Liliuokalani* die erste Königin Hawaiis. Unter dem Einfluss der Plantagenbesitzer und mit amerikanischer Unterstützung wurde *Queen Liliuokalani* 1893 gestürzt und schließlich 1894 die **Republik Hawaii** ausgerufen.

Hawaii im Focus der USA

Annexion

Am 12. Januar 1898 wurde Hawaii offiziell von den USA annektiert. Im Juni 1900 wurde Hawaii dann zu einem Territorium der USA, und der ehemalige Präsident der Republik Hawaii, *Sanford Dole,* wurde der erste Gouverneur der Inselkette. Schon wenige Jahre später wurde im Parlament von Hawaii nicht mehr Hawaiianisch, sondern Englisch gesprochen.

Hawaii wurde amerikanisiert, wenn auch die 154.000 Einwohner zählende **Bevölkerung** damals noch sehr heterogen war: 30.000 Hawaiianer, 10.000 Teil-Hawaiianer, 27.000 Europäer, darunter 18.000 Portugiesen, und 87.000 Asiaten (26.000 Chinesen und 61.000 Japaner).

Hawaii als amerikanischer Armeestützpunkt

Die Amerikaner bauten **Pearl Harbour** aus und machten den Hafen zum Stützpunkt ihrer Pazifikflotte. Mit den Schofield Barracks auf Oahu etablierten sie ihren größten ständigen Armeestützpunkt.

Angriff auf Pearl Harbour

Am Sonntag, dem 7. Dezember 1941, griffen die Japaner Pearl Harbour, den Stützpunkt der US-Pazifikflotte, an und sorgten damit für die Beteiligung der USA am Zweiten Weltkrieg. (Nähere Details hierzu stehen im Kapitel *Oahu*; einen historischen Einblick liefert der Exkurs „Der Angriff auf Pearl Harbor".)

Hawaii
als amerikanischer Bundesstaat

Am 21. August 1959 erklärte Präsident *Eisenhower* Hawaii offiziell zum 50. Bundesstaat der USA, nachdem Alaska kurz vorher der 49. Staat der USA geworden war. Im gleichen Jahr flogen die ersten Düsenflugzeuge die Strecke zwischen dem Festland und Hawaii. Damit verkürzte sich die Flugzeit ab San Francisco oder Los Angeles auf weniger als die Hälfte, nämlich auf knapp 4,5 Stunden.

Gouverneure von Hawaii
im Wandel der Zeit

Im Jahr 1974 wurde mit *George Ariyoshi* der erste Amerikaner asiatischen Ursprungs zum Governeur von Hawaii gewählt, der sein Amt bis Ende 1985 ausübte, um es dann an *John Waihee* zu übergeben. Am 5. Dezember 1994 trat der Demokrat *Ben Cayetano* in Anwesenheit von *President Clinton* sein Amt als neuer Governeur des 50. US-Staates an. Mit *Linda Lingle* wurde 2002 erstmals eine Frau zum *Governor of Hawaii* gewählt, nachdem sie 1998 noch dem Demokraten *Ben Cayetano* unterlag. Zum ersten Mal nach 1962 war wieder ein(e) Republikaner(in) Gouverneurin. Die auf dem amerikanischen Festland gebürtige Politikerin wohnt seit etwa 30 Jahren auf den Inseln und war von 1990 bis 1998 die Maximalzeit von zwei Amtsperioden als Mayor (eine Mischung aus Bürgermeister und Landrat) des *Maui County* tätig.

Mittlerweile besinnen sich einige der Ur-Hawaiianer auf ihre Wurzeln zurück und versuchen, Hawaii **friedlich von den USA abzuspalten** bzw. die Selbstständigkeit des hawaiianischen Volkes zurückzubekommen oder zumindest das Bewusstsein für das ursprüngliche Hawaii zu vergrößern. Dem „sanften Tourismus" gegenüber, bei dem eine umsichtige Begegnung der Kulturen im Vordergrund steht, scheinen sie recht aufgeschlossen zu sein.

Wer mehr wissen möchte, der sollte bei http://hawaii-nation.org das elektronische Hawaii-Surfen beginnen. Eine sehr interessante Internet-Seite mit diversen Links ist in diesem Zusammenhang auch www.volcanovillage.com/stealinghawaii.htm – nur für Experten mit soliden Englischkenntnissen!

Wirtschaft

Zucker, Ananas

Über viele Jahre hinweg war der Anbau von Zuckerrohr Hawaiis Wirtschaftsfaktor Nummer 1. Im Jahr 1901 kam mit der Gründung der **Hawaiian Pineapple Company** durch *Jim Dole* noch der Ananasanbau hinzu. *Dole* sorgte damit für den Aufbau des zweitwichtigsten Industriezweigs der Inseln. Im Jahr 1903 verpackte er die ersten hawaiianischen Ananas in Dosen. Aus der anfänglichen Jahresproduktion von knapp 2000 Kisten entwickelte sich die größte Ananasproduktion der Welt.

Land und Leute

Tourismus heute

Nach dem Besucherrückgang Anfang der 1990er Jahre kamen 1997 erstmals wieder über 6,8 Millionen Besucher nach Hawaii, von denen 43,7 % die Inselkette betraten. Im Jahr 2000 schließlich wurde dann mit 6,95 Millionen die 7-Millionen-Marke fast erreicht. Im Jahr 2001 sanken die Besucherzahlen – auch, aber nicht nur durch die Auswirkungen des 11.9.2001 – auf 6,3 Millionen, aber schon 2002 ging es mit 6,4 Millionen Besuchern wieder bergauf.

2005 war dann ein echtes Rekordjahr, denn mit 7,38 Millionen Besuchern konnte das HVB *(Hawaii Visitors Bureau)* nicht nur eine Steigerung um 6,8 % gegenüber dem Vorjahr, sondern auch ein neues Allzeithoch verbuchen.

Verweildauer

Diese Besucher blieben 2005 im Schnitt 9,09 Tage, so dass an jedem Tag des Jahres durchschnittlich knapp 184.000 Touristen auf der Inselgruppe weilten.

Noch 1991 betrug die durchschnittliche Gesamt-Verweildauer 7,45 Tage (2000: 8,89 Tage, 2002: 9,38 Tage), aber die gut 1,5 Millionen Besucher aus Japan blieben 2005 im Durchschnitt nur 5,71 Tage, während die Europäer mit etwa 14 Tagen noch vor den Kanadiern (13,28) und den Amerikanern (9,92) liegen.

Japaner

Auch wenn die Tourismus-Industrie in Hawaii derzeit „brummt", macht sich das HVB dennoch Sorgen um die ständig sinkenden Besucherzahlen aus Japan. Noch im Jahr 2000 kamen gut 1,8 Millionen Japaner auf die Inselgruppe, aber 2005 waren es nur noch knapp über 1,5 Millionen. Ein kleiner Blick auf die Tabelle mit den Ausgaben pro Person zeigt, warum dieser Rückgang der Branche so weh tut. Andererseits lassen Europäer wegen der längeren Verweildauer unter dem Strich am meisten Geld in Hawaii. Dabei sind die Japaner in ihrem Reiseverhalten erheblich selbstständiger geworden: Noch im Jahr 2000 kamen 69,1 % der Japaner in einer Gruppenreise, aber 2005 waren es nur noch 42,6 %, wobei der durchschnittliche japanische Besucher bereits zum mehr als dritten Mal Hawaii besucht.

Herkunft der Besucher

Die Touristen kommen aus folgenden Regionen:

USA (2000: 60 %, 2004: 66 %), Japan (2000: 27 %, 2004: 21 %), Kanada (2000: 4 %, 2004: 3 %), Australien/Neuseeland (2000: 1,4 %, 2004: 2 %); Europa (2000: 2,4 %, 2004: 1,7 %, davon in 2004 knapp ein Viertel aus Deutschland und 5 % aus der Schweiz sowie 58 % aus Großbritannien). Besucher anderer Nationalitäten machen jeweils weniger als 1 % aus, wobei Korea, China und Taiwan diese Liste anführen. Von 2000 bis 2004 sank allerdings die Zahl der Koreanischen Besucher um fast 35 %.

Da Touristen aus den USA, Japan und Kanada in 2005 zusammen über 90 % der Besucher stellten, sind sie für die Wirtschaft am wichtigsten.

1994 kamen mit 93.680 die meisten deutschen Touristen auf die Inseln. 1999 waren es noch 64.228, 2000 noch 49.771, aber 2002 nur noch 25.266 – ein Rückgang um fast zwei Drittel binnen zehn Jahren. 2004 kamen dann wieder 28.061 deutsche Touristen.

Verteilung auf den Inseln

Aufgrund der Tatsache, dass viele Touristen mehrere Inseln bzw. Inselteile besuchten, ist die Summe der absoluten Besucherzahlen 2005 in der folgenden Statistik größer als 9,7 Millionen bei 7,4 Millionen Gesamt-Besuchern in Hawaii (Angaben in Tausend).

2005	Oahu	Maui	Big Island	Kauai	Lanai	Molokai
Besucher (Tausend)	4752	2264	1488	1090	76	75
Ausgaben pro Person und Tag	173,6 $	183,7 $	153,9 $	163,2 $	229,3 $	90,9 $

Ausgaben pro Besucher in Hawaii*

Herkunft	Pro Tag (2002)	Pro Tag (2005)	Pro Reise (2002)	Pro Reise (2005)
USA West	139,58 $	147,60 $	1409,87 $	1408,80 $
USA Ost	161,97 $	172,70 $	1749,62 $	1770,10 $
Japan	232,05 $	251,50 $	1370,63 $	1459,20 $
Kanada	110,53 $	127,50 $	1373,27 $	1675,40 $
Europa	131,09 $	151,80 $	1764,20 $	1873,40 $
Australien/ Neuseeland	127,11 $	165,50 $	1087,60 $	1450,90 $
Restliches Asien	149,63 $	185,20 $	1174,89 $	1432,90 $
Lateinamerika	117,06 $	129,80 $	1125,12 $	1424,10 $
Rest der Welt	136,92 $	158,00 $	1504,28 $	1636,30 $
Durchschnitt	162,62 $	171,50 $	1529,47 $	1553,50 $

Welch großen Schwankungen diese Zahlen unterliegen zeigt ein Rückblick in das Jahr 1991: Damals gab ein Japaner laut Statistik mit 344 $ pro Person und Tag mehr als doppelt so viel Geld aus wie ein Amerikaner (141 $ pro Person und Tag).

*Sämtliche Daten beruhen ausschließlich auf Daten des HVBs, Stand Juli 2006. Einige der Detaildaten für 2005 waren zum Redaktionsschluss noch nicht verfügbar.

Militär

Etwa zeitgleich begannen die Amerikaner, ihre ersten Truppen auf den Inseln zu stationieren. Noch 1991 waren knapp 120.000 Menschen in Hawaii für das Militär tätig. Seit den 1920er Jahren bemüht man sich intensiver um die Touristen. Bis heute bilden Landwirtschaft, Militär und Tourismus die Grundfesten der Wirtschaft Hawaiis.

Tourismus

In den 1920er Jahren begannen die ersten ernsthaften Bemühungen um eine Belebung des Tourismus in Hawaii. 1927 wurde der erste, erfolgreiche Nonstop-Flug vom Festland auf die Inseln durchgeführt, woraufhin *Pan Am* im Jahr 1936 den ersten kommerziellen Linienverkehr vom Festland nach Hawaii aufnahm.

Der **Hotel-Bauboom** in Waikiki setzte langsam ein. Die **Touristenströme** folgten. 1967 besuchten erstmals mehr als eine Million Touristen die Inselgruppe, schon 1972 war die zweite Million erreicht, und 1986 wurde gar die Fünf-Millionen-Grenze überschritten. Mittlerweile hat sich die Anzahl der Besucher bei über 7 Millionen pro Jahr eingependelt. Da in den 1960er und 70er Jahren ein gewaltiger **Bauboom** herrschte, war vor allem Honolulu mit seinen Hotel-Hochhäusern für diese gigantischen Besuchermassen gerüstet. Aber auch auf den Inseln Maui, Big Island, Kauai und Molokai entstanden vor allem in den 70er Jahren die Resorthotels. Gleichzeitig verlor die Landwirtschaft als Wirtschaftsfaktor immer mehr an Bedeutung.

Mittlerweile hat sich der Tourismus und die direkt damit verbundenen Dienstleistungen als der bei weitem größte Wirtschaftszweig etabliert. Während die Landwirtschaft 1990 nur noch knapp 590 Millionen Dollar Umsatz erzielte, lag das Militär bei 3,2 Milliarden Dollar. Unangefochtener Umsatz-Spitzenreiter ist der Tourismus, der es noch 1998 auf 10,8 Millarden Dollar brachte, dies machte immerhin 27,8 % des Bruttosozialprodukts von Hawaii aus. Zum Vergleich: Weltweit hat die Tourismusindustrie lediglich einen Anteil von 11,6 % am Bruttosozialprodukt. Die Rezession sowie die Auswirkungen des 11. September 2001 haben auch in Hawaii ihre Spuren hinterlassen. 2001 trug der Tourismus mit 7,5 Mrd. Dollar nur noch 16,5 % zum Bruttosozialprodukt der Inselkette bei. Leider lagen bei Redaktionsschluss keine neueren Daten vor.

Etwa ein Viertel der 580.000 Beschäftigten auf den Inseln arbeitete im Jahr 1990 in der Hotelbranche und deren Zulieferbetrieben. 1997 war es bereits ein Drittel, nämlich 31,6 % (=180.000) von insgesamt 570.000. 2001 sackte die Anzahl der für die Tourismus-Industrie Beschäftigten auf knapp über 154.000 ab, womit der Tourismus etwas mehr als 20 % der Bevölkerung ernährt. Vor allem auf Lanai, Oahu und Maui dürfte der Prozentsatz noch um einiges höher liegen. Experten schätzen, dass dort gut 80 % der Beschäftigten direkt oder indirekt vom Tourismus leben.

Heiraten in Hawaii

Bei Amerikanern und Japanern erfreut sich die Eheschließung auf den Inseln großer Beliebtheit. Findige Marketingmanager haben den Trend aufgegriffen und zu einem Extrageschäft in allen Preisklassen gemacht. Sehr beliebt ist es, sich in der Farngrotte auf Kauai das Ja-Wort zu geben, aber auch einige Hotels verfügen über eine eigene Hochzeitskapelle für die standesamtliche Trauung. Die gesamte Inszenierung des Spektakels obliegt dabei dem Hotel beziehungsweise dem entsprechenden Zeremonienmeister, der an wirklich alles denkt: vom Bänkelsänger bis zum Kirchenchor, von Hochzeitsfotos und der Videoaufzeichnung bis zur Fotokarte „Wir haben geheiratet" mit bereits aufgeklebter Briefmarke, von den Ringen bis zum Brautkleid.

Der Phantasie sind dabei kaum Grenzen gesetzt, denn Hawaii bietet sicherlich die ungewöhnlichsten Möglichkeiten zur Eheschließung außerhalb von Las Vegas: Wer gerne im Schnee auf 4200 m Höhe heiraten möchte, kann gegen entsprechende Bezahlung sicherlich auch dieses Arrangement organisieren lassen.

Da die standesamtliche Trauung in Hawaii in Europa anerkannt ist, haben einige Reiseveranstalter hierfür bereits Arrangements im Programm, die an die Wünsche der Europäer angepasst sind.

Wer Interesse hat, kann sich etwa beim *Pacific Travel House* (Tel. 089/543 21 80, www.pacific-travel-house.com) in München ein individuelles Angebot ausarbeiten lassen. Auf seinen Internet-Seiten stellt das Unternehmen bereits einige Hochzeits-Pauschal-Arrangements mit Preisen vor.

Der früher notwendige Nachweis einer Rötelschutzimpfung für die Frau ist nicht mehr erforderlich. Für Paare ab 18 Jahren ist lediglich ein gültiger Reisepass nötig. Nähere Infos im Internet unter http://www.state.hi.us/doh/records/vr_marri.html

Von der deutschen Vertretung des Fremdenverkehrsamt von Hawaii ist ein Infoblatt erhältlich, das auf die für Deutsche wichtigen Punkte eingeht.

Übrigens: Im Jahr 2005 kamen 2,2 % der Besucher mit dem Ziel auf die Inseln, sich das Ja-Wort zu geben. Die Zahl der „Honeymooners", also der Paare, die ihre Hochzeitsreise in Hawaii verbringen, machte in 2005 immerhin 7,3 % der Gesamtbesucher aus. Japanern gefällt das besonders, denn 6,1 % der Besucher aus Japan kamen 2005, um sich auf den Inseln trauen zu lassen und über 15 % der Japaner halten sich im Rahmen ihres Honeymoons in Hawaii auf. Daher gibt es direkt auf der Homepage des Fremdenverkehrsverbandes von Hawaii den Link „Weddings & Honeymoons" (www.gohawaii.com) – natürlich auch auf japanisch.

Land und Leute

Nach Angaben des *U. S. Bureau of Economic Analysis* lag das durchschnittliche Jahreseinkommen in Hawaii im Jahr 2003 bei 30.589 $, was ca. 97,2 % des amerikanischen Durchschnitts entspricht. Im Jahr 2002 waren es noch 30.040 $.

Im Jahr 2005 haben fast 7,4 Millionen Besucher ihren Fuß auf hawaiianischen Boden gesetzt.

Immobilienpreise

Ein großes Problem für die Einheimischen heute sind die geradezu explodierenden Immobilienpreise auf den Inseln. Bereits Anfang der 1980er Jahre begannen japanische Investoren, ihr Geld in Hawaii anzulegen. Mitte der 80er Jahre kauften sie in großem Stil Immobilien auf der Inselgruppe, womit sie die Immobilienpreise in gigantische Höhen beförderten. Mittlerweile sind die meisten Hotels direkt oder indirekt im Besitz der Japaner. Viele Bewohner der Inselkette haben daher mittlerweile Schwierigkeiten, erschwinglichen Wohnraum zu finden.

Bevölkerung

Zusammensetzung

Echte **Hawaiianer** sind selten geworden. Nur noch knapp 1 % der über eine Million (exakte Zahlen siehe Hawaii in Zahlen, am Ende dieses Kapitels) Inselbewohner, also etwa 10.000 Menschen, sind noch Hawaiianer mit rein polynesischem Ursprung. Etwa 20 % der Bevölkerung gelten allerdings statistisch gesehen als Hawaiianer.

Jeweils ungefähr ein Viertel sind **Weiße** und **Japaner.** Etwas mehr als 10 % sind **Filipinos** und gut 5 % **Chinesen.** Die restlichen Bewohner stammen überwiegend aus Ostasien und dem pazifischen Raum.

Vermischung

Noch vor etwa 150 Jahren waren über 95 % der Inselbewohner rein polynesischen Ursprungs. Der Trend hin zum **Schmelztiegel der Nationen** (wohl nirgendwo auf der Erde passt dieser viel strapazierte Begriff besser als in Hawaii) setzt sich nach wie vor fort. Etwa 50 % aller neu geschlossenen Ehen sind gemischte Ehen – ein Prozentsatz, der als einmalig auf der Welt gilt. In den USA wird oft vom *Melting Pot,* dem Schmelztiegel, gesprochen. Während in den meisten Städten der USA aber die Eingewanderten an ihren alten Traditionen und Bräuchen festhalten und Angehörige anderer Völker in ihrem Privatleben kaum eine Rolle spielen, hat in Hawaii genau dieser Verschmelzungsprozess stattgefunden.

Eine klare Abgrenzung zwischen den einzelnen Volksgruppen ist somit nicht mehr möglich, und die oben gemachten prozentualen Anteile verkleinern sich immer mehr zugunsten einer bunt durcheinandergewürfelten Gesellschaft. in Hawaii dominiert mittlerweile weder eine Volksgruppe, noch gibt es eine echte Minderheit.

Mehr über die **deutschen Wurzeln** Hawaiis steht auf den folgenden Internetseiten:

● www.islander-magazine.com/germans.html
● www.hawaiian-roots.com/germans_in_hawaii.htm
● http://lernzeit.de/sendung.phtml?detail=355854

Aloha-Spirit

Wie überall in den USA sind die Menschen in Hotels, Restaurants und Geschäften sehr freundlich. Mit der ursprünglichen hawaiianischen Gastfreundschaft hat das wohl nur noch wenig zu tun – auch wenn das Fremdenverkehrsamt von Hawaii sich intensiv darum bemüht, Gastfreundschaft als wesentlichen Teil des *Hawaiian way of life* zu proklamieren. Oftmals spricht man in diesem Zusammenhang vom *Aloha Spirit,* vom Aloha-Geist. *Aloha* bedeutet soviel wie Liebe,

Zuneigung, ist aber auch ein Willkommens- und Abschiedsgruß. Ein Rest davon besteht aber doch. Alles ist nicht so hektisch wie sonst oft in den USA. Wer echten *Aloha-Spirit* kennen lernen möchte, der sollte sich viel Zeit lassen und mit den Einheimischen Kontakt aufnehmen. Mit entsprechendem Feingefühl können Sie sicherlich viel Interessantes über das Alltagsleben, die Sorgen und Probleme, aber auch über die Familie und die Kultur der Hawaiianer erfahren.

"Königsfamilie" beim
Merrie Monarch Festival

Kultur

Überblick

In einem Staat wie Hawaii ist es nicht möglich, von einer einheitlichen Kultur zu sprechen. Sie besteht in Hawaii vielmehr in der Pflege der unterschiedlichen Kulturen und deren Vermischung untereinander.

Von der ursprünglichen hawaiianischen Lebensart mit all ihren Bräuchen und Riten war nicht mehr viel übriggeblieben. Seit einigen Jahren jedoch ist eine deutlich spürbare **Rückbesinnung auf die alte hawaiianische Kultur** zu beobachten. Hula-Schulen sind angesagt, und der eine oder andere Erwachsene drückt wieder abends die

Hula – Tanz und Gesang in Hawaii

Es gibt auf den Inseln zwei Arten von Hula, den *Hula Kahiko* und den *Hula Auwana.*

Der **Hula Kahiko** ist der alte Hula, also eine Interpretation eines alten Liedes. Er gilt als ein Geschenk der Götter. Die Tänzer tragen dabei über der Unterwäsche Röcke aus *Tapa* (ein Stoff, der aus der Rinde des Maulbeerbaumes gewonnen wird) sowie *Leis* um Stirn, Hals, Hand- und Fußgelenke. Diese *Leis* (Ketten) sind aus Walknochen oder Hundezähnen (meist um die Fußgelenke), aus Blumen (meist um Kopf, Hals, Stirn) und aus Farnen (meist um die Handgelenke) gefertigt. Die Hawaiianer singen und tanzen dabei zu den rhythmischen Lauten von *Pahu* (Trommel), *Puili* (aufgeschlitzte Bambusstöcke) und *Uliuli* (Kürbis- oder Kokos-Rassel mit Federn). Hula-Tänze wurden früher nur in sehr formellem Rahmen nach starren Regeln durchgeführt, denn es war ein heiliges Ritual zur Ehre der Götter sowie zum Lob der Schönheit der Inseln. Die Texte sind stets in hawaiianischer Sprache. Ursprünglich durften nur Männer den *Hula Kahiko* tanzen, der immer mehr an Bedeutung gewinnt, jetzt aber auch von Frauen getanzt wird.

Der **Hula Auwana** ist der neue Hula. Dabei tragen die Tänzerinnen und Tänzer Stoffgewänder (*Muumuus,* Aloha-Hemden etc.). Die Musik wird von der *Ukulele,* eventuell der (E-)-Gitarre und anderen Instrumenten gespielt. Sie ist meist auch von Western-Elementen beeinflusst, die von den *Paniolos* (Cowboys) auf die Inseln gebracht wurden. Die Choreographie wird jeweils entsprechend der Musik erfunden, die Texte sind oft in Englisch.
Zurzeit kommt eine **Vermischung** der beiden Hula-Arten auf: ein von Frauen getanzter *Hula Kahiko* mit langen Gewändern.

Schulbank, um die hawaiianische Sprache zu erlernen. Schon vor einigen Jahrzehnten haben sich zwar einzelne hawaiianische Vokabeln im Umgangsenglisch etabliert (z. B. *Mahalo* – Danke, *Kapu* – Tabu oder *Wikiwiki* – Schnell, Beeile Dich), aber die regelrechte Renaissance der hawaiianischen Sprache ist noch recht neu. (Zu Vokabeln und Aussprache des Hawaiianischen siehe Hinweise im Anhang.)

Der Hula

Weil erst die Missionare eine Schriftsprache einführten, musste bis zum Ende des 18. Jh. ein anderes Medium zur Überlieferung der Sitten, Gebräuche, Sagen und Weisheiten dienen: der Hula und die Hula-Musik (siehe Exkurs Hula). Der Hula war fester Teil der weltlichen und religiösen Kultur. Für viele Einwohner der Inseln hat er mittlerweile schon fast wieder eine religiöse Bedeutung erlangt.

Das Hula-Ereignis des Jahres ist das **Merrie Monarch Festival,** das jedes Jahr eine ganze Woche lang um die Osterfeiertage herum in Hilo auf Big Island stattfindet. Hier den Hula tanzen zu dürfen, ist schon eine ganz besondere Ehre. Die Karten für die einzelnen Vorstellungen sind in der Regel schon Monate im Voraus ausverkauft. An einem dieser Tage findet vormittags eine große Hula-Parade in Hilo statt.

Jeweils am 3. Samstag im Mai findet auf Molokai das Fest **Molokai Ka Hula Piko** statt, was übersetzt *Molokai, das Zentrum des Tanzes* heißt, bei dem die Geburt des Hula gefeiert wird. Im Gegensatz zum Merrie Monarch Festival auf Hawaii Big Island handelt es sich beim Molokai Ka Hula Piko nicht um einen Wettbewerb. Es geht einzig und allein darum, sich am Hula zu erfreuen (siehe Inselkapitel *Molokai*).

Aber auch beim **Prince Lot Hula Festival** auf Oahu im Juli oder beim **Queen Liliuokalani Keiki Hula Competition** auf Oahu im August (Eintrittskarten ab Ende Juni, schnell ausverkauft) herrscht großer Andrang.

Zu vielen Festen gehören als Rahmenprogramm auch **Hula-Vorführungen,** bei denen manchmal sogar der Eintritt frei ist (wie zum Beispiel in vielen Einkaufszentren).

Aloha Week

Ein bedeutender Höhepunkt im kulturellen Leben Hawaiis ist die 1946 erstmals veranstaltete **Aloha Week,** die auf allen Inseln gefeiert wird. Jedes Jahr im September herrscht dann besonders reges Leben auf den Straßen und in den Häusern: Hawaiianische Musik, Kanurennen und vieles mehr tragen neben den Hula-Tänzen zur Vielfalt bei.

Doch nicht nur der Hula ist sehenswert. Vor allem bei *Luaus* kommen auch Tänze aus allen Teilen Polynesiens zur Aufführung, besonders viel Beifall ernten die **Tänzerinnen aus Tahiti** oder auch die **Feuertänzer aus Samoa.**

Musik

Wohl jeder von uns kennt den „typischen" **Hawaii-Sound.** Von 1935 an wurde hawaiianische Musik, angepasst an den aktuellen Zeitgeist, über 40 Jahre lang per Kurzwelle aus dem Moana Hotel am Waikiki Beach in die ganze Welt übertragen. Auf dem amerikanischen Festland waren diese *Hawaiian Calls* genannten Radiosendungen zeitweise so beliebt, dass sie von etwa **750 Radiostationen** gleichzeitig ausgestrahlt wurden. Diese Radiosendungen inspirierten wiederum die Kreativen der Musikbranche, die den Hawaii-Sound in ihre Werke integrierten. Mit diesen Hawaiiklängen, die wir aus der Musikbox, Filmen etc. kennen, hat die echte hawaiianische Musik allerdings nur sehr wenig gemeinsam.

Traditionell

Zum Gesang kommen bei Hawaii-Musik nur die Klänge einfacher Instrumente wie zum Beispiel *Ukulele* (Mini-Gitarre), akustische Gitarre, eventuell eine Flöte sowie diverse Schlaginstrumente wie *Uliuli,* eine ausgehöhlte Kokosnuss mit Federn, in die einige Nüsse, Steinchen oder Muscheln gefüllt wurden, und *Puili,* ein längsseits aufgeschlitzter Bambusstock. Selbst *Ukulele,* Gitarre und Flöte sind strenggenommen schon wieder moderne Elemente.

Modern

Mit der Renaissance der hawaiianischen Kultur wurde auch die entsprechende Musik wiederentdeckt. Neben den alten, überlieferten Musikstücken haben auch neu geschriebene Werke die Gunst der Hörer erobert. Die bekanntesten Vertreter dieser modernen Musikrichtung, die sich an die alte Musiktradition anlehnt, sind die *Brothers Cazimero* und die *Makaha Sons of Niihau* sowie *Keali Reichel*.

Vielen europäischen Touristen gefallen auch die Lieder von *Anelaikalani* sowie die *Memories of Hawaiian Calls*. Freunde hawaiianischer Musik werden über die Hörproben und die umfangreiche Link-Sammlung von Paradise Music im Internet begeistert sein: www.hawaiianmusicstore.com. Hawaii-Musik live über das Web gibt es z. B. bei www.KKCR.org 24 Stunden am Tag.

Die Lei

Wer „Hawaii" hört, denkt meist sofort an Strand, Hula-Musik und Blumenkränze. Die hawaiianischen **Blumenkränze,** *Lei* genannt, sind nicht nur kleine Kunstwerke, sondern auch Ausdruck der Lebensfreude. Leis haben ihren festen Platz im hawaiianischen Leben und werden zu allen möglichen Anlässen verschenkt und getragen: Zur Begrüßung und zum Abschied, bei Taufen und bei Beerdigungen, bei Geburtstagsfeiern, Hochzeiten, Beförderungen, Schulfeiern – kurzum, es gibt immer einen Grund, eine Lei zu tragen. Zu besonderen Anlässen trägt

eine beschenkte Person dann oftmals mehrere Leis übereinander.

Wenn nur von einer Lei die Rede ist, dann ist im Normalfall eine *Flower Lei* (Blumen-Lei) gemeint. Es gibt allerdings auch andere Leis, wie zum Beispiel *Shell Leis* (Muschel-Leis). Es finden auch Wettbewerbe statt unter dem Motto „Wer macht die schönste Lei?".

Früher wurde jeder Besucher, der auf die Insel kam, mit einer Lei begrüßt – ein Klischee, das aufgrund diverser Filme noch in den Hinterköpfen vieler Menschen steckt. Im Zeitalter des Massentourismus ist die Begrüßung per Lei nicht mehr Standard, aber immerhin lässt es sich arrangieren. Ab 25 $ (plus Tax) pro Person sind Sie dabei: www.maui411.com/greet.html

Die Filmindustrie entdeckt Hawaii

Mit Hilfe diverser Kino- und Fernsehfilme, die auf der Inselgruppe gedreht wurden, konnte die Popularität der Inselgruppe noch gesteigert werden. Schon fast legendär sind da Kino-Schmachtfetzen wie *Blue Hawaii* mit *Elvis* oder das Musical *South Pacific.* Aber die meiste Publicity brachte wohl die Fernsehserie *Hawaii 5.0,* die 1969 erstmals auf Sendung ging und auch in deutschen Kanälen immer wieder aufs Neue zu sehen ist. Ab 1980 sorgte dann *Tom Selleck* mit *Magnum P.I.* dafür, dass die Inselgruppe nicht in Vergessenheit geriet. Die wohl bekanntesten Filme, die je in Hawaii gedreht wurden, sind Steven Spielbergs

Die wichtigsten Feiertage in Hawaii im Überblick

1. Januar	**New Years Day**	Neujahrstag, wie bei uns
3. Montag im Januar	**Martin Luther King Day**	Gedenktag für den ermordeten Prediger, wider den Rassenhass
3. Montag im Februar	**President's Day**	Washingtons Geburtstag, heute Feiertag zu Ehren aller ehem. Präsidenten
26. März	**Prince Kuhio Day**	Staatsfeiertag zu Ehren des Prinzen Kuhio, der fast König geworden wäre
Freitag vor Ostern	**Good Friday**	Karfreitag
Letzter Montag im Mai	**Memorial Day**	Tag zur Ehrung aller Gefallenen
11. Juni	**Kamehameha Day**	Staatsfeiertag mit Feiern und Umzügen zu Ehren von König Kamehameha I.
4. Juli	**Independence Day**	Unabhängigkeitstag, wichtigster Feiertag der USA, Umzüge und Paraden, Feuerwerk
3. Freitag im August	**Admission Day**	Staatsfeiertag zum Gedenken an den Eintritt Hawaiis in die amerikanische Staatenunion am 21. August 1959
1. Montag im September	**Labor Day**	Tag der Arbeit, wie bei uns der 1. Mai
2. Montag im Oktober	**Columbus Day**	Gedenktag für die Entdeckung Amerikas
11. November	**Veteran's Day**	Ehrentag für Veteranen der US-Armee
4. Donnerstag im November	**Thanksgiving**	Erntedankfest, das größte Familienfest der Amerikaner, an dem traditionell (auch in Hawaii) *Turkey* mit *Cranberries* gegessen wird.
25. Dezember	**Christmas Day**	Nur **ein** Weihnachtstag, nicht so wichtig wie Thanksgiving

Land und Leute

Jurassic-Park-Filme, die massiv durch Kauais Landschaft geprägt sind.

Die Fernsehserie *Lost* wiederum wird auf Oahu gedreht. Wenn gerade wieder Dreharbeiten angesagt sind, kann man zuschauen, und abends mischen sich die Schauspieler of locker unters Volk in den Restaurants bzw. Bars.

Museen

Auf jeder Insel gibt es Museen, auf die in den Inselkapiteln hingewiesen wird. Eines jedoch ist ein Muss für völkerkundlich interessierte Besucher: das **Bishop Museum** in Honolulu auf Oahu. Es handelt sich dabei um die größte anthropologische Sammlung des Pazifiks (s. Kapitel Oahu).

Feiertage und Feste

An Feiertagen bleiben Banken, Postämter und Verwaltungen geschlossen. Private Geschäfte müssen das Feiertagsgebot nicht beachten und locken ihre Kunden zum *Family Shopping.* Wer als Tourist nicht gerade Briefmarken braucht, bemerkt auf den Inseln den Feiertag so gut wie nicht: Die *Beach Parks* sind voller und einige wenige Attraktionen sind geschlossen. Lediglich am 25.12. *(Christmas Day),* am 1.1. *(New Years Day)* sowie an *Thanksgiving* müss damit gerechnet werden, dass Parks und Attraktionen sowie eventuell auch Läden früher schließen bzw. ganz geschlossen haben.

● Das **Narzissen-Festival** im Januar oder Februar findet im Anschluss an das chinesische Neujahrsfest statt. Höhepunkt ist die Wahl der Narzissen-Königin.

● Im Frühjahr (Ende Februar bis Anfang April) findet für einige Tage das **Kirschblüten-Festival** statt. Auch hier wird eine Kirschblüten-Königin gewählt.

● Den **St.-Patrick's-Day** am 17. März feiern die Iren mit einer Parade durch Honolulu.

● Am 1. Mai ist **Lei Day** (Blumenketten-Tag), der mit üppigen Ausstellungen von Blumen-Leis sowie mit Hula-Shows, Paraden und der Wahl der Lei-Königin gefeiert wird. An diesem Tag lohnt sich ein Besuch der Kamehameha-Statue am Iolani-Palast ganz besonders (siehe Oahu).

● Der **Kamehameha Day** am 11. Juni wird mit Paraden und Hulatänzen sowie Hula-Wettbewerben vor allem in Honolulu gefeiert.

Feste der Volksgruppen

In den Sommermonaten Juni bis August feiern verschiedene ethnische Gruppen ihre jeweils eigenen farbenfrohen, oft mit Paraden verbundenen Feste.

● Den Höhepunkt des japanisch-buddhistischen **Bon-Odori-Festival** stellt die *Floating Lantern Ceremony* dar, bei der Tausende von farbigen Papierlaternen auf dem Ala Wai Canal in Honolulu schwimmen.

● Im September findet die **Aloha Week** statt: eine ganze Woche Hula, hawaiianische Musik, Künstlervorführungen, Kanurennen und ähnliche ur-hawaiianische Aktivitäten auf allen Inseln.

•**Weihnachten** in Hawaii ist allein schon aufgrund der Temperaturen etwas anders als bei uns. Deshalb kommt der Weihnachtsmann auch nicht im Schlitten, sondern mit dem Ausleger-Kanu. Die Dekoration der Hotels, Einkaufszentren, Häuser und Straßen ist dann voll auf Weihnachten abgestimmt. Christbäume und Truthähne werden in großen Mengen vom Festland importiert, was auch die Fernsehanstalten ausführlich dokumentieren.

Weitere Feste

Dies ist nur eine kleine Auswahl mehr oder weniger bedeutender Ereignisse, von denen es auch recht verrückte Varianten gibt. Dazu gehört das **Great Hawaiian Rubber Duckie Race,** bei dem Ende März über 20.000 gelbe Plastikenten auf dem Ala Wai Canal in Honolulu um die Wette schwimmen, aber auch das **Carole Kai International Bed Race and Parade** (Betten-Rennen und Parade), das sich im April durch die Straßen Honolulus windet.

Nähere Informationen zu den Veranstaltungen erhalten Sie im *Calendar of Events,* der mittlerweile nicht mehr in gedruckter Form, sondern nur noch auf den Internet-Seiten (dafür topaktuell) des Hawaii Visitors Bureau zu finden ist (s. Kapitel Information bzw. http://calendar.gohawaii.com).

Medien

Printmedien

Tageszeitungen

In Hawaii erscheinen sechs verschiedene Tageszeitungen. Die beiden großen, *Honolulu Advertiser* und *Honolulu Star Bulletin* (www.honoluluadvertiser.com, http://starbulletin.com), sind auf allen Inseln erhältlich. Daneben existieren auf den vier Hauptinseln noch kleinere Lokalblätter. Internationale Meldungen findet man in all diesen Publikationen nur in beschränktem Umfang. Nur selten sind auch Zeitungen wie die *Washington Post* und die *New York Times* zu finden.

Zeitschriften

Bei den Zeitschriften existiert ein breites Sortiment für alle denkbaren Bereiche. Es gibt jede Menge Blätter der seichten Unterhaltung. Über dieses Niveau gehen nur wenige Zeitschriften hinaus, wozu auch *Time* und *Newsweek* zählen, die in Hawaii teilweise andere Schwerpunkte als die europäischen Ausgaben setzen. Insgesamt ist das Zeitungs- wie Zeitschriftenangebot mit der europäischen Vielfalt und dem hierzulande gebotenen Standard nicht vergleichbar.

Printmedien in deutscher Sprache

Begeben Sie sich gar nicht erst auf die Suche nach halbwegs aktuellen deutschsprachigen Zeitschriften, es ist zwecklos. Tagesaktuelle gedruckte Nachrichten gibt es in führenden Hotels, die den Dienst „Newspaper-

Land und Leute

Der Präsident besucht Hawaii

Als Präsident *Clinton* beim Rückflug vom Weltwirtschaftsgipfel in Japan im Juli 1993 einen (offiziell) kurzfristig anberaumten Zwischenstopp in Hawaii einlegte, berichteten alle TV-Anstalten mit größter Akribie über sämtliche auch nur erdenklichen Details. Man hatte beim *Channel-Hopping* den Eindruck, es gebe keine anderen Themen, keine Shows und keine Spielfilme.

Da erfuhren die Zuschauer so weltbewegende Dinge wie die einzelnen Zutaten des Frühstücks, das dem Landesoberhaupt gereicht wurde. Selbstverständlich wurden auch seine sämtlichen Tischnachbarn beim Essen mit Namen und Dienstgrad genannt – egal, ob es ein General oder ein Schütze gewesen ist.

In all der Berichterstattung über die Äußerlichkeiten des Besuchs gingen die politisch wichtigen Passagen zumeist unter. So wurden lange Interviews mit einer Marine-Infanteristin gesendet, die zwei Tische neben dem Präsidenten speiste. Diese beschrieb, nachdem sie ausgiebig vorgestellt wurde, ihre Eindrücke, die sie in dieser gewaltigen Stunde bewegten. Schließlich verriet ein Vertreter des Kasinopersonals etwas über den Appetit des Staatsoberhauptes, dann kam wieder etwas Werbung. Zum Abschluss, also kurz vor der fünfminütigen Zusammenfassung zum Thema „Der Präsident besucht Hawaii", berichtete eine Journalistin „live, exklusiv für Sender xy", dass die Gattin des Präsidenten am Folgetag nach Kauai fliegen wird, um auf der damals immer noch stark unter den Spätschäden des Wirbelsturms *Iniki* leidenden Insel ein Krankenhaus zu besuchen.

Im Innern freut sich bereits das Journalistenherz, denn diese Ankündigung heißt indirekt: „Schalten Sie auch morgen wieder ein zu einer 30-min. Berichterstattung mit Interviews von Patienten, die Hillary Clinton über den Krankenhausgang laufen sahen ..."

Präsidenten kommen und gehen, aber diese Art der Berichterstattung im amerikanischen Fernsehen ist gleich geblieben oder gar schlimmer geworden.

---

direct" anbieten. Die Inhalte der Zeitungen werden zeitnah als Daten übermittelt; anschließend wird die „Zeitung" ausgedruckt. Ansonsten ist ja mittlerweile praktisch jede deutschsprachige Zeitung im Internet vertreten, so dass ein Besuch in einem der zahlreichen Internet-Cafés oft die beste und günstigste Lösung ist.

Radio und Fernsehen

Privatfunk

Über 50 Radiostationen, gut 20 Fernsehstationen und acht Kabelfernseh-Anbieter machen sich gegenseitig Konkurrenz. Da alle Medien in privater Hand sind, wird das Programm, wie bei unseren Privatsendern auch, zur Finanzierung durch Werbung unterbrochen – allerdings erheblich öfter als bei uns und in einer Art und Weise, die manchmal zu Beginn gar nicht erkennen lässt, dass jetzt statt des eigentlichen Programms gerade Werbung läuft.

Niveau

Im Vergleich zu dem über die Sender laufenden Programmbrei wirkt das Angebot unserer öffentlich-rechtlichen Sender wie eine intellektuelle Wohltat. Selbst die deutschsprachigen Privatsender mit dem schlechtesten Ruf sind immer noch um Dimensionen besser als die Fernsehstationen in Hawaii. Die oft gelobten locker moderierten amerikanischen Nachrichten werden noch mit einer Prise *Aloha-Spirit* gewürzt, vermitteln aber selten mehr als Informationshäppchen. Sauber recherchierte Hintergrundberichte wird der aus deutschsprachigen Landen verwöhnte Besucher vermissen.

Themen

Die Inhalte sind stark auf innerhawaiianische Ereignisse konzentriert. Es entsteht der Eindruck, es geht zu 70 % um rein hawaiianische, zu 25 % um US-amerikanische Themen und nur zu 5 % um das Geschehen außerhalb der USA. International berichtenswert ist allerdings auch nur, was die Politik und Interessen der USA zumindest indirekt angeht. Auch der Nachrichtensender *CNN* (national) hat einen erheblich stärker national geprägten Blickwinkel als „unser" *CNN international*.

Im Hotel

In den meisten Hotels läuft zusätzlich zum normalen Fernsehprogramm auf einem Fernsehkanal die Beschreibung der Hoteleinrichtungen, auf einem anderen eine reichlich mit versteckter Werbung und *Product Placement* gespickte Vorstellung der Inselgruppe. In den Touristenzentren gibt es auf einem dritten Kanal noch Informationen über die unmittelbare Umgebung und entsprechende Ausflüge.

Sitten und Eigenheiten

Dass Hawaii ein **Bundesstaat der USA** ist, erkennt man nicht nur an den über 20 Restaurants von *McDonald's* auf Oahu, sondern auch daran, dass man überall auf die amerikanische Lebensart trifft – aber stets vermischt mit einem kleinen Spritzer **Hang Loose.**

Dieser Begriff lässt sich je nach Sinnzusammenhang übersetzen: „Sieh es locker", „Nimm's leicht", „Entspanne Dich", „Nur nicht hasten" oder auch wörtlich „Hänge locker" (kommt vor allem in eindeutig zweideutigen Anspielungen bei Kommerzshows zur Anwendung).

Hang Loose ist **das** Motto in Hawaii, ein Motto, das von sämtlichen Tourismusbetrieben ständig propagiert wird. Für Hang Loose gibt es auch ein Symbol in der Zeichensprache: Der kleine Finger sowie der Daumen werden ausgestreckt und die mittleren drei Finger flach an die Innenhand gelegt, während die ganze Hand gedreht wird.

Kleidung

Hang Loose ist auch bei der Kleidung angesagt: Überall trägt man kurze Hosen, ein T-Shirt oder ein Hawaii-Hemd, und selbst im vornehmsten Restaurant trägt außer dem Kellner fast niemand

Land und Leute

Buchtipp

● *Harald A. Friedl:* **Respektvoll reisen,** Praxis-Reihe, REISE KNOW-HOW Verlag

Coupons: Ein echtes Stück Amerika – auch in Hawaii

Wenn man die einschlägigen Inselzeitschriften wie *Maui – This Week* etc. durchschaut, dann kann man den Eindruck bekommen, dass es in Hawaii viele Dinge und Dienstleistungen gibt, die fast umsonst sind, denn überall versprechen Coupons (Gutscheine) Vergünstigungen, die vom kostenlosen Capuccino im Restaurant bis zur 50%igen Ermäßigung für einen Hubschrauberflug reichen. Allerdings gelten hier fast immer irgendwelche Einschränkungen. In den genannten Beispielen etwa gibt es Capuccino nur, wenn man ein Menü zum regulären Preis bestellt, und 50 % Ermäßigung erhält man auf das Hubschrauberticket nur, wenn man ein zweites Ticket zum regulären Preis ersteht. Gerade bei Veranstaltungen sind die Preise schon im Hinblick auf Coupons oder ähnliche Rabatte festgelegt. Dabei handelt es sich keineswegs um eine wirkliche Ermäßigung, sondern lediglich um einen Werbetrick, denn auf den tatsächlichen Endpreis wurde bereits bei der Preiskalkulation ein später „großzügig" gewährter Rabatt sowie eine Vermittlerprovision von ca. 10 bis 20 % aufgeschlagen. Vor allem in Lahaina, Honolulu und Kona gibt es eine Vielzahl von Ständen und kleinen Büros, die sich *Tourist Information* nennen, aber nur auf die Buchung von Veranstaltungen spezialisiert sind und damit werben, manche Aktivitäten billiger als der Veranstalter anzubieten.

Die günstigeren Preise erhält man mit Verhandlungsgeschick oft auch ohne die Coupons; ferner lassen sich direkt beim Veranstalter fast immer gleiche oder günstigere Preise als bei der *Tourist Information* oder dem *Activities Desk* des Hotels aushandeln.

Doch zurück zu den Coupons: Das System, mit aus Zeitungen ausgeschnittenen Coupons einen Rabatt zu bekommen, ist in Nordamerika weit verbreitet. Vor Jahren hat sich ein Festland-Amerikaner mit Tausenden von Einzel-Coupons ein Auto gekauft, denn der Händler hatte vergessen, die Anzahl der Coupons pro Kauf au einen zu beschränken.

Wenn es im Supermarkt um die Gewährung eines Rabatt aufgrund eines Coupons geht, herrscht strenge Prinzipienreiterei, denn Rabatt gibt's nur, wenn man auch einen Coupon an der Kasse abgeben kann, wobei als Hilfestellung im Supermarkt oftmals an der Kasse eine Werbeschrift mit den entsprechenden Coupons zum Selbstausreißen ausliegt. Zuvorkommend, wie die Kassierer(innen) oftmals sind, weisen sie den Kunden auf die Rabattmöglichkeit hin und reißen ihm dann oft gar noch den Coupon aus der Werbeschrift heraus. Dieses Verfahren ist in allen 50 amerikanischen Bundesstaaten üblich. Die innovative, zeitsparende Variante davon ist die *Maikai-Card*, die von der hawaiianischen Supermarktkette Foodland herausgegeben wird. Mit der *Maikai-Card* erhält man dann in sämtlichen Filialen dieses Unternehmens alle Coupon-Angebote auch ohne Coupon – und Freimeilen bei *Aloha Air* gibt's noch obendrein. Die KassiererInnen verleihen gerne die *Temporary Maikai Card* an die Touristen.

Die wohl verrückteste Story mit den Sammelcoupons hat sich in der jüngsten Vergangenheit ereignet. Eine Zeit lang befand sich auf jeder Pepsi-Dose in den USA (also auch in Hawaii) ein Sammelcoupon. Zusätzlich bestand die Möglichkeit, für 10 Cents pro Stück weitere Coupons bei Pepsi zu kaufen. Für eine entsprechende Anzahl Coupons gab's dann diverse Merchandising-Artikel mit dem Pepsi-Aufdruck. Als Gag bestand die Möglichkeit, für 30 Millionen Coupons einen Senkrechtstarter-Kampfjet vom Typ *Harrier* zu erstehen. Ein findiger Student der Betriebswirtschaft kam nun auf die Idee, per Internet Investoren zu suchen, um die 3 Millionen Dollar für die Coupons zum Erwerb des Kampfflugzeugs zu finanzieren, was ihm gelang! Dieser Student prozessierte mit Pepsico um die Herausgabe des Senkrechtstarters. Jetzt ist es ruhig geworden um die Angelegenheit, und der Student dürfte eine ansehnliche Summe bekommen haben ...

eine Krawatte. Ein schickes Hawaii-Hemd, dazu eine lange, leichte Hose (nicht gerade eine verwaschene Jeans) und dazu ein Jackett reichen vollauf, um bei einem exklusiven Dinner 150 $ pro Person auszugeben. In den einfacheren Restaurants, in denen pro Person „nur" etwa 40–50 $ für ein Abendessen anfallen, kann man durchaus auch in T-Shirt und kurzer Hose speisen. Fast überall gilt jedoch die Regel: *No shirt, no shoes, no service* (Wenn Sie kein-Shirt/Hemd oder keine Schuhe anhaben, dann bedienen wir Sie nicht).

Bei **Beschwerden** oder nicht direkt lösbaren Unstimmigkeiten sollten Sie den **Supervisor** verlangen. Das Wort *boss* ist in diesem Zusammenhang unüblich und *chief* heißt (Indianer-) Häuptling.

Toiletten

Vorsicht bei der Suche nach Toiletten: Gehört es sich schon eigentlich nicht, nach *Toilets* zu fragen, wäre die Benutzung des umgangsenglischen Wortes *Loo* ein ganz böser Faux Pas. Toiletten in der Öffentlichkeit (Restaurants, Parks usw.) sind *Restrooms* (to rest = ruhen) oder äußerstenfalls *Mens/Ladies Rooms*. In privaten Häusern handelt es sich auch bei der separaten Gästetoilette immer um einen *Bathroom*.

Hang Loose in der Zeichensprache

Land und Leute

020ha Foto: av

Unterwegs in Hawaii

217ha Foto: av

218ha Foto: av

Hawaiianische Kost

Vor Lanai

Internet-Café auf Kauai

Ankunft

Zeit

In Hawaii gibt es keine Sommerzeit. Je nach Jahreszeit beträgt die Zeitverschiebung von Deutschland nach Hawaii elf Stunden (MEZ, Winter in D) oder zwölf Stunden (MESZ, Sommerzeit in D).

Auf der Reise von Zentraleuropa über den amerikanischen Kontinent nach Hawaii „gewinnt" man durch die Zeitverschiebung diese elf oder zwölf Stunden, man muss die Uhr also zurückstellen und kann dieselbe Zeit noch einmal erleben. Umgekehrt „verliert" man natürlich Zeit beim Rückflug. Nähere Hinweise zum durch die Zeitverschiebung hervorgerufenen *Jet Lag* stehen im Kapitel „Flug nach Hawaii".

Zeitangaben

Zeitangaben werden mit am/pm versehen (lat. *ante/post meridiem,* also vor/nach Mittag). 10 Uhr vormittags heißt in Hawaii beispielsweise 10 am; 22 Uhr heißt dann 10 pm.

Datum

Wie überall in den USA lautet auch in Hawaii die Datumsschreibweise Monat/Tag/Jahr. Der 31. Juli 2006 schreibt sich demzufolge 07/31/06.

Einreiseformalitäten

Bevor man den Fuß auf amerikanischen Boden setzen kann, müssen zunächst die Einreisekontrolle *(Immigration)* und der Zoll *(Customs)* passiert werden. Für beide Instanzen gibt es bereits im Flugzeug Formulare, die sehr sorgfältig in Druckschrift und Großbuchstaben ausgefüllt werden sollten. Drei Punkte sind besonders wichtig:

●Die **Ziffer „1"** wird als senkrechter Strich geschrieben – wie bei einem Taschenrechner mit Digitalanzeige. Eine „1" europäischer Schreibweise mit einem schrägen Aufstrich interpretiert jeder Amerikaner (auch Beamte bei der Einreisebehörde und beim Zoll) als „7".

●Die Zeilen für „Adresse in den USA" im **Einreiseformular** dürfen keinesfalls leer bleiben, wenn man einen längeren Dialog mit dem *Immigration Officer* vermeiden möchte. Die meisten Touristen besitzen natürlich keine feste Anschrift, da sie ja irgendwo unterwegs sind. Man schreibt dort einfach die Adresse des ersten Hotels hinein (z. B. Hotel Ohana Malia, 2211 Kuhio Avenue, Honolulu, Hi 96815-9461) oder die Adresse des Autovermieters.

●Der Zoll macht beim grünen Schildchen *(nothing to declare)* nur Stichproben und stempelt das Zollpapier. Am Ausgang ist dies abzugeben. Ohne **Zollstempel** bleibt die Tür zum gelobten Land verschlossen.

Bei Mitbringseln gibt es zwar eine offizielle Wertbegrenzung von 100 $, aber den Zoll interessieren diese Punkte, so scheint es, bei Touristen eher am Rande. Mehr als eine Flasche hochprozentigen Alkohol sollte man allerdings nicht dabeihaben.

Zollerklärung

Das scharfe Auge des Gesetzes schaut vor allem auf die schriftliche Zollerklärung. Dort darf um nichts in der Welt ein *YES* angekreuzt sein bei der Frage „Ich habe Früchte, Gemüse, Fleischwaren etc. dabei und war kürzlich auf einem Bauernhof." Die kategorische Antwort heißt *NO!* Landwirte kommen hier natürlich in einen Gewissenskonflikt, der letztendlich auf die persönliche Interpretation des Wortes „kürzlich" hinausläuft. Wer noch wursthaltige Marschverpflegung (gilt auch für Dosenwurst) oder Obst von daheim in der Tasche hat, muss alles spätestens jetzt entweder essen oder vernichten. Dies ist kein Scherz, sondern wird durch die amerikanische Seuchengesetzgebung verlangt. Zur Kontrolle laufen die Zollbeamten mit Schnüffelhunden an den Gepäckstücken vorbei. Verstöße werden meist schnell entdeckt und strikt geahndet.

Passkontrolle

Wird man endlich aus der Schlange der *Non Residents* zur Passkontrolle vorgelassen, kommt die Frage nach **Zweck und Dauer der Reise:** Ersteres ist entweder *Business, Tourism* oder *Visiting friends/relatives.* Die Dauer sollte eventuell für längere Zeit als geplant beantragt werden, um noch etwas Reserve zu haben.

Der untere Abschnitt des **Immigration-Papiers** wird in den Pass geheftet und bei der Ausreise wieder entnommen. Außerdem wird ein elektronischer Abdruck (also ohne Einsatz von Farbe) der beiden Zeigefinger genommen und ein Foto gemacht.

Vom Flugzeug zum Hotel

Wer nicht mit dem Taxi für 30 $ zum Hotel im Stadtteil Waikiki fahren möchte, kann für 11 $ pro Person (inklusive 2 Gepäckstücke, hin und retour 20 $) mit dem Airport Shuttle bis zum Waikiki-Hotel fahren. Näheres hierzu im Kapitel Oahu, Flughafen.

Hotelbuchung

Für den, der noch nicht gebucht hat, sind die Hotel-Werbetafeln in den Ankunftshallen hilfreich. Über ein **kostenloses Telefon** (*Courtesy Phone*) erreicht man die angeschlossenen Häuser direkt und kann nach der Reservierung mit Taxi oder Airport Shuttle zum Hotel fahren.

Unterwegs mit dem Auto

Übernahme des vorgebuchten Mietwagens

Auf den Inseln Kauai, Molokai, Maui und Hawaii Big Island ist es üblich, sofort nach der Landung einen Mietwagen zu übernehmen und diesen erst vor dem Rückflug zurückzugeben. Die gesamte touristische Infrastruktur der Inseln ist darauf ausgerichtet.

Die **Mietwagenfirmen** (*Rent a Car*) haben ihre Büros zum Teil am Flug-

Unterwegs in Hawaii

hafenterminal, oder aber man muss mit dem kostenlosen Shuttlebus des gewünschten Vermieters zu dessen Vermietstation fahren.

Dort angekommen, heißt es nach dem obligatorischen Schlangestehen sowie dem Präsentieren von Kreditkarte, Führerschein und Voucher des Veranstalters nur noch, sich über die einzelnen **Zusatzleistungen** (primär *Versicherungen)* im Klaren zu sein und die Wagenpapiere zu unterzeichnen. Obligatorisch bei der Anmietung ist die **Frage nach dem Hotel.** Wer hier keinen Hotelnamen angeben kann, weil Camping auf dem Programm steht, hat in der Regel trotz vorbezahltem Auto-Voucher größte Schwierigkeiten, einen Wagen zu bekommen.

Check des Wagens

Der Schlüssel steckt meist schon, das Auto ist vollgetankt. Fertig. Niemand kommt auf die Idee, irgendetwas zu erklären. Wer genauere Auskünfte zur Bedienung des Wagens wünscht, der muss schon explizit fragen – das gilt für die Klimaanlage (A/C) genauso wie für den Tempomat (ACC, *Automatic Cruise Control)* und das Zündschloss. Alle eventuell auftretenden Warntöne schalten sich aus, wenn die Türen geschlossen und die Gurte eingerastet sind.

Der Tacho und der „Kilometerzähler" sind auf Meilen/h (mph) beziehungsweise Meilen geeicht, eine Meile entspricht ca. 1,6 Kilometer.

Vor der Abfahrt sollte man eine **Inspektion rund ums Auto** nicht vergessen und bereits vorhandene Dellen

und Kratzer mit Gegenzeichnung des Vermieters schriftlich festhalten lassen. Nicht schaden kann die Kontrolle der Beleuchtungsanlage, der Scheibenwischer und der Scheibenwaschanlage. Wer ein Cabrio (*Convertible* genannt) fährt, sollte das Schließen des Verdecks ausprobieren, um für den nächsten Wolkenbruch gerüstet zu sein.

Automatikgetriebe

Ein paar **Tipps** für alle, die noch nie zuvor ein Fahrzeug mit Schaltautomatik gefahren sind:

● **Anlassen** des Fahrzeugs mit gedrückter Bremse in Schaltstellung „P" (oder evtl. „N").

● Der **linke Fuß** wird zum Autofahren nicht benötigt. (Merksatz: „Das linke Bein ist tot.")

● Zum **Anfahren** den rechten Fuß auf der Bremse lassen und den Gangvorwahlhebel mit der Hand in Schaltstellung „D" wechseln. Nach einer Sekunde lediglich den rechten Fuß von der Bremse nehmen. Auf ebenem Boden fängt der Wagen dann an, ganz langsam nach vorn zu rollen.

● Zum **Fahren** nur Gas geben oder bremsen. Lediglich auf den Gefällstrecken (z. B. Haleakala auf Maui und Waimea Canyon auf Kauai) muss zurückgeschaltet werden, um die Motorbremse zu aktivieren.

● Bei manchen Fahrzeugen lässt sich der **Zündschlüssel** erst abziehen, wenn der Gangvorwahlhebel in der Parkstellung „P" ist und ein zusätzlicher Knopf an der Lenksäule gedrückt wird.

Auf Hawaiis Straßen

Verkehrsregeln

Autofahren ist in Hawaii weit weniger stressig als in Europa. Außerhalb von Honolulu und den übrigen Touristenzentren sind geringe Verkehrsdichte, allgemein beachtete Geschwindigkeitsgrenzen, gut ausgebaute Straßen, Getriebeautomatik in praktisch allen

Es geht auch ohne Klimaanlage

Fahrzeugen sowie eine größere Gelassenheit der Autofahrer einige Gründe dafür.

Es wird **rechts** gefahren, und die wenigen andersartigen Verkehrszeichen erklären sich durch ihre Symbolik bzw. die eindeutigen Worte weitgehend von selbst. Ein Umdenken des europäischen Autofahrers ist also diesbezüglich nicht nötig. Trotzdem sollten Sie sich folgende abweichende Regeln einschärfen:

Vorfahrt

In der Regel gibt es keine vorfahrtgewährenden Verkehrszeichen. Stehen an einer Kreuzung oder Einmündung in alle Fahrtrichtungen Stopzeichen (so genannter *All-way stop*), dann bedeutet das „Wer zuerst kommt, fährt zuerst." – aber nicht im Sinne von „Es kommt kein anderer, ich habe Vorfahrt, also durch"! Dabei überqueren mehrere sich der Kreuzung nähernde Wagen diese nach einem kurzem Stop in der Reihenfolge ihrer Ankunft. Das gilt auch bei aufgestautem Verkehr. Es gilt jeweils die Ankunft am Stopbalken, nicht etwa die Ankunft am Ende der Schlange. Unklarheiten werden durch Zuvorkommenheit gelöst. Das Anhaltegebot gilt auch bei offensichtlich leeren Querstraßen und wird sehr diszipliniert befolgt, ja sogar von der Polizei aus irgendeinem Hinterhalt gerne kontrolliert. Die Regel ist schärfer als „Rechts vor Links".

Ampeln

Zeigt eine Ampel rot, darf unter Beachtung der Vorfahrt des Querverkehrs **rechts abgebogen** werden, solange dies nicht ausführlich durch ein Schild (*No Turn on Red*) untersagt wird. Die **Lichterfolge** an der Ampel ist übrigens Grün-Gelb-Rot-Grün.

Schulbusse

Die unübersehbaren gelben Schulbusse dürfen weder überholt noch vom Gegenverkehr(!) passiert werden, wenn sie anhalten und Kinder ein- oder aussteigen. Warnblinkleuchten an allen vier Busecken und zum Teil auch ausgeklappte Stopschilder markieren diese Stop-Phase.

Überholen

Auf den wenigen mehrspurigen Straßen wird in Hawaii legal auch rechts überholt. Vor jedem Spurwechsel muss somit genau hingeschaut werden. Vor einer Ausfahrt oder Abzweigung ist das frühzeitige Einordnen anzuraten. Achtung: Manche Ausfahrten zweigen auch nach links von der „Autobahn" ab.

Tempolimit

Von wenigen Ausnahmen auf den Autobahnen im Großraum Honolulu einmal abgesehen, gilt eine generelle Geschwindigkeitsbegrenzung von **maximal 55 mph** (55 Meilen pro Stunde, entspricht ca. 88 km/h). Ein spezielles Tempolimit innerhalb geschlossener Ortschaften gibt es nicht. Die Überwachung erfolgt durch in den Polizeiwagen installierte Radargeräte, die bei Bedarf aus dem fahrenden Auto heraus messen – auch bei Gegenverkehr. Wer am Sheriff zu schnell vorbeirast, hat ihn bald im Rückspiegel und wird sogleich zur Kasse gebeten.

Polizei

Um einen Autofahrer zu stoppen, überholt ihn die Polizei in Hawaii nicht etwa, sondern bleibt hinter ihm und betätigt kurz die Sirene und die rote Rundumleuchte, das unmissverständliche Zeichen zum **„Rechtsranfahren".** Nach dem Anhalten wartet der gestellte Übeltäter im Wagen auf den Polizisten. Alles andere könnte falsch gedeutet werden. Es ist auch nicht ratsam, unbedachte Bewegungen durchzuführen, etwa in der Absicht, die Papiere aus dem Handschuhfach zu holen. Der weit verbreitete Waffenbesitz in Amerika legt in solchen Fällen die Vermutung von Widerstandsabsichten nahe. Am besten sorgt man lediglich dafür, dass der Sheriff von außen die Türe öffnen kann und lässt die **Hände am Lenkrad.** Diese Hinweise erscheinen übertrieben und martialisch, gehören aber selbst in Hawaii zum allgemein akzeptierten Verhaltenskodex gegenüber der Polizei. Diese verhält sich in Kontrollsituationen sachlichkorrekt; nach dem ersten Abtasten und kooperativer Haltung des Touristen auch bei Übertretungen sogar eher freundlich. Wenn der Blick auf den internationalen Führerschein den Raser gar als Deutschen ausweist, dann können schon Sprüche wie *„It's no German Autobahn"* kommen, was allerdings die Geldstrafe in keiner Weise mindert.

Ganz falsch wäre die Eröffnung eines Streitgesprächs, selbst wenn der Polizist im Unrecht sein sollte. Das mag bei uns durchaus angehen, aber in den USA ist die ernsthafte Auseinandersetzung mit einem Sheriff in Anbetracht seiner erstaunlichen Machtbefugnis wenig ratsam. Die respektvolle Anrede lautet *Officer.* In den Nationalparks üben die *Parkranger* die Polizeigewalt (inklusive Geschwindigkeitskontrollen) aus.

Straßenkarten

Bei der Anmietung eines Fahrzeuges erhält man vom Vermieter stets einen *Drive Guide* der jeweiligen Insel, der neben viel Werbung, Coupons und touristischen Hinweisen auch eine oft

Buchtipp

●*Wolfram Schwieder:* **Richtig Kartenlesen,** Praxis-Reihe, REISE KNOW-HOW Verlag

nicht sehr übersichtliche, aber meist recht vollständige Zusammenstellung von Karten und Stadtplänen enthält. Außerdem sind in den übrigen Werbebroschüren wie *This Week, Gold* etc. (siehe Kapitel Information) Karten abgedruckt, die mit denen des *Drive Guide* vergleichbar sind. Diese allesamt kostenlosen Karten reichen in der Regel für die Orientierung und das Fahren nach Karte in Verbindung mit diesem Buch oft schon aus.

Wer dennoch eine genauere Landkarte möchte, dem sei die *Rand-McNally*-Karte, die in jeder Buchhandlung auf den Inseln erhältlich ist, sowie die Karte des Münchner Nelles Verlags empfohlen. Letztere ist in Hawaii kurioserweise meist günstiger als im Erzeugerland und führt teilweise auch Straßen als befahrbar auf, die bereits seit einigen Jahren für den öffentlichen Verkehr gesperrt sind. Die wohl genaueste Karte von den Hawaii-Inseln erscheint im Rahmen des *world mapping projects* und ist in Europa beim REISE KNOW-HOW Verlag erhältlich.

Straßensystem

Eine durchgehende Autostraße, gleich welcher Qualität, trägt stets den Namen *Highway.* Eine Variante ist der *Interstate Highway,* der mit unserer Autobahn vergleichbar ist. Ein solches mehrspuriges Schnellstraßennetz exis-

Unterwegs in Hawaii

tiert lediglich im Einzugsbereich von Honolulu. Die anderen Straßen sind *State Highways,* also Landstraßen, die fast alle gut geteert sind. Im Jahr 2004 verfügte Hawaii über ein öffentliches Straßennetz von über 4316 Meilen (ca. 6900 km) Länge, inklusive der 89 Meilen Freeway (autobahnähnlicher Ausbau) auf Oahu sowie 172 Meilen ungeteerter Straßen. Obwohl Hawaii

Big Island größer ist als alle anderen Inseln der Inselgruppe zusammen, gibt es dort nur 1466 Meilen öffentliche Straßen, auf der bevölkerungsreichsten Insel aber ein 1625 Meilen langes Straßennetz.

Orientierung

Wichtig bei der Orientierung ist die Nummer des *Highways* in Verbindung mit der prinzipiellen Himmelsrichtung, die sich allerdings auf einer Insel schnell ändern kann. So führt der *Highway 56* auf Kauai zunächst von der Inselhauptstadt Lihue aus nach Norden, ab der Ortschaft Kilauea dann nach Westen. Trotzdem heißt die offizielle Fahrtrichtung ab Lihue auf dieser Straße *North* – und zwar bis zum Ende.

Unterwegs im Hinterland von Kauai

Dirt Roads

Viele *Dirt Roads* (Erdstraßen, ungeteerte Straßen) machen ihrem Namen alle Ehre. Entweder sind sie extrem staubig oder wahre Schlammlöcher. Sie sollten nur mit absoluter Vorsicht befahren werden. Viele dieser *Dirt Roads* sind so genannte *Cane Haul Roads*. Darunter versteht man Privatstraßen, die nur für die Rohrzucker-LKWs gebaut wurden. Beim Fahren auf *Dirt Roads* besteht in der Regel **kein Versicherungsschutz.** Während solche Straßen auf dem amerikanischen Kontinent oft zu verborgenen Naturschönheiten führen, ist das Befahren der hawaiianischen *Dirt Roads* meist den Aufwand nicht wert.

Tanken

An den meisten Tankstellen ist es mittlerweile üblich, direkt an der Zapfsäule mit **Kreditkarte** zu zahlen *(Pay at the Pump)* – mit Bargeld läuft teilweise gar nichts mehr. Dazu steckt man die Kreditkarte in der angegebenen Richtung in den Kartenleser und zieht sie mit konstanter Geschwindigkeit wieder heraus. Anschließend wird man aufgefordert, die Benzinsorte zu wählen (nehmen Sie ruhig das billigste: 87 Oktan). Die Auswahl geschieht durch Drücken auf ein Feld einer Folientastatur mit der entsprechenden Aufschrift (87).

Jetzt ist es an der Zeit, den Zapfhahn zu entnehmen und im Tankstutzen des Fahrzeugs zu platzieren. Meist muss man noch die Pumpe aktivieren, indem man an der Stelle, wo man den Zapfhahn aus der Halterung gezogen hat, einen Hebel hochklappt, nach oben schiebt oder eine ähnliche Aktion ausführt. Das Tanken selbst funktioniert jetzt wie bei uns – vorausgesetzt die Kreditkarte wurde ordnungsgemäß gelesen und autorisiert.

Nach dem Tanken kommt die Frage, ob man einen Beleg möchte *(Receipt Yes/No)* und es empfiehlt es sich, auf Yes zu tippen. Teilweise erfolgt die Frage nach dem Receipt auch schon vor dem eigentlichen Abfüll-Vorgang. Der Beleg selbst wird direkt nach dem Ende des Tankens gedruckt und muss unter leichtem Zug nach unten herausgezogen werden.

Die meisten Tankstellen haben nur von etwa 7 Uhr bis 19 Uhr geöffnet. Lediglich in den größeren Orten (Honolulu, Lihue, Kahului, Lahaina, Hilo und Kona) findet man auch Tankstellen, die ihren Service rund um die Uhr anbieten.

Benzinpreise

Die Benzinpreise in Hawaii sind meist höher als auf dem amerikanischen Festland. Eine Gallone (ca. 3,8 l) unverbleiten Normalbenzins *(Regular Gas; bleifrei = unleaded)* kostet etwa 3 bis 3,50 $ beim Selbsttanken.

Panne

Alle Autovermieter geben ihren Kunden eine **Telefonnummer** mit auf den Weg, die bei Pannen oder Unfall angerufen werden muss. Außerhalb Oahus sind diese Telefone oft nur von 6 Uhr bis 22 Uhr besetzt.

Unterwegs in Hawaii

Information und Hilfe

Touristische Information

Schon bei der Ankunft am Flughafen sind sie nicht zu übersehen: die vielen kostenlosen **Informationsbroschüren,** die durch Werbung finanziert werden. Hierin findet man unter anderem Landkarten, die in Verbindung mit diesem Buch für eine touristische Erkundung ausreichen. Auf allen vier Hauptinseln (Oahu, Maui, Hawaii Big Island und Kauai) buhlen diverse Heftchen um die Gunst der Leser, wobei *This Week* (+ Inselname), (Inselname +) *Gold, Drive Guide* (+ Inselname), (Inselname +) *Magazine* und (Inselname +) *Beach Press* am weitesten verbreitet sind. Die Internet-Adressen der Online-Versionen finden Sie im Anhang.

Am Flughafen

Unmittelbar nach der Ankunft auf der jeweiligen Insel sollte man sich direkt am Flughafen mit diesen Publikationen eindecken. Nur in Waikiki und Lahaina sind die Heftchen auch in Ständern am Straßenrand erhältlich. Mit etwas Übung kann man schnell die benötigte Information aus diesen zu 98 % aus Werbung bestehenden Broschüren herauslesen und bekommt damit einen recht guten Überblick über die vor Ort buchbaren **Touren** (Helikopter, Schlauchboot etc.), die **Restaurantszene** und **aktuelle Veranstaltungen.**

Oft bekommt man mit den abgedruckten **Coupons** (Gutscheinen) einen teilweise beachtlichen Rabatt. Allerdings sind diese Coupons in der Regel an eine Kette von Bedingungen geknüpft (siehe Exkurs Coupons).

Fremdenverkehrsamt

Sehr nützlich ist der jährlich vom *Hawaii Visitors Bureau* (HVB), dem Fremdenverkehrsamt von Hawaii, herausgegebene **Calendar of Events,** in dem alle wichtigen Ereignisse vom *Aloha Ball Football Match* über den *Ironman Marathon* und das *Merry Monarch Hula Festival* bis hin zum *Whale Day* aufgelistet sind. Die aktuelle Version gibt es im Internet unter www.calendar.gohawaii.com (s. Kapitel Information).

●**Hawaii Visitors Bureau**
2270 Kalakaua Avenue, Suite 801
Honolulu, Hawaii 96815
Tel. 923-1811, Fax 922-8991

Wegweiser

Am Straßenrand steht oftmals das **HVB Warrior Sign,** ein vom *Hawaii Visitors Bureau* aufgestelltes Schild, das auf (mehr oder weniger interessante) Sehenswürdigkeiten hinweist. Auch wenn die lokalen Medien die Schilder als optimal einstufen, sind sie eher als dezenter Hinweis oder als Wegweiser geeignet. Wo ein Schild steht, muss nämlich noch lange keine Sehenswürdigkeit sein. Die Vergabekriterien scheinen recht undurchsichtig. Fazit: Nicht überall, wo der *HVB Warrior* zu sehen ist, gibt's für den Touristen etwas Interessantes zu sehen.

Gelbe Seiten und Telefonbuch

Wie auch bei uns geben die *Yellow Pages* (Branchen-Fernsprechbuch) nützliche Tipps bei der Suche nach etwas Bestimmtem von A wie *Automobile Renting* (Autovermieter) über B wie *Bicycles* (Fahrräder) bis Z wie *Zoo*. Sowohl in den *Yellow Pages* als auch im Telefonbuch *(Phone Book)* finden Sie auf den ersten Seiten wertvolle Hinweise und Tipps – teilweise auch über Veranstaltungen.

Info-Telefon

Wählt man die Rufnummer 296-1818 und nach dem Zustandekommen der Verbindung die Ziffern 1630, so erhält man (auf Oahu zum Ortstarif) Informationen für und über *Newcomer;* unter 1631 zum Thema *Visitors,* unter 1300 *Hawaiian Mythology,* unter 18001 *attractions and events* und unter 18002 *concerts.*

Konsulate

Die diplomatischen Vertretungen des eigenen Landes in Hawaii sind für den Touristen normalerweise nur von Interesse, wenn „Not am Mann" ist, in erster Linie bei Verlust von Geldmitteln oder Papieren. Soweit „lediglich" Reiseschecks und Kreditkarten abhan-

Kostenlose Infobroschüren gibt's in Hülle und Fülle

den gekommen sind, helfen die ausgebenden Organisationen und Eigeninitiative (siehe „Geldbeschaffung" im Notfall, weiter unten). Ist der Pass weg, lässt sich der Gang zum Konsulat nicht vermeiden (Konsulatsadressen der deutschsprachigen Länder siehe Kapitel „Ausweisverlust/dringender Notfall".

Fotokopien

Sehr hilfreich in einem solchen Fall sind Fotokopien der abhanden gekommenen Unterlagen, die man schon zu Hause angefertigt haben sollte und dann tunlichst an einer anderen Stelle als die Originale aufbewahrt. Noch sicherer ist es, die wichtigen Dokumente ordentlich am heimischen PC zu scannen und im eigenen e-Mail-Postfach zu lagern. So hat man praktisch von jedem Internet-Café aus mit dem entsprechden Passwort Zugriff auf Kopien des Dokumentes.

Nebenbei sei vermerkt, dass die Konsulate zwar zur Hilfe verpflichtet sind, aber in der Regel wenig Begeisterung für diese Aufgabe zeigen. Mit der Hilfeleistung verbundene eventuelle finanzielle Aufwendungen holt sich der Staat in der Heimat zurück.

Notfälle

Notruf 911

Für Notfälle, gleich ob man in erster Linie die Polizei, die Feuerwehr oder einen Notarztwagen rufen möchte, existiert die landesweit identische Nummer 911, die auch vom Handy aus erreichbar ist. Sollte die *Emergency*

Number ausgefallen sein, tut es auch die Wahl der 0, von der ein Operator weiter verbindet.

Autopanne

Bei einer Autopanne siehe Kapitel „Unterwegs mit dem Auto".

Hilfe der Polizei

Auch wenn der hawaiianische Arm des Gesetzes mit mehr Vollmachten ausgestattet ist und in der Ausübung seiner Pflichten im Konfliktfall härter durchgreift als sein europäisches Pendant, kann man die Polizei in Hawaii bei entsprechend freundlicher Anrede und Nachfrage in Problemfällen meist sehr kooperativ und hilfsbereit erleben.

Verlust von „Plastikkarten"

Bei Verlust oder Diebstahl der Kredit- oder Maestro-(EC-)Karten sollte man diese umgehend sperren lassen. Für deutsche Maestro- und Kreditkarten gibt es die einheitliche **Sperrnummer** (aus den USA): **+49 116116** („+" ersetzt die Auslands-Vorwahl „011"). Für österreicherische und schweizerische Karten gelten:

● **Maestro-(EC-)Karte,** (A)-Tel. +43 1 2048 800; (CH)-Tel. +41 44 2712230, UBS: +41 800 888601, Credit Suisse: +41 800 800488.
● **MasterCard/VISA,** (A)-Tel. +43 1 71701 4500 (MasterCard) bzw. Tel. +43 1 7111 1770 (VISA); (CH)-Tel. +41 58 9588383.
● **American Express,** (A)-Tel. +49 69 9797 1000; (CH)-Tel. +41-44 6596333.
● **Diners Club,** (A)-Tel. +43 1 5013514; (CH)-Tel. +41 44 8354545.

Verlust von Reiseschecks

Nur wenn man den Kaufbeleg mit den Seriennummern der Reiseschecks sowie den Polizeibericht vorlegen kann, wird der Geldbetrag von einer größeren Bank vor Ort binnen 24 Stunden zurückerstattet. Also muss der Verlust oder Diebstahl umgehend bei der örtlichen Polizei und auch bei American Express bzw. Travelex/Thomas Cook gemeldet werden. Die Rufnummer für ihr Reiseland steht auf der Notrufkarte, die Sie mit den Reiseschecks bekommen haben.

Geldbeschaffung

Was tun, wenn Reiseschecks oder Dollars abhanden gekommen sind, ein Ersatz nicht beschafft werden kann und auch Kreditkarten fehlen?

Bei einem Anruf zu Hause bestehen verschiedene Möglichkeiten:

●Weltweit kann man sich über **Western Union** Geld schicken lassen. Für den Transfer muss man die Person, die das Geld schicken soll, vorab benachrichtigen. Diese muss dann bei einer Western Union Vertretung (in Deutschland u. a. bei der Postbank) ein entsprechendes Formular ausfüllen und Ihnen den Code der Transaktion telefonisch oder anderweitig übermitteln. Mit dem Code und dem Reisepass geht man zu einer beliebigen Vertretung von Western Union in Hawaii (siehe Telefonbuch oder unter www. westernunion.com), wo das Geld nach Ausfüllen eines Formulares binnen Minuten ausgezahlt wird.

●Eine andere Möglichkeit ist der auf Dollar lautende **Namensbarscheck,** der per Luftpost nach Amerika geschickt werden muss. Die Einzelheiten sind am Bankschalter zu klären.

●Darüber hinaus bieten manche Kreditkarteninstitute eine **Barauszahlung im Notfall,** auch wenn man seine Karte verloren hat (Emergency Cash).

Ausweisverlust / dringender Notfall

Wird der Reisepass oder Personalausweis im Ausland gestohlen, muss man diesen Vorfall bei der örtlichen Polizei melden. Darüber hinaus sollte man sich an die nächste diplomatische Auslandsvertretung seines Landes wenden, damit man einen Ersatz-Reiseausweis zur Rückkehr ausgestellt bekommt (ohne kommt man nicht an Bord eines Flugzeuges!).

Auch in **dringenden Notfällen,** z. B. medizinischer oder rechtlicher Art, Vermisstensuche, Hilfe bei Todesfällen, Häftlingsbetreuung o. Ä. sind die Auslandsvertretungen bemüht vermittelnd zu helfen.

●**Deutsches Generalkonsulat,** 1960 Jackson Street, San Francisco, California, Tel. 1 (415) 775-1061, www.germanconsulate. org/sanfrancisco. In Hawaii gibt es z. Zt. keine Vertretung.
●**Österreichisches Honorarkonsulat,** 1314 South King Street, Suite 1260, Honolulu, Hawaii, Tel. 923-8585
●**Schweizerisches Konsulat,** 4231 Papu Circle, Honolulu, Hawaii, Tel. 737-5297.

Unterwegs in Hawaii

Post, Telefon und Internet

Post

Allen Unkenrufen zum Trotz funktioniert die amerikanische Post zuverlässig, aber nicht immer sehr schnell.

Porto

Brief- und Postkarten-Porto bewegen sich unterhalb des europäischen Niveaus. Briefe und Karten nach Europa gehen automatisch per Luftpost auf die Reise, wenn die dafür vorgesehenen „Air Mail Stamps" benutzt werden. Man sollte dabei mit einer Laufzeit von 10 Tagen für Briefe und Karten auf der Strecke Hawaii – Europa rechnen.

Briefmarken gibt's auch an Automaten in Supermärkten, Drugstores und Einkaufszentren – dort aber mit einem Aufschlag: Eine Briefmarke etwa mit dem Nennwert von 40 Cents kostet dann 50 Cents. Darüber hinaus ist die Stückelung dieser Automaten-Briefmarken auf inneramerikanische Bedürfnisse zugeschnitten, so dass Post nach Europa damit meist überfrankiert werden muss.

Postämter

Postämter befinden sich auch in kleinen Orten und sind zu den Schalterstunden (Zeiten etwa wie bei uns) geöffnet, an der aufgezogenen Nationalflagge leicht zu erkennen. Auch manche Supermärkte verfügen über ein Mini-Postamt, allerdings mit eingeschränkten Öffnungszeiten. In vielen Postämtern ist auch außerhalb der Öffnungszeiten ein Briefmarkenautomat zugänglich, wo man in der Regel auch die für Post nach Europa benötigten Marken ohne Aufpreis erhält.

Telefonieren über Festnetze

Das amerikanische Telefonsystem ist kompliziert und für den Touristen nicht so benutzerfreundlich, wie das Kritiker der in Europa noch bis vor wenigen Jahren monopolisierten Telekommunikation oft darstellen. Wer die Vielfalt der Dienstleistungs- und Endgeräte-Angebote durchschaut, kann auch in Hawaii erheblich preiswerter telefonieren als bei uns.

Vorwahl nach Hawaii

Der nordamerikanische Kontinent inklusive Hawaii, Mexiko und Kanada bildet telefontechnisch eine Einheit. Jeder Bundesstaat besitzt eine (oder bei dicht besiedelten Regionen mehrere) dreistellige Vorwahlnummer namens **Area Code.**

Der *Area Code* von Hawaii lautet 808. Die Vorwahl von Deutschland auf die Inseln lautet demnach 001-808.

Dieser ersten Vorwahl folgt eine zweite, ebenfalls dreistellige Ziffer, die sich auf die Insel oder einen Inselteil bezieht. Die eigentliche Apparatnummer ist vierstellig. Bei Gesprächen über den *Area Code* hinaus (zum Beispiel von Kalifornien nach Hawaii) muss eine „1" vorweg gewählt werden. Eine vollständige Rufnummer in Hawaii lautet demnach beispielsweise:

1-808-987-6543. Für ein Gespräch von einer Insel zur anderen muss ebenfalls eine „1" vorweg gewählt werden (z. B. 1-987-6543).

Vorwahl in Hawaii

Innerhalb einer Insel muss man lediglich die letzten sieben Ziffern wählen (z. B. 987-6543).

Telefontarife

Innerhalb einer Insel gelten alle Gespräche als Ortsgespräche, die am Münzfernsprecher zwei Quarter (50 US-Cents) für einige Minuten kosten. Ein Gespräch von Insel zu Insel kostet mindestens 1,90 $. Anstelle des Ortsgesprächstakts gilt für die Gebühren dann der Minutentakt.

Internationale Gespräche

Über die Vorwahl 011 erhält man Zugang zum internationalen Netz. Mit
● 49 für Deutschland,
● 41 für die Schweiz und
● 43 für Österreich
und die um die Null reduzierte Ortsvorwahl (z. B. 01-49-69 für Frankfurt/Main) lassen sich **von Privatanschlüssen** aus leicht Verbindungen in die Heimat herstellen.

Münztelefon

In den Telefonzellen in Hawaii (Pay Phones) ist die direkte Durchwahl, national wie international, mit Münzen nicht möglich. Internationale Ferngespräche lassen sich nur mit Hilfe eines **Operators** führen, wenn der Anrufer nicht im Besitz einer Telefon-Kreditkarte ist. Das Führen internationaler Telefongespräche mit Münzen ist ein mittelschweres, teures und aufwendiges Vergnügen, das akzeptable Englischkenntnisse verlangt. Für ein Gespräch von Hawaii nach Europa sind knapp 40 Münzen (teurer als vom amerikanischen Festland nach Europa) erforderlich, weil der Quarter die größte Münze ist, die von den Münztelefonen akzeptiert wird. Das Besorgen und Einwerfen der knapp 10 $ (soviel muss man als Pauschalpreis für 1 Sekunde bis 3 Minuten nach Europa veranschlagen) in Form von Hartgeld dauert seine Zeit ...

Hoteltelefon

Sehr praktisch ist da natürlich der Anruf aus dem Hotel. Trotz Hotelzuschlägen kann man dabei noch günstiger wegkommen als bei der umständlichen Verwendung von Münzen. Kostenbewusste Telefonierer erkundigen sich vor Beginn des Gesprächs an der Rezeption nach den Preisen.

Vorwahl nach Hawaii

Sehr praktisch und preiswert ist es, eine amerikanische Telefon(kredit)karte zu besitzen. Weil jeder Inhaber eines Telefonanschlusses in den Vereinigten Staaten automatisch eine solche Karte erhält, ist das gesamte Telefonsystem bei der Abwicklung der Ferngespräche darauf vorbereitet. Der amerikanische Telefonkunde hat dabei stets die Auswahl unter mehreren Telefongesellschaften (AT&T, Sprint etc.). Das Telefonieren selbst ist mit solch einer Karte erheblich billiger als mit Münzen und sehr problemlos. Nach

Unterwegs in Hawaii

der Direktwahl der Nummer (z. B. 01-49-69 .... für Frankfurt) fordert in der Regel eine Automatenstimme zum Eintippen der Telefonkarten-Nummer auf. Kurz darauf ist die Verbindung hergestellt, wenn sich nicht ein englischsprachiger Operator einschaltet – und dann sind fundierte Englischkenntnisse gefragt.

Auf den Inseln gibt es aber auch viele verschiedene Telefonkarten zu kaufen, deren vorbezahltes Guthaben dann systematisch abtelefoniert wird. Die Preise für internationale Gespräche sind teilweise nur schwer herauszubekommen, aber man kann stets davon ausgehen, dass Telefongespräche per Telefonkarte um einiges günstiger (oft Faktor 10 und mehr) sind als Gespräche mit Münzen oder vom Hotel aus. Nach dem Anwählen einer gebührenfreien 1-800-Rufnummer tippt man die entsprechende Kartennummer ein und erhält dann ein Freizeichen. Gewählt wird dann in der Regel wie von einem Privatanschluss aus: z. B. 011-49-69 ... für eine Nummer in Frankfurt/Main oder 1-(area code) ... für eine Nr. innerhalb der USA. Am billigsten ist wohl ein Kurzanruf nach Deutschland mit Übermittlung der Rufnummer (fast jedes Münztelefon ist anrufbar und die Nummer ist gut sichtbar vermerkt), so dass der deutsche Gesprächspartner zurückrufen kann, nachdem er zuvor per Call-by-Call-Verfahren eine für Nordamerika/Hawaii günstige Telefongesellschaft ausgewählt hat. Tipps zu Telefontarifen aus Deutschland gibt es unter www.teltarif.de.

Achtung: Manche **Hotels** berechnen für das Anwählen einer gebührenfreien Rufnummer (1-800- ...) bis zu 5 $. Besser ein *Payphone* (Münzfernsprecher) benutzen.

Bei der Vorwahl 1-800 schaltet sich kein Operator dazwischen, denn die Kosten gehen zu Lasten des Angerufenen. Sie sind mit den 0-800-Nummern in Deutschland vergleichbar. Das genaue Gegenteil sind 1-900-Nummern, für die neben der üblichen Gebühr der Telefongesellschaft eine Honorierung für den Angerufenen fällig wird, z. B. für kommerzielle Ratgeber oder Telefon-Sex (vergleichbar mit 0900-Nummern in Deutschland).

Telefonieren über Mobilfunknetze

In den USA und somit auch in Hawaii wird das Handynetz auf GSM 1900 MHz betrieben, damit sind die meisten europäischen Handys (900/1800 MHz bzw. 3G) zunächst nicht kompatibel mit dem Handynetz der USA.

Wie erkennt man, ob das eigene Handy GSM 1900-tauglich ist? Irgendwo in der Bedienungsanleitung oder auf der Hersteller-Website sollte der Begriff „Triband" oder „GSM 900, 1800 und 1900-tauglich" vermerkt sein. Es empfiehlt sich zudem, vor der Abreise in der Bedienungsanleitung nachzuschauen, ob das Handy auf den Betrieb in den USA umgeschaltet werden muss oder ob das Gerät dies automatisch vornimmt. Eine europäische SIM-Karte funktioniert zwar auch im Nextel-Netz, aber man benötigt für

Nextel ein völlig anderes Handy. Wer so ein Handy besitzt, ist auf der Inselgruppe recht gut erreichbar – zumindest in den populären Strandgegenden. Leider funktionieren auf Kauai die Handys praktisch nur in Lihue, am Flughafen und im Hafen Nawiliwili. Die Netzabdeckung ist mit der in Zentraleuropa bei weitem nicht vergleichbar.

Folgende Gebiete sind z. B. mit GSM-1900 durch T-Mobile USA versorgt:

● **Oahu:** Alle touristisch relevanten Gebiete außer Lanikai Beach. Auch im Bereich des Highway 83 nördlich von Kanehoe bis Waimea gibt es immer wieder Funklöcher.

● **Maui:** Strandregion West Mauis (von Kapalua über Lahaina bis Wailea mit einem Funkloch im Bereich Oluwalu) sowie Central Maui (Kahului/Wailuku) bis Paia und Pukalani.

● **Hawaii Big Island:** Großraum Hilo bis Curtistown, Saddle Road (Hwy 200), Kohala/Waimea sowie ein Teil der Kohala Range, Küstenregion von etwa Puuhonua o Honaunau bis nördlich der Hotels von Waikoloa.

Kosten

Mit einer **deutschen SIM-Karte** kostete im Juli 2006 ein Inlandsgespräch in den USA (auch innerhawaiianisch) zwischen 0,83 € und 1,40 €, ein Gespräch nach Deutschland zwischen 1,19 € und 2,54 €. Eine SMS schlägt mit 24 bis 45 Eurocent zu Buche.

Je nachdem, welchen Roaming-Partner Sie wählen (*T-Mobile USA* oder *Cingular Wireless*) variieren die Preise gewaltig, so dass sich ein Preisvergleich vor Abreise lohnt. Die detaillierten Preise haben die Netzbetreiber in den allerhintersten Ecken ihrer Internet-Seiten versteckt – ein Schelm, wer dabei böses denkt. Dabei ist es wichtig, den zur eigenen Tarifoption passenden Auslandstarif zu betrachten. Nicht zu vergessen sind die **passiven Kosten,** wenn man von zu Hause angerufen wird (Mailbox abstellen!). Der Anrufer zahlt nur die Gebühr ins heimische Mobilnetz, die Rufweiterleitung ins Ausland zahlt der Empfänger.

Komfort

Wer die SIM-Karte seines Heimatnetzbetreibers benutzt, genießt den gleichen Komfort wie zu Hause: Das Telefonbuch bleibt unverändert, und man ist unter der gewohnten Rufnummer erreichbar. Am Ende des Aufenthalts gibt's dann zuhause vom Heimat-Netzbetreiber die entsprechende Rechnung.

Mit der eigenen SIM-Karte können Sie zudem in allen verfügbaren Netzen telefonieren: Wenn der eine Netzbetreiber Versorgungsschwächen zeigt (und das ist in Hawaii oft der Fall), dann können Sie eventuell im Netz des anderen Anbieters noch telefonieren.

Lokale SIM-Karte?

Sparfüchse fragen sich vielleicht, ob es sich lohnt, eine Prepaid-SIM-Karte eines amerikanischen GSM-Netzbetreibers zu kaufen und ins eigene Handy einzusetzen, da Inlandsgespräche mit einer solchen Karte vielleicht billiger geführt werden können und die

Unterwegs in Hawaii

Karte eventuell für weitere Aufenthalte in den USA genutzt werden könnte. In diversen anderen Ländern ist ein solches Vorgehen nämlich preislich oft sehr attraktiv.

Zunächst ein Wort vorweg: Der amerikanische Mobiltelefonmarkt unterscheidet sich (noch?) deutlich vom europäischen Markt. Man zahlt am Handy auch für **ankommende Gespräche,** aber dafür erkennt man an der Telefonnummer nicht unbedingt, dass es sich um ein Mobiltelefon handelt. Während bei uns die Mobilfunk-Betreiber die Prepaid-Karten bewerben und vermarkten, scheinen die amerikanischen Pendants kein rechtes Interesse an diesem Geschäftsmodell zu haben, was anhand des folgenden Beispiels offensichtlich wird:

Achtung: Die in Hawaii erhältliche **Prepaid-SIM-Karte** von T-Mobile USA lässt sich nur auf den Inseln, nicht auf dem amerikanischen Festland nutzen, eine auf dem Festland gekaufte Prepaid-SIM-Karte funktioniert nicht in Hawaii.

Diese Prepaid-SIM-Karte kostet 50 $ und ist ohne Identitätsprüfung für jeden Touristen verfügbar. Die 50 $ Guthaben beinhalten 100 inneramerikanischen Gesprächsminuten. Die weiteren Gesprächsminuten kosten je nach Voucher zwischen 0,12 und 0,30 $. Für ein Gespräch nach Deutschland ist pro Minute ein Aufschlag von derzeit 1,50 $ pro Minute fällig. Mit diesen 50 $ können Sie insgesamt etwa 25 Minuten nach Deutschland telefonieren. Eine SMS kostet 0,10 $. Daher lohnt sich diese Variante wirklich nur dann, wenn Sie viele nationale Gespräche führen und viele SMS versenden.

Weitere Infos im Internet zu diesen Prepaid-Produkten namens *Pay As You Go* und *GoPhone* unter www.t-mobile.com bzw. www.cingular.com. Ein möglicher ZIP-Code (Postleitzahl), der dabei benötigt wird, lautet 96815.

Spartipp

Gibt man per SMS die Festnetz-Telefonnummer des Hotels durch, kann man sich im Hotelzimmer günstig anrufen lassen – zweckmäßigerweise vom Festnetz aus.

Paradoxerweise ist ein inneramerikanisches Gespräch zwischen den Inseln bzw. auf das Festland in der Regel vom Handy aus billiger als mit Münzen.

Achtung! Ein Anruf per Handy bei 0-800-Nummern, die von jedem öffentlichen Telefon aus gebührenfrei sind, wird in der Regel als inneramerikanisches Gespräch gebucht und kostet somit etwa 1 €/Minute – Geld, das man sich sparen kann. Während bei uns z. B. in den Alpen bewusst auf eine praktisch lückenlose Netzabdeckung (*Coverage*) geachtet wurde, um im Bedarfsfall schnell Hilfe herbeirufen zu können, ist ein Handy auf den meisten Wanderwegen Hawaiis nutzlos. Recht gut ist hingegen die Coverage auf dem Meer – vor allem auf den Westseiten von Oahu, Maui und Big Island.

Buchtipp

● *Volker Heinrich:* **Handy global – mit dem Handy im Ausland,** Praxis-Reihe, REISE KNOW-HOW Verlag

Internet

Internet-Cafés bzw. Internet-Anschlüsse in Hotels gibt es auf allen Inseln. Besonders hoch ist die Internet-Café-Dichte in **Honolulu,** aber auch z. B. am North Shore von Oahu. Generell kann man davon ausgehen, dass überall dort, wo viele Touristen hinkommen, auch Zugangsmöglichkeiten zum Internet bestehen. 20 Minuten Web-Zugang kosten etwa 2 $. Günstig ist der Zugang in den öffentlichen Bibliotheken. Für 10 $ kauft man sich einen Library-Ausweis, der drei Monate lang die Nutzung sämtlicher *Public Libraries* in Hawaii ermöglicht – und zwar inklusive Internet-Zugang, der praktisch überall vorhanden ist. Meist darf man ca. 1 Stunde/Tag ins Web, und die PCs sind oftmals besser als in den Internet-Cafés. Eine Liste der 50 öffentlichen Bibliotheken auf den sechs Inseln sowie weitere Infos gibt's unter: www.librarieshawaii.org.

WiFi

Mittlerweile gibt es in sehr vielen Hotels bereits Hotspots für den **drahtlosen Internet-Zugang** für den eigenen Laptop per *WiFi* (IEEE 802.11). Teilweise ist der Zugang sogar kostenlos. Wo das so ist, erfahren Sie durch einen Klick auf „Hawaii" auf der Website www.wififreespot.com. Wer in einem der knapp 50 Kaffee-Läden der Kette Starbuck's auf den Inseln sitzt, kommt ebenfalls in den Genuss eines drahtlosen Internet-Zugangs.

Im Mai 2006 lief sogar ein Pilotversuch für den Internet-Zugang im öffentlichen Bus auf Oahu. Hierzu wurden zehn Expressbusse mit WiFi-Basisstationen und der entsprechenden Internet-Anbindung ausgerüstet.

Der **Trend** geht wie im Rest der USA auch in Hawaii dahin, WiFi in bestimmten Bereichen der Hotel-Lobby oftmals sogar kostenlos anzubieten – manchmal sogar auf dem Zimmer. Auch diverse kleinere Restaurants bieten den kostenlosen drahtlosen Internet-Zugang. Es kann sich somit durchaus lohnen, den eigenen Laptop mitzunehmen.

Wer **unverschlüsselte** drahtlose Internet-Zugänge nutzt sollte sich darüber im Klaren sein, dass jeder Interessierte die Daten ohne besonderen technischen Aufwand **belauschen** kann. Beim Internet-Banking oder Online-Shopping per WiFi ist somit besondere Vorsicht geboten. Alle Daten, die Sie nicht auf eine Postkarte schreiben würden, sollten Sie auch nicht unverschlüsselt über das (drahtlose) Internet übertragen. Weitere Infos finden Sie in den Computerzeitschriften oder z. B. auf der Website der Zeitschrift c't unter www.heise.de.

Derzeit laufen Anstrengungen, ganz Waikiki mit drahtlosen Internet-Zugängen zu versorgen. Vielleicht entwickelt sich ja daraus der Slogan *Wikiwiki WiFi Waikiki* (Wikiwiki heißt schnell, schnell) – wer weiß? Dabei soll sichergestellt sein, dass die entsprechenden Geräte und Antennen „gewisse ästhe-

Unterwegs in Hawaii

Buchtipp

● *Gunter Schramm:* **Internet für die Reise,** Praxis-Reihe, REISE KNOW-HOW Verlag

tische Standards erfüllen". Mit einem wasserdichten Notebook wird dann Surfing while Surfing möglich: Internet-Surfen beim Wellenreiten ...

Strände

Offiziell gibt es in Hawaii insgesamt 283 Strände. Viele schöne Strände sind Teil eines *State Park* oder *County Park*. An den meisten gibt es sehr einfache Kaltwasserduschen.

Schilderwald West-Oahu

Während ein Großteil der Touristen (vor allem Japaner) nur den **Hotelstrand** oder maximal auch noch den Strand des Nachbarhotels – Paradebeispiele hierfür sind Waikiki auf Oahu und Kaanapali auf Maui – besuchen, trifft man die Einheimischen fast ausschließlich in den **Beach Parks.** Auf den Hotelstränden haben Sie somit tagsüber keine Chance, allein zu sein, obwohl der Abstand zwischen den Sonnenanbetern doch erheblich größer ist als an den „Teutonengrills" in Europa. In bebauten Strandbereichen markiert das Schild *Shoreline Access* den Zugang zum stets öffentlichen Strand.

Die bekannten Postkarten-Strände sind oft nicht einmal Beach Parks.

Hierhin führen dann meist nur schmale Trampelpfade. Manche besonders entlegene Strände auf Kauai sind gar nur mit einem Boot bei ruhigem Seegang erreichbar. In den Inselkapiteln im zweiten Teil des Buches findet man im Abschnitt Strände nicht nur die bekannten und schönsten Strände, sondern auch viele „Geheimtipps". Sie finden dort u. a. Angaben zur Wegbeschreibung und Hinweise auf die jeweils möglichen Aktivitäten.

Gefährliche Strömungen

Im üblichen amerikanischen Schilderwald („Keine Tiere am Strand", „Müll gehört in die Mülltonne" etc.) gehen manchmal die Warnschilder regelrecht unter. Das obligatorische *No lifeguard on duty. Swim at your own risk* (Keine Rettungsschwimmer im Dienst. Schwimmen auf eigene Gefahr) ist sehr oft zu finden. Weil sich aber auch an friedlich aussehenden Stränden oftmals tückische Unterströmungen befinden oder eine starke Brandung herrscht, sollten Sie diese Warnungen sehr ernst nehmen!

Bei Schildern wie *Danger, strong undertow* (Achtung, starke Unterströmungen), *No swimming* (Hier nicht schwimmen), *Swimming prohibited* (Schwimmen verboten) oder gar *Death from drowning happens only once in a lifetime* (Tod durch Ertrinken passiert nur einmal im Leben) sollten selbst sehr gute Schwimmer dem Wasser fernbleiben.

Siehe auch Kapitel „Weiterführende Infos aus dem Internet" im Anhang.

Strandregeln

Um einem **Sonnenbrand** vorzubeugen, sollte man unbedingt ein Sonnenschutzmittel auftragen. Vor allem am Strand ist selbst Sonnenschutzfaktor 20 noch relativ schwach für „Bleichgesichter", die etwa dem europäischen Winter entfliehen.

Wie in allen Teilen der USA so sind auch in Hawaii Oben-ohne-Baden *(topless bathing)* oder gar **Nacktbaden** *(nude bathing)* absolut verpönt und verboten. An einigen wenigen Stellen wird es inoffiziell geduldet.

An den meisten Stränden herrscht **Alkoholverbot.**

Naturerlebnis und Sport

Viele der Naturschönheiten Hawaiis sind direkt mit dem Auto erreichbar. Klassische Beispiele dafür sind der Waimea Canyon und der Puu o Kila Lookout auf Kauai, der Haleakala und die Seven Pools auf Maui sowie der Kilauea-Vulkan (oft *Drive-in-Volcano* genannt) auf Hawaii Big Island. Im Gegensatz zu manchen Nationalparks im Westen der USA, an deren Aussichtspunkten sich ständig die Fotografen drängeln, herrscht in Hawaii selbst an den spektakulärsten Plätzen oft Ruhe. Je nach Insel herrscht mehrmals am Tag große Hektik, wenn ein Tourbus zum Fotostop anhält.

Auch in Hawaii ist es besser, einzelne Attraktionen nicht einfach abzuhaken, sondern sich mehr Zeit zu nehmen und einige der zahlreichen Möglichkeiten für ein intensives Kennenlernen der Inselgruppe zu nutzen. Hierzu erhalten Sie in jedem Inselkapitel ausführliche Infos und Hinweise.

Gärten

Abgesehen von den Sportangeboten, gibt es auf fast allen Inseln sehr gepflegte Gärten mit vielen exotischen Pflanzen und angegliedertem Streichelzoo. Der Eintritt liegt jeweils zwischen 10 und 15 $ bei teilweise sehr guten Fotografiermöglichkeiten für Pflanzen. Zu den schönsten Parks dieser Art zählen die *Nani Mau Gardens* bei Hilo auf Hawaii Big Island.

Vorbuchung

In den meisten Fällen ist keine langfristige Vorbuchung von Aktivitäten notwendig. Die einzige Ausnahme beim Wandern ist der **Haena-Kalalau-Trail** auf Kauai, der oft schon Monate im Voraus ausgebucht ist. Engpässe gibt es auch bei außergewöhnlichen Naturereignissen. Z. B. sind bei Auftreten einer Sonnenfinsternis für diesen Termin auf Hawaii Big Island die Allradfahrzeuge zum Befahren des Mauna Kea schon lange im Voraus ausgebucht.

Was aber in den folgenden Abschnitten beschrieben wird, das können Sie meist nach Lust und Laune oder nach kurzer Vorausbuchung (ein Tag bis eine Woche vorher) in Ihr persönliches Reiseprogramm aufnehmen, wenn Ihr Zeitplan es zulässt. Trotzdem

ist es empfehlenswert, bereits bei der Planung der Reise zu berücksichtigen, auf welcher Insel Sie welche Aktivitäten unternehmen wollen.

Wandern, Hiking

Auf allen Inseln gibt es mehrere Wanderwege *(Trails)*. Oft ist der *Trailhead* (Anfang des Wanderwegs) nur schwer zu finden und der Wegverlauf nicht ganz eindeutig. Deshalb sind viele Wanderungen mit den Zugängen zum *Trailhead* im zweiten Teil des Buches ausführlich beschrieben. Dafür wurden bewusst nur die Highlights unter den Wanderungen ausgewählt, die allerdings für einen vier- bis sechswöchigen Urlaub auf der Inselgruppe mehr als ausreichen dürften.

Die im Buch beschriebenen Wanderungen lassen sich im Normalfall problemlos auf eigene Faust durchführen.

Wanderwege

Die bekanntesten und schönsten Wanderwege:

- Haena Kalalau Trail (Kauai)
- Waimea Canyon Trail (Kauai)
- Awaawapui/Nualolo Trail (Kauai)
- Sliding Sands/Halemauu Trail (Maui)
- Waimoku Falls Trail (Maui)
- Devestation Trail (Hawaii Big Island)
- Halemaumau Trail (Hawaii Big Island)
- Der jeweils aktuelle Weg zur flüssigen Lava (Hawaii Big Island)

Darüber hinaus sind in diesem Reiseführer Hinweise auf viele weitere Wanderungen und kurze Rundwege zu finden. Wer fast jeden Trail Hawaiis erwandern will, der ist mit den Büchern *Hawaiian Hiking Trails* und *Hawaii Trails* (siehe „Literaturhinweise" im Anhang) gut beraten. Auch im Internet finden sich noch ergänzende Wanderbeschreibungen. Die passenden URLs finden Sie ebenfalls im Anhang.

Geführte Wanderungen

Geführte Wandertouren werden auf den meisten Inseln von Veranstaltern vor Ort zu oft hohen Preisen angeboten. In den beiden Nationalparks bieten aber auch die Ranger interessante, meist kostenfreie *guided walks* an.

Wer in einer Gruppe wandern will, der kann sich auch den Touren des *Sierra Club* (eine Art Alpenverein der USA, www.sierraclub.com) anschließen oder eine komplette Reise bei einem deutschen Veranstalter von Trekkingtouren buchen. Beispiele für solche Veranstalter finden Sie ebenfalls im Anhang.

Radfahren

Radfahren erfreut sich in Hawaii trotz immer stärkeren Autoverkehrs einer steigenden Beliebtheit. Durch die relativ (im Gegensatz zum Rest der USA) kleinen Inseln sind die Fahrstrecken noch durchaus überschaubar. Allerdings muss man nicht nur bei Fahrten auf die Berge im Landesinnern kräftig in die Pedale treten, sondern manchmal auch auf den ständig bergauf und bergab führenden Küstenstraßen.

Auf den vier Hauptinseln können Fahrräder gemietet werden — meist Mountainbikes ohne Beleuchtung.

Eine große „Attraktion" wird auf Maui mit dem Slogan **Bike down a volcano** beworben. Zweimal täglich bieten mehrere Firmen die Möglichkeit, mit dem Fahrrad die 3000 Höhenmeter vom Rand des Haleakala-Kraters bis zum Meer zu fahren. Auch auf den anderen Inseln gibt es solche organisierte Radtouren, die jedoch kaum Freiräume zulassen und aus der Sicht eines „richtigen" Bikers eher in Richtung Nepp gehen. Damit beispielsweise trotz *Mega Brakes* (Mega-Bremsen) niemand zu schnell den Berg hinunterbraust, fährt am Haleakala stets ein Bremser vorneweg, der von den Radfahrern nicht überholt werden darf. Infos, Karten und Links gibt es unter www.bikehawaii.com.

Reiten

Auf allen Inseln besteht die Möglichkeit, in Kleingruppen auszureiten. Die wohl schönsten Trips führen dabei durch den Haleakala-Krater auf Maui und über das Gelände der Parker-Ranch auf Big Island. Besonders ruhig und individuell sind die Reittouren der *Molokai Ranch* auf Molokai. Unter 100 $ für zwei Stunden lässt es sich kaum reiten.

Allrad-Touren

Für Fahrten in touristisch interessante Gebiete ist kein Allradfahrzeug erforderlich – abgesehen von einer Aus-

Unterwegs in Hawaii

nahme: für das Befahren des Mauna Keas auf Hawaii Big Island (*4WD, Four Wheel Drive*).

Auf einigen Inseln bieten jedoch lokale Veranstalter Allrad-Touren ins Hinterland an. Für die meisten Urlauber, die mehrere Inseln besuchen, dürften Zeit und Geld in andere Aktivitäten besser angelegt sein.

Golf

Auf allen Inseln erstrahlen riesige Anlagen in prachtvoll gepflegtem Grün. Es gibt wohl nirgendwo auf der Welt so viele Golfplätze derart dicht beieinander wie in Hawaii. Hier ist Golfspielen eine Breitensportart, kein Privileg für Reiche.

In den letzten Jahren laufen Naturschützer allerdings Sturm gegen den Bau neuer Golfplätze – vor allem aufgrund des immensen Wasserverbrauchs.

Jagen

Wer eine entsprechende Lizenz besitzt, der kann auch in Hawaii wilde Ziegen, wilde Schweine (bis zu 150 kg!), wilde Schafe und Rotwild aufs Korn nehmen. Teilweise ist aufgrund des milden Klimas das ganze Jahr über Saison.

Saison

●Aktuelle Informationen über die Jagdsaison erteilt das

Division of Forestry and Wildlife
1151 Punchbowl Street, Room 325
Honolulu, Hawaii 96813
Tel. 587-0166, www.dofaw.net

Lizenz

●Informationen über die hawaiianische Jagdlizenz erhalten Sie vom

Hawaii Hunter Education Program
1130 N. Nimitz Hwy., A-212
Honolulu, Hawaii 96817
Tel. 587-0200, www.state.hi.us/dlnr/dcre/home.htm#Home-Table

Rundflüge

Mit dem Hubschrauber bieten sich in Hawaii phantastische Möglichkeiten, neue Eindrücke zu bekommen. Zwei Rundflüge werden immer wieder als absolute Höhepunkte einer Hawaii-Reise angesehen: ein Helicopter-Flug in Kauai (Na-Pali-Küste und Waimea Canyon) und ein Flug zur flüssigen Lava auf Hawaii Big Island. Diese beiden Flüge bieten trotz gesalzener Preise ab 100 Dollar ein sehr gutes Preis-Leistungs-Verhältnis. Wer dann auf den Geschmack gekommen ist und sich weitere Flüge leistet, der wird feststellen, dass ein Flug auf Molokai, Maui (trotz Haleakala), Hawaii Big Island (jenseits der Lava) oder Oahu zwar sehr schön, aber nicht mehr so spektakulär ist wie der Kauai- oder Lava-Flug.

Als Wanderer ärgert man sich allerdings über den Lärm der Hubschrauber und kann dann verstehen, dass die Inselbewohner unter dieser Form von Tourismus doch ziemlich zu leiden haben (siehe auch Exkurs im Kapitel Kauai).

Bootstouren

Cruises, also Bootstouren, werden in Hawaii überall angeboten. Die Auswahl ist fast schon unüberschaubar: Schlauchboot (*Zodiac,* nach der französischen Herstellerfirma *Zodiac* benannt), Mini-Jacht, Hochseejacht, Katamaran, Segelschiff, Fährschiff, Ausflugsboote mit integrierter Disco und was da nicht alles angeboten wird.

Besonders spektakulär ist eine Fahrt entlang der Na-Pali-Küste in Kauai. Vor allem in den Gewässern vor Waikiki (Oahu), Lahaina/Kaanapali (Maui) und Kona (Hawaii Big Island) bieten sich auch viele Möglichkeiten für Segeltörns vom Halbtagestrip bis hin zu mehrtägigen Touren.

Kreuzfahrt

Mittlerweile gibt es auch wieder **Kreuzfahrten** – und zwar z. B. mit der 2005 von der Meyerwerft in Papenburg an der Ems gebauten *Pride of America* (81.000 Bruttoregistertonnen) der Reederei Norwegian Cruise Line oder mit der *Pride of Hawaii,* der *Pride of Aloha* bzw. der *Norwegian Wind* (www.ncl.de). Auch mehrtägige **Trans-Pazifik-Fahrten** (z. B. ab Vancouver, San Francisco oder Los Angeles) oder ein **Abstecher in die Südsee** sind im Angebot.

Auf einer Kreuzfahrt ab einem amerikanischen Hafen geht es locker zu, und das Leben an Bord ist weit entfernt vom Traumschiff-Kitsch. Man übernachtet im schwimmenden Hotel, und über Nacht werden sozusagen

Buchtipp
● *Georg Incze:* **Das Kreuzfahrt-Handbuch,** Praxis-Reihe, REISE KNOW-HOW Verlag

die Inseln zu einem gebracht. Leider ist trotz einer Auswahl unter mehr als 100 Landausflügen nur ein sehr oberflächliches Kennenlernen der Inseln möglich – aber immerhin weiß man dann, wo man das nächste Mal unbedingt noch einmal hin möchte.

U-Boot-Fahrten

Von Waikiki (Oahu), Kona (Hawaii Big Island) und Lahaina (Maui) aus unternimmt das Unterseeboot *Atlantis* Tauchfahrten bis in eine Tiefe von etwa 30 Metern. Für etwa 100 $ darf man eine knappe Stunde lang zusammen mit 45 anderen Passagieren und drei Begleitern die Tiefen des Ozeans kennen lernen – ein schönes, wenn auch nicht so nachhaltig wirkendes Erlebnis wie ein Schnupper-Tauchkurs. Der 14-Uhr-Tauchgang ist meist 10 bis 15 Dollar preisgünstiger. Wenn Sie vom U-Boot aus fotografieren wollen (schwierig!), dann sollten Sie einen Film mit mindestens ASA 400/27 DIN einlegen bzw. Ihre Digitalkamera auf höchste Empfindlichkeit einstellen und stets den Blitz sowie den Autofocus abschalten.

Leider haben die Besitzer des U-Boots die Scheinwerfer aufgrund ihrer Anfälligkeit gegenüber Störungen mittlerweile ganz abmontiert, so dass alles nur noch im Einheitsblau der Tiefe zu sehen ist. Nach Ansicht des Autors gibt es effektivere Möglichkeiten, ein besonders schönes Hawaii-Erlebnis zu haben.

Die Atlantis gehört zu den *Submersibles,* das sind echte U-Boote, die eine

Unterwegs in Hawaii

beschränkte Zeit lang unter Wasser bleiben können – im Gegensatz zu einem *submarine,* das tagelang auf Tauchfahrt gehen kann, ohne zwischendurch an die Oberfläche zu müssen.

Semi Submersibles

Auf den Inseln werden allerdings auch Touren mit so genannten *Semi Submersibles* angeboten. Hierbei handelt es sich um normale Boote, die rein äußerlich einem U-Boot ähneln, aber nicht abtauchen. Die Passagiere sitzen dabei maximal zwei Meter unter der Wasseroberfläche im Rumpf vor großen Fenstern. Der große Vorteil der Semi Submersibles liegt darin, dass in 2 m Tiefe nicht alles jenseits der Scheinwerfer im Einheitsblau des Ozeans versinkt, die Farben des Sonnenlichts fast gänzlich vorhanden sind.

Kajaktouren

Im Sommer bieten sich auch Kajaktouren entlang der Na-Pali-Küste sowie an Molokais Nordküste an – allerdings nur für geübte Kajakfahrer, denn wenn die Einheimischen von einer ruhigen See sprechen, dann ist das relativ zu den 8 Meter hohen Wellen im Winter zu sehen. Einige organisierte Touren führen in Kauai auf Flüssen ins Landesinnere.

Walbeobachtung

Das *Whale Watching* ist vor allem in den Gewässern zwischen Maui, Lanai und Molokai eine atemberaubende Angelegenheit. Die Tiere sind zwar auch vor anderen Küsten zu finden, aber die besten Beobachtungsmöglichkeiten bieten sich von der Westküste Mauis aus.

Hochseefischen

Die bekanntesten und wohl besten Fanggründe für das Hochseefischen (*Deep Sea Fishing* oder *Big Game Fishing*) liegen auf Hawaii Big Island vor Kona. Möglichkeiten zum Chartern eines „Fischerbootes" sowie entsprechende Touren gibt es allerdings auf allen Inseln. Infos unter:

●www.state.hi.us/dlnr/dar

Tauchen

Die Tauchreviere Hawaiis mit ihren Riff-Fischen sind durchaus sehenswert; der Fairness halber muss jedoch erwähnt werden, dass die Vielfalt und Schönheit der Unterwasserwelt weder mit dem Roten Meer noch mit den Malediven oder vielen Südseeriffen mithalten kann.

Da die Taucher auf den Hawaii-Inseln in der Regel über die Korallen hinweg schwimmen, werden die Fische durch die Schatten der Taucher oft erschreckt, was zur Folge hat, dass sie sich verstecken. Eine der wenigen Möglichkeiten, einen *Wall Dive,* also einen Tauchgang an einer Wand zu machen, besteht in **Molokini vor Maui.** Nach Ansicht des Autors handelt es sich hier zumindest in punkto Fischreichtum um das lohnendste Tauchrevier der Inselkette. Leider wissen das ziemlich viele Leute, so dass man in Molokini nicht unbedingt von der großen Einsamkeit unter Wasser sprechen kann.

Relax and Enjoy

Das Tauchen selbst läuft in Hawaii anders ab als in den meisten anderen Ländern, denn man muss weder beim Tragen der Luftflaschen helfen (soll es sogar nicht, denn wenn etwas passiert, dann könnte das Unternehmen ja dafür haftbar gemacht werden) noch sonst irgend etwas am Equipment erledigen. Die gesamte Leihausrüstung wird von den *Dive Guides* montiert und überprüft; selbst der Flaschenwechsel wird generell für die Kunden erledigt. Sogar beim Aussteigen aus dem Wasser hebt das Bordpersonal die Ausrüstung aufs Boot getreu dem Motto *„You guys are here to relax and enjoy, not to work."*

Da die Tauchschulen generell Angst haben, eventuell verklagt zu werden, ist das *„Limited Release Form"* (Formblatt zur Haftungsbeschränkung) hier – wie überall in den USA – besonders lang und ausführlich.

Zur Anwendung kommt die amerikanische Tauchweise mit zwei Tauchgängen kurz hintereinander. Oftmals beträgt die Oberflächenzeit nur eine knappe Stunde.

Tauchinfos

Einen schönen Überblick über die Unterwasserwelt Hawaiis bietet die kostenlos von der **Pacific Whale Foundation** (Tel. 879-8860, www.pacific whale.org) herausgegebene Broschü-

re *Exploring Hawaii's Coral Reefs*. Weitere Infos gibt's im Internet, z. B. unter

- www.hawaiiscubadiving.com (inkl. Auflistung der wichtigsten Tauchplätze)
- www.coralreefnetwork.com

Fischarten

An den Riffen Hawaiis leben über 600 Riff-Fischarten. Davon sind etwa 150 verschiedene Arten endemisch, kommen also nur hier vor. Außerdem leben in den Inselgewässern relativ viele Mantarochen mit Spannweiten von bis zu 4,50 m, aber nur ganz wenige Stachelrochen.

Wasser

Die Sichtweite im Wasser beträgt im Sommer meist über 30 m. Die Wassertemperatur liegt ganzjährig über knapp 25 °C. Für einen reinen Tauchurlaub sind andere Destinationen wohl besser geeignet, aber ein oder mehrere Tauchgänge als zusätzliche Attraktion sind sicherlich nicht zu verachten.

Gerätetauchen (Scuba Diving)

Wer in Hawaii Gerätetauchen *(Scuba Diving)* möchte, der kann sich entweder in einem Hotel mit eigener Tauchschule einmieten (Dauer eines Anfängerkurses etwa 1 Woche) oder mit den zahlreichen Tauchschulen direkt in Verbindung setzen.

Auf jeder Insel bieten sich Möglichkeiten, *Scuba Diving* zu erlernen (nur bei ausreichenden Englischkenntnis-

Buchtipp
- *Klaus Becker:* **Tauchen in warmen Gewässern,** Praxis-Reihe, REISE KNOW-HOW Verlag

Unterwegs in Hawaii

sen!) bzw. Tauchgänge in Kleingruppen zu unternehmen.

Gegen Nachweis eines Tauchscheins (PADI, SSI etc.) verleihen die meisten Schulen auch **komplette Ausrüstungen** inklusive gefüllter Flasche. Eigene Ausrüstungsteile können meist verwendet werden; den Rest verleiht die Tauchschule. Bei den meisten Unternehmen ist die Ausleihe der kompletten Ausrüstung (inklusive Füllung der Pressluftflasche) im Preis für die Ausfahrt enthalten. Wer seine komplette Ausrüstung mitbringt (Tarierweste, Lungenautomat, Anzug etc.),

Wracktauchen

bekommt zum Teil etwa 10 bis 15 $ Rabatt.

Preise

Eine Ausfahrt mit zwei Tauchgängen *(2 Tank Dive)* zu den Riffen vor Lanai kostet von Mauis Westküste aus ca. 100 bis 120 $. Vom luxuriösen Manele Bay Hotel auf Lanai aus kostet ein vergleichbarer Trip *(2 Tank Dive)* in das gleiche Tauchrevier ca. 150 $. Man sollte aber nicht nur die Preise vergleichen, sondern sich auch mit dem Tauchlehrer über die Gruppengröße und ähnliche Details unterhalten. Manche Unternehmen haben nur 5–6 Personen in einer Lerngruppe beim Tauchkurs, andere wiederum bis zu 10. Wer ohne feste Gruppe Tauchgänge unternehmen möchte, der kann ab etwa 160 $ pro Stunde (inkl. Begleitung durch den Divemaster) auch an einem *Private Charter Diving* teilnehmen.

Tauchkurse

Für Anfänger, die noch nicht wissen, ob sie gleich einen mehrtägigen Kurs belegen sollen, werden oft auch **Schnupperkurse** angeboten, bei denen etwa vier Taucher in unmittelbarer Begleitung eines Lehrers nach einer kurzen Unterweisung im Swimmingpool bis zu 15 m tief im Meer abtauchen. Ein solcher Kurs wird als *Introductory Dive* bezeichnet und kostet etwa ab 100 $ pro Tauchgang.

Wer möchte, der kann den Theorie- und den Poolteil seines **PADI-Tauchkurses** bereits in Europa absolvieren. Das *Open Water Diving,* also das Freiwassertauchen, erfolgt dann auf Wunsch in Hawaii. Dazu benötigt man von der deutschen Tauchschule einen so genannten *Letter of Referral,* der insgesamt sechs Monate gültig ist. in Hawaii absolviert der Tauchschüler dann die vier Open-Water-Tauchgänge (für insgesamt ca. 150 bis 180 $) im Freiwasser und erhält anschließend das PADI-Zertifikat.

Tauchreviere

Die besten Tauchmöglichkeiten bieten sich vor den Inseln Oahu, Hawaii Big Island und Lanai (bzw. Maui). Wracktaucher kommen vor Honolulu (Oahu) sowie vor Lahaina auf ihre Kosten. Wegen des klaren Wassers sind die Riffe vor Lanai und das äußere Riff von Molokini Island die wohl bes-

ten Tauchplätze, gefolgt von Kona auf Big Island. Viele Militärangehörige, die in Oahu stationiert sind, kommen zum Tauchen nach Maui, um von hier aus die Korallenriffe Lanais zu erkunden. Vor Lanai gibt es ca. 35 verschiedene Tauchplätze, die Attraktion sind jedoch die Lavahöhlen *(Caverns).* Eine dieser Höhlen heißt *Cathedral* (Kathedrale) und ist vom Boden bis zur Decke über 10 m hoch und zwischen 6 und 8 m breit. Aus verschiedenen Löchern dringen hier Lichtstrahlen wie Scheinwerfer durch die Höhlen.

Gefahrenvorbeugung

Aus Sicherheitsgründen sollte man vor einem Flug (auch zwischen den Inseln) sowie vor einem Besuch des Haleakala-Gipfels (3000 m. ü. M.) mindestens 24 Stunden lang nicht tauchen, vor einem Besuch des Mauna Keas (über 4000 m. ü. M.) sogar 48 Stunden. Diese zur Vermeidung der **Taucherkrankheit** (Dekompressionskrankheit) notwendigen Zeitspannen zum Abbau des Stickstoffgehalts in den Körpergeweben erfordern eine sehr sorgfältige Planung der gesamten Hawaiireise. Da die Tauchcomputer bei Ihrer Anzeige „Do not fly" nur von Druckverhältnissen im Flugzeug ausgehen, die etwa maximal 2000 m Seehöhe entsprechen, liefern sie keine zuverlässigen Daten für einen Aufenthalt in 3000 m Seehöhe (Haleakala) oder gar 4000 m (Mauna Kea). Sicherheitsbewusste Taucher warten daher mindestens 48 (Haleakala) bzw. 72 Stunden (Mauna Kea) bevor sie sich in diese Höhen begeben.

Unterwegs in Hawaii

Die einzige **Dekompressionskammer** Hawaiis befindet sich auf Oahu. Die Tauchausrüstung ist in Hawaii in Feet (ft) und PSI (Pounds per Square Inch, Druck) geeicht. 33 ft. entsprechen etwa 10 m und die volle Pressluftflasche hat einen Druck von etwa 2900 PSI (200 bar).

Schnorcheln

Viele County Parks bieten gute Möglichkeiten zum Schnorcheln (Snorke-

ling). Die passende Ausrüstung, bestehend aus Maske (mask, diving mask), Schnorchel (snorkel) und Flossen (fins), wird oft vom Hotel oder vom Veranstalter von Bootstouren zur Verfügung gestellt. Es gibt aber auch verschiedene Verleiher von Snorkel Sets beziehungsweise von Snorkel Gear. Der bekannteste ist Snorkel Bob's mit Verleihstellen auf den vier größten Inseln. Mit seinem Inter-Island Service besteht sogar die Möglichkeit, die Ausrüstung auf einer anderen Insel zurückzugeben.

Schnorchelgebiete

Zu den drei schönsten Schnorchelgebieten zählen die Hanauma Bay auf

Surfen für Anfänger
mit dem Boogie Board

Oahu, Molokini Island und Coral Garden (Korallengarten) vor Maui sowie die Kealakekua Bay bei Captain Cook auf Hawaii Big Island. Während die Hanauma Bay auf dem Landweg zugänglich ist, können die anderen Schnorchelreviere nur mit dem Boot erreicht werden.

Snuba

Snuba-Diving ist eine Mischung aus *Snorkeling* (Schnorcheln) und *Scuba Diving* (Gerätetauchen). Während die Flasche oder ein Kompressor auf einem kleinen Schlauchboot an der Wasseroberfläche schwimmt, wird man über einen etwa 6 m langen Schlauch und einen Lungenautomaten wie beim Gerätetauchen mit Luft versorgt. 30 bis 35 Minuten *Snuba-Diving* sind inkl. Ausfahrt für etwa 50 Dollar zu haben. Trotz der relativ geringen Tauchtiefe birgt *Snuba* bereits einige der Gefahren des Gerätetauchens. Auch hier gilt wie beim Gerätetauchen: Nie die Luft anhalten!

Surfen

Surfen ist wohl der Inbegriff von Hawaii schlechthin. Kein Wunder, dass die Surffans aus aller Welt nach Hawaii kommen, um hier auf den Wellen zu reiten. Für alle, die es zum ersten Mal versuchen wollen, ist Waikiki Beach ein recht guter Platz, um die Grundlagen zu lernen. Die echten *Professionals* zieht es allerdings meist an die Nordküste von Oahu – vor allem in den Monaten Dezember und Januar,

wenn die Brandung besonders hoch und stark ist. Dann finden auf Oahu auch die **Weltmeisterschaften im Surfen** statt. Im Kapitel Oahu/Aktivitäten finden Sie ausführliche Informationen zu den besten Surfstränden von Hawaii, die nach Ansicht der Experten alle auf Oahu liegen. Aber auch die anderen Inseln bieten für „normale" Surfer gute Möglichkeiten zur Ausübung dieses Sports. Surfbrett-Verleiher gibt es auf allen Inseln.

Windsurfen

Durch beständig wehende Winde und gute Randbedingungen hat sich Hawaii als einer der besten Plätze auf der Welt zum Windsurfing etabliert. Die bekanntesten Windsurf-Strände liegen auf den Inseln Maui und Oahu. Im Frühjahr finden bei Paia (Maui) alljährlich die **Weltmeisterschaften im Windsurfen** statt.

Wasserski und Parasailing

Auf Oahu, Kauai und Maui besteht die Möglichkeit, Wasserski zu fahren. Sehr beliebt ist auch Parasailing, bei dem man, an einem Fallschirm hängend, hinter dem Boot her durch die Luft gezogen wird und dabei Ausblicke aus der Vogelperspektive genießt. Vor allem auf Oahu, an der Westküste von Maui und bei Kona auf Hawaii Big Island bieten Veranstalter Parasailing an.

Skifahren

Selbst Skifahren ist in Hawaii möglich – im Schnee und ohne Schneekanone.

Unterwegs in Hawaii

„Hawaiis best Luau"

Gerade noch geschafft. Pünktlich treffe ich am Busparkplatz des *Sheraton Waikiki Hotel* ein. Es herrscht großes Gedränge, und jeder Besucher wird einem Bus zugewiesen. Etwa eine halbe Stunde später öffnen sich die Bustüren, drei Minuten später fahren wir. Während der Busfahrer sich einen Weg durch das Verkehrsgewühl der Rush-Hour bahnt, erklärt uns *„Cousin John"*, dass wir im Bus jetzt eine große Familie seien. Wir sind jetzt also alle Cousins und Cousinen. Nach einer guten Stunde kommen die Busse an den „weltbekannten" Luau-Park an. *Cousin John* nennt uns ein viertes und letztes Mal die Nummer unseres Busses und erklärt uns anschließend, dass wir für jeden unserer beiden Getränkegutscheine einen *Mai Tai* (Rum-Mix) oder einen Softdrink bekommen. Ein (nicht gerade besonders guter) *Pina Colada* kostet bereits wieder 2,50 $ cash extra – ausnahmsweise bereits inklusive Steuern, aber wie auf jedem Luau im Einweg-Plastikbecher.

Cousin John führt seine Busladung Besucher zu den Fotografen. Jedes Paar, jede Familie wird in typisch hawaiianischem Outfit auf Film gebannt. Als Accessoires dienen dabei ein Papagei sowie eine hübsche Halb-Polynesierin, deren trainierte Gesichtsmuskulatur das Dauerlächeln ohne Krampf übersteht. Nachdem auf jeden einmal das Blitzlicht niederprasselte, geleitet uns *Cousin John* zu unseren Plätzen.

Jetzt besteht die Möglichkeit, an verschiedenen Aktivitäten teilzunehmen: Fahrten mit dem Auslegerboot, die garantiert maximal eine Minute dauern, Speerwerfen, Ballwerfen, Jonglieren mit den *Poi-Bällen* (sie stammen von den Maori aus Neuseeland).

Weil sich bereits bei allen Aktivitäten lange Schlangen gebildet haben, schlendere ich weiter zu den Andenkenständen. Noch bevor ich mir darüber klargeworden bin, ob ich jemals auf der Welt Kitschigeres gesehen habe als hier, ertönt ein Ruf, dass jetzt am Strand das traditionelle *Huki-Lau* (Auswerfen der Fischernetze) stattfindet. 600 Menschen starren gebannt, wie zwei Polynesier das Fischernetz auswerfen.

Imu-Zeremonie

Weiter geht's zum nächsten Programmpunkt, der *Imu-Zeremonie*. Dabei wird das Schwein im Erdofen, das am Morgen zusammen mit heißen Steinen und Blättern vergraben wurde, wieder ausgegraben. Ich freue mich, denn diese Zeremonie beginnt sehr einfühlsam mit guten Erläuterungen zur Kultur Hawaiis. Mit einem Schlag wird es allerdings wieder absolut showhaft; aus den Lautsprechern tönt jetzt nur noch pseudo-hawaiianische Musik, und die Tänzer passen besser nach Las Vegas als nach Hawaii.

Endlich ertönt der Ruf zum Büfett. Eine sehr zivilisierte Menge (von einigen Deutschen, die sich vordrängeln wollen, einmal abgesehen) stellt sich in langen Schlangen an. Ein Glück, dass ich für ein paar Dollar Aufpreis bei der Luau-Reservierung bereits die Bedienung mitgebucht habe.

Neben dem Schwein im Erdofen (wer Schweinefleisch mag, der wird sicherlich eine Lobeshymne auf diese Art der Zubereitung anstimmen) befindet sich zusammen mit anderen Speisen auch ein kleines Schälchen *Poi* (eine Art Brei aus der *Taro-Wurzel*). Jeder Tourist probiert artig sein *Poi*, aber jeder verzieht das Gesicht.

Tanz und Musik

Nun zum Höhepunkt, der Luau-Show, die als *„original Hawaiian"* angekündigt wird. Ich wusste gar nicht, dass die alten Hawaiianer schon Show-Musik à la Las Vegas kannten und ihren *Hula* mit Rock'n-Roll-Elementen mischten.

Auch bei diesem Luau werden zwei obligatorische Show-Elemente nicht vergessen: Zuerst einmal werden die *Honeymooners* (Paare in den Flitterwochen) in eine Animation mit einbezogen, in der unter anderem auch das Zuschauer-Ehepaar, das auf die meisten Ehejahre zurückblicken kann, Tipps für ein glückliches Eheleben gibt.

Anschließend steht *Hula-Tanz* für alle an: Weil nicht genügend Freiwillige vorhanden sind, werden einige von ihren Freunden kurzerhand zu Freiwilligen erklärt und auf die Bühne geschickt. Danach heißt's dann „Applaus für die Freiwilligen", und alle (?) freuen sich.

Die Show ist vorbei. Auf dem Weg zum Ausgang bekommen wir dann die Fotos zu sehen, die zu Beginn in Fließbandmanier geschossen wurden. Für einen etwa 15 x 20 cm großen Farbabzug, der „sicherlich eine exzellente Erinnerung an diesen wunderbaren Abend ist" (Originalton des Show-Conferenciers), muss man nur 15 Dollar auf den Tisch legen – kein Wunder, dass sich kaum einer diese Gelegenheit entgehen lässt.

Bei der Heimfahrt im Bus gehen mir zwei Sätze, die ich an diesem Abend weit mehr als zehn-, wenn nicht gar zwanzigmal gehört habe, durch den Kopf: *„Enjoy yourself!"* (Genießen Sie es!) und *„I hope you guys enjoy yourself"* (Ich hoffe, Sie genießen es).

Und wie ich es genossen habe ...

029Ha Fotto: av

Unterwegs in Hawaii

In den Wintermonaten (am besten im Januar/Februar) herrschen an den Hängen des Mauna Loa und des Mauna Kea auf Hawaii Big Island meist gute Schneebedingungen. Dort oben in 4000 m Höhe gibt es zwar keine Lifte, doch die wenigen Skifahrer werden mit Geländefahrzeugen wieder nach oben gebracht.

Nach Ansicht des Autors ist das schönste am Skifahren in Hawaii die Tatsache, dass man bereits drei Stunden danach wieder bei knapp 30 °C die Füße unter Palmen im Meer baumeln lassen kann.

Sonstige Aktivitäten

Wer die überall ausliegenden Werbeblätter durchliest, entdeckt sicherlich noch weitere Möglichkeiten, sich in Hawaii die Zeit zu vertreiben. Solange die Sicherheit der Teilnehmer gewährleistet bleibt, suchen die Amerikaner nach immer neuen Abenteuern (Thrills), mit denen sich Geld verdienen lässt.

Shows

Sea Life Park

Vergnügungsparks wie auf dem amerikanischen Festland gibt es in Hawaii nicht. Lediglich der Sea Life Park auf Oahu geht in touristischer Manier mit Delfin- und anderen Tiershows sowie mit einem entsprechenden Rahmenprogramm auf die Erwartungen seiner Besucher ein.

Polynesisches Kulturzentrum

Fast schon ein Muss auf jeder Besucherliste ist das Polynesische Kulturzentrum auf Oahu. Obwohl es eine rein kommerzielle Einrichtung ist, vermittelt es dennoch einen recht guten Einblick in die Unterschiede und Gemeinsamkeiten der pazifischen Inselkulturen. Die allabendliche Show ist nach Ansicht des Autors die beste Aufführung polynesischer Tänze auf allen Inseln, die für Touristen planmäßig zu besuchen ist. Sowohl die Tänze als auch die Musik sind noch ziemlich ursprünglich. Selbst kritische Besucher verlassen die Show mit Begeisterung. Selbstverständlich enthält auch diese Show typisch amerikanische Entertainment-Elemente; lediglich bei Festivals, die von Hawaiianern für Hawaiianer veranstaltet werden – wie zum Beispiel das Merry Monarch Festival auf Hawaii Big Island – bemühen sich die Veranstalter um eine noch größere Authentizität.

Luau

Die bekannteste hawaiianische Show ist ein Luau. Ursprünglich war ein Luau ein hawaiianisches Fest, bei dem nicht nur gut gegessen und viel getrunken, sondern auch getanzt wurde. Für Touristen ist es naturgemäß kaum möglich, ein echtes, ursprüngliches Luau im Verwandten- und Bekanntenkreis zu besuchen. Dafür gibt es auf jeder Insel mittlerweile eine beachtliche Auswahl unter vielen verschiedenen kommerziell veranstalteten Luaus. Die

Werbeslogans erleichtern die Auswahl nicht gerade: *„The best luau on Kauai is at the ...“, „The one and only, the original too good to miss ... luau“, „Maui's award winning luau. A celebration of aloha in the traditional Hawaiian style“* und *„The Big Island's most exciting luau – the best beachfront value in Hawaii“.*

Die wohl beste Beschreibung eines Luaus liefert eine Werbeanzeige für ein Luau auf Hawaii Big Island, in der ein begeisterter Festlandsamerikaner seine Eindrücke von diesem Luau wiedergibt: „Das Luau war wunderbar, und ich weiß nicht, wo jemand sonst solch ein großartiges Entertainment sehen kann.“ Das Wort Entertainment sagt genau, worum es bei allen Luaus geht: eine typisch amerikanische Show, die – von der Palmenkulisse und den Hula-Röcken einmal abgesehen – auch in Las Vegas oder sonstwo in den USA stattfinden könnte.

Mit 60 $ ist ein Luau nicht gerade billig. Wer die totale Massenabfertigung liebt, der sollte ein Luau auf Oahu besuchen (siehe Essay); wer es nicht ganz so extrem mag, der besucht sein Luau auf einer der Nachbarinseln. Häufig ist ein Luau zwar eine Reduktion der hawaiianischen Kultur auf Disneyworld-Level; trotzdem gehört ein Luau zu einem Hawaii-Besuch – als Teil der touristischen Kultur. Die nach Ansicht des Autors schönsten (und am wenigsten kitschigen) Luaus sind das *Old Lahaina Cafe Luau* auf Maui sowie das Luau im *Kona Village Resort* auf Big Island.

Essen und Trinken

Selbstverpflegung

Die Selbstverpflegung auf Reisen bereitet in Hawaii keinerlei Schwierigkeiten, soweit man über ein eigenes Fahrzeug verfügt. Supermärkte von teilweise kolossalen Ausmaßen stehen zumindest in allen Inselhauptstädten (außer auf Lanai und Molokai). Diese Supermärkte führen ein breit gefächertes, gut sortiertes Warenspektrum und haben von etwa 7 Uhr bis 21 Uhr, manchmal sogar rund um die Uhr geöffnet. Außerhalb der größeren Orte sorgen kleinere Läden *(Food Marts)* mit einer beachtlichen Auswahl für die Versorgung der Bevölkerung und der Touristen. Der größte Teil des Sortiments stammt vom amerikanischen Kontinent.

Preise

Im Lebensmittelsupermarkt *(Safeway, Foodland etc.)* ist die Auswahl am größten und die Preise am niedrigsten. In der Regel akzeptieren alle Supermärkte der großen Ketten Kreditkarten des Typs Visa oder Eurocard. Nahrungsmittel sind in Hawaii im Schnitt je nach Dollarkurs etwa 30, zum Teil sogar bis 50 % teurer als in Deutschland und um 20 bis 30 % teurer als auf dem amerikanischen Kontinent.

Lediglich Rindfleisch (Steaks) ist erheblich günstiger. Selbst die auf den Inseln angebaute Ananas ist nicht billiger – allerdings viel größer, frischer und geschmacklich unübertroffen.

Wer Wert auf gesunde Ernährung legt, muss für *Health Food* ohne Chemie relativ viel Geld ausgeben und vor allem kräftig suchen, denn die Health Food Stores sind nur dünn gesät. Das Warenangebot eines amerikanischen/hawaiianischen Health Food Stores unterscheidet sich oft wesentlich von dem in einem europäischen Bioladen. So ist beispielsweise die Galerie industriell gefertigter Produkte wie Vitamine etc. oftmals gigantisch groß.

Salad-Bar

Eine auch bei uns im Supermarkt zu findende Spezialität sind *Salad Bars* mit Selbstbedienung. An der Kasse wird dann nach Gewicht abgerechnet. Teilweise gibt es dort auch warme Suppen und chinesische Spezialitäten.

Maßeinheiten für Gewichte

Als Maßeinheit für das Gewicht dient das (englische) Pfund *(pound,* Kürzel: lb), das etwa 450 g entspricht. Um den ungefähren Endpreis für ein Kilogramm zu erhalten, müssen somit der lb-Preis verdoppelt und weitere 10 % aufgeschlagen werden.

Warensortiment

Brot

Für die meisten Deutschen, Österreicher und Schweizer ist das in Hawaii erhältliche amerikanische Brot aufgrund seines Geschmacks und seiner Konsistenz ein Ärgernis. Das stets industriell gefertigte Brot (selbst wenn es in einer *Bakery* gekauft wurde) ist bereits in Scheiben geschnitten und ein kleines lebensmitteltechnisches Wunder: Obwohl es so gut wie immer frei von Konservierungsstoffen ist, bleibt es selbst im schwülen hawaiianischen Sommer in geöffnetem Zustand eine Woche lang frisch und weich, ohne zu schimmeln. In allen Supermärkten und in vielen kleinen Läden ist mittlerweile Vollkornbrot erhältlich. Es ist zwar immer noch so weich wie unser Weißbrot, verfügt aber über die verdauungsfördernden Ballaststoffe. In den letzten Jahren hat sich die Situation jedoch langsam etwas gebessert. Mit viel Ausdauer und Glück lässt sich ein Brot ergattern, das mehr dem europäischen Gusto entspricht.

Wurst

Wurst heißt in den USA so gut wie immer Einheitsqualität von Florida bis Alaska, von New York bis Hawaii. Die Firmen *Louis Rich* und *Oscar Meyer* haben den Markt fest in der Hand. Wurstwaren sind nur abgepackt erhältlich. Lediglich an der *Deli(catessen)*-Theke kann man dem Gaumen für teures Geld echte Abwechslung bieten.

Milch und Milchprodukte

Milch ist in jedem Supermarkt in gigantischer Auswahl zu haben: in Packungsgrößen von knapp einem halben Liter *(half pint)* bis etwa vier Liter *(one gallon)* – jeweils mit einem Fettgehalt von 4 %, 2 %, 1 %, 0,5 % oder 0 %. Eine Galone Milch kostet mittlerweile mehr als 5 $.

Ein Blick auf das Kühlregal zeigt, dass Cheddar der weitaus beliebteste **Käse** ist. Die Auswahl ist groß, die Geschmacksunterschiede sind erheblich kleiner. Echte Alternativen zum abgepackten Käse bietet dem Europäer nur die recht teure Deli-Theke.

Wer gerne **Joghurt** isst, kommt wie überall in den USA auch in Hawaii auf seine Kosten. Die Auswahl ist fast unüberschaubar, das Spektrum reicht vom Joghurt ohne Geschmack *(plain, unsweetened)* über mit Sahne und Zucker angereicherte Spezialitäten bis hin zu den Diät-Joghurts ohne Cholesterin bzw. ohne Zucker oder Fett.

Fleisch

Fleisch kauft man nur im Supermarkt. Metzgereien gibt es nicht. Die Preise liegen erheblich unter denen in Europa – und das trotz hoher Qualität. Für den abendlichen Grill eignen sich vor allem *Prime Rib*, *Sirloin*, *New York* und *Porterhouse Steaks*. *Tenderloin* (Filetsteak) ist noch besser, aber, wie auch das beliebte *T-Bone Steak*, teurer.

Fisch

Einladend sind die Fischvitrinen in den Supermärkten. Während frischer Fisch aus heimischen Gewässern (siehe auch „Essensspezialitäten") relativ günstig ist, muss man für Süßwasserfische (z. B. Lachs, Forelle) tief in die Tasche greifen.

Delikatessen-Theke

Die Delikatessen-Theke bietet in ganz Nordamerika in der Regel ausgesuchtere Waren jenseits des abgepackten Mainstreams zu höheren Preisen bei oft auch besserem Geschmack. In Hawaii bietet sich an der Deli-Theke die Möglichkeit, ziemlich preisgünstig (im Vergleich zum Restaurant) hawaiianische Spezialitäten zu probieren. Wer Sushi (eigentlich eine japanische Spezialität mit rohem Fisch) mag, der wird hier in seinem Element sein.

In den Supermärkten der Kette Safeway können Sie an der Deli-Theke beispielsweise Ahi Poke oder Shrimps koreanische Art (mit Chili-Soße) so bestellen wie bei uns den Fleischsalat an der Wursttheke (siehe Hawaiianische Spezialitäten – Kleiner Restaurant-Sprachführer).

Gebäck

Liebhaber von Kuchen und Torten mögen in Hawaii verzweifeln. Das Angebot der wenigen Bäckereien, selten außerhalb von Supermärkten, zeichnet sich in erster Linie durch Farbenvielfalt und Übersüße aus.

Wer Süßes mag, sollte einmal *Donuts,* ähnlich wie Berliner, mit und ohne Loch in vielen Variationen, sowie die Zimt- beziehungsweise Rosinenschnecken und die *(Blueberry-)Muffins* probieren.

Jede Art von Gebäck läuft in Hawaii unter der Bezeichnung *Cookie*. Obwohl sie relativ teuer sind, erfreuen sich die vor chemischen Zusätzen nur so strotzenden Kekse auch bei Europäern großer Beliebtheit. Ganz oben auf der Hitliste der Besucher stehen die *Choclate Chips Cookies* und die *Oreos*.

Unterwegs in Hawaii

Cereals

Bei den Cereals handelt es sich um Getreideprodukte, die irgendwo zwischen Cornflakes und Müsli anzusiedeln sind. Die Variationsvielfalt ist in Hawaii (wie überall in den USA) enorm groß. Wer jedoch auf der Suche nach Vollwertmüsli ohne Zucker ist, der hat es schwer. Immerhin hält sogar Weizenkleie (*Bran*) Einzug in die Regale.

Obst und Gemüse

Vegetarier schwelgen in Hawaii in einem Paradies. Neben dem auch bei uns erhältlichen Spektrum vom Apfel bis zur Zitrone sowie von den Alfalfa-Sprossen bis zur Zwiebel herrscht in der Regel eine gute Auswahl tropischer Früchte zu günstigen Preisen. Schon die Aufmachung der Obst- und Gemüseabteilung macht Appetit.

Fast-Food-Lokale

In Amerika, dem Land des Fast foods, sind die Schnellrestaurants in jedem Winkel des Landes anzutreffen – selbstverständlich auch im Lieblingsreiseziel der Amerikaner. Allein auf der Insel Oahu stehen über 45 Restaurants des Branchenriesen *McDonald's*. In den Touristenzentren (Waikiki, Lahaina, Kona, Lihue) ist dann die Konkurrenz in Form von Burger King oder Kentucky Fried Chicken nicht mehr weit. Über die Qualität der nicht gerade fettarmen Speisen lassen sich unsere Medien genügend aus, so dass dieses Thema hier ausgespart werden kann. Das Sortiment an *Junk Food* (etwa: Ab-

fallnahrung), wie Fast Food auch genannt wird, ist in Hawaii genauso einseitig wie bei uns: Big Mac, Whopper und Co. beherrschen die Szene.

Preise

Allen gemein ist das moderate Preisniveau und der weitgehend identische Geschmack der Gerichte. In der Regel erfolgt kein Alkoholausschank. Eine weitere Gemeinsamkeit besteht in der tischdeckenlosen Plastikeinrichtung, Selbstbedienung überwiegt.

Wer mehr auf den Dollar als auf ernährungsphysiologische Aspekte achten muss, der kommt gerade in Hawaii bei geschickter Ausnutzung der Sonderangebote in den Schnellrestaurants oft billiger weg als bei seiner Selbstverpflegung. In den Werbebroschüren (*This Week, Drive Guide*) finden sich stets entsprechende Coupons, mit deren Hilfe man an begehrte Sonderangebote herankommt. Derzeit ist ein Big Mac auf den Inseln nicht unter 3,30 $ zu haben, aber mit Coupons und als Kombi-Menu zusammen mit anderen Gourmet-Freuden sinkt das Preisniveau meist erheblich, während das Geschmacksniveau bleibt.

All you can eat

In Waikiki gibt es eine beliebte Variante des Fast foods, nämlich Restaurants, die für einen Einheitspreis von wenigen Dollars ein *All you can eat*-Buffet bieten, an dem man nach Herzenslust nachschöpfen kann. Das bekannteste Beispiel ist *Perry Smorgy's Restaurant*. Im Vergleich zu den Hamburgerbuden ist das Essen dort abwechslungsreich und relativ gesund, im Vergleich zu einem mittleren oder gar guten Restaurant existieren dennoch gewaltige Preis- und Qualitätsunterschiede. Ergo: optimal für Reisende mit kleinem Geldbeutel.

Plate Lunch

Richtig sparen kann man, wenn man nicht im Restaurant isst, sondern sich ein *Plate Lunch* (gibt's auch abends noch) im *Take-Out* (zum Mitnehmen) kauft. Man bekommt sie nicht nur in vielen Restaurants, sondern auch z. B. bei der Kette *L&L Drive Inn* (Die Speisekarte und mehr gibt's unter www.hawaiianbarbecue.com), bei der man allerdings meist hinein gehen (nicht fahren) muss. L&L hat Niederlassungen in Kauai (Kapaa), Maui (z. B. Lahaina Cannery Mall oder Piilani Village, Kihei), Big Island (z. B. in Kona und 2 x in Hilo) und über 40 x in Oahu, die meisten außerhalb Waikikis: z. B. am Flughafen (24 h geöffnet) oder in Waikiki im Outrigger Surf Hotel, 2280 Kuhio Ave. Die große Portion kostet bei L&L etwa 7 $, die kleine etwa 5 $. Reine Vegetarier kommen hier eher schlecht weg, aber Fischliebhaber dafür voll auf ihre Kosten: Nach wie vor ist Garlic Ahi auf Cabbage Salat (Knoblauch-Thunfisch mit Krautsalat), Reis und Maccaroni-Salat der große Renner.

Diese Art „Fast Food Hawaiian Style" scheint sehr erfolgreich zu sein, denn mittlerweile gibt es nicht nur gut 50 L&Ls in Hawaii, sondern auch etwa 100 Niederlassungen auf dem US-Kontinent.

Korean BBQ

Die *Korean Barbecues* sind noch einen Touch exotischer und geschmackvoller gewürzt – eine leckere Alternative, zu finden in vielen Malls, Business Centers und Seitenstraßen von Waikiki. Man wählt sein Fleisch bzw. seinen Fisch aus, bestimmt drei bis vier Beilagen von einer Art Salatbar und zahlt zwischen 5 und 8 $ für ein herrliches Essen. Auch Suppen-Liebhaber kommen auf ihre Kosten.

Derartige Take-Outs gibt es natürlich auch mit chinesischer Küche, Thai-Küche etc. In der Regel befinden sich in der Nähe Tische und Stühle, an denen man essen kann, aber viele nehmen sich die Mahlzeit mit nach Hause oder ins Büro. Wer sich dann zum privaten Sonnenuntergangs-Dinner an den Strand setzt, kann Hawaii individuell und preiswert genießen.

Family Style Restaurants

Sehr oft findet der Besucher auch so genannte *Family Style Restaurants* und *Coffee Shops,* die teilweise rund um die Uhr geöffnet sind. Diese Lokale sind vom Ambiente her zwischen Fast food und einem „richtigen" Restaurant angesiedelt. Ein typischer Vertreter ist die Kette *Dennys,* die mit einer authentisch bebilderten Speisekarte aufwartet. Hier bekommt man für 10 $ ein (sehr einfaches) akzeptables Essen im amerikanischen Stil.

Unterwegs in Hawaii

Hawaiianische Spezialitäten – kleiner Restaurantsprachführer

Die wichtigsten Restaurant-Vokabeln im Überblick

Appetizer	Vorspeise
Beverages	Getränke
broiled, charbroiled	gegrillt
Check	Rechnung
Chowder	sahnige Suppe
Clam	Muschelart; meist als Clam Chowder (Suppe)
Crab	Krabbe
Entree	Hauptgericht mit Auswahl an Beilagen inklusive Vorspeise
French Fries	Pommes frites
Garlic (Butter)	Knoblauch (-butter)
homemade	hausgemacht
Kaukau	Essen
Lobster	Hummer
poached	in Flüssigkeit gekocht (z. B. Wein)
Pupu	Vorspeise, (ziemlich) kleiner Snack
Menu	Speisekarte
sauté	in der Pfanne zubereitet, darin gebraten
Seafood	Meeresfrüchte
Sides, Sideorders	Beilagen
skeemed	im Dampf gekocht/gegart, nicht in Wasser
steemed	im Wasser(dampf) gekocht
Teriyaki	chinesische Sauce bzw. Marinade

Fisch

Ahi	Yellowfin Tuna (Gelbflossen-Thunfisch)
Aku	Skipjack Tuna (Makrele)
Au	Pacific Blue Marlin (Schwertfisch)
Hoku	Grey Snapper
Lomilomi Salmon	In einer Marinade aus Zwiebeln, Kräutern und Tomaten eingelegter roher Lachs
Mahimahi	Dorado; der Standard-Fisch auf den Inseln, relativ milder Geschmack
Mano	Haifisch
Ono	Wahoo; ein makrelenartiger Fisch

Restaurants und Kneipen

Selbstredend existieren in Hawaii nicht nur Fast-food-Lokale, sondern auch eine breite Palette „richtiger" Restaurants. Während man in Honolulu die Auswahl unter vielen verschiedenen ethnischen Küchen (primär asiatisch und amerikanisch) treffen kann, hat man in den anderen Teilen

Opakapaka	Pink Snapper (Barsch)
Sashimi	in Scheiben geschnittener, roher Fisch. Wird oft mit Sojasoße gegessen. Die Zubereitung ist eine Kunst. Es gibt gute und schlechte Künstler. Sashimi ist eine japanische Spezialität.
Sushi	roher Fisch mit Reis, eingewickelt in Weinblätter. Auch Sushi ist ursprünglich eine japanische Spezialität.

Sonstige Spezialitäten

Ahi Poke	roher Tunfisch (Ahi) mit Sojasoße und Maui-Zwiebeln, Sesam und Sesamöl sowie eventuell mit Chili bzw. Knoblauch. Ahi Poke Hawaiian Style enthält zusätzlich Algen
Baked Ulu	gebackene Brotfrucht
Chow Fun	breite Nudeln mit Schweinefleisch (chinesisch)
Guava	Guave; eine tropische Frucht mit rosa bis orange-farbenem Fruchtfleisch (meist als Gelee oder Fruchtsaft), sehr wohlschmeckend
Haupia	Nachtisch aus Kokosnüssen
Imu	Erdofen, in dem die Schweine beim Luau gegart werden
Laulau	in Ti- oder Taroblätter gewickeltes Schweinefleisch, das im Erdofen gegart wurde
Lilikoi	Passionsfrucht
Macadamia Nuts	Macadamia-Nüsse; relativ teuere Spezialität, die vor allem an der Kona-Küste von Hawaii Big Island angebaut wird; unvergleichlich im Geschmack; erhältlich in vielen Variationen, unter anderem mit Salz, Schokolade oder geröstet
Manapua	mit Schweinefleisch oder Geflügel gefüllte Hefeklöße (chinesisch)
Niu	Kokosnuss
Opihi	Schnecken
Pipikaula	luftgetrocknetes Rindfleisch
Poi	rosafarbene Paste aus der geriebenen Taro-Wurzel; geschmacksneutral bis ungewohnt; je nach Alter (frisch bis mehrere Tage alt) unterschiedlicher Geschmack von süß bis sauer; manchmal verächtlich „Tapetenkleister" genannt; schmeckt in der Regel nur echten Hawaiianern; beste Probiermöglichkeit beim Luau; wer Poi nicht probiert hat, war nicht in Hawaii ...
Saimin	dünne Gemüse-Nudelsuppe; meist mit Fleischeinlage; sehr beliebt bei den Einheimischen, auch als Instant-Suppe erhältlich
Taro	urhawaiianische Pflanze; wird in der Regel zu Poi verarbeitet
Tripe Stew	Eintopf aus Kutteln (Innereien)

Unterwegs in Hawaii

des Staates die Qual der Wahl unter mehreren Restaurants amerikanischer Küche, die jeweils mit einer Prise (pseudo-)hawaiianisch gewürzt oder dekoriert ist.

Gemessen an dem, was in punkto Ausstattung, Ambiente und Küchen-qualität im Allgemeinen geboten wird, sind die Restaurants in Hawaii auch bei einem günstigen Dollarkurs kein preiswertes Vergnügen. Gutes und erstklassiges Essen bei ebensolchem Service in angenehmer Umgebung muss teuer bezahlt werden. Die Preise steigen mit jeder Verbesserung des Services oder der Küche exponenziell.

Rechnen Sie mit etwa 40 $ pro Person und Abendessen (*Entree*). Lediglich in Waikiki und in Lahaina liegt das Preisniveau etwas niedriger; Konkurrenz macht's möglich.

Mittags und abends gelten häufig unterschiedliche Karten. Beim Lunch zahlt man weniger als zur Dinnerzeit.

Platzierung

Üblicherweise werden die Restaurantbesucher platziert. Selbst wenn freie Tische vorhanden sind, wartet der Gast geduldig im Eingangsbereich, bis sich ein *Waiter/Host* oder eine *Waitress/Hostess* seiner und der dazugehörigen *Party* annimmt und einen Tisch zuweist. Dazu ist es wichtig, die *number in party* (Anzahl der Gäste) zu kennen. Außerdem hat man stets die Wahl, ob man in der *Smoking Section* oder in der *Non Smoking Section* sitzen möchte, solange das Restaurant kein totales Rauchverbot verhängt hat.

Ist im Moment kein Platz frei, werden die Namen der ankommenden Gäste notiert (Vornamen erleichtern vieles) und der Reihe nach aufgerufen.

Rechnung

Die Rechnung (*Check*) weist neben den auf der Speisekarte ausgewiesenen Nettopreisen zusätzlich die **Umsatzsteuer** (*Tax*: 4 bis 6 % je nach Ort und Ware) aus.

Da der Service nie im Preis enthalten ist, wird ein für europäische Verhältnisse üppiges **Service-Entgeld** (*Tip*) erwartet. Die Bedienungen erhalten nur einen Hungerlohn auf Stundenbasis, den größten Teil ihres Einkommens bestreiten sie aus den Tips – und diese Tips müssen sie auch noch versteuern. Ein *Tip* in Höhe von 15 % ist üblich, bei sehr guter, freundlicher Bedienung auch durchaus mehr. Ein Tip von 8–10 $ bei einer Gesamtrechnung von 51 $ gilt in Hawaii nicht nur als normal, sondern wird erwartet. Zu dem auf der Speisekarte angegebenen Preis kommt somit noch ein Aufschlag von knapp über 20 % (Tip+Tax).

Die Rechnung wird für einen kompletten Tisch gestellt. **Einzelabrechnung** ist unüblich und meist nicht möglich.

Bezahlung

Gezahlt wird entweder direkt bei der Bedienung oder an einer Kasse am Ausgang. In letzterem Fall hinterlässt man das *Tip* meist bar am Tisch. Bei Rechnungsbegleichung per Kreditkarte kann man auch das *Tip* mit einschließen.

Speisekarte

Die Speisekarte heißt auch in Hawaii *Menu* (sprich: „Mänjuh"). Zu allen Mahlzeiten wird kostenlos das fast obligatorische Eiswasser serviert. Je nach Tageszeit weist die Karte verschiedene Gerichte auf:

● **Frühstück**

Das klassische amerikanische *Breakfast* besteht aus zwei Eiern (je nach

Wunsch: *scrambled* = Rühreier oder *fried/ sunny side up* = Spiegelei), gebratenem Speck *(Bacon)* und/oder Bratwürstchen sowie *Hash Browns* (ein Ableger der Kartoffelpuffer). Auch Omelett mit *Hash Browns* ist sehr beliebt. Dazu gibt es Toast und Marmelade. Kaffee und Tee werden nach Belieben ohne zusätzliche Berechnung nachgeschenkt. Entkoffeinierter Kaffee heißt salopp *Decaff,* denn so gut wie niemand gebraucht die Langversion *Decaffeinated Coffee.* Wer schon bei der Bestellung des (stets mit Butter bestrichenen) Toasts nach *brown bread* oder *whole wheat bread* fragt, erhält Vollkorntoast.

● **Lunch**

Viele Restaurants bieten ausgesprochen preisgünstige Mittagsbüffets *(Buffet Lunch)* nach dem Verfahren *All you can eat* an. Für knapp 15 $ wird hier einiges geboten. Ansonsten fällt die Mittagsmahlzeit eher mager aus, meist muss ein Sandwich oder ein Hamburger herhalten. Oft ist aber auch ein günstiges Essen à la carte möglich.

● **Dinner**

Die amerikanische Hauptmahlzeit ist das *Dinner* (Abendessen), das in Hawaii bereits relativ früh eingenommen wird. Sehr beliebt sind *Sunset Dinner* (Dinner bei Sonnenuntergang an der Westküste). Eine telefonische Tischreservierung ist manchmal sogar dringend notwendig. Oft wird in festen Schichten gegessen, zum Beispiel die erste Schicht um 17.30 Uhr, die zweite um 19 Uhr und die dritte um 20.30 Uhr.

● **Entree**

Die meisten Gäste bestellen ein so genanntes *Entree.* Es umfasst in der Regel drei Elemente:

● Salatteller oder Suppe
● *Dinner Rolls* (Brötchen) mit Butter
● Hauptgericht mit Beilagen nach Wahl (Reis, Pommes frittes, Kartoffelbrei, gebackene Kartoffel etc.)

Neben dem Steak in mehreren Varianten ist Fisch auf den Inseln ein fester Bestandteil der *Entrees.* Alles, was nicht ausdrücklich die Bezeichnung *fresh fish* oder *catch of the day* trägt, kommt aus der Tiefkühltruhe.

● **Salad Bar**

Manche Restaurants verfügen über eine *Salad Bar,* an der unbegrenzt nachgefasst werden darf. Man kann sich auch nur an der Salatbar laben – selbst wenn dies nicht auf der Karte steht. Salatbar pur kostet um die 12–25 $.

● **Nachtisch**

Nach dem Hauptgericht fragt die Bedienung den Gast regelmäßig, ob er noch *Sweets* oder *Dessert* wünscht. Zur Vermeidung übersüßter Farbüberraschungen sollte man den Nachtisch mit Ausnahme von Eis und frischen Früchten nur nach optischer Begutachtung, nie ausschließlich nach Karte bestellen. Gleichzeitig besteht die Möglichkeit, einen Kaffee zu ordern. Dieser wird in der Regel beliebig nachgeschenkt, aber nur einmal berechnet.

Nach dem Essen

Wer in europäischer Manier nach dem Essen noch etwas länger sitzen bleibt, der bringt das gesamte Reser-

Unterwegs in Hawaii

vierungsschema durcheinander, denn es wird im Prinzip erwartet, dass der Gast nach dem Essen den Tisch räumt. Der Autor hat es in Honolulu sogar erlebt, dass die Gäste der nächsten Essensschicht stehenderweise direkt neben dem Tisch der etwas länger Verweilenden platziert wurden; der dadurch ausgeübte moralische Druck zeigte auch bei den Europäern schnell seine Wirkung. Für das Gespräch nach dem Essen begibt man sich in Hawaii ganz entspannt in eine Bar.

Alkoholfreie Getränke

Bei nichtalkoholischen Getränken muss man in Anbetracht der vielen farbenfrohen Chemieprodukte, die in der Sprudelabteilung zu finden sind, erst herausfinden, was einem selbst genießbar erscheint. Selbst Coca-Cola, Fanta, Pepsi-Cola und Sprite schmecken anders als gewohnt, denn die Amerikaner lieben es süßer. All diese stets in kleinen Aludosen oder großen Plastikflaschen verpackten Zuckerwasser werden unter dem Oberbegriff **Softdrink** gehandelt. Softdrinks in Dosen heißen *Sodapop*. Achtung: Das *Root Beer* ist kein Bier (auch kein alkoholfreies) und tendiert vom Zuckergeschmack her eher zu Rübensirup als zu Fanta. Ähnlich extrem gesüßt ist *Dr. Peppers*. Die bei uns angebotenen Light-Produkte finden Sie in Amerika unter der Bezeichnung *Diet* (beispielsweise Coca Cola light – *Diet Coke*).

Der natürliche Fruchtgehalt von immer noch als **Fruchtsäften** titulierten

Getränken ist häufig niedrig. Was als preisgünstiger *Fruit Juice* im Regal steht, würde bei uns im besten Fall als „Saftgetränk" durchgehen. Die teuren Säfte (oder das tiefgefrorene Konzentrat) sind hingegen meist von hoher Qualität.

Ernährungsbewusste Amerikaner trinken neben frisch gepressten Säften (auch das gibt es im Supermarkt!) meist nur **Wasser,** das in den Packungsgrößen 1 Gallone (knapp 4 l) und 2 ½ Gallonen (knapp 10 l) zuhauf vorhanden ist. Oft stehen vor den Supermärkten Automaten, an denen man für zwei Quarter (25 oder 50 cents) eine Gallone gereinigtes, geschmacksneutrales Trinkwasser nachfüllen kann. Sprudelndes Mineralwasser (*Soda Water*) ist in Hawaii unüblich. Die wenigen, importierten Produkte sind sehr teuer.

Leitungswasser ist zwar in Hawaii gesundheitlich unbedenklich, aber diese Unbedenklichkeit hat ihren Preis: Der penetrante Chlorgeschmack sorgt dafür, dass nur ganz Hartgesottene Leitungswasser trinken.

Kaffee, Tee

Hawaii ist bekannt für den dort angebauten und gerösteten **Kona Coffee** (siehe auch Exkurs: „Echter Kona-Kaffee"), aber das, was einem im Restaurant zum Teil als Kona Coffee vorgesetzt wird, ist von der Gourmet-Version des Kona Coffee oft weit entfernt, so dass die verwöhnten Kaffee-Zungen der Europäer dann leider doch nur einen etwas besseren amerikanischen Kaffee degustieren. Wer Glück

Kona-Brauerei

hat, kann natürlich auch sehr positive Überraschungen bei der Gastronomie erleben (vor allem jenseits der unteren Preisklasse), und wer selbst kocht, der kann sich wohl gar wie im Kaffee-Himmel fühlen (siehe Exkurs).

Vor allem rund um Kailua-Kona (Big Island), aber auch auf den anderen Inseln schießen derzeit **Gourmet Coffee-Restaurants** in Starbuck's-Manier wie Pilze aus dem Boden, von denen die meisten wirklich einen ausgezeichneten Kaffee (meist Kona Coffee, manchmal aber auch Kauai Coffee oder Molokai Coffee) servieren.

Außerhalb von Restaurants trinkt man überwiegend Pulverkaffee, obwohl sich derzeit eine echte Kaffeekultur zu etablieren beginnt.

Die **Teeauswahl** ist dürftig und besteht vor allem aus den Teebeuteln einiger großer Hersteller.

Alkoholika

Bier

Auch wenn man es nicht erwartet, gibt es in Hawaii genügend Bier, allerdings nur in Dosen oder Einwegflaschen. Nachdem die letzte Brauerei

Von Weihenstephan nach Hawaii

Während Touristen aus dem Norden Deutschlands mit amerikanischen Standardbieren wie Budweiser oder Miller erfahrungsgemäß wenige Probleme haben, ist es schon vorgekommen, dass mit Augustiner und Franziskaner (= Münchner Biere) sozialisierte Besucher in den USA zu überzeugten Weintrinkern konvertiert sind.

In den letzten Jahren hat sich die Biersituation jedoch deutlich verbessert, *Microbreweries* schicken ihren Brauernachwuchs zur Ausbildung immer häufiger nach Deutschland oder Irland. Dies führte dazu, dass man heutzutage zumindest entlang den Küsten durchaus hervorragende Bierspezialitäten genießen kann.

Der Hawaii-Archipel nimmt auch hier eine Sonderstellung ein, denn die Braumeister ausnahmslos aller lokaler Brauereien erlernten ihr Handwerk am renommierten Institut für Brau- und Lebensmitteltechnologie im **bayrischen Weihenstephan** bei München. Neben der *Microbrew*-Kette **Gordon Biersch,** die ihre Hawaii-Dependance am Aloha Tower in Honolulu geöffnet hat, sind besonders die Brauereien **Kona** und **Mehana** auf Big Island erwähnenswert. Deren Spezialitäten sind auch auf allen anderen Inseln verbreitet.

Für Liebhaber geschmackvoller *Ales* sind das würzige *Fire Rock Pale Ale* und besonders das *Pacific Golden Ale* der Kona Brewing Company zu empfehlen. Das

dunkle *Stout* aus demselben Hause sieht zwar wie Guinness aus, ist jedoch deutlich dünner. Sehr experimentierfreudige Bierfreunde sollten einmal das *Lilikoi Wheat Ale* probieren, ein mit Passionsfrucht aromatisiertes *Golden Ale*. Wer Kölsch schätzt, ist mit dem Standardbier der Mehana Brewing gut bedient, auch wenn es viel aromatischer ist als die meisten „echten" Kölner Biere.

Ganz ausgezeichnete Weißbiere gibt es auf Maui in der **Fish & Game Brewing Company and Rotisserie** in Kahana, dort stehen die Braukessel im Gästebereich. So ähnlich sah es auch in **Whalers Brewpub** auf Kauai aus, hier lag der Schwerpunkt auf starken Ales. Auf dunkle, malzige Biere hat sich Weihenstephan-Absolvent Dave Curry im **Waimea Brewing** spezialisiert.

● **Kona Brewing,**
75-5629 Kuakini Highway, Kailua-Kona, Big Island, HI 96740
● **Mehana Brewing,**
275 East Kawili Street, Hilo, Big Island, HI 96720
● **Fish & Game Brewing Company and Rotisserie,**
4405 Honoapiilani Highway #217, Kahana, Maui HI 96761
● **Waimea Brewing,**
9400 Kaumualii Highway, Waimea, Kauai HI 96796

Weitere Infos zu den Microbreweries unter www.beerme.com/breweries/us/hi/index.shtml

Dr. Marcel Conseé

Hawaiis 1991 schloss, füllen diverse *Microbreweries* (Kleinbrauereien) einen Teil ihrer Produktion in Flaschen ab und liefern diese an die Supermärkte. Mittlerweile werden über zehn verschiedene Biersorten auf der Inselgruppe gebraut.

Dennoch ist der hawaiianische Biermarkt fest in der Hand der **amerikanischen Großbrauereien.** Alkoholgehalt und Würze scheinen dem Europäer gering. Ein rechter Biertrinker wird am US-amerikanischen Bier keinen sonderlichen Gefallen finden.

Für teures Geld sind aber auch viele **Importbiere** von *A* wie *Asahi* (aus Japan) über *F* wie *Fosters* (Australien) bis *W* wie *Warsteiner* (sehr oft anzutreffen) erhältlich. Die meisten dieser importierten Biersorten schmecken etwas anders als im Erzeugerland, weil die amerikanischen Hygienegesetze einen geschmacksnivellierenden Sterilisationsprozess für Importprodukte vorschreiben.

Wein

Speziell kalifornische Weine können es mit europäischen Produkten ohne weiteres aufnehmen, soweit es sich um die besseren, meist ziemlich teuren Sorten handelt. Da es die Amerikaner süß lieben, würde ein Wein mit der Aufschrift *dry* (trocken) bei uns eher als lieblich bis halbtrocken bezeichnet werden. Kein Wunder, dass viele Zentraleuropäer da zum *extra dry* greifen, wenn sie nicht wegen der hohen Preise ganz vom Wein Abstand nehmen.

Alkoholverkauf

Alkoholische Getränke jeder Art werden in Hawaii wie bei uns in Supermärkten, vereinzelt auch in Fachgeschäften *(Liquor Stores)*, verkauft. Nach Mitternacht bis frühmorgens ist der Verkauf von Alkoholika verboten. Praktisch sieht das so aus, dass auch in rund um die Uhr geöffneten Supermärkten dann weder gegen Geld noch für gute Worte eine Dose Bier oder eine Flasche Wein zu haben ist.

Die Abgabe von alkoholischen Getränken an Personen unter 21 Jahren ist verboten. Besitz und Konsum von Alkoholika unterliegen den gleichen Beschränkungen.

In der **Öffentlichkeit** ist der **Alkoholkonsum generell verboten.** Das gilt insbesondere für die Strände. Personen ab 18 Jahren dürfen alkoholische Getränke folglich nur auf privaten Grundstücken und in Räumen konsumieren. Auch der Stellplatz auf dem Campground und das Open-Air-Lokal gehören dabei eigentlich zu den Privatgrundstücken. Allerdings hat der Autor an allen Campingplätzen in State Parks oder County Parks Schilder mit der Aufschrift *No alcohol in the park* entdeckt.

Wer schon auf dem amerikanischen Kontinent war, der weiß, was sich in den liebevoll mit Packpapier umwickelten Dosen und Flaschen befindet, die auf Parkbänken und Stränden ihrer Bestimmung zugeführt werden. In Hawaii wird in den State Parks auch diese Variante des Alkoholkonsums nur äußerst ungern gesehen.

Alkoholische Getränke werden in Restaurants nur in Verbindung mit einer Mahlzeit gereicht. Sie werden meist bei einer separaten Bar-Bedienung bestellt und von dieser auch gebracht sowie, inklusive *Tip*, abkassiert.

Für die gemütliche Gesprächsrunde bei Bier und Co. begibt man sich in eine separate **Bar,** die etwas feiner auch *Coctail Lounge* genannt wird. In den Touristenzentren sind diese zahlreich vorhanden.

In Honolulu gibt es sogar „richtige" Kneipen, einige davon sogar mit Live-Musik.

Unterwegs in Hawaii

Echter Kona Coffee

Kona Coffee gilt als einer der besten und seltensten Kaffees der Welt, vergleichbar dem berühmten *Jamaica Blue Mountain* und kostet hierzulande beispielsweise im Kaufhaus Galéries Lafayette in Berlin pro Kilogramm 81 €. Wir hatten im Mai 2005 Glück und erwischten ein „Sonderangebot": 300 g für 12,20 € – eine gute Einstimmung auf den bevorstehenden Hawaii-Urlaub.

Auf den Inseln haben wir den Kaffee in den besten Hotels getrunken, hatten ihn auf dem Zimmer zum Selbstkochen und kauften 100 % Kona auf Kaffeefarmen oder in guten Supermärkten für die Kaffeemaschine im Condo – immer waren wir begeistert vom vollen Geschmack, dem herrlichen Aroma, das man noch lange im Mund hatte.

Grundregel: In den USA nie Leitungswasser für die Zubereitung nehmen und darauf achten, dass man wirklich 100 % Kona Coffee erwirbt, denn die teuren Böhnchen werden gern mit billigem Ramsch-Kaffee verschnitten (10 % Kona, Rest irgendwas). Der Geschmack kann dann nur enttäuschen.

Als Souvenir haben wir die erlaubte Höchstmenge für uns und Freunde mitgebracht. Immerhin kosten ca. 450 g (1 pound) vor Ort „nur" 12–18 $.

Ein Tütchen wird immer noch – sorgsam kühl und dunkel gelagert – bei uns zu Hause gehütet.

Nicht zu vergessen: auch der auf Kauai angebaute Kaffee ist von hervorragender Qualität. Der Anbau geschieht dort vorbildlich wassersparend und pestizidfrei.

Barbara Sessinghaus-Jordan,
Wolfgang Jordan

Hawaiianische Getränke

Kona Coffee

Hawaiianischer Kaffee, der überwiegend an der Kona-Küste von Hawaii Big Island angebaut wird; etwas stärker als der normale amerikanische Kaffee, der aber bei ortsüblicher Dosierung dem europäischen Kaffee nicht das Wasser reichen kann. Wird in der Regel angeboten als *bottomless cup* (Tasse ohne Boden; kostenloses Nachschenken, sooft man will).

Mai Tai

Ursprünglich ein Rum-Longdrink mit Limone, Curaçao Orange, Kandissirup, Mandelmilch und reichlich geschabtem Eis; in Hawaii das Standardgetränk für den Abend, oft süßer Fruchtsaft mit etwas Rum und sehr viel Eis; meist 4 bis 9 $.

Pina Colada

Der wohl bekannteste tropische Cocktail, bestehend aus Rum, Ananassaft, eingedickter Kokosnussmilch (*Coconut Cream*) und viel Eis; auch in der alkoholfreien Version sehr schmackhaft; meist 5 bis 12 $.

Blue Hawaii

Cocktail aus weißem Rum, Curaçao Blau, Ananassaft, eingedickter Kokosnussmilch (*Coconut Cream*) und viel Eis; meist 5 bis 12 $.

Lava Flow

Eine Mischung aus Erdbeer-Daiquiri und Pina Colada. Bei einem guten Lava Flow fließt das ganze dann herrlich ineinander; meist 5 bis 12 $.

032ha Foto: av

Einkäufe und Souvenirs

Im Gegensatz zu den niedrigen Preisen auf dem amerikanischen Festland schrecken die Preise in Hawaii eher ab. Zur ersten Inspiration bei Ihren Souvenirkäufen folgendes:

Ananasplantage

Eine frische, reif geerntete **Ananas** *(Pineapple)* schmeckt ausgesprochen gut. Schon die im Supermarkt in Hawaii erhältlichen Früchte bieten ganz andere Gaumenfreuden als die „frisch" nach Europa verschiffte Importware.

Ausfuhrkontrolle

Alle Früchte, die Hawaii verlassen, müssen inspiziert werden und dazu der *Agricultural Inspection*, also der Kontrolle durch das Landwirtschaftsministerium, standhalten. Bereits vorinspizierte Früchte können in vielen Souvenirläden bestellt und bezahlt werden. Die Ware wird dann ganz frisch und flugfertig verpackt direkt am Flughafen unmittelbar vor dem Einchecken zur Abreise in Empfang genommen. Dieser Ananas-Frischservice ist in der Regel von etwa 6 Uhr bis 23 Uhr besetzt.

Wer nachts fliegt, holt seine Früchte besser persönlich bei *Dole* in Oahu ab – entweder am wenig attraktiven Cannery Square in Honolulu (Gratisbus ab/bis Waikiki) oder in der *Dole Plantation* am Highway 99 mitten in den Ananasfeldern.

Supermarktware darf nicht ausgeführt werden und ist aufgrund der fehlenden Spezialverpackung für die Beamten des Landwirtschaftsministeriums leicht zu erkennen.

Ananas als Fluggepäck

Die meisten (nicht alle) Fluggesellschaften akzeptieren eine Ananas-Kiste als drittes Gepäckstück ohne Aufpreis. Im Bedarfsfall hilft eine telefonische Anfrage bei der Fluggesellschaft über deren kostenlose 1-800-Nummer. Die Telefonnummern findet man im Flugplan, im Telefonbuch oder auch in den *Yellow Pages* unter *Airline Companies*.

Die auf diese Art und Weise exportierten wirklich frischen Früchte behalten bei kühler Lagerung für etwa 5 bis 7 Tage ihren vollen Geschmack, lassen sich allerdings bei guter Kühlung unter akzeptablen Geschmackseinbußen auch fast zwei Wochen lang aufbewahren.

Auch **Ananas-Wein,** der nur auf Maui und Big Island hergestellt wird, ist ein typisches Hawaii-Souvenir.

Marmelade und Gelee

Für Freunde des Süßen (aber nicht Übersüßten) sind *Fruit Preserves* (Frucht-Gelees und Marmeladen) von tropischen Früchten ein willkommenes Mitbringsel. *Guava Jelly* (Guaven-Gelee), *Papaya Pineapple Jam* (Papaya-Ananas-Marmelade) und *Mango Chutney* (mit vielen Fruchtstücken) stehen in der Gunst vieler Zentraleuropäer ganz oben. Die größte Auswahl gibt es in den Supermärkten der *Foodland*-Kette.

Kona Coffee

Von den Festlandsamerikanern und der Tourismusindustrie wird der *Kona Coffee* stets hochgelobt und als Souvenir gepriesen. Nach europäischen Geschmacksvorstellungen ist *Kona Coffee* keine Gaumenfreude, als Souvenir also eher ungeeignet. Nachdem der *Kona Coffee* jedoch so erfolgreich ist, gibt es jetzt auf jeder Insel außer Lanai eigene Kaffeeplantagen und -Röstereien. Geschmacklich liegen all diese Sorten auf einer Ebene mit dem *Kona Coffee*.

Macadamia-Nüsse

Ohne die Macadamia-Nüsse wäre die hawaiianische Lebensmittelindustrie um einen Bestseller ärmer, denn es handelt sich dabei um ein klassisches Hawaii-Souvenir. Sie begegnen den manchmal liebevoll *Mac Nuts* genannten Nüssen in jeder Eisbude, fast jedem Restaurant, jedem Supermarkt und auch in jedem Souvenir Shop. *Macadamia Nuts* in der Dose gibt es (fast) unbehandelt, aber auch gesalzen, gezuckert, mit Schokolade überzogen oder sonstwie veredelt. Selbst wenn der Preis von knapp über 4 $ für fünf *ounces* hoch erscheint, sind die Nüsse auf den Inseln günstig; nach Europa importierte *Mac Nuts* kosten das Doppelte. Recht preiswert (meist in einer Sonderangebots-Kombination mit einem Coupon) sind die Nüsse in den *ABC Stores,* von denen es allein in Waikiki über 30 Stück gibt.

Tropische Pflanzen

Tropische Pflanzen als Samen oder Setzlinge sind zwar als Mitbringsel beliebt, aber nur bedingt geeignet. Setzlinge überstehen den Transport oft nicht und dürfen bei der Einfuhr nach Europa keine Erde enthalten. Samen keimen zwar auch bei uns, wachsen aber selbst unter günstigen Voraussetzungen nur selten über die 10-cm-Marke hinaus. Man sollte nur Samen und Setzlinge kaufen, die *approved* sind, die also vom amerikanischen Landwirtschaftsministerium als unbedenklich angesehen werden.

Hawaii-Hemden

Schon lange vor der Fernsehserie *Magnum* waren Hawaii-Hemden und Hawaii-Blusen salonfähig und als das klassische Souvenir sehr beliebt. Die größte Auswahl zu teils attraktiven Preisen bietet *Hilo Hattie* in seinen Läden auf Oahu, Maui, Kauai und Hawaii Big Island. Die Ladenkette inseriert in allen wichtigen Inselpublikationen unübersehbar auf mehrseitigen Anzeigen unter dem Motto *„Made in Hawaii by Hilo Hattie ... We are what*

to wear in Hawaii". Die Größenauswahl reicht dort von Small bis XXXLarge. Ein schönes Stück ist mit etwas Glück ab 40 $ zu haben, obwohl gerade *Hilo Hattie* eine Touristenfalle ersten Ranges ist (www.hilohattie.com).

Muumuu

In den Touristenzentren bieten viele Boutiquen ein breit gefächertes Angebot entsprechender Kleidung. Beim Schlendern durch diese Läden werden Sie sicherlich auch auf ein *Muumuu* (gesprochen: Mu-u-mu-u) – ein luftiges Kleid, das an ein Nachthemd erinnert – stoßen.

T-Shirts

Neben den Macadamia-Nüssen und den Hawaii-Hemden zählen T-Shirts in allen Variationen zu den klassischen Hawaii-Souvenirs. Zu den unzähligen Billigangeboten (hier lohnt es sich durchaus, die Läden von *Woolworth* aufzusuchen) gesellen sich mittlerweile drei kleine Ladenketten, die sich auf außergewöhnliche, auch viele Europäer ansprechende Designs spezialisiert haben. Außer in Waikiki finden Sie die Läden von *Crazy Shirts* (oft witzige Designs mit Katzen und Geckos), *Canoe Clothing* (auch Kleidungsstücke aus ungebleichter Naturfaser) und *Sgt. Leisure* („Home of the famous 'Big Fish' design") auch in den anderen Touristenzentren Lahaina-Kaanapali/Maui und Kona/Hawaii Big Island. Eine echte hawaiianische Spezialität sind die T-Shirts von *RED DIRT* (www.dirtshirt. com). Sie werden auf den Inseln in Heimarbeit von Hand mit einheimi-

Unterwegs in Hawaii

scher roter Erde gefärbt, was zur Folge hat, dass keine zwei T-Shirts exakt denselben Farbton aufweisen. Man bekommt sie in zahlreichen Souvenirläden.

Die Qualität der T-Shirts ist wie überall in den USA selbst bei Billigware noch erstaunlich hoch.

Souvenirs, Souvenirs:
für jeden (?) Geschmack

Surf-Kleidung

Neben den internationalen Marken der Surfer-Bekleidung wie *Roxy* oder *Billabong* gibt es auch eine hawaiianische Eigenmarke namens *Local Motion*. Die Produkte sind in der gleichen Preiskategorie wie die weltweit erhältlichen Marken, weisen aber ein sichtbar hawaiianisch geprägtes Design auf und sind – zumindest im Laden (derzeit) – nur auf den Inseln erhältlich: www.localmotionhawaii.com

Hawaii-Musik

Nachdem die Hawaii-Musik in den letzten Jahren einen starken Aufschwung erlebte, sind auch vermehrt CDs und Musikkassetten mit dieser

Musik in den Fachgeschäften zu finden. Um einer Enttäuschung vorzubeugen, sollte man sich die Musik vor dem Kauf unbedingt anhören, denn echte Hawaii-Musik ist etwas gewöhnungsbedürftig.

Bei den Einheimischen erfreuen sich besonders die *Brothers Cazimero* und die *Makaha Sons of Niihau* sowie *Keali Reichel* (Sohn einer Deutschen und eines Hawaiianers) mit ihrem *Contemporary Hula* (zeitgenössischer Hula) großer Beliebtheit. *Don Ho* hingegen schlägt mehr die Festlandsamerikaner in seinen Bann. Sein Lied *Tiny Bubbles* ist schon seit vielen Jahren ein Bestseller; dennoch empfiehlt sich vor allem hier das Probehören.

Video

In Hawaii werden in vielen Geschäften, ja sogar in den Besucherzentren der National Parks Souvenir-Videos angeboten. Damit die Wiedergabe dieser Videos auch auf dem heimischen Videorecorder möglich ist, muss die Aufnahme nach dem **PAL-System** erfolgen. Bänder, die nach dem amerikanischen NTSC-Standard bespielt wurden, können von normalen europäischen Videorecordern nicht wiedergegeben werden. PAL-Kassetten sind mit einem entsprechend großen Hinweis versehen und nach Rückfrage oft erhältlich – teilweise sogar mit deutscher Synchronisation. Da die Souvenir-Videos in der Regel in der amerikanischen NTSC-Norm (525 Bildzeilen) aufgenommen wurden und dann elektronisch auf die europäische PAL-Norm (625 Bildzeilen)

„aufgeblasen" werden, sind die vor Ort erhältlichen Kaufvideos in ihrer optischen Qualität für Zentraleuropäer oftmals enttäuschend.

DVD

Beim Kauf von DVDs sollte man darauf achten, dass der **Regional-Code** (Country Code) der DVD die Zahl 2 trägt, denn die ansonsten in den USA üblichen DVDs mit Regional-Code 1 laufen auf dem heimischen Standard-Player nicht. Wer auf Nummer Sicher gehen will, der sollte auch darauf achten, dass die DVD im europäischen PAL-Standard (und nicht im amerikanischen NTSC-Standard) formatiert wurde, obwohl mittlerweile viele DVD-Player und auch neuere TV-Geräte mit NTSC-Signalen klar kommen.

Unterwegs in Hawaii

220ha Foto: av

Oahu

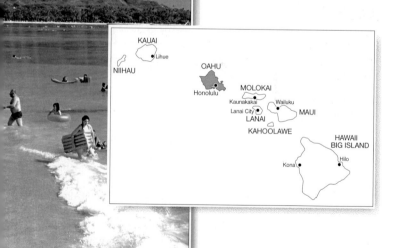

Waikiki Beach

Überblick

Oahu hat bei einer maximalen Länge von über 70 km und einer Breite von knapp 50 km eine Gesamtfläche von 1552 Quadratkilometer und ist damit mehr als doppelt so groß wie das Bundesland Hamburg (748 km²). Höchster Berg ist der Mount Kaala mit 1225 m, der sich im nördlichen Teil der Waianae-Mountains befindet. Das Fremdenverkehrsamts von Oahu finden Sie unter:

- www.visit-oahu.com

Klima

Oahu verfügt mit den Koolau Mountains über ein großes Bergmassiv, das sich fast über die gesamte Insel vom Norden bis in den Südosten erstreckt. Dieses Gebirge teilt die Insel, grob gesagt, in zwei **Klimazonen:** Während die steil abfallenden Pali-Klippen an der Nordflanke der Koolau Mountains sehr oft in dichte Wolken gehüllt sind und diese Wolken sich oft auch bis zur Küste ausdehnen, scheint südwestlich des Gebirges meist die Sonne.

Passatwinde

Die so genannten *Easterly Trades* (Passatwinde) kommen aus Ost/Nordost-Richtung und halten die Insel kühl. Auch wenn die Koolau Mountains oft in den Wolken verschwinden, regnet es in Honolulu recht selten.

Bevölkerung

Bevölkerungsdichte

Auf Oahu leben rund drei Viertel der etwa 1,2 Millionen Einwohner Hawaiis, aber Oahu beansprucht nur knapp zehn Prozent der Landfläche des gesamten Archipels. Während die Bevölkerungsdichte Hawaiis im statistischen Mittel bei etwa 70 Einwohner pro Quadratkilometer liegt (in Deutschland sind es knapp 230), beträgt sie auf Oahu über 600 und in Honolulus Stadtteil Waikiki gar über 40.000. Diese hohe Bevölkerungsdichte, die in Waikiki eigentlich **Touristendichte** heißen müsste, lässt sich natürlich nur durch das Zusammenpferchen von Menschen in (Hotel-)Hochhäusern erreichen. Die Hotelzimmer selbst sind allerdings meist großzügig bemessen; hier entscheidet eben die Masse der Zimmer und Stockwerke. Kein Wunder, dass Waikiki bei so vielen Hochhäusern auch das „Manhattan des Pazifiks" genannt wird.

Wohnsituation

Für die Einheimischen ist Honolulu fast unbezahlbar geworden. Mittlerweile betragen die Immobilienpreise in Honolulu ein Vielfaches von dem, was man in den Vorstädten anderer amerikanischer Großstädte außerhalb des Silicon Valley bezahlen muss; für Japaner allerdings sind diese Preise immer noch vergleichsweise günstig.

So kostete ein 200 qm-Haus in Honolulu 1999 etwa 367.700 $. Dadurch steht Honolulu, gleich hinter San Francisco, bei den Immobilienpreisen

Nordamerikas an zweiter Stelle. Das gleiche Haus wäre in Miami/Florida oder Dallas/Texas (Plätze 24 und 25 auf der Liste der teuersten Immobilien) für 160.600 bzw. 148.000 $ zu haben gewesen. Die Metropole Montreal in der kanadischen Provinz Quebec liegt auf Platz 27 und hier kostet eine vergleichbare Immobilie nur noch 116.000 $. Die Bausubstanz eines solchen Hauses weicht im Übrigen um einiges von den im deutschsprachigen Raum üblichen Häusern in Massivbauweise (Ziegel, Bimsstein, Beton etc.) ab.

Auch bei den **Mieten für ein Apartment** liegt Honolulu auf Platz Zwei, gleich nach San Francisco. In Honolulu kostete ein Drei-Zimmer-Apartment 1999 etwa 12.100 $ Miete pro Jahr: Das sind 87 % mehr als der Durchschnitt in 300 nordamerikanischen Großstädten.

In den meisten Familien verschlingt die Wohnung daher einen Großteil des Geldes, weshalb in der Regel beide Ehepartner arbeiten. Oft verdienen die Frauen ihr Geld bei Shows und Luaus. Wer es sich leisten kann, zahlt dafür, dass die Kinder in privaten Schulen erzogen werden.

Die teuersten Immobilien im Bereich Honolulu liegen in Ost-Oahu in den kühlen Höhenlagen von Makiki sowie rund um den Tantalus Drive.

Zeitplanung

Wer auch auf die Nachbarinseln fährt und dort die Naturschönheiten erleben möchte, der sollte sich auf Oahu nicht zu lange aufhalten. Oahu ist zwar landschaftlich durchaus attraktiv, kann aber nicht mit den anderen Inseln mithalten. Ein Beispiel: Die Pali-Klippen an der Nordwestküste Oahus sind wirklich beeindruckend, wenn man etwas derartiges noch nie gesehen hat, können aber dem Vergleich zur Na-Pali-Küste auf Kauai nicht ganz standhalten. Oahus besonderer Reiz liegt mehr im kulturellen Bereich, wobei der Begriff „Kultur" hier sehr weit zu sehen ist.

Dennoch bietet Oahu gute Urlaubsmöglichkeiten, denn es gibt durchaus auch ruhige, kaum besuchte Traumstrände, die – wenn nicht gerade ein Verkehrsstau herrscht – binnen einer halben Stunden von Waikiki aus erreicht werden können. In Kombination mit der Tatsache, dass die Unterkünfte der Inselgruppe nirgendwo günstiger sind als in Waikiki, zeigt sich Oahu in einem rundum positiven Licht.

Anreise

Bei einem Hawaii-Besuch gehört ganz klar auch Oahu ins Programm – meist sogar zwangsläufig, weil fast alle Verbindungen von Europa nach Hawaii so spät am Tag ankommen, dass sowieso kein Anschlussflug mehr möglich ist. Die erste Nacht verbringt man sicherlich in Honolulus Stadtteil Waikiki.

Wenn man dann am Schluss der Reise noch ein bis zwei Tage in Honolulu für Shopping sowie die Inselumrundung (mit Auto) einplant, dann dürfte man, wenn man nicht unbedingt wegen Trubel und Nachtleben nach Ha-

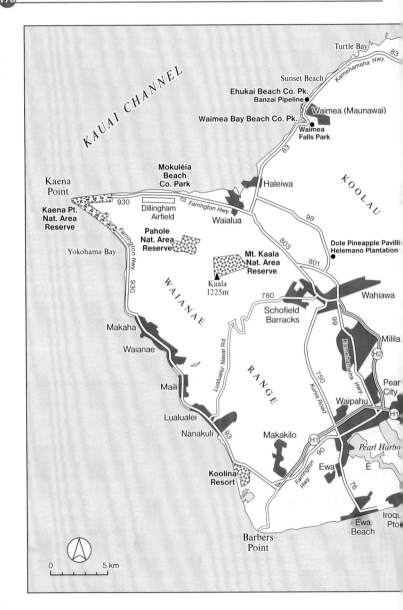

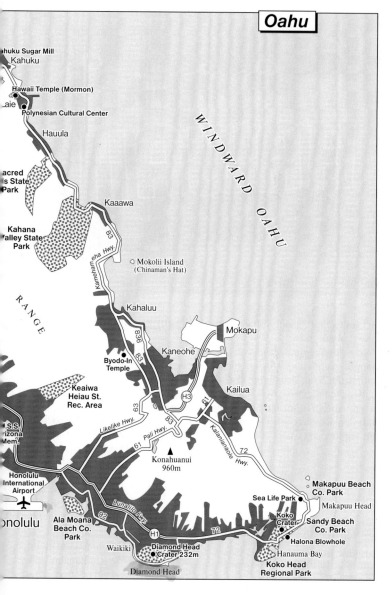

Oahu

Kahuku Sugar Mill
Kahuku

Hawaii Temple (Mormon)

aie

Polynesian Cultural Center

Hauula

WINDWARD OAHU

acred
s State
Park

Kaaawa

Kahana
Valley State
Park

Kamehameha Hwy.
83

◇ Mokolii Island
(Chinaman's Hat)

RANGE

Kahaluu

836

Mokapu

Byodo-In
Temple

83

Kaneohe

Keaiwa
Heiau St.
Rec. Area

63

Kailua

H3

61

U.S.S.
Arizona
Mem'l

Honolulu
International
Airport

Likelike Hwy.

61   Pali Hwy.

83

Kalanianaole Hwy.

72

▲
Konahuanui
960m

92

Lunalilo Fwy.

onolulu

Ala Moana
Beach Co.
Park

H1

72

Waikiki

Diamond Head
Crater 232m

Diamond Head

◇ Makapuu Beach
Co. Park

Sea Life Park

Makapuu Head

Koko
Crater

Sandy Beach
Co. Park

Halona Blowhole

Hanauma Bay

Koko Head
Regional Park

O3Sha Foto: av

waii geflogen ist, genug von Oahu gesehen haben.

Wer allerdings aufgrund von Zeitmangel nicht über Oahu hinauskommt, der sollte sich für die Inselumrundung mindestens zwei Tage Zeit lassen: einen Tag für die Sehenswürdigkeiten westlich von Honolulu, einen Tag für den Osten.

Dieses Foto finden Sie noch in vielen Prospekten, aber leider gibt es die herrlich-touristische Kodak-Hula-Show nicht mehr, bei der dieses Motiv zum Standard-Repertoire gehörte.

Planungsvorschlag

Vorschlag für einen Oahu-Aufenthalt bei einer drei- bis vierwöchigen Hawaii-Reise:

● **1. Tag:** Downtown Honolulu und Waikiki zu Fuß, per Bus und Taxi (State Building, Iolani Palace, Kamehameha-Statue, Aloha Tower) sowie eventuell die Diamond-Head-Wanderung

● **2. Tag:** Großraum Honolulu (evtl. mit Mietwagen)

Bishop Museum, Pearl Harbour, Hanauma Bay

● **3. Tag:** Inselumrundung (mit Mietwagen)

Für weitere Museumsbesuche oder sehr intensive Besichtigungen sollten Sie entsprechend ein bis zwei Zusatztage einplanen; ebenso für Ruhetage zur Anpassung an die neue Zeitzone.

Infrastruktur

Orientierung

Vom Flughafen nach Waikiki muss man sich östlich orientieren. Allerdings spricht hier niemand von Osten und Westen, sondern nur von *towards Diamond Head* (östlich) und *towards Ewa* (westlich). Da auch die Beschilderung dem entspricht, lohnt es sich, diese beiden Punkte zur besseren Orientierung auf der Landkarte groß zu markieren.

Straßen

Großraum Hololulu

In Hawaii gibt es nur im Großraum Honolulu autobahnähnlich ausgebaute Straßen. Wer einmal nachmittags gegen fünf Uhr auf solch einer teilweise zwei mal fünf Spuren breiten Straße steht, der hat ein ganz besonderes Honolulu-Erlebnis. Der berühmte *Traffic Jam,* also Stau, ist im Großraum Honolulu ganz normal. Besonders die Zufahrten zu den Highways 61 (Pali Highway) und 63 (Likelike Highway) kann man häufig nur im Schritttempo passieren.

Prinzipiell gilt: Auf allen Hauptstraßen östlich des Likelike Highways (inklusive) muss man stets mit erheblichen Verzögerungen rechnen. Die anderen Highways sind meist zügig befahrbar.

Die Kalakaua Avenue ist die Hauptstraße von Waikiki, die teilweise direkt am Strand entlangführt. Diese Einbahnstraße geht *towards Diamond Head* (östlich). Die korrespondierende Straße dazu ist der parallel dazu *towards Ewa* verlaufende Ala Wai Boulevard. Zwischen diesen beiden Hauptstraßen liegt wiederum parallel dazu die vierspurige Kuhio Avenue, die in beiden Richtungen befahren wird.

Zwei Hauptstraßen führen vom Highway 1 nach Waikiki hinein und wieder heraus: Kapahulu Street und McCully Street.

Rund um die Insel

Während man die Koolau-Berge komplett mit dem Auto umrunden kann, gibt es im äußersten Nordwestzipfel der Waianae Mountains keine Straße, so dass hier die Umrundung mit dem Mietwagen nicht möglich ist.

Flughafen

Der **Honolulu International Airport** ist Drehscheibe für den gesamten Pazifik. Der Flughafen ist zwar nicht so groß wie manche auf dem Festland (Atlanta, Chicago, Los Angeles etc.), aber trotzdem ist hier ständig etwas los. Für den Touristen sind zwei Hauptteile von Interesse: Das *Overseas Terminal* und das *Inter Island Terminal:*

Am **Overseas Terminal** kommen sämtliche Flüge aus Übersee (USA, Canada, Japan, Neuseeland, Australien, Südsee usw.) an. Während man nach einem inneramerikanischen Flug sein Gepäck gleich in Empfang nehmen kann, muss man als Ankömmling aus anderen Ländern (Kanada, Japan, Neuseeland etc.) zuerst die Zoll- und Einreiseformalitäten erledigen.

Wer gleich auf eine andere Hawaii-Insel weiterfliegt, muss das Gepäck am **Inter Island Terminal** neu einchecken. Sämtliche innerhawaiiani-schen Flüge gehen vom *Inter Island Terminal* ab. Dazu fährt man am besten mit dem kostenlosen *Wiki-Wiki-Bus* („schnell-schnell-Bus"), der alle 20 Minuten zwischen den beiden Terminals pendelt.

Flughafengebäude

Im Gebäude des *International Airport* gibt es neben den Schaltern der Fluggesellschaften die üblichen Snack-bars, Duty-Free-Shops, Souvenirläden und sogar ein Museum, das **Aero-space Museum.** Während es für kleinere Gepäckstücke Schließfächer gibt, können große Gepäckstücke nur bei der rund um die Uhr geöffneten **Gepäckaufbewahrung** abgegeben werden. Außerdem gibt es Duschen (fast 15 $!).

Transport vom Flughafen

Vom Flughafen aus gelangt man leicht auch ohne Auto ins Hotel (zumindest im Bereich Waikiki).

Man fährt entweder mit dem **Taxi** (etwa 30 $), der **Limousine** (in der Regel mit Platz für bis zu sechs Personen, ab etwa 70 $) oder aber mit dem **Airport Shuttle** inklusive Gepäck vom Flughafen nach Waikiki. Am günstigsten ist der Airport Shuttle von *Roberts*

Hawaii, der 24 Stunden am Tag etwa alle 20 bis 30 Minuten von den Terminals zu sämtlichen Hotels in Waikiki fährt. Inklusive 2 Gepäckstücke kostet die Fahrt pro Person 8 $ one-way bzw. 13 $ (hin und zurück/round-trip):

- **Airport Express:** Tel. 949-5249
- **Door to Door Express:** Tel. 671-2883
- **H&M Shuttle Service:** Tel. 924-8882
- **Ilima Tours:** Tel. 836-1881
- **Super Shuttle:** Tel. 841-2928

Der Airport-Shuttle kostet bis zu 11 $ one-way bzw. 20 $ (hin und zurück mit dem selben Unternehmen). In den zahlreichen Werbezeitschriften finden sich auch passende Angebote und Coupons, die sich teilweise durchaus lohnen.

Diese Shuttlebusse sind am *Overseas Terminal* – wie auch die Taxis – rund um die Uhr verfügbar, sollten aber für den Rücktransport vom Hotel zum Flughafen über den *Bell Boy* des Hotels (Gepäckträger) rechtzeitig reserviert werden. Die Shuttlebusse warten solange am Flughafen, bis sie voll sind, und laden die Passagiere anschließend vor ihrem Hotel in Waikiki ab. Während eine Taxifahrt vom Airport nach Waikiki außerhalb der Rush-hour normalerweise knapp 30 Minuten dauert, kann man mit viel Pech im Shuttlebus durchaus eine gute Stunde unterwegs sein.

Linienbus

Der öffentliche Bus *(The Bus)* fährt zwar mit den Linien 19 und 20 (jede Stunde) auch vom Airport nach Waiki-ki, man darf aber darin nur Hand-

Oahu

gepäck befördern, also keine Koffer oder Rucksäcke.

Private Zubringer

Vor dem Flughafen halten auch die privaten Zubringerbusse und Limousinen einiger Hotels sowie die Busse der Autovermieter, die für den kostenlosen Transport zur Vermietstation sorgen.

Verkehrsmittel

The Bus

Im Gegensatz zu allen anderen Inseln gibt es auf Oahu ein akzeptables öffentliches Verkehrsmittel: den Bus, *The Bus* genannt. Dabei gibt es normale Busse, die an jeder der etwa 4200 Haltestellen auf Wunsch einen Stopp einlegen, sowie Express-Busse, die nur an wesentlichen Knotenpunkten anhalten. Von den Einheimischen wird *The Bus* gut angenommen, er transportiert an Werktagen rund 218.000 Passagiere, also über 68 Millionen pro Jahr.

Am *Ala Moana Shopping Center* befindet sich eine Art **zentraler Busbahnhof.** Hier treffen die wichtigen Buslinien aufeinander. Wenn Sie sich wirklich einmal verfahren haben, dann suchen Sie sich am besten einen Bus der Linien 8, 19, 20, 47 oder 58 zurück nach Waikiki.

Fahrpläne erhält man u. a. im *McDonalds Waikiki* an der Kalakaua Avenue, sowie im *City Store* des *Ala Moana Shopping Centers.* Telefonische Auskünfte gibt es unter 848-5555 oder beim Kundenservice unter 848-4500.

Sehr hilfreich ist der Fahrplan im Internet:

● Unter (www.thebus.org/Pop/pop.asp) können Sie sich heraussuchen, wie Sie zu speziellen Zielen kommen.

Busse von Waikiki Richtung *Ewa* (Airport, Pearl Harbour, Downtown) sowie die meisten Busse in Gegenrichtung fahren ab Kuhio Avenue.

Der **Fahrpreis** für eine beliebige Fahrt in Honolulu beträgt 2 $. Das Fahrgeld selbst muss man abgezählt bereithalten. Wer beim Einsteigen nach einem *Transfer-Ticket* (kurz *Transfer* genannt) fragt, kann unter Beibehaltung der prinzipiellen Fahrtrichtung sogar einmal umsteigen, ohne neu zu bezahlen. In den Supermärkten der Foodland-Kette und den 7-Eleven-Läden erhält man für 40 $ auch eine Monatskarte. Für 20 $ gibt es in den ABC-Stores in Waikiki und im Ala Moana Center auch einen Viertages-Pass namens *Visitor Pass.*

Das **Fundbüro** (*lost and found*) der Busgesellschaft ist unter 848-4444 zu erreichen und gibt auch Auskünfte zum Thema **Mehrtagespässe.**

Runde um die Insel

Die Busse der Linen 52 (im Uhrzeigersinn, Wakiawa, Cirde Island) und 55 (entgegen dem Uhrzeigersinn) fahren ab Ala Moana Shopping Center um die gesamte Insel herum und halten an allen wichtigen Stränden. Bei jedem Einsteigen ist der komplette Fahrpreis fällig. Tagsüber kommt etwa alle halbe Stunde ein Bus vorbei (genaueres erfahren Sie nur vor Ort, auch das

Internet ist hier leider nicht ganz so zuverlässig). Eine Fahrt von Waikiki zum North Shore dauert mit dem Bus Nr. 52 etwa 2 Stunden, mit dem Bus Nr. 55 etwa 3 Stunden, so dass eine Nonstop-Inselrundfahrt ab Ala Moana Shopping Center mit etwa 4,5 Stunden reiner Fahrzeit zu Buche schlägt. Kein Wunder, dass die Bevölkerung nach einem Express-Busnetz verlangte, denn selbst wenn man in der Rush Hour im Stau steht, ist man mit dem Auto doch wesentlicher schneller. Leider gibt es derzeit noch keinen Express-Bus um die Insel.

Trolley

Als Alternative zum Bus eignet sich auch der *Trolley*, ein Autobus, der wie eine Straßenbahn bemalt ist und an vielen verschiedenen Stellen in Honolulu anhält. Ausgangspunkt ist stets das *Royal Hawaiian Shopping Center* an der Ecke Kalakaua Avenue/Royal Hawaiian Avenue. Mittlerweile gibt es drei verschiedene Trolley-Linien: rot, blau und gelb.

Während die rote Linie je nach Jahreszeit etwa von 10 bis 18 Uhr alle 45 Minuten zu den Sehenswürdigkeiten nach Honolulu City (z. B. Iolani Palace oder Hilo Hattie, aber auch zum Bishop Museum) fährt, klappert die pinkfarbene Linie etwa im 10-Minuten-Takt zuerst einige Waikiki-Hotels ab, um die Passagiere dann ins Ala Moana Shopping Center zu bringen. Die blaue Linie bringt die Besucher von 9 bis etwa 18 Uhr im 45-Minuten-Takt zu den küstennahen Zielen jenseits des Diamond Head. So

hält die blaue Linie unter anderem an der Hanauma Bay, dem Blow Hole sowie am Sea Life Park. Zweimal täglich fährt die blaue Linie in einem *Morning Express* (erste Fahrt gegen 9 Uhr) von Waikiki nonstop in den Diamond Head Crater.

Ein Tagesticket, das für alle Linien gilt, gibt es für 25 $ (Kinder 12 $), einen Viertages-Pass für vier aufeinander folgende Tage für 45 $ (Kinder 18 $). Außerdem gibt es zusätzliche Linien.

Ein Ticket berechtigt zu beliebig vielen Fahrten am Gültigkeitstag, wobei die Rundfahrt selbst auf der roten Linie etwa zwei Stunden dauert. Sie können an jeder Attraktion aussteigen und mit dem nächsten Bus wieder weiterfahren. Der Fahrer steuert nicht nur den Bus, sondern er informiert die Passagiere auch über Sehenswürdigkeiten. Nähere Infos am Telefon unter 591-2561 oder gebührenfrei unter 1-800-824-8804. Von 11 bis 23 Uhr fährt der *DFS Trolley* kostenlos von diversen Hotels in Waikiki etwa alle 30 Minuten zum Einkaufszentrum DFS Galleria.

Shuttle

Das *Maui Divers' Jewelry Design Center* betreibt einen **kostenlosen Shuttle-Service** zwischen den Hotels Waikikis und dem Jewelry Design Center sowie dem *Ala Moana Shopping Center*. Unterwegs wird man noch über die Herstellung und die Einzigartigkeit von hawaiianischem Korallenschmuck informiert – Kaffeefahrtenatmosphäre dürfte garantiert sein.

Oahu

Über eines sollte man sich jedoch im Klaren sein: Der Kauf von Schmuck und ähnlichen Produkten aus Korallen ist mit dem Kauf von Pelzmänteln gleichzustellen, denn zur Gewinnung der Schmuckkorallen werden auf den Philippinen und anderswo ganze Korallenriffe zerstört, die über Hunderte von Jahren äußerst langsam gewachsen sind. Informationen zu diesem Shuttle gibt's unter Tel. 949-6729.

Zum Nulltarif fährt auch der Bus von *Hilo Hattie* zwischen 8.30 und 15.25 Uhr stündlich zwischen Waikiki, Aloha Tower und Hilo Hattie. Info unter 537-2926 oder unübersehbar in den Werbezeitschriften.

Taxi

Sehr praktisch ist Sightseeing in Honolulu mit dem Taxi. Die Preise liegen etwa in der gleichen Größenordnung wie in Deutschland. Im Hotel bestellt der *Bell-Boy* auf Wunsch gerne ein Taxi, in Restaurants kann man sich beim Bezahlen auch gleich eines rufen lassen. Während *Charley's Taxi* (Tel. 531-1333) einem einzigen Inhaber gehört, ist *SIDA Taxis of Hawaii* (Tel. 836-0011) ein Zusammenschluss mehrerer Taxiunternehmer.

Mietwagen

Für Unternehmungen innerhalb von Honolulu ist kein Auto erforderlich, ja im Gegenteil: In und um Waikiki ist ein Auto aufgrund der akuten Parkplatznot und den sehr hohen Parkgebühren (5 $ pro angefangene halbe Stunde in Downtown Honolulu, 3 $ pro halbe Stunde in Waikiki) eher hinderlich.

Für die Inselrundfahrt kann es sich allerdings lohnen, ein eigenes Fahrzeug anzumieten – vor allem, wenn man den Tag voll ausnutzen möchte. Für Schnellentschlossene gibt es auch in Waikiki Büros der Autovermieter, die ab 30 $ meist noch kurzfristig Wagen anbieten. Günstiger fährt man allerdings, wenn man einige Tage vorher telefonisch reserviert. Die Unternehmen Hertz und Budget haben ihr Vermietbüro zum Beispiel im Hyatt Regency Hotel an der Kalakaua-Avenue zwischen der Kaiulani Avenue und der Uluniu Street. Die Telefonnummern der großen Autovermieter stehen im Kapitel Vorbuchung des Mietwagens.

Zwischen den einzelnen Agenturen ein und desselben Autovermieters bestehen in Honolulu oft erhebliche Preisunterschiede. Vergleichen lohnt also auch hier!

Motorroller

Wer es luftiger mag, der kann sich auch einen *Scooter,* also einen kleinen Motorroller, mieten, der allerdings auch kaum weniger als ein kleines Auto kostet (kein extra Motorradführerschein erforderlich). Erfahrungsgemäß sind ab ca. 10 Uhr morgens alle *Scooter* vermietet. Zwar locken die Vermieter mit Preisen von 15,95 $ pro Tag, aber mit Vollkasko-Versicherung und Steuern können die Kosten für ein Moped leicht auf über 25 $ ansteigen.

Mopeds und Fahrräder vermieten unter anderem die folgenden Unternehmen:

● **Coconut Cruisers**
2301 Kalakaua Ave. Tel. 924-1644

Heiraten unter Wasser

Die Formalitäten (*Marriage Licence*) hatten wir erledigt, und so suchten wir, da wir ja etwas Besonderes wollten, einen Priester, der uns beim Tauchen unter Wasser traut. Gesucht – gefunden! Über die Tauchschule Dive-Oahu.com lernten wir *Chris Sutherland* kennen. Einen zugelassenen Priester, der ebenfalls taucht, und über die Tauchschule organisierten wir auch die Zeremonie. 300 Dollar für den Priester und Pressluft-Flaschen für jeden à 120 Dollar. Für diesen Preis bekommt man die ursprüngliche Zeremonie auf dem Boot, da man ja viel reden muss bei der Trauung. Es gibt auch die Möglichkeit, dieses mit speziellen Masken unter Wasser zu tun, allerdings kostet das ca. 3000 Dollar, aber das war uns zu teuer.

Daher hielten wir das Trauungsgespräch auf dem Boot 1,5 Meilen weit draußen auf dem Pazifik ab. Anschließend tauchten wir – geschmückt mit Haarkranz und Kranz um den Hals – mit dem Priester ab in die Tiefe. Auf 30 Meter bekamen wir per Handzeichen unseren Segen sowie eine Tafel mit der Aufschrift *Just married, just i do!* Wir mussten unsere Namen darauf schreiben und der Priester machte einige Fotos. Nach dem Auftauchen gab es Sekt auf dem Boot und wir feierten mit Priester und den Trauzeugen. Wir brauchten übrigens zwei Trauzeugen in Hawaii!

Dann wurde die Lizenz von Chris ausgefüllt und wir unterschrieben. Übrigens muss man in Hawaii gleich den neuen Namen angeben, den man tragen will, da dies in Deutschland gültig ist. Spätere Änderungen müssen erst in Berlin beantragt werden.

2 Tage später sind wir erneut zum State Department gegangen, um die Lizenz abzugeben und die offizielle Heiratsurkunde sowie – wichtig! – eine *Apostille* zu beantragen. Ohne Apostille keine Gültigkeit in Deutschland! Die Heiratsurkunde kostet 14 Dollar und eine Apostille kostet 1 Dollar.

Die Unterlagen waren ca. 4 Wochen später in unserem deutschen Briefkasten, wo wir uns eine amtlich zugelassene Übersetzung anfertigen ließen, was ca. 100 € kostete. Danach gingen wir zum Standesamt und ließen die Unterlagen direkt umschreiben.

Aloha

Christiane und Harald Burkard

●**Ferrari Rentals**
1879 Kalakaua Ave. Tel. 922-1375
●**Paradise Island**
151 Uluniu St. Tel. 926-7777

Motorräder

●**Cruzin Hawaii Motorcycle Rentals,**
1980 Kalakaua Avenue Honolulu, Hawaii 96815, Tel. (808) 945-9595 oder gebührenfrei 1-877-945-9595, www.cruzinhawaii.com
Vermietet und verkauft Harleys.

Limousine mit Chauffeur

Etwas elitärer ist der Transport in einer langen Limousine mit Chauffeur; Preisvergleiche lohnen sich.

Honolulu

Honolulu, das **„Manhattan des Pazifiks"**, ist eine Großstadt, die sich über eine riesige Fläche vom Meer bis hoch in die Berge erstreckt. Der Name Honolulu bedeutet geschützte (*lulu*) Bucht (*Hono*). Wer von Honolulu spricht, denkt allerdings meist nur an einen Stadtteil, an Waikiki mit dem weltberühmten Strand Waikiki Beach. Der Großraum Honolulu umfasst daneben aber auch etwa den Militärhafen Pearl Habour und den internationalen Flughafen Hawaiis.

Oahu

Waikiki

Dieser Stadtteil ist das **touristische Zentrum** Honolulus, ja sogar von ganz Hawaii. Er ist nicht besonders schön, aber durch das ständig pulsierende Leben auf den Straßen durchaus attraktiv. Wenn sich die letzten Nachtschwärmer Richtung Bett bewegen, sorgen die ersten Frühaufsteher bereits wieder für belebte Straßen.

Das Herz von Waikiki pulsiert entlang der **Kalakaua Avenue,** die nur durch eine Häuserzeile von Waikiki Beach, dem eigentlichen Strand, getrennt ist. Entlang der Kalakaua Avenue gibt es unzählige Läden, Bars und Restaurants sowie die besten Hotels des Stadtteils.

Waikiki Beach

Da alle Strände in Hawaii öffentlich sind, gilt das auch für Waikiki Beach. Der berühmte Strand von Waikiki ist gut drei Kilometer lang und in zahlreiche Teilabschnitte mit jeweils eigenem Namen unterteilt. Sein weißer Sand stammt heute zu großen Teilen von der Insel Molokai und wurde mit dem Schiff hierher verfrachtet.

Es ist nicht immer leicht, zwischen den Hotels hindurch einen Zugang zum Waikiki Beach zu finden. Wer lieber direkt von der Straße an den Strand gehen möchte, kann das im östlichen Teil tun, denn dort führt die Kalakaua Avenue direkt am Meer entlang. Dieser Abschnitt von Waikiki Beach heißt **Kuhio Beach Park.** Dort gibt es auch öffentliche Kaltwasser-Duschen und Toiletten.

Jeden Abend gibt es am Kuhio Beach zwischen 18 und 19 Uhr eine kostenlose *Torch Lighting and Conch Shell Ceremony* (Anzünden der gasbetriebenen Fackeln durch einen Läufer sowie Erzeugen eines intensiven, tiefen Tons durch kräftiges Hineinblasen in das Gehäuse einer Trompetenschnecke) – und zwar mit hawaiianischer Musik und Hula-Show (ganz in der Nähe der Duke-Kahanamoku-Statue).

Im Jahr 2001 wurde der Strand von Waikiki einem grundlegenden Facelifting unterzogen. Breite Gehwege mit *Tiki Torches* (leicht schräg stehende Gasfackeln), viele neu gepflanzte tropische Pflanzen und Bäume bzw. Kokospalmen sorgen für eine erheblich freundlichere Atmosphäre als zuvor. Mit *Movie and Dinner on the Beach* hat der Bürgermeister es sogar geschafft, die **Locals** (Einheimischen) am Wochenende nach Waikiki zu bringen. Zwischen 16 und 21 Uhr gibt es dann Live-Unterhaltung, Essen und Trinken sowie einen Open-Air-Kinofilm auf großer Leinwand. Die Leinwand steht an der Ecke Kalakaua Ave/Kapahulu Ave. Das ultimative Erlebnis gab's im März 2006, als hier am Strand unter Palmen der Film „March of the Penguins" (Marsch der Pinguine) gezeigt wurde. Da viele Locals mit dem Auto kommen und die strandnahen Parkplätze dann jeweils gesperrt sind, kommt es oft zu Parkproblemen.

Warum dieser Strand, auf dem sich die Menschen wie Ölsardinen drängeln, einer der berühmtesten der Welt ist, wird auch weiterhin ein Rätsel blei-

Geschichte Waikikis

Bevor die ersten Europäer nach Hawaii kamen, war Waikiki ein verträumtes, kleines Dorf an einer herrlichen, fisch- und korallenreichen Lagune. Am langen Sandstrand lagen die Auslegerboote. Bereits damals sollen einige Häuptlinge Hawaiis hier Urlaub gemacht haben.

Nachdem auch reiche weiße Händler und Plantagenbesitzer die Bucht als Urlaubsdomizil auserkoren hatten, wurde im Jahre 1901 mit dem *Moana* das erste Hotel am Strand von Waikiki eröffnet. Erst 1927 bekam es mit dem *Royal Hawaiian Hotel* Konkurrenz. Wer in den Buchhandlungen einmal durch die Bücher mit alten Ansichten blättert, wird feststellen, dass die beiden Hotels damals von vielen Palmen umgeben waren. Für Besucher, die von Honolulu nach Waikiki Beach fahren wollten, gab es eine Straßenbahn.

1922 kam dann die große Wende, der Ala-Wai-Kanal wurde gebaut, und damit wurden die landeinwärts gelegenen Sümpfe nördlich des Diamond Head trockengelegt. Es entstand eine künstliche Halbinsel, die wir heute als den Stadtteil Waikiki kennen.

Nach dem Zweiten Weltkrieg setzte ein großer Bauboom ein, und die Hotelburgen schossen in die Höhe. Mittlerweile gibt es allein in Waikiki mit seiner Fläche von weniger als zwei Quadratkilometern gut 70.000 Gästebetten. Kein Wunder, dass hier die Immobilienpreise in astronomische Höhen geklettert sind. Man munkelt, dass bis zu 40.000 Dollar pro Quadratmeter gezahlt werden – wenn überhaupt etwas verkäuflich ist. Die meisten Hotels in Waikiki sollen mittlerweile japanischen Besitzern gehören.

Wie recht hatte doch Jack London, als er im Jahre 1916 feststellte: „Ich bin glücklich, dass wir jetzt hier sind, denn eines Tages wird Waikiki Beach ein einziges langes Hotel sein."

ben. Fest steht zumindest, dass der Abstand zwischen den Handtüchern nicht viel größer ist als in Rimini oder Lloret de Mar zur Hauptsaison. Das Interessanteste an Waikiki Beach sind sicherlich die Sonnenbadenden, Spaziergänger, *Sunny-Boys* und *Sunny-Girls*. Für die jüngere Weiblichkeit scheint hier ein ständiger Wettkampf zu herrschen, bei dem es darum geht, mit möglichst wenig Stoff immer noch „angezogen" zu sein, denn Oben-Ohne oder gar Nacktbaden ist in ganz Amerika – und damit auch in Hawaii – verpönt und verboten.

Ins Deutsche übersetzt heißt Waikiki ruhiges *(kiki)* Wasser *(Wai)*. Surfen ist dort besonders für Anfänger ein Vergnügen. Die berühmten (hohen) hawaiianischen Wellen mit dem richtigen „Surf" gibt es in Waikiki allerdings nicht, weil sie vom vorgelagerten Riff abgehalten werden. An Verleihern von Surfbrettern, *Boogie Boards* (kleines Brett etwa halber Länge), Paddelbooten und Schnorchelausrüstungen herrscht hier trotzdem kein Mangel, auch Surflehrer sind reichlich vorhanden. Darüber hinaus besteht auch die Möglichkeit, einen etwa 20-minütigen Ausflug mit dem *Outrigger Canoe*, dem Auslegerboot, sowie verschiedene andere Bootstouren zu unternehmen.

Sehenswertes

Royal Hawaiian Hotel

Zu den Sehenswürdigkeiten des Stadtteils Waikiki zählt zunächst einmal das rosafarbene *Royal Hawaiian Hotel* (Tel. 923-7311). Das mittlerweile zur Sheraton-Gruppe gehörende Hotel ist zwar nur das zweitälteste Hotel Waikikis (1927 eröffnet), dafür aber das markanteste. Es wurde im spanischen Stil erbaut und stand früher einmal fast allein auf weiter Flur, mittlerweile geht es zwischen den Hochhäusern nahezu unter. Zu diesem altehr-

Brutzeln in der Sonne am Waikiki-Beach

würdigen Bau (Spitzname: *Pink Palace*. Die Farbe Rosa wird in diesem Hotel sehr konsequent selbst bis in die Zimmer hinein in diversen Tönen regelrecht zelebriert.) gehört heutzutage ein großes Hotelhochhaus, von dessen oberen Stockwerken aus man einen imposanten Blick auf Waikiki genießt. Schon die Fahrt hinauf mit dem Aufzug ist ein Erlebnis – besonders vor Sonnenuntergang. Ganz oben im 30. Stockwerk befindet sich das Restaurant *Hanohano Room*.

Moana Hotel

Das älteste Hotel am Platze ist das 1901 eingeweihte, im Kolonialstil erbaute *Moana-Hotel,* das jetzt den Namen *Sheraton Moana Surfrider* trägt.

Waikiki Beach

Weitere Hotels

Wer noch mehr Hotels anschauen möchte, der kann zum Beispiel den Wasserfall in der Lobby des *Hyatt Regency* oder das riesige Aquarium (über 1 Million Liter Meerwasser) im *Oceanium Restaurant* des *Pacific Beach Hotels* bewundern.

Wer in einem Hotel in der Nähe wohnt, sollte einmal zum Frühstücken auf die Terrasse des *Moana Surfrider* (Büfett 25 $; Tel. 922-3111), des *Royal Hawaiian* (Büffet 30 $, sonntags 50 $)

oder zum *Sunset Dinner* (Abendessen während des Sonnenuntergangs) in den *Hanohano Room* gehen. Für das Dinner sollte man besser einen Tisch reservieren (Tel. 922-4422). Leider ist das Speisen im *Hanohano Room* sehr teuer: Ein New York Steak kostet zum Beispiel ohne Beilagen gut 40 $. Ein Frühstück ist dort oben für 25 $ zu haben. Am preisgünstigsten ist ein Drink an der Bar, mit etwa 8 $ ist man dabei. Auch wer nicht in diesen Hotels wohnt, kann die feudalen Eingangshallen besichtigen.

International Marketplace

Nicht zu übersehen ist der zwischen der Kuhio Avenue und der Kalakaua Avenue gelegene *International Market-*

place, der um einen riesigen Banyan-Baum herumgebaut wurde. Nur an wenigen Stellen der Welt wird man derart vielen Modeschmuck- und Sonnenbrillen-Händlern auf so kleiner Fläche begegnen. Auch die üblichen Hawaii-Hemden, T-Shirts und kitschige Souvenirs gibt es hier in Massen. Mit dem Wort *Billigstware* wird man dem Gros der angebotenen Artikel wohl am ehesten gerecht. Aber es macht trotzdem Spaß hier zu bummeln – vor allem am Abend, wenn die an den Ästen des Banyanbaumes befestigten kleinen Lichter eingeschaltet sind.

Innerhalb der letzten 20 Jahre hat der International Marketplace sehr gelitten. Die Inhaber der Restaurants und Bars wechseln schnell und diverse Verkaufsflächen stehen leer. Dennoch kann man im International Food Court ganz akzeptables Fast Food erwerben. Eine große Portion mexikanische Burritos (wirklich eine volle Mahlzeit) gibt's für 7 $. Ähnlich ist die Preislage im griechischen Fast-Food-Laden sowie beim Chinesen (etwa 1 $ billiger).

Oft finden mehrmals täglich kostenlose **Hula-Tanzvorführungen** statt: Nichts Authentisches, aber dennoch eine nette Unterhaltung.

Kapiolani Park

Am Südende Waikikis, zwischen Kapahulu Avenue und Diamond Head, liegt der Kapiolani Park, den König *Kalakaua* und seine Frau, *Queen Kapiolani,* Ende des letzten Jahrhunderts ihrem Volk schenkten. Ausgedehnte Rasenflächen laden vor allem die Ein-

Werbezeitschriften

In noch größerem Umfang als auf den anderen Hawaii-Inseln gibt es auf Oahu kostenlose Werbezeitschriften für Touristen. Wer sich noch nicht am Flughafen mit *This Week Oahu, Oahu Gold, Guide to Oahu, Oahu Quick Guide* und wie sie alle heißen mögen, eingedeckt hat, der kann das an den Zeitungsständern in Waikiki nachholen. In diesen Werbeblättern findet sich jeweils eine Fülle von Angeboten zu verschiedenen Themen: geführte Touren, Autovermietungen, Schiffahrten (*Cruises*), Hubschrauberflüge, Restaurants, Luaus, (Abend-)Veranstaltungen, Fabrikbesichtigungen, Kurzbesuche auf den Nachbarinseln, Sport- und Einkaufsmöglichkeiten sowie verschiedene andere Dinge.

Selbstverständlich ist jedes dieser Angebote das „Beste" und bietet die *„Experience of a lifetime".* Wer sich mit der nötigen Distanz informiert, auf eventuelle Pferdefüße oder Limitierungen achtet und die in den Broschüren befindlichen Gutscheine (*Cupons*) ausnutzt, kann seinen Urlaub gut planen und sogar einiges dabei sparen.

heimischen zum Frisbeespielen, Joggen, Fußballspielen, Drachensteigenlassen und vielem anderen ein.

In dem muschelförmigen Konzertpavillon namens *Waikiki Shell* finden regelmäßig Konzerte statt: Das Veranstaltungsspektrum reicht vom klassischen Symphoniekonzert über Jazz-, Skiffle- und Rocksessions bis zum Hula-Tanz. Einmal im Jahr findet ein Ukulele-Wettbewerb (*Ukulele* = eine Art Mini-Gitarre) statt. Sonntags um 14 Uhr spielt am weiter Richtung Meer gelegenen *Kapiolani Bandstand* meist die *Royal Hawaiian Band* zum Nulltarif auf. Aktuelle Programmhinweise stehen in der Zeitung und in den Werbezeitschriften (siehe gleichnamigen Exkurs).

Täglich bieten auf der dem Waikiki Beach zugewandten Seite des Kapiolani Parks **Jongleure, Akrobaten, Clowns** sowie **Straßenmusiker** ein Spektrum ihrer Kunst. Entlang der Monsarrat Avenue, die den Zoo vom Rest des Parks abtrennt, stellen einheimische Künstler vor allem an Wochenenden ihre Werke aus.

Im *Kapiolani Park Arts & Crafts Fairs* finden regelmäßig kleine **Kunst(handwerks)messen** unter freiem Himmel statt – meist am Wochenende.

Tierpark

Der **Honolulu Zoo** (Öffnungszeiten 9 bis 16.30 Uhr, Tel. 971-7171; Buslinien 4, 8, 19, 20, 42 (etwa alle 5 bis 10 Minuten, Haltestelle Monsarrat Avenue, ca. 10–15 Minuten Fahrzeit ab Waikiki); Eintritt: Erwachsene 6 $, Kinder (6–12 Jahre) 1 $) beherbergt selbst neben dem üblichen internationalen Tierspektrum auch einige vom Aussterben bedrohte hawaiianische Vögel wie *Apanene* und *Nene*. Mit den berühmten amerikanischen Zoos wie etwa in San Diego kann der *Honolulu Zoo* allerdings nicht mithalten, aber dafür ist das Parken unschlagbar günstig: 25 Cent pro Stunde.

Aquarium

Viel interessanter ist hingegen das am Parkrand Richtung Strand gelegene Aquarium, das der University of Hawaii gehört. Öffnungszeiten: 9–17 Uhr, Tel. 923-9741, Buslinie 2 Richtung Diamond Head (etwa alle 10 Minuten, ca. 15 Minuten Fahrzeit von Waikiki bis zum Aquarium); Eintritt: Erwachsene 9 $, Jugendliche ab 13 Jahre 4 $, darunter freier Eintritt). Hier sieht man nicht nur den Staatsfisch von Hawaii, den *Humuhumunukunukuapuaa,* sondern auch über 300 verschiedene Fischarten, die nur im tropischen Teil des Pazifiks und in der Tasmanischen See (bei Australien) vorkommen. In weiteren Becken sind neben Korallen, Seepferdchen, Muscheln und Haien noch viele andere Meeresbewohner aus Australien und Mikronesien zu bewundern.

Downtown Honolulu: die „Altstadt"

Das Wort „Altstadt" bedeutet lediglich, dass sich in diesem Bereich die größte Ansammlung alter Gebäude in Honolulu befindet. „Alt" heißt hier 100 Jahre oder etwas mehr.

Die Grenzen der historischen *Downtown* befinden sich im Norden an der Beretania Street, im Süden an der Queen Street, im Westen an der Richards Street und im Osten an der South Street bzw. Alapai Street. Die interessantesten Gebäude befinden sich entlang der Punchbowl Street. Der Bus Nr. 2 Richtung *School St* oder *Liliha* fährt etwa alle 10 Minuten von Waikiki bis zur Haltestelle Beretania/ Punchbowl Street. Fahrzeit etwa 30 Min. oder die schnellere Variante mit dem Express-Bus *Route B* bis *School Middle*.

Nicht nur bei festlichen Anlässen
schmücken sich die Menschen
mit den Lei genannten (Blumen-)Ketten –
auch die Touristen

Wie in Waikiki herrscht auch dort absoluter **Parkplatzmangel.** Selbst im Parkhaus ist trotz der stolzen 5 $ pro halbe Stunde oft kein Platz mehr frei. Ab 16 oder 17 Uhr wird das Parken mit maximal 4 $ pro Einfahrt ins Parkhaus meist erschwinglich. Noch günstiger ist es an Wochenenden oder Feiertagen.

Sehenswertes

Der folgende Rundgang durch die Altstadt beginnt am **Aloha Tower.** Man erreicht ihn binnen 30 Minuten ab Waikiki mit den Bussen Nummer 19 oder 20 (Haltestelle Alakea Street auf dem Nimitz Highway), wo Sie nur noch den Nimitz Highway überqueren müssen. Zurück geht's ab Aloha Tower Drive bei Pier 7 mit den Bussen Nr. 55, 56 oder 57 zum Ala Moana Shopping Center, von wo aus Sie mit den Bussen Nr. 8, 19 oder 20 nach Waikiki kommen. Die Busse fahren alle 20 Minuten.

Der im Jahr 1926 erbaute, 56 m hohe Aloha Tower war über viele Jahre hinweg das höchste Gebäude Hawaiis.

Heute geht er zwischen den Hochhäusern förmlich unter. Zwischen 9 und 17 Uhr kann man kostenlos mit dem Fahrstuhl auf die **Aussichtsplattform** fahren. Der Blick von oben reicht von Pearl Harbour im Nordwesten über den Flughafen bis zu den Hochhäusern von Downtown Honolulu. Früher begrüßte der Turm mit dem Schriftzug *Aloha,* der in vier Richtungen jeweils über einer Uhr angebracht ist, alle Neuankömmlinge in Hawaii, denn hier an *Pier 7 und 8* legten die großen Passagierschiffe an. Die riesigen Hallen der amerikanischen Einwanderungs- und Zollbehörden erinnern noch an den Trubel, der hier vor der „Invasion" Hawaiis durch Zivilflugzeuge herrschte.

In den Hallen befindet sich auf zwei Stockwerken eines der **jüngsten Einkaufszentren Honolulus:** Der *Aloha Tower Marketplace* mit seinen Läden und Restaurants ist sicherlich kein Muss auf der Besuchsliste, aber durchaus eine nette Ergänzung. Informationen gibt's unter Tel. 528-5700, www.alohatower.com. Das Parken direkt vor der Tür kostet 2 $ für die ersten drei Stunden. Allerdings handelt es sich um *validated Parking,* bei dem das Parkticket nach einem Einkauf oder Restaurantbesuch im Aloha Tower Marketplace mit einem Vermerk versehen wird, so dass das Parken mit „validation" in den ersten drei Stunden günstiger wird, danach 3 $ für jede angefangene halbe Stunde kostet.

Das **Angebot der Läden** ist vielfältig und reicht von etwas anderen T-Shirts im Laden der Kette *Endangered Spe-*cies über Kinderkleidung und Nachdrucken alter Hula-Bilder, wie man sie von Postkarten kennt, bis hin zu Cowboy-Kleidung *(Out of the West & Crybaby Ranch),* außerdem gibt es einen *Kaukau* Corner, also einen Foodcourt.

Sämtliche Speisekarten der hier angesiedelten Restaurants existieren auch auf japanisch, denn japanische Pauschaltouristen, die hier aus dem Reisebus steigen, erhalten von ihrem Veranstalter oft *Lunch Coupons* (Gutscheine für das Mittagessen), die sie innerhalb des Einkaufszentrums frei ausgeben können. Auf diese Zielgruppe zugeschnitten gibt es unter anderem auch **Sushi als Fast Food.**

Sehr beliebt ist die **Microbrewerie** (Kleinstbrauerei) von *Gordon Biersch.* Der Amerikaner hat die hohe Kunst des Brauens an der Fachhochschule Weihenstephan (bei Freising in Bayern) erlernt und verfügt mittlerweile über diverse Kleinstbrauereien in den USA – primär an der Westküste. Die Deutsch sprechenden Touristen mögen hier vor allem das Märzenbier, und bei den Speisen kommt der warme Spinat mit Shrimp und Napa-Kohl (15 $) gut an. Ein Steak gibt's für 20 $.

Schräg gegenüber der Brauereigaststätte liegt *Don Ho's Island Grill,* in dem die Surfboard Pizza (etwa 10 $) die große Attraktion ist. Dabei wird die Pizza in länglicher Form auf einem Mini-Surfboard serviert und etwa 30 cm über dem Tisch auf Abstandshaltern platziert. Hier und bei Gordon Biersch blickt man beim Speisen auf Schiffe der Küstenwache, Frachtschiffe und die Kaimauer.

Oahu

Recht gut sind auch die *Bikini-Canti-na,* die Tex-Mex-Küche Havaiian Style serviert, oder das nicht gerade in der Billig-Kategorie angesiedelte *Chai's Island Bistro,* hier werden Thai- sowie Pacific-Rim-Küche serviert.

Bei *Hooters* ist **Tanzen mit Hula-Hoop-Reifen** zu Klängen aus der Musikbox angesagt, während es bei *Kapo-no's* (hawaiianische) Live-Musik gibt. Bei großen Burgern und diversen Drinks kommt in dieser Outdoor-Bar abends oft sehr gute Stimmung auf.

Besonders am Wochenende gibt es abends oft kostenlose Konzerte, manchmal auch Hula-Vorführungen; das aktuelle Programm kann man unter Tel. 566-2337 erfragen. Am Aloha Tower hält auch der kostenlose Shuttlebus von *Hilo Hattie.*

Viermaster Falls of Clyde

Unterhalb des Aloha Tower fällt besonders der Viermaster *Falls of Clyde* ins Auge. Das 1878 in Glasgow gebaute Segelschiff pendelte einst zwischen San Francisco und Honolulu; heute gehört das gut restaurierte Schiff zum nahe gelegenen *Hawaii Maritime Museum.*

Total angesagt: Hier wird Pizza auf dem (Mini-)Surfboard serviert!

Hawaii Maritime Museum

Im Gebäude des Museums, dem zweigeschossigen *Kalakaua Boathouse*, befinden sich viele Dokumente aus der Geschichte der Seefahrt, von alten Fotos und Schriftstücken über Schiffsmodelle bis hin zu Teilen alter Schiffe. Ebenfalls zum Museum gehört das polynesische Doppelrumpf-Segelkanu namens *Hokulea*. Im Jahr 1976 unternahm das Boot mit seiner hawaiianischen Mannschaft eine knapp 10.000 km lange Reise nach Tahiti und wieder zurück. Damit war der Beweis erbracht, dass die Navigationshilfen der alten Polynesier ausreichten, um große Strecken zu überwinden (siehe Geschichte). Das Museum ist täglich von 8.30 bis 17 Uhr geöffnet. Der Eintritt beträgt 7,50 $ für Erwachsene, 4,50 $ für Kinder ab sechs Jahren, und Kinder unter sechs haben freien Eintritt. Darin ist eine Museumsführung mit Walkman enthalten, von der auch eine deutsche Version geplant ist. Beim Validated Parking werden die 5 $ Parkgebühr erstattet. Dazu sollte man zuvor anrufen unter Tel. 523-6151.

Rella Mae

Gleich nebenan, ebenfalls an *Pier 7*, liegt die *Rella Mae*, ein Viermaster, mit dem „Windjammer Cruises" allabendlich von 17.15 bis 19.30 Uhr Dinner-Ausfahrten unternimmt. Informationen unter 537-1122 oder gebührenfrei unter 1-800-367-5000.

Washington Place

Als Nächstes geht es zum **alten Stadtkern** von Honolulu. 1846 erbaute der amerikanische Kapitän *John Dominis* den *Washington Place* an der Beretania Street. Sein Sohn namens *John Owen Dominis* heiratete die hawaiianische Adelige *Lydia Kapaakea,* die später die berühmte *Queen Liliuokolani* wurde. Diese letzte Königin Hawaiis lebte bis zu ihrem Tod im Jahre 1917 in eben diesem Haus. Jetzt ist *Washington Place* der offizielle Amtssitz des Gouverneurs von Hawaii.

St. Andrews Cathedral

Folgt man der Beretania Street Richtung Ewa, dann liegt gleich rechts die 1867 erbaute *St. Andrews Cathedral*. Viele Steine, Ornamente, Glasfenster und Einrichtungsgegenstände wurden für diese Kirche per Schiff aus England nach Hawaii gebracht. Das rechts der Kirche befindliche Kriegerdenkmal stammt aus dem Jahre 1974.

State Capitol

25 Millionen Dollar kostete das 1969 fertig gestellte *Hawaii State Capitol*, das 1993/94 renoviert wurde. Es ist der **offizielle Amtssitz** der beiden Kammern **des hawaiianischen Parlaments,** des Senats und des Repräsentantenhauses. Das Gebäude soll Hawaii symbolisieren: Die Säulen sind Palmen, der Brunnen repräsentiert das Meer, und die kegelförmigen Räume

Iolani Palace

Oahu

stellen Vulkane dar. Das von dem hawaiianischen Künstler *Tadashi Sado* geschaffene Mosaik im Innenhof besteht aus über 600.000 Teilen. An beiden Seiten hängt eine jeweils vier Tonnen schwere Nachbildung des Siegels von Hawaii. Sie tragen das Motto Hawaiis als Inschrift: *Ua mau ke ea o ka aina i ka pono* (Das Leben des Landes wird in Rechtschaffenheit aufrechterhalten).

Während sich auf der der Beretania Street zugewandten Seite des *State Building* eine Statue des belgischen Paters *Damien* befindet, der sich auf Molokai liebevoll für die Aussätzigen aufopferte, steht auf der anderen Seite eine Statue von *Queen Liliuokalani*. Die auf dem Sockel eingravierten Worte *Aloha Oe* sind die ersten Worte des von ihr komponierten berühmten Liedes, das mittlerweile fast die Bedeutung einer inoffiziellen Nationalhymne bekommen hat.

Iolani Palace

Durch ein Tor, in dem sich eine farbige Version des hawaiianischen Siegels befindet, gelangt man an einem riesigen *Banyanbaum* vorbei zum frisch renovierten *Iolani Palace* (*Iolani* heißt auf Deutsch „königlicher Habicht"). Es handelt sich dabei um den **einzigen Königspalast in den USA.** Der Palast wurde im Auftrag von König *Kalakaua* von 1879 bis 1882 gebaut. Er war das erste Gebäude Honolulus mit elektrischem Licht. Nach dem Ende der Monarchie bis zur Fertigstellung des *State Building* waren Senat und Repräsentantenhaus darin untergebracht.

Kamehameha I. – Geschichte eines Standbildes

Es gibt noch ein paar alte Zeichnungen, auf denen *Kamehameha I.* dargestellt ist, aber keine dieser Zeichnungen zeigt eine besondere Ähnlichkeit mit der Person der Statue. Vielleicht liegt es daran, dass *Kamehameha I.*, der auch „der Große" genannt wird, zwar ein herausragender Staatsmann war, aber nicht gerade dem allgemeinen Schönheitsideal entsprach. Für die Statue stand ein Mann namens *John Baker* Modell.

Hier in Honolulu steht eine Kopie der Originalstatue. Alle drei existierenden Statuen wurden in Paris gegossen. Beim Transport von Bremen nach Hawaii ging das Original im Jahre 1880 zusammen mit dem Schiff vor den Falklandinseln unter. Mit den Geldern der Versicherung wurde dann die jetzt in Honolulu stehende Statue in Auftrag gegeben. Sie wurde im Rahmen der Krönungszeremonie von König *Kalakaua* offiziell eingeweiht und steht jetzt vor dem *Aliiolani Hale* genannten Justizgebäude des Staates Hawaii.

Am schönsten ist die Statue von *Kamehameha dem Großen* am 11. Juni, dem *King Kamehameha Day* genannten Staatsfeiertag Hawaiis. Dann schmücken viele, manchmal bis zu sechs Meter lange *Leis* (hawaiianische Blumenketten) die in Schwarz und Gold gehaltene Skulptur.

Mittlerweile haben Taucher die Originalstatue geborgen. Sie befindet sich jetzt auf Hawaii Big Island in der Ortschaft Kapaau direkt am Schnittpunkt der Highways 250 und 270 in der Nähe von *Kamehamehas* Geburtsort.

Das dritte Standbild steht in Washington D.C. Es wurde errichtet, als Hawaii 1959 der 50. Bundesstaat der USA wurde.

Sie erreichen den Iolani Palace binnen 30 Minuten mit dem Bus Nr. 2 (Richtung School-Middle Street oder Richtung Liliha-Puunui). Die beste Haltestelle ist die Kreuzung Beretania Street/Punchbowl Street. Der Palast selbst steht an der Ecke Punchbowl/South Street. Um zurück nach Waikiki zu fahren, müssen Sie *makai* (Richtung Meer) laufen bis zur King Street. An der Ecke King Street/Punchbowl Street finden Sie eine Haltestelle, an der Sie mit den Bussen Nr. 2, 19, 20 oder 47 nach Waikiki zurückkommen.

Jetzt ist der Palast ein **Museum** mit sehr seltsamen Öffnungszeiten (Tel. für Reservierungen: 522-0832; Bandansage: 538-1471): Dienstag bis Samtag jeweils 8-14 Uhr. Eintrittskarten für geführte Touren gibt es in den gegenüberliegenden *Iolani Barracks*. Die Führung dauert etwa eine Stunde und kostet 20 $. Mehr als die ursprüngliche Inneneinrichtung bekommt man allerdings nicht zu sehen. Im Innern herrscht Fotografierverbot.

Im Palastgarten befindet sich ein *„Bandstand"* genannter **Pavillon,** der zur Krönung König *Kalakauas* im Jahre 1883 gebaut wurde. Er dient jetzt der *Royal Hawaiian Band,* die hier öfter kostenlose Konzerte gibt – meist freitags von 12 bis 13 Uhr.

Iolani Barracks

An der Richards Street zwischen *Iolani Palace* und *State Capitol* liegen die 1870 erbauten *Iolani Barracks*, in de-

Oahu

nen früher die königliche Wache untergebracht war. Als im Jahre 1893 in Hawaii die Monarchie beendet und durch eine rein zivile Regierung ersetzt wurde, erlitt nur ein Soldat der Wache Verletzungen – und das auch nur, weil er seine besondere Stärke und Treue unter Beweis stellen wollte. Damals befanden sich die Iolani Barracks übrigens noch an der Stelle, an der heute das State Building steht.

Kamehameha-Statue

An der Ecke Mililani Street/King Street ragt die Statue des Königs *Kamehameha I.* in den Himmel. Die Statue soll weniger die Person *Kamehamehas* verherrlichen, sondern vielmehr seine Verdienste um die Einheit des hawaiianischen Reiches herausstellen (siehe Exkurs).

Staatsarchiv, Staatsbibliothek

Gleich in der Nähe, an der King Street, befindet sich das 1953 erbaute Staatsarchiv, in dem man von Montag bis Freitag von 7.45 bis 16.30 Uhr kostenlos Bilder des alten Hawaii anschauen kann. Direkt daneben liegt die *Hawaii State Library*, die Staatsbibliothek, in der nach einer etwas aufwendigen Registrierung auch die Möglichkeit besteht, Bücher auszuleihen. Besonders interessant ist die reichhaltige Literatursammlung zu allen Gebieten des Pazifiks.

Kawaiahao Church

Schräg gegenüber liegt jetzt die älteste Kirche Hawaiis im Blickfeld. Nachdem an dieser Stelle zuvor vier Palmenhütten als Gotteshaus dienten, errichteten die Missionare in den Jahren 1836 bis 1842 aus knapp 15.000 Korallenblöcken diese Kirche.

Rathaus

Auf der anderen Seite der King Street an der Ecke Punchbowl Street befindet sich das *Honolulu Hale,* das im Jahr 1929 erbaute Rathaus von Honolulu, in dem oft hawaiianische Künstler ihre Werke ausstellen.

Mission Houses Museen

Noch etwas weiter Richtung Waikiki stehen an der King Street auf der rechten Seite die *Mission Houses*. Im Jahr 1819 kamen die ersten amerikanischen Missionare von Neu-England nach Hawaii. In diesen historischen Gebäuden lebten sie, hier hatte die *Sandwich Islands Mission* ihre Zentrale. Alle drei Gebäude, das *Frame House*, das *Printing House* und das *Chamberlain House,* enthalten noch die **alten Möbel aus der Kolonialzeit.**

●**Frame House:** als erstes errichteten die Missionare das weiße *Frame House* – und zwar aus vorgefertigten Holzteilen, die sie von Neu-England an der Nordostküste der USA per Schiff um Kap Hoorn herum herbeischafften. Das 1821 fertig gestellte *Frame House* ist das älteste Holzgebäude Hawaiis.

●**Chamberlain House:** das aus dem Jahr 1831 stammende *Chamberlain House* war teils Lagerhaus, teils das Wohnhaus der Familie *Chamberlain.*

●**Printing House:** im 1841 errichteten *Printing House* ist die erste Druckerpresse Hawaiis ausgestellt, auf der die

Missionare im Bleisatz die erste Bibel in hawaiianischer Sprache druckten. 20 Jahre lang war die alte Maschine in Betrieb. Dabei wurden fast 8 Millionen Seiten bedruckt.

Führungen finden täglich um 10, 11.15, 13 und 14.45 Uhr statt. Ohne Führungen zugänglich ist das Museum dienstags bis samstags von 10 bis 16 Uhr. Erwachsene zahlen hierfür 10 $, Kinder von sechs bis 15 Jahren 6 $, und Kinder unter sechs Jahren haben freien Eintritt. Am interessantesten sind die *Mission Houses,* wenn hier einmal pro Monat das **Living History Program** stattfindet, bei dem ehrenamtliche Mitarbeiter in historische Kostüme schlüpfen. Als Besucher kommt man sich wie ein Zeitreisender vor, der in die erste Hälfte des 19. Jahrhunderts versetzt wird. Die historischen Figuren antworten auch gerne auf Fragen der Touristen – allerdings immer aus dem Blickwinkel ihrer Zeit.

Nähere Informationen, auch über den nächsten *Living History Day,* gibt's unter: Tel. 531-0481.

Chinatown

Wie viele amerikanische Großstädte hat auch Honolulu einen fast aus-

Kawaiahao Church

schließlich von Chinesen bewohnten Stadtteil. Chinatown bildet eine Art **Dreieck in Downtown Honolulu,** das im Osten von der Nuuanu Avenue, im Norden von der Beretania Street und im Süden von der King Street begrenzt wird. Der Stadtteil wuchs vor allem in der Mitte des letzten Jahrhunderts, nachdem viele Chinesen Läden und Restaurants eröffnet hatten. Mittlerweile trifft man hier ein buntes asiatisches Völkergemisch an. Zwar ist die Mehrheit immer noch chinesisch, aber hier wohnen auch viele Filipinos, Koreaner, Japaner, Thais und andere Asiaten. An der Nuuanu Street gibt es übrigens auch den Irish Pub „O'Toole" (Tel. 536-6360). Obwohl das Viertel nach dem zweiten großen Brand im Jahr 1900 (der erste war 1886) komplett wieder aufgebaut wurde, sind die meisten Gebäude in einem ziemlich schlechten Bauzustand.

Wer gerne chinesisch isst, der kommt hier tagsüber schon ab 5 $ gut auf seine Kosten. Außerdem gibt es in diesem Viertel viele asiatische Geschäfte, Apotheken, Akupunkteure, Tätowierer und Massagesalons.

Chinatown verfügt über ein eigenes **Visitor Center** im ersten Stockwerk des Mauna Kea Marketplace (Ecke Maunakea/Pauahi Street). Mitten in Chinatown liegt auch der imposante **Oahu Market,** ein typisch asiatischer Markt.

Während ein Spaziergang durch Chinatown tagsüber als praktisch ungefährlich gilt, herrschen nachts andere Gesetze; dann leuchten dort überall die roten Laternen auf ...

Foster Botanic Gardens

Nördlich von Chinatown liegen die von dem Arzt Dr. William Hillebrand angelegten Foster Botanic Gardens (180 North Vinyard Street). Der königliche Leibarzt ließ sie in der Mitte des 19. Jahrhunderts anlegen. Der Garten ist nach verschiedenen Pflanzengruppen geordnet und täglich von 9 bis 16 Uhr geöffnet.

Essen und Trinken

Die Qualität der Restaurants ist auch bei günstigen Angeboten durchweg gut, denn der hohe Konkurrenzdruck sorgt in Honolulu dafür, dass den schwarzen Schafen unter den Restaurants schnell die Gäste ausbleiben. Bei diesem Riesenangebot findet jeder etwas. Holen Sie sich ruhig auch einmal an der Rezeption Ihres Hotels einen Tipp!

Sundown Specials

●Einige Restaurants bieten Sundown Specials genannte Sonderangebote in der Zeit von 17 bis 18.30 Uhr an.

Hotel-Restaurants

●Wer auf ein gehobenes Ambiente nicht verzichten möchte, der geht am besten (nur mit langen Hosen, nicht mit Shorts) in eines der Hotelrestaurants im **Moana Surfrider, Royal Hawaiian, Hilton, Halekulani, Hyatt Regency, Pacific Beach** oder **Regent Hotel.** An der Spitze stehen dürften der Surf Room im Royal Hawaiian und die beiden Restaurants im Halekulani, das „House Without a Key" sowie das „Orchids". Im Oceanium genannten Restaurant des Pacific Beach Hotel (Tel. 922-1233 oder 921-6111) können Sie direkt vor einem gigantischen Aquarium (über 1 Million Liter) speisen. Das Ambiente ähnelt etwas dem Restaurant in The Living Seas im Epcot

十 位 餐 № 89一

江瑤柱湯 　 清蒸海上鮮
京都焗排 　 脆皮燒炉鴨
當紅炸子雞 　 酥炸鮮大虾
西芥蘭牛肉 　 招牌炒麺

SPECIAL!

SPECIAL!

Center von Walt Disney World in Florida, kommt aber nach Meinung des Autors mit der Disneyworld-Version nicht ganz mit.

● Immer eine gute Anlaufstelle für das Dinner ist **Duke's Canoe Club Waikiki** (meist nur kurz *Duke's* genannt) im Hotel Outrigger Waikiki on the Beach. In lockerer Atmosphäre gibt's von 17 bis 22 Uhr Dinner für um 20 $ zuzüglich Getränken. Ohne Reservierung läuft in diesem fast schon legendären Restaurant kaum etwas (Tel. 923-2568). Günstiger und lockerer geht es tagsüber zu. Zur Lunchzeit wird man bereits für 12 $ mehr als satt. Für 13 $ gibt's ein reichhaltiges Frühstücksbuffet. Außerdem bietet sich neben dem Restaurant eine echte Besonderheit, nämlich eine **Barefoot Bar,** also eine Bar, in die man direkt vom Strand oder Pool aus ohne Schuhe gehen kann. Sonntags gibt es bei *Duke's* Live-Musik, und es ist brechend voll, denn niemand will es sich entgehen lassen, mit einem Drink in der Hand am Strand zu tanzen.

Drehrestaurant

● Einen schönen Blick über ganz Waikiki hat man vom Drehrestaurant **Top of Waikiki** (Tel. 923-3877). Das Restaurant im 21. Stock des *Waikiki Business Plazas* an der Kalakaua Avenue hat in den letzten Jahren erheblich an Glanz verloren. Trotzdem hält sich das relativ hohe Preisniveau (50 $ für ein Entree mit Getränken).

Speisekarte
in einem chinesischen Restaurant

Roy's Restaurant

Als kulinarischer Höhepunkt dürfte das vom Starkoch der neuen hawaiischen Küche *Roy Yamaguchi* geführte Restaurant am anderen Ende des Diamond Head (jenseits von Waikiki) gelten. Das in der oberen Preisklasse angesiedelte Restaurant erfreut sich einer ausgewogenen *Pacific-Rim-Küche*, die mit sehr viel Liebe zum Detail arbeitet: Die Gerichte führen nicht nur zu höchsten Gaumenfreuden, sondern stellen zudem einen wahren Augenschmaus dar; manchmal viel zu schade zum Essen. Die einheimischen Fische zergehen auf der Zunge. Unbedingt einige Tage vorher reservieren!

●**Roy's Restaurant**
6600 Kalanianaole Highway, Honolulu,
Tel. 396-7697
www.roysrestaurant.com

(Marisa Consée)

Restaurant Row

●In Downtown Honolulu liegt die *Restaurant Row* (530 Ala Moana Boulevard). Neben verschiedenen Läden findet man hier Restaurants mit italienischer, japanischer, mexikanischer und amerikanischer Küche. Vor der Tür halten die Busse 19 und 20. Man läuft vom *Iolani Palace* bis zur *Restaurant Row* höchstens 15 Minuten. Hier trifft man nicht nur Touristen, sondern auch viele Büroangestellte, die sich nach Beendigung der Arbeit einfinden.

Ältestes Restaurant

●Das älteste Restaurant Honolulus ist das 1882 eröffnete *Wo Fat* (Tel. 537-6260). Es bietet chinesische Spezialitäten zu günstigen Preisen, hat aber lediglich bis 21 Uhr geöffnet. Es liegt an der Ecke Hotel Street/ Maunakea Street mitten in Chinatown und ist mit dem Bus Nummer 2 von Waikiki aus erreichbar.

Amerikanisch

●Recht gut und günstig sind die riesigen Portionen bei **Things** (*Eggs, 'n' Things*). Die Öffnungszeiten sind mit 23 Uhr bis 14 Uhr (ja, nachmittags tatsächlich geschlossen!) recht ungewöhnlich, aber dafür sind die Warteschlangen oft um so länger. Hier wird wohl jeder für 10 $ mit klassisch-amerikanischen Frühstücksgerichten satt (die wohl besten Pancakes-Pfannkuchen der Stadt, z. B. *Macadamia Nut Pancakes*), und wer zwischen 5 und 9 Uhr morgens kommt, der kann sogar das *Early Riser Special* für 5 $ genießen.

Das Restaurant nimmt keine Kreditkarten und befindet sich außerhalb des Zentrums von Waikiki in der 1911 Kalakaua Avenue etwa an der Einmündung der McCully Street (Tel. 949-0820).

Thai

●Fast immer gilt: Kaum verlässt man die Kalakaua Avenue und begibt sich in die Kuhio Avenue, schon wird es preisgünstiger. Das Thai-Restaurant **Keoni's by Keo's** (Tel. 922-9888) im Ohana East Hotel, 2375 Kuhio Avenue, erfreut sich großer Beliebtheit. Vor allem Mittags sind günstige Specials erhältlich (Vorspeise und Hauptgericht auf einer Platte serviert), aber auch das Frühstück kann sich sehen lassen. Pancakes mit Rühreiern gibt's schon für unter 5 $.

Perry's Smorgy Restaurants

●Billiger als die beiden *Perry's Smorgy Restaurants* (im *Outrigger Coral Seas Hotel*, Tel. 923-8814 in 250 Lewers Street sowie in 2380 Kuhio Avenue, Tel. 926-0184) wird man in Hawaii wohl kaum etwas zu essen finden: Frühstück (7–11 Uhr) 6,95 $, Lunch (11.30–14.30 Uhr) 7,95 $ und Dinner (17–21 Uhr) 9,95 $. Für diesen Preis hat man volle Auswahl am Essens- und Getränkebüffet getreu dem Werbeslogan *All you care to eat and drink*. Sonntags wird ein Brunchbüffet (11.30–14.30 Uhr) für 9,95 $ angeboten. Ein paar Minuten Zeit zum Schlangestehen sollte man mitbringen. Die Teller sind abgestoßen und die Gabeln abgenutzt, aber es gibt Stoff-

Oahu

servietten. Die Qualität ist akzeptabel, aber man sollte keine kulinarischen Höhenflüge erwarten.

Weitere Empfehlungen

●An der Ecke Kalakaua Avenue/Kapahulu Avenue bietet **Lulus Waikiki Surf Club** (direkt über *Starbucks*) ein sehr leckeres Essen mit großen Portionen zu zivilen Preisen – und zwar 24 Std. am Tag. Die Open-Air-Restaurant-Bar bietet einen ausgesprochen schönen Blick auf den Strand und das Meer. Oftmals gibt's hier auch Live-Musik. Tel. 926-5222.

●Schön sitzt man auch in **Tiki's Grill and Bar.** Das Restaurant befindet sich im *Aston Waikiki Beach Hotel* (2570 Kalakaua Ave, Tel. 923-8454) und verfügt über eine große Dachterrasse mit Blick aufs Meer. Die Drinks werden in einer Kokosnuss-Schale serviert, die das Tiki's-Logo trägt. Diese Coconut Shell darf man als Souvenir mit nach Hause nehmen.

Sehr angesagt sind derzeit die Restaurants von *Sam Choy:* **Sam Choy's Diamond Head Restaurant** und **Sam Choy's Breakfast, Lunch, Crab & Big Aloha Brewery.** Während ersteres nur zum Dinner (17.30 bis 22 Uhr) sowie für einen sehr üppigen Sonntags-Brunch (9.30 bis 14 Uhr) geöffnet hat, ist das andere täglich von 7 bis 21.30 Uhr geöffnet. Sam Choy hat eine ganz eigene Form der *Pacific Rim Cuisine* mit stark hawaiianischem Einfluss geschaffen, bei der oft Meeresfrüchte und Fisch zum Einsatz kommen.

●In **Sam Choy's Diamond Head Restaurant** (449 Kapahulu Ave, Tel. 732-8645) geht es ziemlich gediegen zu, und man sollte zum Dinieren eine lange Hose und Strümpfe in den Schuhen tragen. Ohne Getränke gibt es für unter 50 $ ein leckeres Mahl mit mehreren Gängen.

Unbedingt reservieren!

●Recht locker ist die Atmosphäre in **Sam Choy's Breakfast, Lunch, Crab & Big Aloha Brewery** (580 N. Nimitz Highway, Tel. 545-7979), wobei die Brauerei erst ab 10.30 Uhr geöffnet hat. Lunch und Frühstück sind für knapp 15 $ erhältlich, für das Dinner sollte man eher knapp 25 $ einkalkulieren. Hinzu kommen die Getränke. Samstags und sonntags gibt es ein Brunch-Buffet.

Für das Restaurant kann eine Reservierung nicht schaden, in der Brewery, in der es auch Pupus (Apetizer) gibt, findet man meist ein Plätzchen.

Schnellrestaurants

●Natürlich sind auch die typischen Fast-food-Restaurants wie **McDonald's, Burger King, Jack in the Box** und die allgegenwärtigen lokalen Hamburgerläden zuhauf vertreten. Allein das goldgelbe „M" prangt über fünf Restauranttüren in Waikiki. Ein Big Mac ist für 3,30 $ zu haben.

Nachtleben

Shows

●An Bars und Nachtclubs herrscht in Waikiki wahrlich kein Mangel. In fast jedem Hotel findet so ziemlich jeden Abend irgendeine Show im amerikanischen Stil statt. Ein typisches Beispiel dafür ist der Auftritt von *Don Ho*, der mit seinen verpopten Adaptionen hawaiianischer Lieder und mit hawaiisierten Pop-Songs bekannt und mit *Tiny Bubbles* sogar in den gesamten USA berühmt wurde. Die Show selbst wird von diversen stark in der amerikanischen Sprache verwurzelten lockeren Sprüchen inhaltlich zusammengehalten. Kaum ein Deutscher, der hier begeistert herauskam, aber viele (meist ältere) Amerikaner, die beim Verlassen Freudentränen in den Augen hatten.

Fazit: Die Auswahl einer solchen Show sollte mit äußerster Vorsicht erfolgen, um Enttäuschungen zu vermeiden, auch bei erstklassigen Englischkenntnissen ist hier bei Tipps von Amerikanern Skepsis angesagt. Wer allerdings die typische amerikanische Animations-Show liebt, der kommt dabei voll auf seine Kosten.

Luaus

●Die regelmäßig angebotenen *Luaus* (siehe Kultur) sind auf Oahu meist besonders stark zum Touristennepp verkommen. Jeden Freitag Abend findet im *Hilton Hawaiian Village* am Super Pool eine kostenlose Show statt.

Oahu

Wer einen akzeptablen Platz haben möchte, sollte spätestens um 18.30 Uhr da sein. Punkt 19 Uhr kommt *König Kalakaua* mit seinen Soldaten im Gleichschritt würdevoll anmarschiert. Anschließend gibt's bis 20 Uhr Hula und zum Abschluss ein schönes Feuerwerk. Um dabei zu sein muss man lediglich einen Verzehrbon (5 $) kaufen, mit dem man dann einen Drink (z. B. *Mai Tai*) erhält.

Hard Rock Café

● Selbstverständlich gibt es auch in Honolulu ein Hard Rock Café mit angegliedertem Restaurant, aber ohne Live-Musik. Über der Bar hängt ein 1951er Cadillac mit dem Nummernschild *Elvis*, „Staat": *Graceland*. Das Hard Rock Café liegt gerade noch in Laufweite von Waikiki (1837 Kapiolani Blvd., Ecke Kalakaua Ave., Tel. 955-7383).Die Preise im *Hard Rock Cafe* entsprechen etwa Festlandspreisen, sind also hier für hawaiianische Verhältnisse ziemlich zivil.

Bars

● Eine Mischung aus Bar und Billard/Dart-Club mit Open-Air-Bereich ist **Da Big Kahuna** in Waikiki. Obwohl es sich mitten im Touristenviertel befindet, gehen auch die Locals sehr gerne hierher, was wohl auch an den akzeptablen Preisen liegt. Das Big Kahuna (Tel. 923-0033) ist im *Aston Coral Reef Hotel* in 2299 Kuhio Avenue.
● Mehr Locals als Touristen trifft man in der **Mai Tai Bar** in der *Ala Moana Shopping Mall* (ganz oben, gegenüber von *Bubba Gump*). In dieser Open-Air-Bar spielen abends hawaiianische Live-Bands. Zur Happy Hour gibt's Cocktails in einem richtig großen Glas für nur 4 $. Hier erhalten Sie den vielleicht besten *Lava Flow* (Strawberry Daiquiri gemischt mit Pina Colada) von ganz Oahu.
● In Downtown (1121 Nuuanu Ave, Tel. 521-2900) liegt die kleine Restaurant-Bar **Indigo** direkt neben der Universität. Zur Happy Hour gibt es hier Drinks für 2 $ und dazu noch ein *Pupu-Buffet* (kleine Vorspeisen). Nach der Happy Hour sind die Preise eher in der gehobenen Kategorie angesiedelt, aber dafür ist das Essen auch rundum schmackhaft.

Der Großraum Honolulu

Ala Moana Shopping Center

Bereits im Jahr 1958 wurde mit dem Bau des *Ala Moana Shopping Center* begonnen, aber erst 1962 war der erste Teil fertiggestellt, 1969 der zweite Teil und 1991 der dritte Teil. Mittlerweile umfasst das Einkaufszentrum zwischen Waikiki und Honolulu Downtown über 200 einzelne Läden und Warenhäuser, und derzeit laufen schon wieder die Bauarbeiten zur Erweiterung. Lange Zeit hindurch war es das größte *Shopping Center* der USA; mittlerweile gehört es zu den zehn größten des Landes. Die Einheimischen kommentieren es mit „der Traum der Frauen, der Albtraum der Männer". Nirgendwo in Hawaii hat man eine größere Auswahl als hier. Im Erdgeschoss befindet sich der *Makai Market,* ein *Foodcourt* (Innenhof, in dem es etwas zu essen gibt) mit knapp 30 Imbissständen, an denen man kleine und große Happen aus verschiedenen ethnischen Küchen bekommt (amerikanisch, thailändisch, vietnamesisch, italienisch ...). Während die Asiaten hier „ihre" Küche präsentieren, sind Pizza & Co meist doch stärker amerikanisiert. Den ganzen Tag über herrscht hier Leben, aber schlagartig um 21 Uhr wird es ruhig, wenn alle Geschäfte und Restaurants schließen. Kostenlose Parkplätze sind vorhanden.

Auf der **Center Stage** finden oft Hula- und andere Tanz-Darbietungen statt. Vor allem am Sonntagmorgen ist hier viel los. Mehr unter www.alamoana.com.

Gleich nebenan wartet dann mit *Ward* ein weiteres Einkaufszentrum auf die Kundschaft.

Bishop Museum

Das Museum verfügt über die größte anthropologische Sammlung im gesamten Pazifikraum. Es trägt den Beinamen *State Museum of Natural and Cultural History* und wird diesem Namen durchaus gerecht. Von den ersten polynesischen Einwanderern über die Ankunft der ersten Weißen und die Zeit der hawaiianischen Monarchie bis zum Ende der Kolonialzeit reichen die Exponate. Nur hier kann man beispielsweise die farbenprächtigen Federgewänder der hawaiianischen Könige im Original besichtigen. Wer Interesse an Völkerkunde und Geschichte hat, der sollte das Bishop Museum auf jeden Fall besuchen.

Planetarium, Bibliothek

Zum Museum gehören auch ein Planetarium, das frisch renoviert ist und dabei mit neuester Technik ausgestattet wurde, und eine sehr große Bibliothek zum Thema „Pazifik" mit einem ausführlichen Fotoarchiv. Der *Shop Pazifica* genannte angegliederte Laden bietet eine Vielzahl von interessanten Souvenirs, die nur hier erhältlich sind.

Das Museum liegt etwa beim Schnittpunkt der Highways 1 und 63 und ist gut binnen 45 Minuten alle 10-15 Minuten mit dem Bus Nummer 2 Richtung School Street von Waikiki aus erreichbar. Die entsprechende Haltestelle, Kapalama Street, ist relativ leicht zu erkennen: Nachdem man links und rechts der Straße jeweils an einer Tankstelle vorbeigekommen ist (*76* und *Chevron*), steigt die Straße an. Wenn man jetzt seinen Haltewunsch signalisiert, stopt der Bus an der Haltestelle Kapalama Avenue *(Kam Shopping Center)*. Jetzt muss man einige Meter zurück gehen (bergab) und dann in die Kapalama Avenue Richtung Meer einbiegen. Anschließend die zweite Querstraße (Bernice Street) rechts hoch und schon ist man da.

Mit dem Auto nimmt man am besten vom Highway 1 die Ausfahrt Houghtailing Street Richtung Berge. Die zweite Querstraße links ist die Bernice Street.

●**Bishop Museum,**
1525 Bernice Street
Tel. 847-3511
www.bishopmuseum.org
tgl. außer 25.12. von 9–17 Uhr
Eintritt inkl. Planetarium: 14,95 $
(Kinder von 4–12 Jahren: 11,95 $)

Outlets

Für Ananas-Fans war früher ein Besuch in der Fabrik von *Dole* sehr interessant. Seit 1992 ist die Fabrik jedoch geschlossen. Lediglich eine Ausstellung über die Geschichte des Ananasanbaus in Hawaii ist davon geblieben. In den ehemaligen Fabrikhallen befindet sich jetzt das Einkaufszentrum **The Dole Cannery** mit *Outlet-Stores* (eine Art Direktverkauf des Herstellers, oft auch von stark reduzierten Waren zweiter Wahl) und einigen Fast-Food-Restaurants. Somit hat sich die *Dole Cannery* innerhalb von vier Jahren vom Besichtigungs- zum Einkaufsziel gewandelt. Die „Dosenfabrik" liegt direkt gegenüber von *Hilo Hattie* und ist am besten mit dem *Hilo-Hattie-Bus* zu erreichen. Die öffentlichen Busse Nr. 19 Richtung Airport-Hickam oder 20 Richtung Airport-Halawa Gate erreichen nach etwa 40 Minuten Fahrt von Waikiki aus die Haltestelle vor dem Dole Cannery Square. Etwa alle 20 Minuten kommt ein Bus. Das Einkaufszentrum ist Montag bis Samstag von 9 bis 18 Uhr und Sonntags von 9 bis 16 Uhr geöffnet; weitere Informationen gibt's unter Tel. 526-2236.

Diamond Head

Von Waikiki Beach kann man von fast jedem Punkt den Blick auf den *Diamond Head-Krater* genießen. Der Name *Diamond Head* (Diamantenkopf) stammt von Seefahrern, die an seinem Hang wertlose Kalzitkristalle fanden, die sie für Diamanten hielten. Mittlerweile ist der Diamond Head doch noch wertvoll geworden: Die Grundstücke an seiner Ostseite gehören zu den teuersten von ganz Hawaii. Bei einer kurzen Wanderung (45 bis 60 Minuten Aufstieg, 30 bis 45 Minuten Abstieg) gelangt man auf die höchste Erhebung des Kraterrandes, den *Leahi Point* auf knapp 232 m Höhe über dem Meer. Von hier bietet sich ein herrlicher Blick auf den *Kapiolani Park,* auf Waikiki und auf das Meer. Am schönsten ist die Tour am Morgen, wenn die Sonne über den *Diamond Head* hinweg auf Waikiki scheint.

Zum Diamond Head gelangen Sie von Waikiki aus alle 30 Minuten mit den Bussen Nr. 22 oder 58 Richtung Hawaii Kai-Sea Life Park. Die Fahrzeit beträgt etwa 30 Minuten.

Die Haltestelle liegt, von Waikiki kommend, unmittelbar hinter dem Sattel. Von der Bushaltestelle geht es dann per pedes binnen 15 Minuten von der beschilderten Abzweigung auf der Straße zunächst durch einen Straßentunnel und dann im Krater bis zum *Trailhead* (Beginn des Wanderweges). Der einzige Zugang/Zufahrt zum Krater führt durch den Tunnel, geöffnet im Sommer von 6 bis 18 Uhr, im Winter von 7 bis 17 Uhr).

Für knapp 15 $ (einfach) fährt das Taxi binnen 10 bis 15 Minuten vom Zentrum Waikikis bis zum *Trailhead.*

Im Krater befinden sich neben vielen Grünflächen ein Depot der *Hawaii National Guard* (Nationalgarde) sowie ein Parkplatz am Beginn des Wanderweges. Pro Person wird 1 $ Eintritt erhoben, pro Auto 5 $ Parkgebühr.

Der meist asphaltierte Weg führt bis zur südwestlichen Kraterwand. Nach einigen Treppenstufen geht es durch einen engen, gebogenen, unterirdischen Gang (eine Taschenlampe ist hier sehr nützlich) und schließlich über eine sehr steile Treppe nach oben. Anfang dieses Jahrhunderts haben die Amerikaner Bunker und Geschützstellungen in den Kraterrand gebaut, um von hier aus den küstennahen Schiffsverkehr kontrollieren zu können. Wer erst einmal oben steht, versteht, warum die Armee gerade diesen Punkt dafür gewählt hatte. Für den Aufstieg benötigt man vom Parkeingang im Kraterboden aus etwa 45

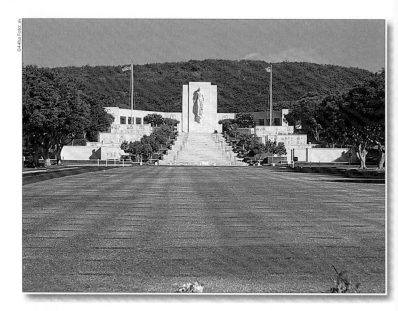

bis 60 Minuten, zurück ungefähr 30 Minuten.

Die drei folgenden Ziele (*Punchbowl Crater, Tantalus Drive* und *Nuuanu Pali*) sind mit dem Auto am besten erreichbar. Zum Punchbowl Crater bringt Sie auch der Bus. Von Waikiki aus mit dem Bus Nr. 2 Richtung School-Middle Street oder Richtung Liliha-Puunui bis zur Haltestelle Beretania Street/Alapai Street. Von hier aus müssen Sie auf der Alapai Street einen Block makai (Richtung Meer) bis unterhalb der Hotel Street laufen, um dort in den Bus Nr. 15 Richtung Pacific

Heights einzusteigen. Der Eingang zum Friedhof liegt etwa 10 Minuten Fußweg entfernt von der Haltestelle Puowaina Steet und Hookui Street. Mit dem Bus Nr. 15 geht es wieder zurück bis zur Haltestelle Ward Avenue/King Street. Warten Sie vor der Blaisdell Concert Hall auf den Bus Nr. 2 Richtung Waikiki. Die reine Fahrzeit beträgt etwa 45 Minuten, aber der Bus Nr. 2 fährt zwar alle 10 bis 15 Minuten, der Bus Nr. 15 nur einmal pro Stunde.

Punchbowl Crater

Oberhalb von Honolulu Downtown liegt in dem erloschenen Krater das *National Memorial of the Pacific*. Es handelt sich dabei um den größten Soldatenfriedhof Hawaiis. Hier haben

Im Punchbowl-Crater

Oahu

Der Angriff auf Pearl Harbour

Ende des Jahres 1940 hatten die japanisch-amerikanischen Beziehungen einen Tiefpunkt erreicht. Japan versuchte damals, eigene wirtschaftliche Probleme durch Eroberungen in China und Südostasien zu kompensieren. Über Japan wurde ein Ölembargo verhängt, das für eine Verminderung seiner Ölimporte um 80 Prozent sorgte.

Obwohl Japan weiterhin mit den USA verhandelte, hatte der Oberbefehlshaber der japanischen Flotte, Admiral *Isoroku Yamamoto*, bereits Ende 1940 Pläne für einen Angriff auf Pearl Harbor ausgearbeitet. *Yamamoto*, der von 1925 bis 1927 als Marineattaché in Washington gedient hatte und dort viel über die amerikanischen Streitkräfte und deren Taktiken erfahren hatte, war zwar persönlich gegen einen Krieg mit den USA, aber er erkannte auch, dass Japan nur mit einem schnellen, entscheidenden Sieg Chancen hätte, den Krieg gegen die übermächtigen USA zu gewinnen.

Parallel zu dem Angriff auf Pearl Harbor sollten Angriffe auf andere Stützpunkte der Alliierten auf den Philippinen, in Malaysia, Hongkong und in Holländisch-Ostindien erfolgen.

Am 26. November 1941 brachen 30 Kriegsschiffe (darunter sechs Flugzeugträger) und 27 U-Boote zunächst Richtung Norden auf, um dann Kurs auf die Hawaii-Inseln zu nehmen. Flottenkommandant an Bord war Vizeadmiral *Chuichi Nagumo*; Admiral *Yamamoto* blieb in Japan. Praktisch

während ihrer gesamten Reise waren die japanischen Schiffe durch Nebel und Stürme verborgen. Am frühen Morgen des 7. Dezember 1941 erreichte die Flotte schließlich ihre Angriffsposition knapp 400 km nördlich von Oahu.

Um 6 Uhr morgens startete die erste Angriffswelle mit 183 Bombern, Jagd- und Torpedoflugzeugen. Sie tauchten zwar kurz nach 7 Uhr auf den Radarschirmen der Amerikaner auf, wurden aber für einige bereits erwartete amerikanische Flugzeuge gehalten, die an diesem Morgen hier landen sollten. Es herrschte noch sonntägliche Ruhe in Pearl Harbor, und die etwa 130 im Hafen liegenden Kriegsschiffe waren nur teilweise bemannt. Ein Großteil der Seeleute befand sich im Wochenendurlaub. Kurz vor acht Uhr begannen die Flugzeuge ihr Vernichtungswerk. Etwa eine Stunde später traf eine zweite Angriffswelle mit 170 Flugzeugen die Insel.

Die Schreckensbilanz bei den Amerikanern: mehr als 2400 Tote, etwa 1200 Verletzte, 8 versenkte beziehungsweise gestrandete und 13 beschädigte Schiffe, 188 zerstörte und 159 beschädigte Flugzeuge.

Auf der japanischen Seite waren die Verluste viel geringer: etwa 130 Tote, 6 versenkte U-Boote (davon 5 Klein-U-Boote), 29 zerstörte und 74 beschädigte Flugzeuge.

Dieser Überraschungsangriff sorgte dafür, dass sich die Amerikaner in die Kampfhandlungen des Zweiten Weltkrieges einschalteten. Japan hatte, so Admiral *Yamamoto*, „einen schlafenden Riesen geweckt und ihn mit fürchterlicher Entschlossenheit erfüllt".

---

ungefähr 37.000 amerikanische Soldaten, die im spanisch-amerikanischen Krieg, den beiden Weltkriegen, dem Koreakrieg oder im Vietnamkrieg gestorben sind, ihre letzte Ruhe gefunden. Jedes Jahr besuchen etwa sieben Millionen Menschen (meist Verwandte der Soldaten) diesen Ort. Kein an-

derer Ort auf den Inseln kann auch nur annähernd so hohe Besucherzahlen aufweisen – die meisten von ihnen fahren allerdings nur langsam mit dem Bus hindurch. Der Friedhof ist vom Pali-Highway (Nr. 61) aus über eine eigene Abfahrt erreichbar und von 8 bis mindestens 17.30 Uhr geöffnet. Am Me-

Besuch des U.S.S. Arizona Memorials

In einer Schlange stehen diszipliniert ein paar Menschen, also stelle ich mich auch an. Nach fünf Minuten habe ich meine Eintrittskarte für die 10.30-Uhr-Tour. Jetzt ist es 9.04 Uhr, also haben wir genügend Zeit, uns im Visitor Center umzusehen. Mein Blick fällt zuerst auf ein riesiges Ölgemälde mit einem Kriegsschiff als Hauptmotiv. *John*, ein *Volunteer*, also ein ehrenamtlicher Mitarbeiter, erklärt mir, dass dieses Bild der *U.S.S. Arizona* etwa 15 m breit und fast 5 m hoch sei. Wo ich denn herkomme, will *John* wissen. Als er *Germany* hört, holt er sofort eine Broschüre über das *Memorial* in deutscher Sprache heraus. *John* erzählt mir, dass dieses Denkmal ein *National Historic Landmark* sei, das vom *National Park Service* (und damit indirekt vom Innenministerium in Washington D.C.) zusammen mit der *Navy* (Marine) unterhalten werde. Und dass jährlich knapp zwei Millionen Besucher zum Memorial kommen.

Ich schaue mich im Museum um, in dem die Geschichte des Angriffs haargenau erklärt und mit alten Dokumentarfotos untermauert wird.

Pünktlich wird meine Nummer aufgerufen, und unsere Gruppe geht in eines der beiden Filmtheater. Ein *Volunteer* achtet darauf, dass wir auch alle ordentlich angezogen sind, denn barfuß oder in Badebekleidung kämen wir hier nicht weiter. Heutzutage hat hier fast jeder eine kurze Hose und ein Hawaii-Hemd an, aber noch vor zwanzig Jahren trugen alle Besucher Anzug oder Kleid. Das *Aloha-Shirt* ist eben salonfähig geworden.

Da sind wir also im „Kino". Nach einigen einführenden Worten sehen wir einen Film, der heroisch, aber fast ohne Pathos über den Angriff und seine politische Vorgeschichte informiert.

Hinein ins Boot. Ich schaue mich um: Nur knapp 20 Prozent der Besucher scheinen mir Amerikaner zu sein. Nach wenigen Minuten legen wir am *Memorial* an und steigen aus. Eine andere Gruppe wartet schon auf ihren Rücktransport.

Das *Memorial* ist ein imposanter Bau: weiß, lang, luftig, strahlend hell in der Sonne. Ganz am Ende steht eine riesige Marmorwand, auf der 1177 Namen eingraviert sind, denn so viele Menschen starben beim Angriff an Bord der *U.S.S. Arizona* und ruhen immer noch dort, direkt unter uns. Ich schaudere, doch das hier stattfindende Kontrastprogramm lässt mir kaum Zeit für Gedanken: Die Fotoapparate der Söhne und Töchter Nippons surren vor vielen verschiedenen Motiven, jeweils mit Japanern in den unmöglichsten Körperhaltungen im Vordergrund; welch' ein Riesenspaß! Schon bekommt eine Dame einen Fotoapparat in die Hand gedrückt, denn sie soll ein Bild machen – und was für ein Bild: im Vordergrund die Prinzzeichnung des *Memorials*, wie es über der versenkten *U.S.S. Arizona* liegt, in der Mitte drei japanische Grazien mit ihrem Fotolächeln und im Hintergrund die große Marmortafel mit den Namen der Gefallenen.

Ich drehe mich um und sehe, wie eine etwa 80-jährige Amerikanerin den Tränen nahe eine *Flower-Lei* (hawaiianische Blütenkette) aufs Wasser wirft. Aus dem Wasser steigt ein Öltropfen nach oben, und die alte Dame freut sich, schaut mich an und sagt: „Schau her, sie (die *Arizona*) weint immer noch!"

Die Besuchszeit ist um, wir müssen wieder zurückfahren. Alle Touristen sind bereits an Bord, lediglich ein japanisches Paar fehlt noch. Sie macht gerade ein Bild von ihm, wie er in aufrechter Haltung auf einem Podest in Siegerpose vor dem Memorial steht.

Auf der Fahrt zurück zum *Visitor Center* kommt mir der letzte Satz des zwanzigminütigen Einführungsfilms in Erinnerung: *„When you forget Pearl Harbor, you forget what America stands for."*

Oahu

Dieser persönliche Reisebericht wurde Anfang 1992 verfasst. Nachdem Präsident *Bush sen.* Ende 1991 das *Memorial* besucht hatte, erhielt der *National Park Service* den Auftrag, den Film „in Harmonie mit der Natur und der Geschichte" zu bringen. Bush sagte damals wörtlich: „Jetzt ist nicht die Zeit der gegenseitigen Beschuldigung. Der zweite Weltkrieg ist um. Er ist Geschichte". Daher wurde im Laufe des Jahres 1992 ein komplett neuer Film erstellt, der mittlerweile gezeigt wird. Der Tenor dieses von einer ruhigen Frauenstimme kommentierten Films liegt auf folgendem Aspekt: „Denken Sie daran, dass die *U.S.S. Arizona* ein Grab ist. Sie besuchen einen Friedhof; tun Sie dies mit Würde. Seien Sie ruhig." Der Originalton der letzten Sätze des Films: „Das wird es Ihnen ermöglichen,

die Wichtigkeit des U.S.S. Arizona Memorial zu erkennen und den ... Preis des Friedens. Erinnern Sie sich an die Schlacht, verstehen Sie die Tragödie." Das Verhalten der asiatischen Besucher hatte sich allerdings dadurch praktisch nicht verändert.

Die große Wende kam Mitte 1998 mit der Einführung eines drahtlosen Kopfhörer-Systems, denn seitdem können Japaner und Chinesen den Soundtrack des Films in ihrer jeweiligen Muttersprache anhören. Außerdem hört man mittlerweile weitaus öfter (auch noch einmal auf dem Boot), dass die U.S.S. Arizona ein Grab ist, als Ergänzung zur sonst üblichen Aufforderung „No Smoking, Eating, Drinking ..." Jetzt verhalten sich auch die meisten Asiaten weniger impulsiv.

morial Day (letzter Montag im Mai) sowie zu speziellen Anlässen werden sämtliche Gräber mit US-Flaggen geschmückt.

Auf der dem Meer zugewandten Seite des Kraters hat man einen herrlichen Ausblick auf Honolulu: vom *Diamond Head* über Waikiki bis hin zum Flughafen mit der Coral Runway. Zu diesem Aussichtspunkt gelangt man, indem man den Kreisverkehr vom Eingang aus nach einem Dreiviertelkreis verlässt (theoretisch ein Linksabbiegen). Oberhalb des Memorials führt ein Fußweg vom Parkplatz zum Aussichtspunkt.

Tantalus Drive

An der letzten Abzweigung zum *Punchbowl Crater,* wo der *HVB Warrior* den Weg zum Friedhof weist, beginnt der *Tantalus Drive,* die Straße mit den schönsten Ausblicken in ganz Honolulu. Sie führt zunächst durch den vornehmen Stadtteil *Makiki Hights.* Danach geht es in vielen Kurven hinauf zum knapp 700 m hohen *Mt. Tantalus.* Entlang des Weges bieten sich einige Möglichkeiten für kleine Wanderungen. Die Wege sind nicht großartig ausgeschildert, sondern gehen einfach von der Straße weg. Recht beliebt ist eine Fahrt auf den Mt. Tantalus zum Sonnenuntergang.

Nuuana Pali Lookout

Wer auf dem Pali-Highway (Nr. 61) unterwegs ist, der sollte an der Ausfahrt zum **Nuuanu Pali Lookout** abfahren und den kleinen Park besuchen. Der Blick von den steil abfallenden Klippen (diese Art von Klippen wird als *pali* bezeichnet) ist auf die Ostküste mit den Orten Kailua und Kaneohe gerichtet. Hier oben soll im Jahre 1795 die letzte Schlacht zwischen Hawaiianern stattgefunden haben. Als die Verteidiger von Oahu erkannten, dass sie gegen die Truppen von *Kamehameha I.* keine Chance mehr hatten, stürzten sie sich teilweise selbst in die Tiefe, um nicht von den Feinden heruntergestoßen zu werden. Kamehameha I verfügte damals bereits über Feuerwaffen und Kanonen, während seine Gegner noch mit Speeren kämpften.

Selbst wenn es in Honolulu tropisch heiß ist, kann es hier ziemlich windig und kühl sein.

Pearl Harbor

Einer der beliebtesten Anlaufpunkte für Touristen ist Pearl Harbor. Er rangiert gleich hinter dem Punchbowl Crater. Vor langer Zeit lebten innerhalb des natürlichen Hafens unzählige Perlenaustern, weshalb die alten Hawaiianer dieses Gebiet auch *Waimomi* (Wasser mit Perlen) nannten. 1875 gestattete König *Kalakaua* den Amerikanern, bei Pearl Harbor ein Kohlenlager für die Handels-Dampfschiffe anzulegen. Noch zu Beginn dieses Jahrhunderts war Pearl Harbor eine seichte Lagune ohne direkte Verbindung zum Meer, denn eine Korallenbank versperrte die Einfahrt von Booten. Im Jahr 1902 begannen die Amerikaner, diese Korallenbank abzufräsen um eine Fahrrinne hinaus zum Meer zu schaffen. In den frühen zwanziger Jah-

Oahu

ren bauten sie Pearl Harbor systematisch zu ihrem Flottenstützpunkt aus. Durch den Angriff der Japaner im Jahr 1941 ging Pearl Harbor in die Geschichte ein (s. Exkurs).

●Eine recht gute Dokumentation zu den Ereignissen im Rahmen des Angriffs auf Pearl Harbor stellt der Film *Thora, Thora, Thora* aus den 1950er Jahren dar. Der Film *Pearl Harbor* nutzt die geschichtlichen Ereignisse nur als Rahmenhandlung sowie zur Umsetzung von Spezial-Effekten wie dem virtuellen Ritt auf der Bombe, während die persönlichen Erlebnisse der Charaktere im Vordergrund stehen, getreu der Unterzeile des Filmtitels „Der Moment bestimmt die Geschichte ... die Liebe ein ganzes Leben."

U.S.S. Arizona Memorial

In weniger als neun Minuten sank damals das Schlachtschiff *Arizona* mit über 1100 Soldaten an Bord. Zum Gedenken an den Angriff wurde das *U.S.S. Arizona Memorial* mit Hilfe von Spendengeldern errichtet und 1962 eingeweiht. Das Denkmal selbst ist ein 56 m langer, weißer Betonbau, der quer über der gesunkenen *U.S.S. Arizona* ruht.

Das **Visitor Center** (Tel. 422-0561 oder 422-2771) ist täglich von 7.30 bis 17 Uhr geöffnet. Zum eigentlichen *Memorial* gelangt man nur mit geführten Touren im Zeitraum von 8 Uhr bis 15 Uhr. Bei Sturm und hohen Wellen sowie an einigen Feiertagen finden keine Touren statt. Kostenlose Tickets für die Touren am Besuchstag erhält man im Visitor Center. Vor allem in der Hauptreisezeit sind nach 10 Uhr oft keine Eintrittskarten mehr zu bekommen. Vorbestellungen oder Reservierungen sind (auch für Gruppen) nicht möglich; es gilt also: Wer zuerst kommt, mahlt zuerst. Die Tour selbst dauert insgesamt 75 Minuten (siehe Exkurs).

Im Zuge der **verschärften Sicherheitsmaßnahmen** nach dem Anschlag vom 11. September 2001 ist es verboten, Handtaschen, Umhänge- und Hüfttaschen (Wimmerl), Rucksäcke, Kamera-Taschen, größere Geldbeutel etc. mit an Bord der Boote zum *U.S.S. Arizona Memorial* zu nehmen, bzw. in den *U.S.S. Bowfin Memorial Park* oder zur U.S.S. Missouri. Jeder muss sich wie am Flughafen einer strengen Sicherheits-Kontrolle unterziehen. Persönliche Gegenstände, deren Abmessungen maximal 76 cm (H) x 76 cm (B) x 45 cm (T) betragen, kann man im *U.S.S. Bowfin Memorial Park* für 3 $ pro Stück verwahren lassen.

Das *Memorial* ist nicht zu verfehlen, denn es verfügt über eine eigene Abfahrt *(Exit 15A)* vom Highway 1; der Rest ist ausgeschildert. Kostenlose Parkplätze sind vorhanden. Die Busse Nr. 20 (Airport-Pearlridge) und 42 (Ewa Beach) fahren von der Kuhio Ave. in Waikiki aus direkt zum *Memorial*. Vom Ala Moana Shopping aus fahren die Linien 40, 40 A bzw. 62 dort hin. Die Haltestelle liegt am Kamehameha Hwy gegenüber vom *Memorial*. Die Busse fahren alle 15 bis 20 Minuten und benötigen etwa 80 Minuten.

●www.nps.gov/usar

Hafenrundfahrt

Unabhängig vom *Arizona Memorial* gibt es Rundfahrten durch Pearl Harbor, die man im Hotel buchen kann und die inkl. Anfahrt von dort organisiert werden.

U.S.S. Bowfin Submarine Museum

Unmittelbar neben dem Besucherzentrum befindet sich das *U.S.S. Bowfin Submarine Museum & Park*, Tel. 423-1341; geöffnet von 8 Uhr bis 17 Uhr; Eintritt 8 $ für Erwachsene, 3 $ für Kinder von fünf bis zwölf, Kinder unter fünf haben keinen Zutritt. Keine Taschen oder Kameras!!!

Hier bekommen Sie einen Einblick in die Geschichte der Militär-U-Boote sowie der US Navy und können verschiedene Torpedo-Typen kennen lernen. Außerdem besteht die Möglichkeit, durch das ausrangierte U-Boot *U.S.S. Bowfin* zu gehen bzw. zu klettern – interessant, wie und mit welcher Selbstverständlichkeit die Amerikaner ihr Militär präsentieren und wie kräftig gleichzeitig die Werbetrommel für neues Personal gerührt wird.

Ebenso wie am *Arizona Memorial* gibt es auch hier einen *Gift Shop* (Souvenirladen). Neben dem üblichen Schnickschnack, wie zum Beispiel „32-prozentiges österreichisches Kristallglas" mit einem Aufkleber *Made in Hawaii* finden Sie dort auch viele militärbezogene Souvenirs, ja sogar entsprechende Spiele, für die mit dem Slogan *Educational fun for everybody* (lehrreicher Spaß für Jedermann) geworben wird. Eines dieser Spiele heißt *World War II* ...

Ebenso zum Museum gehört das **Schlachtschiff Missouri** *(Missouri Battleship)*. Hierher fährt man mit dem Shuttle über die 1999 fertig gestellte Betonbrücke. Der Eintritt kostet 14 $ bzw. 7 $ für Kinder und die Kombi-Eintrittskarte für Museum und die Missouri gibt's für 18 $ bzw. 9 $ (Kinder).

Rund um die Insel

Die Südostküste

Als *The Circle Route* wird der Rundweg vom Highway 1 über den Highway 72 bis zur Ostküste und zurück über den Pali Highway (61) oft bezeichnet.

Am schnellsten gelangt man über den Highway 1 nach Osten aus Waikiki heraus, am schönsten geht es auf der Küstenstraße um den Diamond Head herum. Im Endbereich des Highway 1, wenn dieser in den Highway 72 übergeht, ist zähfließender Verkehr keine Seltenheit.

Hanauma Bay

Neben Waikiki Beach ist die Hanauma Bay der beliebteste Strand Hawaiis. Es handelt sich dabei um einen Krater, der an seiner Südostseite eine Verbindung zum Meer hat. Bei knapp dreieinhalb Millionen Besuchern pro Jahr herrscht in dieser Lagune großer Trubel. Warum aber kehren so viele Menschen der Touristenhochburg Waikiki für einen Tag den Rücken, um die Hanauma Bay zu besuchen? Weil sich dort Unmengen von bunten Riff-

fischen tummeln. An keinem anderen Punkt Hawaiis lassen sich die Riffbewohner das ganze Jahr über derart einfach beobachten: Man muss sich in diesem *State Underwater Park* nur eine Taucherbrille aufsetzen und den Kopf unter Wasser halten, um die Farbenpracht direkt zu Füßen in Aktion zu sehen. Das Riff selbst ist im Strandbereich zerstört, aber die Fische kommen dennoch bis ins sehr flache Wasser, weil sie wissen, dass sie hier gefüttert werden. Dies ist den Touristen mittlerweile aber nicht mehr gestattet, weil die Fische zu gierig auf das Futter wurden und dabei regelrecht aggressives Verhalten zeigten.

Die Bucht ist täglich außer Dienstag von 6 bis 18 Uhr geöffnet. Der Eintritt schlägt mit 5 $ pro Person ab 13 Jahren zu Buche (für Kinder kostenlos, Info: 396-4229). Wer auch die letzten, steilen Meter bis zur Bucht nicht laufen möchte, nimmt die Tram: 0,50 $ hinunter und 1 $ hinauf.

Am Kiosk der Bucht mit Toiletten und Kaltwasserduschen gibt es neben Sandwiches und Sodapops auch Schnorchelausrüstungen (*Snorkel Gear*) zu mieten. Innerhalb der Bucht ist das Wasser ganzjährig ziemlich ruhig. Bei hohem Wellengang sollten Sie jedoch nicht zu weit hinaus schwimmen. Erkundigen Sie sich beim Ausrüstungsverleiher nach den momentan besten Schnorchelplätzen. Vormittags ist das Wasser noch klar und nicht von den vielen Schnorchlern aufgewühlt.

Übrigens: Hanauma Bay ist der erste Strand der USA, an dem **Rauchverbot** herrscht.

Die Anzahl der Parkplätze (1 $ Parkgebühr, bis 15 Minuten kostenlos) reicht oft nicht aus. Sie erreichen die Hanauma Bay direkt mit dem *Beach Bus* Nr. 22 Richtung Hawaii Kai-Sea Life Park.

Nach 45 Minuten erreichen Sie die Hanauma Bay, nach nochmals 10 Minuten Fahrt den *Sea Life Park*. Da der Bus an Wochentagen nur einmal pro Stunde (am Wochenende alle 30 Minuten) verkehrt, sollte man sich aus dem Internet die aktuellen Abfahrtszeiten besorgen:

Erkundigen Sie sich unbedingt nach der aktuellen Abfahrtszeit des letzten Busses Richtung Waikiki!

● www.thebus.org/route/rt22.pdf
Auch ein **Shuttlebus** fährt zur Hanauma Bay: Das Unternehmen *JSS Hawaii* verlangt für Hin- und Rückweg 19 $ (Tel. 396-4152).

Küstenstraße

Eine Fahrt entlang der Küste von der Hanauma Bay bis zum Sea Life Park ist vor allem (spät-)nachmittags ein Erlebnis, wenn die Sonne von Westen die teilweise wilden Küstenabschnitte in bestes Licht rückt: links der Koko-Krater, rechts die rauhe See.

Halona Blowhole

Am Straßenrand befindet sich das *Halona Blowhole*, bei dem – entsprechende Brandung vorausgesetzt – das Wasser wie bei einem Geysir nach oben aus dem Boden schießt. Nachdem man den vor allem bei Surfern wegen seiner starken Brandung sehr beliebten, bei den Schwimmern gefürchteten **Sandy Beach** sowie den

Makapuu Beach passiert hat, gelangt man 4,6 Meilen nach der Hanauma Bay zum *Sea Life Park*.

Sea Life Park

Hauptattraktion des *Sea Life Park* sind die **Delfin-Show,** das **Aquarium** sowie die **Pinguin-Kolonie.** Dieser Park bietet reine Unterhaltung und Animation nach Art der entsprechenden Shows auf dem Kontinent – selbstverständlich mit einer Prise Hula und Aloha Spirit.

Mit Parks auf dem Festland wie beispielsweise *Sea World* kommt der *Sea Life Park* allerdings bei Weitem nicht mit, zumal die Prise Aloha Spirit oftmals zur kitschigen Überdosis verkommt.

Die Attraktion **Seawalker** (55 $ extra) ist jeden Tag schnell ausgebucht. Hier geht man mit einem Pressluft gefüllten Helm 6 m tief ins Aquarium hinab ohne dass die Haare nass werden.

● **Sea Life Park,** Tel. 942-3100
oder 259-7933
Öffnungszeiten: täglich 9.30 bis 17 Uhr
Eintritt: Erwachsene 25 $, 4-12 Jahre 12 $, darunter frei

Zum Sea Life Park gelangen Sie entweder mit dem öffentlichen Bus oder mit einem Shuttlebus (Round Trip für 5 $, Tel. 973-9825).

Kailua, Kaneohe

Die Orte Kailua und Kaneohe haben wenig zu bieten, es handelt sich um reine Schlafstädte. Im Gegensatz zu Waikiki herrscht hier abends Ruhe; die wenigen Bed & Breakfasts sind meist schon recht früh ausgebucht. Allerdings zählen die hier liegenden Strände *Kailua* und *Lanikai Beach* zu den schönsten Stränden der gesamten Inselkette. Sie werden immer wieder zu den schönsten der Nation gewählt.

Von hier aus führen der Pali Highway (Highway 61) und der Likelike Highway (Highway 63) über die Berge zurück nach Honolulu. Auf diesen Straßen stauen sich die Autos morgens in Richtung Honolulu und zur Feierabendzeit (etwa 16.30 bis 19 Uhr) in der Gegenrichtung. Ansonsten können diese Highways gut passiert werden.

Die Ostküste

Winward Oahu

Windward Oahu, wie die Ostküste der Insel auch genannt wird, ist vor allem bei Windsurfern und Seglern beliebt, denn an 90 % aller Tage im Jahr sorgen hier die Passatwinde für optimale äußere Bedingungen. Die Küstenstreifen und die Berghänge sind üppig überwuchert, denn die Winde bringen viel Feuchtigkeit mit. An manchen Stellen sind die steilen Bergwände sehr beeindruckend, im Vergleich zur Na-Pali-Küste im Norden Kauais jedoch immer noch klein. Der Highway 83 schmiegt sich eng ans Meer. Je weiter man nach Norden kommt, um so dünner ist die Besiedelung. Teilweise drängt sich aufgrund der eher verwahrlosten Häuser der Verdacht auf, dass es sich hier nicht um die beste Wohngegend handelt. Erst im Bereich des Ortes Laie sieht es wieder einladender aus.

Byodo-In Temple

Der *Byodo-In Temple* im *Valley ot the Temples* liegt nur wenige Meilen nördlich von Kaneohe. Etwa bei Meile 37,6 zweigt zur Bergseite die Zufahrt beim Schild „Valley of Temples Memorial Park" ab. Der hinter dem Memorial Park liegende buddhistische Tempel (Tel. 239-8811, Eintritt 3 $, geöffnet von 9 bis 16 Uhr), der vor den steil abfallenden, knapp 600 m hohen Pali-Klippen recht beeindruckend wirkt, wurde im Sommer 1968, am 100. Jahrestag der ersten Ankunft von japanischen Arbeitern in Hawaii, eingeweiht. Es handelt sich dabei um eine Nachbildung eines über 900 Jahre alten Tempels im japanischen Kyoto. Im linken Teil des Tempels befindet sich eine knapp sieben Tonnen schwere Bronzeglocke, die meistens auch von den Besuchern betätigt werden darf. Im Innern steht ein etwa 3 m hoher Buddha, in den Teichanlagen schwimmen Goldfische und Karpfen von gigantischen Ausmaßen. Der gesamte Tempelkomplex strahlt wohltuende Ruhe aus. (Mit dem Bus Nr. 65 Richtung Kaneohe-Kahaluu erreicht man einmal pro Stunde den Tempel binnen 1,5 Stunden ab der Kreuzung Alakea/King Street in Downtown. Diese Kreuzung wird von den Airport-Linien 19 und 20 angefahren.)

Chinaman's Hat

Im Meer werden Sie bei der Weiterfahrt nach Norden eine kleine Insel entdecken, die je nach Tide wie ein chinesischer Hut aussieht, weshalb die Insel den Namen *Chinaman's Hat* trägt.

Wohnhaus von Kim Taylor Reece

Ein kleines Stück hinter den Sacred Falls (und nur wenige Meilen südlich des Polynesischen Kulturzentrums befindet sich das Wohnhaus des Künstlers *Kim Taylor Reece,* dessen Fotos (schwarzweiß und sepia) von Hula-Tänzer(inne)n auf den Inseln und bei Touristen sehr beliebt sind. In seinem wirklich schönen Haus befindet sich auch eine **Galerie,** wo die (auf Wunsch signierten) Bücher/Poster etc. günstiger sind als sonst auf den Inseln, und ein nettes Gespräch mit dem Künstler ist auch meist möglich. Am besten vorher anrufen und einen Termin abmachen.

Weitere Infos unter www.kimtaylor reece.com bzw. Tel. 293-2000 oder gebührenfrei unter 1-800-657-7966.

Polynesian Cultural Center

Ein kultureller Höhepunkt ist das in Laie gelegene *Polynesian Cultural Center* (PCC, Polynesisches Kulturzentrum). Es ist als erster Kontakt mit Südseekulturen bestens geeignet. Trotz der kommerziellen Aufmachung, die manch einen Besucher an Disneyland erinnern mag, hat sich das PCC ein gewisses Maß an Authentizität bewahrt.

Das PCC wurde Anfang der 1960er Jahre von den Mormonen in der Nähe ihres Tempels in Laie erbaut. Als Personal fungieren hier Studenten der Universität von Provo/Utah, Außenstelle Laie, die nachmittags hier arbeiten und dabei ihre Kultur darstellen. Ursprünglich wollte man den inzwischen über 600 Studenten lediglich eine Möglichkeit zur Finanzierung des Stu-

Oahu

diums geben, doch mittlerweile hat sich das Polynesische Kulturzentrum zu einem Großunternehmen gemausert. Stolz sprechen die Inhaber auch davon, dass es sich hier um *the most successful cultural attraction in the world* (die erfolgreichste kulturelle Attraktion der Welt) handelt. Seit der Eröffnung im Jahr 1963 haben bereits über 25 Millionen Menschen das Kulturzentrum besucht.

In sieben **künstlich angelegten Dörfern** gibt das PCC eine Einstimmung in die Lebensweise der Bewohner von Fiji, Hawaii, den Marquesas, Neuseeland, Samoa, Tahiti und Tonga. Mit Spielen, kleinen Tänzen und handwerklichen Demonstrationen zeigen junge Männer und Frauen, die in den meisten Fällen von den jeweiligen Inseln kommen, ein paar touristengerecht aufgemachte (und gut fotografierbare) Bräuche aus ihrer Heimat. Die knapp über fünf Stunden von der Öffnung bis zum Abendessen vergehen dabei recht schnell.

Sicherlich, wer die Südsee besucht, erfährt wohl mehr über die einzelnen Völker, aber eine solche Reise dauert auch etwas länger. Aber die Touristenshows auf den Südseeinseln zeigen auch nichts wesentlich Anderes als das PCC. Kurz und gut, das Polynesische Kulturzentrum bietet informative Unterhaltung.

Im Theater ist für einen Aufpreis tagsüber einmal pro Stunde der Film *Polynesian Odyssee* auf einer Riesen-Leinwand (7 Stockwerke hoch, 29 Meter breit) zu sehen, in dem die Besiedelung Polynesiens nachgespielt wird.

Sehr beeindruckend sind dabei die Landschaftsaufnahmen. Vor allem bei den Flügen über den Waimea-Canyon und das Kalalau-Valley auf Kauai, über die Gletscher Neuseelands und die neuseeländischen, über 500 m hohen Sutherland-Wasserfälle fühlt man sich mitten im Geschehen. Von der Handlung her hat der Film relativ wenig zu bieten.

Gegen Abend können Sie sich entweder bei einem Luau-Essen mit Live-Musik namens *Alii Luau* oder an einem einfachen Büffet (*All you can eat,* inklusive Getränke) in Kantinen-Atmosphäre stärken, wobei das Alii Luau eine ganz besondere Erfahrung darstellt: Während des Essens gibt es Show-Unterhaltung auf der Bühne sowie die übliche Luau-Animationen mit tanzenden *Honeymooners* (Paaren in den Flitterwochen). Der Autor hat nirgendwo sonst auf den Inseln eine derart zeitoptimierte Massenabfertigung erlebt wie beim *Alii Luau.* Wenn um 18.30 Uhr, also eine Stunde vor Beginn der Abendveranstaltung, die Musik des Alii Luaus aufhört zu spielen, dann haben spätestens drei Minuten später bereits über 50 Prozent der Besucher das Restaurant verlassen – eine beeindruckende Erfahrung, wenn man bedenkt, dass innerhalb der nächsten Stunde nur noch Shopping auf dem Programm stehen kann.

Ein Muss bei einem Besuch des PCC ist wiederum ein Besuch der **Abendshow,** die etwa alle 9 bis 10 Monate wechselt.

Der **Eintritt** ins PCC ist hoch. Bei 40 $ (Kinder von 5 bis 11 24 $) für den

Eintritt inkl. IMAX-Theater und Abendshow geht es los. Mit Dinner-Buffet kostet es dann bereits 55 $ (Kinder: 37 $). Der Transport ab/bis Waikiki kostet 13 $ pro Person. Das Ganze steigert sich bis zum Super Ambassador Package mit Deluxe Transportation für 188 $ pro Person – jeweils zuzüglich einer Ticket Fee von 1,50 $.

Mittlerweile kann man die Tickets (inkl. Transport) auch online oder unter der gebührenfreien Rufnummer 1-877-5PCC-DIRECT (1-877-572-2347) reservieren.

Wird in Honolulu ein Pauschalangebot PCC plus Bustransfer gebucht, ist die Busfahrt meist ziemlich günstig. Derartige Angebote finden Sie gleich auf den ersten Seiten von *This Week*, *Spotlight* etc.

Falls Sie mit dem Mietwagen nach Laie fahren, müssen Sie abends noch die 35 Meilen bis zurück nach Waikiki (über Likelike Highway) fahren. Planen Sie dafür etwa 75 Minuten ein. Die Abfahrt vom Highway 83 zum PCC ist bei Milemarker 19, etwa auf Höhe von McDonald's.

● **Polynesian Cultural Center**
55-370 Kamehameha Highway, Laie, Hawaii 96762
Tel. 1-800-367-7060 oder 293-3333, www.polynesia.com
Geöffnet von 12.30 bis 21 Uhr.
Sonntags geschlossen.

Kahuku Sugar Mill

Im Jahr 1971 wurde die Zuckerrohr-Mühle von Kahuku, die *Kahuku Sugar Mill*, geschlossen. Die Mühle aus der Jahrhundertwende hat wieder geöffnet – als Touristenattraktion mit bunt

angestrichenen Zahnrädern, Souvenirladen und Restaurant. Fünf Minuten reichen zur Besichtigung.

Die Nordküste

Da es außer dem einsam an der Nordküste gelegenen Hotel *Turtle Bay Resort* im gesamten Nordteil der Insel keine nennenswerten Arbeitsplätze gibt (das PCC ist eine Art „Geschlossene Gesellschaft"), ist die gesamte Gegend relativ dünn besiedelt – meist mit Künstlern und Aussteigern.

Nur einige Meilen westlich des *Turtle Bay Resort* beginnt gleich neben dem Highway 83 das **Mekka der Surfer.** Zwischen Sunset Beach und Haleiwa sucht hier jeden Winter die Surf-Elite die Herausforderung mit den teilweise über zehn Meter hohen Wellen. Von November bis Ende Dezember/Anfang Januar finden hier jedes Jahr die **Surf-Weltmeisterschaften** statt. (Weiterführende Informationen stehen unter Surfen im Kapitel Oahu – Aktivitäten).

Im Sommer gibt es hier schöne, einsame **Badestrände.**

Ted's Bakery

Auf Höhe des Banzai Beach steht auf der Landseite des Highways eine kleine unscheinbare Wellblech-Bretterbude, an der normalerweise kein Tourist anhalten würde. Die Einheimischen pilgern allerdings regelrecht zu dieser Hütte, denn sie beherbergt *Ted's Bakery*, wo es nach Ansicht der Locals **die besten süßen Pies** (gebackene Torten) von ganz Oahu gibt.

Surf-Weltmeisterschaft auf Oahu

Waimea Falls Park

In der langgezogenen Kurve an der Waimea Bay zweigt die Stichstraße zum *Waimea Falls Park* (Tel. 638-8511 oder gebührenfrei 1-800-767-8046; Öffnungszeiten 10 bis 17.30 Uhr) ab. Geteerte Wege führen darin an vielen exotischen Pflanzen vorbei durch einen tropischen Regenwald. In dem Tal siedelten schon sehr früh die ersten Hawaiianer. Im *„Village"* erklärt man Ihnen gleich neben den Resten dieser alten Häuser, wie die Ureinwohner Hawaiis lebten. Dazu gibt's eine kleine Hula-Show vor sehr schönem Hintergrund und den obligatorischen Hula-Unterricht. Am Talende steht eine Inselschönheit zu bestimmten Zeiten fotografiergerecht Modell vor einem 15 m hohen Wasserfall. Anschließend springen die *Cliff Divers* von den Klippen – begleitet von lauten Aaaahs und Ooohs der Zuschauer.

Für alle, die über Oahu nicht hinauskommen, ist der *Waimea Falls Park* trotz 24 $ Eintritt ein lohnendes Ausflugsziel. Den Regenwald gibt's auf Kauai und Maui in schönerer Form gratis, und die exotischen Pflanzen können Sie auf Hawaii Big Island oder Maui besser und billiger sehen (und fotografieren). Im parkeigenen Restaurant am Eingang erhalten Sie für etwa 15 $ ein eher bescheidenes Mittagsbüfett *(All you can eat).* Von Waikiki

Oahu

fährt für 5 $ (Round Trip) ein Shuttle-bus zum *Waimea Falls Park* (Tel. 973-9811). Nach heftigem Protest der Einheimischen wurde der Bau eines Hotelkomplexes in der Waimea Anfang 2006 ad acta gelegt.

Für 59 $ erhält man neben dem Eintritt in den Park auch zwei der folgenden Aktivitäten im Paket: Reiten, ATV-Fahren (eine Art Geländemotorrad mit vier Rädern), Mountain-Biking, Kayaking oder das bereits erwähnte Lunch-Büffet. Die Aktivitäten selbst werden von Unternehmen durchgeführt, die vom Park unabhängig sind. Wer auf eine bestimmte Aktivität aus ist, sollte unbedingt vorher reservieren.

Haleiwa

Kein anderer Ort auf Oahu hat sich innerhalb der letzten zehn Jahre derart verändert wie Haleiwa. Früher einmal bestand die kleine Ortschaft aus einigen Cafés, kleinen Läden und improvisierten Souvenirständen, an denen hauptsächlich Muscheln und Muschel-Produkte verkauft wurden. Im Sommer wirkte Haleiwa mit seinen Fassaden im Westernstil ziemlich verschlafen, aber im Winter sorgten die Surfer für reges Leben.

Mittlerweile hat Haleiwa eine Ortsumgehung (Highway 83) und es gibt Einkaufszentren (das größte ist der *North Shore Marketplace)* sowie diverse Vertreter des Fast-Food-Business, aber auch Boutiquen und Tätowiermöglichkeiten. Selbst die untrüglichen Zeichen des Massentourismus – Niederlassungen der Wyland Galerie und von Crazy Shirts – sind mittlerweile in Haleiwa vertreten. An den Stränden tummeln sich jetzt auch im Sommer vermehrt Menschen, aber immer noch ganz erheblich weniger als in Waikiki. Im Winter herrscht hier schon fast der Ausnahmezustand.

Dennoch lohnt sich ein Stopp in Haleiwa. Der alte Surfshop druckt mittlerweile sein „Verkehrsschild" *SurferXing* auf T-Shirts und Tassen. Recht gemütlich ist auch der nahegelegene *Haleiwa Beach Grill. Matsumotus General Store* hat jedoch viel von seiner ursprünglichen Originalität verloren.

Die Nordwestküste

Die Weiterfahrt auf dem Farrington Highway (Nr. 930) entlang der Nordküste lohnt sich vor allem für Strandliebhaber. Vom in Strandnähe liegenden *Dillingham Airfield* aus starten regelmäßig die Segelflugzeuge von *Mr. Bill* (Tel. 677-3404) sowie Doppeldecker (Tel. 637-4461). Am einsamen Mokuleia Beach vorbei führt die Straße zum *Kaena Point.* Die letzten beiden Meilen lassen sich nur zu Fuß zurücklegen, da ein Teil des Weges abgebrochen ist. Früher musste man sich an dieser Stelle mit einem dort montierten Seil abseilen, aber mittlerweile ist der Trail aus Sicherheitsgründen ganz gesperrt.

Zentral-Oahu

Am Kreisverkehr in Haleiwa ändert der Kamehameha Highway seine Nummer in Highway 99. Die meist kerzengerade Straße steigt langsam an und führt zuerst durch Kaffeefelder, dann vor allem durch **Ananasfelder.** Im Winter quälen sich hier die mit Surfbrettern beladenen, teilweise fast schrottreifen Autos der Surfer zu den begehrten Stränden, denn der Highway 99 ist die schnellste Verbindung von Honolulu zur Nordküste. Manchmal ergeben sich, abhängig von den Lichtverhältnissen, großartige Kontraste zwischen der dunklen Straße, der roten Erde und den grünen Bergen im Hintergrund. Das intensive Rot entsteht durch die zersetzte vulkanische Asche mit hohem Eisenoxid-Anteil. Diese Erde eignet sich besonders gut für den Anbau von Ananas.

Eingerahmt von der Koolau Range im Osten und der Waianae Range im Westen gelangen Sie schnell in eine Hochebene, in der weit und breit nur die Ananasfelder von *Del Monte* und *Dole* zu sehen sind.

Dole Pinapple Pavillon

Direkt am Highway liegt der Dole Pineapple Pavillon, bei dem sich ein kurzer Stopp lohnt, zumal die *Dole Plantation* jeden zur Begrüßung einlädt, auf den Pineapple Express zu steigen und so mit gemütlichen 8 km/h durch die Felder zu fahren. Während der Fahrt gibt es jede Menge Infos über die Ananas- und Ackerbau-Kultur in Hawaii – natürlich aus der Sicht von Dole. Noch mehr Infos erhält man im sehenswerten *Variety Garden* vor dem großen Pavillon. Direkt daneben befindet sich ein Teich mit vielen *Kois* (Riesenkarpfen) sowie ein Irrgarten *(Maze),* der im 1998er Guinness-Buch

der Rekorde als *„World's largest maze"* verewigt ist (geöffnet 9 bis 17.30 Uhr; Eintritt 5 $). Der Rekord im Durchgehen liegt bei acht Minuten, im Durchschnitt benötigt man 30 Minuten.

Im Innern des Hauses (eine echte Touristenfalle) gibt's erntefrische Ananas, Säfte, Eis und anderes zu essen. Trotzs seines saftigen Preises ist das Ananas-Eis *(Dole-Whip)* bei Zentraleuropäern sehr beliebt. Viele kaufen sich zu zweit gleich das Pineapple Boat. Auch Souvenirs in allen Variationen werden angeboten. Das *Dole-Logo* prangt dabei auf Tassen, Schlüsselringen, T-Shirts (zu den Präsidentschaftswahlen 1996 Bob Dole gegen Bill Clinton gab's ein T-Shirt mit der Aufschrift *Dole is a pineapple* ...), Sweatshirts, Taschen, Mützen, Kugelschreibern, Uhren, Jacken, Hosen ... (Mehr hierzu im Kapitel Lanai.)

Wahiawa, Schofield Barracks

Bei den Ortschaften **Wahiawa** und **Schofield Barracks** handelt es sich im Wesentlichen um eine große Kaserne der *US Army* mit der zugehörigen Infrastruktur vom Supermarkt über den Friseurladen bis zum Wohngebiet.

Die Westküste

Von Oahu aus gelangt man über die Verlängerung des Highway 1 in den Bereich der Westküste, wo die Straße etwa ab Barbers Point schließlich die Nummer 93 und später 930 (Farrington Highway) trägt. Bis Makaha fährt sogar der Bus Nr. 40 (A) ab Ala Moana Shopping Center.

Oahu

Waikele Factory Stores

Am H1, eine Ausfahrt hinter dem Abzweig Waipahu, wurde ein Ort namens **Waikele** aus dem Boden gestampft, der im Wesentlichen aus einem riesigen Einkaufszentrum mit 51 Läden besteht. Viele davon sind *Factory Outlets,* in denen man die Produkte eines bestimmten Herstellers um einiges billiger erstehen kann als in normalen Läden.

Hawaiian Waters Adventure Park

Im Ort **Kapolei** befindet sich der *Hawaiian Waters Adventure Park* in der Nähe des H1 (Exit 1 Barbers Point Harbor, ausgeschildert!) mit vielen Rutschen, Strömungskanal etc. Kein billiger Spaß: 34,99 $ (Kinder 24,99 $) plus Tax – vor allem, da der Park oft nur von 10.30 bis 15.30 Uhr geöffnet ist. Teilweise ist er auch mehrere Tage hintereinander geschlossen. Die genauen Öffnungszeiten gibt's unter: www. hawaiianwaters.com, Tel. 674-9283.

Strände

Die Straße führt im weiteren Verlauf an einer Vielzahl schöner Strände entlang. An den meisten stehen nur wenige Palmen, lediglich am frisch renovierten *Maili Beach,* einem der längsten Strände der Insel, findet man etwas mehr Schatten. Ganzjährig zum Baden gut geeignet ist die *Pokai Bay* bei Waianae. Unter der Woche sind die Strände meist recht einsam, dafür tummeln sich hier am Wochenende um so mehr Einheimische. In manchen *Beachparks* leben Obdachlose. Um sie fernzuhalten hat das County Oahu ein Campingverbot an Donnerstagen

ausgesprochen. Die Polizei vertreibt dann (nicht nur) die Obdachlosen von den Campingplätzen. Freitag vormittag jedoch sind sie schon wieder mit Aufbauen beschäftigt, und gegen Mittag stehen ihre Behausungen wieder – bis zum nächsten Donnerstag.

Je weiter man sich von Honolulu entfernt, um so weniger gepflegt wirken die Ortschaften und die Häuser. An der Westküste ist der Anteil „echter" Hawaiianer (mit polynesischem Ursprung) höher als in den anderen Inselteilen. Für diese Bevölkerungsgruppe ist es in der Regel schwieriger als für andere, eine Arbeitsstelle mit angemessener Bezahlung zu bekommen. Zahlreiche Fast-Food-Läden säumen die Straße, viele davon auch „Hawaiian Style", wo es dann nicht nur Burger, sondern auch *Laulau* (Schweinefleisch aus dem Erdofen mit Ti-Blättern umhüllt) gibt.

Makaha Valley

Am Ortseingang von Makaha zweigt rechts die Makaha Valley Road ab, an deren Ende man das wohl besterhaltene **Heiau** (urhawaiianische Opfer- und Tempelstätte) außerhalb Big Islands findet. Das Heiau liegt innerhalb einer *Gated Area* (ein Wohngebiet, das komplett umzäunt ist und in das man normalerweise nur auf Einladung eines Bewohners hineindarf). Wenn man freundlich fragt, wird man aber meist hereingelassen. Am Heiau selbst gibt es viele Moskitos. Da die *Gated Area* kein Touristengebiet ist, gibt es weder feste Öffnungszeiten noch eine Telefonnummer, unter der man Informationen erfragen kann.

Yokohama Bay

Am Ende der Teerstraße befindet sich der große, einladende *Beachpark* der Yokohama Bay, an dem sich oft die *Boogie-Boarder* vergnügen. Schwimmen ist an diesem einsamen, ausgesprochen schönen, weißen Sandstrand leider nur im Sommer möglich – und dann wegen der Strömungen nur mit einem gewissen Restrisiko.

Kaena Point

Die letzten zwei Meilen zum Kaena Point lassen sich nur mit einem Geländewagen oder per Pedes bewältigen. Der Ort hat für die Hawaiianer eine große **spirituelle Bedeutung,** da hier die Seelen der Verstorbenen die Inseln verlassen. An dieser Stelle befindet sich auch das einzige dem Autor bekannte **Vogelschutzgebiet** Oahus. Wer will, kann vom Kaena Point weiter wandern zum Nordküsten-Ende des Farrington Highways. Auf dieser Wanderung von insgesamt fünf Meilen Länge (etwa 2 ½ Std.) passiert man die schönsten *Tidepools* Oahus.

Strände

Südküste

Im Bereich der Südküste von Waikiki bis Hanauma Bay liegen die meisten *Family Beaches*, an denen sich gute Möglichkeiten zum Schwimmen und Schnorcheln bieten.

Ostküste

Die Ostküste, auch *Windward Coast* (dem Wind zugewandte Küste) genannt, ist vor allem bei den Windsurfern und den Seglern beliebt, denn an etwa 90 % der Tage bläst hier ein kräftiger Nordostwind. In diesem Küstenbereich tummeln sich öfter Quallen, *Portuguese-man-of-war (Portugiesische Galeere)* oder *Stinging Blue Jellyfish* genannt.

Den herrlich-weißen Stränden der Nordküste eilt ihr guter Ruf als optimales Surfgebiet voraus. Wenn im Winter die Wellen eine Höhe von 8–10 m erreichen, sollte man einen gebührenden Abstand zum Wasser halten. Im Sommer ist der Waimea Beach relativ stark bevölkert, so dass es ab etwa 10.30 Uhr zu massiven Parkplatzproblemen kommt, während es zum Beispiel am Sunset Beach erheblich ruhiger zugeht und man selbst an Sonntagen an den Stränden entlang des nördlichen Farrington Highways (930) bzw. westlich des *Mukuleia Beach Parks* oft keine Menschenseele trifft.

Westküste

Entlang der gesamten Westküste ersteckt sich vom Ko Olina Resort bis zur Yokohama Bay eine Vielzahl weiter, weißer Strände, die allerdings aufgrund der teilweise starken Strömungen nur bedingt zum Baden geeignet sind. An der Westküste finden Sie unter der Woche garantiert die einsamsten Badestrände der Insel.

Oahu

Ala Moana Beach Park

Tipp: Vor allem bei den Einheimischen ist der *Ala Moana Beach Park* direkt in Honolulu sehr beliebt. Wenn Sie nicht gerade am Wochenende dort hingehen, geht es erstaunlich ruhig zu. Touristen sieht man hier kaum. Der auf einer alten Müllkippe gebaute Park befindet sich direkt gegenüber vom Ala-Moana-Einkaufszentrum (kostenlose Parkplätze) und ist daher mit allen Buslinien erreichbar. Der Ausdruck *Ala Moana* bedeutet übrigens „Straße, die am Meer entlangführt".

Aktivitäten

Auf Oahu können Sie so ziemlich jeder Aktivität (außer Skifahren) nachgehen, die es auf den anderen Inseln auch gibt. Das Angebot ist unüberschaubar groß. Die aktuellen Veranstalter und deren Telefonnummern entnehmen Sie am besten den kostenlosen Broschüren „This Week", „Spotlight" etc.

Näheres siehe „Sport und Erholung".

Rundflüge

Das Angebot an Rundflügen ist relativ bescheiden und im Vergleich mit den anderen Inseln eher teurer. Vom einfachen Segelflugzeug *(Mr. Bill,* Tel. 677-3404), www.honolulusoaring.com) über den Doppeldecker *(Stearman Bi-Plane Rides,* Tel. 637-4461) mit offenem Cockpit, Lederhelm und Schutz-

brille bis zum Hubschrauber *(Rainbow Pacific Helicopters,* Tel. 834-1111, gebührenfrei 1-800-289-6412; Heli USA, 833-3306, www.heliusa.com) reicht die Liste. Für 175 $ können Sie sogar die Gegend vom Fallschirm aus betrachten *(Skydive Hawaii,* Tel. 637-9700, www.hawaiiskydiving.com).

Darüber hinaus gibt es mehrere Veranstalter, die auf Tagestouren für etwa 200 $ alle sechs Hauptinseln anfliegen und auf zwei davon kurze Stopps einlegen.

Ausflüge und Aktivitäten im und auf dem Wasser

Bootstouren

Kreuzfahrten per Segelboot, U-Boot, Luxusjacht, Glasbodenboot und Katamaran sind in den Gewässern vor Waikiki möglich. Das Angebot, aufgrund der ruhigeren See im Sommer erheblich größer als im Winter, ist vielfältig und die Konkurrenz groß; daher lohnen sich Preisvergleiche. Sehr beliebt bei Amerikanern und Japanern sind **Sunset Dinner Cruises –** Kreuzfahrten mit relativ großen Jachten, auf denen das Abendessen während des Sonnenuntergangs serviert wird. Anschließend bestehen meist Möglichkeiten zum Tanzen.

Immer gut besucht sind auch die langen **Rundfahrten durch Pearl Harbor.**

Schnorcheln und Gerätetauchen

Die besten Schnorchelmöglichkeiten auf Oahu herrschen ganz klar an der **Hanauma Bay** (siehe Südost-küste). Weil es relativ umständlich ist, mit öffentlichen Verkehrsmitteln zur Hanauma Bay zu gelangen, bieten mehrere Veranstalter halb- und ganz-tägige Pauschaltouren zu dieser Bucht an. Für etwa 15 $ wird man am Hotel abgeholt und wieder zurückgebracht; die Ausleihe der Schnorchelausrüs-tung ist im Preis enthalten. Darüber hinaus gibt es Busfahrten zum Schnor-cheln in einer **Privatbucht** (z. B. Para-dise Cove). Dort ist es dann zwar ruhi-ger als in der Hanauma Bay, aber dafür auch meist teurer.

Viele Schulen bieten ihre Dienste im **Gerätetauchen** an: vom Schnupper-Tauchgang bis zum Nacht-Tauchen.

Surfen und Windsurfen

Möglichkeiten für Anfänger und Fort-geschrittene zum Surfen und Windsur-fen (inkl. Verleih von Brettern) gibt es überall – für Windsurfer vor allem an der Ostküste. Während in Waikiki die Wellen das ganze Jahr über relativ klein sind, lockt die Profis die Heraus-forderung an der Nordküste.

Oahu ist das **Mekka der Surfer.** Hier finden jeden Winter, meist von Ende November bis Ende Dezem-ber/Anfang Januar, die **Weltmeister-schaften im Surfen** statt. In dieser Zeit herrscht an Oahus Nordküste der Ausnahmezustand, denn dann errei-chen die Wellen Höhen von sechs bis zehn Metern. Einzelne Wellen wurden auch schon auf zwölf Meter Höhe ge-schätzt. Die Zeitungen berichten dann ausführlich über die einzelnen Wett-kämpfe – jeweils mit Aufmachern wie:

„It's big wave season on Oahu's North Shore, when the world's top surfers play board games you won't find at Toys'R'Us." (Die Saison der großen Wellen an Oahus Nordküste ist ge-kommen, in der die besten Surfer der Welt Brettspiele spielen, die Sie in kei-nem Laden der Spielwarenhaus-Kette *Toys'R'Us* finden.)

Es handelt sich hierbei um zwei ver-schiedene Weltmeisterschaften: den aus drei Wettkämpfen bestehenden *Triple Crown* und den *Quicksilver* zum Gedenken an *Eddie Aikau,* einen in der Waimea Bay verunglückten Rettungs-schwimmer. Bei jedem dieser vier Wettbewerbe gibt es für den Sieger etwa 20.000 bis 50.000 Dollar zu ge-winnen.

Jeder Einzelwettbewerb des **Triple Crown** beansprucht gut fünf Tage in-nerhalb einer zehntägigen Wettkampf-zeit im Dezember. Der Wettkampf-direktor kann sich daher die Tage mit den jeweils größten und besten Wel-len herauspicken. Insgesamt 33 Spe-zialisten dürfen am **Quicksilver** teil-nehmen – allerdings nur auf Einla-dung. Er findet an einem Tag innerhalb von 85 Tagen zwischen Anfang De-zember und Ende Februar statt – und zwar an einem Tag, an dem die Wellen in der Waimea Bay mindestens 20 Fuß (über sechs Meter) hoch sind. Wenn dieser Fall eintritt, sind die Wellen an den anderen Austragungsorten (Sun-set Beach und Ehukai Beach) sowieso zu hoch für einen Wettkampf. Obwohl beide Meisterschaften etwa zur glei-chen Zeit stattfinden, stehlen sie sich somit nicht gegenseitig die Schau.

Als **Zuschauer** kann man dem Spektakel kostenlos beiwohnen (Fernglas ist sehr hilfreich!). Zum Teil gibt es sogar Tribünen.

Wer **fotografieren** will, sollte einen lichtempfindlichen Film (400 ASA oder mehr) einlegen oder die Digitalkamera entsprechend einstellen und ein Tele mit einer Brennweite von mindestens 500 mm inklusive Stativ mitbringen, weil die besten Wellen (und damit die tollkühnsten Surfer) relativ weit draußen sind. Da die Luft auch am Strand noch voller salziger Wassertröpfchen ist, empfielt es sich, die Kamera mit Plastiktüten abzudecken und die Frontlinse besonders zu schützen.

Jeder Abschnitt der Küste hat seine eigene Charakteristik, und viele besonders herausragende **Surfplätze** tragen sogar eigene Bezeichnungen. Namen wie *Banzai Pipeline* (die berühmteste Welle von allen), *Avalanche* (Lawine) oder *Big Tube* (große Röhre) sprechen für sich. Bei einem *Ride* in der *Banzai Pipeline* sind die Surfer rundum (wie in einem Tunnel) von der Welle eingeschlossen, bevor sie am anderen Ende herausschießen. Die wohl beste Beschreibung eines *Rides* durch diese *Pipeline* hat *Carlos Lorch* in seinem Buch *Lopez, the Classic Hawaiian Surfer* beschrieben: „Surfer, die sich dazu entschlossen haben, die Röhre der *Banzai Pipeline* zu erforschen, wissen genau, dass sie entweder mit der Welle ihrer Träume surfen werden oder damit feststellen, dass es den Albtraum eines Surfers auch in natura gibt."

Unter der Telefonnummer 638-7547 erfahren Sie die aktuellen Neuigkeiten über den *Triple Crown,* unter 737-9696 über den *Quicksilver.* Unter Tel. 531-SURF (531-7873) erreichen Sie das „*Surf News Network*". Außerdem stehen die aktuellen **Informationen** in den Sportteilen der Tageszeitungen.

Vorabinformationen erhalten Sie von der *Association of Surfing Professionals* auf dem amerikanischen Festland unter der US-Rufnummer (714) 851-2774 (von Deutschland: 001-714/851-2774).

Selbst wenn der Dollarkurs für die Europäer günstig steht, sind die Surfschulen in Hawaii jedoch alles andere als billig.

In der **Nancy Emerson Surfing School** können Sie das Surfen auch erlernen. Einer der Werbeslogans: „*Teaching competitors and pros since 1973*". Näheres unter der Telefonnummer 377-2337.

Weitere Surfschulen auf Oahu:

● **Kailua Sailboards and Kayaks**
Tel. 262-2555
● **Surf & Sea**
Tel. 637-9887
● **Prime Time Sports, Waikiki,**
Tel. 949-8952
● **Windsurfing Hawaii/Naish Hawaii-Kailua**
Tel. 262-6068
● **North Shore Wind Surfing School,**
Tel. 638-8198

Sonstiges

Falls Sie nicht mit dem Leihwagen um die Insel fahren wollen, bieten sich neben dem Linienbus auch noch organisierte Touren an. Aufgrund der Vielfalt dieser Touren sollten Sie sich die Unterschiede am *Activities Desk* im

Hotel erklären lassen. Ab zwei Personen ist in der Regel der Mietwagen doch billiger.

Unterkunft

Ganz Waikiki besteht praktisch nur aus **Hotels** (über 170 mit zusammen etwa 40.000 Mehrbett-Zimmern) sowie Bars, Restaurants und Läden, die den Bedarf der Touristen an T-Shirts, Handtüchern, Sonnenmilch, Souvenirs, aber auch an luxuriöseren Artikeln decken. Durch die große Konkurrenz sind die Hotelzimmer vergleichsweise günstig. Im Jahr 2005 betrug der Durchschnittspreis in Oahu 139,68 $ bei 85,6 % Auslastung. Je weiter das Hotel bei vergleichbarem Standard vom Strand entfernt ist, um so erschwinglicher ist es.

Die teuersten und nobelsten Hotels sind entlang der Kalakaua Avenue aufgereiht. So klangvolle Namen wie *Moana Surfrider, Royal Hawaiian Hotel* und *Halekulani* sind dort zu finden. Die preisgünstigeren Häuser findet man in der Kuhio Avenue oder am Ala Wai Boulevard.

Wer von Europa aus bucht, der findet im *Hilton Hawaiian Village,* das etwa 10 bis 15 Gehminuten vom Pink Palace entfernt liegt, eine im Vergleich zu den vor Ort verlangten Übernachtungspreisen eine interessante Fünfsterne-Alternative abseits des Trubels von Waikiki. Dieses einzige Resort-Hotel von Waikiki (Resort-Hotel heißt, dass man theoretisch seinen gesamten Urlaub im Hotel verbringen kann, weil das Hotel alles bietet) mit seinen Hochhaus-Türmen, schönen Gartenanlagen, Pools, Restaurants, Buchungsschaltern für Aktivitäten (*Activity Desk*) und diversen Geschäften ist selbst wenn man nicht hier nächtigt eine Besichtigung wert. Viele Menschen bezeichnen den Strand des Hilton Hawaiian Village als den schönsten Strand von ganz Honolulu. Erstaunlicherweise ist es hier jedoch so gut wie immer ziemlich leer, dafür ist tagsüber an den Pools einiges los.

Allein in Waikiki stehen über zehn Hotels der **Outrigger-Kette** in verschiedenen Kategorien von Standard (*Ohana Hotels,* ab etwa 80 $ pro Zimmer und Nacht) bis Luxus (*Outrigger Hotels,* im Vergleich zu internationalen Großketten oft durchaus noch um einiges günstiger). Hier findet sich manchmal sogar in der Hochsaison auch kurzfristig noch ein freies Hotelzimmer. Sonderpreise werden jedoch nur bei Buchung einige Tage im Voraus im Rahmen verfügbarer Zimmer gewährt. Die zentrale Reservierung der *Outrigger-Hotels* ist innerhalb Hawaiis unter Tel. 1-800-OUTRIGGER (1-800-688-7444) erreichbar.

Der Christliche Verein Junger Männer/ Frauen – in Amerika als **YMCA** beziehungsweise als YWCA bekannt – bietet lediglich im YMCA von Honolulu Übernachtungsmöglichkeiten. Nur für Alleinreisende ist das YMCA preislich attraktiv. Wer zu zweit oder zu dritt unterwegs ist, findet normalerweise in einem Hotel eine günstigere Bleibe. Ein Bett ist ab 32 $ pro Nacht

Oahu

zu haben, ein Zimmer für zwei Personen ab 50 $. Ein Bett im YMCA sollte möglichst schon viele Wochen im Voraus gebucht werden. Die Herberge liegt in der Nähe des Ala Moana Shopping Centers.

●**YMCA**
401 Atkinson Drive
Honolulu/Hawaii 96814
Tel. 941-3344, Fax 941-8821

Ebenfalls in der Nähe des Ala Moana Shopping Center in Honolulu liegt:

●**Big Surf Studios**
1690 Ala Moana Boulevard
Honolulu, Hawaii 96815
Tel. 946-6525
Das Unternehmen vermietet Doppelzimmer ab 40 $.

Für Reisende mit schmalem Geldbeutel, die keine Ansprüche stellen und nur ein Dach über dem Kopf wollen, gibt es mitten in Waikiki das **Interclub Hostel,** das zwar wenig Komfort bietet, aber sonst einen ordentlichen Eindruck macht. Im Schlafsaal kostet das Bett knapp 20 $ pro Nacht, Doppelzimmer gibt's für 50 $. Für die Gäste steht kostenlos Surf- und Schnorchelausrüstung zur Verfügung.

●**Interclub Hostel**
2413 Kuhio Ave (Waikiki Mitte)
Tel. 924-2636)

Ganz in der Nähe befindet sich das:

●**Hostel Banana Bungalow**
2463 Kuhio Ave
Tel. 924-5074

Vor allem für Surfer mit kleinem Budget dürfte die folgende Unterkunft in der Nähe der Waimea Bay interessant sein:

●**Backpackers**
59-788 Kamehmeha Highway
Haleiwa, Hawaii 96712
Tel. 638-7838, Fax 638-7515
Ein Bett im Schlafsaal gibt's hier ab 15 $, ein Doppelzimmer ab 40 $ und eine Hütte ab 70 $. Kostenloser Flughafen-Zubringdienst.

Camping ist auf der gesamten Insel Oahu **nicht zu empfehlen.** Es gibt zwar an die 20 Campingplätze auf der Insel, aber aus Sicherheitsgründen (nicht nur Diebstahl) sollte man dort nicht übernachten. Außerdem ist donnerstags auf der gesamten Insel Camping verboten, um zu verhindern, dass sich Obdachlose dauerhaft ansiedeln (siehe oben). Teilweise ist auch an anderen Tagen das Campen auf einzelnen Plätzen verboten.

Maui

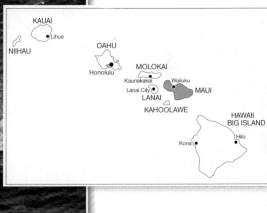

KAUAI
•Lihue
NIIHAU
OAHU
Honolulu
MOLOKAI
Kaunakakai
Lanai City
LANAI
KAHOOLAWE
Wailuku
MAUI
HAWAII
BIG ISLAND
Kona•
•Hilo

Windsurfing in Paia

Überblick

Neben Oahu ist Maui (www.visit maui.com) die bei Touristen beliebteste Insel. Das liegt vor allem an den vielen ausgesprochen schönen Stränden, den wilden Steilküsten, dem an der Westküste ziemlich sonnensicheren Wetter und nicht zuletzt auch an den krassen Gegensätzen: Während auf Meereshöhe tropische Vegetation, Ananas und Zuckerrohr das Landschaftsbild bestimmen, herrscht am Haleakala auf 3000 m Höhe über dem Meeresspiegel eine fast vegetationslose Kraterlandschaft, bei der sich ein Vergleich mit dem Mond aufdrängt. Auch im Bereich der Tierwelt bietet Maui einen Höhepunkt, denn in den Wintermonaten bringen die Wale vor der Küste ihre Jungen zur Welt. Die vorgelagerte Insel Molokini gilt als eines der besten Tauch- und Schnorchelreviere Hawaiis.

Obwohl auch auf dieser Insel bereits viele Hotels stehen, geht es viel ruhiger zu als in Honolulu; statt Hochhäusern stehen in Lahaina, dem touristischen Zentrum Mauis, knapp hundert Jahre alte Holzhäuser, und die Hotels haben maximal sechs Stockwerke.

Maui bietet viele landschaftliche Schönheiten und eine sehr gut ausgebaute touristische Infrastruktur. Auch wer ein ruhiges Plätzchen sucht, kann hier noch auf seine Kosten kommen.

Maui ist die zweitgrößte der Inseln, hat eine maximale Länge von 77 km und eine maximale Breite von 42 km bei einer Gesamtfläche von 1888 Quadratkilometern, so dass Maui gut zweieinhalb Mal so groß ist wie das Bundesland Hamburg (748 km^2), aber doch noch kleiner als das Saarland (2573 km^2). Hier leben und arbeiten gut 90.000 Menschen. Höchster Berg ist der Haleakala mit 3057 m, der gleichzeitig der größte schlafende Vulkankrater der Erde und der dritthöchste Berg der gesamten Inselkette ist.

Regierungsbezirk

In Wailuku hat der Bezirk Maui, also das *County of Maui,* seinen Sitz. Zum *County* gehören neben der Insel Maui selbst auch Lanai und Molokai sowie die unbewohnte Insel Kahoolawe.

Gliederung

Es hat sich so eingebürgert, dass Maui in die folgenden, inoffiziellen Bezirke eingeteilt wird:

● **Central Maui**	Wailuku-Kahului
● **Haleakala**	Oberer Teil des Haleakala-Kraters
● **Upcountry**	Am Hang zwischen der Haleakala-Gipfel zone und Central Maui
● **West Maui**	Lahaina, Kaanapali, Kapalua
● **South Maui**	Kihei bis Makena
● **East Maui**	Hana, Seven Pools

Klima

Die gesamte Insel Maui wird von einem mächtigen Vulkankegel und ei-

nem kleineren Gebirgsmassiv geprägt, dem 3057 m hohen, großflächigen Haleakala im Osten und den West Maui Mountains, deren höchster Punkt (1761 m) den Namen *Puu Kukui* trägt. Aufgrund des zwischen den beiden Bergen liegenden Tals trägt Maui auch den inoffiziellen Beinamen *Valley Island* (Talinsel).

Diese Berge sind die Hauptursache für verschiedene **Klimazonen:** An der gesamten Westküste von Kapalua bis Makena (dort befinden sich etwa 95 % der Hotels auf der Insel) regnet es recht selten, während die Nordküste entlang des Hana-Highways bis Kipahulu für ihre zahlreichen Niederschläge und die daraus resultierende üppig grüne Vegetation bekannt ist.

Die West Maui Mountains sind oft in Wolken gehüllt. Beim Haleakala ergibt sich zuweilen eine besonders spektakuläre Situation: Um den Krater herum hängt auf halber Höhe ein dichter Wolkenring, aus dem die Bergspitze herausschaut.

Temperaturen

Während es tagsüber im Küstenbereich durchschnittlich 23 bis 29 °C warm ist und die Temperaturen selbst im Winter nachts nie unter 16 °C rutschen, herrschen oben am Haleakala ganz andere Gesetze. Auf 3000 m Höhe ist es morgens auch im Sommer oft nur ein paar Grad über dem Gefrierpunkt, und im Winter fällt manchmal sogar etwas Schnee. Wenn die

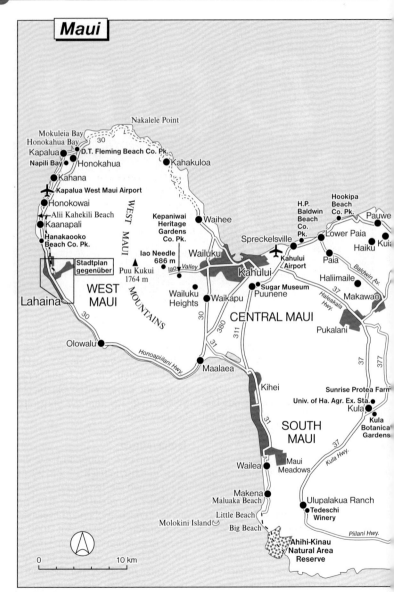

Maui

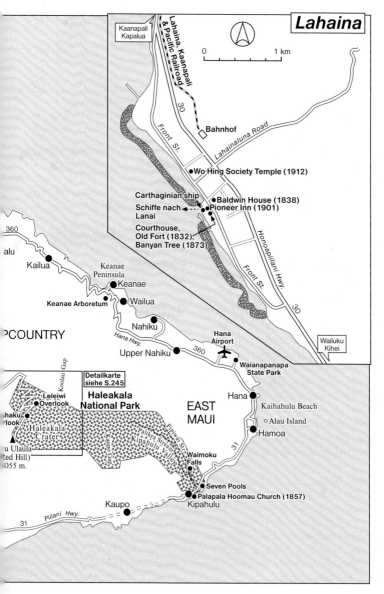

Lahaina

Kaanapali
Kapalua

Lahaina, Kaanapali
& Pacific Railroad

0   1 km

Front St.

30

◇ **Bahnhof**

Lahainaluna Road

● **Wo Hing Society Temple (1912)**

Carthaginian ship
Schiffe nach ◀--- ● **Baldwin House (1838)**
Lanai   ● **Pioneer Inn (1901)**

Honoapiilani Hwy.

Courthouse,
Old Fort (1832),
Banyan Tree (1873)

Front St.

30

360

● **Kailua**
alu

Keanae
Peninsula
● **Keanae**

Keanae Arboretum ● ● **Wailua**

Nahiku

Hana
Airport

Wailuku
Kihei

PCOUNTRY

Hana Hwy.

Upper Nahiku ● 360 ✈

● **Waianapanapa**
State Park

Koolau Gap

Detailkarte
siehe S.245

● **Leleiwi**
● **Overlook**
haku
look

Haleakala
National Park

Haleakala
Crater

EAST
MAUI

● **Hana**

Kaihahulu Beach

○ Alau Island

● **Hamoa**

Paliku St.
Kaupo Gap
Kipahulu Valley

Pipiwai Rd.

31

u Ulaula
ed Hill)
055 m.

Waimoku
Falls

● **Seven Pools**
● **Palapala Hoomau Church (1857)**
Kipahulu

Kaupo ●

31   Piilani Hwy.

Sonne scheint, steigen die Temperaturen tagsüber auf mehr als 20 °C. Innerhalb des Kraters kann es sogar weit über 30 °C heiß werden.

Niederschlag

Die Temperatur-Inversionsgrenze liegt am Haleakala etwa bei 1500 m. Wenn die am Haleakala aufsteigenden Wolken auf diese Temperaturgrenze treffen, dann kondensiert die Feuchtigkeit zu Regen. Der Regenwald im Gebiet der Seven Pools bekommt daher über 8000 mm Niederschlag im Jahr ab. Etwa 15 km westlich, im Regenschatten des Berges, fallen meist weniger als 400 mm Niederschlag pro Jahr.

Zeitplanung

Höhepunkte

Für ein reines Abhaken der Attraktionen dürften ohne Ankunfts- und Abflugtag drei Tage reichen: einen Tag für den Haleakala-Krater und den Großraum Kahului, einen Tag für die Straße nach Hana und einen Tag für die Westküste. Außen vor sind hierbei Badetage, längere Wanderungen, Bootsfahrten zur Walbesichtigung (in den Wintermonaten schon fast ein Muss!) oder sonstige Exkursionen.

Sport, Natur

Maui bietet die besten Wassersportmöglichkeiten der gesamten Inselkette, verfügt über viele schöne, weiße Strände und lädt darüber hinaus zu einigen herrlichen Wanderungen ein, die Hawaii von einer ziemlich unbekannten Seite zeigen.

Wer fünf bis sieben Tage auf der Insel bleibt, der hat auch Zeit für Wanderungen, Exkursionen und ein paar Strandbesuche.

Pflichtprogramm

Zum „Pflichtprogramm" eines Besuchs auf Maui gehören folgende Sehenswürdigkeiten und Aktivitäten:

- Besichtigung des Haleakala-Kraters – eventeull zum Sonnenaufgang. Hier ist eine der schönsten Wanderungen Hawaiis möglich (siehe Beschreibung).
- Fahrt nach Hana und weiter zu den Seven Pools
- Im Winter: Walbeobachtung
- Für Schnorchel- und Tauchfans: Molokini Island
- Beobachtung der Windsurfer in Paia

Infrastruktur

Straßen

Die wichtigen Straßen Mauis sind alle geteert. Vom Flughafen in Kahului zu den Hotels der Westküste sowie hinauf zum Gipfel des Haleakala sind sie sogar in sehr gutem Zustand. Die Straße nach Hana (Highway 36 und 360) und deren Verlängerung nach Kipahulu (Seven Pools) hat zwar eine Asphaltdecke erhalten, ist aber wegen der äußerst kurvigen Strecke nach wie vor nicht allzu zügig befahrbar.

Westlich von Kipahulu ist der Highway 31 ein kleines Stück ungeteert, weshalb die Mietwagenfirmen die Umrundung des Haleakala nicht erlauben. Auch zwischen Kapalua und Wai-

Entfernungen vom Flughafen Kahului

nach:	über Highway	Entfernung [Meilen]	Fahrzeit ca. [Std:Min]
Haleakala NP (Campingplatz)	37, 377, 378	27	1:30
Haleakala NP (Gipfel)	37, 377, 378	37	2:00
Hana Airport	36, 360	50	2:30
Hana (Ortsmitte)	36, 360	52	2:40
IAO Valley	380, 36, 32	7,5	0:15
Kaanapali	380, 30	29	0:50
Kapalua	380, 30	37	1:00
Kapalua Airport	30, 340	28	1:10
Kihei	350, 31	9	0:15
Kipahulu Seven Pools	36, 360	63	3:15
Lahaina	380, 30	25	0:40
Maalea (Hafen)	380, 30	13	0:25
Makena	350, 31	19	0:30
Paia	36	6	0:10
Pukalani	37	10	0:15
Wailea	350, 31	22	0:45

Maui

hee ist die Fahrt auf den Highways 30 und 34 vom Autovermieter verboten. Beide Straßen sind bei gutem Wetter (kein Regen, auch nicht innerhalb der letzten zwölf Stunden) und sorgfältiger Fahrweise auch mit einem normalen PKW befahrbar, wenn nicht gerade kurz vorher die Fahrbahn mit Schlamm überspült oder sogar weggespült wurde ...

Fluganbindung

Maui verfügt über **drei Flughäfen;** in **Kahului** (Airline-Code: OGG) liegt der wichtigste, denn dort landen die Dü-senmaschinen. Hier haben alle großen Autovermieter ihr Büro.

American Airlines, Delta und United Airlines fliegen Kahului nonstop von Los Angeles beziehungsweise San Francisco aus an.

Kapalua

Der zweite, erheblich kleinere Flug-hafen Mauis liegt in Kapalua (Airline-Code: JHM) im Nordwesten. Er wird lediglich mit den Propellermaschinen der Island Air angeflogen. Island Air bringt Sie 6-mal täglich von Honolulu nach Kapalua. In Kapalua gibt es nur einige große Autovermieter.

Hana

Der kleinste Flughafen Mauis liegt bei Hana (Airline-Code: HNM); er wird derzeit nicht im Linienverkehr angeflogen.

Zwischen den Inseln

Auf der Rennstrecke Honolulu – Kahului gibt es genügend Kapazitäten, denn Aloha Airlines und Hawaiian Airlines bieten zusammen je nach Saison täglich etwa 40 Flugpaare auf dieser Strecke an. Hinzu kommt go! mit 10 Flugpaaren pro Tag. Von dort aus bestehen Verbindungen zu allen Inseln. Einmal täglich fliegt Hawaiian Airlines von Kahului nach Kona und zurück. Soweit die Verbindungen, die mit Jets geflogen werden. Im kleinen „Propellerhüpfer" fliegt Island Air täglich von Kahului aus jeweils etwa fünf Flugpaare nach Lihue, Hilo bzw. Kona sowie ein bis zwei Flugpaare nach Molokai und Lanai.

Verkehrsmittel

Die einzige Alternative zu geführten Bustouren ist der Mietwagen. Allein schon, um vom Flughafen zum Hotel zu kommen, benötigt man normalerweise ein Auto (oder das teure Taxi). Nur ganz wenige Hotels bieten einen Transfer-Service an, alle anderen gehen davon aus, dass ein Paket aus Auto (ab/bis Flughafen) und Hotel gebucht wurde.

Öffentlicher Bus

Wer jedoch noch ein paar Tage an der Westküste ausspannen möchte –

ohne Mietwagen – oder nach Molokai bzw. Lanai mit der Fähre übersetzen möchte und nach einer preisgünstigen Möglichkeit sucht, um vom Autovermieter mit Handgepäck zum Hafen zu kommen, der kann mit dem *Holo Kaa* genannten Linienbus von Akina Aloha Tours fahren. Genauere Infos gibt's im Internet unter www.akinatours.com oder per Telefon unter 879-2828. Tipp: Das Auto in diesem Fall am Flughafen Kapalua West Maui zurückgeben und evtl. schon dort hin fliegen, um Einweg-Mietgebühren zu sparen.

Central Maui

Unter Central Maui versteht man das Gebiet rund um die schmalste Stelle der Insel und somit die Ebene zwischen dem Vulkankegel des Haleakala und den West Maui Mountains. Auf den ersten Blick fallen hauptsächlich die großen **Zuckerrohrfelder** sowie die beiden ineinander übergehenden Städte **Kahului** und **Wailuku** ins Auge.

Kahului, Wailuku

Während Kahului das wirtschaftliche Zentrum Mauis mit dem größten Flughafen und dem einzigen tiefen Hafen der Insel, den Industriegebieten und den Einkaufszentren ist, befindet sich in Wailuku der politische Mittelpunkt des gesamten Countys. Die meisten Supermärkte befinden sich beim Schnittpunkt der Highways 32 und 311.

Kahului entstand in den frühen 1950er Jahren als Siedlung für die Arbeiter in der Zuckerrohr-Industrie. In Wailuku gibt es immerhin einige „historische" Gebäude, von denen vor allem die gegenüber dem *County Building* (das einzige „Hochhaus" Wailukus) gelegene **Kaahumanu Church** aus dem Jahr 1876 einen Stopp wert ist.

Essen

Sehr gutes **Sushi** mit Hawaii-Flair (z. B. *Ahi Poke,* roher marinierter Thunfisch, mit Seetang umhüllt) serviert *Sushi Go!* **in Kahului.** Kleine, für die jeweilige Preisgruppe definierte unterschiedlich farbige Tellerchen transportiert ein Laufband quer durch das schmale Restaurant. Freundliche unaufdringliche Bedienung, die leider kaum Englisch spricht. Für hawaiianische Verhältnisse ist dieses Restaurant noch recht preisgünstig. Mittwochs gibt es von 16 bis 20 Uhr *All you can eat Sushi* für 22,99 $.

● **Sushi Go!**
Queen Kaahumanu Shopping Center
2. Stock (im Food Court)
275 Kaahumanu Avenue, Kahului,
Tel. 877-8744,
www.sushigo.com

Baldwin Sugar Museum

In der Nähe von Kahului liegt das Baldwin Sugar Museum (Tel. 871-8058, Öffnungszeiten: 9.30 bis 16.30 Uhr; im Winter sonntags geschlossen; Eintritt 5 $). Das Museum informiert nicht nur über die Geschichte des Zuckeranbaus und dessen Herstellung, sondern auch ausführlich über die Lebensbedingungen der Menschen um die Jahrhundertwende. Angehörige verschiedener Völker (Japaner, Filipinos, …) wanderten damals nach Hawaii aus, um als Arbeiter auf den Plantagen ihren Lebensunterhalt zu verdienen.

Einige Meilen hinter Kahului zweigt vom Highway 350 zur Bergseite eine Straße Richtung „Puunene" ab. Wenige hundert Meter hinter dieser Abzweigung liegt die Einfahrt zum Museum.

Kepaniwai Gardens

Die Verlängerung des Highway 32 in Richtung West Maui Mountains führt über Wailukus Main Street als Stichstraße in das Iao Valley. Etwa zwei Meilen nach dem Ortsende von Wailuku liegt links der Straße der *Kepaniwai Park and Heritage Gardens.* Vom kleinen Haus im Neuengland-Stil über die Miniaturausgabe einer portugiesischen Villa bis zur chinesischen Pagode und einem japanischen Teehaus mit passendem Garten reicht das Spektrum der vertretenen Gebäude. Der Architekt *Richard Tongg* errichtete zu Ehren der vielen verschiedenen, in Hawaii lebenden Volksgruppen diesen Park. An den Wochenenden herrscht an den überdachten Picknicktischen reger Betrieb, wenn die Einheimischen sich hier zum *Barbecue* (Grillen) treffen.

Kennedy Profile

Im weiteren Verlauf dieser Straße sind die Amerikaner stets vom *John F. Kennedy Profile* begeistert. Es handelt sich dabei um einen überwucherten Felsen, der von einem bestimmten, gut gekennzeichneten Punkt aus bei genauem Hinsehen eine verblüffende Ähnlichkeit mit dem Profil des ehema-

Maui

ligen Präsidenten der USA aufweist. Interessanterweise ist kein Hinweis mehr auf JFK zu finden, lediglich eine allgemeine Hinweistafel, die über die Besonderheiten dieses Punktes informiert. Aufmerksame Beobachter werden das Profil dennoch entdecken. Tagsüber herrscht hier reger Trubel, denn das (flughafennahe) Iao-Tal ist Pflichtpunkt auf jeder Busrundreise. Wohltuend ruhig ist es hingegen früh morgens vor 7.30 Uhr und ab dem ca. 17 Uhr, wenn größere Teile des Tals im Schatten liegen.

Zuckerrohrarbeiter im 19. Jahrhundert
(Foto: Baldwin Sugar Museum)

Iao Valley

Das Tal wird immer enger, und schließlich mündet die Straße in einen großen Parkplatz. Von hier führt ein breiter Fußweg in wenigen Minuten zum Aussichtspunkt auf die *Iao Needle*, außerdem gibt es ein paar kurze Wanderwege. Da das umliegende Land in Privatbesitz ist und die Eigentümer Wanderern den Zutritt verwehren, sind die Wanderwege im Iao Valley mittlerweile alle geschlossen. Der Grund zur Schließung dieser Trails liegt in der amerikanischen Gesetzgebung zur Haftung bei einem eventuellen Unfall.

Bei den alten Hawaiianern war das Iao Valley ein heiliges Stück Land, heu-

Maui

te ist es ein State Park, der zum Pflichtprogramm einer Maui-Pauschaltour gehört. Das Tal ist das Überbleibsel einer Kaldera (eingestürzter Vulkankrater), die heute auch entlang der senkrechten Wände mit Moosen und anderen Pflanzen bedeckt ist. Inmitten dieser „grünen Hölle" steigt die **Iao Needle,** ein grün überwucherter Basaltblock, 366 m hoch über den Talboden bis zu einer Höhe von knapp 690 m über dem Meeresspiegel auf. Das üppige Grün konnte sich nur aufgrund der vielen Niederschläge ansiedeln, und so ist ein Foto der Iao Needle bei Sonnenlicht ein echter Glückstreffer. Doch auch bei dichter Wolkendecke ist das Szenario durchaus beeindruckend.

Paia

Ein kurzer Abstecher nach Paia, das etwa zehn Autominuten vom Flughafen Kahului entfernt ist, lohnt sich immer. In den 1930er Jahren war die Plantagensiedlung mit über 10.000 Einwohnern die größte Gemeinde der Insel, aber dann lief Kahului dem alten Ort den Rang ab. Paia verkam zu einem unbedeutenden Dorf, das erst wieder in den 1970er Jahren von den Hippies auf ihrer Suche nach dem Paradies mit Leben erfüllt wurde.

Kepaniwai Gardens

In den 1980er Jahren entdeckten es dann die Windsurfer. Mittlerweile gilt Paia als internationales Zentrum des Windsurf-Sports. Gleich hinter Paia am Milemarker 9 liegt der **Hookipa Beach.** Hier findet im Frühling die *O'Neill International Windsurfing Championship* statt, die **Weltmeisterschaft im Windsurfen.** Das Zuschauen bei diesem Spektakel ist kostenlos, als Tribüne dienen die Dünen. Mit Teleobjektiv oder Fernglas macht Zuschauen noch mehr Spaß.

Windsurfen funktioniert (wie der Name schon verrät) nur bei Wind. Dieser treibt die salzige Meeresluft Richtung Land. Das Salz setzt sich überall ab – auch auf Objektiven und Ferngläsern. Es empfiehlt sich somit, vor allem die Frontlinsen zu schützen.

Auch wenn keine Meisterschaften stattfinden, sind meist ein paar Windsurfer zwischen den Wellen zu sehen. Nirgendwo sonst bietet sich auf den Inseln eine bessere Möglichkeit, einige der weltbesten Windsurfer, welche in Paia wohnen, beim Nachmittagstraining zu bestaunen.

Stadtbummel

Die unterschiedlichen Bevölkerungsgruppen vom Plantagenarbeiter über die Hippies bis hin zu den Windsurfern prägten natürlich auch den Charakter und das Ortsbild von Paia. Die alten Fassaden sind wieder restauriert oder zumindest frisch gestrichen, und die verschiedenen Boutiquen, Restaurants und Kneipen haben ein besonderes Flair. Ein kleiner Bummel (z. B. bei *Ukulele Clothing*) mit anschließendem Kneipenbesuch lohnt sich. Für die Surfgemeinde gibt's im Bereich Paia sogar billige Pensionen.

Essen

● Empfehlenswert ist **Moana Bakery and Café** in Paia (Tel. 579-999). Das Essen schmeckt, die Atmosphäre stimmt, und die Auswahl ist groß. Die Kräuter, Salate und das Gemüse kommen zum größeren Teil aus dem eigenen Garten, und das Spektrum reicht von Fisch-Spezialitäten über Pasta und Fleisch bis zu rein vegetarischen Gerichten.
● Zwar ziemlich teuer, dafür aber auch richtig gut ist **Mama's Fish House** (Tel. 579-8488, www.mamasfishhouse.com) in Paia, das sicherlich zu den zehn besten Restaurants von Maui zählt. Es muss ja nicht immer gleich ein dreigängiges Menu sein ... Wer im gemütlichen Restaurant sitzen will, der sollte unbedingt reservieren. Im Außenbereich zwischen tropischen Pflanzen klappt es oft auch ohne Reservierung. Die Restaurant-Inhaber vermieten auch einige Beach-Cottages, die nicht gerade im unteren Preisbereich liegen.

Makawao

Makawao liegt bereits an der Grenze zum Upcountry. Das kleine Städtchen mit Cowboy-Ambiente erwacht einmal jährlich aus seinem Dornröschenschlaf, wenn hier am 4. Juli das größte **Rodeo von Maui** stattfindet. Ansonsten geht es gemächlich zu, die Geschäfte (Kunstgewerbe, Galerien, nette Restaurants) laden zum Flanieren ein. Landschaftlich abwechslungsreich ist auch die Fahrt auf dem Highway 365 von Makawao hinunter zur Küste.

Haleakala

Auf einer Strecke von knapp 40 Meilen (etwa 65 km) überwindet die

Straße von der Küste bis hinauf zum Gipfel des Berges Haleakala einen Höhenunterschied von 3055 Metern.

Glaubt man den Werbeschriften für Maui, dann erlebt man nirgendwo auf der Welt einen derart **spektakulären Sonnenaufgang** wie am Haleakala. Mark Twain sah im Sonnenaufgang am Haleakala „das erhabenste Schauspiel, das ich je gesehen habe. Die Erinnerung wird immer in mir bleiben."

Eines ist jedenfalls sicher: Ein Sonnenaufgang auf dem Haleakala ist etwas Besonderes, und das frühe Aufstehen lohnt sich.

So manch einer wird beim Anblick des Haleakala an den Nationalpark *Timanfaya* auf der kanarischen Insel Lanzarote erinnert. Allerdings muss man fairerweise zugeben, dass die Dimensionen – vor allem die Höhenunterschiede – in Hawaii wirklich gewaltiger sind.

Jeden Morgen zieht sich daher eine Autoschlange den Krater hinauf, so dass man aufgrund des Verkehrs für eine frühmorgendliche Fahrt von der Westküste zum Gipfel durchaus zwei bis zweieinhalb Stunden einplanen sollte. Oft geht die Fahrt dabei durch dichten Nebel, also mitten durch die Wolken, und manchmal steht unverhofft eine Kuh mitten auf der Straße. Außerdem stauen sich die Wagen meist vor dem Kassenhaus des Haleakala National Park (Eintritt: 10 $/Auto für 7 Tage).

Die Ranger zählten 1999 insgesamt 2,6 Mio. Besucher im Haleakala National Park, 2002 bis 2005 waren es jeweils nur etwa 1,5 Mio.

Der Sonnenaufgang am Gipfel erfolgt bereits früher als unten am Meer – etwa zwischen 5.45 Uhr und kurz nach 6 Uhr. Da man spätestens eine halbe Stunde vor Sonnenaufgang am Aussichtspunkt sein sollte, muss man bereits gegen 3 Uhr an der Westküste aufbrechen. Die genauen Sonnenaufgangszeiten erfährt man im Hotel oder beim *Park Headquarter* (Tel. 572-9306). Unter der Rufnummer 572-7749 wird man über das Wetter auf 3000 m Höhe informiert; die Aktualisierung erfolgt jeweils um 7.30 Uhr und um 14 Uhr.

Der beliebteste **Beobachtungspunkt** ist am *Visitor Center* auf 2970 m (9745 ft) Höhe, dicht gefolgt vom *Puu Ulaula Overlook* auf dem knapp hundert Meter höher gelegenen Gipfel. Sehr viel ruhiger geht es am *Leleiwi Overlook* auf 2682 m (8800 ft) und am *Kalahaku Overlook* auf 2842 m (9324 ft) zu.

Kleidung, Proviant

Morgens ist es in dieser Höhe kalt. Eine lange Hose, ein Sweatshirt und möglichst eine winddichte Jacke leisten hier gute Dienste.

Es empfielt sich, mit vollem Tank hinaufzufahren und sich mit Proviant (inkl. Getränken) einzudecken, denn die letzte Einkaufsmöglichkeit besteht in Pukalani. Offiziell gibt es am *Visitor Center* auf 3000 m Höhe zwar (übelschmeckendes) Wasser, aber manchmal sind die Tanks auch leer.

Während das Gesamterlebnis „Haleakala-Krater" bei Sonnenaufgang am schönsten ist, herrschen zwischen 16

Maui

Die Sage vom tapferen Maui

Vor langer, langer Zeit schien die Sonne nur drei oder vier Stunden pro Tag. Die Sonne war damals so faul und verschlafen, dass sie sich bei ihrem Zug über den Himmel sehr beeilte, um möglichst schnell wieder zurück ins Bett zu kommen. Damals lebte der gewitzte Halbgott *Maui* zusammen mit seiner Mutter *Hina* in Hana. *Hina* hatte wegen des kurzen Sonnenscheins stets Probleme bei der Trocknung ihrer aus *Tapa* (Rinde des Maulbeerbaums) gefertigten Tücher. Daher schmiedete der trickreiche *Maui* einen Plan, um den Tag zu verlängern.

Er hatte bei seinen Beobachtungen festgestellt, dass die Sonne beim Aufsteigen über den Kraterrand des Haleakala stets zuerst einen langen Sonnenstrahl aussandte und dann einen zweiten. Für *Maui* sah es so aus, als ob eine Spinne auf ihren Beinen über einen Felsen kletterte.

Eines Nachts stieg er mit sechzehn festen Seilen auf den Krater und versteckte sich in einer Höhle in der Nähe des Gipfels. Als die Sonne ihre ersten „Beine" über den Kraterrand schob, warf *Maui* ein Seil um sie herum und fesselte diese. Das machte er mit jedem Bein. Anschließend befestigte er die Seile an einem Baum. Der Sonne blieb keine andere Wahl, als *Maui* zu versprechen, langsam und bedächtig über den Himmel zu ziehen – so langsam, dass *Mauis* Mutter genügend Zeit für ihre Arbeiten hat.

Seitdem heißt der Vulkan *Haleakala*, Haus der Sonne, und seitdem scheint die Sonne dort stets einen halben Tag lang.

und 18 Uhr die besten Lichtverhältnisse zum Fotografieren.

Brocken Specter

Falls am späten Nachmittag der Krater mit Wolken gefüllt sein sollte, dann bestehen (vor allem vom *Leleiwi Overlook*) gute Chancen, ein Naturphänomen namens *Brocken Specter* zu beobachten. Der auf den Wolken abgebildete eigene Schatten wird dabei von einem kreisförmigen, fast vollständig umlaufenden Regenbogen umgeben. Der Name *Brocken Specter* (Brockengespenst) stammt übrigens von dem deutschen Berg Brocken (im Harz), an dem das Phänomen im 18. Jh. zum ersten Mal beschrieben und als Brockengespenst bezeichnet wurde. Während das Phänomen früher nur von Bergen über den Wolken unter günstigen Bedingungen zu beobachten war, besteht diese Möglichkeit mittlerweile auch aus einem über den Wolken fliegenden Flugzeug.

Der Krater ist gleichzeitig der Zentralbereich des **Haleakala National Park**. Schon 1916 hatte der Haleakala einen Nationalpark-Status, aber erst seit 1961 ist er ein eigener, vom *Hawaii Volcanoes National Park* auf Big Island unabhängiger Nationalpark, der verwaltungstechnisch dem *National Park Service* in Washington D.C. (und damit dem Innenministerium) untersteht.

Die **Visitor Centers** (Besucherzentren) stehen am **Parkeingang** (verbunden mit dem *Park Headquarter*) auf etwa 2100 m Höhe (gute Ausstellung, Münztelefon und Toiletten, Tel. 572-4400, Öffnungszeiten: 8 Uhr bis 16 Uhr), direkt am **Kraterrand** auf 3000 m Höhe (gute Ausstellung, Toiletten, Öffnungszeiten: von Sonnenaufgang bis 15 Uhr) sowie im **Kipahulu-Teil** (Tel. 248-7375, sehr klein und kaum einen Besuch wert, Münztelefon, Toiletten; Öffnungszeiten: 9 bis 17 Uhr).

●Info: www.nps.gov/hale.

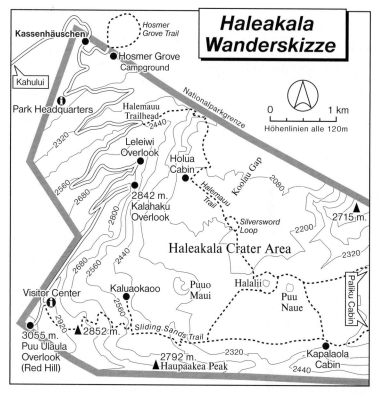

Haleakala Wanderskizze

Kassenhäuschen

Hosmer Grove Trail

Hosmer Grove Campground

Kahului

Park Headquarters

Nationalparkgrenze

0 — 1 km
Höhenlinien alle 120m

Halemauu Trailhead
2440

Leleiwi Overlook

Holua Cabin

Koolau Gap

2080

2842 m. Kalahaku Overlook

Halemauu Trail

Silversword Loop

2715 m.

2200

2320

Haleakala Crater Area

Visitor Center

Kaluaokaoo

Puuo Maui

Halalii

Puu Naue

Paliku Cabin

3055 m. Puu Ulaula Overlook (Red Hill)

2852 m.

Sliding Sands Trail

2792 m. Haupaakea Peak

2320

2440

Kapalaola Cabin

Maui

In den Jahren 1951, 1969 und 1976 wurde der Park durch Landschenkungen im Ostteil bis zum Meer hin erweitert. Mittlerweile wurde er von der UNESCO zum *World Heritage Park* erklärt und von den Vereinten Nationen in die Liste der *International Biosphere Reserves* aufgenommen.

Der Haleakala National Park fällt auf einer Distanz von 12 km über 3000 Höhenmeter bis zum Meer ab. Er reicht damit von einer subalpinen Zone, in der es schon mal gefriert, bis zum subtropischen Regenwald. Allerdings ist es nicht gestattet, quer durch den Park zu wandern. Lediglich Wanderungen im Krater und Wanderungen im Küstenbereich sind gestattet.

Der Haleakala ist der größte schlafende Vulkankrater der Welt. Er ist fast 13 km lang, über 4 km breit und 800 m tief. Seine letzte Eruption hatte er ca. im Jahr 1790. Er gilt daher als schlafend, aber noch nicht als erloschen.

Sonnenaufgang am Haleakala: Heute so, morgen so

Ostersonntag, 5 Uhr morgens, Temperatur: +8 °C, *Leleiwi Overlook* am Haleakala. Sieben andere warten hier auch schon auf den Sonnenaufgang und unterhalten sich. Jeder versucht, sich warm zu halten. Es wird langsam heller, und der Himmel bekommt nach und nach einen violetten Schimmer. Einen kurzen Moment später wechselt die Himmelsfarbe mehr ins Rote.

Da geht eine etwa 40 Jahre alte Indianerin (keine Hawaiianerin) in voller Tracht ein paar Meter nach vorn auf den Felsvorsprung, blickt nach Osten, streckt die Arme weit aus und fängt an zu singen. Je mehr das Rot in den Wolken sich in ein Orange verwandelt, um so lauter und kraftvoller wird ihre Stimme.

Wir spüren ein seltsames Gefühl der Ergriffenheit. Niemand sagt etwas, jeder lauscht und bewundert das Farbenspiel. Das Lied der Indianerin hat seinen Höhepunkt erreicht, als der erste Sonnenstrahl unsere Augen berührt. Sie singt noch eine halbe Minute leise weiter und setzt sich dann hin, während sich die Sonne hinter den Wolken emporschiebt.

Noch ganz im Bann dieser mystisch wirkenden Kombination aus Gesang und Naturschauspiel sehen wir, wie sich innerhalb der nächsten Minuten die Kraterwand von einem blassen Graubraun in ein leuchtendes Braunorange verwandelt. Wir schauen noch fast eine halbe Stunde lang schweigend in den Krater, dann geht jeder wieder seiner Wege.

Am Tag darauf stelle ich den Wecker eine halbe Stunde früher und fahre morgens bis hinauf zum Visitor Center. Es ist 4.50 Uhr bei einer Temperatur von +7 °C. Vorn am Kraterrand stehen etwa hundertfünfzig bis zweihundert Menschen dicht beieinander. Gut die Hälfte von ihnen trägt eine kurze Hose – wohl um die Gänsehaut zu zeigen. Um nicht ganz auszukühlen, haben sich manche von ihnen ein Handtuch über das Sonnentop gelegt. Andere gehen zum Auto oder ins Visitor Center, um sich aufzuwärmen. Der Rest starrt wie gebannt in die sich langsam verfärbenden Wolken.

Der erste, zarte Sonnenstrahl trifft mich, und ich freue mich schon, denn gleich kommt der Höhepunkt des Farbenspiels, wenn die Sonne den Krater in ihr beeindruckendes Licht taucht. Da höre ich, wie mein Nachbar just in diesem Moment zu seiner Partnerin *„We did it, let's go!"* sagt, den Autoschlüssel herauskramt und nicht einmal zwei Minuten später bereits auf dem Rückweg zum Hotel ist.

Siberschwert

Nur am Suu Kukui, dem höchsten Berg West Mauis sowie hier oben am Haleakala-Krater kommt in Höhen zwischen 2100 m und dem Gipfel das Silberschwert (*silversword, Argyroxiphium sandwicense*) vor. Die alten Hawaiianer nannten diese am Haleakala endemische Pflanze *Ahinahina*. Zusammen mit den Sonnenblumen und den Chrysanthemen gehört das Silberschwert zur Familie der *Compositae*. Die Literatur sagt, dass Silberschwerter zwischen Mai und Oktober blühen, der Autor hat aber auch im Dezember und im März schon einzelne Exemplare in Blüte gesehen. Nach 5 bis 20 Jahren Wachstum erzeugt das Silberschwert seine etwa 100 bis 500 Einzelblüten, die auf einem zwischen 1 m und 2,5 m hohen Stamm gedeihen, und wirft Samen. Anschließend stirbt

die Pflanze, denn jedes Silberschwert blüht nur einmal. Wer keine Wanderung im Krater unternimmt, der kann auch am Straßenrand ein Silberschwert betrachten. Am Gipfelparkplatz stehen einige der Pflanzen in einem eigenen Beet.

Gegen Anfang des 20. Jahrhunderts drohten die Rinderherden der Farmer und vor allem die wilden Ziegen und Schweine, den spärlichen Pflanzenbewuchs im oberen Teil des Kraters zu zerstören. Auch das Silberschwert stand damals kurz vor der Ausrottung. Deshalb wurde Anfang der 1980er Jahre der gesamte Krater umzäunt und die noch im Krater lebenden Säugetiere gejagt. Diese Bemühungen haben sich bezahlt gemacht: Überall im Krater stehen mittlerweile wieder die bedrohten Pflanzen.

Wissenschaftszentrum

Oben am Ende der Straße befindet sich ein Komplex, der *Science City* genannt wird. Hinter den weißen Kuppeln verbergen sich mehrere zivile und militärische Observatorien. Ein Schwerpunkt liegt in der **Beobachtung der Sonnenaktivität.** Vom Aussichtspunkt aus sind oftmals die beiden Viertausender auf Big Island, Mauna Loa und Mauna Kea sichtbar.

Radtouren

Mehrmals täglich starten vom *Visitor Center* aus die Fahrradtouren unter

Silberschwert

dem Motto *Bike down a volcano,* bei denen man (fast) ohne Treten auf etwa 60 km Strecke die 3000 Höhenmeter bis zum Meer hinunterfahren kann. Während Ende der 1980er Jahre jeden Tag nur einige wenige Kleinbusse mit Radfahrern im Rahmen einer kommerziellen Tour auf den Berg kamen, waren es 1995 bereits 10 bis 12 Busse und 2005 schon zwischen 25 und 30. Der Marktführer unter diesen *Bike down a Volcano*-Veranstaltern dürfte mit Erscheinen dieses Buches bereits die Marke von 100.000 Bergabfahr-Touristen erreicht haben.

Hosmer Grove Trail

Ein 20-minütiger Spaziergang ist der *Hosmer Grove Trail* am gleichnamigen Campingplatz in unmittelbarer Nähe der Eingangsstation zum Nationalpark. Hier pflanzte *Ralf Hosmer* im Jahre 1910 Bäume aus Nordamerika, Europa, Asien, Japan und Australien an, um zu sehen, ob sie sich für die Holzwirtschaft eignen. Zwar wachsen auf den Inseln einige dieser fremden Baumarten, aber keine davon wurde kommerziell angepflanzt. In diesem kleinen Wald fühlen sich viele hawaiianische Vögel heimisch, die vor allem in den Morgenstunden ein lautstarkes Konzert veranstalten.

Tageswanderung in den Krater

Die schönste und intensivste Möglichkeit, den Haleakala zu erkunden, ist eine Wanderung auf dem *Sliding Sands Trail* hinab in den Krater und hinauf über den *Halemauu Trail.*

Ausrüstung

Weil das Wetter im Krater schnell wechselt, empfiehlt sich auch die Mitnahme der Regenjacke und eines warmen Pullovers. Die Sonneneinstrahlung ist in dieser Höhe noch erheblich intensiver als am Meer. Um Hautschäden zu vermeiden, sollten Sie während der gesamten Wanderung einen Sonnenblocker (auch wenn sie sonst kein Sonnenschutzmittel mehr benötigen) verwenden und einen Sonnenhut tragen (Sonnenstich!). Nehmen Sie pro Person mindestens zwei, besser drei Liter Trinkwasser mit – Sie werden es brauchen. Es empfiehlt sich, das Auto bereits am Morgen zum Halemauu-Trailhead zu fahren.

Auto-Standort

Tipp des Autors: Fragen Sie bereits während des Sonnenaufgangs einen Amerikaner, ob er Sie die 400 Höhenmeter vom *Halemauu Trailhead* zum *Visitor Center* zurückfährt. Mit etwas Glück werden Sie schnell ein *Sure, no problem* als Antwort bekommen. Falls Sie das Auto oben am Visitor Center stehen lassen mussten, dann richten Sie sich auf zwei Stunden Wanderung auf öder Teerstraße in sengender Sonne ein, denn die Chancen, hier nachmittags von einem Auto mitgenommen zu werden, tendieren gen Null. Derzeit laufen Untersuchungen für ein Bus-Transportsystem zum Gipfel, das etwa ab Herbst 2005 den Betrieb aufnehmen soll, um so den hier oben schon recht heftigen Individualverkehr einzudämmen. Dann wäre auch das Problem des Transports zurück zum

Auto gelöst ... Im Übrigen gibt es auch aktive Überlegungen, das Überfliegen des Nationalparks mit Hubschraubern, Sportflugzeugen etc. ganz zu verbieten, um wieder mehr Ruhe aufkommen zu lassen.

Beginn der Tour

Der **Sliding Sands Trail** (im Rahmen der Wiederbelebung der hawaiianischen Namen jetzt auch *Keoneheehee Trail* genannt) beginnt am Parkplatz des Besucherzentrums auf 2970 m Höhe und geht in den *Haleamauu Trail* über. Dieser endet am *Halemauu Trailhead* auf 2435 m. Etwas Kondition ist schon erforderlich, denn es heißt, 878 m Abstieg, knapp 20 km Strecke und am Schluss noch über 400 m Aufstieg zu bewältigen. Planen Sie inklusive Pausen sieben bis neun Stunden dafür ein.

Sehr schnell spürt man, woher der *Sliding Sands Trail* seinen Namen hat, denn die kleinen Steine unter den Schuhen stauben wie feiner Sand. „Rutschend" (*Sliding*) geht's hinab; nachvollziehbar, dass der Aufstieg auf diesem Trail um ein Vielfaches anstrengender als der Abstieg ist. Dieser „Sand" besteht aus vulkanischer Schlacke und Asche, die bei vielen verschiedenen Eruptionen vor Hunderten und Tausenden von Jahren herausgeschleudert wurden. Beim Abstieg zeigt sich der Krater in seiner ganzen Farbenpracht: Rot, Gelb, Orange, Violett, Braun, Grau, Schwarz und viele Mischfarben wechseln einander ab. Dazwischen immer wieder Silberschwerter.

Vulkankegel

Nach ungefähr einer Stunde zweigt nach links ein gut 600 m langer Weg zum *Kaluaokaoo-Vulkankegel* ab. Der an einer großen Silberschwert-Kolonie vorbeiführende, halbstündige Abstecher (auf dem selben Weg geht's auch wieder zurück) lohnt sich, denn er führt auf den einzigen Kegel innerhalb des Kraters, der bestiegen werden darf.

Kraterboden

Von der Abzweigung dauert es noch knapp eine Stunde bis zur Weggabelung am Kraterboden auf etwa 2255 m Höhe. Gehen sie auf dem *Halemauu Trail* Richtung *Holua Cabin*. Ein Umweg über die *Kapalaoa Cabin* ist zwar durchaus möglich, bringt aber praktisch keine neuen Eindrücke – im Gegenteil, der abwechslungsreiche Weg am *Kamoao-Pele-Krater* vorbei entfällt dann.

Bottomless Pit

Nach etwa einer weiteren halben Stunde hat man an der nächsten Abzweigung die Wahl, entweder direkt zur *Holua Cabin* zu gehen oder noch einen Abstecher um den *Halalii-Krater* herum zur *Bottomless Pit* zu unternehmen. Wer sich noch fit fühlt, sollte diesen halbstündigen Umweg machen. Dieses „Loch ohne Boden" ist keine 20 m tief, aber durch und durch schwarz. Nach einem alten hawaiianischen Brauch musste die Nabelschnur eines Neugeborenen in dieses Loch geworfen werden, um zu verhindern, dass aus dem Kind ein Dieb wird. Der

Im Haleakala-Krater

Umweg lohnt sich jedoch weniger wegen des *Bottomless Pit* selbst als vielmehr aufgrund des weiteren Wegverlaufs am *Halalii* entlang. Hier zeigt sich der *Haleakala* noch einmal von seiner vielfältigsten Seite: links ein steiler Hang aus feinem Aschegranulat in vielen verschiedenen Farben, rechts ein grauschwarzer Hügel und vor Ihnen der schönste Teil des großen Kraters.

Während man bisher nach jeder Biegung eine neue Farbe gesehen hat, ändert sich das Bild jetzt: Schwarz, grau und dunkelbraun dominieren in den nächsten 45 Minuten bis zur Holua Cabin. Wenn dann noch die Wolken für Nebel sorgen, ist das alternative Hawaii-Erlebnis perfekt.

Im weiteren Wegverlauf sollte man auf die **Krustenflechten** (im Englischen *Lichens* genannt) achten, die sich in verschiedenen Farben auf der scharfkantigen Aa-Lava angesiedelt haben. *Lichens* sind meistens die ersten Lebewesen, die sich auf Lava ansiedeln, daher kommt ihnen bei der Umwandlung von vulkanischem Gestein in fruchtbare Erde eine zentrale Rolle zu.

Nach rechts zweigt schließlich die *Silversword Loop* ab. Wer mit Silberschwertern bisher kein Glück hatte, der findet sie auf diesem etwa 500 m langen Umweg sicherlich.

Nenes

Der Weg führt nochmals bergab bis zur **Holua Cabin,** die auf 2092 m Höhe liegt. In diesem Bereich sind auch sehr oft die mit den Gänsen verwandten **Nenes** anzutreffen. *Nenes* kommen nur am Haleakala sowie im Hawaii Volcanoes National Park auf Big Island vor und sind vom Aussterben bedroht. Auch wenn die Tiere zutraulich werden, sollten sie nicht gefüttert werden, getreu dem Motto *Keep wildlife wild* („sorgen Sie dafür, dass wildlebende Tiere auch wild bleiben").

056ha Foto: av

DO NOT FEED THE NĒNĒ

Aufstieg

Von der Cabin aus fällt der Weg noch etwas ab, bevor es dann nach 30 bis 45 Minuten in Serpentinen über 400 m nach oben geht. „Die Serpentinen sind nix für Nicht-Schwindelfreie, da sie seitlich nicht befestigt sind", kommentiert ein Leser sein Erlebnis. „Der Aufstieg ist heftig; wenn man die Wanderung nicht sehr früh startet, kommt man in die Dunkelheit hinein." Man sollte beim Aufstieg auch auf die sich mit der Höhe ständig ändernde Vegetation achten. Mit etwas Glück sieht man auch hier ein *Nene*. Der letzte Teil zieht sich dann noch etwas, steigt aber kaum noch an, der Parkplatz an der Gipfelstraße ist erreicht.

Übernachten im Krater

Es besteht auch die Möglichkeit, in einigen *Cabins* oder auf Campingplätzen im Krater zu übernachten, aber der Reservierungs- und Zeitaufwand lohnt sich nur bei einem Hawaiiaufent-

halt von mindestens vier Wochen, denn durch die Tageswanderung bekommt man bereits einen ziemlich umfassenden Eindruck vom Krater. Schriftliche Reservierungen (mindestens 2 Monate im Voraus) nimmt entgegen:

● **U.S. Department of the Interior, National Park Service**
Haleakala National Park,
The Superintendent,
Box 369, Makawao, Maui,
Hawaii 96768,
Tel. 572-4459
www.nps.gov/hale/pages/tier_two/cabins.htm

Nenes bitte nicht füttern!

Das Upcountry

Als Upcountry bezeichnen die Einwohner von Maui den gesamten **Bereich des Haleakala-Westhangs.** Während in den tiefer liegenden Teilen noch Ananas angebaut wird, handelt es sich in den oberen Lagen bis etwa 2000 m meist um fruchtbares Weideland, vergleichbar mit dem Westen des amerikanischen Kontinents. Die häufigen Wolken-Staus am Krater sorgen stets für genügend Regen.

Der größte Teil davon gehört zur **Ulupalakua Ranch.** Im Bereich der Ranch genießt man einen schönen Blick auf die sichelförmige, unbewohnte Insel Molokini.

Tedeschi Winery

Am Hang des Haleakala wächst nicht nur der einzige **Wein** Mauis, von hier kommt auch ein beliebtes Hawaii-Mitbringsel: **der Ananaswein** „Maui Blanc". Die Tedeschi Winery (www. mauiwine.com) neben der Ulupalakua Ranch (kurz vor dem Übergang des Highway 37 in den Highway 31) lädt zur Wein- und Sektprobe ein. Vor dem Weinkauf ist eine Degustation dringend anzuraten (nicht nur wegen des Spaßfaktors). Neben Maui Blanc gibt es auch einige Weine, die von den meisten Europäern als erheblich jenseits von lieblich eingestuft werden. Aus Trauben hergestellt sind der Rosé Maui Blush und der Rotwein Ulupalakua Red. Definitiv süß ist der aus Ananas und Passionsfrucht hergestellte Maui Splash!

Beim **Framboise de Maui** handelt es sich um ein Spezialgetränk, das aus frischen Himbeeren (französisch: Framboise), Rohrzucker und Traubenalkohol besteht, bei 20 % Alkoholanteil äußerst gehaltvoll ist und mit 40 $ pro 375-ml-Flasche kräftig ins Geld geht. Während die Amerikaner es lieben, den Framboise de Maui auch im Kaffee zu trinken, gießen Europäer dieses Getränk eher über Vanilleeis.

Im Tedeschi Shop gibt es gute Sandwiches vom Grill und Elk Burger (Hamburger aus dem Fleisch von Waipiti-Hirschen; das deutsche Wort Elch heißt auf Englisch Moose). Das Elk Farming ist eine Spezialität der Ulupalakua Ranch. Die Früchte für diesen Wein stammen zum Teil von den Feldern entlang des Highway 37 zwischen Kahului und Pukalani.

Protea-Farmen

Im Upcountry findet man entlang der Straße immer wieder Hinweise auf Protea-Farmen. Diese aus Afrika stammende Pflanze findet im Upcountry ideale Lebensbedingungen. Sehr schön und bei freiem Eintritt können Sie die Blumen in der Sunrise Market and Protea Farm, direkt am Highway 378 in der Nähe der Einmündung zum Highway 377, besichtigen. Ein kurzer Stopp lohnt sich – auch für Fotografen (www.sunriseprotea.com).

Kula Botanical Gardens

In den Kula Botanical Gardens (Tel. 878-1715) am Highway 377 (Meilen-

stein 8,6) in der Nähe der Südabzweigung zum Highway 37 besteht zwischen 9 und 16 Uhr für 5 $ Eintritt die Möglichkeit, hawaiianische und eingeführte Pflanzen anzuschauen. Die Pflanzen in diesem liebevoll angelegten Privatgarten sind jeweils mit Namen gekennzeichnet. Es handelt sich hierbei um den einzigen botanischen Garten Hawaiis, der nicht auf Seehöhe liegt. Heliconien und andere tropische Pflanzen wird man hier vergeblich suchen.

Kula Experimental Station

Primär für Botaniker interessant ist die *University of Hawaii Kula Experimental Station* (Tel. 878-1213; geöffnet 7 bis 15.30 Uhr), in der Mitte der 1960er Jahre die ersten Proteen in Hawaii angepflanzt wurden. Mittlerweile ist sie die bekannteste Forschungs- und Zuchteinrichtung für diese Pflanzen – mit über 300 verschiedenen Variationen. Der Eintritt ist von 7.30 Uhr bis 15.30 Uhr frei. Man muss lediglich ein Papier unterschreiben, dass man das Gelände auf eigene Gefahr betritt. Etwa bei Meile 12,6 zweigt vom Highway 37 zur Bergseite ein etwa 1 km langer Weg namens Copp Road ab, der direkt dorthin führt.

West Maui

Lahaina

Geschichte

Bevor Honolulu im Jahr 1846 Hauptstadt des Königreichs von Hawaii wurde, hatte Lahaina diese Funktion inne. Anfang des vorletzten Jahrhunderts entwickelte sich die Stadt zu einem der beiden „Höllenlöcher im Pazifik" (das andere war Russel in Neuseeland). Wenn die Walfänger von ihren Beutezügen zurück in ihr Quartier nach Lahaina kamen, hatten sie meist nur noch eines im Sinn: Alkohol und Frauen. Teilweise lagen hier über 400 Schiffe gleichzeitig vor Anker. An den von Seefahrern eingeschleppten Krankheiten wie Masern, Grippe oder Syphilis starben damals viele Hawaiianerinnen und Hawaiianer, weil ihnen entsprechende Antikörper im Blut fehlten. Hier begannen im Jahr 1823 die ersten Missionare ihren Kampf gegen Krankheiten und Prostitution.

Wer den Roman *Hawaii* von *James A. Michener* gelesen hat, dem kommen bei einem Besuch Lahainas bestimmt viele Szenen in Erinnerung, die hier spielten. Interessante Details zur Geschichte erfahren Sie von der *Lahaina Restoration Foundation* im *Masters' Reading Room* des *Baldwin House* (Ecke Front/Dickinson Street) zwischen 9 und 16 Uhr oder unter Tel. 661-3262. Die Foundation gibt auch einen *Lahaina Historical Guide* heraus. Es handelt sich dabei um ein kostenloses Heftchen, das zum größten Teil aus Werbung besteht, aber auch eine

Maui

Beschreibung der historischen Stätten Lahainas enthält.

Rundgang

Heute promenieren die Touristen an den Fassaden aus der Pionierzeit die Front Street entlang, während sich die Geschäftsleute bemühen, das Walfänger-Image aufrechtzuerhalten. Vormittags herrscht noch Ruhe. Viele Geschäfte öffnen erst gegen 10 Uhr. Ab dem späten Nachmittag quält sich in der Hauptsaison eine lange Autoschlange Stoßstange an Stoßstange durch die Front Street unter dem Motto „Sehen und Gesehen werden".

Trotz des lästigen Verkehrs macht Bummeln hier, in Mauis (wenn nicht gar Hawaiis) schönstem Städtchen, richtig Spaß, denn es gibt viele liebevoll dekorierte Geschäfte, Restaurants, Kneipen mit Live-Musik, Bars, Boutiquen und einige historische Häuser. Ein halber Tag vergeht hier wie im Flug. Nachmittags lockt das Restaurant *Cheeseburger in Paradise* (Ecke Front Street, Lahainaluna; auch schönes Frühstück für 10 $) oftmals mit Livemusik die Gäste auf seine Veranda. Auch bei *Moon Doggies Bar and Restaurant* gegenüber vom *Pioneer Inn* (s. u.). herrscht zu dieser Zeit meist schon gute Stimmung. Von etwa 21.30 Uhr (teilweise auch später) gibt es ganz in der Nähe bei *Moose McGillycuddy's* im ersten Stock Live-Unterhaltung bis 2 Uhr nachts. Nachmittags fungiert das Pub als Café, und die Stimmung ist zum Sonnenuntergang meist bereits recht gut. Zwischen 7.30

Uhr und 8.30 Uhr bietet *Moose McGillycuddy's* das wohl günstigste Frühstück von Hawaii an: 1,99 $ + Steuern + Tip. Seit Lahaina 1965 zum *National Historic Landmark* erklärt und damit unter eine Art Denkmalschutz gestellt wurde, müssen auch Neubauten mit einer Fassade – wie vor 1920 üblich – versehen werden.

Sehenswertes

Pioneer Inn

Eines der bekanntesten Gebäude der Stadt ist das *Pioneer Inn*. Das direkt am Wasser nahe beim Hafen gelegene Holzgebäude wurde 1901 erbaut und war lange Zeit das einzige Hotel der Insel. Im Saloon des *Pioneer Inn* wurden die wildesten Saufgelage abgehalten. Auch heute noch geht es hier oft sehr lustig zu, was die Übernachtungsgäste auch in ihren Zimmern akkustisch noch bestens mitbekommen. Etwas vom Flair der alten Zeit könnte sich das Hotel mit seinen einfachen Zimmern (Tel. 661-3636, www.pioneer inn-maui.com) durchaus bewahren.

Banyan Tree

1873 wurde bei den Feiern zum 50. Jahrestag der Ankunft der ersten Missionare auf der Insel der *Banyan Tree* (ein Baum aus der Ficus-Familie) neben dem Pioneer Inn gepflanzt. Mittlerweile ist es der größte Banyan-Baum Hawaiis.

Court House

Ein paar Meter weiter steht das 1859 erbaute und 1925 wieder errichtete

Pioneer Inn

Gerichtsgebäude, in dem jetzt zwei Galerien untergebracht sind.

Carthaginaian II.

Bis Dezember 2005 lag hier das Segelschiff *Carthaginian II* vor Anker, das jedoch mittlerweile als künstliches Riff bei Lahaina versenkt wurde.

Historische Gebäude

Viele Gebäude Lahainas sind fest mit der Geschichte verknüpft. Da gibt es zum Beispiel das nach dem gleichnamigen Missionar benannte **Baldwin House,** das über einer Frischwasserquelle gebaute **Spring House** oder das 1912 von Chinesen ursprünglich als Tempel erbaute **Wo Hing.** Es enthält jetzt eine Ausstellung chinesischer Kunst sowie ein historisches Theater, in dem alte Filme gezeigt werden.

Domed Theater

Im *Domed Theater* läuft zwischen 10 und 22 Uhr jeweils zur vollen Stunde der Hawaii-Film *Islands of the Gods* auf einer gewölbten Großleinwand: schöne Bilder, viel Pathos und eine nette Unterhaltung. Durch den 3D-Effekt bekommen manche Besucher bei den Filmszenen mit Hubschrauberflügen ein flaues Gefühl im Magen. In den Hotels und in Werbebroschüren finden Sie stets Coupons für einen ermäßigten Eintritt (Tel. 661-8314).

Dampfeisenbahn

Mit dem Bus gelangt man zur *Lahaina-Kaanapali & Pacific Railroad,* kurz *Sugar Cane Train* genannt. Diese **Rohrzucker-Eisenbahn,** mit der man mitfahren kann, wird von einer fauchenden Dampflok durch die Zuckerrohr-Felder gezogen. Nähere Informationen unter Tel. 661-0089.

Verkehrsmittel

Buslinie

Zwischen Lahaina und Kaanapali fährt im 45-Minuten-Takt der **West Maui Shopping Express** (Tel. 877-7308). Der Fahrpreis beträgt 1 $ für die einfache Fahrt.

Parkplätze

Teuer ist das Parken in Lahaina, wenn man nicht bereit ist, von einem kostenlosen Parkplatz aus etwa 500 bis 1000 m bis ins Stadtzentrum zu laufen. Preislich akzeptabel wird es mit Gutscheinen aus den kostenlosen Publikationen (*This Week* etc.). Zum Teil ist mit ihnen auch vier Stunden Gratisparken im *Lahaina Center* möglich. Achtung: Manche Parkplätze innerhalb des Großparkplatzes sind Kurzzeit-Plätze oder bestimmten Geschäften vorbehalten. Es gibt sogar einen *Lahaina Parking & Harbor Guide.*

Walskelett im Whaling Museum des Whalers Village am Kaanapali Beach auf Maui

Schiffsverbindungen

Von Lahaina verkehren Schiffe nach Lanai und Molekai (siehe Kapitel „Aktivitäten").

Kaanapali, Kapalua

Während man in Lahaina nur relativ wenige Hotels findet, scheint das etwas nördlich davon gelegene Kaanapali aus nichts anderem zu bestehen. Unternehmen wie *Hyatt Regency, Marriot* oder *Sheraton* haben etwa zehn große Hotel- und Apartmentkomplexe der gehobenen Kategorie am langen (und wirklich sehr schönen) Strand von Kaanapali aufgereiht. Wer im Urlaub gerne badet, schnorchelt und taucht, darüber hinaus Wert auf viel Sonnenschein und ein gutes Hotel legt, aber nicht ganz auf lohnende Ausflüge verzichten möchte, der liegt mit Kaanapali Beach optimal.

Fast in der Mitte des Strandes von Kaanapali liegt das bei Zentraleuropäern beliebte *Kaanapali Beach Hotel,* welches neben einer schönen hawaiianischen Einrichtung in den geräumigen Zimmern auch noch ein ausgezeichnetes Preis-Leistungsverhältnis bietet. Zum nahe gelegenen *Whalers Village* sind es keine fünf Gehminuten.

Whaling Museum

Etwa in der Mitte von Kaanapali liegt das *Whalers Village,* ein Einkaufszentrum mit knapp 60 Läden, einigen Restaurants und dem *Whaling Museum.* Hier wird in einprägsamer und anschaulicher Form ein sehr guter Einblick in die Geschichte des Walfangs gewährt (Eintritt frei, geöffnet 9.30 bis 22 Uhr, Tel. 661-5992, 2.OG). Auch hier kann man mit Coupons die Kosten für den Parkplatz zu senken.

Im Whalers Village gibt es auch einige Restaurants und Bars. Originell und auch gut ist die **Barefoot Sand Bar.** Zum Essen unter freiem Himmel gibt es oftmals kostenloses Hawaiian Entertainment (meist eine bunte Mischung vom Hula-Verschnitt bis zum echten Hula). Die Cocktails hier sind zwar nicht die billigsten der Insel, gehören dafür aber auch zu den besten von ganz Maui. Es gibt auch Ungewöhnlicheres wie z. B. den *Mango Margarita.*

Rund um Kapalua

Ruhiger geht es weiter nördlich in den ineinander gewachsenen Orten Kahana, Napili und Kapalua zu. Im Küstenbereich finden sich Hotels sowie viele Apartmentanlagen. Wie auch in Kaanapali gibt hier fast eine Sonnenschein-Garantie.

Die wohl schönste Bucht in diesem Teil Mauis ist die **Napili Bay,** an der alle Hotels maximal drei Stockwerke über dem Boden haben dürfen. Der Strand ist auch für Nicht-Hotelgäste zugänglich. Sehr schön ist das *Napili Kai Beach Resort,* dessen „Zimmer" allesamt geräumige Appartments mit gut ausgestatteter Küche sind. Im Gegensatz zu den sonst hier zahlreich vertretenen Kettenhotels wird das Napili Kai Beach Resort (Tel. 669-6271) privat geführt. Sowohl die Zimmer (mit kostenlosem WiFi-Internetzugang) als auch die Hotelanlage sind

sehr einladend; alles ist dezent und nicht so aufdringlich wie in den großen Kettenhotels. Einen Vorgeschmack gibt's im Internet unter www.napilikai.com. Das letzte Hotel, das in diesem Bereich gebaut werden durfte, ist das 1993 eröffnete *Ritz Carlton Bridge Hotel* in Kapalua, eines der exklusivsten auf ganz Hawaii.

Von Kahului nach Kapalua

Die meisten Autovermieter verbieten das Befahren der an der Nordküste entlangführenden Verbindungsstraße zwischen Wailuku und Kapalua. Dieser Kahekili Highway (Nr. 340) genannte Streckenabschnitt ist zwar durchgehend geteert, aber in manchen Teilen nur einspurig ausgebaut, so dass das oben genannte Verbot sich wohltuend auf den Verkehrsfluss auswirkt. Außerdem sollte man auf Steinschlag achten. Als landschaftlich schöne Alternative zum Highway 30 über Lahaina ist der Highway 340 durchaus interessant, nicht aber, um schneller voranzukommen. Man muss für die Besichtigungstour inklusive kleinen Zwischenstopps etwa 2 Stunden einplanen.

Wailuku bis Nakalele Point

Etwa fünf Meilen nach einem teilweise heruntergekommenen letzten Wohnviertel Wailukus beginnt der kurvige Teil der Straße, zunächst im Landesinnern, dann wieder direkt an der Steilküste entlang. In den grün überwucherten Hängen sieht man immer wieder wildes Zuckerrohr und wilde Macadamia-Nuss-Sträucher zwischen Farnen. Teilweise bieten sich herrliche Blicke in die Seitentäler. Man kann dort viele rote Kardinalsvögel *(Northern Cardinal)* beobachten. Je weiter man Richtung Kapalua kommt, um so spärlicher säumt die Pflanzenwelt den Wegrand. Die Weideflächen erstrecken sich bis zum Horizont, unmittelbar am Straßenrand wachsen Mimosen mit Blattlängen bis zu 8 cm. Mit jeder Kurve wird die Vegetation brauner und die Küste flacher, bis am Nakalele Point schließlich rund um den gleichnamigen **Leuchtturm** nur noch dürftiger Grasbewuchs und einzelne, windzerzauste Bäume wie kleine Inseln in der roten Erde sichtbar sind. Nach starken Regenfällen ist hier die Straße oft nicht mehr zu sehen, wenn der schwarze Teer komplett mit der roten Vulkanerde überschwemmt ist.

Nakalele bis Kapalua

Ab dem Leuchtturm nimmt der Bewuchs wieder zu. Überall wachsen Sisal-Agaven. Captian Cook setzte hier einige Agaven aus, um bei seiner Rückkehr Sisal als Basismaterial für Seile und Taue zu haben. Die Landschaft wirkt dramatisch durch die hohen Kontraste zwischen dem hellblauen Himmel, dem tiefblauen Meer und dem intensiven Grün der Pflanzen.

Honokohau Bay

Nach 22,4 Meilen endet der Highway 340 auf der Honokohau-Brücke. In diesem Bereich gibt es einige hervorragende Bade- und Schnorchelstrände (siehe Strände). Durch Ananasfelder geht es jetzt zügig nach Kapalua, wobei das *Ritz Carlton Hotel* schon von weitem zu sehen ist.

South Maui

Schon bei der Fahrt auf dem Piilani Highway (Nr. 31) erkennt man, dass es im Gebiet Kihei–Wailea–Makena nur selten regnet, denn am Wegrand wächst nur vereinzelt braunes, von der Sonne verbranntes Gras. Ein regelrechter Bauboom hat hier in den letzten Jahren ein gigantisches Konglomerat aus Hotels aller Preiskategorien, *Condominiums, Shopping Malls* (Einkaufszentren) und Restaurants entstehen lassen – allerdings ohne ein natürliches Ortszentrum. Treffenderweise nennt sich ein Laden in Kihei gar selbst *Tourist Trap* (Touristenfalle). Im Bereich Wailea erstrecken sich die durchweg schönen weißen Sandstrände über viele Kilometer entlang der ganzen Südwestküste, daher befinden sich in diesem sonnenverwöhnten Inselteil trotz der vielen Unterkünfte immer wieder relativ leere Plätze.

Bei einer Fahrt entlang der Küste gibt es außer Hoteleinfahrten und Einkaufszentren nur wenig Interessantes zu sehen. Auf Grund der Geschwindigkeitsbegrenzungen auf dieser Straße bietet es sich an, den **Piilani Highway** (Nr. 31) zu nehmen und erst an einer der vielen Abfahrten zum Strand hinunter zu fahren.

Ein Kontrast der besonderen Art erwartet den Besucher am Ende des über 10 Meilen langen Piilani-Highways, denn hier entstand direkt aus der kargen Halbwüste heraus der perfekt gepflegte Golfrasen des **Wailea Golf Course.** Dabei handelt es sich allerdings bei weitem nicht um den einzigen Golfplatz in diesem wasserarmen Gebiet; es gibt hier mindestens vier dieser wasserfressenden Grünflächen.

Maui Ocean Center

Das Maui Ocean Center ist seit Ende der 1990er Jahre in Betrieb. In Kombination mit dem glasklaren Wasser und der exzellenten Beleuchtung ergeben sich äußerst eindrucksvolle Einblicke in die Unterwasserwelt, die oftmals besser sind als beim Tauchen in den Gewässern der Inselgruppe. Wer nicht beispielsweise in Eilat/Israel, in Sydney oder anderen Orten bereits ein derartiges Aquarium mit tropischen Fischen besucht hat und selbst kein Taucher ist, für den sind die 22 $ (Kinder von 3 bis 12 Jahren 15 $) erstklassig angelegt.

Die große Attraktion des *Maui Ocean Center* ist eine Art **Riesenaquarium,** bei der man durch eine Plexiglasröhre geht, die mitten im Aquarium verläuft. Das Maui Ocean Center (Tel. 270-7000, www.mauioceancenter.com) ist täglich ab 9 Uhr bis mindestens 17 Uhr geöffnet. Es gibt sogar einen Audio-Guide mit ausführlichen Informationen in deutscher Sprache. Gleich nebenan wurde noch ein kleines Einkaufszentrum aus dem Boden gestampft.

Maui

Wailea Resort & Spa

Am Ende des Piilani Highways liegt direkt am Meer das zur Hilton-Gruppe gehörende **The Grand Wailea Resort Hotel & Spa,** dessen Besuch sich auch ganz ohne Übernachtungsabsichten lohnt. Allein schon die Gartenanlagen sind eine Augenweide; auch sie sind natürlich extrem wasserverbrauchend. Die Grenzen zur Traum- oder Kitschwelt sind fließend bei dieser Mischung aus italienisch-römischen und hawaiianischen Elementen. Wasserfälle, Statuen, eine Poolanlage mit Bronze-Delfinen in Lebensgröße, ja sogar eine ei-

Eingang des Grand Wailea Resort & Spa

gene Hochzeitskapelle befinden sich auf dem Hotelgelände. Auch in den *Maui Dining Room* lohnt es, einen Blick zu werfen: Etwa sechs Meter hohe Gemälde und riesige Leuchter sollen hier für ein gediegenes Ambiente sorgen.

Alanui Highway

Die weitere Fahrt Richtung Süden auf dem Alanui Highway ist ebenfalls ein Erlebnis. Auf der Meerseite sehen Sie die tiefgrünen, bewässerten Streifen, auf der Bergseite die total vertrocknete Wüstenvegetation. Nur an wenigen Stellen Hawaiis können Sie diesen krassen Gegensatz so deutlich betrachten wie hier.

Big Beach

Etwa 0,7 Meilen nach der Einfahrt zum *Grand Wailea* enden die baulich getrennten Fahrbahnen *(Divided Highway ends)*. Von hier aus sind es noch etwa 3,5 Meilen bis zum Parkplatz des Big Beach, einem herrlichen drei Kilometer langen, weißen Sandstrand. Die Straße führt dabei über viele Mini-Hügel hinweg an riesigen Opuntien (Kakteen) vorbei, bis Sie schließlich durch die blanken Lavafelder bei Ahihi-Kinau kommen.

Bei diesen Mini-Hügeln, im Englischen *Dip* genannt, handelt es sich um einzelne Lavaflüsse, die sich einst Richtung Meer wälzten und jetzt einfach quer zur Flussrichtung als Straße geteert wurden.

Im Bereich der **La Perouse Bay** (ein sehr schönes Schnorchelrevier), wo der Franzose *La Perouse* im Jahr 1786 landete, geht mitten im Lavafeld die Teerstraße in eine geschotterte Straße über, die spätestens 6 Meilen nach dem Ende des *Divided Highway* nur noch mit Allradfahrzeugen befahren werden sollte.

East Maui

Straße nach Hana

Die Straße nach Hana ist die schönste von ganz Maui. Neben dem Haleakala-Krater ist sie der zweite Höhepunkt eines Besuchs auf Maui. Die Fahrt entlang der Nordostküste führt, wenn die Verfasser des kostenlosen Werbeheftchens *Drive Guide to Maui* richtig gezählt haben, über 56 einspurige Brücken und durch 617 Kurven. Die Straße ist gut geteert und bietet hinter jeder Kurve einen neuen Ausblick. Vier wesentliche Elemente prägen die Aussicht entlang des Hana Highways: grüner Regenwald, türkis- bis tiefblaues Meer, Wasserfälle und überwucherte Seitentäler. Im gesamten Küstenbereich (inklusive Hana) leben gerade einmal 3000 Menschen.

Die Fahrt entlang des Hana Highways lässt sich gut als **Tagesausflug** durchführen. Je früher man losfährt, desto besser. Wer im Hotel an der Westküste gegen 7 Uhr (spätestens 8 Uhr) losfährt, kann den Tag optimal nutzen. Dann ist erstens auf dem Hana Highway noch nicht so viel Verkehr, und zweitens sind die kleinen Haltebuchten bei den Fotostopps noch nicht zugeparkt. Man sollte dennoch für die knapp 50 Meilen von Kahului nach Hana ohne Wanderungen drei Stunden einplanen und für die Strecke von Hana zu den *Seven Pools* nochmals eine halbe Stunde.

Wenn man zu Grunde legt, dass im Jahr 2000 insgesamt 850.000 Besucher von den Rangern im Kipahulu-Teil des *Haleakala National Parks* gezählt wurden, dann besuchen rein statistisch über 2300 Personen pro Tag die Seven Pools. Bei durchschnittlich zwei Personen pro Fahrzeug und 90 % Individual-Tourismus (Mietwagen) ergibt sich eine Blechkarawane von täglich immerhin Tausend Autos, die sich morgens von der Westküste über den

Hana Highway ergießt und nachmittags bzw. abends den gleichen Weg wieder zurück bewegt. Bei den vielen Kurven, einspurigen Brücken und den mit parkenden Autos belegten Anhalte-Buchten inmitten landschaftlicher Schönheit (und wenn man bedenkt, dass die Amerikaner breite, kerzengerade Straßen gewohnt sind) kann man sich ausmalen, wie es auf dieser Straße zugeht – also rechtzeitig aufbrechen!

Benzin, Proviant

Um auf Nummer sicher zu gehen, sollte man mit vollem Tank und mit einem Lunchpaket in der Tasche aufbrechen, denn die Tankstelle in Hana und das Restaurant der *Hana Ranch* haben nicht immer geöffnet, und das sehr gute (und ziemlich teure) Essen im luxuriösen *Hana Maui Hotel* mag man doch nicht schnell in sich hineinstopfen.

Wer es geruhsamer mag, kann sich im *Hana Maui* oder in einer der anderen Unterkünfte Hanas einmieten.

Kahului bis Keanae

Nicht weit vom Flughafen Kahului entfernt liegt **Paia,** an dessen Strand nachmittags die Windsurfer ihr Können unter Beweis stellen. Morgens ist Paia noch absolut verschlafen (siehe Central Maui und Windsurfen).

Nach der kleinen Ortschaft **Pauwela** wird die Straße hügeliger. An der Abzweigung zum Highway 365 ändert der Hana Highway seine Nummer von 36 in 360. Im weiteren Verlauf ist er regelrecht in den Regenwald hineingeschnitten. Soweit der Verkehr es zulässt,

kann man nach Lust und Laune anhalten und die Szenerie genießen.

Diverse *Wayside Parks* und Aussichtspunkte laden mit ihren Picknicktischen zu einer Rast ein. Toiletten sind dort ebenfalls vorhanden. Der schönste Platz für ein Picknick auf dem Weg nach Hana liegt jedoch im *Waianapanapa State Park* beim Flughafen Hana.

Etwa bei *Milemarker* (Meilenstein) 14,4 bietet sich an mehreren Punkten ein schöner Rückblick auf die fast überwucherte Straße und die Bucht.

Bei einem Stopp am **Keanae Arboretum** bei *Milemarker* 16 kann man einen Spaziergang in eines der üppig überwucherten Seitentäler unternehmen. Exotische tropische Pflanzen aus dem pazifischen Raum, Asien, Südamerika, Afrika und Australien wurden hier angepflanzt. Bambus, Ingwer, Bananen, Heliconia, Eukalyptus und vieles mehr ist hier in beachtlicher Größe bei freiem Eintritt zu bewundern. Von den im hinteren Teil des Tales gelegenen hawaiianischen Pflanzen ist hier vor allem die Taropflanze in mehreren Variationen vertreten (s. Pflanzenwelt). Leider wird das Keanae Arboretum kaum noch gepflegt.

Keanae

Kurz hinter dem Arboretum biegt die Stichstraße zur *Keanae Peninsula* ab. Auf dieser Halbinsel befindet sich das Dorf Keanae, dessen Bewohner meist vom Taro-Anbau leben. Es handelt sich um eines der letzten Dörfer der gesamten Inselkette, das noch im Besitz von Hawaiianern ist.

Maui

In Keanae gibt es am Straßenrand rechts (beim Hineinfahren) in einer Holzhütte frisches, warmes Bananenbrot für 3 $.

Wailua

Während die alte Missionarskirche auf der Keanae-Halbinsel aus schwarzen Lavasteinen gebaut wurde, kam beim Bau der kleinen **Coral Miracle Church** in Wailua Korallenstein zum Einsatz. Gerade als im Jahr 1860 die Kirchenpläne vorlagen, schwemmte ein schwerer Sturm das Baumaterial an den Strand. Die Stichstraße nach Wailua zweigt nur etwa zwei Meilen hinter der Keanae-Abfahrt *makai* (zum Meer hin) vom Highway 360 ab.

Nahiku

Am Ende der großen Bucht führt eine einfache, drei Meilen lange Straße nach Nahiku. Das Dorf, in dem früher einmal mehrere tausend Einwohner lebten, wird jetzt nur noch von etwa 70 Leuten bewohnt. Die wenigsten davon sind Hawaiianer, die meisten sind wohlhabende Amerikaner, die Ruhe und Abgeschiedenheit suchen. Die Fahrt hinunter zum Meer lohnt sich nur für ausgesprochene Beatles-Fans, denn hier steht das Haus, in dem sich *George Harrison* sehr oft aufhielt.

Vor einigen Wasserfällen auf dem Weg zu den Seven Pools verkaufen Anwohner handgefertigte Körbe und Hüte.

Waianapanapa Park

Kurz nach dem Flughafen von Hana biegt die Stichstraße zum *Waiana-panapa State Park* ab. Ein schwarzer Schotterstrand sowie Picknicktische laden zu einer Rast ein. Auf einem sehr schönen Weg können Sie in wenigen Minuten die *Waianapanapa Caves* erreichen. Das Wasser in diesen Höhlen ist meistens kristallklar. Mehrmals im Jahr bevölkern jedoch Millionen kleiner roter *Shrimps* die Pools und sorgen so für eine Rotfärbung des Wassers.

Nur bei ruhiger See bestehen am Strand **gute Bade- und Schnorchel-möglichkeiten.** Im vorgelagerten Wasser sieht man beim Schnorcheln eine natürliche Steinbrücke.

Achtung: Bei starker Brandung ist das Schwimmen hier sehr gefährlich.

Ka'eleku Cavern

Beim Milemarker 31 zweigt vom Hana Highway zum Meer hin die Ulaino Road ab. Nach 0,4 Meilen kommt man zur Einfahrt der *Ka'eleku Cavern.* Diese Lavahöhle ermöglicht sicherlich ein besonderes Hawaii-Erlebnis. Montag bis Donnerstag kann man sich hier zwischen 10.30 und 15.30 Uhr auf einer etwa 60-90-minütigen *Self-Guided Tour* ganz individuell durch die Höhle bewegen. Im Vergleich zu unseren Höhlen mit hellem, glattem Gestein bleibt es in den schwarzen Lava-Höhlen trotz starker Lampen ziemlich dunkel.

●**Maui Cave Adventures**
P. O Box 40
Hana, Hi. 96713
Tel. 248-7308
www.mauicave.com

Eine sehr schöne Bademöglichkeit bietet sich in einem Pool unterhalb eines Wasserfalls, der sich anschlie-ßend direkt ins Meer ergießt. Achtung: nur bei Niedrigwasser dort baden und nicht nach starken Regenfällen, denn wie unter jedem Wasserfall herrscht auch hier **Steinschlag-Gefahr!** Man erreicht den Pool, indem man von der Hana Road die Abzweigung zu den *Kaeleku Caverns* (Ulaino Rd.) nimmt und dieser Straße weiter folgt. Bald endet die Teerdecke und man muss auch zwei Furten durchqueren (kein Versicherungsschutz auf ungeteerten Straßen und schon gar nicht bei Fluss-durchquerungen). Schließlich erreicht man einen kleinen Parkplatz in Küstennähe für etwa 20 Autos (2 $ Parkgebühr). Der hier einmündende Fluss muss dann knietief in westlicher Richtung durchwatet werden. Jetzt sind es nur noch etwa 100 m Fußweg entlang der steinigen Küste bis zum Wasserfall.

Hana

Nach diesem Abstecher sind es nur noch einige wenige Minuten bis zum verschlafenen Dorf Hana mit seinen etwa 1000 Einwohnern (etwa die Hälfte davon echte Hawaiianer). Hier gibt es sehr hübsche Vorgärten zu bestaunen.

Mitten im verträumten Hana liegt eines der besten Hotels von ganz Hawaii; das *Hana Maui Hotel* sieht zwar von außen recht unbedeutend aus, bietet in seinem Innern jedoch feuda-len Luxus.

Essen, Einkaufen

Hier bietet sich die letzte Chance, den Benzintank aufzufüllen und etwas Essbares zu kaufen – aber nur wenn geöffnet ist. In der *Hana Ranch* gibt es meist für knapp 20 $ ein Mittagsbüfett (*All you can eat*). An einem Imbissstand erhalten Sie von 11 bis 14.30 sowie von 18.30 bis 20 Uhr die üblichen Fast-Food-Produkte. Der nahe gelegene *Hana Store* ist täglich von 7 Uhr bis 18.30 Uhr geöffnet. Den schönsten Blick auf Hana haben Sie vom *Fagan Memorial Cross* aus. Direkt gegenüber vom Hotel *Hana Maui* zweigt bergwärts eine Stichstraße zu dem Kreuz hin ab.

Hana Ranch

Ein Großteil der Umgegend von Hana gehört zur Hana Ranch, auf der viele Hawaiianer als *Paniolos* (so heißen die Cowboys in Hawaii) arbeiten.

Kaihahulu Beach

In Hana gibt es eine Attraktion, die kaum jemand kennt: einen Strand mit rotem Sand, den *Kaihahulu Beach*. Um dorthin zu kommen, folgt man der Uakea Road, die am Ortseingang links abzweigt, bis man links die Hana School und rechts die Tennisplätze sieht. Etwa zweihundert Meter weiter endet die Straße auf einem Privatgrundstück des Hana Maui Hotels.

Maui

Früh morgens und spät abends hat man die Seven Pools für sich alleine

Man parkt am besten schon bei den Tennisplätzen. Zum Meer hin *(makai),* also nach links, führt ein schwer begehbarer Pfad zunächst am Zaun entlang und dann an einem alten japanischen Friedhof vorbei bis in die Nähe des Strandes. Bitte nicht die Abkürzung über das Privatgelände nehmen! Auf einem teilweise steilen und sehr rutschigen Trampelpfad geht es dann zunächst nach links etwas bergauf parallel zum Strand und anschließend hinunter zur Bucht. Bei gutem Wetter ergeben sich sehr fotogene Kontraste zwischen dem tiefblauen Wasser und dem kleinen rostroten Sandstrand, der aus erodierter Vulkanschlacke mit hohem Eisenoxidanteil besteht. Hin- und Rückweg beanspruchen jeweils weniger als 15 Minuten.

Hamoa Beach

Wenige Meilen nach dem Ortsende von Hana biegt links eine Straße zum sehr gepflegten *Hamoa Beach* ab. Er wird vielfach als Privatstrand des exklusiven *Hana Maui Hotels* bezeichnet. Weil aber in Hawaii alle Strände öffentlich sind, kann jeder diesen herrlichen Strand nutzen. Die Hotelgäste werden normalerweise um 10 Uhr hergebracht und um 16 Uhr wieder abgeholt. Davor und danach herrscht hier meist totale Ruhe. Direkt vorgelagert ist die kleine Insel *Alau Island,* ein Vogelschutzgebiet mit einigen Palmen.

Überaus stressmildernd wirkt sich eine Übernachtung in Hana aus. Unterkünfte finden Sie am Ende dieses Inselkapitels.

Von Hana bis zur Ulupalakua Ranch

Der Highway 360 wird bald enger und geht in den Highway 31 über, der in seinem letzten Teilbereich schlechter wird.

Kipahulu, Seven Pools

Keine 100 m hinter dem Schild *„Haleakala National Park Kipahulu District"* führt eine Brücke über den Fluss Oheo. Nach einer scharfen Linkskurve liegt auf der linken Seite die Ranger Station mit Parkplatz, von wo aus man per pedes in wenigen Minuten zu den unterhalb der Brücke gelegenen *Seven Pools* gelangt. Wer schon am Haleakala auf 2000 m Höhe den Eintritt für den Park entrichtet hat (Gültigkeit: 1 Woche) und den Beleg vorweist, muss hier die zehn Dollar pro Auto nicht erneut bezahlen. Bei niedrigem Wasser ist Baden und Schwimmen in den Pools ein echter Traum – bei Hochwasser lebensgefährlich. Wachsamkeit ist vor allem nach Regenfällen angesagt, denn der Oheo kann binnen zehn Minuten um gut 1,20 m ansteigen. Die Seven Pools zählen zu den Paradiesen auf Erden – vor allem in den Vormittags- und späteren Nachmittagsstunden, wenn die meisten Besucher schon wieder auf dem Rückweg zu den Hotels an der Westküste sind.

In den Pools leben mindestens fünf verschiedene Spezies von **Oopus,** eine Süßwasser-Fischart, die nur in Hawaii vorkommt. Die je nach Art zwischen 6 und 50 cm langen Fische sind mit Hilfe von Saugnäpfen an der Unterseite ihres Körpers in der Lage, in den Flüssen regelrecht an den Felsen hochzuklettern. Selbst in einer Höhe von 450 m über dem Meer wurden schon *Oopus* gesehen.

Der Name *Seven Pools* ist irreführend, denn entlang des Oheo gibt es 24 große und noch mehr kleine Pools. Richtiger wäre es, diesen Bereich mit seinem alten hawaiianischen Namen *Oheo* zu bezeichnen, was übersetzt „Ansammlung von Pools" heißt. Aber *Seven Pools* ist leichter zu merken und hat sich überall eingebürgert. Die *Seven Pools* liegen am unteren Ende des Kipahulu-Tales; den höher gelegenen Teil des Kipahulu Districts bewohnen sehr seltene hawaiianische Vögel, Pflanzen und Insekten. Zum Schutz dieser Lebewesen wurde der obere Teil des Regenwaldes zum *Scientific Reserve* erklärt und für die Öffentlichkeit gesperrt. In wenigen Exemplaren kommt dort zum Beispiel die *Pinao* genannte, größte Libelle der Welt vor.

Schwimmen im Meer ist aufgrund von gefährlichen Strömungen, starker Brandung und scharfkantigen Felsen sowie wegen der Grauhaie hier nicht zu empfehlen.

Pipiwai Trail

Bei der Ranger Station beginnt der Pipiwai Trail, der zu den **Makahiku Falls** (Wegstrecke: 800 m) und weiter zu den **Waimoku Falls** (nochmals 2,5 km) führt. Für Hin- und Rückweg zu den Waimoku Falls (jeweils 3,3 km Strecke und gut 270 m Höhendiffe-

renz) sollte man zwei bis zweieinhalb Stunden veranschlagen. Vor allem im Sommer ist diese Wanderung nachmittags wegen der Schwüle sehr anstrengend. Während oder kurz nach starken Regenfällen ist sie sogar gefährlich, weil dann die Flüsse anschwellen und somit unpassierbar werden.

Von der Straße aus führt der Weg durch relativ offenes Gebiet zunächst zu den 56 m hohen *Makahiku Falls*. Vorbei an Guavenbäumen (von dieser ursprünglich in Mittelamerika beheimateten Pflanze stammen auch die plattgetretenen gelben Früchte mit orangem Fruchtfleisch auf dem Weg) steigt der *Trail* weiter an.

Man erreicht schließlich den **Palikea Stream,** den man auf zwei Brücken überquert. Weiter geht es durch einen dichten, dunklen **Bambuswald.** Selbst so manchem erfahrenen Asienkenner hat es beim Anblick dieses Waldes die Sprache verschlagen (Fotografen: Stativ mitnehmen). Die ersten Bambus-Samen wurden im vorletzten Jahrhundert von Asien nach Hawaii eingeführt, dieser Wald hat sich danach von selbst entwickelt, wurde also nicht gepflanzt. Auf teilweise rutschigen Holzstegen kommt man den etwa 120 m hohen Waimoku Falls schnell näher. Wegen der akuten Steinschlaggefahr, die unterhalb der Wasserfälle herrscht, sollte man allerdings nicht bis direkt zum Pool vorgehen.

Im weiteren Verlauf des Highway 31 erreicht man etwa 1,5 Meilen nach den Seven Pools die **Palapala Hoomau Church.** Auf dem kleinen Friedhof hat *Charles Lindberg* seine letzte Ruhe

Waimoku Falls

gefunden. *Lindberg,* der als erster Mensch allein im Flugzeug den Atlantik überquerte, verbrachte in Hana die letzten Jahre seines Lebens.

Ungeteerte Straße

Jetzt muss man sich entscheiden, ob man die gleiche Strecke in etwa drei bis dreieinhalb Stunden bis Kahului zurückkurven oder ob man auf dem Highway 31 weiterfahren will und so etwa ein bis eineinhalb Stunden einspart.

Das Problem ist, dass die Autovermieter für diesen ungeteerten Teil keinen Versicherungsschutz gewähren, man muss somit für Schäden selbst aufkommen. Bei Trockenheit ist dieses Risiko jedoch kalkulierbar (der Autor haftet ausdrücklich für nichts!!), solange man vorsichtig und langsam fährt. Lediglich während oder nach Regenfällen ist Vorsicht geboten, weil dann die Straße verschüttet oder abgerutscht sein kann. Der Autor (ein durchschnittlicher Autofahrer) hat die Strecke mehrfach ohne Probleme durchfahren.

Der Unterschied zwischen geteerter und ungeteerter Straße fällt in diesem Teil des Highway 31 kaum auf, weil schon der letzte Teil mehr als nur eine *Substandard Road* war. Die *Dirt Road,* wie die Amerikaner zu ungeteerten, aber befestigten Straßen sagen, windet sich in Kurven bergauf und bergab. Dabei bieten sich immer wieder herrliche Ausblicke auf die felsige Küste.

Nicht verpassen sollte man den **Arch** (Felsbogen) beim Pakowai Point, etwa an der Stelle, wo die Straße dem Meer am nächsten kommt. In diesen Bereich fällt der Klimazonenwechsel vom Regenwald in relativ schwach bewachsene Regionen.

Kaupo Gap

Mauka (auf der Bergseite) beginnt schließlich die *Kaupo Gap,* ein breiter Einschnitt, der oft wolkenverhangen ist. Bald erreicht man das sehr kleine, eher trostlos wirkende Dorf Kaupo. Ein paar Meilen weiter beginnt dann schon wieder die Teerstraße und damit auch der Versicherungsschutz für das Auto.

Durch die kilometerlangen **Lavafelder,** die nach und nach immer stärker von Gras überwuchert sind, geht es zügig weiter nach Westen. Das letzte, ganz besonders dunkle Lavafeld stammt von der letzten Eruption des Haleakala, die 1790 stattfand. In der Ferne kommt jetzt im Meer das sichelförmige **Molokini** sowie die erheblich größere, südlicher gelegene **Insel Kahoolawe** ins Blickfeld.

Kurz vor dem Übergang des nach Westen führenden Highway 31 in den nach Norden orientierten Highway 37 wechselt die Vegetation fast schlagartig vom Ödland in die grünen Ebenen des Upcountry. Nach wenigen Meilen gelangt man zur **Ulupalakua Ranch** und zur **Tedeschi Winery** (siehe Kapitel Upcountry).

Strände

Maui ist die Insel mit den meisten Badeständen der Inselkette. Insgesamt stehen den Besuchern über 50 Kilometer Sandstrand zur Verfügung.

Genaugenommen fügt sich in den Bereichen Kapalua bis südlich von Lahaina und Kihei bis Makena jeweils ein Strand an den anderen, so dass hier nur Hinweise auf besonders schöne Strände gegeben werden, die nicht unmittelbar vor Hotels liegen – und zwar beginnend nördlich von Kapalua in West Maui und dann gegen den Uhrzeigersinn rund um die Insel.

Mokuleia Beach

Bei *Milemarker* 33 am Highway 30 liegt nördlich von Kapalua die Honolua Mokuleia Bay, ein *Marine Life Conservation District,* in dem Angeln genauso verboten ist wie das Entfernen von Sand. Es handelt sich dabei um eine beliebte Schnorchelbucht, die in den *Mokuleia Beach* übergeht. Falls man nach 10 Uhr morgens dort ankommt, wird es schwer, einen Parkplatz zu finden.

D.T. Fleming Beach Park

Nicht weit davon entfernt, etwa bei *Milemarker* 31,1 (Abfahrt „Lower Honoapilani Road"; wer von Norden kommt, muss bedenken, dass der *Milemarker* 33 nur 1,6 Meilen vom *Milemarker* 31 entfernt ist und *Milemarker* 32 fehlt), liegt der Zugang zum *D.T. Fleming Beach Park.* Die am Straßenrand geparkten Autos sind nicht zu übersehen. Vor allem im Sommer bieten sich hier sehr gute Möglichkeiten zum Body-Surfen sowie zum Schwimmen. Im Winter ist die Brandung allerdings oft zu stark. Der Strand ist vor allem bei Einheimischen sehr beliebt, so dass am Wochenende reger Betrieb herrscht. Ein Telefon, Duschen, Toiletten, Picknicktische, Grills und schattenspendende Bäume sind vorhanden.

Alii Kahekili Nuiahumnu Beach Park (Prindle Beach Park)

Im Alii Kahekili Nuiahumnu Beach Park präsentiert sich ein weißer Sandstrand mit Palmen und guten Schwimmmöglichkeiten. Bei Tauchschulen ist der Beach Park wegen der vielen Meeresschildkröten, die sich in diesem Bereich vor der Küste tummeln, sehr beliebt. Saubere Toiletten und Duschen, Grillmöglichkeiten und ein überdachter Pavillon sind vorhanden. Man erreicht den Park am Ortsausgang von Kaanapali Richtung Kapalua, indem man in die Puukolii Road abbiegt und dieser bis zum großen Parkplatz folgt.

Hanakaooko Beach Park

Bei Milemarker 23,4 am südlichen Ende von Kaanapali Beach liegt der *Hanakaooko Beach Park* mit weißem Strand. Südlich davon schließt sich ein schwarzer Strand an.

Maluaka Beach

Die beiden letzten Straßen vor dem *Maui Prince Hotel* in Makena (Honoiki Road und Makena Road) führen jeweils zum *Makena Beach Park* mit dem *Maluaka Beach,* an dem sich vor allem Schwimmer, Boogie-Boarder und Body-Surfer wohlfühlen. Ein Telefon, Duschen und Toiletten sind am etwas abseits gelegenen Parkplatz vorhanden.

Big Beach

Der schönste Strand Mauis ist der gut 3 km lange *Big Beach* in Makena. Früher tummelten sich hier die Könige, heute vor allem die Einheimischen am Wochenende. An Werktagen herrscht am weißen Big Beach wohltuende Ruhe. Man erreicht ihn, indem man vom Schild *End of Highway* am Piilani Hwy (Nr. 31) in Makena noch knapp über 5 Meilen dem Straßenverlauf an der Küste folgt. Am Ende des Mittelstreifens liegt auf der Meerseite der Parkplatz.

Little Beach

Am Nordende des *Big Beach* liegt hinter einem Felsvorsprung der *Little Beach,* in dem das Nacktbaden geduldet wird. Trotzdem ist beim *Nude Bathing* Vorsicht angesagt.

Kaihahulu Beach

Sehr idyllisch liegt der rote *Kaihahulu Beach* bei Hana (siehe East Maui).

Maui

Waianapanapa State Park

Vor allem im Sommer ist Schwimmen und Schnorcheln im *Waianapanapa State Park* ein echtes Vergnügen. Toiletten und Picknickplätze sowie ein Telefon sind in unmittelbarer Nähe des schwarzen Schotterstrandes vorhanden (siehe East Maui).

Hookipa Beach

Der *Hookipa Beach* an der Nordküste nicht weit von Paia ist das Mekka der Windsurfer. Im Sommer ist der Strand vormittags auch bedingt zum Baden geeignet. Gegen Mittag ziehen allerdings die Passatwinde auf.

Aktivitäten

Rundflüge über die Insel

Viele Unternehmen bietet Rundflüge per Hubschrauber an. Wer bereits einen Rundflug auf Kauai oder zur Lava auf Big Island unternommen hat, sieht hier nicht mehr so viel Neues. Zwar ist es durchaus beeindruckend, über dem Haleakala hinwegzufliegen, aber die relativ große Flughöhe hält die Begeisterung in Grenzen. Die Preise liegen deutlich über 100 $. Bei Flügen über

Big Beach in Makena

Kauai und Big Island ist das Geld wohl besser angelegt.

Hier eine kleine Auswahl der Helikopter-Unternehmen auf Maui:

● **Blue Hawaiian Helicopters,**
Tel. 871-8844
www.bluehawaiian.com

Wer mindestens 7 Tage vor dem Flug direkt bei Blue Hawaiian im Internet bucht, erhält 15 % Rabatt. Bis 24 Stunden vor Abflug ist eine kostenlose Stornierung möglich. Auch wer direkt von Deutschland aus bucht (z. B. bei DERTOUR), spart ca. 10 bis 20 %. Blue Hawaiian Helicopters fliegt auch über West Maui nach Molokai – ein für gut 250 $ nicht gerade preisgünstiges Vergnügen.

● **Sunshine Helicopters,**
Tel. 871-0722
www.sunshinehelicopters.com

Auch dieses Unternehmen gibt bei rechtzeitiger Online-Buchung Rabatte.

● **AlexAir,**
Tel. 871-0792
oder gebührenfrei: 1-888-418-8455
www.helitour.com
● **Hawaii Helicopter Tours,**
www.hawaiihelicoptertours.com

Ermöglicht Buchungen bei verschiedenen Hubschrauber-Flugunternehmern.

Ab etwa 50 $ kann man im **Doppeldecker** langsam über die Insel fliegen:

● **Biplane Barnstormers,**
Tel. 878-2860
oder gebührenfrei: 1-800-745-2583

Big Island Air bietet auch von Maui aus Sightseeing-Flüge mit **Propeller-Flugzeugen** zu den Sehenswürdigkeiten Mauis und Big Islands an.

Der von Deutschland nach Hawaii ausgewanderte *Armin Engert* (verheiratet mit einer Schweizerin, 2 Kinder) veranstaltet seit 1990 auf Maui **Tandem-Ultrtaleichtflüge.** Mittlerweile hat er schon weit über 1000 Ultraleichtflüge gesteuert und führt diese „nur" noch von Hana aus durch. Tel. 572-6557 www.hangglidingmaui.com.

Wer einen **Inselrundflug** unternehmen möchte, ohne dabei festen Boden unter den Füßen zu verlieren, für den gibt es auf Maui die Möglichkeit, im weltweit ersten **Tour-Flugsimulator** die Naturschönheiten der Insel zu genießen. Schönes Wetter und beste Sicht sind garantiert ...

● **Kaanapali-Incredible Journeys,**
Kaanapali (im Regency Maui),
Tel. 661-0092

Ausflüge und Aktivitäten im und auf dem Wasser

Whale Watching

In den Wintermonaten bieten sich vor Maui erstklassige Möglichkeiten, Wale aus gebührendem Abstand zu beobachten. Nach Meinung des Autors gehört das *Whale Watching* zu den großen Attraktionen Hawaiis, selbst wenn die Boote einen Mindestabstand von über 100 m zu den Walen wahren müssen und den Walen nicht nachfahren dürfen.

Viele Unternehmen bieten *Whale Watching* an, die beiden folgenden sind allerdings die einzigen, die von Greenpeace als „in Ordnung" eingestuft werden:

● **Pacific Whale Foundation,**
Tel. 249-8811
oder gebührenfrei 1-800-WHALE-1-1
(1-800-942-5311)
www.pacificwhale.org

Das Unternehmen bietet jetzt auch **Wild Dolphin Encounters,** also Fahrten zu wilden Delfinen, nach Lanai an.

Der gesamte Gewinn kommt Wal- und Meeresforschungsprogrammen zugute. Es besteht auch die Möglichkeit, 14 Tage lang gemeinsam mit den Forschern der *Pacific Whale Foundation* die Wale näher kennen zu lernen.

● **Eye of the Whale,** Tel. 889-0227

Fachvokabeln für das Whale Watching

calf, calves	Kalb, also neugeborener Wal
to conceive	empfangen
conception	Empfängnis
extinction	Ausrottung
fluke	Fluke, Schwanzflosse
to give birth to a calf	hier: einen Wal gebären
hydrophone	Unterwassermikrophon mit Verstärker und Lautsprecher
pregnant	schwanger, trächtig
to mate	sich paaren
mammal	Säugetier
nutrition	Nahrung
to spoute	herausspritzen, herausschießen (Luft mit Wasser)
submerge	abtauchen
vapor	Dampf (hier: Atemluft mit Wasserdampf)

Achtung: Es gibt einen Unterschied zwischen *Whale Watching* und *Whale Searching*. Beim *Whale Watching* gibt es normalerweise die Garantie, dass man mindestens einen Wal zu Gesicht bekommt, beim *Whale Searching* nicht. Wer beim *Whale Whatching* wirklich einmal keinen Wal zu Gesicht bekam, erhält einen Gutschein (meist auf Standby-Basis) für eine weitere Ausfahrt. Vom 1.12. bis zum 15.5. veranstaltet *Pacific Whale Foundation* nur Whale Watching Trips mit Walsicht-Garantie.

Man sollte mit etwa 30 $ für eine Bootstour rechnen.

Schiffs- und Bootstouren

Im Sommer bieten diverse Firmen Ausflugsfahrten an, wobei die Touren nach Lanai am interessantesten sind.

● Binnen einer Stunde legt die Passagierfähre *Expeditions* vier- bis fünfmal am Tag die Strecke zwischen dem Hafen von Lahaina und der Manele Bay auf **Lanai** zurück. Kombi-Pakete (inkl. Auto, Übernachtung) werden ebenfalls angeboten, 25 $ one way. Tel. 661-3756, www.go-lanai. com

● Außerdem fährt die *Maui Princess* täglich zweimal von Lahaina nach Kaunakakai auf Molokai (Fahrzeit: 90 Minuten). Der Fahrpreis beträgt 40 $ (one way) inkl. zwei Handgepäckstücke, Gepäck (ab 45 kg) jeweils 15 $ pro Gepäckstück. Auch hier gibt es Kombi-Pakete inkl. Auto und Unterkunft) www.mauiprincess.com, www.molokai ferry.com, Tel. 662-3355, oder gebührenfrei 1-866-307-6524.

● Im Sommer können Sie bei *Keli's Kayak Tours* (Tel. 874-7652) und *South Pacific Kayaks* (Tel. 875-4848 in Kihei und 661-8400 in Lahaina) sogar mit einem **Kajak** an der Küste entlangfahren.

● Verschiedene Unternehmen bieten Fahrten mit **Glasboden-Booten** zu den Riffen an,

Wale vor Hawaii

Drei verschiedene Populationen von Buckelwalen bewohnen den Nord-Atlantik, den Nord-Pazifik und die Meere der Südhalbkugel. Während früher einmal etwa 14.000 bis 18.000 Wale im Nord-Pazifik lebten, waren es im späten 20. Jahrhundert gerade noch 800 bis 2000. Im Jahr 1992 erklärte der Kongress in Washington annähernd das gesamte Maui County zum *Hawaiian Islands Humpback Whale National Marine Sanctuary*, einer Art Naturschutzgebiet, in dem die bis zu 40 Tonnen schweren Buckelwale unter strengstem Schutz stehen.

Jedes Jahr treffen zwischen 4000 und 5000 dieser Säugetiere (das sind etwa 60 % der gesamten Walpopulation des Nord-Pazifiks), meist etwa Mitte Dezember, in ihrem Winterquartier, den Gewässern vor Hawaii, ein. Die Lieblings-Aufenthaltsorte der Buckelwale (*Humpback Whales*), die zu den Bartenwalen gehören, sind die *channels* (Meeresstraßen, wörtlich: Kanäle) zwischen Lanai, Molokai, Maui und Kahoolawe. Hier zeugen sie ihre Jungen, und in den warmen tropischen Gewässern geschützter Buchten bringen sie diese ein Jahr später auch auf die Welt. Diese Jungen sind mit etwa zwei Tonnen Geburtsgewicht bereits durchaus stattliche Tiere. Durch die fettreiche Milch der Wale nehmen sie pro Tag bis zu 50 kg, manchmal sogar 100 kg an Gewicht zu (und die Mutter ab, denn auch säugende Wale nehmen in den tropischen Gewässern keine Nahrung auf).

Ende März brechen die Tiere wieder auf zu ihren Fanggründen im arktischen Meer vor Sibirien und Alaska. Nur dort oben fressen sie. Auf den größten Teilen der 5000-km-Reise nach Hawaii, während des Aufenthalts an den Inseln und auf großen Strecken der Rückreise nehmen sie keinerlei Nahrung zu sich. Im nächsten Jahr ist das weibliche Tier wieder paarungsbereit.

Die Tiere bleiben meist drei bis sechs Minuten unter Wasser, bevor sie wieder auftauchen, um Luft zu holen, können aber bis zu 30 Minuten abtauchen.

Es ist schon ein sehr erhabenes Gefühl, wenn ein Wal in unmittelbarer Nähe abtaucht und seine Fluke (Schwanzflosse) elegant im Meer versinkt oder wenn eine Luft-Wasser-Fontäne mit einer Geschwindigkeit von knapp 500 Stundenkilometern beim Ausatmen des Wals aus dem Wasser schießt.

Bei guten Walbeobachtungs-Touren kann man mit Hilfe eines Unterwassermikrofons auch den Gesang der Tiere hören. Wie die Buckelwale, die keine Stimmbänder besitzen, diese Töne erzeugen, ist noch nicht endgültig geklärt. Vermutlich entsteht der Gesang durch Luftbewegungen innerhalb von luftgefüllten „Taschen" im Kopf der Wale. Man geht davon aus, dass nur die männlichen Tiere während der Paarungszeit singen.

Prinzipiell wollen die Wale von den Menschen in Ruhe gelassen werden, aber durch die Einhaltung des Mindestabstandes von 100 Metern und durch das Verbot, Wale zu verfolgen, scheinen die Tiere den Menschen und damit die Boote zu akzeptieren, ja sich sogar dafür zu interessieren. An der Küste von Kalifornien wurde dieser Mindestabstand meist nicht eingehalten, was zur Folge hatte, dass die Wale dort nicht immer in ihre vertrauten Gebiete zurückgekehrt sind.

Weitere Infos vom Hawaiian Island:
- **Humpback Whale National Marine Sanctuary**
http://hawaiihumpbackwhale.noaa.gov/whalewatching/whalewatching.html

aber nur mit *Atlantis Submarines* (Tel. 543-8359, www.atlantissubmarines.org) können Sie in einem richtigen **U-Boot** an den Riffen entlangtauchen (siehe auch „Bootstouren" im Kapitel „Naturerlebnis und Sport").

Der Hafen von Molokai liegt in Kaunakakai. Von hier aus startet zweimal täglich eine **Fähre** nach Lahaina auf Maui).

Gerätetauchen

Die schönsten Tauchgründe von ganz Hawaii liegen unmittelbar vor Maui, und zwar an der Außenwand von Molokini. Allerdings ist es durch die teilweise starken Strömungen vor allem im Winter längst nicht immer möglich hier zu tauchen. In diesem Fall weichen die Tauchschulen auf das innere Riff (also das innere des Halbmondes) aus. Der Fischreichtum in diesem Meeresschutzgebiet ist beachtlich.

Wenn die See ruhig ist und die Sichtweite besonders hoch, lohnt sich auch eine Fahrt zu den *Cathedrals* vor Lanai. Bei stärkerer Strömung, macht der Tauchgang nicht so viel Spass und die Sonneneinstrahlung durch die Löcher am oberen Ende der Höhle ist weniger beeindruckend.

Seit Dezember 2005 gibt es eine neue Attraktion für die Taucher – und zwar direkt vor dem Puamana Beach Park , der sich etwa am südlichsten Ende der Front Street von Lahaina befindet: Etwa 800 m vom Strand entfernt liegt die *Carthaginian II* als **künstlich geschaffenes Riff** auf maximal 28,5 m Tiefe.

Es handelt sich dabei um einen 1920 in Deutschland gebauten Zement-

frachter von knapp 30 m Länge, der zu einem Nachbau des Schiffstyps umgebaut wurde, mit dem die Missionare zu Anfang des 19. Jahrhunderts von den Neuenglandstaaten an der Ostküste der USA um Kap Hoorn nach Hawaii segelten. Das Schiff lag im Hafen von Lahaina vor Anker und beherbergte ein kleines Walfang-Museum.

Bezahlt wurde die gut 350.000 $ teure Schiffsversenkung vom Unternehmen *Atlantis Submarines,* das so eine neue Attraktion für seine Kunden bieten kann.

Wegen ihres herausragenden Verhaltens kann der Autor eine Tauchschule besonders empfehlen:

● Mike Severns Diving
Tel. 879-6596
Fax 874-6428
www.mikesevernsdiving.com

Die Frau des Inhabers Mike Severns, *Pauline,* ist Meeresbiologin und entsprechend ausgesucht ist das gesamte Team. Hier geht es ausnahmsweise nicht ausschließlich darum, den Tauchern unter Wasser nur *„Great Fun"* zu bieten, sondern auch darum, Zusammenhänge mit einfachen Worten zu erklären und in Ruhe die Welt unter Wasser zu erkunden, ohne sie dabei als Streichelzoo zu betrachten.

Der Autor war mit vielen Tauchschulen Hawaiis und auch an diversen anderen Stellen der USA tauchen, hat aber nirgends in Nordamerika eine Schule erlebt, die derart vorsichtig mit der Unterwasserwelt umgeht. Nicht nur Fotografen kommen hier voll auf ihre Kosten. Durch die ruhige Tauchweise dauern nicht nur die Trips länger (die Gruppe bewegt sich langsamer und der Luftverbrauch ist geringer), sondern die Fische und andere Tiere fühlen sich nicht bedroht und kommen aus eigenem Antrieb ganz nahe an den Taucher heran.

Das Unternehmen fährt ab Kihei Boat Ramp in den Bereich Molokini, normalerweise nicht nach Lanai.

Beachtenswert ist bereits die Website der Tauchschule. Wer möchte, kann sich hier über eine sichere SSL-Verbindung online anmelden.

Bei anderen Tauchschulen auf Maui, mit denen der Autor unterwegs war, ging es unter Wasser etwas mehr zur Sache: Da wurde der Octopus vom Tauchlehrer in die Hände genommen und fest gehalten, obwohl er drei Mal „Tinte" ausstieß oder eine Muräne derart zum Spielzeug degradiert, dass sie schließlich den Divemaster biss.

Im Folgenden eine Auswahl aus der langen Liste der Tauchschulen auf Maui:

● **Maui Dive Shop,**
Tel. 879-3388 (Kihei) bzw. 661-6166 (Lahaina) oder gebührenfrei:
1-800-542-DIVE (1-800-542-3483),
www.mauidiveshop.com

Eine gute Übersicht über die Tauchreviere Mauis bietet der kostenlose *Maui Dive Guide,* der vom Maui Dive Shop herausgegeben wird. Das Unternehmen ist die größte Tauchschule der Inselgruppe mit acht Läden.

● **Dive Maui,**
Lahaina, Tel 667-2080
● **Frogman Charters,**
Lahaina, Tel. 661-3633;

Kapalua, Tel. 660-4949;
Kihei, Tel. 875-4477
● **Hawaiian Ocean Rafting,**
Tel. 667-2191
● **Lahaina Divers,**
Lahaina, Tel. 667-7496
oder 1-800-998-3483
www.lahainadivers.com
● **Molokini Divers,**
Kihei, Tel. 879-0055
● **Reef Divers,**
Lahaina, Tel. 667-7647
● **Zip-Purr Catamaran Charters,**
Kaanapali, Tel. 667-2299
● **Maui Scuba Diving**
Tel. (gebührenfrei) 1-877-873-4837
www.turtlereefdivers.com

Schnorcheln

Alle Tauchschulen nehmen auch gerne Schnorchler mit auf ihre Touren – vor allem wenn es nach Molokini geht. Schnorcheln im halbversunkenen Krater von Molokini ist ein besonderes Vergnügen. Seit die Insel im Jahr 1977 zum *Molokini Shoal Marine Life Conservation District* (eine Art Unterwasser-Naturschutzgebiet) erklärt wurde, konnten sich vor allem die Fische hier kräftig vermehren. Über 700 verschiedene Fischarten kommen bis ganz nahe an die Schnorchler heran. Vor allem vormittags ist das Wasser sehr ruhig bei durchschnittlichen Sichtweiten von 20 bis 40 Metern. Je nach Länge der Tour, Art des Bootes und Verpflegung kosten die Schnorcheltrips etwa 40 $ bis 100 $.

Auch hier nur ein kleiner Auszug aus der langen Liste der Anbieter:

● **Pacific Whale Foundation**,
Kihei, kleine Motorjacht, Tel. 879-8811.
www.pacificwhale.org
● **Blue Water Rafting,**
Kihei, festes Schlauchboot, Tel. 879-7238

● **Friendly Charters,**
Lahaina, Segelboot, Tel. 871-0985
● **Frogman Charters,**
Lahaina, Katamaran, Tel. 661-3633;
Kapalua, Tel. 660-4949;
Kihei, Tel. 875-4477
● **Hawaiian Rafting Adventures,**
Lahaina, festes Schlauchboot,
Tel. 661-7333
● **Maui Classic Charters,**
Kihei, Segel-Katamaran mit Glasboden,
Tel. 879-8188
● **Ocean Activities Center,**
Maalaela Harbour, 879-4485 oder
gebührenfrei 1-800-798-0652
● **The Dive Shop,**
Kihei, Segelboot, Tel. 879-2201
● **The Silent Lady,**
Lahaina, Zweimaster-Segelboot,
Tel. 667-7777
● **Ultimate Rafting,**
Lahaina, festes Schlauchboot,
Tel. 667-5678

Mit eigener oder geliehener ABC-Ausrüstung kann man auch recht gut direkt vom „Strand" aus schnorcheln – und zwar am besten etwas nördlich der La Perouse Bay (südlich von Kihei).

Surfen und Windsurfen

Surfer sind auf Maui relativ selten anzutreffen, dafür um so mehr Windsurfer. Jedes Frühjahr finden in Paia die Weltmeisterschaften im Windsurfen statt (siehe Central Maui). Den aktuellen *Maui Windsurfing Report* sowie viel Interessantes zum Thema Surfen finden Sie im Internet unter www.maui. net/~mauiwind/MWR/MWR2.html

Mehrere Schulen bieten ihre Dienste an und verleihen auch komplette Ausrüstungen:

Surfen
● **Maui Surfing School,**
Tel. 875-0625

● **Surfing Academy,**
Tel. 667-5399
● **Maui Waveriders**
Tel. 875-4761

Windsurfen

Viele Hotels bieten Kurse an und verleihen Bretter an ihre Gäste. Ansonsten müssen Sie mit etwa 40–50 $ pro Unterrichtsstunde rechnen und für die Ausleihe eines Brettes etwa 25 $ für die erste Stunde bis 70 $ für einen ganzen Tag kalkulieren.

Kurse und Bretter gib's auch bei:

● **Windsurfing West,** Tel. 871-8733
● **Sea Maui,** Tel. 879-0178

Hochseefischen

Möglichkeiten zum Angeln auf hoher See (vom Motorboot aus) bieten unter anderem die folgenden Firmen an:

● **Hinatea Charters,** Tel. 667-7548
● **Lahaina Charter Boats,** Tel. 667-6672
● **Luckey Strike Charters,** Tel. 661-4606

Oftmals geht es dabei um das *„Game Fishing"* (Angeln zum Spaß) unter dem Motto *„Catch and Release"* (Fangen, wiegen bzw. schätzen und wieder lebendig ins Meer freilassen).

Parasailing

Auf Wasserskiern hat der Autor noch niemanden in Mauis Gewässern entdeckt, dafür um so mehr Parasailer, die sich für über 50 $ im Fallschirm hinter einem schnellen Motorboot durch die Lüfte ziehen ließen. Dabei steigt der Fallschirm bis in sehr luftige Höhen.

● **Lahaina Parsail**
Lahaina, Tel. 661-4887

●**Parasail Kaanapali**
Nord-Lahaina, Tel. 669-6555
●**UFO Parasail**
Kaanapali Beach, Tel. 661-7836
●**West Maui Parasail**
Lahaina, Tel. 661-4060

Paragliding

Wer mit dem Fallschirm lieber von oben nach unten als von unten nach oben gleiten will, der kann mit einem erfahrenen Gleitschirm-Flieger am Tandemschirm vom Haleakala herabsegeln.

●Tel. 87-GLIDE

Fallschirmspringen

Wer gleich den freien Fall vorzieht, kann auch aus 3000 m Höhe mit dem Fallschirm abspringen. Für Anfänger gibt es auch Tandemsprünge zusammen mit einem erfahrenen Fallschirmspringer.

●**Skydive Maui,** Tel. 871-7790

Radfahren

Mehr Geschäftemacherei als sportliche Betätigung sind die kommerziellen Abfahrten per Fahrrad vom Haleakala bis zum Meer. Von Slogans wie *Bike down a volcano* lassen sich täglich aufs Neue viele Besucher auf ein Fahrrad locken. Meist werden die potenziellen Biker am Hotel abgeholt (entweder sehr früh morgens gegen 3 Uhr oder gegen Mittag). Vom *Visitor Center* auf knapp 3000 m Seehöhe geht's dann, ausgerüstet mit Helm, windfester Kleidung und *Mega Breaks*

bis zu einem Restaurant in Central Maui, in dem ein Frühstück oder ein Snack gereicht werden. Auf Grund der Preisunterschiede zwischen den einzelnen Anbietern lohnt sich das Vergleichen der Preise. Die „Nur-bergab"-Tour kostet etwa 85 $. Einige Unternehmen bieten mittlerweile auch andere Fahrradtouren an.

●**Haleakala Bike Co.**
575-9575 oder gebührenfrei
1-888-922-2453
www.bikemaui.com
●**Maui Downhill**
gebührenfrei 1-800-535-BIKE
(1-800-535-2453)
www.mauidownhill.com
●**Mountain Riders**
242-9739 oder gebührenfrei
1-800-706-7700
www.bikingmaui.com
●**Maui Sunriders**
579-8970 oder gebührenfrei
1-866-500-2453
www.mauibikeride.com

Maui Sunriders vermietet auch Fahrräder inklusive Auto-Fahrradträger für 100 $ pro Woche.

Geführte Wanderungen

Wer nicht allein durch Mauis Wildnis streifen möchte, der kann sich gegen Bezahlung in Kleingruppen der Obhut nachstehend aufgeführter Unternehmen anvertrauen:

●**Crater Bound,** Tel. 878-1743
●**Hike Maui,** Tel. 879-5270
●**Hiking Paradise,** Tel. 573-0464

Eine kostenlose Alternative bieten die *Ranger* in beiden Teilen des Haleakala-Nationalparks mit ihren *Guided Walks.*

Reiten

In den letzten Jahren kam Reiten auf Maui immer mehr in Mode. Es empfiehlt sich, etwa drei bis fünf Tage im Voraus zu buchen. Die Preise schwanken enorm zwischen zwei Stunden für 40 $ oder für über 100 $ – je nach Gruppengröße. Ein fünfstündiger Ritt durch den Haleakala-Krater ist ab etwa 110 $ zu haben.

●**Adventures on Horseback,**
Makawao, Tel. 242-7445
www.mauihorses.com
●**Hana Ranch,**
Hana, Tel. 248-8211
●**Makena Stables,**
Makena, Tel. 879-0244
●**Oheo Stables,**
Seven Pools, Tel. 667-2222
●**Pony Express Tours,**
Haleakala, Tel. 667-2200
www.ponyexpresstours.com
●**Ironwood Ranch,**
Napili, Tel. 669-4991
●**Sea Horse Ranch,** Kahakuloa,
am „verbotenen" Hwy 340,
Tel. 244-9862
●**Merdes Ranch,**
West Maui, Tel. 871-5222

Sonstiges

Quads

An den Hängen des Haleakalas besteht die Möglichkeit, im Rahmen von geführten ATV-Touren (ATV: *All Terrain Vehicle,* bei uns als *Quads* bekannt) zwischen 600 und 900 m ü.d.M. umherzufahren. Inklusive Lunch und Drinks kosten 2 Stunden 90 $, 4 Stunden 125 $.

●Tel. 878-2889, www. mauiatvtours.com.

Außergewöhnliche Fahrzeuge

Wer gerne auf einer **Harley-Davidson, in einem Jeep** oder in einem **Ferrari** die Insel erkunden möchte, der kommt bei *Island Riders* auf seine Kosten.

●**Island Riders,**
Lahaina, Tel. 661-9966
oder gebührenfrei: 1-800-529 -2925
(Reservierung erforderlich, ab 75 $ für
einen halben Tag + Versicherung)
www.islandriders.com.

Aloha Toy Store vermietet **exotische Autos,** und sonstiges, was fährt. Das Spektrum ist riesig und reicht vom *Ferrari Modena 360 Spider* mit 400 PS für 1500 $/Tag und preisgünstigere Ferraris für „nur" 600 $/Tag über Geländewagen wie *Hummer* oder *Jeep* bis zu *BMW* und *Smart* (inklusive Roadster und Elektro-Auto). Auch Harleys, Mopeds, *Segway*-Transporter, Elektro-Fahrräder und Fahrräder für vier Personen können hier gemietet werden. Den ultimativen Kick (zur Entleerung des Geldbeutels) erhält, wer einen *Lamborghini Murcielago* mietet (8000 $ für 4 Tage). Das Mindestalter zur Ausleihe von Jeeps beträgt 21 Jahre, für Exotic Cars (dazu gehört auch der Smart) 25 Jahre. Ab 50 $ darf man z. B. auf einer Harley sitzen (zuzüglich Versicherungen).

●**Aloha Toy Store,**
Tel. 662-0888 (Lahaina)
bzw. gebührenfrei 1-888-628-4227,
www.alohatoystore.com.

Geführte individuelle Touren

Wer sich von einem Einheimischen die **Natur und Kultur** der Insel zeigen lassen will, kann bei *Rent-A-Local* anrufen. Je nach persönlichen Vorlieben (Tier- und Pflanzenwelt, Schnorcheln, Strände, Wasserfälle, ...) bekommt man einen kundigen einheimischen Führer vermittelt, mit dem zusammen man dann seine individuelle Tour unternimmt.

● **Rent-A-Local,**
Tel. 877-4042
oder gebührenfrei 1-800-228-6284

Theater-Event

Ulalena heißt das Theater-Spektakel, das im eigens dafür gebauten *Maui Myth & Magic Theatre* in Lahaina täglich aufgeführt wird. Die knapp zehn Millionen Dollar teure Produktion zeigt eine Mischung aus Theater, Tanz und ursprünglicher hawaiianischer Musik (gespielt auf Originalinstrumenten) gepaart mit akrobatischen Darbietungen. Zwei der Werbesätze bringen die stark betonte mystische Komponente auf den Punkt: „Ulalena verwebt kunstvoll die kraftvollen Bilder der hawaiianischen Mythologie und Geschichte in eine Feier der Natur sowie des Geistes der menschlichen Vorstellungskraft. Ulalena lädt den Zuschauer ein an einen Platz der Wunder". Dabei verzichten die Darsteller fast vollständig auf gesprochene Worte.

Die Vorstellungen finden dienstags bis sonntags um 18 Uhr, dienstags zusätzlich auch um 20.30 Uhr statt.

● 878 Front Street,
Tel. 661-9913
oder gebührenfrei 1-877-688-4800,
www.mauitheatre.com.

Luau

Old Lahaina Cafe Luau. Nach Ansicht des Autors handelt es sich hier um eines der beiden besten Luaus – und auch der eigenwilligsten – auf der gesamten Inselkette. Hier hat sich endlich einmal jemand getraut, den Pfad der traditionellen Touristen-Luaus zu verlassen und neue (nach Meinung des Autors: auch bessere) Wege zu gehen, anders als bei den Standard Touristen-Luaus, deren Grundschema in dem Exkurs „Hawaii's best Luau" im allgemeinen Teil bereits beschrieben ist. Wer zuerst verbindlich reserviert, bekommt auch die besten Plätze. Ohne Reservierung läuft trotz der täglich stattfindenden Vorstellungen gar nichts, obwohl das Luau auch im oberen Preissegment angesiedelt ist. Anfang 2006 waren die Shows zum Teil sechs Wochen im Voraus komplett ausgebucht! Sehr liebevoll (verspielt) ist auch der Internet-Auftritt mit Live-Kamera und den wesentlichen Songs der Show sowie natürlich der Möglichkeit zur Online-Reservierung.

● Tel. 667-1998
oder gebührenfrei 1-800-248-5828.
www.oldlahainaluau.com.

Halloween in Lahaina

Nirgendwo sonst auf der Inselkette wird das amerikanische Halloween-Fest am 31.10. intensiver gefeiert als in Lahaina, weshalb es hier auch als *Mardi Gras of the Pacific* (Karneval des Pazifiks) bezeichnet wird. Am späteren Nachmittag findet zunächst die *Keiki Parade* (Kinderumzug) statt. Schon hier kann man die vielen fantasievoll gestalteten Kostüme bewundern. Die Kreativität beim abendlichen Kostümwettbewerb vor dem Pioneer Inn ist selbst für erfahrene Kenner der rheinischen Fastnacht beeindruckend.

Da die *Front Street* ab etwa 16 Uhr gesperrt ist, verwandelt sich die gesamte Straße in eine große Partylandschaft – ein Erlebnis für sich, der Soundtrack ist eine Kombination aus Rockmusik und Hawaiianischen Liedern. Selbst Faschingsmuffel werden hier begeistert zuschauen und irgendwann mitfeiern, denn es ist ja kein Karneval, sondern Halloween.

Schießen

Ein Urlaubsvergnügen der amerikanischen Art bietet unter dem Motto **Shooting in Paradise** *Papaka Sporting Clays.* Von 8.30 Uhr bis zum Einbruch der Dämmerung wird auf Scheiben, Tontauben und was sonst nicht noch alles geschossen. Wie heißt es doch in einem Werbeprospekt für eine „ultimate Hawaiian vacation": *„The shooting is sensational at Papaka".* Der Autor verkneift sich an dieser Stelle einen Kommentar ...

●**Papaka Sporting Clays,**
Tel. 879-5649 oder 874-6375.

Unterkunft

Hotels

Die Hotels auf Maui liegen praktisch alle an der trockenen Westküste – zum einen im Bereich Kihei bis Makena, zum anderen zwischen Lahaina und Kapalua. Einige wenige Hotels be-

finden sich auch in Hana und im Bereich Kahului/Wailuku.

Während die Hotels in den Bereichen Kapalua und Kihei relativ preisgünstig sind (Außnahme *Ritz Carlton*), steigert sich der Luxus in beiden Gebieten nach Süden hin.

Bei einigen dieser Hotels wähnt man sich eher in Disneyland: Mit künstlichen Wasserfällen und Seen, Brückchen, Delfinstatuen, Flamingos, Papageien, Schwänen und Pfauen, die in erstklassig gepflegte Gartenanlagen eingebettet sind, umwerben die einzelnen Luxusherbergen ihre Gäste.

Sehr feudal ist auch das *Hana Maui* in East Maui. Im Gegensatz zu den geschäftigen Hotels an der Westküste herrscht hier echte Ruhe in einer der besten Adressen von ganz Maui.

●**Hotel Hana Maui**
P.O. Box 9
Hana, Hawaii 96713
Tel. 248-8211
oder gebührenfrei 1-800-321-4262
www.hotelhanamaui.com

Nicht gerade ruhig, aber dafür sehr zentral liegt das eher preiswerte Hotel *Maui Seaside* (siehe auch im Allgemeinen Teil: Unterkunft, Hotels).

●**Hotel Maui Seaside,**
100 Kaahumanu Avenue
Kahului, Hi 96732
Tel. 877-3311

Campingplätze

Auf Maui gibt es knapp zehn Campingplätze, die von der Straße aus erreichbar sind, vier von ihnen sind empfehlenswert:

Maui

●**Hosmer Grove Campground** auf über 2000 m Seehöhe im *Haleakala National Park* (meist trocken).

●**Oheo Campground** im Kipahulu-Teil des *Haleakala National Parks* direkt bei den *Seven Pools* (vor allem im Sommer öfter Regen und viele Moskitos, im Winter eher starker Wind).

●**Waianapanapa** *State Park* in unmittelbarer Nähe des Flughafens von Hana (vor allem im Sommer öfter Regen).

●**Camp Pecusa** in Oluwalu an der Westküste (meist trocken, zentral gelegen, aber sehr primitiv, 5 $ pro Person).

Alle genannten Plätze sind nachstehend näher beschrieben.

Typisches Hotel der einfacheren Kategorie bis unteren Mittelklasse – Pool und Whirlpool dürfen nicht fehlen

Auf den beiden Campingplätzen im **Haleakala National Park** ist die Übernachtung kostenlos, wobei die maximale Aufenthaltsdauer pro Platz bei drei Nächten im Monat liegt. Beide Plätze sind sehr einfach gehalten und ohne Elektrizität.

Hosmer Grove Campground

Dieser Platz ist zwar am Hang gelegen, aber mit etwas Glück findet sich immer noch ein ebenes Plätzchen. Trinkwasser, Trocken-Chemietoiletten und überdachte Campingtische sind vorhanden. Die maximale Aufenthaltsdauer beträgt drei Nächte innerhalb von 30 Tagen.

Hosmer Grove hat drei ganz große Vorteile: Erstens liegt er auf knapp über 2070 m Höhe über dem Meer. Wer morgens den Sonnenaufgang am Krater erleben möchte, hat bereits vor dem Aufstehen zwei Drittel der Höhe geschafft, denn von hier aus ist es morgens nur noch etwa eine halbe Stunde bis zum Gipfel. Da die meisten Camper zum Sonnenaufgang auf den Gipfel fahren, ist es für Wanderer, die eine Kraterwanderung über Sliding-Sands- und Halemauu-Trail planen, in der Regel einfach, eine Mitfahrgelegenheit vom Halemauu-Trailhed zum Gipfel zu organisieren. Der zweite Vorteil beruht auf der Tatsache, dass der *Campground* meist über den Wolken liegt und man daher (auch wegen der großen Entfernung zu größeren Lichtquellen und der klaren Luft) normalerweise einen sehr schönen Blick auf den Sternenhimmel genießt. Und drittens ist es durch die Höhenlage auch im Sommer nachts angenehm kühl.

An Wochenenden kann es hier oben etwas enger zugehen, wenn auch die Einheimischen ihre Zelte aufschlagen. Direkt am Campingplatz beginnt der 20-minütige Rundweg *Hosmer Grove Trail* (s. Haleakala).

Oheo Campground

Wer auf diesem Zeltplatz übernachtet, hat die *Seven Pools* morgens bis gegen 9 Uhr und abends ab etwa 17 Uhr für sich alleine. Tagsüber herrscht dort allerdings durch den Tagestourismus großes Gedränge. Der Campingplatz selbst ist eine einfache, aber schöne Wiese in Meeresnähe mit Trockentoiletten und einigen (nicht überdachten) Campingtischen. Leider gibt es hier kein Trinkwasser. Bessere Toiletten gibt's im nahe gelegenen Visitor Center. Ein Pfad führt binnen 10 Minuten zu den unteren Pools. Vor allem im Sommer regnet es hier sehr oft, so dass der Platz leicht schlammig wird. Im Winter ist dafür der Wind etwas stärker – vor allem direkt am Meer.

Waianapanapa State Park

Über eine gut ausgeschilderte Stichstraße ist der Campingplatz vom Highway 36 aus erreichbar. Der Platz mit Trinkwasser, Toiletten und Campingtischen liegt gleich neben den direkt aus dem Meer emporsteigenden Lavaklippen auf einer Wiese mit Bäumen. Um hier zu übernachten, ist eine *Camping Permit* erforderlich, die man gegen eine Gebühr von 5 $ für einen „Family Campsite" (bis zu zehn Personen) im *State Building* in Wailuku (und nur hier, nicht am *Campground*) erhält:

●**Department
of Land and Natural Ressorces**
Division of State Parks
54 South High Street, Room 101
Wailuku, Hi 96793
Tel. 243-5354

Siehe auch Camping im allgemeinen Teil dieses Buches.

Die Bürozeiten sind montags bis freitags von 8 bis 16 Uhr. Die maximale Aufenthaltsdauer beträgt fünf aufeinanderfolgende Nächte. Vor allem am Wochenende ist der Park oft schon drei Wochen im Voraus ausgebucht.

In Waianapanapa stehen auch **Cabins** mit Küche, Duschen und Toiletten zur Verfügung, die ebenfalls im

State Building reserviert werden können. Die zum Teil etwas muffigen *Cabins* bieten jeweils Schlafgelegenheit für sechs Personen und sind meist schon lange im Voraus ausgebucht.

Durch die Nähe zur wilden Küste und den beiden Lavahöhlen ist Waianapanapa ein beliebter Platz zum Campen. Bei starker Brandung ist das Schwimmen zu gefährlich – und das ist leider nicht selten der Fall. Nach Erfahrungen des Autors regnet es recht oft, dennoch sind die Picknick-Tische nicht überdacht.

Camp Pecusa

Sehr primitiv ist der sandige, staubige Platz in Oluwalu, bei dem Filzmatten zumindest einen Teil des Sandes zurückhalten. Er ist nur von seiner zentralen Lage her interessant, denn die stinkenden Toiletten laden nicht gerade zum Verweilen ein. Trinkwasser, Campingtische und eine Dusche sind vorhanden. Bei 6 $ pro Nacht und Nase sowie unbegrenzter Aufenthaltsdauer bietet *Camp Pecusa* den Reisenden mit extrem limitiertem Budget und entsprechend geringen Ansprüchen noch eine akzeptable Bleibe.

Das Camp liegt etwa bei *Milemarker* 13,5 am Highway 30.

● **Camp Pecusa,**
(Norman und Linda Nelson)
800 Olowalu Village
Lahaina, Hi 96761
Tel. 661-4303

Kanaa Beach Park

Ein fünfter Campground im Kanaa Beach Park in der (auch akkustischen) Nähe des (stark frequentierten!) Kahu-

lui Airports ist für Notfälle und Leute mit gutem Schlaf durchaus interessant. Buchung bei:

● **Department of Parks and Recreation**
County of Maui
1580 Kaahumanu Avenue
Wailuku, Maui, Hawaii 96793
Tel. 243-7389

Bed & Breakfast und Apartments

Am Nordhang des Haleakala, oberhalb von Hookipa, bietet das **Hale Kokomo** Zimmer mit Frühstück ab 60 $/ Zimmer an. Das neu renovierte Haus steht unter der Leitung von ausgewanderten Schweizern.

● **Hale Kokomo**
2719 Kokomo Road, Haiku 96708
Maui, Hawaii
Tel./Fax 572-5613

Das B&B **House of Fountains** ist zwar noch in Lahaina, liegt aber abseits der Front Street am Hang.

● **House of Fountains**
1579 Lokia Street, Lahaina, Hi 96761
Tel. 667-2121

Im Bereich Hana/Seven Pools gibt es einige sehr schön gelegene B&Bs – ideal zum Abschalten abseits der Touristenströme:
● **Aloha Cottages**
Tel. 248-8420
● **Hana Plantations**
Tel. 248-7365 oder 1-800-228-HANA
● **Joe's Place**
Tel. 248-7033
(wohl die günstigste Unterkunft in Hana)
● **Hana AAA Vacation Rentals**
Tel. 248-7727 oder
gebührenfrei 1-800-959-7727

Maui

●**Hana Alii Hoidays**
Tel. 248-7742 oder
gebührenfrei 1-800-548-0478

Eine sehr ungewöhnliche, nur 10 Minuten von Hana entfernte Unterkunft sind die **Hana Lani Tree Houses,** bei denen die Werbung für sich selbst spricht: „Warnung! Es handelt sich hier um echte Baumhäuser in einem echten Dschungel: Nichts für Jedermann. Einige Leute, die nach der kontrolliert-keimfreien Umgebung einer Ferienwohnung suchen, dürfte es hier zu ländlich sein. Hier erhalten Sie das Gefühl des Campens im Freien mit einem Dach."

Obwohl es in einigen Tree Houses keinen elektrischen Strom gibt (oder gerade weil (?) ist die ab etwa 150 $ erhältliche Unterkunft nicht gerade billig, aber andererseits mietet man ein ganzes Haus (inklusive Küche), in dem je nach Typ bis zu 10 Leute übernachten können. Alles ist in einem fernöstlichen Stil eingerichtet. Die Dusche ist draußen im Regenwald. Man ist in seinem Haus allein mit sich und dem Regenwald, so ganz ohne Fernseher, wobei die anderen Tree Houses akustisch weit genug entfernt liegen, um nicht zu stören.

Auf Grund der Lage mitten im Regenwald herrscht stets eine hohe Luftfeuchtigkeit, die dafür sorgt, dass selbst die Kleidungsstücke in den Koffern etwas klamm werden.

●**Hana Lani Tree Houses**
Tel. 248-7241
www.treehousesofhawaii.com.

Billige Unterkünfte

Eine Art Jugendherberge mit kleinen Schlafsälen sind die folgenden Hostels, in denen das Bett pro Nacht für knapp über 15 $ angeboten wird:

●**Northshore Inn**
Wailuku, Tel. 242-8999

Das Ambiente ist durchaus OK, aber nichts für lärmempfindliche Menschen, denn nebenan befindet sich eine Hühnerfarm, was früh morgens deutlich akkustisch wahrnehmbar ist.

●**Banana Bungalow**
Wailuku, Tel. 1-800-846-7836
●**Seven Pools Hiker's Lodge**
nahe Seven Pools, Tel. 248-8000

Abendessen am Oheo-Campground

Kauai

Na-Pali-Küste aus dem Helicopter gesehen

Überblick

Vor allem bei den Deutschen steht Kauai ganz besonders hoch im Kurs – und das, obwohl es in Teilen der Inseln praktisch jeden Tag regnet. Während lediglich knapp 3 % der Japaner auch nach Kauai kommen, lässt kaum ein Zentraleuropäer die Insel aus. Warum das so ist, das erfahren Sie in diesem Kapitel.

Infos zur Insel erhalten Sie beim **Kauai Visitors Bureau** unter www. kauaidiscovery.com bzw. Tel. 245-3971 oder gebührenfrei 1-800-262-1400.

Mit einer **Gesamtfläche** von 1435 Quadratkilometern ist Kauai die viertgrößte Insel des Archipels und etwa doppelt so groß wie das Bundesland Hamburg (748 km²). Die Insel ist fast kreisrund, wobei die maximale Ausdehnung in Ost-West-Richtung knapp 53 km, in Nord-Süd-Richtung etwa 40 km beträgt. Derzeit hat Kauai etwa 57.000 Bewohner.

Höchster Berg ist der 1598 m hohe Berg Kawaikini. Gleich daneben liegt die mit 1569 m zweithöchste Erhebung der Insel, der Mount Waialeale, der mit 12.340 mm Niederschlag im Jahr nach Angaben des Fremdenverkehrsamts von Hawaii den Rekord als regenreichster Punkt der ganzen Erde hält. Nicht-amerikanische Quellen berichten jedoch von einem Ort in Indien, in dem es noch mehr regnet. Egal was stimmt: der Gipfel des Waialeale ist für den Touristen meist unsichtbar, weil es dort fast ständig regnet. Zum Vergleich: In München fallen lediglich etwa 1200 mm Niederschlag pro Jahr.

In Lihue hat das **County of Kauai,** also der Bezirk Kauai seinen Sitz. Zum *County* gehört neben der Insel Kauai selbst auch die Insel Niihau.

Wenn Sie auf Kauai unterwegs sind, wird Ihnen vielleicht die eine oder andere Landschaft irgendwie bekannt vorkommen, obwohl Sie vorher noch nie hier waren. Vielleicht haben Sie Kauai schon im Kino gesehen. Aufgrund der guten Infrastruktur (Flughafen, Hubschrauber, Hotels aller Klassen) und der außergewöhnlichen

Entfernungen von Lihue nach:	Entfernung [Meilen]	Fahrzeit ca. [Std:Min]
Kapaaa	7	0:15
Kilauea	22	2:30
Hanalei	30	1:00
Kee Beach	37	1:25
Poipu Beach	14	0:30
Waimea	26	0:40
Polihale	42	1:15
Kokee State Park Museum	43	1:20
Puu o Kila Lookout	45	1:30

Landschaft ist Kauai für Außenaufnahmen sehr beliebt. Wesentliche Teile von Filmen wie *Jurassic Park* (u. a. Ost-Kauai als Hintergrund für den Dino-Park; Waimea Canyon; Wasserfälle nähe Mount Waialeale), *King Kong* (unter anderem in den Buchten der NaPaLi-Küste), *Jäger des verlorenen Schatzes* (die Anfangsszene, die mit *South America* untertitelt ist), *Honeymoon in Vegas* (in Kapaa an der Ostküste), *Blue Hawaii* (Coco Palms Resort in Wailua), *South Pacific* (Lumahai Beach), *Outbreak* (Kamokila Village) oder *Sechs Tage, Sieben Nächte* ...

Klima

Kauai trägt den Beinamen **Garteninsel** – und das zu Recht. Fast überall ist es herrlich grün wie in einem regelmäßig und gut gegossenen Garten. Dieses Gießen geschieht teilweise sehr intensiv. Im Zentrum der Insel liegt der Berg **Waialeale,** der regenreichste Punkt der Erde. Im Krater des Berges regnet es tagsüber fast ständig und nachts sehr oft. Deshalb sehen die Besucher den Berg nicht, sondern nur eine große Wolke, die über der Inselmitte schwebt. Auch im nur wenige Kilometer vom Waialeale entfernten Kokee State Park auf über 1000 m regnet es entsprechend oft. Dort ist es auch einige Grad kühler als auf Meereshöhe – vor allem im Sommer eine willkommene Abwechslung.

Wie bei allen Hawaii-Inseln ist die **Nordseite** die Wetterseite. Die stark erodierten Klippen der Na-Pali-Küste sind allerdings trotz des vielen Regens

meist gut zu sehen. Die Gefahr, dass es hier an der Nordküste vom Kalalau-Tal bis nach Hanalei regnet oder stark bewölkt ist, liegt bei etwa 25 bis 50 Prozent im Sommer; im Winter etwas höher. Durch das im Norden ständig wechselnde Wetter entstehen an der Küste oft dramatisch schöne Stimmungen.

Weit trockener und beständig ist es an der **Ostküste,** also auch in Waipouli, Kapaa und Lihue. Je weiter man in den Süden kommt, um so trockener und wärmer wird es.

Noch trockener ist es an der **Südküste.** Wenn es auf fast ganz Kauai regnet, dann kann in Poipu Beach an der Südküste immer noch strahlender Sonnenschein herrschen. Da hier weniger Niederschlag fällt als in den anderen Teilen der Insel, müssen die Felder bewässert werden.

Die **Westküste,** die sich für die Touristen auf Polihale Beach beschränkt, ist in der Regel trocken, wenngleich es hier etwas öfter regnet als im Süden. In Polihale herrscht ab und zu ein starker, feuchter Wind.

Zeitplanung

Für ein reines „Abhaken" der Attraktionen dürften, ohne Ankunfts- und Abflugtag, drei Tage reichen: ein Tag im Bereich Waimea, ein Tag für die Nordküste und ein Tag für die Gegend Poipu Beach bis Kapaa. Diese Zeitangabe berücksichtigt weder Badetage noch längere Wanderungen. Besser ist es, sich etwas Zeit zu lassen, denn auf Kauai braucht man vor allem wegen

Kauai

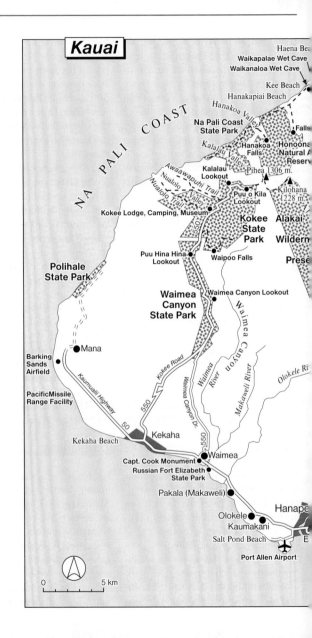

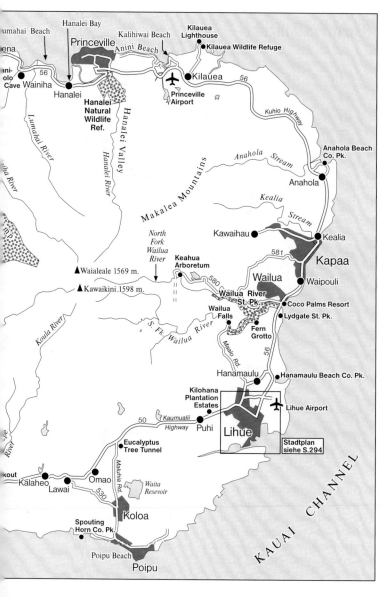

Kauai

Farmers Market

An jedem Werktag findet irgendwo auf Kauai ein *Farmers Market* statt, an dem frische Waren an einfachen Ständen oder direkt vom Pickup herab verkauft werden, wobei die größten Märkte in Lihue, Kapaa und Koloa stattfinden. Die Preise sind niedrig, die Waren sind frisch, und es herrscht das richtige Leben. Neben Früchten und Gemüse werden auch viele Blumen (inkl. preiswerte, frische Leis!) angeboten. Es empfiehlt sich, genügend 1-Dollar-Noten mitzubringen. Meist sind die Märkte recht leicht zu finden, denn oftmals muss man nur den Autos folgen bzw. schauen, wo alles am Straßenrand zugeparkt ist ...

Jeder Farmers Market hat seine Eigenheiten. In Koloa ist beispielsweise ein Seil quer über den Parkplatz gespannt. Dieses Seil dient als Startlinie. Mit einer Trillerpfeife wird dann pünktlich um 12 Uhr mittags der Startschuss fürs Grünzeug-Shopping gegeben, um volle Chancengleichheit zu gewähren.

In Kapaa wiederum scheren sich die Käufer nicht um die offizielle Startzeit. Sie „reservieren" sich einfach ihre Ware, was auch erlaubt ist, solange kein Geld fließt. Das Ganze treibt dann interessante Früchte, denn die Verkäufer schreiben die Namen der Käufer auf die Plastiktüten oder die Früchte und zum Teil geben sie auch Zettel mit Nummern aus. Nach dem offiziellen Beginn holt man dann seine Waren an den einzelnen Ständen ab und bezahlt sie.

Montags um 12 Uhr findet der *Markt von Koloa* im Ball Park (Maluhia Road) am Highway 520 neben dem Feuerwehr-Gerätehaus statt. Von der Koloa Road geht's links ab bis kurz vor das Baseball-Feld.

Dienstags findet von 14 Uhr bis 16 Uhr der *Markt in Hanalei* statt – und zwar westlich der Ortschaft bei Waipa am Highway 560. Um 15.30 Uhr, findet der *Markt im Kalaheo Neighborhood Center* statt, wo die Papalina Road auf den Highway 50 stößt.

Mittwochs um 15 Uhr findet im neuen Gemeindepark hinter der Armory bei den Basketball-Plätzen der *Markt in Kapaa* statt. Es empfiehlt sich, mindestens 15 Minuten vor Beginn zu erscheinen (siehe oben).

Donnerstags ist ab 16.30 Uhr Markttag am *Kilauea Neighborhood Center*. Bereits um 15.30 Uhr findet bis 17.30 Uhr der *Markt im Gemeindepark von Hanapepe* statt (hinter dem Feuerwehr-Gerätehaus).

Freitags ab 15 Uhr findet der *Markt in Lihue* statt – und zwar im Vidhina Football Stadium ganz nah am Highway 51. Die Parkplätze für die Besucher befinden sich in der Hoolako Street, die von der Rice Street abzweigt.

Samstags beginnen die Märkte bereits um 9 Uhr: An der *Christ Memorial Church in Kilauea* (bis 11 Uhr) sowie im *Neighborhood Center von Kekaha* am Highway 50.

des stets wechselnden Wetters etwas mehr Zeit, um flexibel zu sein.

Für viele Hawaii-Fans ist Kauai die schönste Insel von allen. Die Antwort auf die Frage, warum gerade Kauai, bekommt man wohl kaum bei einem dreitägigen Besuch. Bleibt man fünf bis sieben Tage auf der Insel, dann dürfte auch Zeit für kleine Wanderungen und das Baden bleiben.

Infrastruktur

Straßen

Die Straßen sind fast alle in gutem Zustand und geteert. Lediglich der Ausläufer des Highway 50 ist auf den letzten Meilen vor Polihale eine *Dirt Road*, die aus festgefahrener roter Erde besteht. Bei Nässe sollte man diese Straße meiden, sofern man kein Allradfahrzeug gemietet hat.

Den geteerten Teil der Straße kann man fast rund um die gesamte Insel (ohne Verkehrsstau) in zwei Stunden abfahren.

Flughäfen

Lihue

Kauai verfügt über zwei Flughäfen. In Lihue (LIH) liegt der wichtigere, denn dort landen die großen Düsenmaschinen.

Aloha Airlines, Hawaiian Airlines fliegen jeweils ca. 10- bzw. 15-mal täglich von Honolulu aus Lihue an, während go! acht Flugpaare pro Tag anbietet.

Princeville

Der zweite, erheblich kleinere Flughafen liegt in Princeville (HPV) an der Nordküste. Er wird derzeit nicht von touristisch relevanten Linienmaschinen angeflogen. Früher landeten hier auch einige Propellermaschinen von *Island Air*.

Von beiden Flughäfen aus starten **Hubschrauber** zu **Rundflügen**. Näheres siehe Aktivitäten.

Verkehrsmittel

Mietwagen

Das einzig sinnvolle Verkehrsmittel für Individualreisende ist der Mietwagen. Wer nicht vom *Activities Desk* seines Hotels aus geführte Touren buchen möchte, der kommt um ein Leihfahrzeug nicht herum.

Bus

Im Bereich Lihue gibt es ein beschränktes öffentliches Bussystem, das jedoch lediglich auf die Bedürfnisse der Berufspendler abgestimmt ist.

Die Südküste

Lihue und Umgebung

Lihue ist das wirtschaftliche und politische Zentrum Kauais. Es bietet dem Touristen allerdings keinerlei Attraktionen.

Essen, Einkaufen

Im Stadtzentrum gibt es einige Läden sowie das *State Building* und das *County Building*. Die besten Einkaufsmöglichkeiten bieten sich in der Kukui Grove Mall am Highway 50. Dort gibt es neben einem großen Supermarkt auch einige Restaurants. Für 6 $ erhält man in *Ho's Chinese Kitchen* ein umfangreiches, frisch zubereitetes *Lunch* im Styroporbehälter.

Museum

Wer genügend Zeit hat, der kann die geologische und kulturelle Ge-

Kauai

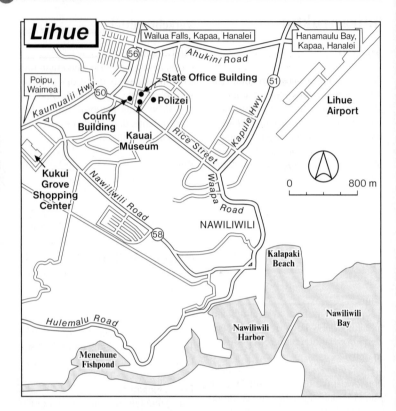

schichte der Insel im *Kauai Museum* kennen lernen; zwischen Chevron-Tankstelle und Big-Save-Supermarkt). Der *Gift Shop* des Museums bietet neben den üblichen Büchern und Souvenirs eine gute Auswahl topographischer Karten, die sonst nur schwer zu bekommen sind, sowie interessante T-Shirts und Kunstgewerbe.

●**Kauai Museum**
4428 Rice Street, Lihue 96766
Tel. 245-6931

Öffnungszeiten: Montag–Freitag 9 bis 16 Uhr, Samstag 10 bis 16 Uhr; an einigen Feiertagen geschlossen Eintritt: Erwachsene 7 $, Senioren 5 $, Kinder 1 $.

Hafen

Der Hafen Nawiliwili bietet wenig Exotisches und ist primär für die anlaufenden Container- und Kreuzfahrtschiffe und die Versorgung der Insel mit Waren des täglichen Bedarfs von Bedeutung.

Kauai

Menehune Fishpond

Interessanter, aber nichts Besonderes, ist der nahe gelegene *Menehune Fishpond*. Dieser Fischteich soll genauso wie das bei Waimea gelegene *Menehune Ditch*, ein kleines Aquädukt, von den *Menehunes* erbaut worden sein. *Menehunes* sind der Sage zufolge sehr kleine Menschen, die wie Kobolde aussehen und nur nachts arbeiten, aber nie gesehen werden. Archäolo-

gen gehen davon aus, dass die kunstvoll gefertigten Steinmauern gebaut wurden, bevor die zweite Besiedelungswelle Kauai erreichte. Die An- und Abfahrt auf der geteerten Hulemalu Road führt durch große Zuckerrohrfelder.

Von Lihue über Poipu Beach bis Polihale

Die Route führt auf dem Highway 50 (Kaumualii Highway) nach Westen. Die Gegend ist recht typisch für Hawaii: geschäftiges Treiben rund um die Hotels, vielleicht ein kleiner Verkehrsstau, dann aber weite Zuckerrohrfelder; wo man hinschaut, Ruhe, Gelassenheit und nur wenige Touristen.

Handarbeiterin im Kauai-Museum

Ököha Foto: av

Kurz hinter dem Ortsende von Lihue liegt am nördlichen Straßenrand des Highway 50 *Gaylord's at Kilohana,* ein feudal eingerichtetes **Herrenhaus** aus dem Jahr 1935. Neben einer Kunstgalerie und einem Kunstgewerbe-Laden befindet sich in dem Gebäude ein Restaurant, das ausschließlich biologisch-dynamisch angebautes Gemüse aus dem eigenen Garten hinterm Haus zu den Steaks, Fischen etc. serviert (Lunch für ca. 12 $ inkl. großer Salatauswahl; Dinner inkl. Getränken ca. 40 $; Tel. 245-9593, dienstags und donnerstags findet auch ein Luau statt).

Nach einigen Meilen Fahrt mitten durch die Zuckerrohrfelder zweigt nach links der Highway 520 ab. Danach führt er durch den **Tree Tunnel,** der früher ein regelrechter Tunnel aus Eukalyptusbäumen war.

Rechts vom Highway stehen bei Koloa noch die letzten Reste (Schornstein und einige kleinere Teile) der ersten **Zuckerrohr-Mühle** Kauais, die im Jahr 1835 erbaut wurde. Damals war Koloa noch das wirtschaftliche Zentrum von Kauai, heute besteht es primär aus einigen schön restaurierten Häusern sowie ein paar Restaurants und (nicht ganz billigen) Boutiquen.

Die Straße führt weiter bis zu einer halbrund gemauerten Steinwand. Hier muss man sich entscheiden, ob man über die Poipu Road zu den Hotels am Poipu Beach und Brennecke Beach (Sheraton, Hyatt etc.) nach links abbiegen will, oder ob man nach rechts auf der Lawai Road in Richtung Spouting Horn weiterfährt.

Die Hotels im Bereich Poipu sind durchweg von schönen Gärten umgeben, in denen von Kakteen über die üblichen Blumen Hawaiis bis hin zur Sumpfpflanze eine bunte Vegetation anzutreffen ist. In diesem Bereich befindet sich auch das kleine *Kiahuna Shopping Village,* in dem es vor allem T-Shirts, Sonnenbrillen und Souvenirs, aber auch die wichtigsten Lebensmittel zu kaufen gibt.

Fährt man an der halbrund gemauerten Steinwand nach rechts, dann kommt man zum **Spouting Horn.** Entlang dieser Straße nach Westen versperren neben Hotels auch einige private Ferienhäuser die Sicht auf das Meer. Das Spouting Horn faucht zwar wie ein Geysir und sieht auch so aus, ist aber kein Geysir. Hier pressen die Wellen das Meerwasser in eine Lavaröhre. Am Ende der Röhre tritt das Wasser senkrecht nach oben hin aus. Das dabei entstehende Fauchen führt eine hawaiianische Legende auf einen in der Röhre gefangenen *Moo,* ein großes Reptil, zurück. Entlang des geteerten Weges vom Parkplatz zum Spouting Horn bieten Souvenirhändler ihre Waren an, die meist billiger sind als in den Souvenirläden.

Bis nach Koloa geht es auf dem gleichen Weg wieder zurück. Von dort aus führt der Hwy 530 (nach links, westlich) Richtung Lawai und dann der Hwy 50 nach Westen.

Der nächste Stopp lohnt sich beim *Hanapepe Valley and Canyon Lookout,* der selbstverständlich mit einem leicht übersehbaren Schild des Hawaiianischen Fremdenverkehrsbüros ausge-

Zuckerrohr in Hawaii

Der Anbau von Zuckerrohrpflanzen hat auf den Inseln eine lange Tradition. Als *James Cook* im Jahr 1778 die Inselkette „entdeckte" und in Kauai an Land ging, berichtete er bereits von Zuckerrohrfeldern, die um die Tarofelder herumgepflanzt waren. Höchstwahrscheinlich hatten die Polynesier bereits bei ihrer ersten Landung vor etwa 1000 Jahren die Zuckerrohrpflanze zusammen mit anderen Nutzpflanzen an Bord ihrer Auslegerboote. Die ersten Zuckerrohrpflanzen verbreiteten sich vermutlich vor etwa 10.000 Jahren aus Neuguinea in andere Teile der Welt. Hawaiianer und andere Völker des Südpazifiks verzehrten den Zucker übrigens ganz anders als wir, sie kauten einfach die süßen Pflanzenstangen, so wie es auch heute in vielen Ländern der Dritten Welt üblich ist.

Die erste erfolgreiche Anpflanzung von Zuckerrohr (engl.: *sugar cane*) für die industrielle Zuckerherstellung begann 1835 im Bereich Koloa auf Kauai. 1837 wurden für 200 Dollar die ersten zwei Tonnen Rohrzucker exportiert. Aus den 20 Hektar Anbaufläche im Jahr 1835 sind bis Mitte unseres Jahrhunderts etwa 88.000 Hektar geworden, die sich auf 14 Plantagen verteilen. Die größten Anbaugebiete waren damals auf Kauai zwischen Polihale und Kapaa, im zentralen und westlichen Teil Oahus, in Central Maui und an der Hamakua-Küste von Hawaii Big Island.

Während der Walfang zurückging, expandierte die Zuckerproduktion. Bis in die 1960er Jahre war *Sugar Cane* neben dem Militär der größte Erwerbszweig. Vor allem aus Asien (Japan, Philippinen, China) wanderten im letzten Jahrhundert Tausende von Arbeitern mit ihren Familien ein, die sich ihren Lebensunterhalt in der Zuckerindustrie, meist als Feldarbeiter, verdienten.

Aus Hawaii stammt etwa ein Drittel des gesamten Rohrzuckers *(Cane Sugar)* der USA und damit etwa ein Zehntel des US-Zuckerbedarfs. Die hawaiianische Zuckerindustrie produziert mehr Zucker pro Hektar als irgendeine andere auf der Welt, und das auch noch mit der kürzesten Arbeitszeit pro Tonne.

in Hawaii braucht das Zuckerrohr zwei Jahre, um zu reifen. Auf einem Hektar Land wachsen 225 Tonnen Zuckerrohr, die zu etwa 25 bis 30 Tonnen raffiniertem Rohrzucker verarbeitet werden. Zur Herstellung von einem Kilogramm Rohrzucker wird die gigantische Menge von zwei Tonnen Wasser benötigt, die über spezielle Bewässerungssysteme aus den Bergen herbeitransportiert wird.

Kurz vor der Ernte zünden die Arbeiter die Zuckerrohrfelder an. Das schnelle, heiße und weithin sichtbare Feuer brennt jeweils nur für wenige Minuten, sorgt aber dafür, dass das Unkraut verbrennt. Da reifer Rohrzucker etwa 70 bis 75 % Wasser enthält, ist das Feuer für ihn unschädlich.

Seit etwa 1965 ist der Tourismus der Wirtschaftsfaktor Nummer eins, und die Zuckerproduktion sinkt. Immer mehr Zuckerrohrfelder verschwinden. Vor allem auf Oahu hat die Schließung von Plantagen in den letzten Jahren die Zahl der Arbeitslosen entscheidend erhöht.

Es sieht so aus, als ob die Zuckerrohr-Plantagen nur deshalb schließen, weil das Land und vor allem das Wasser für touristische Zwecke (Golfplätze, Hotels, Swimming-Pools etc.) gebraucht wird, mit denen sich eine höhere Rendite erzielen lässt.

Kauai

wiesen ist. In diesem anmutigen Tal lebten einst hawaiianische Farmer, die hier *Taro* anbauten. Mittlerweile ist das Tal überwuchert mit hawaiianischen Pflanzen, Zuckerrohr und einigen Palmen.

Das Spouting Horn ist kein Geysir. Hier wird Meerwasser fauchend nach oben gepresst

Nachdem man das Einkaufszentrum von Eleele (der letzte größere Supermarkt in dieser Richtung, Post Office, Kneipe, Münzwaschsalon) hinter sich gelassen hat, führt eine Brücke über den Hanapepe River. Man ist, so verrät ein Schild, in Hanapepe, der *Biggest little town on Kauai,* also der größten kleinen Stadt auf Kauai. Wer dieses ungewöhnliche Attribut vergeben hat, ist nicht bekannt; vielleicht war es das Kamerateam der TV-Serie *Die Dornenvögel,* das in der Hanapepe Road (am Ortseingang rechts) Filmaufnahmen machte. Die Hanapepe Road mündet wieder in den Highway 50, der dann durch Zuckerrohrfelder weiter nach Waimea führt.

Das **Russian Fort Elizabeth** kann man getrost links liegen lassen, wenn man kein Fan von Ruinen ist. Von den sternförmig angelegten Grundmauern und einer Hinweistafel einmal abgesehen, erinnert nichts mehr an den Versuch eines Gesandten des russischen Zaren, hier im Jahre 1816 die Macht über Kauai an sich zu reißen. Einige Geschichtsbücher behaupten, dieser Gesandte namens *Dr. Anton Scheffer* habe sich mit dem damaligen König von Kauai, *Kaumualii,* verbündet, um gemeinsam die ganze Insel zu erobern. Wie dieses angebliche Bündnis aussah, darüber gibt es sehr geteilte Meinungen. Fest steht nur, dass der russische Vorstoß scheiterte und Hawaii sich jetzt unübersehbar in amerikanischer Hand befindet.

Sehr interessant ist hingegen **Waimea,** eine Ansiedlung, in der eine neue Ära Hawaiis ihren Anfang nahm. Hier am Strand von Waimea betrat *Captain James Cook* am 19. Januar 1778 als erster Europäer hawaiianischen Boden (siehe Kapitel Geschichte). Obwohl die Polynesier die Hawaii-Inseln bereits über tausend Jahre vor den Briten entdeckten und besiedelten, gilt *Captain Cook* als Entdecker Hawaiis. Zu seinen Ehren steht in Waimea auf der *mauka-Seite* des Highway 50, also dem Berg zugewandt, ein steinernes Denkmal, das **Captain Cook Monument.** Selbstverständlich gibt es Parkplätze direkt davor. Wer von hier aus drei bis vier Minuten lang *makai* geht, also Richtung Meer, steht auf dem besagten historischen schwarzen Sandstrand.

An einer Zuckermühle vorbei geht es weiter nach Kekaha, einer Siedlung für die Arbeiter der Zuckerrohrindustrie. Der Highway führt schließlich an der *Pacific Missile Range Facility* (Trainingsgebiet der U.S. Navy für Anti-U-Boot-Waffen) vorbei bis nach Mana.

Hier endet die Teerstraße. Die Straße wird jetzt zur *Cane Haul Road* (Straße für Zuckerrohr-LKWs: rot, dreckig, ungeteert, staubig), die mitten durch die Zuckerrohrfelder führt. Bei den meisten Autovermietern erlischt der Versicherungsschutz beim Befahren von ungeteerten Straßen; die Fahrt nach Polihale erfolgt somit auf eigenes Risiko. Bei trockener Straße ist das Risiko gering, bei nasser Straße spritzt der Schlamm überall am Wagen entlang, und wer Pech hat, bleibt im Matsch stecken.

Wenn diese *Dirt Road* trocken ist, lohnt sich die Weiterfahrt, denn die Straße führt zum größten Strand von Kauai, zum **Polihale Beach.** Sollten die Wellen niedrig sein, kann man gut schwimmen. Bei starker Brandung ist es zu gefährlich, ins Wasser zu gehen. Oftmals gibt es hier einen sehr schönen Sonnenuntergang, allerdings muss man danach bei Dunkelheit auf der Erdstraße zurückfahren.

Essen und Trinken

● Pizzetta

Pizza-Fans sind hier goldrichtig. Schon die 12-Zoll (30 cm) großen Pizzen (ab 12,95 $) sind kaum zu zweit zu schaffen, geschweige denn die 16-Zöller (40 cm Durchmesser, ab 17,95 $). Die Pizzen haben einen deutlichen amerikanischen Einschlag, und obwohl Pizza

Silvester auf Kauai

Wenn man die Hawaiianer beim Feiern betrachtet, egal ob spontan am Strand, in einer Bierkneipe oder ganz touristisch beim Luau, so erwartet man die Silvesternacht mit einer gewissen Spannung.

Auf Kauai, also bei **Poipu,** war geplant, bei einem schönen, langen und guten Abendessen der Mitternacht entgegen zu steuern und von der Küste aus das erwartete Feuerwerk zu erleben. Das Nachtmahl selbst erwies sich als Genuss – gegrillter *Mahi-Mahi* oder gebratener Thunfisch gehören nicht umsonst zu den Spezialitäten der Inseln. Der bessere kalifornische Wein und hawaiianische Bierspezialitäten sorgen für dem Jahresende angemessene Stimmung. Gegen 22 Uhr ertönt von draußen gelegentliches Böllergeknall, wohl die üblichen Testkracher. Leider lässt, ebenfalls um diese Zeit, die übliche Aufmerksamkeit des Personals nach – für eine geschlagene halbe Stunde reißt der Getränkenachschub ab, kein Kellner zu sehen. Ab 23 Uhr wird das Bedienungspersonal unruhig, man legt den Gästen nahe, doch in die Bar auszuweichen, da man den Restaurantbereich langsam schließen möchte.

Nun gut, man ist ja auf Kauai in der amerikanischen Provinz, und außerdem gibt es ja nun nach dem Essen auch wirklich gute Gründe, in die Bar auszuweichen. Dort, an einem Tischchen unter echt pazifischem Sternenhimmel, bringt die Kellnerin Cocktails und Papp-Hüte. Während sich die Bar mit Touristen und Einheimischen füllt, gibt man sich Mühe, mit dem „Neujahrshut" nicht all zu dämlich auszusehen. Mitternacht naht, die Bar ist voll, die Stimmung gut. Das neue Jahr ist angebrochen, doch zeigt sich kein Feuerwerkskörper am Himmel. Nicht einmal von den nahe gelegenen Hotels „Hilton" und „Marriott" steigen Raketen auf. Kauais Himmel bleibt zum Jahreswechsel dunkel. Der Kellner von vorhin lacht auf unsere Nachfrage und gibt uns eine Erklärung für die fehlende Bedienung – wir haben das Feuerwerk verpasst, das fand nämlich um 22 Uhr statt. Hier begrüßt man das neue Jahr etwas früher als anderswo – nämlich pünktlich zur Jahreswende im zwei Zeitzonen entfernten Kalifornien.

(Dr. Marcel Consée)

Hawaii in allen 50 Staaten praktisch gänzlich unbekannt ist, gibt es diese Pizza mit Ananas und Schinken bei Pizzetta. Die Salate sind frisch und mit 4 $ für die kleine Portion recht preiswert. Wer keine Lust hat, ins stets sehr volle Restaurant zu gehen, kann sich die Pizza auch ohne Aufpreis im Bereich Koloa/Poipu liefern lassen. Das *Pizzetta* (Tel. 742-8881) liegt in 5408 Koloa Road, Koloa Town, Öffnungszeiten: täglich von 11 bis 21.30 Uhr; Happy Hour von 15 bis 18 Uhr.

● **Keoki's Paradise**

... hat sich auf Fisch und Seafood spezialisiert. Zu dem Pacific-Rim-Restaurant gehört auch eine schöne Terrasse sowie ein üppig bewachsener Garten mit einem Teich, so dass ein tropisch anmutendes Ambiente entsteht. Das sehr aufmerksame Personal spart nicht mit Empfehlungen, die dann wirkliche Gaumenfreuden sind. Spezialitäten sind einheimische Fische, wie Ono, Opah, Mahimahi, A'u, Hapu'u, Onaga und Opakapaka (tagespreisabhängig ab 19,95 $), die z. B. mit Orange-Ingwer und Macadamia-Nüssen überbacken zum kulinarischen Vergnügen werden. Für das Dinner bitte reservieren. Das *Keoki's Paradise* (Tel. 742-7535) befindet sich im Poipu Shopping Village in Poipu Beach.

● **Dali Deli/Café Cara**

In Old Koloa Town, am Ende der einzigen Straße, kurz vor dem letzten Supermarkt und schräg gegenüber vom Postamt, das man nicht spontan als solches erkennt, befindet sich eine Deli namens *Hello Da'Li* (Tel. 742-8824). Zu akzeptablen Preisen gibt es hier kalte Sandwiches, belegte Bagles (runde

Brötchen mit Loch) und Salate: primär zum Mitnehmen. Während die meisten Sandwich-Läden der USA (und auch Hawaiis) auf vorgefertigte Massenware zurückgreifen, wird hier noch vieles nach Hausmacher Art gemacht. Für so manchen Gaumen, die zentraleuropäische Kost gewohnt sind, dürfte ein Sandwich mit Putenwurst (Turkey) und hausgemachtem Cranberry-Relish mit Aprikosen ein echter Genuss sein. Geöffnet hat es Montag bis Samstag von 8 bis 15 Uhr; bis 11 Uhr gibt's auch ein Frühstück mit riesigen Portionen. Abends können die Gäste hier italienische Spezialitäten zu ebenfalls sehr moderaten Preisen genießen.

● **Brennecke's Broiler**

Unmittelbar am **Brennecke Beach Poipu** gelegen, bietet *Brennecke's Broiler* (Tel. 742-7588 oder gebührenfrei 1-888-384-8810, geöffnet von 11 bis 22 Uhr) nicht nur einen schönen Blick aufs Meer, sondern auch eine gute Küche. Das nach dem Hurrican binnen eines Jahres komplett wieder aufgebaute Restaurant ist auch bei Einheimischen beliebt. Zum Dinner sollte man daher früh kommen oder reservieren. Inklusive Getränken und Nebenkosten liegt das Dinner um 30 $.

● **Lappert's Ice Cream**

Hanapepe ist auch die Heimat von *Lappert's Ice Cream*. Hier wollte sich der Österreicher *Walter Lappert* (in Hawaii als „Woalter Leppert" bekannt) zur Ruhe setzen, bevor er 1983 aus Langeweile anfing, Eiscreme herzustellen. Schnell traten seine Produkte einen Siegeszug über alle Hawaii-Inseln an, und wer das Eis probiert, weiß auch warum. Die Lappert-Fabrik befindet sich in einem weißen Gebäude direkt am Highway 50. Die Preise sind gesalzen, aber Dank der Qualität und unübersehbaren Werbekampagnen finden die Leckereien stets guten Absatz.

Waimea Canyon und Kokee State Park

Bei gutem Wetter ist dieser Teil der Insel sicher einer der großen Höhepunkte einer Hawaii-Reise.

Waimea Canyon

Ein paar hundert Meter westlich vom *Captain Cook Monument* in Waimea biegt vom Highway 50 sofort hinter der weißen Baptistenkirche rechts *(mauka)* der **Waimea Canyon Drive** ab. Diese enge, aber gut geteerte Straße trägt zwar, wie der in Kekaha beginnende Highway, die offizielle Straßennummer 550, aber ein entsprechendes Schild ist nirgends zu sehen. Bereits nach kurzer Fahrt schraubt sich die Straße steil den Berg hinauf. Schon bieten sich auf der rechten Seite die ersten Ausblicke auf den Waimea Canyon. Aber Vorsicht: Auch wenn es nicht so aussieht, gibt es hier Gegenverkehr. Man sollte lieber öfter anhalten, als aus dem fahrenden Auto in den Canyon zu schauen. Selbst die Straße hier ist faszinierend. Das intensive Schwarz des Teers steht in direktem Kontrast zur hellen, roten Erde, aus der immer wieder einzelne, abgestorbene Baumriesen in den tiefblauen Himmel ragen.

Entlang der Straße gibt es eine Vielzahl von **Aussichtspunkten.** Am *Waimea Canyon Lookout* sowie am *Puu Hina Hina Lookout* sollte man unbedingt anhalten und zur Aussichtsplattform hinaufgehen. Spätestens hier

Kauai

Kauais Regenwald

Wer Kauias üppigen Regenwald in der Nähe des regenreichsten Punkts der Erde sieht, der vermutet sicherlich auch einen fruchtbaren, nährstoffreichen Boden unter all diesen Pflanzen. Erstaunlicherweise ist die Erde in diesem Gebiet jedoch sehr nährstoffarm und sie ist gar nicht in der Lage, eine derartige Fülle von Pflanzen zu versorgen. Ein Team von Wissenschaftlern des Department of Geography an der University of California in Santa Barbara unter der Leitung von *Dr. Oliver Chadwick* hat beweisen können, dass die Nährstoffe für den Regenwald vom Wind herangeweht wurden. Der hier in der Regel wehende Westwind transportiert düngende Phosphorverbindungen aus der etwa 10.000 km entfernten Wüste Takla Makan, die im Westen Chinas gelegen ist, bis nach Kauai. Dr. Chadwick, der sich vor allem auf die Wechselwirkungen von mineralischen und organischen Substanzen mit Erde, Atmosphäre, Wasser und Vegetation spezialisiert hat, geht davon aus, dass dieses Prinzip auch für andere Regenwälder der Erde gilt. Winde bringen demzufolge Nährstoffe aus der Sahara bis in die Regenwälder des Amazonas.

wird klar, warum *Mark Twain* den Waimea Canyon als den „Grand Canyon des Pazifiks" bezeichnete. Die Form- und Farbenvielfalt erinnert an den großen Bruder in Arizona. Annähernd jede warme Farbe ist im Canyon vertreten: Je nach Sonneneinstrahlung erscheinen die schroffen, stark erodierten Felsen in einer Farbenpalette von Orange über Rot bis Braun. Dazwischen wieder das satte Grün der überwucherten, steilen Felswände, die aus den oft im Canyon vorhandenen Nebelschwaden herausragen.

Wenn man auf dem Hinweg Pech hat und der Canyon im Nebel liegt, dann sollte man am Rückweg auf jeden Fall die Aussichtspunkte noch einmal anfahren, denn das Wetter wechselt hier sehr schnell. Während morgens Gegenlicht herrscht, hat man nachmittags die Sonne im Rücken. Vor allem am späten Nachmittag wirken die großen Schatten neben den intensiv angestrahlten Felswänden besonders imposant.

Vormittags ist es am Waimea Canyon in der Regel ziemlich ruhig. Die ersten Touristenbusse kommen meist kurz vor Mittag an. Dann drängt sich ein Menschenschwall ans Geländer, schießt seine Erinnerungsfotos und kaum 15 Minuten später ist wieder Ruhe eingekehrt.

Kokee State Park

Um in puncto Wetter flexibel reagieren zu können, ist es sinnvoll, im *Kokee State Park* zunächst nicht an der Lodge anzuhalten, sondern geradeaus auf der Hauptstraße weiterzufahren bis zum Ende der Straße am *Puu o Kila Lookout*. Auf dem Weg zum Lookout befinden sich in der Nähe der Straße Einrichtungen der NASA (Weltraumbehörde der USA), die der Satellitenkommunikation dienen. Im Rahmen des *Apollo-Projekts* waren diese Anlagen ein wichtiger Knotenpunkt für die Kommunikation mit den Raumschiffen. Eine Besichtigung ist nicht möglich.

Die Luft am *Puu o Kila Lookout* ist sogar im Sommer erfrischend, ja oft kühl. Der Blick von hier oben, aus

1256 m Höhe über dem Meeresspiegel, durch das **Kalalau Valley,** ein Hängetal, dass mit einer Stufe zum Meer hin abschließt, dürfte zum Schönsten gehören, was die Natur zu bieten hat – wenn das Wetter mitspielt. Sollte gerade wieder einmal (wie sehr oft) dichter Waschküchen-Nebel herrschen, dann schauen Sie auf das Schild rechts vom Geländer, um zu erfahren, woher die ganze Feuchtigkeit kommt: Knapp zehn Kilometer entfernt liegt der **Waialeale,** der regenreichste Punkt der Erde. Über 12.000 mm Niederschlag fällt hier pro Jahr; das ist mehr als 10-mal so viel wie beispielsweise in München und gut 300-mal so viel wie am trockensten Punkt der USA, dem Death Valley in Kalifornien. Nur ein- bis zweimal im Jahr ist der Gipfel des Waialeale für kurze Zeit wolkenfrei von der Küste aus zu sehen. Selbst bei stärkstem Nebel sollte man sich hier oben etwas Zeit nehmen. Vielleicht hat sich der Nebel schon zwei Minuten später zur Hälfte verzogen und den Blick auf das Tal freigegeben.

Kokee Lodge, Museum

Wenn Dauernebel herrscht, empfiehlt es sich, zurück zur *Kokee Lodge* zu fahren, das informative Museum (10–16 Uhr, Eintritt frei, eine Spende von ca. 1 $ pro Person wird erbeten, www.kokee.org) zu besuchen und sich dem späten Frühstück oder frühen Lunch (recht preisgünstig) zu widmen. Danach kann man bei Bedarf einen zweiten Versuch am *Puu o Kila Lookout* unternehmen.

Rückweg

Für den Rückweg bietet es sich an, auf dem Hauptzweig des Highway 550 namens *Kokee Road* bis hinunter nach Kekaha und von da aus weiter nach Hanapepe zu fahren. Inklusive *Waimea Canyon Cliff Trail* schafft man es sicher, ohne Stress und Hetze gerade rechtzeitig zum Dinner im Restaurant zu sein.

Wanderungen

Waimea Canyon Cliff

Wer gerne eine Wanderung unternehmen möchte, der sollte sich im Museum nach dem Zustand des *Waimea Canyon Cliff Trail* erkundigen. Der etwa 4-stündige *Trail* (zwei Std. hin, zwei Std. auf demselben Weg zurück) führt zu einem Aussichtspunkt, der einen exzellenten Rundblick über den Waimea Canyon ermöglicht. Die Wanderung stellt außer Trittfestigkeit und etwas Kondition keine besonderen Anforderungen. Lediglich beim Überqueren des Flusses direkt oberhalb des Wasserfalls ist Vorsicht geboten. Bei Hochwasser kann es an dieser Stelle sehr gefährlich werden.

Der Startpunkt zur Wanderung liegt etwa bei *Milemarker* 14,1 am Highway 550 – und zwar an der Stelle, an der die Schilder *End State Highway* und *Kokee State Park* stehen. Auf der dem Canyon abgewandten Straßenseite gibt es Parkplätze. Von hier aus führt ein nur mit einem Allradfahrzeug sicher befahrbarer Weg (man will ja schließlich auch wieder auf die Straße zurückkommen) zunächst nach unten,

Kauai

um dann nach einer Rechtskurve in einen Wanderweg überzugehen.

Awaawapuhi Nualolo Trail

Sehr lohnend, aber auch recht anstrengend ist eine Wanderung auf dem *Awaawapuhi Nualolo Trail*. Diese sechs- bis siebenstündige Wanderung lässt sich nur als Tagestrip realisieren, weil der Weg manchmal extrem rutschig ist und die Gehzeiten sich deshalb eventuell auf zehn Stunden ausdehnen können. Um eine Sicherheitsreserve und gutes Licht zum Fotografieren zu haben, sollte man die Wanderung bei trockenem Weg (vorher im *Kokee Museum* nachfragen) zwischen 9 und 10 Uhr beginnen. Dann sind das Awaawapuhi- und das Nualolo-Valley bei der Besichtigung in vollem Licht; am Nachmittag ergeben sich dann oft eindrucksvolle Lichtspiele entlang der Küste.

Frühaufsteher, die bereits kurz nach Sonnenaufgang mit der Wanderung beginnen, treffen meist auf ein wolkenfreies Awaawapuhi- und Nualolo-Tal, denn erst gegen 9 Uhr zieht der Morgennebel in die hängenden Täler,

Awaawapuhi Valley

der sich gegen Mittag oft wieder zu großen Teilen verzieht. Allerdings brauchen Sie mit dem Wetter etwas Glück, denn die Nähe zum Waialeale und die Nordlage wirken sich hier oben recht stark aus: Oft herrscht Nieselregen am Beginn des Wanderweges, während unter Umständen die beiden hängenden Täler in schönstem Sonnenlicht liegen.

Ausgangspunkt der Wanderung ist die *Kokee Lodge.* Es empfiehlt sich, dort das Auto abzustellen, denn hier endet der *Nualolo Trail.* Von der *Lodge* aus trampt man am besten die gut 1,5 Meilen bis hinauf zum Beginn des *Awaawapuhi Trails.* Der *Trailhead* liegt kurz hinter dem Sattel der Straße zwischen *Lodge* und *Puu o Kila Lookout* etwa 20 m hinter dem *Milemarker* 17 auf der dem Meer zugewandten Seite.

Der Weg steigt zu Anfang etwas an, fällt aber bereits nach kurzer Zeit wieder ab. Teilweise wandert man förmlich durch einen grünen Tunnel, denn die Vegetation ist hier aufgrund des vielen Nieselregens sehr dicht. Nach etwa 5 km Fußweg (und 450 Höhenmetern Abstieg) wird man bei gutem Wetter mit einem phantastischen Anblick belohnt. Der Weg endet auf zwei exponierten Aussichtspunkten, die gut 450 bis 600 m über dem Talboden liegen und einen einmaligen Blick sowohl auf das Awaawapuhi- sowie das Nualolo-Tal mit ihren steilen, grünen Wänden als auch auf das Meer bieten. Vielleicht erkennen Sie auch diese Landschaft wieder, denn dort unten wurden bereits einige Kinofilme (z. B. *King Kong)* gedreht.

Gehen Sie nicht zu dicht an den Rand der steilen Felsen! Man rutscht sehr leicht auf den losen Steinen aus.

Zurück geht es ein kurzes Stück auf demselben Weg. Bereits nach 500 m zweigt nach rechts der 3,5 km lange **Nualolo Cliff Trail** ab. Er führt um das Nualolo Valley herum und bietet immer wieder Ausblicke auf das hängende Tal. Am Ende dieses Trails sollte man unbedingt noch einen Abstecher (800 m einfach) nach rechts zum **Nualolo-Lookout** machen, denn er bietet einen herrlichen Blick auf die Küste.

Auf dem *Nualolo Trail* geht es dann wieder durch dicht wuchernden Wald etwa 6 km weit gut 450 Höhenmeter hinauf bis zur *Kokee Lodge.* Die mit dem Efeu verwandten, in diesem Bereich alles überwuchernden Pflanzen namens *Bananenpoka* wurden von den Weißen auf die Hawaii-Inseln gebracht. Mittlerweile drohen sie, einen Großteil der ursprünglichen hawaiianischen Buschvegetation, zu ersticken.

Kauai

Pihea Trail

Vom Puu o Kila Lookout am Ende der Straße startet ein dritter, lohnenswerter Wanderweg: der *Pihea Trail* mit Anschluss an die *Alakai-Sümpfe.* Je nach Lust, Laune und Ausrüstung kann man hier eine Stunde oder einen ganzen Tag (meist gut fünf Stunden bis zum *Kilohana Viewpoint* und zurück) mit Wandern verbringen.

Bei fast jedem Wetter ist zumindest der Weg zum Aussichtspunkt *Pihea* machbar. Die Aussicht lohnt die Mühen sicherlich, wenn nicht das ganze Tal in Wolken liegt. Hier oben lebt eine Vielzahl hawaiianischer Vögel, die man sicherlich zu Gehör und mit viel Glück auch zu sehen oder sogar vor die Kamera bekommt.

Der weitere Weg, über den *Pihea* hinaus, ist schwerer und erforderte früher die Bereitschaft, bis über die Knöchel im Morast zu versinken. Mittlerweile sind weite Teile des Weges mit Holzstegen versehen und nur noch auf dem ersten Stück des Wanderweges (vom Puu o Kila Lookout bis zum Pihea) ist es ab und zu rutschig und schlammig. Man sollte sich im *Kokee Museum* auf jeden Fall über die Wegverhältnisse informieren. Unabhängig davon, wie weit man hineinwandert, geht es stets auf dem gleichen Weg wieder zurück.

Vom Ende der Straße führt der *Trail* zunächst auf einem breiten Weg an den Klippen entlang. Früher wurde einmal damit begonnen, die Straße vom *Puu o Kila Lookout* aus noch weiter fortzuführen; das Projekt wurde allerdings bald eingestellt. Nach etwa 1,8 km führt ein Stichpfad nach links auf den Aussichtspunkt *Pihea*.

Etwa ab diesem Pfad fällt der Wanderweg zu den *Alakai-Sümpfen* hin (nach Süden) ab; ca. 1 km nach der Abzweigung stößt er auf den *Alakai Swamp Trail,* der nach links (Osten) weiterführt. In den Sümpfen haben endemische (nur hier vorkommende) Vögel überlebt, die man lange Zeit hindurch für ausgestorben hielt. Sie konnten nur überleben, weil einerseits der Zutritt zum Gebiet der gut 25 km² großen *Alakai Swamps* (die größten Sümpfe Hawaiis) für den Menschen so schwierig ist und andererseits die Moskitos (es gibt sie in Hawaii erst seit der Ankunft *Captain Cooks)* und damit die von ihnen übertragenen Krankheiten nicht bis in diese Gegend vordringen. Auch die Pflanzenwelt hat auf diesem nahrungsarmen, sauren Sumpfboden Ungewöhnliches zu bieten. Die *Ohia Lehua,* eine ur-hawaiianische Pflanze, die auf den anderen Inseln zu gut 10 m hohen, rotblühenden Bäumen heranwächst, erreicht hier gerade einmal die 10-cm-Marke. Ihre Blüten ziehen sich grau, manchmal rötlich am Boden entlang. Wer genau hinsieht, wird auch Sonnentau, eine insektenfressende Pflanze, und viele, nur hier vorkommende Pflanzen entdecken. Ein typisches Beispiel für diese endemischen Pflanzen ist das Riesen-Buschveilchen *(Viola Kauensis),* das bis zu zwei Meter hoch wird. Da sein hölzerner, 2 cm dicker Stengel nicht tragfähig genug ist, lehnt sich dieses Veilchen an andere Pflanzen an.

Der *Alakai Swamp Trail* führt meist auf Holzbrettern knapp 5 km durch den Sumpf bis zum Aussichtspunkt *Kilohana.* Vorausgesetzt, das Wetter spielt mit, können die Blicke von dort über das Wainiha-Tal hinweg bis zur Bucht von Hanalei schweifen. Die Aussicht ist dann einzigartig und äußerst spektakulär. Um wieder zurückzufinden, sollte man unbedingt auf dem Weg bleiben. Die alte Regel, derzufolge man zum Verlassen eines Sumpfes lediglich einem Wasserlauf bergab folgen muss, ist hier nicht sinnvoll, da die unzähligen Bäche in Wasserfällen an hohen Klippen enden.

Ost- und Nordküste

Von Lihue bis Kilauea

Wailua-Fälle

Von Lihue aus führt der Kuhio Highway (Nr. 56) nach Norden. Sehr lohnend ist ein Abstecher über die knapp drei Meilen lange Stichstraße Nr. 583 durch Zuckerrohrfelder zu den *Wailua-Wasserfällen*. Die Abzweigung liegt in einer Senke, ist aber gut ausgeschildert. Die Doppelwasserfälle sind gut 25 m hoch und stürzen in einen runden Pool mit grün überwucherten Felswänden.

Hanamaulu

Außer einem hübschen *Beach Park* (gute Bademöglichkeit) hat der direkt am Highway 56 gelegene Ort Hanamaulu nur wenig zu bieten. Bis Anfang der 1980er Jahre gab es hier noch eine restaurierte Rohrzucker-Eisenbahn mit Museum zu sehen.

Lydgate Park

Zehn Autominuten weiter nördlich befindet sich der *Lydgate State Park*, mit der Zufluchtsstätte *Hauola Place of Refuge* der alten Hawaiianer. Die *City of Refuge* auf Hawaii Big Island ist jedoch erheblich aufschlussreicher. Näheres zum Thema steht dort im Kapitel „Westküste".

Wailua River

Noch etwas weiter nördlich überquert der Kuhio Highway den Wailua-Fluss. Unmittelbar vor dem Fluss zweigt nach links, also zur Bergseite

Sehr oft ist das Sumpfgebiet total in Wolken eingehüllt. Die Luft ist extrem feucht, man nähert sich dem Waialeale, dem regenreichsten Punkt der Erde. Wer den *Alakai Swamp Trail* gegangen ist, der wird sicherlich ein sehr individuelles Hawaii-Erlebnis mit nach Hause bringen, das weit über Strand und Hula hinausgeht.

Wailua-Fälle

Eine Fahrt auf dem Wailua-River

Den Fahrpreis für die Bootsfahrt habe ich bezahlt; ich müsste noch 45 Minuten warten, bis das nächste Schiff fahre, versichert mir die nette Dame an der Kasse. Doch plötzlich dringen Geräusche vom Parkplatz herüber: Zwei Reisebusse mit Japanern und einige Teilnehmer einer Pazifik-Kreuzfahrt sind angekommen. Kaum zehn Minuten später sind wir alle an Bord des Boots (oder doch Schiff – bei gut 100 Plätzen?) und die Reise zur Farngrotte beginnt.

Ein echter Hawaiianer im original Hawaii-Hemd ergreift das Mikrofon und ruft ein ursprüngliches *Aloha Ladies and Gentlemen!* ins Mikrofon. Keine Antwort. Schon bekommen wir unsere erste Lektion in Hawaiianisch: *Aloha*, das heißt „Herzlich willkommen", „Guten Tag", „Liebe", „Alles Gute" und so weiter. Und wenn der Mann am Mikrofon *Aloha* ruft, dann haben wir mit dem gleichen Wort zu antworten. Die Dolmetscherin übersetzt ins Japanische. Leises Kichern in der Runde.

Der Hawaiianer unternimmt einen zweiten Versuch: *Alooo-ha* und die einstimmige Antwort der Fahrgäste: *Alooo-ha. Wonder-ful* kommentiert der Herr am Mikrofon und heißt uns im Namen des Kapitäns herzlich willkommen.

Wir erfahren, dass wir auf dem einzigen schiffbaren Fluss Hawaiis unterwegs sind, während neben uns ein Wasserskiläufer spritzend seine Kehrtwende Richtung Meer macht. Der Schiffsmotor wird lauter und stinkt noch mehr, denn jetzt geht es volle Kraft voraus flussaufwärts Richtung Farngrotte. Und damit es den Passagieren auf der Fahrt nicht zu langweilig wird, entpuppt sich der Mann am Mikrofon als Conférencier: Mit einem beneidenswerten Dauerlächeln erzählt er uns mehr über *beautiful Hawaii*.

Nach drei Minuten tiefgehender Information kommen auch Ukulele und Gitarre zum Einsatz: „Hula-Musik" steht auf dem Programm – und zwar genau der Sound, den wir bereits von zu Hause her kennen; Pop-Musik mit Hawaii-Effekt, also von der echten Hula-Tradition, wie sie auch heute noch in Hawaii gepflegt wird, meilenweit entfernt. Während des zweiten Songs beginnt eine junge Dame, lustlos einen Hula vorzutanzen. Der Chef-Animateur lächelt in sein Mikrofon, dass es jetzt für alle an der Zeit sei, gemeinsam Hula zu tanzen. 70 Japaner, 30 Personen im Kreuzfahrt-Outfit und einige Einzeltouristen beginnen mit dem Hüftschwingen. Nach fünf Minuten anstrengendem Tanz haben wir uns

hin, die Straße zur *Wailua Marina* ab. Von hier aus starten Bootstouren den Wailua-Fluss hinauf bis zur *Fern Grotto*, der Farngrotte. Diese *Wailua River Cruises* werden von *Smith's Motor Boat Service* (Tel. 821-6892 oder 821-6893) von 9 bis 15 Uhr jeweils zur vollen Stunde, bei Bedarf auch öfter, veranstaltet. Die Teilnahme an dem etwa eineinhalbstündigen Ausflug kostet für Erwachsene 20 $ und für Kinder 10 $ (s. Exkurs).

Opaekaa Falls

Direkt nördlich der Brücke über den Wailua-Fluss zweigt nach links, also bergwärts *(mauka)* der Highway 580 ab. Nach etwa zwei Meilen auf dieser Straße erreicht man rechts den Parkplatz der *Opaekaa-Wasserfälle*, die sich um die Mittagszeit am besten fotografieren lassen. Der Name *Opaekaa* bedeutet „herumwirbelnde Shrimps". Früher tummelten sich diese Tierchen im Becken des Wasserfalls.

für den Rest der Fahrt eine Hula-Pause verdient. Die Musiker beginnen, japanische Volkslieder zu spielen – es kommt langsam Stimmung auf.

Der Motor wird leiser, wir legen an. Nach einer kurzen Belehrung, dass der nun folgende Spaziergang über einen sehr rutschigen Pfad gehe und wir unbedingt vorsichtig gehen sollten, verlassen wir das Boot. Der durchgehend betonierte Weg verläuft geradewegs durch den Urwald. Im Unterholz begegnen wir einigen buntgefiederten wilden Hühnern (diese Spezies gibt es seit *Captain Cook* in Hawaii).

Plötzlich lichtet sich der Urwald, die Farngrotte ist direkt vor uns. Von allen Teilen der Decke hängen die hübschen, fein strukturierten Farne herunter. Die Luft ist angenehm kühl, aber feucht. Unser Animateur dirigiert uns auf eine Tribüne in der Grotte. Jetzt von Verstärker klärt er uns mit besonders sanfter und gefühlsbetonter Stimme darüber auf, dass wir uns an einem sehr romantischen Ort befänden – ein Ort, der ideal für eine Trauung sei. Jedes Jahr gäben sich hier viele Farnen Hunderte von Paaren das Ja-Wort. Das Schifffahrtsunternehmen organisiere die gesamte Hochzeit: von der Bootsfahrt über das Festessen und die musikalische Untermalung bis hin zum Fotografen, der das Geschehen bei Bedarf auch per Video dokumentiert.

Allen Hochzeitspaaren spielten die Musiker den *Original Hawaiian Wedding Song*. Als besondere Aufmerksamkeit der Schiffsmannschaft spielen und singen sie dann speziell für uns dieses Hochzeitslied. Viele Augen fangen zu glitzern an. Einige Amerikanerinnen zücken ihre Taschentücher. Ein Japaner wischt sich die Feuchtigkeit unter dem Auge ab – und stellt sich einen Meter weiter nach rechts, in der Hoffnung, nicht nochmals einen der dicken Tropfen von der Grottendecke aufzufangen.

Kaum ist der Applaus verhallt, begeben wir uns zurück zum Schiff. Im Eiltempo schippert uns der Kapitän den Fluss hinunter. Auf die Musik müssen wir verzichten, damit die Teilnehmer der nächsten Gruppe wenigstens auf der Rückfahrt noch schnell zum Hula-Tänzer ausgebildet werden können. 25 Minuten nach dem Hochzeitslied sind wir wieder an unseren Autos. Ich schaue noch einmal in meinen englischsprachigen Reiseführer. Dort steht: „Während der 20-minütigen Fahrt stromaufwärts werden Sie mit Musik und dem Erzählen von Legenden unterhalten. An der Farngrotte wird ein kleines, aber gut gemachtes Medley mit Liedern von den Inseln aufgeführt." So war es wohl.

Kamokila Village

Überquert man die Straße, dann hat man einen schönen Blick in das Tal des Wailua Rivers und auf das *Kamokila Hawaiian Village* (Tel. 822-3350). Es handelt sich dabei um ein restauriertes hawaiianisches Dorf, das über die steile Abfahrt erreichbar ist. Mit bescheidenen Mitteln versuchten einige wenige Leute, das Dorf wiederherzurichten. Der Eintritt beträgt 5 $ für eine Self-Guided-Tour. Ohne große Show-effekte erhalten Besucher einen Einblick in die traditionelle Lebensweise der Hawaiianer bei den Führungen durch das Geburtshaus, Versammlungshaus, Exekutionsstätten, Tempel und mehr. Das Kamokila Village ist täglich außer sonntags von 9 bis 16 Uhr geöffnet und diente als Drehort für den Film *Outbreak* mit Dustin Hofman: Kamokila Village ist im Film die Siedlung in Afrika, die niedergebrannt wurde, um das Virus zu töten.

Kauai

Hier besteht auch die Möglichkeit, ein Kajak zu mieten und auf dem Wailua River in Ruhe die Landschaft zu genießen bzw. zur Fern Grotto zu fahren.

Keahua Arboretum Panoramablick

Bei klarer Sicht auf die Berge lohnt es sich, auf der Stichstraße 580 noch ein paar Kilometer weiter „mauka" (bergwärts) zu fahren, bevor Sie wieder auf den Highway 56 zurückkehren. Vom Parkplatz *Opaekaa* bis zum *Keahua Arboretum*, einem nicht gerade spektakulären Park, sind das etwa 5,1 Meilen. Interessanter ist der weitere Verlauf der Straße, die auf einer schlechten *Dirt Road* (kein Versicherungsschutz bei Miet-PKWs) durch eine Furt hindurch ins Inselinnere führt. Ca. 1,5 Meilen hinter dem Arboretum erreicht man einen beeindruckenden Aussichtspunkt mit einem Panoramablick auf das zentrale Bergmassiv.

Coconut Grove

Direkt im Bereich der Einmündung des Hwy 580 auf den Hwy 56 liegt an der Küstenstraße ein *Coconut Grove*, also ein kleiner Wald, der aus Kokos-Palmen besteht.

Waipouli und Kapaa

Nach ein paar Minuten Fahrt auf dem Hwy 56 erreichen Sie Waipouli, das Städtchen, das den *Coconut Marketplace*, ein großes Einkaufs- und Restaurantzentrum, beherbergt. Jeweils am Montag, Mittwoch, Freitag und Samstag finden auf der Showbühne im *Marketplace* um 17 Uhr kostenlose Hula-Tanzvorführungen statt. Hier bietet sich eine der wenigen Möglichkeiten, einen Hula bei Tageslicht zu sehen. Mittlerweile sind Waipouli und das etwas weiter nördlich gelegene Kapaa zu einer beachtlichen Ansammlung von Hotels, Restaurants, Supermärkten und sonstigen Läden angewachsen.

Am nördlichen Ortsende macht das Schild des *Hawaiian Visitor's Bureau* auf den **Sleeping Giant** aufmerksam. Es handelt sich dabei um eine Bergformation, die mit einer gehörigen Portion Phantasie an einen schlafenden Riesen erinnert.

Kilauea

Gute zwölf Meilen weiter nördlich liegt die Ortschaft Kilauea. Von hier aus führt eine Stichstraße zum *Kilauea Lighthouse* am nördlichsten Punkt der erschlossenen Hawaii-Inseln. Der im Jahr 1913 erbaute Leuchtturm war einst bekannt dafür, die größte in einem Leuchtturm eingebaute Linse zu besitzen. Aber nicht die technische Einrichtung Leuchtturm, sondern das um ihn herum befindliche Naturschutzgebiet **Kilauea Wildlife Refuge** ist hier die Attraktion. Sieben von der Ausrottung bedrohte Vogelarten brüten in diesem Gebiet. Vor der Küste tummeln sich je nach Jahreszeit Delfine, Seelöwen, grüne Schildkröten und manchmal auch Wale.

Die größten Vögel sind die **Albatrosse,** die oftmals nur ein paar Meter über die Köpfe der Besucher hinwegsegeln. Sie sind meist nur in den Wintermonaten anzutreffen, weil sie sich im Sommer bevorzugt an den Midway-Inseln (nördlicher Ausläufer der hawaiianischen Inselkette) aufhalten.

Im Visitor Center besteht die Möglichkeit zur kostenlosen Ausleihe von Ferngläsern, wenn man seinen Reisepass hinterlegt. Außerdem kann man sich dort genauer über die Vögel informieren oder mit einschlägiger Literatur über die Tierwelt Hawaiis eindecken.

Täglich um 10 Uhr startet am Visitor Center eine von ehrenamtlichen Mitarbeitern des *National Wildlife Refuge* geführte Wanderung auf den benachbarten Crater Hill. Hier nisten zahlreiche Vögel, darunter auch der Staatsvogel Hawaiis, die *Nene.* Unterwegs geben die Führer viele Erläuterungen zu einheimischen Pflanzen und Vögel, aber auch zur prominenten Nachbarschaft. Da die Teilnehmerzahl begrenzt ist, empfiehlt sich die telefonische Voranmeldung.

●**Kilauea Point National Wildlife Refuge**
Kilauea Rd., Kilauea
Tel. 828-0168 oder 828-1413;
unbedingt vorher anmelden!
Öffnungszeiten: täglich 10–16 Uhr
Eintritt: 3 $ pro Auto (auch ohne Führung)

Bei der Rückfahrt nach Kilauea lohnt ein Blick in die hübsch angelegten Vorgärten und ihre exotische Pflanzenwelt.

Essen und Trinken

Vor allem in Kapaa gibt es aufgrund der großen Konkurrenz für hawaiianische Verhältnisse relativ preiswerte Restaurants bei durchweg guter Qualität. Die besten Restaurants an der

Lesertipps

●Man merkt es der nachlässigen Bedienung an: Das Restaurant *A Pacific Café* zehrt von seinem Ruf, die beste Küche Kauais, wenn nicht sogar die beste Hawaiis zu sein (was wir sehr bezweifeln). Das von *Jean-Marie Josselin* geführte Restaurant mit *Pacific-Rim-Küche* zählt laut *Good Morning America* immerhin zu den 50 besten Restaurants der (amerikanischen) Nation. Bei so viel Vorschuss-Lorbeeren war das Ergebnis eher enttäuschend. Wenngleich die offerierten Dinner-Menüs (45 $ pro Person) interessante Kreationen aus West und Ost aufwiesen, war die begleitende, extra zu zahlende Weinempfehlung zum Menü (36 $ pro Person), der pure Reinfall. Man beschränke sich lieber auf das einheimische Bier, wenn es schon Alkohol sein soll!

A Pacific Café
4-831 Kuhio Highway,
im Kauai Village Marketplace, Kapaa
Tel. 822-0013

●Die kreative *Pacific-Rim-Küche* versteht es, alles unter einem Hut zu bringen. Das nicht sehr große Restaurant *Lemon Grass Grill and Seafood & Sushi Bar* hat zudem eine offene Sushi-Bar, in dem der Meister den ganzen Abend das Messer schwingt und *Nigiri Sushi, Cut Rolls, Hand Rolls, Sashimi* sowie *Sushi Combos* fertigt und geschmackvoll anrichtet. Die sehr schmackhaften Gerichte haben allesamt moderate Preise, und das *Lemongrass Seafood Stew* ist sehr zu empfehlen! Ebenso eine Platzreservierung!

**Lemon Grass Grill
and Seafood & Sushi Bar**
4-885 Kuhio Highway,
in der Nähe des Kauai Village
Marketplace Kapaa,
Tel. 821-2888

(Marisa Consée)

Ostküste befinden sich zum Teil in den Hotels. Diverse Fast-food-Restaurants (vom Hamburger über den Buffalo Burger bis zur Pizza) ergänzen das Programm.

● Ein sehr ungewöhnliches Hamburger-orientiertes Restaurant ist **Bubba's Hawaii** (www. bubbaburger.com, „sehenswert"), das unter den beiden Mottos *„We cheat tourists, drunks and attorneys"* (Wir betrügen/beschwindeln Touristen, Betrunkene und Anwälte) sowie *„Where the food's hot, the service is cold, and the music's too DAMN LOUD!"* (Wo das Essen heiß, der Service kalt und die Musik VERDAMMT ZU LAUT ist!) arbeitet. Die Hamburger sind ziemlich fleischlastig, und etwas Wartezeit sollte man mitbringen. In Kapaa finden Sie Bubba's Hawaii beim Kapaa Beach Park mit Blick auf die Straße über den Park Richtung Meer.

● Ein Riesenfrühstück erhält man bei **Eggbert's** (Tel. 822-3787) im Coconut Marketplace (Kapaa).

● Im **Kountry Kitchen** serviert die manchmal nicht optimal gelaunte Bedienung typisch amerikanische Hausmannskost, die eine Prise hawaiianisch angehaucht ist. Das unscheinbare Restaurant auf der Mauka-Seite (bergwärts) des Kuhio Hwy in Kapaa ist vor allem recht preisgünstig, aber nicht schlecht.

● Im **Wailua Family Restaurant** (Tel. 822-3323) kann man sich für 12 $ unter dem Motto „All you can eat" satt essen: keine kulinarischen Höhenflüge, aber vor allem preisgünstige und recht solide Küche. Es liegt an der Ampel nördlich der Einmündung des Hwy 580 in den Hwy 56 auf der Mauka-Seite (bergwärts).

● Gleich neben *A Pacific Café* liegt im Kauai Village Marketplace übrigens **Papaya's Natural Foods** (Tel. 823-0190), wo es im Café nicht gerade preisgünstige vegetarische Bio-Küche gibt. Das Sortiment des dazugehörenden Bioladens unterscheidet sich recht wesentlich von einem entsprechenden Laden in Europa – allein schon aufgrund der Unmengen an verschiedenen Vitaminen und Nahrungs-Ergänzungsmittel in Tabletten- bzw. Kapsel-Form. Sonntags geschlossen.

Von Kilauea bis Kee Beach

Bereits kurz vor Kilauea ändert der Highway 56 seine Richtung; er führt jetzt nicht mehr nach Norden, sondern nach Westen. Direkt am Highway 56 zweigt etwa in der Höhe der Straße zum *Kilauea Lighthouse* ins Landesinnere die gut markierte Stichstraße zur **Guaven-Plantage** namens *Guava Kai Plantation* ab. Wer die Früchte noch nicht kennt, kann sich in einem Videofilm informieren, einen Blick auf die Plantage werfen und Guavensaft probieren. Guaven sind sehr gesund, denn sie enthalten etwa dreimal soviel Vitamin C wie jede andere Frucht und weisen darüber hinaus besonders viel Kalzium, Vitamin A, Phosphor und Ballaststoffe auf. Selbstverständlich gibt es auch einen *Giftshop* mit diversen Souvenirs.

● **Guava Kai Plantation**
Hwy. 56, Kilauea
Tel. 828-6121
Öffnungszeiten: täglich 9 bis 17 Uhr
Eintritt frei

Essen und Trinken

Riesige Sandwiches und Burritos sowie Quiches und Frühstück serviert **Starvin Marvin's Kilauea Deli**. Nicht ganz billig, dafür aber Dank ordentlicher Zutaten und kreativer Küche auch ziemlich gut – und das für jeweils unter 10 $.

● **Starvin Marvin's Kilauea Deli**,
Oka Street, Kilauea,
Tel. 828-0726

Princeville

Ein paar Kilometer hinter dem *Princeville Airport* liegt das *Princeville Center,* ein Einkaufszentrum mit dem größ-

Wellness for Women

Seit dem Sommer 2006 bietet das *Hanalei Day Spa* Wellness-Anwendungen unter dem Motto: „**The Ladies' Spa Party**" an. In kleiner Runde ab fünf Personen sollen Damen so Entspannung pur genießen können. Das Management vermarktet die Ladies' Spa Parties als Abschiedsfeiern für Junggesellinnen, aber auch als gemeinsame Unternehmungen von Mutter und Tochter, für Geburtstagsfeiern „oder einfach nur für eine Ladies Night mit Freundinnen".

Kundinnen können aus zahlreichen Anwendungen in privater Atmosphäre auswählen. Die Preise beginnen bei rund 165 €. Zum Angebot gehören verschiedene Massagen in hawaiianischer oder ayurvedischer Tradition sowie Maniküre, Pediküre, Algen- und Schlammpackungen. Wer während der Anwendung nicht auf den Meerblick verzichten will, für den gibt es die **Outdoor Oceanfront Massage** unter einem typisch hawaiianisch gedeckten Dach. Für das leibliche Wohl der Gäste wird eine Auswahl an Tees sowie tropischen Früchten gereicht.

Das Hanalei Day Spa liegt auf dem Gelände des *Hanalei Colony Resort* zwischen Hanalei und Kee Beach. Dieses Resort verzichtet in seinen Condos einerseits ausdrücklich auf Fernsehgeräte, Stereoanlagen und Telefone, bietet andererseits aber auch einen für Gäste kostenlosen drahtlosen Internet-Service. Die Condos (2 Schlafzimmer, Wohnzimmer, Küche und Bad) lassen sich ab etwa 1700 $ pro Woche mieten.

Weitere Infos unter www.hanaleidayspa oder unter Tel. 826-6621.

Kauai

---

ten und letzten Supermarkt der Nordküste, diversen Läden, einigen Restaurants und auch der letzten Tankstelle auf dem Weg nach Westen. Am *Princeville Center* zweigt *makai* (Richtung Meer) eine Straße zum *Princeville Hotel* und einer daneben liegenden Anlage mit Ferienwohnungen ab. Die unbebaute Fläche wird von zwei 18-Loch-Golfplätzen dominiert. Sowohl von der pompös gestalteten Eingangshalle des *Princeville Hotel* als auch von dem darunter liegenden Restaurant aus genießt man einen wunderbaren Blick über die Bucht von Hanalei hinweg auf die steil dahinter aufragenden Klippen der Na-Pali-Küste.

Hanalei Valley

Fast gegenüber der Einfahrt zum *Princeville Center* befindet sich der *Ha-* *nalei Valley Lookout*. Die besten Lichtverhältnisse zum Fotografieren herrschen spätnachmittags, wenn die Berge ihren Schatten auf die glitzernden Tarofelder werfen.

In den 50er Jahren des 19. Jahrhunderts versuchte ein Mann namens *Robert Wyllie* im Tal von Hanalei eine Kaffeeplantage zu errichten. Nach dieser ersten misslungenen Aktion versuchte man es mit Zuckerrohr und Viehzucht. Danach pflanzten hier die Chinesen Reis an. Seit den 1930er Jahren bauen einige Bewohner wie vor vielen hundert Jahren im Tal von Hanalei die Taropflanze an. Obwohl innerhalb der letzten 200 Jahre die Tarofelder und die natürlichen Feuchtgebiete im Tal auf weniger als 5 % der ursprünglichen Fläche dezimiert wurden, kommt mittlerweile etwa die

071ha Foto: av

Hälfte der Produktion von *Poi* (Paste aus Taro) für ganz Hawaii aus Hanalei. Ein Teil des Tals bildet seit 1972 das *Hanalei National Wildlife Refuge,* in dem verschiedene hawaiianische Vögel in Ruhe nisten können. Das Betreten dieses Naturschutzgebietes ist nur mit einer Genehmigung gestattet.

Der Highway 56 führt jetzt hinunter zum Hanalei River, der auf einer einspurigen Bogenbrücke überquert wird.

Hanalei Bay vom Heli aus gesehen

Hanalei

Diese Brücke ist gleichzeitig die Grenze zwischen dem touristisch mit Hotels erschlossenen Kauai und dem ursprünglicheren Teil der Insel. Die Ortschaft *Hanalei* (*Hanalei* bedeutet „das Städtchen, in dem Leis hergestellt werden") präsentiert sich verträumt und ruhig.

Für Fans alter Häuser ist das aus dem Jahr 1837 stammende Missionshaus *Waioli* recht interessant (Öffnungszeiten: Di, Do und Sa von 9 bis 15 Uhr, an Feiertagen geschlossen; Eintritt frei; Tel. 245-3202).

Die Attraktion in Hanalei ist jedoch die große Bucht mit ihrem weiten Sandstrand – eine der **schönsten Sandbuchten** der ganzen Inseln. In westlicher Richtung schließt sich daran mit dem *Lumahai Beach* ein echter Traumstrand an, der durch den Film *South Pacific* bekannt wurde. Im Winter erkennt man nur wenig von der Sandbucht, da die riesigen Wellen bis nahe an die Vegationsgrenze „herandonnern".

Höhlen

In vielen Kurven, über einspurige Brücken und durch eine Furt hindurch geht es auf der Straße weiter zum Kee Beach. Ziemlich am Ende der Straße, gegenüber vom *Haena Beach County Park*, liegt mauka (auf der Bergseite) die **Maniniholo Dry Cave,** eine Höhle, die zu einem kurzen Spaziergang einlädt. Nur ein paar hundert Meter weiter Richtung Westen befindet sich ebenfalls direkt am Highway die **Waikanaloa Wet Cave** sowie etwa 150 m höher die **Waikapalae Wet Cave,** in denen jeweils noch kleine, meist sehr klare Wasserpfützen stehen. Wenn etwa zwischen 11 und 13 Uhr die Sonnenstrahlen auf das Wasser fallen, ergeben sich eigenartige Stimmungen.

Kee Beach

Nach sehr kurzer Fahrt gelangt man an das Ende der Straße mit dem ab 10 Uhr morgens meist überfüllten Parkplatz von *Kee Beach*.

Essen und Trinken

●Das **Princeville Hotel** hat sowohl eine gute, leider nicht gerade billige Küche, als auch eine herrliche Aussicht auf die Bucht von Hanalei und die Na-Pali-Küste. Nur an ganz wenigen Punkten Hawaiis besteht die Möglich-

keit, vor einer derart erhabenen Kulisse zu speisen. Während die Hotelmanager vor allem das Dinner bewerben, eignet sich das gute und reichhaltige Frühstücksbüfett (knapp 30 $) am besten zum Genießen der Aussicht im *Café Hanlei and Terrace* (Tel. 826-9644), wenn morgens die Wolkenschwaden aus den Klippentälern ziehen und die Sonne immer größere Teile der Steilküste anstrahlt. Auch abends ist es stimmungsvoll, aber man blickt leicht geblendet gegen die Sonne.

●Exzellente Steaks und eine gute Salatbar gibt es in **Chuck's Steak House** im *Princeville Center.* Trotz schönem Paniolo-Ambiente (ein „Cowboy" heißt in Hawaii „Paniolo") können sich auch die Fischgerichte sehen lassen. Tel. 826-6211 oder 826-6212.

●Gut und günstig ist das Mittag- und Abendessen bei **Hanalei Mixed Plate** auf der Mauka-Seite (bergwärts) des Kuhio Hwy fast schon im „Zentrum" Hanaleis. Vom Fleischliebhaber bis zum Veganer ist für jeden etwas erhältlich. Neben den Plate Lunches gibt es auch Sandwiches, Burger, Salate und Hot-Dogs, wobei die Burger in den Varianten Beef (Rindfleisch), Kauai Buffalo (Büffelfleisch), Garden (Vegetarisch) oder Tempeh (frittierte Sojabohnen, ursprünglich indonesisch) erhältlich sind. Eilige verzehren die Mahlzeit auf den Stühlen des Restaurants, aber Genießer nehmen ihr Essen mit an den nächsten Strand. Tel. 826-7888.

Na-Pali-Küste

Schon seit dem *Hanalei Valley Lookout* hat man sie ständig vor Augen, die steilen Klippen der Nordküste. Nach dem hawaiianischen Wort Pali für Steilklippe erhielt die Nordküste Kauais den Namen Na Pali. Jede verbale Beschreibung dieser einzigartigen Landschaft ist unvollständig. Nachdem Sie dort waren, werden Sie wissen, warum sie den Beinamen *The most spectacular coastline of the world* (die schönste Küstenlinie der Welt) trägt.

Kauai

Nach Tausenden von Kilometern setzt die Na-Pali-Küste den Pazifikwellen den ersten nennenswerten Widerstand entgegen. Deshalb prallen hier mit die höchsten Wellen von ganz Hawaii ans Land. Im Winter sind sie manchmal 10 Meter hoch, im Sommer jedoch mit ein bis zwei Metern Höhe recht bescheiden.

Wanderung

Auf der Bergseite des Parkplatzes von *Kee Beach* beginnt der *Haena Kalalau Trail,* der auch **Na Pali Trail** genannt wird. Er folgt einem bereits einige hundert Jahre alten Pfad, auf dem schon die alten Hawaiianer zu ihren Feldern und Siedlungen in den Seitentälern der Nordküste gingen. Nach elf Meilen, also knapp 18 km, endet der Trail im Kalalau-Tal. Die gesamte Strecke lässt sich binnen 7 bis 9 Stunden Gehzeit (einfach) bewältigen. Vor allem im Sommer kann die Wanderung wegen der äußerst hohen Luftfeuchtigkeit sehr anstrengend sein.

Ausrüstung

Gute Ausrüstung ist hier unbedingt erforderlich. Vor allem Regenbekleidung, feste Schuhe mit gutem Profil (wenn es nass wird, sind die Wege glitschig) und Wasser-Entkeimungstabletten sollte man mitnehmen. Da sich manchmal Langfinger an den über Nacht abgestellten Autos zu schaffen machen, empfiehlt es sich, dort nichts zurückzulassen. Im *Storage Room* des Hotels, in dem man danach wohnt, ist das Gepäck sicherer untergebracht.

Die nötige Ausrüstung (Zelt, Isomatte, Schlafsack) kann man nach entsprechender Reservierung ausleihen bei:

- **Outfitters Kauai** in Poipu an der Südküste, Tel. 742-9667 oder gebührenfrei 1-888-742-9887
- **Pedal 'n Paddle** in Hanalei, Tel. 826-9069

Zeitplanung

Wegen der oft schnell wechselnden Witterung empfiehlt es sich, mindestens einen, möglichst zwei Reservetage nach dem vorgesehenen Ende der Wanderung auf Kauai einzuplanen, weil es öfter vorkommt, dass durch das Anschwellen eines Flusses der Rückweg blockiert ist und man somit eine Zeit lang festsitzt.

Genehmigung

Im Einzelnen gliedert sich die Wanderung in drei Abschnitte. Während der Teil von Kee Beach bis Hanakapiai und zu den *Hanakapiai Falls* auch für Tagestouristen zugänglich ist, darf man sich (auch tagsüber) jenseits von Hanakapiai nur noch mit einer gültigen Genehmigung aufhalten. Diese kostenlose *Permit* bekommt man im State Building in Lihue. Da jedoch nur wenige Leute pro Tag auf dem Trail zugelassen sind, sollte man sich mindestens ein halbes Jahr vor dem gewünschten Wandertermin anmelden.

Die Erteilung eines Permits kann maximal ein Jahr im Voraus erfolgen. Es sind hierzu unbedingt Kopien der Reisepässe aller Wanderer einzuschicken, denn „No ID – No Permit" prangt in großen Lettern auf einem Schild im DLNR-Büro (DLNR: *Department of Land and Natural Ressources*) des State Buildings – so lautet auch das Credo des zuständigen Beamten. Aktuelle Infos gibt's im Internet unter:

● www.state.hi.us/dlnr/dsp/fees.html

Camping

Entlang des *Trails* gibt es drei Campingplätze: Hanakapiai, Hankoa und Kalalau. Insgesamt darf jeder Besucher bis zu fünf Nächte im Park verbringen. Auf den Plätzen Hanakapiai beziehungsweise Hanakoa ist es verboten, zwei Nächte hintereinander zu bleiben. Pro Person und Nacht kostet das Camping trotz der primitiven Verhältnisse 10 $. Diese Gebühren werden für Instandhaltungsarbeiten in den State Parks verwendet.

Wasser

Wasser ist durch die hohe Niederschlagsmenge an der Nordküste überall reichlich in Form von Bächen und Rinnsalen vorhanden, sollte aber zur Sicherheit stets abgekocht oder mit chemischen Mitteln gereinigt werden.

1. Etappe

Für den Abschnitt von **Kee Beach bis Hanakapiai Valley** mit etwa 3 km Länge benötigt man etwa 1 bis 1,5 Stunden. Bereits nach 10 bis 15 Minuten beschwerlichen Anstiegs erreicht man einen grandiosen Aussichtspunkt mit Blick über die gesamte Küste.

Das Hanakapiai Valley mündet in einen sehr schönen Sandstrand, an dem das Baden allerdings vor allem im Winter lebensgefährlich ist. Der Autor weiß von mindestens einem Deutschen, der hier in der starken Strömung ertrunken ist; die Warnschilder stehen also nicht nur zum Spaß da. Der sehr einfache Campingplatz liegt ein paar Meter vom Strand entfernt.

Sehr lohnend ist der nochmals 3 km lange Seitenweg das Tal hinauf, der durch dichten Busch zu den **Hanakapiai Falls** führt. Wegen **Flash-Flood-Gefahr** (plötzlich auftretendes extremes Anschwellen des Baches) sollte man den Weg nur bei ruhigem Wetter gehen, denn man muss den Bach auch einmal überqueren. Aufgrund der Steinschlaggefahr ist das Baden im herrlich gelegenen Pool des Wasserfalls nicht zu empfehlen. Für den Weg Hanakapiai Beach – *Hanakapia Falls* und zurück sollte man nicht unter dreieinhalb Stunden Gehzeit einplanen, weil die stehende, schwüle Luft im Tal automatisch das Gehtempo herabsetzt.

2. Etappe

Die Etappe vom **Hanakapiai Valley bis Hanakoa Valley** mit etwa 6,5 km Länge beansprucht 2,5 bis 3 Stunden Gehzeit. Nach einem zunächst steilen Anstieg kreuzt der Weg zwei kleine Hängetäler (also Täler, die mit einem deutlichen Absturz in ein anderes Tal oder, wie hier, ins Meer münden) namens Hoolulu und Waiahuakua, bevor er ins Hanakoa Valley führt. Der Campingplatz befindet sich hier auf alten, überwucherten Steinterrassen etwa 150 Höhenmeter über dem Meer. Ein gut 500 m langer Pfad, der *Hanakoa Falls Trail,* führt zu den Hanakoa-Was-

Kauai

serfällen, die sich in Kaskaden die Klippen hinab ergießen.

3. Etappe

Für den letzten, 8 km langen Abschnitt von **Hanakoa bis Kalalau** benötigt man etwa 3 bis 4 Stunden Gehzeit. Je weiter man nach Westen kommt, um so trockener wird die Gegend. Im Kalalau-Tal lädt dann ein gut 3 km langer Weg zu einer Wanderung auf dem **Kalalau Valley Trail** ein. Für Hin- und Rückweg sollte man etwa 2,5 Stunden einplanen. Der Weg endet an einigen kleineren Bade-Pools, durch die der Kalalau-Bach hindurchfließt.

Wem die Wanderung zu anstrengend ist (oder wer keine *Permit* erhalten hat), der kann auch mit dem **Schlauchboot** an der Küste entlangfahren (siehe Aktivitäten).

Strände

Alle Strände auf Kauai sind für jedermann kostenlos zugänglich (außer einem kleinen militärischen Teil im Westen). Rettungsschwimmer *(lifeguard on duty)* gibt es nur an ganz wenigen Stränden. Vor einem Strandbesuch sollte man sich bei Einheimischen erkundigen, ob der ausgewählte Strand zurzeit sicher ist. In der Nähe von Felsen und bei vermuteten Unterströmungen sollte man immer sehr vorsichtig sein.

Um die Auswahl zu erleichtern, enthält die folgende Aufzählung nur die schönsten *Beach Parks.*

Strände im Süden und Westen

Die Einheimischen besuchen gerne die Strände westlich von Kekaha an der Südküste, an denen es öfter wirklich schöne Sonnenuntergänge zu sehen gibt. Vor allem am Wochenende herrscht hier oftmals Trubel.

Wegen des vorherrschenden Sonnenscheins gehören *Brennecke Beach* und *Poipu Beach* für die Touristen zu den beliebtesten Stränden Kauais mit sehr guten Möglichkeiten zum Schwimmen, Bodysurfen, Boogie-Boarding und Schnorcheln. Während an der Nordküste die Wellen im Winter höher sind als im Sommer, ist es in Poipu Beach umgekehrt: Dort sind die Wellen im Sommer höher. Trotzdem kann man hier normalerweise das ganze Jahr über baden.

Polihale Beach

Einer der schönsten Strände Kauais ist der *Polihale Beach Park* im äußersten Westen. Polihale ist zwar der längste Strand der Insel, aber nur über *Cane Haul Roads* (Straßen für Zuckerrohr-LKWs: rot, dreckig, ungeteert, staubig) erreichbar, die mitten durch die Zuckerrohrfelder führen.

Weil die Straßenverhältnisse (für Mietwagen kein Versicherungsschutz) viele Besucher abschrecken, geht es auf dem riesigen Strand an Werktagen meist ruhig zu. Süßwasserduschen, Toiletten, überdachte Picknicktische und ein Campingplatz sind vorhanden. Vorsicht! Polihale ist kein ausgesprochener Badestrand. Bei hohen Wellen ist Schwimmen hier sehr gefährlich.

Kauai

Von Polihale aus erstreckt sich ein weiterer gut 20 Kilometer langer Sandstrand entlang der Südwestküste der Insel. Wenn am südlich anschließenden militärischen Sperrgebiet des *Barking Sands Airfield* keine Übungen stattfinden, kann man meist nach dem Vorzeigen des Reisepasses mit dem Auto durch das Sperrgebiet bis an den Strand fahren, an dem sich gute Surf-Möglichkeiten bieten.

Kekaha Beach

Am Highway 50 westlich von Kekaha markiert der *Kekaha Beach Park* das südwestliche Ende dieses langen Sandstrandes.

Salt Pond Beach

Etwa ein Kilometer westlich von Hanapepe liegt der *Salt Pond Beach Park* (Abzweigung am westlichen Ortsausgang von Hanapepe ist beschildert, dann direkt hinter dem *Veteran's Cemtary* rechts abbiegen), in dem sich vor allem am Wochenende sehr viele Einheimische drängeln. Meist bestehen hier gute Bademög-

Poipu Beach

lichkeiten, manchmal sind auch Surfer zu sehen. Süßwasserduschen, Toiletten, überdachte Picknicktische und ein Campingplatz sind vorhanden. Im Park stehen Kokospalmen, die bei schönen Sonnenuntergängen einen reizvollen Vordergrund abgeben.

Poipu Beach, Brennecke Beach

Der *Poipu Beach Park* und der angrenzende *Brennecke Beach* werden primär von den Gästen der nahe gelegenen Hotels aufgesucht. Süßwasserduschen und Toiletten sind vorhanden. Das ständig gute Wetter lockt viele Sonnenanbeter – manchmal sogar Robben – an, die sich sonnen. Westlich der Sandbank am *Brennecke Beach* bietet sich eine für Kauai sehr gute Schnorchelmöglichkeit in ruhigem Wasser an.

Kurz nach der Zufahrt zur Lobby des *Hyatt Regency Kauai* zweigt zum Meer hin eine kleine, öffentliche Straße zum Meer hin ab, die zu einem *State Beach Park* führt. Die Abzweigung liegt genau dort, wo rechts eine gemauerte Wand steht, auf der *Poipu Beach Resort* steht. Dieser neu angelegte Strandpark bietet Kaltwasserduschen (etwas versteckt im linken hinteren Eck des Kokos-Wäldchens) sowie sehr gute Möglichkeiten zum Boogie-Boarding. Den kühlen Drink gibt's im angrenzenden *Hyatt-Hotel*.

Strände im Osten

Die meisten Strände entlang der Ostküste laden zu einem Spaziergang ein, bieten aber aufgrund der selbst im Sommer starken Brandung und wegen der Unterströmungen kaum Möglichkeiten zum Schwimmen.

Kalapaki Beach

In einer geschützten Bucht in der Nähe des Hafens Nawiliwili bei Lihue liegt der *Kalapaki Beach*. Hier herrschen meist das ganze Jahr über gute Bedingungen zum Schwimmen und Surfen. Auch Anfänger im Windsurfen kommen auf ihre Kosten. Toiletten und Süßwasserduschen sind vorhanden. Das *Marriott Kauai Hotel* und das *Anchor Cove Shopping Center* liegen in unmittelbarer Nähe, aber auch der Containerschiff-Hafen von Nawiliwili (siehe Stadtplan Lihue).

Hanamaulu Beach

In der Bucht des *Hanamaulu Beach Parks,* nördlich von Lihue, bestehen meist gute Schwimmmöglichkeiten. Überdachte Picknicktische, Süßwasserduschen, Toiletten und ein Campingplatz sind vorhanden.

Lydgate Park

Je nachdem, wie stark Wind und Wellen sind, bietet sich auch der *Lydgate State Park* zum Schwimmen an. Überdachte Picknicktische und Toiletten sind vorhanden.

Kapaa Beach

Vor allem für die Gäste der Hotels und Ferienwohnungen im Großraum Kapaa ist der *Kapaa Beach Park* ein beliebtes Ziel. Überdachte Picknicktische, Süßwasserduschen und Toiletten sind vorhanden. Im Sommer herrschen meist gute Möglichkeiten zum Schwimmen.

Anahola Beach

Schön gelegen ist der zwischen Kapaa und Kilauea gelegene *Anahola Beach Park,* in dem vom Frühjahr bis in den Herbst meist gute Schwimm- und Schnorchelmöglichkeiten bestehen. Vom Wasser aus fällt der Blick über den Strand auf die grün überwucherten Makaleha Mountains. Toiletten und Süßwasserduschen sind vorhanden.

Strände im Norden

Die Nordküste ist ein Kapitel für sich. Während die meisten Strände der Nordküste im Sommer gut zum Schwimmen geeignet sind, sind sie im Winter aufgrund der hohen Brandung zum Baden und Schnorcheln zu gefährlich. Lediglich im *Anini Beach Park* bestehen an ruhigen Tagen auch im Winter manchmal Möglichkeiten zum Schwimmen. Selbst im Sommer sollte man an der Nordküste unbedingt innerhalb des Riffs bleiben, weil im Bereich der Riffkante und weiter draußen sehr oft tückische Strömungen herrschen.

Kalihiwai Beach

Ziemlich genau eine halbe Meile westlich der Shell-Tankstelle in Kilauea zweigt vom Highway 56 die Kalihiwai Rd. ab, die nach 1,1 Meilen zum ruhigen *Kalihiwai Beach* führt. Hier bieten sich gute Bademöglichkeiten am flachen Sandstrand oder im Fluss. Seit die Brücke zerstört ist, muss man, um

zum *Anini Beach* zu gelangen, die gleiche Strecke wieder zurückfahren.

Anini Beach

Relativ abgelegen und geschützt liegt der große *Anini Beach Park.* Schwimmer, Schnorchler und Anfänger im Windsurfen kommen hier voll auf ihre Kosten. Picknicktische, Toiletten, Süßwasserduschen und ein Campingplatz sind vorhanden. Die Anfahrt erfolgt auf dem Highway 56 von Kilauea aus Richtung Hanalei. 0,2 Meilen nach der Flussüberquerung im Taleinschnitt zweigt kurz vor dem Erreichen des Sattelpunktes der Straße nach rechts der zweite Arm der Kalihiwai Road ab. Nach weiteren 0,2 Meilen biegt dann von der Kalihiwai Road links die Anini Road ab, die nach etwa 1 Meile zum Strand hinunter führt. Nach weiteren 0,4 Meilen beginnt hinter der ersten kleinen, weißen Brücke der *Anini Beach Park.* Der Campingplatz liegt hinter der dritten weißen Brücke.

Lumahai Beach

In der weit geschwungenen Bucht von Hanalei mit ihren weiten Sandstränden ist das Schwimmen leider meist zu gefährlich. Der westliche Teil der Bay geht in einen der schönsten Strände Kauais über, in den *Lumahai Beach.* Hier wurden einige berühmte Filme gedreht. Am bekanntesten ist wohl *South Pacific.* Lumahai ist nur über kleine Schleichwege zu Fuß zu erreichen. Das Auto muss direkt am Straßenrand abgestellt werden. Der einfachste Zugang führt direkt vor der

Kauai

Brücke über den Lumahai River *(Mile-marker* 5,9, gegenüber vom *emergency phone)* hinunter zum Strand.

Den schöneren Teil des Strandes erreicht man über den Pfad, der etwa bei *Milemarker* 4,8 von der Straße zum Strand führt. In diesem relativ steilen Strandabschnitt sind aber wiederum die Wellen etwas größer.

Lumahai führt zusammen mit Hanakapiai die traurige Statistik der Strände Kauais an, an denen die meisten Menschen ertrinken.

Strand bei Wainiha

Derzeit noch ein Geheimtipp ist ein Strand zwischen Horali und Kee Beach: Etwa bei *Milemarker* 4 zweigt in einer scharfen Linkskurve des Hwy 56 bei einem Schild mit der Aufschrift *Danger. No Life Guards. Swim at your own risk* ein Pfad ab, der sich nach wenigen Metern gabelt. Der linke Teil führt zu einem erhöhten Aussichtspunkt, von dem aus man vor allem vormittags einen herrlichen Blick über die nächsten drei Strände auf die dahinterliegende Steilküste hat. Der

Lumahai Beach im Sommer. Im Winter ist der Strand wesentlich kleiner.

Hubschrauberflüge in Hawaii

Die **besten Plätze** im Hubschrauber zum Schauen und Fotografieren sind natürlich am Fenster, der allerbeste Platz vorne am Seitenfenster. Die Platzverteilung erfolgt beim Einsteigen entsprechend dem Gewicht, ein Hinweis darauf, dass man gerne einen Fensterplatz hätte, ist aber manchmal von Erfolg gekrönt, allerdings ohne Anspruch auf einen bestimmten Platz.

Die einzelnen Unternehmen fliegen mit verschiedenen Hubschrauber-Typen. Wichtig bei der Auswahl des Unternehmens sind dabei vor allem drei Punkte:

● **Wie viele Sitze hat der Hubschrauber?**

Ein Hubschrauber mit vier Passagiersitzen bietet nämlich jedem Passagier einen Fensterplatz: zwei vorn neben dem Piloten und zwei links und rechts hinten. Ein Hubschrauber mit sechs Sitzen bietet vorn und hinten jeweils zwei Fensterplätze. Weil hier die Rückbank erhöht ist, haben aber auch die Passagiere in der Mitte der Rückbank gute Sicht, ja man hat von den Mittelplätzen hinten sogar das große Panorama-Erlebnis. Nur zum Fotografieren sind dieses Plätze praktisch ungeeignet.

● **Schauen alle Passagiere in Flugrichtung?**

Bei einigen Unternehmen sitzt ein Teil der Passagiere gegen die Flugrichtung. Die Sicht von diesen Plätzen ist zwar hervorragend, aber nicht jeder verträgt es, rückwärts zu fliegen. Für den Notfall sind allerdings die üblichen *„Airsickness Bags"* (*„Aloha Bags"*) vorhanden.

● **Wie viele Hubschrauber hat das Unternehmen?**

Je kleiner ein Unternehmen, um so günstiger ist oft der Flug. Wenn allerdings der Pilot plötzlich erkrankt oder aus anderen Gründen der Flug gestrichen werden muss, dann gibt es keinen Ersatzflug. Bei großen Unternehmen fliegt mehrmals pro Stunde eine Maschine ab, und ein eventuell gestrichener Flug wird erheblich flexibler aufgefangen.

Manche Hubschrauber bieten einen so genannten *Video Camera Hookup Service,* bei dem den Passagieren das Bild einer am Hubschrauber angebrachten **Videokamera** zusammen mit den Erklärungen des Piloten an einer Video/Audio-Buchse zur Verfügung steht. Achten Sie darauf, ob das Videosignal der in Deutschland, Österreich und der Schweiz verwendeten PAL-Fernsehnorm entspricht. Einige Videos entsprechen nämlich ausschließlich der amerikanischen NTSC-Fernsehnorm, welche nicht von PAL-genormten Videokameras genutzt werden können.

Einige Hubschrauberunternehmen bieten ein **Video** bzw. eine **DVD des Fluges** an, das man ca. 30 Minuten nach dem Flug (bei rechtzeitiger Bestellung auch als PAL-Video/DVD) kaufen kann. Allerdings schränkt der filmende Pilot oft die Live-Sicht der Passagiere ein. Der Autor würde ganz klar ein Unternehmen vorziehen, welches **kein Video** bzw. **keine DVD** des individuellen Fluges anbietet.

Der **Sicherheitsstandard** der Hubschrauber in den USA entspricht dem der Flugzeuge.

Bei der Vorausbuchung im heimischen Reisebüro oder im Internet sind die Touren oft günstiger.

Problematisch an den ganzen Hubschrauberflügen ist die **Lärmbelästigung.** Wer sich an der Nordküste Kauais umsieht, wird ab und zu Aufkleber mit der Aufschrift *Stop Helicopter Flights. Stop Noise Pollution* finden. Bei einer Wanderung auf dem Na-Pali-Trail bekommt jeder diesen Fluglärm live zu spüren und überlegt sich dann vielleicht, ob und wie oft er diesem Vergnügen frönen soll.

Für viele Nationalparks der USA (auch für den Haleakala auf Maui) laufen derzeit Projekte, in denen festgestellt werden soll, wie der Lärmteppich verringert werden kann, den Hubschrauber und Kleinflugzeuge erzeugen. Es wird wohl darauf hinaus laufen, dass Hubschrauber etwa ab 2006/2007 hoher bzw. weiter entfernt von den Attraktionen fliegen müssen.

Kauai

rechte Teil des Weges führt hinunter zum Strand.

Tunnels Beach

Ziemlich unbekannt, aber schön gelegen ist der *Tunnels Beach,* der auch gute Schnorchelmöglichkeiten bietet. Man erreicht ihn am einfachsten, indem man das Auto am *Haena Beach County Park* abstellt und etwa 10 Minuten am Strand entlang Richtung Osten geht. Der Name stammt übrigens nicht von den im Winter hier donnernden Wellen, sondern von den dem Riff vorgelagerten Unterwasserhöhlen.

Kee Beach

Am Ende des Highways 56 liegt der *Kee Beach,* der in den Sommermonaten viele Schwimmer und Schnorchler anlockt. Süßwasserduschen und Toiletten sind vorhanden. Die Aussicht auf die Na-Pali-Küste ist traumhaft schön. Achtung, manchmal werden hier auch tagsüber Autos aufgebrochen!

Aktivitäten

Rundflüge über die Insel

Fast schon ein Muss auf Kauai ist ein Inselrundflug mit dem Hubschrauber (siehe auch Exkurs). Unter 100 Dollar ist mittlerweile kein Flug mehr zu haben. Außerdem wurden aufgrund der mittlerweile recht zahlreichen Hubschrauberflüge die minimalen Abstände des Hubschraubers zum Boden und zur Seite herauf gesetzt, so dass

ein vor dem Jahr 2000 durchgeführter Heliflug ein doch etwas anderes Flugerlebnis bot als heute. Dennoch lohnt sich nach Meinung des Autors ein Rundflug über Kauai nach wie vor.

Wer den etwa 45-minütigen Flug wählt, der bekommt das wohl beste Preis-Leistungs-Verhältnis, denn bei diesem Flug stehen die vier großen Highlights, der Waimea Canyon, das Kalalau-Tal, die Na-Pali-Küste und der Waialeale auf dem Programm.

Selbstverständlich gibt es gegen entsprechende Bezahlung auch **längere Flüge.** Wer's ganz exklusiv will, kann sich auch einen Hubschrauber mit Pilot für ein paar Stunden chartern.

Diese Rundflüge werden von verschiedenen **Unternehmen** angeboten. Die aktuellen Anbieter haben jeweils in den Werbezeitschriften *Kauai Gold* und *This Week* Anzeigen geschaltet. Der *Beach and Activities Guide* enthält eine Aufstellung der Anbieter und ihrer Flugrouten mit Fluggerät, Dauer und Preis. Weil diese Infos kostenlos vor Ort erhältlich sind, enthält die folgende Liste nur eine kleine Auswahl von Unternehmen. Ein Vergleich der Preise und Flugrouten lohnt sich.

Die Flüge starten von verschiedenen Abflugstellen.

Von **Lihue Airport** aus starten:

● **Safari Air Tours,**
Tel. gebührenfrei: 1-800-326-3356
www.safariair.com

Der Internet-Auftritt ist mit einem sehr gut gemachten Spiel ausgestattet, auf dem man die Insel – natürlich per Safari-Helicopter – kennen lernen kann. Wer dabei alle Sehenswürdigkeiten virtuell anfliegt, bekommt nach dem realen Flug ein T-Shirt. Bereits nach dem virtuellen Flug kann man sich seine mit der linken Maustaste „geschossenen" Fotos anschauen.

● **South Sea Helicopters,**
Tel. 245-2222 oder 1-800-367-2914

● **Will Squyres,**
Tel. 245-8881, gebührenfrei:
1-888-245-HELI (1-800-245-4354),
www.helicopters-hawaii.com

● **Jack Harter,**
Tel. 245-3774, gebührenfrei:
1-888-245-2001,
www.helicopters-kauai.com

● **Island Helicopters,**
Tel. 245-8588 oder 1-800-829-5999,
www.islandhelicopters.com

Sowohl vom Lihue Airport als auch vom **Princeville Airport** an der Nordküste aus startet:

● **Heli USA,**
Tel. 826-6591,
www.heliusa.com

Vom **Port Allen Airport** bei Hanapepe im Süden aus startet:

● **Bali Hai Helicopters,**
Tel. 335-3166 oder 1-800-325-8687,
www.flybalihai.com

● **Birds of Paradise,**
Tel. 822-5309, www.birdsinparadise.com
Dieses Unternehmen bietet Flüge mit dem Ultraleicht-Flugzeug sowie mit dem Drachen und die dazugehörigen Kurse an.

Flüge zur Nachbarinsel Niihau

Mit deutlich über 300 $ pro Person sind die Halbtagesausflüge per Helikopter zur Nachbarinsel Niihau sicherlich nicht gerade das Passende für jedes Budget, aber sie bieten nun mal die einzige Möglichkeit, die „verbotene Insel" (siehe Inselkapitel Niihau) zu betreten. Der Hubschrauber landet am Strand. Eine Erkundung der Insel ist nicht gestattet, so dass nur Baden auf dem Programm steht.

● **Niihau Helicopters,**
Tel. gebührenfrei 1-877-441-3500
oder e-Mail niihauisland@hawaiian.net

Ausflüge und Aktivitäten im und auf dem Wasser

Bootstouren

Die beliebteste Art, die **Na-Pali-Küste** vom Wasser her kennen zu lernen, ist die Fahrt in einem motorisierten Schlauchboot oder einem Motorboot. Nach dem französischen Hersteller dieser widerstandsfähigen Schlauchboote (mindestens fünf separate Luftkammern machen sie so gut wie unsinkbar) werden sie oft als *Zodiacs* bezeichnet.

Im Sommer gibt es verschiedene **Routen;** man kann sich auf Wunsch sogar bei ruhiger See an der Küste absetzen lassen und auf dem *Haena Kalalau Trail* zurückwandern – vorausgesetzt, man verfügt über eine entsprechende, schwer zu bekommende Genehmigung der *Division of State Parks* (Tel. 274-3444), die man möglichst schon ein halbes Jahr im Voraus einholen sollte. Die *Zodiacs* fahren bei ruhiger See auch in die Wasserhöhlen an der Na-Pali-Küste hinein und legen Stops fürs Schnorcheln und Schwimmen an sehr schönen, abgelegenen Stränden ein.

Für jeden, der nicht auf den letzten Cent achten muss, ist eine solche Tour (bei ruhigem Wetter) eine schöne Abrundung des Kauai-Erlebnisses. Die **Preise** liegen bei 130 $ für den Halb-

tages- und 160 $ für den „Ganztags-" Ausflug inkl. Landung in der Bucht Nualolo Kai.

Im **Winter** ist die Fahrt mit dem Schlauchboot nur etwas für absolut seefeste Naturen. Etwa von November bis Februar sind die Wellen derart hoch, dass die Touren sogar öfter ausfallen müssen. Dafür bestehen von Ende Dezember bis Anfang April durchaus Chancen, Wale zu sehen. Auch wenn auf den Prospekten stets eine Walfluke vor der Na-Pali-Küste zu sehen ist und viele Reiseführer von einem angeblichen Walreichtum vor der Küste Kauais schwärmen, bestehen die besten Möglichkeiten zur Walbeobachtung vor der Insel Maui, weil die Wale im Winter zwischen den Inseln Maui, Lanai und Molokai ihre Jungen zur Welt bringen.

Verschiedene Unternehmen bieten meist recht ähnliche Bootstouren auf Kauai an, bei denen oft auch Delfine und Meeresschildkröten zu sehen sind. Wie immer lohnen sich **Preis- und Leistungsvergleiche** (Dauer, mit oder ohne Lunch bzw. Getränke, Schnorchelausrüstung etc.). Meist gibt es eine Vormittags- und eine Nachmittagstour, manchmal noch eine *Sunset-Cruise* zum Sonnenuntergang. Vormittags ist das Wasser am ruhigsten, nachmittags kommt meist etwas Wind auf.

Auch gut Vorgebräunte sollten auf dem Wasser selbst bei bewölktem Himmel unbedingt eine Sonnencreme mit einem Schutzfaktor von mindestens 20–30 verwenden, um einen **Sonnenbrand** zu vermeiden.

Folgende Unternehmen bieten **Bootstouren** an:

●**Na Pali Riders,**
Schlauchboot ab Waimea
Tel. 742-6331
●**Captain Sundown,**
Segel-Katamaran ab Hanalei
Tel. 826-5585
●**Catamaran Kahanu,**
Katamaran ab Port Allan bei Waimea
Tel. gebührenfrei 1-888-213-7711
●**Liko Kauai Cruises,**
Tel. 338-0333
Während die anderen Unternehmen erst seit kurzem die Häfen der Südküste als Ausgangspunkt nutzen, fährt Liko Kauai Cruises schon seit gut zehn Jahren ab Waimea.
●**Na Pa Li Explorer,**
Ab Waimea
Tel. 1-877-335-9909
●Einen recht guten Eindruck von den Erlebnissen einer Sommer-Tour entlang der Na-Pali-Küste (ab Waimea) erhält man unter der kommerziellen Adresse www.napali.com von **Captain Andy's** mit Buchungsmöglichkeit (Tel. 1-800-535-0830).

Während die in Hanalei ansässigen Firmen den Küstenabschnitt abfahren, den man auch erwandern kann und der auch vom Hubschrauber aus zu sehen ist, eröffnen die Touren von Waimea aus einen neuen Blickwinkel. Von der trockenen Südwestküste bis hin zu den üppig überwucherten Felsen der Nordküste. Nach Meinung des Autors sind diese Touren (z. B. von *Liko Kauai Cruises*) die beste Ergänzung für all diejenigen, die nach einem Hubschrauberflug noch Zeit, Lust und Geld für eine Bootstour haben.

Folgende Unternehmen bieten **Kajaktouren** an:

●**Pedal n' Paddle,**
Hanalei, Tel. 826-9069
Vermietet so ziemlich jedes Sportgerät vom Rucksack über Fahrrad und Surfboard bis zum Kajak. Ein einfaches Kajak ist für 25 $/Tag, ein Doppelkajak für 40 $/Tag zu mieten. Im Rahmen einer geführten Tour für 120 $ pro Person besteht auch die Möglichkeit, morgens um 6 Uhr am Kee Beach zu starten und dann mit dem Kajak die 24 km bis Polihale zu paddeln. Von Polihale geht's dann per Auto zurück an die Nordküste.
●**Outfitters Kauai,**
Poipu, Tel. 742-9667 oder gebührenfrei: 1-888-742-9887, www.outfitterskauai.com
Vermietet Kajaks und Fahrräder. Bietet auch Rad- und Wandertouren im Waimea Canyon sowie See-Kajak-Touren an der Südküste sowie an der Na-Pali-Küste an.
●**Kayak Kauai Outfitters,**
Hanalei, Tel 826-9844 oder 1-800-437-3507
Bietet sowohl Süßwasser- als auch Salzwassertouren an. Für 50 $ können zwei Personen auch ein Süßwasserkanu mieten, um damit auf dem Wailua River z. B. zur Farngrotte zu paddeln.
●**Wailua River Kayak Adventures,**
Wailua River State Park, Tel. 822-3388
Vermietet Kajaks und bietet auch geführte Touren auf dem Wailua River an.
●**Au Naturel,**
Tel. 652-2665 bzw. 652-3833
www.kauai-kayaking.com/tours
Übersichtliche Website – auch auf Deutsch. Geführte Touren im Süß- und Salzwasser. Vermietet fast alles und führt Kajak-Touren durch.
●**Island Adventures,**
Tel 246-6333
oder gebührenfrei: 1-888-245-1707
Geführte Touren, Lihue. Slogan: „Kauai's ‚Original' Kayak Company" (seit 1977)
●**Alii Kayaks,**
Lihue, Tel. gebührenfrei Tel. 1-877-246-2544 oder 241-7700.
Verschiedene geführte Touren.
●Eine sehr preisgünstige Alternative für Kajaker, die auf eigene Faust den Wailua River er-

Kauai

232ha Foto: av

kunden wollen, ist der Verleiher am *Kamokila Village* bei Kapaa, der pro Person für eine Stunde 15 $, für einen ganzen Tag nur 25 $ berechnet.

Ziplining

Ganz neu und sehr angesagt sind derzeit die geführten Ziplining-Touren – **eine Art Seilbahn-Fahrt,** bei der man in Klettergurten sitzt und dabei über Kauais dichten Wald gleitet – und zwar teilweise mit **bis zu 50 km/h.** Acht verschiedene Seile sind derzeit gespannt, und die Touristen haben die Auswahl unter mehreren Touren, die etwa ab 120 $ (teilweise inklusive Lunch) zu haben sind. Wer maximal etwa 125 kg wiegt, keine Rückenprobleme hat und etwas Mut mitbringt, der dürfte hier ein sehr individuelles, aber äußerst reizvolles Hawaii-Erlebnis mit nach Hause nehmen.

● **Kauai Backcountry Adventures,**
Hanamaulu, Tel. 245-2506
oder gebührenfrei 1-888-270-0555,
www.kauaibackcountry.com
● **Princeville Ranch Adventures,**
Hanalei, Tel. 826-7669
oder gebührenfrei 1-888-955-7669,
www.adventureskauai.com

Ziplining
mit Kaui Backcountry Adventures

● Outfitters Kauai

Poipu, Tel. 742-9667
oder gebührenfrei 1-888-742-9887,
www.outfitterskauai.com

Das Unternehmen bietet für über 160 $ eine geführte Tour an, bei der neben Kayaking (1 bis 1,5 Stunden) auch eine Überlandfahrt auf einem Traktor-Anhänger, eine Kanu-Fahrt in einem Riesen-„Kanu" (fast schon ein Katamaran), eine Wanderung (ca. 3 km) und das Zipping auf dem Programm stehen.

Tubing

Auf dem amerikanischen Kontinent ist es schon lange angesagt und in Neuseeland sowieso. Es war also nur eine Frage der Zeit, bis das *Inner Tubing* (kurz Tubing), also das **Dahingleiten auf Wasserläufen** in einem **LKW-Autoreifen** auch in Hawaii angeboten wird. Kauai ist dafür mit seinen Bewässerungskanälen in schöner Landschaft geradezu prädestiniert. So werden die Ende des 19. Jahrhunderts zur Bewässerung der Zuckerrohrfelder geschaffenen Ditches auch nach der Aufgabe der Zuckerrohr-Industrie auf Kauai genutzt.

Alles in allem handelt es sich bei dem dreistündigen Trip um eine relativ ruhige Fahrt, die allerdings doch etwas mehr bietet als ein Lazy River in einem Vergnügungsbad, denn die Ditches führen auch durch Tunnels und über Miniatur-Wasserfälle. Daher bekommt jeder Teilnehmer auch leihweise eine Stirnlampe. Am Ende der für knapp 100 $ buchbaren Tubing-Aktion gibt's dann noch ein gemeinsames Picknick.

● Kauai Backcountry Adventures,

Hanamaulu, Tel. 245-2506
oder gebührenfrei 1-888-270-0555,
www.kauaibackcountry.com

Gerätetauchen

Im Winter ist das Gerätetauchen in den Gewässern um Kauai aufgrund der hohen Brandung nur sehr bedingt möglich. Viele Tauchschulen bieten jetzt Scooter Dives (mit einem Unterwasser-Antriebsgerät: DPV – Diver Propulsion Vehicle) getreu dem Motto *Why kick when you can fly* (Warum denn mit den Flossen schlagen, wenn man fliegen kann).

● Bubbles Below,

Kapaa, Tel. 332-REEF (332-7333)
oder gebührenfrei: 1-866-524-6268.

Bubbles Below bietet von Mai bis September auch zweimal pro Woche Ganztages-Tauchausflüge ab Port Allen/Waimea zu den senkrecht abfallenden Riffkanten von Niihau und Lehua Island an. Diese Trips dauern 11 bis 12 Stunden. Drei gut geplante Tauchgänge *(deepest dive first)* kosten inkl. Komplett-Equipment, Lunch und Getränken etwa 280 $. Dieser Trip ist nur für erfahrene Taucher geeignet, die ihren Safety-Stop auch freischwebend absolvieren können, während sie von Haien beobachtet werden. Nach dem letzten Tauchgang geht's dann noch 2,5 Stunden über meist recht raue See zurück.

Unter www.bubblesbelowkauai.com erhält man einen erstklassigen Eindruck, viele Infos, aber auch Bilder und Videos zu den einzelnen Tauchplätzen.

● Dive Kauai,

Kapaa, Tel. 822-0452
oder 1-800-828-3483.

Das Unternehmen bietet unter der URL www.divekauai.com auch eine recht gute Beschreibung der wesentlichen Tauchplätze Kauais.

● Fathom Five Divers,

Koloa, Tel. 742-6991
oder 1-800-972-3078

Auch Fathom Five hat Tauchausflüge nach Niihau im Programm (maximal 6 Taucher pro Boot) – allerdings für 370 $!

● Sunrise and Nitrox Tropical Divers,

Lihue, Tel. 822-REEF (822-7333)

Kauai

oder 1-800-NX5-DIVE,
www.sunrisescuba.com
Bietet auch *Scooter Dive* (mit einem Unterwasser-Antriebsgerät) an.
● **Sea Sports Divers,**
Koloa, Tel. 742-9303
oder 1-800-685-5889
Seaspost Divers bietet auch täglich kostenlosen Tauchunterricht im Pool an – und
zwar mit dem legitimen Hintergedanken,
dass man anschließend einen (nicht mehr
kostenfreien) *Introductory Dive* im offenen
Meer bucht. Auf diese Art und Weise machte
der Autor seinen ersten Tauchgang – allerdings nicht in Hawaii.

Schnorcheln

Nur im Süden der Insel im Bereich
Poipu gibt es ganzjährig recht gute
Möglichkeiten zum Schnorcheln
(Snorkeling). Näheres steht im Kapitel
Strände.
Schnorchelausrüstungen stellen
oftmals das Hotel oder die Veranstal-
ter von Bootstouren zur Verfügung. Es
gibt aber auch verschiedene Verleiher
von *Snorkel Sets* beziehungsweise
Snorkel Gear:

● **Snorkel Bob's,**
Lihue, Tel. 245-9433;
Koloa, Tel. 742-2206,
www.snorkelbob.com
● **Pedal 'n Paddle,**
Hanalei, Tel. 826-9069

Bei praktisch jeder Bootstour findet
auch ein Schnorchel-Stopp statt, wobei meist sogar die Schnorchel-Ausrüs-
tung gestellt wird.

Snuba

Snuba, eine Art Zwischending zwischen Schnorcheln *(Snorkeling)* und
Gerätetauchen *(Scuba)*, bietet:

● **Snuba Tours of Kauai,**
Kapaa, Tel. 823-8912

Surfen und Windsurfen

Viele Hotels verleihen Surfbretter
und *Boogie-Boards* (kurze Bretter) an
ihre Gäste. Während im Winter vor allem das Surfen (nur für Profis, bei bis
zu 10 m hohen Wellen) angesagt ist,
findet mittlerweile auch das Windsurfing in Hawaii immer mehr Anhänger.
Hauptsaison sind dafür die Monate
März bis Oktober.
Wer sich **Ausrüstung** ausleihen
oder an einem **Windsurf-Lehrgang**
teilnehmen möchte, der wendet sich
am besten an das *Activities Desk* seines Hotels oder direkt an an eine der
folgenden Firmen:

● **Windsurf Kauai,**
Hanalei, Tel. 828-6838
● **Margo Oberg's Surfing School,**
Poipu, Tel. 332-6100 oder 639-0708
Margo Oberg war in der Zeit von 1968 bis
1981 siebenmal Surf-Weltmeisterin.

Sehr beliebt bei Windsurfern (vom Anfänger bis zum Profi) ist der **Anini
Beach.**

Hochseefischen

Auch ohne Angelschein kann man
für etwa 90 $ (halber Tag) bis 150 $
(Ganztages-Tour) pro Person an einer
Fishing Cruise auf dem Meer teilnehmen. Für ca. 400 $ (halbtags) oder
600 $ (ganztags) besteht auch die
Möglichkeit, das Boot zu chartern und
sich dann in Ruhe dem *„Big Game
Fishing"* zu widmen. Ausrüstung und
Köder werden bei manchen Unternehmen gestellt.

●**Anini Fishing Charter,**
Tel. 828-1285,
www.kauaifishing.com

Außerdem bei diversen anderen Unternehmen. Falls Sie mit irgendeinem Unternehmen beim Big Game Fishing waren, dann schicken Sie doch bitte dem Verlag einen kurzen Bericht an:
info@reise-know-how.de

Aktivitäten auf dem Land

Radfahren

Die folgenden Unternehmen verleihen Fahrräder auf Kauai ab etwa 25 $ pro Tag:

●**Pedal 'n Paddle,**
Hanalei, Tel. 826-9069
●**Outfitters Kauai,**
Koloa, Tel. 742-9667
Vermietet Mountainbikes und führt eigene Bike-Touren durch.
●**Kauai Cycle and Tour,**
Kapaa, Tel. 821-2115
Vermietet ab 15 $.

Allrad-Fahrzeuge

Fahrten mit *ATVs* (All-Terrain Vehicles, eine Art offenes Mini-Allrad-Fahrzeug, bei uns als *Quad* bezeichnet) vermietet:

●**Kipu Ranch Adventures,**
Tel. 246-9288,
www.kiputours. com.

Reiten

Sowohl an der Südküste (in Poipu) als auch an der Nordküste bieten Reitställe (auch für Anfänger) *Horseback Riding* ab etwa 100 $ für zwei Stunden im Sattel an.

●**CJM Country Stables,**
Poipu, Tel. 742-6096
●**Esprit de Corps,**
Kapaa, Tel. 822-4688
●**Garden Island Ranch,**
Kikiaola Beach, Tel. 338-0052
●**Princeville Ranch Stables,**
Princeville, Tel. 826-6777 oder 826-7473
●**Silver Falls Ranch,**
Kilauea, Tel. 828-6718

Filmtour

Die wohl ungewöhnlichste Tour Kauais wandelt auf den Spuren der Filmindustrie und fährt die „Movie Sites" (Drehorte) auf Kauai an. Je nach Tour kostet es 90 $ oder 295 $ (inkl. Heliflug und mehr). Eine sehr ausführliche Beschreibung finden Sie im Internet unter:

●www.hawaiimovietour.com,
Tel. 822-1192 oder gebührenfrei:
1-800-628-8432

Unterkunft

Am flexibelsten ist man sicherlich, wenn man eine Unterkunft im Bereich Lihue/Kapaa bucht. Falls man länger auf Kauai bleibt, kann es allerdings auch sehr reizvoll sein, sich ein paar Tage im Norden (Princeville/Hanalei) und einige Tage im Süden (Poipu) einzuquartieren.

Hotels

Die Hotels der Insel konzentrieren sich auf vier Zentren:

●Lihue/Nawiliwili
●Wailua/Kapaa

- Poipu Beach
- Princeville/Hanalei

In allen allen vier Hotelzentren stehen sowohl Hotels der Oberklasse als auch der Mittelklasse. In Lihue finden Sie auch einige sehr einfache **Motels.**

- Zu den besten Hotels der Insel zählen **Kauai Marriott Resort & Beach Club** (früher ein Westin-Hotel) bei Nawiliwili, das **Hyatt Regency Kauai** in Poipu sowie das **Princeville Resort.** Die wohl traditionsreichste Unterkunft ist das **Coco Palms Resort** in Wailua, das früher der Königin von Kauai gehörte.

Das Coco Palms war nach dem Hurrican *Iniki* gut 15 Jahre lang geschlossen und verwahrloste extrem. Mittlerweile hat sich ein Investor gefunden, der hier eine neue Edel-Herberge bauen möchte.

Im Bereich **Kapaa:**

- **Kauai Sands Hotel,**
420 Papaloa Road
Kapaa, Hi 96746
Tel. gebührenfrei 1-800-560-5553,
www.sand-seaside.com
   (siehe auch im allgemeinen Teil unter „Unterkunft: Hotels")
 l*International Hostel,*
Tel. 823-6142 (nahe bei Bubba's)
   Für 20 $ kann man hier im Schlafsaal nächtigen.

In **Lihue:**

- **Tip Top Motel & Café,**
3173 Akahi Street
Lihue, Hi 96766
Tel. 245-2333, Fax 246-8988
   (relativ günstig, aber unterster Standard)
- **Garden Island Inn,**
3445 Wilcox Road,
Kalapaki Beach, Lihue, Kauai, Hawaii 96766,
Tel. 1-800-648-0154 oder 808-245-7227
www.gardenislandinn.com
   Vermietet bereits ab unter 100 $. Ganz in Strandnähe, aber auch in der Nähe des Hafens Nawiliwili.

- **Kauai Inn,**
2430 Hulemalu Road,
Lihue, HI 96766,
Tel. 245-9000
oder gebührenfrei 1-800-808-2330,
www.kauaiinn.com.
   Auch hier gibt es bereits für unter 100 $ pro Nacht ein Zimmer. In der Nähe von Nawiliwili, aber ruhiger gelegen als die Hotels am Hafen. Vermittelt auch Condos (Ferienwohnungen) und Bed & Breakfast in Poipu.

Campingplätze

Auf Kauai gibt es drei Arten von Campingplätzen *(Campgrounds)* – *State Parks, County Parks* und ein privater Campingplatz.

Die beiden mit dem Auto erreichbaren *State Parks* mit Campingmöglichkeit sind der *Polihale State Park* an der Westküste und der (regenreiche) *Kokee State Park* am Waimea Canyon. Erheblich größer ist die Auswahl bei den *County Parks.*

Der private *Campground,* das *Camp Naue* des *YMCA* (Tel. 826-6419), liegt an der Nordküste bei Haena.

Sehr schön sind die folgenden Campingplätze:

- **Polihale State Park,**
   (ziemlich trocken)
- **Kokee State Park,**
   (fast täglich Regen)
- **Haena County Beach Park,**
   (direkt an der Straße, Nähe Kee Beach)
- **Anini County Beach Park,**
   (etwas abseits gelegen, aber sehr großzügig angelegt)
- **Hanamaulu County Beach Park,**
   (zentrale, hübsche Lage)
- **Salt Pond County Beach Park,**
   (meist trocken)

Kauai

Auf allen Campingplätzen stehen Kaltwasserduschen. Duschen mit warmem Wasser gibt es auf keinem öffentlichen Campingplatz Hawaiis.

Um auf einem öffentlichen Campground zu übernachten, benötigt man eine **Genehmigung.** Sowohl bei *State Parks* als auch bei *County Parks* ist das Erlangen einer Camping-Genehmigung *(Camping Permit)* relativ aufwendig. Für die *State Parks* erhalten Sie die Permit im *State Building* (2. Obergeschoss = *3rd floor)* im Zentrum Lihues

An der Nordküste Kauais gibt es noch einige Strände, die nur per Boot oder zu Fuß erreicbar sind

von Montag bis Freitag (an Feiertagen geschlossen) innerhalb der Bürozeiten von 8 bis 16 Uhr. Camping in State Parks kostet 5 $ pro Family Campsite (bis zu zehn Personen) und Nacht.

Die *Camping Permit* (3 $ pro Person und Tag) für die *County Parks* gibt es im *County Building,* einem barackenähnlichen Holzhaus nahe beim *Convention Centre.*

Prinzipiell besteht die Möglichkeit, Campingplätze im Voraus zu **reservieren.** Die schönen *County Parks* sind am Wochenende in der Regel schon vier bis acht Wochen im Voraus ausgebucht. Allerdings können Sie sich auf eine Reservierung nicht immer verlassen. Auf den weniger idyllisch gelegenen Campingplätzen wie zum Beispiel dem *Lucy Wright Park* direkt am relativ stark befahrenen Highway 50 oder am *Niumalu Beach Park* in Hörweite des Containerhafens findet sich jedoch oft auch kurzfristig noch ein freies Plätzchen. Beim Versuch, eine *Permit* für einen bereits belegten Platz zu erlangen, erfahren Sie automatisch die derzeit möglichen Alternativen. Hier die Adressen für die Reservierung:

●**County Parks** (Name und Alter aller Camper angeben; kein Geld schicken, Bezahlung erfolgt vor Ort bei Abholung):
Parks Permit Section
Tel. 241-4463, e-Mail: recpermits@kauai.gov.
4193-A Hardy Street, Bldg. 5
Lihue, Hawaii, 96766, USA
   Das Büro ist Montag bis Freitag von 8.15 Uhr bis 16 Uhr geöffnet. Jeder Campingplatz ist einen Tag pro Woche gesperrt. Die Reservierung ist leider etwas zeitaufwendig.
●**State Parks** (unbedingt Kopie des Reisepasses mitsenden):
Department of Land and Natural
Resources
Parks Division
State of Hawaii
3060 Eiwa Street
Lihue, Hawaii 96766, USA
Telefon: (808) 274-3444
www.hawaii.gov/dlnr/dsp/fees.html

Aus unerklärlichen Gründen haben die öffentlichen Campingplätze an manchen, nicht vorhersehbaren Tagen **geschlossen.** Oftmals heißt es schon lange im Voraus *booked out* (ausgebucht). Auch wenn auf dem Campingplatz für europäische Verhältnisse noch Platz für eine ganze Schulklasse wäre, darf man dort das Zelt nicht hinzustellen.
   Übrigens: Wer einfaches Campingzubehör wie beispielsweise Ersatzteile

für Coleman-Lampen oder Planen benötigt, der wird im WAL-Mart von Lihue am Kuhio-Highway fündig.

Bed & Breakfast/ Ferienwohnungen

Im Bereich **Kapaa:**

●**House of Aleva,**
5509 Kuamoo Road
Kapaa, Hi 96749
Tel. 822-4606
●**Keapana Center B&B,**
5620 Keapana Road
Kapaa, Hi 96746
Tel./Fax 822-7968 oder gebührenfrei vom US-Festland: 1-800-822-7968
●**Mohala Ke Ola,**
5663 Ohelo Road
Kapaa, Hi 96746
Tel./Fax 823-6398 oder 1-888-465-2824, www.waterfallbnb.com

An der **Südküste:**

●**Classic Cottages,**
2687 Onu Place
P. O. Box 901
Kalaheo, Hi 96741
(zwischen Hanapepe und Poipu)
Tel. 332-9201, Fax 332-7645
   Teilweise Zimmer für 50 $.
●**Kalahea Hale,**
2777 Wawae Road
Kalahea, Hi 96741
(zwischen Hanapepe und Poipu)
Tel. 332-8100
●**Koloa Landing Cottages,**
2704 Hoonani Road
Koloa, Hi 96756
Tel. 742-1470 oder
gebührenfrei: 1-800-779-8773
e-Mail: infokoloalanding@aol.com
●**Hale Kua,**
4896-E Kua Road
P. O. Box 649
Lawai, Hi 96765
(Im Landesinnern nordwestlich von Poipu)

Kauai

Tel. 332-8570 oder
gebührenfrei: 1-800-440-4353
e-Mail: halekua@aloha.net

An der **Nordostküste:**

●**Hale O. Kale,**
P. O. Box 108
Anahola, Hi 96703
(in der Nähe von Kilauea)
Tel. 822-5754 oder 651-2679

Hütten

Als Letztes sei noch auf die Möglichkeit hingewiesen, so genannte **Cabins** im regenreichen, aber sehr schönen *Kokee State Park* zu mieten. Auf einer Höhe von 1000 m über dem Meeres-

Klippenspringer brauchen Mut
und mindestens 3 m tiefes Wasser

spiegel wird es auch im Sommer nachts angenehm kühl. Die wenigen kleinen Ferienwohnungen mit Feuerstelle, voll ausgerüsteter Küche und warmen Duschen stehen mitten im Wald und bieten daher keine Fernsicht. Sie sind normalerweise schon bis zu einem Jahr im Voraus ausgebucht. Für nur 35 oder 45 Dollar/Tag können bis zu sechs Personen maximal fünf Tage lang in einer *Cabin* übernachten. In diesem Preis ist das Bettzeug sogar schon enthalten. Wer an der „Lotterie" zur Auslosung von *Cabins* teilnehmen möchte, der wende sich an folgende Adresse:

●**Kokee Lodge,**
P. O. Box 819
Waimea, Kauai, Hi 96796
Tel. (808) 335-6061

Hawaii Big Island

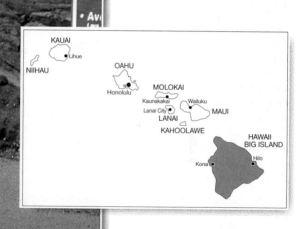

Chain of Craters Road: Ende der Straße

Überblick

In diesem Kapitel geht es um die Insel mit dem Namen „Hawaii". Weil sie gleichzeitig auch die größte Insel des Hawaii-Archipels ist, wurde ihr der **Beiname „Big Island"** (große Insel) und neuerdings auch „Hawaiis Island of Adventure™" gegeben. Big Island ist nicht nur größer als alle anderen Inseln Hawaiis zusammen, sondern auch die vielseitigste Insel. Hier finden Sie vom Prinzip her alle Landschaftsformen der gesamten Inselkette. Wüste und Regenwald, grün überwucherte Steilküste und Kraterlandschaft, die beiden höchsten Berge der Erde (vom Bergfuß am Meeresgrund aus gemessen), riesige Rinderfarmen, ein aktiver Vulkan sowie Strände mit weißem, schwarzem oder grünem Sand sind nur einige Highlights der Insel.

Viele interessante Informationen über Big Island erhalten Sie unter www.bigisland.org (offizielle Website) oder www.bigisland.com (kommerziell, aber ganz nützlich).

Big Island hat eine maximale Nord-Süd-Ausdehnung von gut 149 km und eine Breite von bis zu 122 km bei einer Fläche von 10.473 Quadratkilometern, also etwa die Hälfte Hessens, gut viermal so groß wie das Saarland oder ein Viertel der Schweiz. Hier leben und arbeiten knapp 167.000 Menschen. Big Island ist um einiges größer als alle anderen Hawaii-Inseln zusammen.

Big Island ist auch die am weitesten südlich gelegene Insel, so dass das Südende von Big Island auch gleichzeitig der südlichste Punkt der USA ist — nahezu 800 km weiter südlich als Key West, der südlichste Punkt auf dem Kontinent.

Die gesamte Insel wird von den beiden Vulkanmassiven des **Mauna Loa** (4169 m) im Süden und des **Mauna Kea** (4205 m) im Norden geprägt. An den Hängen des Mauna Loa schuf die Lava den 1248 m hohen Berg **Kilauea** im Osten sowie den 2521 m hohen Berg Hualalai im Nordwesten. Der Schildvulkan Mauna Kea geht auf seiner Nordwestseite in das Bergmassiv der Kohala-Mountains über, deren höchste Erhebung bei 1670 m liegt.

Die Westküste trägt auch den Namen **Kona Coast,** während die Nordküste als **Hamakua Coast** bezeichnet wird.

Klima

Die Berge, vor allem aber Mauna Loa und Mauna Kea, sind die Hauptverantwortlichen für die Unterteilung in zwei verschiedene Klimazonen, denn sie halten sämtliche aus dem Nordosten kommende Wolken ab und sorgen dafür, dass es an der Nordostküste äußerst regenreich ist, während es an der Kona Coast genannten Westküste manchmal das ganze Jahr über nicht regnet. Die Hochebene (Sattel) zwischen dem Mauna Loa und dem Mauna Kea ist oft wolkenverhangen, so dass zuweilen in Kona (Westküste) die Sonne scheint, während im Sattel die Wolken festhängen, in Hilo ein Wolkenbruch vom Himmel kommt und die Gipfel der beiden hohen Berge in

Big Island

gleißendem Sonnenlicht über dem Wolkenmeer thronen.

Entsprechend extrem sind die **Temperaturunterschiede:** Auf den Gipfeln von Mauna Kea und Mauna Loa klettert das Thermometer auch im Sommer tagsüber nur wenige Grade über den Gefrierpunkt bei sehr trockener Luft. Nachts friert es dort oben. In Kona wiederum können die Temperaturen tagsüber bis auf gut 35 °C ansteigen. Pauschal gesagt, ist es im Küstenbereich meist angenehm warm und dabei im Westen trocken, im Osten teilweise eher schwül. Während im Westküstenbereich zwischen Kona und Waikoloa das Wort „Regen" fast schon ein Fremdwort ist, hat Hilo den Ruf, die regenreichste Stadt der ganzen Inselkette zu sein. Im Bereich des Vulkans (im Nationalpark am Kilauea) sind die Temperaturen einige Grad tiefer, und es herrscht öfter ein kühler Wind.

Zeitplanung

Wie auf keiner anderen Insel ist auf Big Island der Zeitbedarf von der Lage des gewählten Hotels abhängig. Für ein oberflächliches, sehr stressiges Abhaken der wichtigsten Sehenswürdig-

Akaka Falls bei starkem Regen

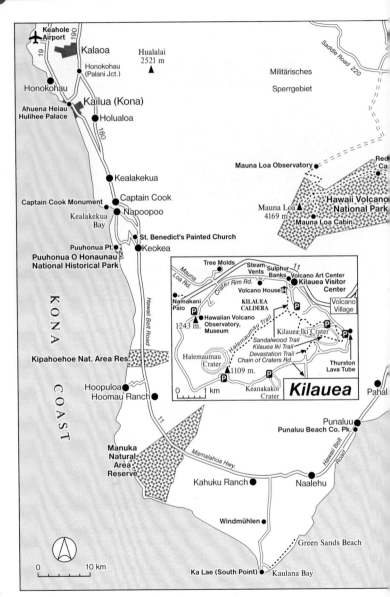

Keahole Airport
Kalaoa
Honokohau (Palani Jct.)
Hualalai 2521 m
Saddle Road 220
Militärisches Sperrgebiet
Honokohau
Kailua (Kona)
Ahuena Heiau Hulihee Palace
Holualoa
Mauna Loa Observatory
Red Ca
Hawaii Volcano National Park
Kealakekua
Captain Cook Monument
Captain Cook
Napoopoo
Kealakekua Bay
Mauna Loa 4169 m
Mauna Loa Cabin
St. Benedict's Painted Church
Puuhonua Pt.
Keokea
Puuhonua O Honaunau National Historical Park

KONA COAST

Mauna Loa Rd.
Tree Molds
Steam Vents
Sulphur Banks
Volcano Art Center
Kilauea Visitor Center
Crater Rim Rd.
Volcano House
Volcano Village
Namakani Paio
KILAUEA CALDERA
1243 m.
Hawaiian Volcano Observatory, Museum
Halemaumau Trail
Kilauea Iki Crater
Sandalwood Trail
Kilauea Iki Trail
Devastation Trail
Chain of Craters Rd.
Halemaumau Crater
1109 m.
Keanakakoi Crater
Thurston Lava Tube
0   1 km
Kilauea
Pahal

Kipahoehoe Nat. Area Res.

Hawaii Belt Road

Hoopuloa
Hoomau Ranch

Manuka Natural Area Reserve

Mamalahoa Hwy.

Kahuku Ranch
Naalehu
Punaluu
Punaluu Beach Co. Pk.
Hawaii Belt Road

Windmühlen
Green Sands Beach

0   10 km
Ka Lae (South Point)
Kaulana Bay

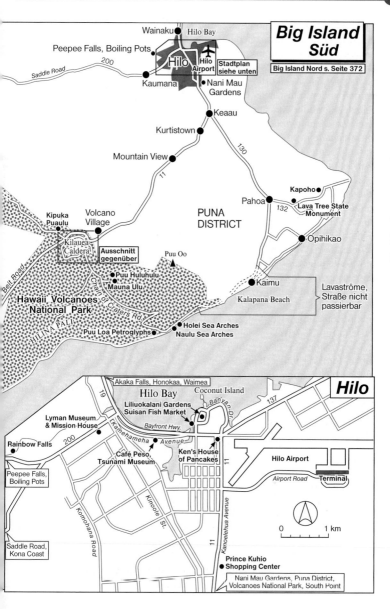

Big Island Süd

Big Island Nord s. Seite 372

Wainaku · Hilo Bay

Peepee Falls, Boiling Pots

Hilo · Hilo Airport · Stadtplan siehe unten

Saddle Road 200

Kaumana · Nani Mau Gardens

Keaau

Kurtistown

130

Mountain View

11

Kapoho ·

Pahoa · Lava Tree State Monument

132

PUNA DISTRICT

Kipuka Puaulu

Volcano Village

Opihikao

Belt Road

Kilauea Caldera · Ausschnitt gegenüber

Puu Oo ▲

Chain of Craters Rd.

Puu Huluhulu ·
Mauna Ulu

Kaimu

Lavaströme, Straße nicht passierbar

Hawaii Volcanoes National Park

HILINA PALI

Kalapana Beach

Holei Sea Arches

Puu Loa Petroglyphs · Naulu Sea Arches

Big Island

Hilo

Akaka Falls, Honokaa, Waimea

Hilo Bay · Coconut Island

19

Liliuokalani Gardens
Suisan Fish Market

Banyan Dr.

137

Lyman Museum & Mission House

Kamehameha

Bayfront Hwy.

Rainbow Falls

200

Café Peso,
Tsunami Museum

Avenue

Ken's House of Pancakes

11

Hilo Airport

Peepee Falls,
Boiling Pots

Kinoole St.

Airport Road · Terminal

Saddle Road,
Kona Coast

Komohana Road

11

Kanoelehua Avenue

N

0 — 1 km

Prince Kuhio ·
Shopping Center

Nani Mau Gardens, Puna District,
Volcanoes National Park, South Point

keiten dürften ohne Ankunfts- und Ab- fahrtstag etwa vier Tage reichen: ein Tag am Vulkan, ein Tag für die Nord- ostküste, ein Tag für die Südküste und ein Tag für die Westküste. Wie auch bei den anderen Inseln sind in dieser Zeitangabe weder Badetage noch län- gere Wanderungen, noch irgendwel- che Aktivitäten wie etwa Hubschrau- berflüge berücksichtigt.

Auf keiner Insel ist die Zeitplanung so schwer wie auf Big Island, denn auf- grund der (für Hawaii) großen Entfer- nungen kann man nicht „mal schnell" auf die andere Seite der Insel fahren.

Eine **Inselumrundung,** etwa von Ko- na über Hawi, Waimea, Hilo, Volcano und Naalehu zurück nach Kona lässt sich bei einer reinen Fahrzeit von etwa 7 ½ Stunden wohl kaum an einem Tag bewältigen. Selbst die kleinere Varian- te von Kona über Hilo, Volcano und Naalehu zurück nach Kona schlägt mit etwa 6 ½ Stunden reiner Fahrzeit zu Buche, so dass kaum Zeit für Besichti- gungen bleibt. Sogar beim Tagesaus- flug von Kona über Hilo zum Vulkan *(Visitor Center)* muss man bei zügiger Fahrt gut sechs Stunden im Auto ver- bringen.

Sorgfältige Planung ist daher auf Big Island besonders wichtig, wobei vor allem im Bereich des Vulkans ein Zeit- puffer nützlich ist, um auf die sich stän- dig ändernden Umstände und Natur- ereignisse (Vulkaneruption etc.) etwas flexibler reagieren zu können. Wenn der Vulkan gerade „spuckt" (und das tut er meistens), dann sollte man sich dieses Naturereignis nicht entgehen lassen, denn nirgendwo sonst auf der Welt ist die Beobachtung von flüssiger Lava so sicher möglich wie in Hawaii.

Wer sechs bis zehn Tage auf der In- sel bleibt, der hat auch Zeit für Wan- derungen, Schnorcheltouren, einen Heli-Flug über die flüssige Lava oder für eine Schneeballschlacht bezie- hungsweise fürs Skifahren auf dem Mauna Kea (nur im Winter, am besten im Februar).

¶nfrastruktur

Straßen

Die für Touristen wichtigen Straßen sind fast alle in gutem Zustand und ge- teert. Lediglich ein Teil der Straße auf den Mauna Kea ist ungeteert. Für die Fahrt auf den Mauna Kea benötigen Sie einen Geländewagen. Beim Befah- ren der South Point Road und der Saddle Road (direkte Verbindungs- straße zwischen Kona und Hilo: sehr kurvig, eng, aber geteert) erlischt für die meisten Mietwagen der Versiche- rungsschutz.

Flughäfen

Trotz der beachtlichen Ausdehnungen von Big Island gibt es dort nur drei Flughäfen: Hilo, Kona und Kamuela/ Waimea. Während der Flughafen von Kamuela/Waimea (MUE) mittlerweile für Touristen keine wesentliche Rolle mehr spielt, herrscht auf den Flughä- fen Hilo (ITO) und Kona (KOA) reger Betrieb.

Flugverkehr zwischen den Inseln

●**Von Oahu:** Aloha Airlines und Hawaiian Airlines fliegen die Strecke Honolulu – Hilo zusammen etwa 15-mal täglich, go! fünfmal täglich. Noch mehr Betrieb herrscht zwischen Honolulu und Kona, denn diese Verbindung wird jeden Tag von Aloha Airlines und Hawaiian Airlines jeweils 10-mal und zusätzlich von go! achtmal bedient.

●**Von Maui:** Von Kahului/Maui (OGG) aus starten täglich fünf bzw. acht Maschinen der Aloha Airlines nach Hilo bzw. Kona, während Hawaiian Airlines lediglich einmal täglich am Nachmittag von Kahului nonstop nach Kona fliegt (ansonsten mit Umsteigen in Honolulu – so zumindest der Flugplan). In der Praxis sieht es dann nach Angaben von Inseln-Bewohnern oft so aus, dass man selbst zwei Monate vor dem potenziellen Flugtag nicht einmal einen einzigen Platz in manchen dieser Maschinen buchen kann, was darauf hin deutet, dass einige dieser Flugverbindungen nur aus Gründen der Augenwischerei im Flugplan stehen, dann aber offiziell als ausgebucht gelten. Auf diesen Nonstop-Flügen ist eine frühzeitige Reservierung und ein rechtzeitiges Check-In sehr ratsam. Auch Umbuchungen können auf den Strecken ITO-OGG und KOA-OGG beziehungsweise umgekehrt sehr schwierig werden.

Verkehrsmittel

Zum **Mietwagen** gibt es für Individualreisende keine Alternative, denn das Bussystem ist primär auf die Bedürfnisse der Pendler ausgelegt. Größeres Gepäck kostet extra, während Surf- bzw. Boogie-Boards oder Fahrräder gar nicht mitgenommen werden. An der Haltestelle fordert man den Busfahrer durch dezentes Winken zum Halten auf.

●Nähere Infos zum **Hele-On-Bus**
im Internet unter:
www.co.hawaii.hi.us/mass_transit/
transit_main.htm
oder unter Tel. 961-8744.

Hilo und Umgebung

Hilo hat touristisch gesehen nur wenig zu bieten. Die Stadt ist jedoch wegen ihres Flughafens, des großen Einkaufszentrums, des Verwaltungszentrums und ihrer Nähe zum Vulkan von großer Bedeutung für Big Island.

Bereits zweimal wurde Hilo von einem **Tsunami,** einer durch ein Seebeben ausgelösten, riesigen Flutwelle, heimgesucht. Bei dem Tsunami im Jahr 1946 starben knapp 100 Menschen durch die gut 15 Meter hohe Flutwelle, bei dem Tsunami von 1960 kamen trotz Vorwarnung über 50 Menschen ums Leben. Beide Male wurden auch viele Häuser in Ufernähe zerstört.

In den Jahren 1935 und 1942 drohten herbeifließende Lavamassen, Hilo unter sich zu begraben. Der Vulkanologe *Thomas A. Jaggar* ließ daraufhin die Lavaströme von der US-Luftwaffe mit Erfolg bombardieren, um sie umzuleiten.

Big Island

Entfernungen von Kona nach:

	über Highway	Entfernung [Meilen]	Fahrzeit ca. [Std:Min]
Kona Airport		9	0:20
Waikoloa Beach		22	0:40
Hawi	270	52	1:15
	190, 250	63	1:40
Pololu Valley Lookout	270	58	1:30
Waimea (Kamuela)	190	40	1:00
	19	45	1:00
Honokaa		55	1:20
Hilo	19	100	2:15
	Saddle Road	87	2:15
	11	125	4:15
Puuhonua		22	0:30
Naalehu		60	1:40
South Point		67	2:00
Vulkan (Visitor Center)	11	97	2:30
	19	128	3:00
Mauna Kea Gipfel		70	2:15

Entfernungen von Hilo nach:

	über Highway	Entfernung [Meilen]	Fahrzeit ca. [Std:Min]
Lava Tree State Monument		24	0:40
Vulkan (Visitor Center)		28	0:45
Punaluu Black Sands Beach		55	1:20
Naalehu		65	1:35
South Point		84	2:10
Kona	19	100	2:15
	Saddle Road	87	2:15
	11	125	4:15
Akaka Falls		17	0:30
Honokaa		45	1:00
Waipio Valley Lookout		55	1:15
Waimea		55	1:15
frisch lavaüberflossene Straße im Nationalpark	11, Chain of Craters Road	ca. 51	1:25

Lyman Museum

Wer sich für die Geschichte Hawaiis interessiert, sollte einen Besuch im *Lyman House Memorial Museum* (Tel. 935-5021), 276 Haili Street – Ecke Kapiolani Street) in Downtown Hilo einplanen. Das Haus wurde im Jahr 1839 von Missionaren erbaut und ist werktags von 9.30 bis 16.30 Uhr geöffnet.

Tsunami Museum

Das in einem ehemaligen Bankgebäude (das übrigens dem Tsunami 1964 standhielt) untergebrachte *Tsu-*

Thanksgiving, 24. + 25.12., Silvester und Neujahr). Eintritt: Erwachsene 7 $.

Fischmarkt

Jeden Werktagmorgen herrscht ab etwa 7.30 Uhr am *Suisan Fish Market* (Ecke Banyan Drive/Lihiwai Street) lebhaftes Treiben, wenn mit bellenden Lauten und Pidgin-Englisch die frisch gefangenen Fische versteigert werden. Ein Besuch lohnt sich vor allem wegen der Atmosphäre.

Nach dem Besuch des Fischmarkts bietet sich ein kurzer Spaziergang durch die unmittelbar daneben liegenden **Liliuokalani Gardens** mit Pagoden, orientalischen Brücken und einem Teehaus sowie auf **Coconut Island** und durch den Banyan Drive an.

Merrie Monarch Festival

Einmal im Jahr erwacht Hilo zu vollem Leben – und zwar jedesmal im April, wenn eine Woche lang das Merrie Monarch Festival stattfindet (siehe Exkurs).

Observatorium

Anfang 2006 wurde das Astronomie-Zentrum **Imiloa** (das bedeutet *„Entdeckung neuen Wissens"*) in Hilo eröffnet. Gemäß dieser Devise bringt das Observatorium seinen Besuchern gleich zwei Sichtweisen der Entstehung unserer Erde näher: die Urknall-Theorie sowie die hawaiianische Sichtweise. Hauptattraktion des Zentrums ist das Planetarium (120 Plätze), das seinen Besuchern Projektionen mit 360-Grad-Blicken auf das Firmament ermöglicht. Der Eintritt für das Imiloa

nami Museum sieht es als seine Mission an, umfangreich über die Naturkatastrophe Tsunami zu informieren, so dass künftig „kein Hawaiianer mehr durch einen Tsunami ums Leben kommen" soll. Darüber hinaus, lassen sich anhand von Computer-Simulationen selbst Tsunamis kreieren und deren Auswirkungen nachverfolgen. Im ehemaligen Tresorraum ist das Kino untergebracht. Nicht nur Augenzeugen-Berichte, sondern auch Filmmaterial rund um die Geschehnisse von 1964 werden dort vorgeführt.

● **Pacific Tsunami Museum**
130 Kamehameha Avenue,
Hilo, HI 96721
Tel: 935-0926

Das Museum befindet sich an der Ecke Kamehameha/ Kalakaua Ave. (direkt gegenüber des Kress-Gebäudes) und ist Montag bis Samstag von 9 bis 16 Uhr geöffnet (außer am 4. Juli,

Hinweis auf Schutzraum bei Tsunamis

Big Island

Merrie Monarch Festival

Das *Merrie Monarch Festival* ist eine Veranstaltung von den Bewohnern Hawaiis für die Bewohner Hawaiis. Zu Ehren des *Merrie Monarch*, des Königs *David Kalakaua*, der von 1874 bis 1894 die Inselgruppe regierte, findet es jedes Jahr in der Osterzeit statt. *Kalakaua* war bekannt für seine Liebe zu Musik, Gesang und Tanz. Eine seiner kulturellen Heldentaten war die offizielle Rehabilitation und die Förderung des Hula. Das Tanzen des Hula war 1825 von Königin *Kaahumanu* auf Drängen der Missionare verboten worden (siehe Geschichte).

Kalakaua förderte die Wiedergeburt des Hula, indem er eine königliche *Hula Halau* (Hulaschule) gründete und finanzierte, deren Schüler jeden Abend auf dem Gelände des neu erbauten *Iolani Palace* in Honolulu ihre Künste zeigten. „Der Hula ist die Sprache des Herzens und daher der Herzschlag des hawaiianischen Volkes", stellte König *Kalakaua* fest.

Auf dem Festival werden sowohl der *Hula Kahiko* (alter Hula) als auch der *Hula Auwana* (moderner Hula) getanzt. Der Vorverkauf der Eintrittskarten beginnt viele Wochen vor der Veranstaltung. Binnen weniger Tage sind alle Karten für die allabendlich im *Edith-Kanakaole-Stadium* stattfindenden Hula-Wettbewerbe vergriffen. Die wichtigsten Wettbewerbe werden live im Fernsehen übertragen. Auch tagsüber finden in manchen Hotels Hula-Vorführungen statt. An einem Tag findet die *Royal Parade* statt, ein farbenprächtiger Umzug durch die Kamehameha Avenue.

Astronomy Center of Hawaii liegt bei 15 $.

●600 Imiloa Place,
Hilo, Tel. 969-9700,
www.imiloahawaii.org

Einkaufen

Die besten Einkaufsmöglichkeiten von ganz Big Island bestehen im **Prince Kuhio Shopping Center.**

●**Infotelefon:** 959-3555;
Öffnungszeiten: Mo-Fr 9.30-21 Uhr, Sa 9.30-19 Uhr, So 10-18 Uhr
direkt an der Ostseite des Highways 11 (Ecke Puainako Street).

Essen und Trinken

●Ganz am nördlichen Ende (also Makai, Richtung Meer) der Prince Kuhio Mall befindet sich mit dem **Hilo Bay Café** (315 Makaala Street, Hilo, Tel. 935-4939) hinter unscheinbarer Fassade ein echter Restaurant-„Geheimtipp", den allerdings viele Einheimische (inklusive Studenten) schon kennen und nutzen. Obwohl das von 11 bis 21 Uhr geöffnete Restaurant definitiv im unteren Preisbereich (vieles unter 10 $) angesiedelt ist, serviert es äußerst schmackhafte Gerichte. Wer kreative Küche bevorzugt, die möglichst Bio-Produkte (*organically grown*) einsetzt, der is(s)t hier richtig – und zwar sowohl der Fleischliebhaber als auch der Vegetarier.

●**Ken's House of Pancakes** befindet sich an der Kreuzung der Highways 11/19 in Hilo. Spezialität des *Family-Style Restaurants* sind die *Buttermilk Pancakes* (Buttermilch-Pfannkuchen) sowie die *Belgian Waffles* (belgische Waffeln). Darüber hinaus gibt es auch Steaks, Sandwiches, panierten Fisch etc. Kulinarische Höhenflüge sind nicht zu erwarten, aber das Preis-/Leistungs-Verhältnis stimmt; und schnell geht es auch (24 Std. tägl.). Reservierungen sind nicht nötig.

●**Café Pesto** (308 Kamehameha Avenue, Hilo, Tel. 969-6640) heißt ein in einem „historischen" Gebäude in der Nähe des Tsunami-Museums in Downtown Hilo gelegenes Bistro, das täglich von 11 bis 21 Uhr (freitags und samstags bis 22 Uhr) gelungene italienisch-hawaiianische Komposition serviert. Mittags gibt es ziemlich preisgünstige „Specials" – häufig einheimischer, fangfrischer Fisch für ca. $ 13. Sehr beliebt sind auch der Bio-Salat (*organic salad*) und die üppigen Pizzen. Die Desserts dürften auch für die meisten Zentraleuropäer ein Genuss sein.

● **Uncle Billy's Fish & Steak House** (87 Banyan Drive, Hilo, HI 96720, am Hilo Bay Hotel, Tel. 935-0861) kredenzt seinen Gästen mit „Aloha-Spirit" gewürzte *Pacific-Rim-Küche*. Das verwendete Rindfleisch soll von der Parker Ranch auf Big Island kommen. Täglich um 18 Uhr gibt's auch eine Hula-Show. Dinner: 17.30 bis 21 Uhr; Dinner-Hauptgang ca. 20 $, Frühstück 7 bis 10 Uhr; sonntags Frühstücks-Buffett von 7 bis 11.30 Uhr für 10 $.

Wasserfälle

Nicht einmal zwei Meilen von der Hilo Bay entfernt liegen die **Rainbow Falls,** bei denen sich ein Besuch vor allem zwischen 8.30 und 9.30 Uhr lohnt. Dann ist (vorausgesetzt die Sonne scheint) der Regenbogen am schönsten. Man fährt dorthin von der Bay aus auf dem Highway 200 Richtung Berge. Nach etwa 1,3 Meilen zweigt nach rechts die Waianuene Avenue ab, von wo aus die Rainbow Falls ausgeschildert sind. Wenn Sie die Waianuene Avenue nochmals gut 1 ½ Meilen weiterfahren, gelangen Sie zu den hübschen **Peepee Falls** und den **Boiling Pots,** die wegen ihres intensiv, aber kalt sprudelnden Wassers „Kochtöpfe" genannt wurden.

Nani Mau Gardens

Etwa vier Meilen vom Schnittpunkt der Highways 19 und 11 entfernt befinden sich auf der Ostseite des Highways 11 in der Makalika Street die

Rainbow Falls

Big Island

Nani Mau Gardens (Tel. 959-3541, Öffnungszeiten: täglich von 9 bis 16.30 Uhr). Es handelt sich dabei um einen speziell für Touristen hergerichteten Garten, der gute Fotografiermöglichkeiten von tropischen Pflanzen bietet. Ein Höhepunkt ist dabei das Orchideenhaus.

Puna District

Über die Highways 11 und 130, sowie 132 gelangen Sie von Hilo aus in den *Puna District* – ein Gebiet, in dem die Grundstückspreise auf Grund der Lavaüberflutungen und der hohen Gefahr weiterer Eruptionen stark gefallen sind. Im Bereich Puna haben viele Aussteiger und Sekten, aber auch sehr arme Menschen eine Heimat gefunden. Die dort stehenden Häuser sind durchweg nicht gegen Vulkanausbruch versichert, weil die Versicherungen entweder gar keine entsprechenden Policen mehr abschließen oder aber die Prämien in illusorischer Höhe angesiedelt haben. Der *Puna District* ist nachts nicht gerade der sicherste Teil der Insel. Auch tagsüber empfiehlt es sich hier ganz besonders, keine Handtaschen, Kameras oder andere Wertsachen im Wagen zurückzulassen. Bei Beachtung dieser Regeln ist das Risiko nicht besonders hoch.

In einem riesigen Straßentunnel liegt links das **Lava Tree State Monument,** ein Park mit bizarren, über zwei Meter hohen schwarzen Steinsäulen, die in den Himmel ragen.

Im Jahr 1790 floss hier sehr heiße, schnelle Lava durch einen Wald aus *Ohia-Bäumen.* Die in den Bäumen gespeicherte Feuchtigkeit sorgte dafür, dass die Lava an der Baumrinde erkaltete. Da die Lava nur kurz und schnell über dieses Gebiet hinwegfloss, blieb die an den Baumstämmen erkaltete Lava dort kleben und hinterließ dadurch mit Lava überzogene Bäume. Die Bäume verfaulten mit der Zeit, aber die Lavahülsen stehen immer noch. An manchen Stellen kann man im Innern eines solchen Lava-Baumes sehr gut die Struktur der Rinde erkennen.

Sämtliche Pflanzen in diesem teilweise grün überwucherten Park sind erst in den letzten 200 Jahren gewachsen – auf der fruchtbaren Lava.

Nordöstlich von den *Lava Trees* lag früher der Ort **Kapoho,** der bei einer Eruption im Jahr 1960 von der flüssigen Lava vernichtet wurde. Der gesamte Großraum Kapoho ist auch heute noch von diesem großflächigen Ausbruch geprägt.

Die Weiterfahrt an die Küste ist zwar nur mit reduzierter Geschwindigkeit möglich, aber durchaus lohnenswert – vor allem wenn man auf dem Highway 137 in südwestlicher Richtung bis zum Ende der Straße fährt. Dort wurden das Dorf **Kaimu,** die Straße und der berühmte **Kalapana Beach** von der Lava bedeckt. Die hübsche **Star of the Sea Church** (Kirche) konnte gerade noch gerettet werden und hat jetzt am Highway 130 kurz vor dessen Ende eine neue Bleibe gefunden.

Der Highway 137 wurde in diesem Bereich nach den Lavaeruptionen von 1955 lediglich neu geteert, aber nicht

Big Island

begradigt, so dass die Fahrt bis Kaimu teilweise an eine Fahrt in der Berg- und Talbahn erinnert. Mittlerweile gibt es auch wieder eine Verbindung vom Hwy 137 zum Hwy 130. Vom Parkplatz am Ende des Highway 137 kann man über die Lava bis zum Meer laufen (nicht markiert, aber leicht zu finden; hin und zurück ca. 1 Std.). In Küstennähe wurden Hunderte von Kokosnüssen „gesät", so dass hier inmitten der schwarzen Lava ein Kokospalmen-Wald heranwächst.

Im Lava Tree State Monument

Hawaii Volcanoes National Park

Nirgendwo sonst auf der Welt hat man die Möglichkeit, den Vulkanismus ohne nennenswerte Gefahren derart hautnah kennen zu lernen wie im und um den *Hawaii Volcanoes National Park* (www.nps.gov/havo) auf Big Island. Weil der Gasgehalt der hawaiianischen Lava sehr gering ist, kommt es hier praktisch nie zu gefährlichen Explosionen, sondern lediglich zu sanften Eruptionen. Das macht den Vulkan kalkulierbar und damit bei entsprechender Vorsicht für Touristen sicher. Allein 1999 kamen 2,772 Millionen Besucher in den Park, 2002 waren es

nur 1,197 Millionen aber 2004 schon wieder 2,565 Millionen.

Herzstück des Parks ist der riesige **Kilauea-Krater.** Hier gründete *Thomas A. Jaggar* im Jahr 1912 das nach ihm benannte Observatorium, in dem er die meisten bekannten Methoden zur Vorhersage von Vulkanausbrüchen entwickelte. Auch heute noch ist Big Island das internationale Zentrum der Vulkanforschung. Die hier gewonnenen Erkenntnisse haben bereits vielen Menschen das Leben gerettet. So wurde beispielsweise die Eruption des Pinatubo im Jahr 1991 mit Hilfe von in Hawaii entwickelten Methoden rechtzeitig vorhergesagt (siehe auch Geographie, Vulkanismus).

Die Amerikaner nennen den *Hawaii Volcanoes National Park* oftmals liebevoll **drive-in volcano,** denn hier kann man mit dem Auto in die *Caldera* (Vulkankessel) des Vulkankraters Kilauea hineinfahren. Bereits bei einer Fahrt auf der Crater Rim Road merkt man immer wieder, dass man auf vulkanischem Boden unterwegs ist. An meh-

reren Stellen wurde die Straße im Nationalpark von frischen Lavaeruptionen begraben, so dass eine neue Trasse über die frischen Lavaschichten hinweg angelegt werden musste.

Visitor Center

Bevor man nach dem Bezahlen der Eintrittsgebühr (10 $ pro Auto, 7 Tage gültig) die Rundfahrt beginnt, sollte man zum *Visitor Center* beim Eingang (geöffnet 7.45 bis 17 Uhr) gehen und sich über die aktuellen Eruptionen bzw. die Straßenlage informieren. Selbst für Besucher ohne Englischkenntnisse sind die im *Visitor Center* zu jeder vollen Stunde gezeigten Filme von Eruptionen sehr interessant.

Volcano House

Vom *Visitor Center* aus führt ein Fußweg zum Volcano House, einem Hotel direkt am Kraterrand. Die Sternstunden des Volcano House waren etwa um 1900, denn damals konnte man vom Hotelzimmer aus den rotflüssigen Lavasee im Krater beobachten. Auch in den 1970er Jahren bot sich für ein paar Tage ein beachtliches Schauspiel im Krater. Mittlerweile ist die Lava im Krater erkaltet, und der Ausblick bietet daher nur Farbvariationen in Grau und Schwarz.

In einem ehemaligen Gebäude des *Volcano House* neben dem Visitor Center befindet sich das **Volcano Art Center,** eine Art Kunstgalerie mit durchaus sehenswerten, wenn auch nicht immer billigen Exponaten.

Volcano Village

Bevor man von Hilo aus den Nationalpark erreicht, liegt rechts der Straße das *Volcano Village*, in dem man nicht nur ein Postamt und verschiedene Unterkünfte, sondern auch zwei Tankstellen sowie zwei *General Stores* (Gemischtwarenläden) findet. Achtung: Die Läden schließen ziemlich früh – meist gegen 18 Uhr.

Essen und Trinken

● Ein gutes Abendessen gibt es in der **Kilauea Lodge,** aber mit über 40 $ pro Person sollte man inkl. Getränken schon rechnen. Eine Reservierung ist sinnvoll. Kilauea Lodge (im Volcano Village) Tel. 967-7366.

● Zwar stehen bei der **Kiawe Kitchen** (19-4005 Haunani Road, Volcano) nicht so viele Gerichte auf der täglich wechselnden Karte wie vielleicht sonst in Hawaii, aber dafür gibt's mittags für etwa 10 $ ein solides Lunch und für meist unter 20 $ ein ebenfalls solides Dinner. Neben Pizza, Pasta, Salaten und Suppen gibt es stets auch ein vegetarisches Gericht sowie andere Spezialitäten. Die Bierkarte enthält ausschließlich Produkte aus hawaiianischer Produktion.

Öffnungszeiten 12–14.30 Uhr und 17.30 bis 21.30 Uhr.

● Von *Tsunami Salads* über *Seismic Sandwiches, Crater Bowls* und *Cinder Cone Sides* bis zu *Lava Plate Lunches* und *Magma Mini Meals* reicht das Spektrum auf der urigen klassisch-amerikanisch-orientierten Lunch-Speisekarte des **Lava Rock Cafés** (Tel. 967-8526), die auch im Internet einsehbar ist. Für erheblich unter 10 $ wird hier tagsüber jeder satt. Abends kann man sich an ähnlich kreativ benannten Gerichten für 10 $ bis knapp 20 $ delektieren. Das Restaurant mit Internet-Café befindet sich direkt hinter dem Kilauea General Store, verfügt über Sitzplätze im Innern sowie im Freien und bietet Take-Outs.

Öffnungszeiten: Sonntag 7.30 bis 16 Uhr, Montag 7.30 bis 17 Uhr sowie Dienstag bis

Big Island

Samstag 7.30 bis 21 Uhr. www. volcanovillage.
com/VolcanoesLavaRock.htm

Rund um den Krater des Kilauea

Die folgende Beschreibung entspricht einer Fahrt gegen den Uhrzeigersinn auf der **Crater Rim Road.**

Die Einheimischen nennen den Kilauea oft *„Drive-In-Volkano"*. Dieser Blick vom Hubschrauber auf den Parkplatz am Halemaumau-Krater erklärt, warum: Der Halemaumau-Krater befindet sich innerhalb des riesigen Kilauea-Kraters

Sulphur Banks, Steam Vents

Nur etwa 300 m hinter dem Visitor Center zweigt nach rechts eine Stichstraße zu den *Sulphur Banks* ab. Es handelt sich dabei um schwefelüberzogene, dampfende und stinkende Hügel. Hier lädt ein ca. 1 Meile langer „Wanderweg" zu einem Rundgang ein. Etwa einen Kilometer weiter tritt an den *Steam Vents* heißer Dampf aus der Erde aus.

Volcano Observatory

Sehr lohnenswert ist ein Stopp am *Hawaiian Volcano Observatory* mit dem angegliederten **Thomas A. Jaggar Museum.** Hier kann man sich intensiv über die Entstehung der Inselkette, den Vulkanismus, seine Erfor-

Vulkanismus auf Big Island

Schöne Bilder, aktuelle Infos und wissenschaftliche Hintergrundinformationen zum Thema **Vulkanismus auf Big Island** finden Sie auf folgenden Internet-Seiten und den entsprechenden Links bzw. unter der Telefon-Nummer:

● Sehr aktuelle Infos und Newsletter der **US Geological Survey,** die das *Hawaiian Volcano Observatory* unterhalten: http://hvo.wr. usgs.gov/volcanowatch/
● **Hawaii Volcano Observatory:** http://hvo.wr.usgs.gov/
● **Hawaii Volcanoes Nationalpark:** www.nps.gov/havo/ bzw. www.nps.gov/havo/home.htm
● **Eruption Update** (neuste Infos zu den Eruptionen): Tel. 985-6000
● Eigentlich **für Kinder gedacht,** aber dadurch auch für Anfänger besser geeignet und mit leichteren Vokabeln und über 250 Bildern: Wie funktioniert eigentlich ein Vulkan? Schöne Bilder von Eruptionen. www. geology.sdsu.edu/how_volcanoes_work/
● Sagenhafte Fotos rund um den Vulkan finden Sie auf der **Homepage von Brad Lewis** unter www.volcanoman.com.

schung und den derzeitigen Stand der Erkenntnis informieren.

Halemaumau-Krater

An den Rissen der *South-West-Rift-Zone* vorbei gelangen Sie schließlich zu einem riesigen Parkplatz am *Halemaumau-Krater*. Der *Halemaumau* ist ein Krater im (Kilauea-) Krater, der von 1823 bis 1924 mit flüssiger Lava gefüllt war. Der Pegelstand der flüssigen Lava variierte ständig. Bei seiner Explosion im Jahr 1924 vergrößerte der *Halemaumau* seinen Durchmesser von etwa 400 m auf über 800 m. Am Kraterrand kann man auch Reste von Räucherstäbchen, Blumen und sonstigen Gaben entdecken, die von den Hawaiianern und teilweise auch von den Wissenschaftlern als Opfergabe an die Vulkan- und Feuergöttin *Pele* in den *Halemaumau* geworfen wurden.

Devastation Trail

Nach einem kurzen Blick auf den **Keanakakoi-Krater** sollten Sie zunächst die abzweigende *Chain of Craters Road* ignorieren und den **Puu Puai Overlook** anfahren. Von hier aus empfiehlt sich eine kurze Wanderung (fast eben; 30 bis 45 Minuten für Hin- und Rückweg, derselbe Weg zurück) auf dem *Devastation Trail*.

Bei seiner Eruption im Jahr 1959 wurden aus dem nahe gelegenen Vulkankrater *Kilauea Iki* erhebliche Mengen Bimsstein *(pumice)* fast 600 m hoch in die Luft geschleudert. Große Teile des Ohia-Waldes wurden dabei bis zu drei Meter hoch bedeckt. Zum Erstaunen der Wissenschaftler erholten sich die noch herausragenden Ohia-Bäume nach einigen Jahren, obwohl sie sowohl Blätter als auch Rinde bei der Eruption verloren hatten. Beim Wandern auf den Holzbrettern des *Devastation Trails* erkennt man, wie die Flora systematisch ihr Terrain zurückerobert. Je weiter man sich vom Krater entfernt, um so grüner wird es; je mehr man sich dem Krater nähert, um so bizarrer wird die auf den ersten Blick eher unwirtliche Gegend.

Thurston Lava Tube

Die *Crater Rim Road* windet sich jetzt in engen Kurven durch einen

Big Island

dichten Wald, der hauptsächlich aus großen Baumfarnen und Ohia-Bäumen besteht. An der *Thurston Lava Tube* sollten Sie unbedingt anhalten, um den 20-minütigen Rundweg durch die riesige Lavaröhre zu gehen. Die Baumfarne im Eingangsbereich der Höhle dürften die größten auf der nördlichen Erdhalbkugel sein. Es handelt sich dabei um die Farnarten *Amau* und *Hapuu*. Ein besonderes Erlebnis ist es, nach Einbruch der Dunkelheit hierher zu kommen, wenn die Vögel mit ihrem Gesang eine geradezu ohrenbetäubende Lautstärke erzeugen.

Wer eine starke Taschenlampe dabei hat, kann die Lava Tube auch über den Rundweg hinaus erkunden. Dazu muss man am Ausgang links durch die Türe oder über das Geländer klettern. Bis zum Ende sind es etwa 400 Meter, die allerdings nicht so touristengerecht ausgebaut sind wie der erste Teil (Sie werden somit nicht explizit aufgefordert, ihre *Dark Glasses* (Sonnenbrille auszuziehen, wenn Sie diesen Teil der Höhle betreten. Danger!). Ein Blick auf die Tafel am Eingang erklärt den Verlauf der Höhle.

Am Beginn des Rundweges erklärt eine Tafel die **Entstehung von Lavaröhren.** Direkt vom Geländer neben dieser Tafel ergeben sich besonders beeindruckende Bilder, wenn ein auf dem Weg laufender Mensch als Größenvergleich die riesigen Dimensionen der Baumfarne verdeutlicht.

Wanderung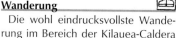

Die wohl eindrucksvollste Wanderung im Bereich der Kilauea-Caldera

Wie entsteht eine Lavaröhre?

Oft kommt es vor, dass fließende Lava an ihrer Oberfläche erkaltet, so dass sich auf der heißen Lava eine relativ kühle, feste Schicht aus Lavagestein bildet. Wenn dieser Lavafluss in einer Rinne aus erkaltetem Lavagestein erfolgt und sich ein solcher Deckel auf der flüssigen Lava bildet, entsteht eine Lavaröhre. Versiegt schließlich der Lava-Zustrom, so fließt die heiße Lava durch den Tunnel ab – eine hohle Lavaröhre ist entstanden. Die Decken vieler Röhren stürzen bereits nach kurzer Zeit wieder ein, weil sie so dünn sind. Überall in Hawaii kann man die eingestürzten Decken ehemaliger kleiner Lavaröhren entdecken. Bei der *Thurston Lava Tube* ist die Decke besonders dick, so dass hier keine Einsturzgefahr besteht.

ist die Kombination aus dem **Sandalwood Trail** und dem **Halemaumau Trail.** Für die einfache Strecke (6 km) sollte man etwa 2 ½ Stunden einplanen. Etwa 100 Meter rechts (bei Blick auf den Krater) vom Volcano House beginnt der *Sandalwood Trail*, der durch ein Waldgebiet hinunter zum Kraterboden führt. Dort unten beginnt der *Halemaumau Trail*, der über verschiedene Lavaflüsse aus den Jahren 1982, 1975, 1974, 1954 sowie über mehr als 100 Jahre alte Lavamassen hinwegführt. An manchen Stellen kann man feststellen, dass sich bereits erste Flechten am Gestein oder erste Farne und *Ohiapflanzen* in den Ritzen angesiedelt haben. Der interessante Teil des Weges endet am *Halemaumau-Krater*, von wo aus sich meist eine Fahrgelegenheit zurück zum *Volcano House* organisieren lässt, wenn man nicht denselben Weg wieder zurück gehen möchte.

Mauna Loa

Zwar noch innerhalb der Parkgrenzen, aber außerhalb der *Fee Area* (der Bereich, in dem Eintritt gezahlt werden muss) zweigt gut zwei Meilen nach dem Kassenhaus des Nationalparks vom Highway 11 die *Mauna Loa Road* ab. Dort führt ein kurzer Abstecher zu den **Tree Molds.** Ähnlich wie beim *Lava Tree State Monument* (siehe Puna District) entstanden diese Formationen durch flüssige Lava, die sich über Bäume hinwälzte. Allerdings bedeckte die Lava hier die ganze Fläche und erkaltete dann. Die eingeschlossenen Bäume verfaulten, und zurück blieben die Rindenabdrücke in tiefen Löchern.

Knapp eine Meile weiter beginnt der etwa zwei Kilometer (1 Stunde) lange Rundweg durch den **Kipuka Puaulu** genannten „Vogelpark". Das hawaiianische Wort *Kipuka* steht für Inseln aus älterem Gestein, die von jüngeren Lavaströmen umgeben sind. Oftmals sind diese *Kipukas* bewaldet, während das umliegende Gestein noch brach liegt. Auf der älteren, höher gelegenen Schicht konnte sich nämlich im Lauf der Zeit ein fruchtbarer Boden und damit ein vielfältiger Pflanzenbestand entwickeln.

Im Kipuka Puaulu finden Sie viele **urhawaiianische Pflanzen** dicht beieinander, so dass sich der Rundweg vor allem auf Grund der Vegetation lohnt. Die dort ansässigen hawaiianischen Vögel wie zum Beispiel *Elepaio, Apa-*

pane und *Amakihi* sind zwar ständig zu hören, aber so gut wie nie zu sehen. Ein entsprechender *Trailguide* (englischsprachige Broschüre über den Rundweg) ist im Visitor Center erhältlich.

In ihrem weiteren, sehr kurvigen Verlauf windet sich die Mauna Loa Road den Hang hinauf durch den Wald bis zum Beginn des *Mauna Loa Trails* auf 2031 m. Nach wenigen Minuten auf diesem Wanderweg zum Gipfel kommt bereits ein Aussichtspunkt, für den allein sich allerdings die mühevolle Anfahrt nicht lohnt.

Wanderung auf den Mauna Loa

Hier beginnt die relativ mühsame Wanderung auf den Mauna Loa, die normalerweise mindestens **zweieinhalb Tage** beansprucht. Am ersten Tag geht es auf einem 11 km langen Weg über 1000 m den Berg hinauf bis zur 3076 m hoch gelegenen *Red Hill Cabin*, einer einfachen, unbewirtschafteten **Holzhütte mit Matratzenlager.** Der zweite Tag der Wanderung ist anstrengend, denn es heißt nicht nur, die 18 Kilometer Strecke und knapp 1100 m Höhendifferenz bis zum 4169 m hoch gelegenen Gipfel zurückzulegen, sondern auch, den gleichen Weg wieder zurück zur Hütte zu gehen. Man sollte dabei mit 12 bis 14 Stunden Gehzeit rechnen. Am dritten Tag erfolgt der Abstieg von der *Red Hill Cabin* bis zum Auto.

Man sollte unbedingt beachten, dass für die Wanderung in diesen Höhen eine Akklimatisierung sehr wichtig ist.

Big Island

Es gibt zwar die Möglichkeit, in der *Mauna Loa Cabin* auf knapp 4000 m Höhe zu übernachten, aber zum einen muss man dann noch mehr Gepäck (warmer Schlafsack, Kocher etc.) ganz nach oben tragen, und zum anderen klagen viele Gipfelbesucher über **Höhenbeschwerden,** da sie erst wenige Tage zuvor noch auf Meereshöhe waren. Eine Übernachtung in dieser Höhe ist dann eher eine Last als eine Erleichterung. Will man auf seiner Hawaii-Reise sowohl den Haleakala auf Maui als auch den Mauna Loa bestei-

gen, so empfiehlt es sich, den Maui-Besuch vor die Mauna-Loa-Besteigung zu legen, da man sich dann bei Wanderungen am Haleakala schon an die Höhenluft gewöhnen kann und dann am Mauna Loa, obwohl dieser 1100 m höher ist, wesentlich weniger Höhenbeschwerden verspürt. Außerdem wirkt die „Mondlandschaft" des Haleakala für den, der die Vielfalt und Weite der Lavafelder am Mauna Loa erlebt hat, nicht mehr so faszinierend, obwohl der Haleakala wirklich sehr sehenswert ist.

Wer körperlich sehr fit ist, drei Tage Zeit hat und bereit ist, die Strapazen auf sich zu nehmen, dem bietet die Wanderung nicht nur Blicke auf weite Lavaflächen, sondern auch das Gefühl,

Mauna Loa. 4169 m. Geschafft!

den zweithöchsten Berg der Erde erstiegen zu haben (immer vom Fuß des Berges 5000 m unter dem Meeresspiegel aus gerechnet).

Der Weg ist zwar technisch nicht schwierig, birgt aber auf Grund der extremen Höhe und der so gut wie immer mangelhaften Akklimatisation sowie extremen Wetterbedingungen (auch im Sommer kann es hier schneien und stark winden) einige Gefahren. Aus diesem Grund ist die Besteigung des Gipfels nur mit einer speziellen *Permit* gestattet, die man im *Visitor Center* frühestens einen Tag vor der Besteigung kostenlos erhält.

Ein anderer Weg führt vom 3350 m hoch gelegenen **Observatorium** vom Norden her zum Gipfel. Man erreicht die Straße zum Observatorium über die für normale Mietwagen verbotene Saddle Road (Hwy 200). Dieser Weg ist zwar kürzer als der oben beschriebene, aber auch erheblich steiler. Höhenfeste Wanderer mit sehr guter Kondition können auf diesem Weg eventuell den Gipfel auch an einem Tag besteigen und wieder zum Auto zurückkehren.

Chain of Craters Road

Wie der Name *Chain of Craters* schon sagt, wurde die Straße so gebaut, dass sie die am Straßenrand liegenden Krater wie eine Kette aneinander reiht. Das Besondere an dieser Straße ist die Tatsache, dass sie in den letzten Jahren immer wieder von der Lava überflossen und damit immer kürzer wurde. Meist hat man sogar die Möglichkeit,

in der Nähe des Straßenendes die flüssige Lava ins Meer fließen zu sehen. Manchmal besteht sogar die Möglichkeit, bis auf wenige Meter an die **Lavaströme** heranzugehen. Man sollte (ohne die Wanderung zum *Puu Huluhulu*) einen halben Tag, möglichst einen Nachmittag einplanen.

Die folgende Beschreibung folgt der Straße vom Abzweig am *Crater Rim Drive* hinunter zum Meer.

Nach etwa 2 ½ Meilen zweigt nach rechts die Hilina Pali Road (Stichstraße, 9 Meilen einfach) ab, die keine zusätzlichen Sehenswürdigkeiten bietet und damit nur für Besucher mit viel Zeit von Interesse ist. Der Campingplatz an dieser Straße ist ausgesprochen klein, und es gibt hier kein Trinkwasser.

Knapp 1 ½ Meilen weiter führt nach links eine kurze Stichstraße zum Parkplatz am **Mauna-Ulu-Krater.** Hier beginnt eine zweistündige **Wanderung** (5 km für Hin- und Rückweg; 75 min hin, 45 min zurück) über Lavaflüsse aus den Jahren 1973 und 1974 bis in die Nähe des **Puu-Huluhulu-Kraters.** Vom Gipfel des Aschekegels hat man einen guten Ausblick auf den Kilauea, den Mauna Loa, den Mauna Kea sowie auf den derzeit hochaktiven Krater, den **Puu Oo.**

Im weiteren Verlauf der Straße ergeben sich bis hinunter zum Meer vor allem in den Nachmittagsstunden reizvolle Kontraste zwischen der Lavawüste, dem tiefblauen Ozean und der aufsteigenden Dampfwolke, die von der ins Meer fließenden Lava erzeugt wird. Ein kurzer Stopp lohnt sich am

Big Island

Holei Sea Arch, einem schwarzen, natürlichen Steinbogen im Meer.

Flüssige Lava

Direkt hinter dem Holei Sea Arch liegt das Ende der Straße, von dem aus sich eine Wanderung zur flüssigen Lava oder zur ins Meer fließenden Lava anbietet – ein Erlebnis, das wohl niemand so schnell vergisst. Man muss sich in der Ranger-Station nach der aktuellen Lage erkundigen. Manchmal sind bestimmte Wege nur für wenige Stunden für Touristen zugänglich. Die von den Rangern ausgewiesenen Wege sind ziemlich sicher – aber nur diese. Wirklich sicher ist man auch innerhalb der Absperrungen auf diesen Wegen nicht, sagen die Ranger. Wer sie verlässt, bringt sein Leben in Gefahr, denn manchmal fließt ein Lavastrom unter einer dünnen, scheinbar stabilen Kruste unsichtbar Richtung Meer. Die Liste der Horrorstories von Touristen, welche die Gefahren des Vulkanismus unterschätzten, ist lang. Zur Verdeutlichung ein Ereignis aus dem Jahr 1995. Damals flutete eine besonders hohe Welle eine kleine Mulde, in der gerade eine Touristin außerhalb der als „sicher" deklarierten Zone stand. In einigen Rissen im Boden heizte sich das Wasser auf und kochte innerhalb weniger Sekunden. Die Touristin wurde gerettet und konnte nach einem Krankenhausaufenthalt von einem halben Jahr sogar wieder laufen.

Sicherheitshinweise

Weil Vulkane für die meisten Besucher ein absolutes Neuland darstellen, sind sich fast alle Touristen der Gefahren eines Vulkans nicht bewusst. Daher sollte man die Hinweis- und Verbotsschilder genau beachten.

● **Methangas,** das in einer heranfließenden Lavafront unsichtbar eingeschlossen ist, kann explodieren und dabei heiße Lava und Steine mehrere Meter weit in alle Richtungen schleudern. Daher nicht zu nahe rangehen.

● Die **Dampfwolken,** die beim Einfließen der heißen Lava ins Meer entstehen, enthalten Salzsäuregas (HCl) und Salzsäuretröpfchen sowie vulkanische, glasähnliche Partikel. Dadurch sind besonders die Atmungsorgane, die Augen und die Haut gefährdet; also gebührenden Abstand halten.

● Das von der Lava neu geschaffene Land am Meer ist instabil und kann jederzeit ohne vorherige Anzeichen einstürzen bzw. ins Meer herabstürzen. Oft handelt es sich dabei um weit in das Meer hineinragende **Überhänge.** Das Betreten dieser Überhänge ist lebensgefährlich und hat bereits einige Opfer gefordert ...

● Die Lavafelder bieten **keinen Schatten.** Daher sollte man Sonnenbrille, Sonnenhut, Sonnencreme und genügend Wasser (ein Liter pro Kopf für drei Stunden) im Gepäck haben. Wer nachmittags geht, sollte auch eine, besser zwei möglichst starke Taschenlampen einpacken, denn es wird schnell dunkel. Da die schwarze Lava so gut wie kein Licht reflektiert, kann die Taschenlampe nicht stark genug sein. Wanderschuhe oder zumindest geschlossene Schuhe sind hier ein Muss, lange Hosen trotz der Hitze durchaus empfehlenswert. Die Lava ist sehr scharfkantig und beansprucht auch stark die Sohlen der Wanderschuhe. Wer einmal in kurzen Hosen mit dem Unterschenkel an der erkalteten Lava entlang gestreift ist, der weiß, warum hier lange Hosen sehr empfehlenswert sind. Man sollte demnach nicht so dicht an die flüssige Lava herangehen.

Und noch ein offizieller Sicherheitstipp: Bebt die Erde, sollte man augenblicklich *mauka* (landwärts) laufen – wegen der Tsunami-Gefahr. Ob man dazu die Absperrungen überschreiten darf oder erst zehn Meilen die Straße zurückfahren soll, sagt einem allerdings keiner.

Wenn man dann noch die Anweisungen der Ranger beachtet, kann eigentlich nichts mehr schief gehen. Vor einem liegt eines der größten Naturschauspiele unseres Planeten.

Die Süd- und Westküste

Im Vergleich zu den sonst eher kurzen Fahrstrecken auf den Inseln braucht man in diesem Abschnitt durchaus etwas Sitzfleisch.

Vom Vulkan zur Südspitze

Vom Vulkan führt der Highway 11 schnurgerade hinunter zum Meer. Ein erster Stopp lohnt sich am **schwarzen Sandstrand** von Punaluu, der über eine kurze Stichstraße erreichbar ist. In letzter Zeit tummeln sich hier immer öfter Wasserschildkröten. Am Beginn dieser Stichstraße finden Sie riesige Bougainvillea-Sträucher mit Blüten in den Farben weiß, rot, rosa und violett. Oftmals haben Spinnen hier schöne Netze hineingesponnen.

Etwa 15 Minuten dauert die Weiterfahrt nach **Naalehu,** ein Ort, der sich mit dem Attribut „südlichste Gemeinde der USA" schmückt. Man erwarte nicht zu viel, denn außer einem **Supermarkt** hat die Ortschaft nur wenig zu bieten.

Knapp acht Meilen westlich von Naalehu zweigt die etwa 12 Meilen lange South Point Road ab. Vorbei an vielen windgetriebenen Stromgeneratoren führt die enge, aber durchgehend geteerte Straße in ein flaches, windzerzaustes Gebiet, das eher an Norddeutschland erinnert als an Hawaii. Am Ende der Straße, die im letzten Teil nur noch eine holperige *Dirt Road* ist, liegt der **Ka Lae** genannte **South Point,** der südlichste Punkt der USA.

Etwa eine halbe Meile nördlich des *South Point* zweigt nach Osten eine Teerstraße ab, die zunächst durch eine sehr armselige Ansiedlung und über eine holperige Dirt Road innerhalb von 300 m zum Meer hinunter führt. Hier in der **Kaulana Bay** beginnt der Wanderweg zum **Green Sands Beach (Papakolea Beach),** dem grünen Sandstrand. Innerhalb von ca. 75 Minuten (ein Weg, denselben Weg zurück) führt der Trail immer an der Küste entlang Richtung Norden. Schließlich kommt links ein Felshügel in Sicht, der auf der linken Seite orangebraun ist und nach rechts hin immer mehr ins Graue abfällt. Wenn man vor dem Felsen und der dazugehörigen Bucht steht, blickt man bereits auf den grünen Sandstrand. Seine grüne Farbe verdankt der Strand den kleinen **Olivinkristallen,** die vulkanischen Ursprungs sind. Spätestens hier müssen auch die Fahrer von Allradfahrzeugen ihr Vehikel verlassen. Jetzt muss man sich einen Weg suchen, wie man etwa 1,5 m tiefer gelangt, um dann auf dem schmalen, gut begehbaren Pfad binnen 3 Minuten hinunter zum Strand zu laufen. Zwar ist der Sand wirklich mit vielen grünen Körnern durchsetzt, aber auf keinen Fall leuchtend grün, sondern eher dunkelgrün (siehe Farbteil: „Strände").

Man muss hier nicht unbedingt dort parken, wo 5 $ Parkplatzgebühr verlangt werden, wenn man ein Stückchen weiter läuft. Andererseits tut den „Betreibern" des Parkplatzes eine Finanzspritze recht gut, und anscheinend kommen auf diesem Parkplatz abgestellte Fahrzeuge offensichtlich nicht zu Schaden.

Auf dem Rückweg vermittelt ein kurzer Stopp ein wiederum anderes Hawaii-Bild: Genau eine halbe Meile nach der am weitesten nördlich gelegenen Windmühle sieht man direkt neben der Straße einige grün überwucherte sanfte Hügel. Bei näherem Hinschauen entpuppt sich dieser Platz als **Autofriedhof.** Um ihn zu entdecken, muss man schon sehr genau hinschauen, hat dafür aber auch ein echtes Aha-Erlebnis und außerdem bekommt man ein Gefühl dafür, wie schnell hier die Pflanzen alles überwuchern.

Von der Südspitze bis Kona

Von der Einmündung der South Point Road aus führt der Highway 11 zunächst auf relativ gerader Straße durch ziemlich eintöniges Gebiet nach Nordwesten. Teilweise befinden sich links und rechts des Highways **Macadamia-Nuss-Plantagen.** Schließlich windet sich die Straße in unzähligen Kurven an der Küste entlang, manchmal durch Kaffeeplantagen, Richtung Norden.

Ein großer Wegweiser markiert den Abzweig auf dem Hwy 160 nach **Puuhonua O Honaunau.** Hier empfiehlt es sich, den Highway 11 zu verlassen und auf der breiten Straße Richtung Meer zu fahren. Wegen ihrer vielen künstlich bewässerten Blumen am Straßenrand trägt sie auch den Namen *Avenue of Flowers.*

Nach etwa einer Meile weist ein Marker des Hawaiian Visitors Bureau den Weg nach rechts zur *St. Benedict's Painted Church,* einer hübschen, bunt bemalten Kirche, die in ihrer Art einmalig ist. Von der Kirche geht's auf demselben Weg zurück zu der Straße hinunter zum Meer.

Puuhonua o Honaunau

Der Einfachheit halber nennen die Amerikaner *Puuhonua O Honaunau* (Zufluchtsstätte von Honaunau) lediglich *place of refuge* oder *city of refuge.* Es handelt sich dabei um eine Kultstätte der alten Hawaiianer, die bereits bei

Puuhonua O Honaunau – Zuflucht für Tabubrecher

Das **Sozialsystem** der alten Hawaiianer wurde durch so genannte *Kapus* (Verbote, Tabus) geregelt. Kam beispielsweise ein Normalsterblicher einem Häuptling zu nahe, so verletzte er dabei eine Kapu-Regel genauso, wie wenn er seinen Schatten auf das Palastgelände fallen ließ. Es gab damals viele Kapus für alle Lebensbereiche. Auch etwa das gemeinsame Speisen von Frauen und Männern an einem Tisch war verboten.

Das Nichtbeachten eines Kapus wurde mit dem Tod bestraft, weil der Bruch eines solchen Verbots als **Beleidigung der Götter** angesehen wurde. Die Leute glaubten, dass die Götter alle Kapu-Verstöße scharf ahnden würden – und zwar in Form von Lava-Eruptionen, Flutwellen, Hungersnöten und Erdbeben. Aus reinem Selbstschutz heraus verfolgte daher das ganze Volk jemanden, der ein Kapu gebrochen hatte, und tötete ihn.

Für alle, die gegen ein Kapu verstoßen hatten, gab es nur eine Rettung: die **Zufluchtsstätte**, zum Beispiel die von *Honaunau*. Es gab noch weitere Zufluchtsstätten *(Puuhonua)* auf anderen Inseln, aber nur diese wurde restauriert. Das Problem bestand darin, dass die Stätte der Rettung nur schwimmend von der wilden Nordseite her erreicht werden konnte.

Wer es schaffte, bis hier hinein auf den geheiligten Boden vorzudringen, der musste sich einer **Absolutionszeremonie** unterziehen, die oftmals stundenlang dauerte. Danach war dem Gesetzesbrecher verziehen, und er konnte wieder als normales Mitglied der Gesellschaft leben.

Es war aber auch eine Zufluchtsstätte für alle Kinder, Alte und Kranke, die dadurch bei einem **Stammeskrieg** dem Gemetzel entkommen konnten, denn Krieg bedeutete damals die komplette Auslöschung des anderen Stammes. Selbst besiegte Soldaten kamen hier bis zum Ende des Krieges in Sicherheit.

Puuhonua O Honaunau war somit für viele der Beginn eines neuen Lebens, war und ist nach wie vor eine **heilige Stätte** für die Hawaiianer.

einem Aufenthalt von einer knappen Stunde einen guten Überblick über die Lebensweise im alten Hawaii vor der Ankunft Captain Cooks gibt. Der Eintritt kostet in Puuhonua o Honaunau (www.nps.gov/puho/) 5 $ pro Person.

Auf dem Gelände der *City of Refuge* findet man verschiedene nachgebaute Relikte aus der Zeit vor der Ankunft der Europäer vom Auslegerkanu über Häuser, Felszeichnungen, das *Konane-Spiel* bis zum Tempel, dem *Heiau*. In der Bucht tummeln sich oft Wasserschildkröten.

Kealakekua Bay

Der schnellste Weg zurück nach Kona führt dieselbe Strecke wieder zurück und auf dem Hwy 11 nach Norden. Die schönere Route ist jedoch die direkte Verlängerung des Hwy 160 an der Küste entlang. Nach vier Meilen auf einer schmalen Teerstraße erreichen Sie den Ort Napoopoo und die Kealakekua Bay, in der **Captain Cook** am 14. Februar 1779 von den Hawaiianern umgebracht wurde. Das entsprechende Denkmal steht unterhalb der Klippen an der anderen Seite der Bucht.

Big Island

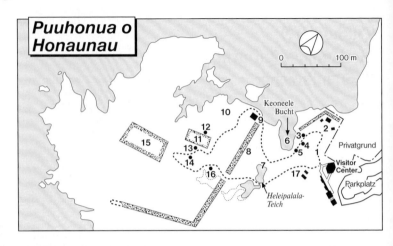

Legende zur Karte Puuhonua o Honaunau

1 Palace Grounds
Einst standen hier die mit Gras gedeckten Hütten der Stammeshäuptlinge – ein Bereich, der für fast alle Hawaiianer Kapu war.

2 House Models
Diese Modelle zeigen die Haustypen und ihren Aufbau: Das größere Haus wurde von den Häuptlingen genutzt, das kleinere diente als Vorratshaus. Für das Grundgerüst wurde Ohia-Holz benutzt. Mit Ti-Blättern und Pili-Gras wurde das Dach gedeckt.

3 Konane
Dieser Stein ist das Spielfeld für das „hawaiianische Schachspiel" namens *Konane*. Ziel des Spieles ist es, den letzten Zug zu machen. Die genauen Spielregeln bekommt man in englischer Sprache im Visitor Center.

4 Kanoa
Diese Aushöhlungen im Stein wurden vielleicht zum Färben von Netzen und Kleidungsstücken benutzt, vielleicht aber auch zum Herstellen von Salz oder zum Zerstampfen von Lebensmitteln.

5 Tree Mold
Ein von der Lava eingeschlossener Baum, der jetzt verrottet ist (siehe Vulkanismus).

6 Keoneele
Diese Bucht diente einst als Landeplatz für die königlichen Kanus, sie war damit für die breite Masse der Hawaiianer tabu. Der im Wasser stehende *Kii* (Holzfigur) markierte vermutlich die Kapu-Grenze.

7 Heleipalala
In diesem Fischteich wurden die draußen auf dem Meer gefangenen Fische speziell für die Häuptlinge bereitgehalten.

8 The Great Wall
Diese massive, exakt aneinander gefügte Mauer trennt die Palastgebäude von der eigentlichen Zufluchtsstätte.

Die Kealakekua Bay ist ein *State Underwater Park Marine Life Conservation District*, eine Art **Unterwasser-Naturschutzgebiet.** Es handelt sich dabei um einen der wenigen Plätze auf der Welt, an denen noch Populationen der Delfin-Art *Spinner Dolphins* leben. Sie schwimmen in dieser geschützten Bucht bis nahe an den Strand, ruhen sich aus, paaren sich, bringen Junge auf die Welt und ziehen sie groß.

Hier, vor allem im Nordteil der Bucht in der Nähe des *Captain-Cook-Denkmals*, und in Molokini (vor Maui) existieren die besten Schnorchelmöglichkeiten der ganzen Inselkette. Der Strand im Bereich Napoopoo ist sehr klein und nicht besonders hübsch. Um von hier aus zum Schnorchelrevier zu gelangen, muss man etwa einen Kilometer durch die (ruhige) Bucht schwimmen oder mit dem Kanu hinüber fahren. Daher bevorzugen die meisten Besucher eine Bootsfahrt von Kona bis ins Schnorchelrevier.

Kajakverleih

Ein Kayak kann man direkt am weiter oben gelegenen Highway mieten: entweder ein Einzel-Kayak (30 $) oder ein Doppel-Kayak (57 $) oder ein Dreifach-Kayak (79 $). Das Kayak wird

Big Island

9 Hale o Keawa Heiau	Was man hier sieht, ist die Rekonstruktion des *Hale o Keawe Heiaus* (Tempel). Das Original diente als Mausoleum für 23 Häuptlinge. Nach dem alten polynesischen Glauben gab die *Mana* genannte spirituelle Kraft der Häuptlingsgebeine der Zufluchtsstätte zusätzlichen Schutz. Die kleine Holztür am Boden ist der einzige Zugang. Lebensmittelopfer wurden auf der *Lele* genannten, erhöhten Plattform dargebracht.
10 Puuhonua	Dies ist der eigentliche Zufluchtsplatz, auf dem sich Frauen und Kinder, besiegte Krieger und Kapu-Brecher aufhielten.
11 Alealea Heiau	Auf dieser Plattform stand vermutlich ein weiterer Tempel namens *Alealea Heiau.*
12 Keoua Stone	Gemäß einer von Mark Twain überlieferten Legende war dieser Stein der bevorzugte Ruheplatz des Häuptlings *Keoua*. Die sechs kleineren Löcher im umliegenden Fels könnten als Halterung für einen Sonnenschutz gedient haben.
13 Kahumanu Stone	Der Legende zufolge soll sich unter diesem Felsen die Lieblingsfrau von König *Kamehameha I*, Königin *Kaahumanu* nach einem Ehestreit versteckt haben. Danach, so heißt es, lebten beide glücklich und zufrieden bis an ihr Lebensende.
14 Papamu	Dies ist das Original eines Steines, wie er für das *Konane*-Spiel verwendet wurde.
15 Old Heiau	Es wird angenommen, dass dieser Steinhaufen aus den Überresten des ältesten *Heiaus* in *Honaunau* besteht.
16 Petroglyph	Die in den Felsen geritzte Figur eines Menschen mit erhobenen Armen und gespreizten Beinen ist nicht ganz leicht zu erkennen.
17 Halau	Diese Dächer mit A-förmiger Rahmenstruktur dienten als Arbeits- und Lagerplatz.

Ironman Triathlon – Der Sport der harten Männer

Der Ironman Triathlon gilt als der härteste Triathlon der Welt, der über die weltweit üblichen Distanzen geht. Die Teilnehmer müssen dabei 3,8 km im offenen Meer **schwimmen,** 180 km **Rad fahren** und 42 km **laufen.**

Nur die besten Sportler können sich überhaupt für den jedes Jahr im Oktober stattfindenden Ironman qualifizieren, weil die Teilnehmerzahl auf maximal 1250 begrenzt ist.

Nähere Informationen dazu erteilen:

- **Ironman,** Tel. 329-0063
- **Aloha Triathlon Association,** Tel. 395-5543
- **Island Triathletes,** Tel. 732-7227
- **Team Triathlon,** Tel. 261-9444

Ausführliche Infos gibt's im Internet unter www.ironmanlive.com. Die Homepage ist optisch sehr effektvoll gestaltet. Wer den Ironman besuchen will, sollte unbedingt die FAQs (*Frequently Asked Questions,* oft gestellte Fragen) lesen.

Der Ironman wird nur noch vom **Ultraman** übertroffen, der die üblichen Triathlon-Distanzen mehr als verdoppelt.

Am ersten Tag des Ultramans stehen 10 km Schwimmen im Meer an. Gleich im Anschluss folgt die erste Radetappe von 150 km. Am zweiten Tag sind 280 km mit dem Rad bergauf und bergab zu fahren. Am dritten und letzten Tag müssen die Athleten die doppelte Marathondistanz durchlaufen. Nur wenige Sportler wagen diese Strapaze.

aufs Auto geschnallt und los geht's zum 20 Minuten entfernten Parkplatz an der Bucht, wobei das Dreifach-Kayak schon sehr weit über das Auto hinausragt.

- **Adventures in Paradise**
81-6367 Mamalahoa Hwy,
Kealakekua, HI 96750
Tel. 323-3005
oder gebührenfrei 1-888-371-6035

Essen und Trinken

Hinter einer relativ unscheinbaren Fassade verbirgt sich auf der Mauka-Seite (Bergseite) des Hwy 11 etwas nördlich des Abzweigs zum Captain Cook Monument das **Nasturium Café,** das leider nur von etwa 10 bis 16 Uhr geöffnet hat. Das Preis-Leistungsverhältnis ist exzellent, und die Preise liegen meist um 10 $, manchmal bis 15 $. Die kreative Küche bietet eine bunte Mischung, die von Einflüssen aus aller Welt geprägt ist. Spezialitäten sind unter anderem die *Ostrich Burger* (mit Straußenfleisch) sowie die *Fresh-Fish Wraps.* Chicken (Hühnchen) kommt hier aus hormon- und antibiotika-freier Zucht. Wer möchte, erhält auch Kost, die weder Cholesterin, Gluten noch Laktose enthält. Wer mangels Reservierung im Innern keinen Platz mehr bekommt, kann das Take-Out nutzen.

- **Nasturium Café**
79-7491-B Mamalaloa Hwy, Kainaliu
Tel. 322-5083

Wer will, kann auch auf einem relativ unattraktiven *Trail* binnen etwa zwei Stunden (zurück: ca. 2 ½ bis 3 Stunden) vom Ort Captain Cook aus zu Fuß bis zum *Captain-Cook-Denkmal* absteigen.

Bei der Weiterfahrt zum Highway 11 kommt man an mehreren Kaffee-Röstereien vorbei, auch an der **Royal**

Kona Coffee Company. Ein kurzer Rundgang (inkl. Kaffeeprobe) gibt einen Einblick in die Kaffeeproduktion in Hawaii. Fünf Meilen weiter bergauf gelangt man dann wieder auf den Hwy 11, der im weiteren Verlauf über Captain Cook und Kealakekua nach Kona führt.

Kailua-Kona

Früher einmal hieß Kailua-Kona lediglich Kailua, aber um Verwechslungen zu vermeiden, wurde das polynesische Wort für die windabgewandte Seite (Lee-Seite), nämlich *Kona*, angehängt. Mittlerweile wird der alleinige Gebrauch des Wortes Kona als Ortsname immer populärer.

Kailua-Kona ist das **touristische Zentrum** der Insel, denn durch die fast hundertprozentige Sonnenschein-Garantie herrschen hier ideale Voraussetzungen. Der **Großraum Kona** steht hinter Honolulu (Oahu) und Kaanapali/Lahaina (Maui) auf Platz drei in der Beliebtheitsskala der Touristen. Während sich die einfacheren Hotels und die der Mittelklasse im Stadtgebiet von Kailua-Kona befinden, stehen die Luxusherbergen *Kona Village Resort, Hilton Waikoloa Resort, Waikoloa Beach Marriott Resort Mauna Lani Resort* und *Mauna Kea Beach Hotel* bis zu 30 Meilen nördlich der Stadt Kailua-Kona.

Hafen

Zentrum von Kona ist der parallel zum Meer verlaufende **Alii Drive.** Vor allem im Bereich der **Kailua Bay** stehen Restaurants und Bars recht dicht beieinander. Am **Kailua-Pier** liegen Ausflugsboote und Hochseejachten vor Anker. Dort beginnt und endet jedes Jahr der weltberühmte **Ironman-Triathlon.** Mittlerweile hat der neu angelegte **Honokohau Harbor** dem alten *Kailua-Pier* den Rang abgelaufen. In beiden Häfen kann man um 11.30 Uhr und um 15.30 Uhr beim Wiegen der frisch gefangenen Fische zusehen.

Hulihee Palace

Entlang des Alii Drive stehen mehrere historische Gebäude, so zum Beispiel der *Hulihee Palace* (Tel. 329-1877). Der zweistöckige Palast wurde 1838 vom damaligen Gouverneur der Insel, *John Adams Kuakini*, gebaut. Etwa zwischen 1870 und 1880 diente das Gebäude König *David Kalakaua* als Sommerpalast. Zwischen 9 und 16 Uhr (außer an Feiertagen) kann man das Gebäude und die dort ausgestellten antiken Möbel für 5 $ besichtigen.

Kirchen

Die aus dem Jahr 1836 stammende **Mokuaikaua Church** ist die älteste Kirche von ganz Hawaii. Als die Missionare hier 1820 an Land gingen, bauten sie bereits an der gleichen Stelle ein Gotteshaus, das durch die aus Korallenstein gefertigte *Mokuaikaua Church* ersetzt wurde.

Ein typisches Beispiel für die Manipulationsmöglichkeiten bei der Aufnahme von Postkarten finden Sie am Südende des Alii Drive mit der **St. Peter's Church**. Auf den Postkarten erscheint sie als idyllisch und abseits von aller Zivilisation gelegen. In Wirklichkeit steht

Big Island

Hulihee Palace

sie direkt am hier stark befahrenen Alii Drive mit einer Hotelanlage im Hintergrund.

Einkaufen

Etwas höher am Hang finden Sie in Kona mehrere Einkaufszentren (z. B. an der Kreuzung der Highways 11, 19 und 190 inkl. Postamt).

Essen und Trinken

Wer gut und dennoch recht günstig essen gehen möchte, ist mit den folgenden Restaurants sicherlich gut bedient:

● Direkt im Herzen Konas serviert **Basil's Pizzeria** (Tel. 326-7836) eine interessante griechisch-italienische Küche, die nicht nur mit Bio-Kräutern gewürzt ist, sondern oft auch eine gehörige Portion Knoblauch enthält. Vor allem bei jungem Publikum ist dieses Restaurant beliebt. Trotz Meerblick und zentraler Lage sind die definitiv sättigenden Gerichte für 10 bis 15 $ zu haben. 75-5707 Alii Drive, Kailua-Kona

● **Denny's** (im *Crossroads Center*: oberhalb der Kreuzung der Highways 11, 19 und 190; Nähe Safeway und Wal Mart) bietet nicht nur ein solides Frühstück sondern rund um die Uhr akzeptables, preisgünstiges, amerikanisches Essen ohne besondere Höhen und Tiefen. Die Atmosphäre im Denny's ist immer wieder faszinierend. Tel. 334-1313.

● In **Kimo's Family Buffet** (in Uncle Billy's Kona Bay Hotel am Alii Drive zwischen Sarona Road und Hualalai Road) gibt es Frühstück (von 7 bis 10 Uhr) und Dinner (von 17.30 bis 20.30 Uhr) zu zivilen Preisen bei akzeptabler Qualität. Oftmals sind in den Werbebroschüren entsprechende Coupons, mit denen man ein bis zwei Dollar Rabatt bekommt. Tel. 329-1393.

- Bei *Kona Taeng On Thai* (Tel. 329-1994) im Kona Inn Shopping Village, 75-5744 Alii Drive in Kailua Kona gibt es schmackhafte preisgünstige Thai-Küche. Da das Restaurant im ersten Stock des Einkaufszentrums recht klein ist, empfiehlt sich eine Reservierung.

Von Kona bis Hawi

An der Kreuzung mit dem Highway 190 in Kona geht der Highway 11 direkt in den Highway 19 über. Etwa drei Meilen nördlich dieser Kreuzung zweigt zum Meer hin eine Stichstraße zum **Honokohau Harbor** ab, der von der Bedeutung her mittlerweile dem Kailua-Pier den Rang abgelaufen hat. Viele Bootstouren starten von hier aus – vor allem die Angelfahrten mit den Hochseejachten. Das Meer vor Kona ist ein berühmtes Angelgewässer für den *Blue Marlin*. Täglich um 11.30 Uhr und um 15.30 Uhr können Sie beim Abwiegen der Fischkolosse zuschauen.

Flughafen

Etwa 7 Meilen nördlich von Kailua-Kona liegt der **Keahole Airport,** auch **Kona Airport** genannt. Er wird von *Aloha Airlines* und *Hawaiian Airlines* viele Male täglich angeflogen.

Lavawüste

Die weiteren gut 25 Meilen bis zum Hafen von Kawaihae führen durch schwarze Lavawüste – ein Bild, das überhaupt nicht in gängige Hawaii-Klischees passen möchte. Mitten in dieser Wüste befinden sich immer wieder grüne Oasen, deren sattes Grün sich deutlich von dem Schwarz und Braun der Lava abhebt.

Unterkunft

- In einer solchen Oase mit künstlicher Bewässerung steht der Hotelkomplex des **Hilton Waikoloa Resort.**

Als im Jahr 1986 mit dem Bau der Anlage begonnen wurde, wuchs hier nicht einmal die anspruchsloseste Kaktee. Zwei Jahre später bei der Eröffnung (damals hieß das Hotel noch *Hyatt Regency Waikoloa*) waren unzählige Löcher in das Lavagestein geschlagen worden, in die die einzelnen Pflanzen hineingesetzt wurden – allein über 1500 Kokospalmen, die für über 1,5 Millionen Dollar extra eingeflogen wurden; von den Kosten für die sattgrüne Einrahmung der 54 Löcher auf den zugehörigen Golfplätzen gar nicht zu reden. Um die künstliche Erlebniswelt mit kleiner Eisenbahn, Fährschiffchen, exotischen Pflanzen, Vögeln und Delfinen kennen zu lernen, muss man nicht unbedingt dort nächtigen. Einerseits werden geführte Touren angeboten, andererseits kann man das „Ersatzparadies", wie es vom *Wall Street Journal* genannt wurde, auch auf eigene Faust erkunden. Es gibt sogar Menschen, die hier vom „Disneyland Hawaiis" sprechen. Man fährt dazu vom Highway 19 ab zum *Anaehoomalu Beach* und folgt der Straße; bis zu den *Kings Shops* (links), wo man parken kann. Von hier aus fährt für einen Dollar ein Shuttlebus zum Hotel.

Neben diversen Restaurants und wirklich schön angelegten Gartenanlagen bietet das Hotel für die Gäste eine sehr ansprechende Poolanlage mit Rutschen, Wasserfällen etc. www.hilton waikoloavillage.com

Die große, in punkto Tierschutz eher fragwürdige Attraktion, ist das Schwimmen mit den Delfinen, das gegen Zahlung von von 200 $ für 30 Minuten ausschließlich den Hotelgästen vorbehalten ist. Die Nachfrage nach **Dolphin Quest** ist derart groß, dass täglich aufs Neue das Losverfahren entscheiden muss. Zuschauen ist nach wie vor kostenlos.

Big Island

●Wer eine komfortable Bleibe in Waikoloa sucht und nicht unbedingt mit dem Boot oder der Einschienenbahn durchs Hotel fahren möchte, der sollte das **Waikoloa Beach Marriott Resort** ins Auge fassen. Das an einer natürlichen Lagune gelegene Hotel der Marriott-Kette bietet von der Terasse über die Lagune sowie Palmen hinweg den vielleicht schönsten Sonnenuntergang der gesamten Hawaii-Inseln, und die Preise in den Bars bzw. Restaurants sind für diese Lage und Kategorie akzeptabel. Die Pools (inklusive ein *Sandy Pool,* also sandiger Pool) mit Wasserrutsche sind tagsüber bei Kindern sehr beliebt. Von Europa aus gebucht ist dieses Hotel erheblich billiger als vor Ort.

Swim with the Dolphins

Spencer Beach Park

Etwas nördlich bei *Milemarker* 30.9 zweigt links die Straße zum *Hapuna Beach State Park* ab. Dieser zeichnet sich durch exzellente Picknickmöglichkeiten und vor allem durch seinen knapp einen Kilometer langen Bilderbuch-Sandstrand aus. Viele halten ihn deshalb für den schönsten *Beach Park* Big Islands. Am Kiosk von *Hapuna Harry's* kann man Snacks und Getränke kaufen, aber auch Surfbretter und Schnorchelausrüstung leihen – allerdings zu recht gesalzenen Preisen.

Wem der Trubel am *Hapuna Beach* zu groß ist, für den geht's im *Spencer Beach State Park* (an der Kreuzung der Highways 19 und 270 auf den Hwy 270 fahren, dann nach ca. 300 m links ab Richtung Meer) etwas ruhiger zu. Auch dieser Park zählt zu den schönsten der Insel.

Puukohola Heiau

Direkt neben dem Spencer Beach State Park liegt der (über einen Fußweg am Meer oder per Auto erreichbare) hawaiianische Tempel *Puukohola Heiau* mit zugehörigem Visitor Center, wobei der Tempel von Besuchern nicht betreten werden darf. Auf Schautafeln gibt es diverse Hintergrund-Infos u. a. zur Geschichte dieses Kriegstempels, den König Kamehameha der Große in den Jahren 1790 und 1791 auf Grund einer göttlichen Prophezeiung erbauen ließ. Diese sagte voraus, dass ihm durch den Tempelbau die Eroberung und Vereinigung aller acht Inseln gelinge.

Manchmal finden hier Tanzveranstaltungen statt, bei denen sich eine der seltenen Möglichkeiten ergibt, echten Hula kennen zu lernen.

Vom Südrand des Zeltplatzes aus beginnt ein mit Holzpflöcken bestens markierter Wanderweg entlang der Westküste. Besonders schön sind die ersten beiden Meilen dieses über 15 Meilen langen Trails.

Die weitere Strecke am Hwy 270 bietet bis **Hawi** außer dem *Lapakahi State Historical Park* keine besonderen Höhepunkte. Bei der recht großen Parkanlage, zu der auch ein Visitor Center gehört, handelt es sich um ein 600 Jahre altes historisches Fischerdorf.

●**Infos und Bilder** dazu gibt es im Internet unter www.hawaiiweb.com/hawaii/html/sites/lapakahi_state_historical_park.html.

Der Nordwesten und die Kohala-Berge

Etwa zwei Meilen östlich von Hawi liegt **Kapaau,** eine Ortschaft, die mit dem Attribut **„hawaiianische Westernstadt"** am besten beschrieben ist. Die alten Fassaden bröckeln ab, und das einstmals hübsche Städtchen macht von der Straße aus einen eher verwahrlosten Eindruck.

Ein kleiner Spaziergang entlang der **Hauptstraße** lohnt sich durchaus, denn dieser Teil der Insel ist vom Massentourismus bisher verschont geblieben.

Auf der Bergseite steht eine schön restaurierte **Statue von König Kamehameha,** die der Statue in Honolulu gleicht und eine interessante Geschichte vorweisen kann (siehe Honolulu). In der Nähe von Kapaau wurde *Kamehameha nämlich* geboren.

Zwischen Hawi und dem Pololu Valley wohnen viele Aussteiger, die das normale amerikanische Leben satt haben und fröhlich in den Tag hineinleben. Wenn Sie etwas Zeit mitbringen, ergeben sich hier oft interessante Gespräche.

Pololu Valley

Der Ausblick vom *Pololu Valley Lookout* entspricht dem typischen hawaiianischen Nordküsten-Anblick: Steilküste. Kurz hinter dem Sattel der Straße bietet sich ein alternativer Ausblick auf die Nordküste – oft sogar mit einigen grasenden Pferden im Vordergrund.

Ein rutschiger Pfad führt innerhalb einer knappen halben Stunde bis hinun-

Big Island

ter zum **schwarzen Strand.** Der Aufstieg zur anderen Talseite führt direkt durch Privatgelände und ist nicht gestattet. Die vielen Kapu-Schilder sind nicht zu übersehen, und außerdem ergeben sich über eine weite Strecke hinweg keine besonderen neuen Ausblicke.

Eine Fahrt auf dem Highway 250 über die Kohala-Berge bietet ein außergewöhnliches Hawaii-Erlebnis. Wenn man von Hawi Richtung Süden fährt, grast auf einer Weide am rechten Straßenrand manchmal eine **Lama-Herde.** Die normalerweise in Südamerika heimischen Tiere sind bekannt für ihre Spuck-Künste, etwas Abstand kann also nicht schaden.

Auf 1086 m Höhe über dem Meeresspiegel liegt der Sattel der Straße über die Kohala Mountains. Ab jetzt wechselt die Szenerie ständig: Hier von grünen Wiesen überzogene Hügel wie im Allgäu, dort dunkle, kleine Seen, die an die Maare der Eifel erinnern, und direkt am Straßenrand riesige *Opuntien* (Kakteen). Bei gutem Wetter sehen Sie auch die Berge Mauna Kea und Mauna Loa sowie den dazwischenliegenden Sattel, aber auch die Strände der Resort-Hotels an der Westküste *(Kona Coast).*

Die Weiden links und rechts des Hwy 250 gehören zum *Kohala Ranch* genannten Teil der **Parker Ranch,** der größten Ranch der USA, die sich noch in Privatbesitz befindet.

In der Ortschaft **Waimea,** postalisch **Kamuela** genannt, ist der Einfluss der *Parker-Familie* nicht zu übersehen. Das fängt schon beim Ortsnamen an. *Kamuela* ist nämlich das hawaiianische Wort für Samuel, und *Samuel Parker* war der Sohn des Ranch-Gründers *John Palmer Parker.* Die Gründung erfolgte im Jahr 1847. König *Kamehameha* beauftragte *Parker* damals, die wilden Rinder zu kontrollieren, die als Nachfahren der etwa 60 Jahre zuvor von dem Briten *George Vancouver* auf die Insel gebrachten und mit der Zeit verwilderten Kühe sehr zahlreich waren.

Mit Hilfe von Cowboys, die *Parker* von Mexiko hierher brachte, gelang es ihm, die Rinder einzufangen und zu zähmen. Diese Mexikaner wurden von den Hawaiianern als Ableitung des Wortes *Espanolos* sogleich **Paniolos** genannt. Mittlerweile ist das Wort *Paniolo* der hawaiianische Ausdruck für Cowboy.

Freunde amerikanischer **Cowboy-Kultur** kommen hier voll auf ihre Kosten, denn es gibt ein *Parker Ranch Visitor Center and Museum* (Tel. 885-7655, www.parkerranch.com; beim *Parker Ranch Shopping Center),* das *Parker Ranch Family Home,* den *Parker Square,* ... Gegen Bezahlung ist eine Besichtigung des Museums und des Familienwohnsitzes ebenso möglich wie Touren über die Ranch.

In Waimea haben sich einige Köche selbstständig gemacht, die früher in den Luxushotels der Westküste angestellt waren. Daher gibt es hier einige **Restaurants der Ober- bis Spitzenklasse.**

Nordküste und Mauna Kea

Die Hamakua-Küste

Ein etwa 50 Meilen langer Abschnitt der Nordküste zwischen Hilo und dem Waipio Valley trägt den Namen *Hamakua Coast*. Der Highway 19 führt an der Küste entlang und bietet immer wieder schöne Ausblicke. Der nördlichste, noch bequem zugängliche Punkt der *Hamakua Coast* ist das Waipio Valley.

Waipio Valley

Das Waipio Valley gilt als Wiege der hawaiianischen Kultur, denn hier sollen sich die ersten polynesischen Siedler niedergelassen haben. Es wird auch als *Valley of the Kings* (Tal der Könige) bezeichnet, weil es über viele Jahre hinweg das Regierungs- und Kulturzentrum von Hawaii war.

Als im Jahr 1823 die ersten Weißen hierher kamen, lebten noch etwa 1500 Menschen in dem fruchtbaren Tal, dem größten von ganz Big Island. Mittlerweile sind es nicht einmal mehr 50 Bewohner, die hier im Tal Taro und andere Pflanzen anbauen. Sie leben in sehr einfachen Verhältnissen ohne Elektrizität und ohne Leitungswasser.

Wenn man das Tal **auf eigene Faust** besucht, dann hat man eine gute

Big Island

Joe, einer der letzten Einwohner des Waipio-Valleys beim Taroanbau

Chance, ein sehr ursprüngliches Stück Hawaii kennen zu lernen. Die Kapu-Schilder (Betreten verboten) sollte man jedoch mit Rücksicht auf die Privatsphäre der Einwohner beachten.

Vom **Aussichtspunkt** am Ende des Highway 240 hat man einen schönen Ausblick auf das Waipio Valley.

Eine steile, nur von Allradfahrzeugen *(Four Wheel Drive, 4WD)* befahrbare Straße führt hinunter zum Talboden. Da die Verleiher von *4WDs* das Befahren des Tals verbieten, bleiben nur zwei Alternativen für die Besichtigung: Entweder binnen 30 bis 40 Minuten hinunterlaufen (bergauf: 45–60 Min.)

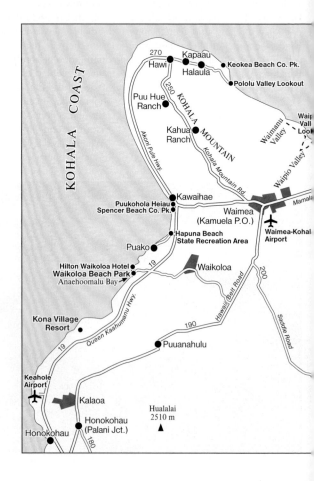

oder an einer **geführten Tour im All-rad-Kleinbus** oder **auf Pferden** teilnehmen. Die Straße (= Wanderweg) im Tal führt z. T. mitten durch den Waipio-Fluss bis zu einem Aussichtspunkt auf den etwa 400 m hohen **Doppelwasserfall** *Hiilawe Falls*. Insektenschutzmittel ist dringend erforderlich.

Folgende Unternehmen bieten **motorisierte Touren** an:

● **Waipio Valley Shuttle,** Tel. 775-7121, führt für 50 $ täglich außer sonntags 90-minütige Touren ins Waipio Valley durch.
● **Waipio Valley Wagon Tours,** Tel. 775-9518, bringt die Teilnehmer für 50 $ im Allradfahrzeug ins Tal (und wieder hinauf) und fährt dann mit der Pferdekutsche durchs Tal.

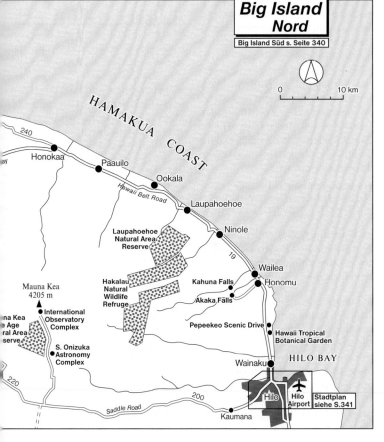

Big Island

Geführte Ausritte ins Waipio Valley bieten die folgenden Unternehmen an, wobei 2 ½ Stunden Reiten jeweils mit etwa 90 $ zu Buche schlagen:

- **Waipio Ridge Stables,** Tel. 775-1007
- **Naalapa Stables,** Tel. 775-0419
- **Waipio on Horseback,** Tel. 775-7291 oder gebührenfrei 1-877-775-7291

Waimanu Valley

Es besteht auch die Möglichkeit, eine Wanderung in das nördlich gelegene Waimanu Valley zu unternehmen. Der zick-zack-förmige Weg in das unbewohnte Paralleltal ist bereits vom *Waipio Valley Lookout* aus zu erkennen. Da man für die einfache Wegstrecke vom Parkplatz am *Lookout* bis ins Waimanu Valley 9 bis 10 Stunden Gehzeit einkalkulieren muss, ist eine Campingübernachtung nötig. Die dafür erforderliche kostenlose Erlaubnis (Permit) erhält man bei:

- **Division of Forestry and Wildlife** P.O. Box 4849, Hilo/Hawaii 96720, Tel. 933-4221

Im **Waimanu Valley** endet der Weg. Es besteht keine Möglichkeit, von hier aus bis zum **Pololu Valley** am nördlichen Ende der Steilküste zu wandern.

Auf dem Highway 19 bieten sich entlang der Straße Einblicke in die **Seitentäler,** die *Gulches* genannt werden. Die wohl schönste *Gulch* mit riesigen afrikanischen Tulpenbäumen liegt bei Meile 18,2. Vor allem bei hohem Wasserstand ist das Seitental bei Meile 16,2 noch besonders sehenswert. Das beste Licht zum Fotografieren herrscht am Vormittag.

Wer Ruhe sucht, der ist im **Laupahoehoe Beach Park** richtig. Tische, Bänke und WCs sind vorhanden, aber praktisch keine Touristen. Ab und zu spielt hier eine Band live ihre Songs mitten im Grünen. Ein Campingplatz mit fließendem Wasser und einfachen Sanitär-Anlagen gehört auch dazu. Die passende Camping-Permit gibt's im County Building in Hilo.

Akaka Falls

Bei Meile 13,4 zweigt zur Bergseite hin eine 3 ½ Meilen lange Stichstraße zu den *Akaka Falls* ab. Bei einem Wald von Verbotsschildern beginnt der leicht begehbare Rundweg durch den tropischen Dschungel. Unter bis zu 10 Meter hohem Bambus hinweg, vorbei an Heliconia, wildem Ingwer, Bougainvillea und vielen anderen, hier regelrecht wuchernden Pflanzen geht es zu den 35 m hohen *Kahuna Falls* und den von vielen Postkarten bekannten, knapp 130 m hohen *Akaka Falls*. Dieser 30- bis 45-minütige Rundweg ist ein Muss für jeden Besucher dieser Region. Wer fotografieren will, sollte unbedingt am Vormittag kommen, nachmittags liegen die *Akaka Falls* im Schatten.

Pepeekeo Drive

Südlich von **Honomu** zweigt vom neuen Highway 19 der alte Highway 19 ab, der jetzt als vier Meilen langer *Pepeekeo Scenic Drive* ausgeschildert ist. Die schmale Straße führt durch dichten tropischen Regenwald zum **Hawaii Tropical Botanical Garden** und wieder zurück zum Hwy 19. Die-

Tipps für den Mauna-Kea-Besuch

Bei einer Fahrt auf diesen Berg gelangt man innerhalb von weniger als drei Stunden von Meereshöhe bis auf 4205 m Höhe. Nirgendwo sonst können Sie eine solche Höhendifferenz auf dem Landweg in dieser Zeit bewältigen. Das Problem ist nicht die Höhe selbst, sondern die schnelle **Bewältigung der Höhendifferenz.** Daher haben fast alle Besucher keine Erfahrung im Umgang mit einem derart plötzlichen Höhenwechsel. Zur Vermeidung von Unwohlsein und von gesundheitlichen Schäden sollte man die folgenden Tipps befolgen:

- Schwangere sollten nicht auf den Mauna Kea fahren;
- 24, besser 48 Stunden vor und 12 Stunden nach der Fahrt nicht Gerätetauchen (SCUBA);
- 48 Stunden vorher nicht oder zumindest viel weniger rauchen;
- viel Flüssigkeit trinken (Wasser, Fruchtsaft, aber kein Alkohol, keine *Sodapops* wie Cola etc.);
- nicht überanstrengen und nur langsam bewegen;
- man muss sich warm halten; der meist starke Wind kühlt schnell aus, die Temperaturen liegen oft nur knapp über dem Gefrierpunkt bei starkem Wind;
- man sollte auf dem Hin- und Rückweg eine mindestens 30-minütige Pause am Visitor Center auf 2700 m Höhe machen;
- man sollte am Vortag blähende Speisen und Getränke (z. B. Bohnen, Kohl, Getränke mit Kohlensäure) meiden;
- man sollte möglichst 24 Stunden nach dem Gipfelbesuch keinen Langstreckenflug unternehmen.

Wer am Gipfel aus dem Wagen steigt, hat erst ein etwas flaues Gefühl in der Magengegend, das ist ganz normal. Die klare Luft, die unberührte Kraterlandschaft und das Gefühl, auf dem höchsten Berg der Erde (4205 m über dem Meeresspiegel, ca. 5000 m darunter) zu stehen, wird einen sicherlich dafür entschädigen.

- Bei starken Kopfschmerzen oder heftiger Übelkeit sollte man so schnell wie möglich wieder in tiefere Regionen hinabfahren.

P.S.: Die Mitarbeiter der Observatorien fahren jeden Tag teilweise sogar von Hilo aus bis hier hinauf und haben keine Probleme. Weitere Infos erhält man vom *Mauna Kea Observatory Support Center* in Hilo unter Tel. 935-3371.

Big Island

---

ser botanische Garten (Tel. 964-5233; Erwachsene 15 $ Eintritt, Kinder unter 16 Jahren frei) ist vor allem für die interessant, die sonst keine Wanderungen durch tropischen Regenwald unternehmen.

Mauna Kea

Um auf den Mauna Kea zu gelangen, benötigen Sie ein **Allradfahrzeug** *(4WD).* Leider gibt es in Kona und Hilo jeweils nur einen 4WD-Vermieter:

- **Harpers Car & Truck Rental** in Hilo sowie in Kona, Tel. für beide 969-1478, jeweils am Flughafen. Harpers ist auch gebührenfrei von außerhalb Big Islands erreichbar unter 1-800-852-9993 und verfügt über eine eigene Homepage: www.harpershawaii.com

Harpers vermietet gut gewartete Fahrzeuge. Der Autor hat bereits mehrere Male ein Allradfahrzeug bei Harpers gemietet und war immer sehr zufrieden.

Der Autor hat allerdings auch schon **Miet-PKWs** auf dem Gipfel gesehen, die statt Normalbenzin Super *(Premi-*

um) getankt hatten. Die meisten PKWs müssen jedoch wegen ihrer Motoreinstellung bei spätestens 3500 Höhenmetern aufgeben. Da die Vermieter außerdem auf dieser Strecke keinen Versicherungsschutz gewähren und trotz Motorbremse die Gefahr des Heißlaufens der Bremse sehr hoch ist, rät der Autor zur Ausleihe eines Allradfahrzeuges oder zur Teilnahme an einer geführten Tour. Man sollte stets auf die Motor-Temperatur achten.

Man muss inklusive Steuern und Versicherung mit 150 $ pro Tag für einen 4WD rechnen.

Anfahrt

Sowohl von Kona als auch von Hilo aus erfolgt die Anfahrt zum Mauna Kea über die **Saddle Road** (Hwy 200). Die letzten *Facilities* (Supermärkte, Tankstellen etc.) auf dieser Strecke gibt es in Hilo bzw. Waimea/Kona. Die meisten Autovermieter verbieten das Befahren der im 2. Weltkrieg gebauten Saddle Road, denn sie ist recht schmal, hat sehr enge, teilweise tückische Kurven und zum Teil beachtliche Steigungen, die beim Bergab-Fahren unbedingt den ersten Gang erfordern (und beim Automatik-Fahrzeug zusätzlich zeitweise die Bremse). Außerdem ist die Ableitung des Wassers von der Straße oft schlecht, so dass bei Regen selbst bei geringen Geschwindigkeiten akute Aquaplaning-Gefahr besteht. Hinzu kommt die Tatsache, dass meist keine Bankette und im Westteil keine Reflektoren am Straßenrand angebracht sind. In Kombination mit dem oftmals recht spontan auftreten-

dem Nebel lässt sich somit erklären, warum die Unfallhäufigkeit auf der Saddle Road 80 % höher ist als auf anderen zweispurigen Straßen der Insel.

Da sich im Sattel-Bereich auch eine große militärische Anlage (inkl. Truppenübungsplatz) befindet, schleichen öfter einmal olivgrüne Fahrzeug-Konvois den Berg hinauf, die nicht überholt werden dürfen – und zwar aus Sicherheitsgründen, weil sich oftmals Munition an Bord der Trucks befindet. Seit 1991 laufen Untersuchungen zu einem Ausbau der Saddle Road, und seit 2004 laufen die Ausbaumaßnahmen. Besonders beeindruckend ist der allmähliche **Wechsel der Vegetation** bei einer Fahrt von Hilo aus bis auf den Sattel in 2000 m Höhe, denn man fährt dabei vom tropischen Regenwald über grüne Weideflächen und Trockengebiete bis in die Lavawüste.

Gegenüber der **Hunter Checking Station** (kleine Hütte südlich des Hwy 200) zweigt bei Meile 28 die Stichstraße auf den Mauna Kea ab. Bis zu diesem Abzweig benötigen Sie von **Hilo** aus etwa eine Stunde, von **Kona** aus etwa 1 ½ Stunden. Auf etwa 2700 m.ü.M. liegt rechts der Straße das *Visitor Information Center (VIS)* des **Onizuka Center for International Astronomy,** (OCIA, Tel. 961-2180, www.ifa. hawaii.edu/info/vis), das Sie anfahren sollten. Hier empfiehlt es sich, eine Pause einzulegen und warme, winddichte Kleidung anzuziehen. Oftmals hat man hier auch die Möglichkeit, durch ein 11-Inch-Teleskop (11 Inch sind etwa 28 cm Durchmesser) mit Filter die Sonne und die Sonnenflecken zu beobachten. Zwischen 18 und 22 Uhr, wenn keine Besucher mehr am Gipfel sein dürfen, können die Besucher am OCIA dann die Sterne durch drei Teleskope betrachten: ein 16-Zoll-Teleskop (Meade LX-200; 40 cm Durchmesser), ein 14-Zoll-Celestron-Teleskop (35 cm Durchmesser) sowie ein 11-Zoll-Celestron-Teleskop.

Samstags und sonntags veranstaltet das VIS um 13 Uhr (Ankunftszeit, anschließend Akklimatisierung) *Summit Tours* (Ausflüge zum Gipfel) im eigenen (Miet-)Fahrzeug, bei denen zwei Observatorien besichtigt werden. Die Weiterfahrt zum Gipfel ist nur mit Allrad-Fahrzeugen gestattet.

Vom Visitor Information Center bis zum Gipfel sind es noch 8 ½ Meilen. Unmittelbar oberhalb des Visitor Information Centers beginnt der steile, ungeteerte Teil der Straße. Nach einigen Meilen Schotterstraße geht sie wieder in eine bis zum Gipfel asphaltierte Straße über. Wer sich oben am Abzweig rechts hält, kann vom höchsten Punkt der Straße aus zunächst ein Stück bergab und dann binnen 10 bis 15 Minuten auf den eigentlichen Gipfel wandern. Oft lohnt sich auch der Anblick des Sonnenuntergangs.

Anfahrt

Auf dem Mauna Kea gibt es eine Besonderheit der Tierwelt, nämlich ein Insekt, das trotz des allnächtlichen Frosts hier oben lebt. Der etwa 4 mm lange **Waikua-Käfer** überlebt, weil er eine Art Frostschutzmittel in seinem Körper hat. Als Nahrung dienen ihm andere Insekten, die der Wind in diese

Höhen trieb und hier erfrieren ließ. Der *Waikua-Käfer* saugt diese toten Insekten aus.

Observatorien

Durch die klare Luft (keine Industrie und nur kleine Städte in der Nähe), die Dunkelheit (die Küstenstädte liegen so weit unten, dass sie die Beobachtungen so gut wie nicht stören) und die gute Anbindung (Flughafen Hilo) sind die Bedingungen für eine professionelle Himmelsbeobachtung ideal; daher wurde auf dem Mauna Kea eine Vielzahl von Observatorien gebaut. Hier oben stehen mit die größten Teleskope der Welt.

Am 11. Juli 1991 herrschte eine totale **Sonnenfinsternis.** Damals war auf dem Mauna Kea kaum ein freies Plätzchen zu finden. Überall waren zusätzliche Messapparaturen installiert, überall warteten Reporter auf das Ereignis.

In den vielen Observatorien gibt es nur wenig zu sehen, weil die meisten Messungen digital ausgewertet werden. Die Sensoren sind fest mit den Teleskopen verbunden, und es besteht praktisch nie die Möglichkeit, einen Blick durch das Fernrohr zu erhaschen.

Nur zwei Observatorien verfügen auch über eine Besucher-Galerie – nämlich das **Keck I Telescope** und das **Subaru Telescope.** Das Erstgenannte befindet sich ziemlich in der Mitte der Rundstraße am Gipfel und ist leicht zu erkennen, denn die beiden Teleskop-Dome von Keck I und Keck II sehen aus wie Zwillings-Kugeln. Im Keck-Observatorium gibt's ein Video sowie diverse andere Infos und – nicht ganz

Big Island

unwichtig – **Toiletten.** Aber außer dem Teleskop selbst oder einigen Kühlbehältern ist selbst für Experten nur wenig zu sehen. Geöffnet von Montag bis Freitag von 10 bis 16 Uhr.

Ebenfalls zugänglich ist das Subaru Teleskop (www.naoj.org). Unter www. naoj.org/Information/Tour/Summit/index.html bzw. Tel. 934-5056 erfahren Sie alles über die 30-minütigen Touren, die mindestens eine Woche zuvor gebucht werden müssen. Die Anreise erfolgt auch hier in Eigenregie.

Die Leitung des *Institute for Astronomy* der University of Hawaii hat seit Ende 2000 übrigens der deutsche Professor *Dr. Rolf-Peter Kudritzki* aus Oberbayern inne.

Eine halbe Stunde nach Sonnenuntergang müssen alle Besucher den Gipfel verlassen, wenn sie nicht schon vorher in wärmere Gefilde geflüchtet sind, was bei einer durchschnittlichen Tages-Temperatur von + 4 °C nicht zu verdenken ist.

Es besteht aber auch die Möglichkeit, an einer geführten Tour von Kona oder Hilo zum Gipfel teilzunehmen, was mit knapp 100 $ pro Person zu Buche schlägt. Dafür gibt's dann aber auch meist einen warmen Leih-Parka und einen warmen Tee:

● **Jack's Tours, Inc., Hilo**
Tel. (gebührenfrei) 1-800-442-5557
bzw. 969-9507
www.jackstours.com
● **Arnott's Lodge & Hiking Adventures, Hilo**
Tel. 969-7097, www.arnottslodge.com
● **Paradise Safaris, Kona**
Tel. 322-2366
oder gebührenfrei 1-888-322-2366
www.maunakea.com

● **Hawaii Forest & Trail, Ltd., Kona**
Tel. 331-8505,
www.hawaii-forest.com
● **Taikobo Hawaii, Inc., Kona**
(primär für Japaner, jetzt auch auf Englisch)
Tel. 329-0599 bzw. 329-0566,
www.aiaihawaiie.com
● Einen Vorgeschmack auf den Gipfel gibt die **Live-Cam am Mauna Kea:** www.mlo.noaa.gov/LiveCam/FcamMK.htm

Skifahren

In den Monaten Januar bis März liegt meist Schnee auf dem Mauna Kea. Unverbesserliche können dann sogar Skifahren. Lifte gibt es keine (siehe Aktivitäten).

Strände

Im Gegensatz zu den anderen Inseln gibt es auf Big Island nur wenige ausgesprochen schöne Strände – die meisten davon an der Westküste. Soweit nicht anders angegeben, stehen an allen im Folgenden (entlang der Westküste von Nord nach Süd) aufgeführten Stränden Kaltwasserduschen und Toiletten.

Spencer Beach Park

Der schönste weiße Strand liegt im *Samuel Spencer Beach Park* in der Nähe des Schnittpunktes der Highways 270 und 19. Das Wasser ist ruhig, und einige Bäume bieten sogar ein schattiges Plätzchen. Beim Schnorcheln sieht man kaum lebendige Korallen und nur wenige Rifffische, dafür aber oftmals Meeresschildkröten.

Big Island

Hapuna Beach Park

Zwei Meilen südlich des Schnittpunktes der Highways 270 und 19 liegt der längste weiße Sandstrand der Insel. Meist wachen Rettungsschwimmer über das ruhige Wasser. Ein Imbissstand sorgt für das leibliche Wohl.

Waikoloa Beach Park

Auch hier ist die See ruhig. An dem in der Anaehoomalu Bay (eigene Ausfahrt vom Hwy 19) neben dem Royal Waikoloan Hotel und dem Hilton Waikoloa gelegenen Strand besteht die Möglichkeit, Wassersportgeräte auszuleihen. Windsurfer sind oft zu sehen.

Kealakekua Bay

Wenig einladend sieht der Strand der Kealakekua Bay bei Napoopoo aus, obwohl sich hier sehr gute Schwimmmöglichkeiten bieten. Erheblich schöner ist die andere Seite der Bucht, die allerdings praktisch nur vom Boot aus zugänglich ist. Im Nordteil der Bucht befindet sich eines der besten Schnorchelreviere von ganz Hawaii.

Green Sands Beach (Papakolea Beach)

Nur zu Fuß erreicht man diesen grünen Strand vom South Point aus (Wegbeschreibung siehe Südküste). Dort gibt es zwar weder Toiletten noch Du-

schen, aber für eine kleine Erfrischung und *Boogie-Boarding* ist der Strand gut geeignet. Aufgrund der Brandung ist Schwimmen nur in begrenztem Umfang möglich.

Punaluu Beach

Weit abseits der Hotels liegt der Punaluu Beach nordöstlich von Naalehu. Im ufernahen Bereich bietet der schwarze Sandstrand gute Schwimmmöglichkeiten. Auch hier tummeln sich oft Meeresschildkröten.

Von diesem Bus
ist nur noch das Dach zu sehen

Darüber hinaus gibt es noch Strände in unmittelbarer Nähe der Hotels, die jedoch stark frequentiert sind.

Aktivitäten

Rundflüge über die Insel

Seit 1983 hat der Vulkan Kilauea eine Dauer-Eruption. Seitdem ist ein **Flug über die flüssige Lava** auf Big Island ein planbares Ereignis. Nirgendwo sonst kann man mit einem derart geringen Risiko das Naturschauspiel so hautnah erleben wie bei einem Hubschrauberflug über die flüssige Lava. Außerdem bekommt man ein Gefühl für das Ausmaß der letzten Vulkan-

eruptionen, ihr Vernichtungspotenzial und ihre Fähigkeit, neues Land zu schaffen.

Im Normalfall sieht man flüssige Lavamassen, die sich langsam Richtung Meer wälzen, die Dampfwolke beim Einfließen ins Meer und so genannte Fenster. Dabei handelt es sich um Löcher in der Decke von Lavaröhren, durch die man direkt auf die rotglühende Lava blickt. Der Kontrast zwischen dem tiefen Schwarz und dem leuchtend heißen Rot ist unbeschreiblich. Je nach Aktivität kann man eventuell auch einen Blick in den Lavasee des derzeit aktiven Vulkankraters namens Puu Oo werfen. Die Helikopterfirmen geben keine Garantie, dass diese Naturphänomene auch zu sehen sind, sagen aber ehrlich, was am Vortag oder bei einigen Flügen vorher zu sehen war. Der Autor hat viele Flüge in mehreren Jahren mit verschiedenen Unternehmen mitgemacht und war stets begeistert.

Die beste **Flugzeit** ist in den frühen Vormittags- und den späteren Nachmittagsstunden. Die **Preise** liegen zwischen $ 130 und $ 350 je nach Abflugpunkt, Dauer, Unternehmen und Abflugszeit.

Falls eine besonders starke Eruption auftritt, bei der beispielsweise Lava senkrecht in die Luft geschleudert wird, sind die Helikopter natürlich sofort ausgebucht. Ansonsten reicht eine **Buchung** etwa zwei bis drei Tage im Voraus.

Darüber hinaus bieten manche Unternehmen auch **Flüge über die gesamte Insel** an. Aufgrund der Größe von Big Island sind diese Flüge sehr teuer und bieten im Vergleich zu einem Flug auf Kauai weniger Attraktionen für's Geld.

Hubschrauberflüge

Allgemeines zum Thema Hubschrauberflüge in Hawaii steht im Kapitel „Kauai, Aktivitäten".

Flüge zum Vulkan beginnen in der Regel in Hilo. Flüge ab Kona sind meist erheblich teurer. Teilweise gibt es Internet-Specials. Personen über 120 kg müssen zwei Plätze buchen.

Folgende Unternehmen bieten Flüge an:

● **Tropical Helicopters**
(ab Hilo oder Kona) Tel. 961-6810, www.tropicalhelicopters.com

Hier fliegt man mit Hubschraubern, in denen nur vier Passagiersitze sind, so dass jeder Gast einen Fensterplatz hat. Zum Fotografieren lassen sich die Fenster öffnen.

Während der Vulkan-Standard-Trip hier ab Hilo oft für 100 $ erhältlich ist, gibt es für 140 $ gar den Spezialflug unter dem Motto „Feel the Heat – The ultimate Doors Off Experience" (Spüren Sie die Hitze – Das ultimative Erlebnis ohne Türen). Nicht nur Fotografen – mit warmer, winddichter Kleidung ausgestattet – werden von diesem Flug begeistert sein. Da „Feel the Heat" nicht so oft stattfindet, sollte man eine Woche zuvor bereits wegen eines Termins anfragen.

● **Blue Hawaiian Helicopters**
Tel. 961-5600 (ab Hilo), www.bluehawaiian.com

Das größte Unternehmen in Hilo bietet die aktuelle Tour als Video und stellt die Touren im Internet als (HD-)Video vor.

● **Safari Helicopters**
(Ab Hilo), Tel. gebührenfrei 1-800-326-3356. www.safariair.com

Dieses Unternehmen inseriert immer wieder in den Werbebroschüren. Wer den mit der Anzeige verbundenen Cupon mitbringt, kann teilweise sogar für 100 $ mit von der

Partie sein. Auch wer im Internet voraus bucht, erhält Rabatt. Im Web gibt's auch ein schönes Spiel (siehe Kauai).

●**Hawaii Helicopters,**
www.hawaiihelicoptertours.com
Dieses Unternehmen vermittelt Hubschrauberflüge auf allen Inseln.

Rundflüge mit dem Flugzeug

Ein Rundflug im Flugzeug kostet etwa halb so viel wie ein Rundflug mit dem Hubschrauber.

●**Hawaii Island Hoppers**
ab Hilo oder Kona Airports,
Tel. 329-0018
oder gebührenfrei 1-800-538-7590
www.fly-hawaii.com

Ausflüge und Aktivitäten im und auf dem Wasser

Die Wassersportaktivitäten auf Big Island beschränken sich auf den Großraum Kona sowie auf die Kohala-Küste südlich von Kawaihae.

Bootstouren, Whale Watching, Schnorcheln

Während im Winter auch das **Whale Watching** möglich ist, konzentrieren sich die Aktivitäten in den anderen Jahreszeiten vor allem auf das Schnorcheln. Das meistangesteuerte Ziel ist die Kealakekua Bay.

Die **Tourlänge** variiert zwischen 2 ½ und 5 Stunden. Meist werden auch Lunchpakete serviert. Soweit nichts anderes angegeben ist, handelt es sich um Ausflugsboote oder Katamarane mit 20 bis 50 Plätzen, teilweise werden Touren auf Segelbooten angeboten.

Alle im Folgenden mit Sternchen aufgelisteten Unternehmen verleihen auf ihren Trips kostenlos eine **Schnorchelausrüstung.**

●**The Body Glove Boat*,**
Tel. 326-7122
oder gebührenfrei 1-800-551-8911
●**Captain Dan McSweeny's Adventures,**
Tel. 322-0028
(im Winter nur Whalewatching)
●**Captain Beans' Cruises,**
Tel. 329-2955
(eine Art polynesische Dinnershow auf einem großen Boot)
●**Captain Zodiac*,**
Tel. 329-3199
nimmt minimal 4, maximal 16 Personen auf seinen Schlauchboot-Touren mit. Im Winter als Kombination: Schnorcheln und Whalewatching.
●**Fair Wind
Snorkeling & Diving Adventures*,**
Tel. 322-2788
oder gebührenfrei 1-800-677-9461
●**Kamanu Charters*,**
Tel. 329-2021
oder gebührenfrei 1-800-348-3091
●**Sea Quest Snorkel & Raft Adventure***
Tel. 329-7238
höchstens sechs Personen im Schlauchboot.
●**Red Sail Sports,**
Tel. 886-2876
oder gebührenfrei 1-800-255-6425
ab Waikoloa.
●**Atlantis Submarine,**
Tel. 329-6626
oder gebührenfrei 1-800-548-6262
bietet eine Fahrt im U-Boot an.

Kajakfahren

●**Kayak Discovery Tours,**
Tel. 328-8911
veranstaltet Kajaktouren, in Vollmondnächten auch mit Wahrsager-Besuch.
●**Kona Kai-Yaks,**
Tel. 326-2922
vermietet Kajaks und führt Touren durch.
●**Kohala Kayak,**
Tel. 882-4678

Gerätetauchen

Neben Molokini und Lanai (erreichbar ab Maui) zählen die Tauchreviere im Bereich Kona-Waikoloa zu den besten der Inselkette. Eine Bootsausfahrt mit zwei Tauchgängen *(Two-Tank Dive)* ist in der Regel für etwa 100 $ (inklusive Equipment) zu haben.

● **Jack's Diving Locker**
(Kona) Tel. 329-7585
oder gebührenfrei 1-800-345-4807

Direkt von der Tauchbasis aus starten die Boote. Neben den Standard-Tauchkursen führt das Unternehmen auch Speziallehrgänge wie beispielsweise *Nitrox-Tauchen* durch. Das Equipment ist durchweg gut gewartet. Die Einführung vor den Tauchgängen ist umfassend und berücksichtigt alle wesentlichen Punkte von der Tauchtechnik bis hin zur Meeresbiologie. Außerdem bietet Jack's Diving Locker, die *Kona Coast Divers* gekauft haben, jetzt die *Manta Ray Night Dives* an.

● **Red Sail Sports**
(Waikoloa: Büro im Hilton, Bootsabfahrt am Strand vor dem Outrigger)
Tel. 866-2876
oder gebührenfrei 1-877-REDSAIL,
www.redsail.com, e-mail: info@ redsail.com.

Das Unternehmen fährt in der Regel stets nach Norden in Tauchreviere, die von Kona aus per Boot nicht mehr sinnvoll erreichbar sind, und hier gilt die Regel: Je weiter nördlich, desto unberührter und üppiger sind die Tauchplätze. Da viele Leute an Bord des Schiffes nur eine Cruise (Mini-Kreuzfahrt) machen oder Schnorcheln, herrscht unter Wasser wohltuende Ruhe.

● **Big Island Divers**
(Kona) Tel. 329-6068
oder gebührenfrei 1-800-488-6068,
www.bigislanddivers.com

Das Unternehmen nimmt nur sechs bis acht Taucher mit auf das ziemlich kleine Boot.

● **Fair Wind Snorkeling
& Diving Adventures**
(Kona) Tel. 322-2788,
www.fair-wind.com.

Für satte 135 $ kann man hier einen Einzeltauchgang *(One-Tank Dive)* inklusive Frühstück und Lunch genießen.

Surfen und Windsurfen

Auf Big Island hat der Autor nur am Waikoloa Beach Park Vermieter von (Wind-) Surfbrettern gesehen. Big Island ist das klassische Angelparadies; zum Surfen gehen die meisten Besucher allerdings nach Maui oder Oahu.

Hochseefischen

Big Island ist das Sportangel-Zentrum von Hawaii. Aus allen Teilen der Welt kommen die Angler hierher, um einen **Blue Marlin** (Schwertfisch) oder einen Thunfisch mit Rekordgewicht aus dem Wasser zu ziehen. Vor allem der Blue Marlin geht in den Gewässern vor Kona in beachtlichen Größen an den Haken. Das größte, hier jemals gefangene Exemplar dieser Schwertfisch-Art soll über 600 kg gewogen haben.

Falls Sie auf Big Island zum *Big Game Fishing* waren, dann senden Sie dem Autor doch bitte einen kurzen Bericht darüber an:

info@reise-know-how.de

● **Janet "B" Sportfishing,**
Tel. 325-6374 oder 936-4619
oder gebührenfrei 1-800-658-8624

● **Marina Seafoods,**
Tel. 326-2117

● **Omega Sportfishing,**
Tel. 325-7593, 325-7859 oder 987-9199.

Das Boot wird von seinem Besitzer *Klaus Kropp,* einem ausgewanderten Deutschen, gesteuert.

● **Reel Action Light-Tackle Sportfishing,**
Tel. 325-8611

● **"Sea Wife" Fishing Charters,**
Tel. 329-1806

Big Island

Spezial-Exkursionen

Manta Ray Experience

Schnorcheln/Tauchen mit den Manta-Rochen kann man jeden Abend nicht nur bei einer Ausfahrt mit *Jack's Diving Locker* (siehe Tauchen) sondern auch im *Sheraton Keauhou Beach.*

● Weitere Infos unter:
www.sheratonkeauhou.com/mantaray
experience.htm

Flumin Da Ditch

nennt sich eine Fahrt im **aufblasbaren Kayak** (ein kleines Schlauchboot) in den ursprünglich für die Landwirtschaft gebauten Bewässerungskanälen der Kohala Mountains. Dabei geht es auch durch Tunnels. Ausgangspunkt ist Hawi ganz im Norden der Insel. Für 100 $ ist man bei dieser mehr auf Wasserspaß als auf Abenteuer ausgerichteten Familientour dabei.

● **Kamuela Kayak Corporation (Hawi)**
Tel. 889-6922
oder gebührenfrei 1-877-449-6922
www.flumindaditch.com
Außerdem bietet das Unternehmen *HMV-Tours* an, also Fahrten mit dem Geländewagen Hummer.

Parasailing
● **UFO Parasail,**
Tel. 325-5836

Aktivitäten auf dem Land

Radfahren
● **Chris Bike Adventures,**
Tel. 326-4600
● **Kona Bike Tours,**
Tel. 329-2294
● **Mauna Kea Mountain Bikes,**
Tel. 885-2091

Geführte Wanderungen
● **Hawaii Forest and Trail,**
Tel. 322-8881

Reiten
● **Dahana Roughriders,**
Tel. 356-1800 (Waimea)
oder gebührenfrei 1-888-349-7888
● **Fallbrook Trail Rides,**
Tel. 329-0543 (Kona)
● **Kohala Trailriding,**
Tel. 889-6257 (Kohala-Berge, am Hwy 250)
● **Waipio on Horseback,**
Tel. 775-7291 (Waipio-Valley)

Skifahren am Mauna Kea
● **Ski Association of Hawaii,**
www.hawaiisnowskiclub.com.
● **Hawaii Ski Guides**
Tel. 885-4188, www.skihawaii.com.
Kommerzielle Touren ab 250 $ (plus Tax) pro Person.

Falls Sie auf Big Island zum (Schnee-) Skilaufen waren, dann senden Sie dem Autor doch bitte einen kurzen Bericht darüber an: info@reise-know-how.de

Sonstiges
● **Island Riders,**
Tel. 326-7220 (ebenfalls gegenüber dem Hilton in Kona), verleiht Motorroller und Motorräder, auch *Harleys.*

Und zu guter Letzt –schließlich ist Hawaii ja ein Teil von Amerika:

● **Shooter's Choice Handgun Range,**
Tel. 326-5648,
Werbeslogan „Schießspaß für die ganze Familie".

Unterkunft

Hotels

Die Hotels der Insel konzentrieren sich in zwei Zentren und zwar im **Großraum Kona** an der Westküste (einzelne Anlagen nördlich davon) sowie in **Hilo** an der Nordostküste (vor allem entlang des Banyan Drive).

Während in Hilo die Hotels der unteren Kategorien bis zur gehobenen Mittelklasse zu finden sind, stehen an der Westküste vor allem Häuser der Mittel- bis Oberklasse zur Verfügung.

Zu den besten Häusern der Insel zählen die Resorts nördlich von Kona. In Waikoloa, wo die beiden Hotels *Hilton Waikoloa Resort* und *Waikoloa Beach Resort* stehen, befindet sich der sonnenreichste Punkt der Insel, wenn nicht gar von ganz Hawaii. In den letzten Jahren fiel hier überhaupt kein Niederschlag. Selbst wenn im 30 km entfernten Kona ein Platzregen heruntergeht, scheint hier die Sonne.

Darüber hinaus stehen auch **Unterkünfte im Bereich des Vulkans** zur Verfügung. Das *Volcano House* direkt am Rand des Kilauea-Kraters sowie die *Kilauea Lodge* im vier Meilen entfernt gelegenen Volcano Village sind oft ausgebucht, eine zeitige Reservierung empfiehlt sich also. Da nicht alle Reisebüros Unterkünfte am Vulkan buchen können, hier die Adressen:

● **Volcano House** (ab 80 $)
Tel. 967-7321,
www.volcanohousehotel.com
● **Kilauea Lodge** (ab 85 $)
Tel. 967-7366, www.kilauealodge.com.

Weitere Adressen am Vulkan siehe auch: *sonstige Unterkünfte.*
● **Hilo Seaside Hotel,**
126 Banyan Drive, Hilo
Tel. 935-0821
oder gebührenfrei 1-800-560-5557,
www.sand-seaside.com
an der Kreuzung von Highway 19 und Highway 11 (siehe auch im allgemeinen Teil: Unterkunft/Hotels)
● **Kona Seaside Hotel**
5646 Palani Road, Kona
Tel. 329-2455
oder gebührenfrei 1-800-560-5558,
www.sand-seaside.com
an der Kreuzung zum Alii Drive im absoluten Zentrum (siehe auch im allgemeinen Teil: Unterkunft Hotels.

Camping

Mit gewissen Einschränkungen ist Camping auf Big Island durchaus möglich. Es gibt dort zwar eine Vielzahl von Campingplätzen, aber nicht alle sind besonders idyllisch oder ruhig gelegen. Auch die sanitären Einrichtungen lassen oft mehr als zu wünschen übrig, und frisches Trinkwasser muss in vielen Parks selbst mitgebracht werden.

Dennoch ist die Übernachtung auf vier Plätzen empfehlenswert. Alle vier Plätze verfügen über Wasser und akzeptable Sanitäreinrichtungen, die drei Plätze am Strand sogar über Kaltwasserduschen.

Die Übernachtung auf dem Platz im Nationalpark ist kostenlos und ohne *Permit* möglich. Die unbedingt notwendige **Erlaubnis für die County Parks** gibt's für 5 $ pro Nacht und Nase. Das Prozedere zum Erlangen dieser Erlaubnis hat sich öfter kurzfristig geändert.

Big Island

●Aktuelle **Infos zur Camping Permit**
(inkl. Reservierung):
www.co.hawaii.hi.us/parks/parks.htm.

Vor Ort gibt's folgende Anlaufstelle:

●Für alle Parks:
**Department of Parks and Recreation
County of Hawaii**
101 Pauahi Street, Suite 6
Hilo, Hawaii 96720
Tel. 961-8311

●**Namakani Paio Campground**
Der Campingplatz im *Hawaii Volcanoes National Park* liegt unmittelbar am Hwy 11, etwa vier Meilen südwestlich vom *Visitor Center*. Der kleine, schön im Wald gelegene Platz ist bekannt für häufigen Nieselregen – meist in der zweiten Nachthälfte oder am Morgen. Hier oben ist es erheblich kühler als an der Küste. Morgens kann es hier durchaus 10 °C kühl sein.
●**Punaluu County Beach Park**
Am ziemlich einsam in unmittelbarer Nähe des schwarzen Strandes gelegenen Campingplatz von Punaluu sollte man nur windfeste Zelte aufstellen. Hier scheint tagsüber fast immer die Sonne. Etwas störend ist manchmal die hohe Luftfeuchtigkeit.
●**Spencer County Beach Park**
Dieser Campingplatz war früher einmal der Treffpunkt der Aussteiger, die hier in einer Gegend, in der das Wort „Regen" fast ein Fremdwort ist, auf Dauer wohnten. Weil diese Camper bekannt waren für ihre lautstarken Feste, hatte der Park bis vor einigen Jahren einen schlechten Ruf.
Das hat sich längst geändert, denn Wachpersonal sperrt um 22 Uhr die Parkzufahrt ab und kontrolliert die *Camping Permits*. Auf Grund des ausgesprochen schönen Strandes ist der *Spencer Beach Park* einer der besten und einer der beliebtesten Campingplätze von ganz Hawaii.
●**Keokea Beach Park**
Ziemlich weit abseits liegt dieser Campingplatz ganz im Norden der Insel. Von hier bis nach Kona muss man mit gut 80 Minuten Fahrt rechnen. Vom Campingplatz aus ist das Meer nicht sichtbar. Dazu muss man zuerst über einen kleinen Hügel klettern. Wegen der starken Brandung und der Strömungen ist Schwimmen hier nicht zu empfehlen, und wegen der Nordküstenlage regnet es hier öfter. Manchmal gibt es für die Ruhe suchenden Touristen am Wochenende Probleme mit Einheimischen, die mit viel Krach nachts noch Feste feiern.
●**State Parks**
Die Campingplätze in den State Parks lassen sich online reservieren:
www.ehawaiigov.org/Hawaii_County/camping/exe/camp.cgi.

Sonstige Unterkünfte

In den Bereichen Kona, Hilo und vor allem am Vulkan gibt es einige Alternativen zur Übernachtung im Hotel:

Am Vulkan

(ab 50 $ pro Doppelzimmer und Nacht, meist um 90 $; zum Teil auch inklusive Frühstück)

●**Carson's Volcano Cottage,**
Tel. 967-7683
oder gebührenfrei vom US-Festland:
1-800-845-LAVA,
www.carsonscottage.com
Gemütliche Zimmer, sehr gutes Frühstück und ein überdachter Whirlpool im Freien inmitten von Farnen: Das ganz besondere Hawaii-Erlebnis für alle, die am Vulkan mehr als nur Lava sehen wollen, aber dennoch auf den Preis schauen.
●**Chalet Kilauea,**
P.O. Box 998
Volcano Village, Hawaii 96785
Tel. 967-7786 (außerhalb von Big Island auch: 1-800-937-7786)
●Das **Volcano House** (siehe Hotels) vermietet darüber hinaus einige direkt neben dem *Namakani Paio Campground* gelegene Cabins, in denen bis zu vier Personen Platz finden. Warme Duschen sind vorhanden.
●**Volcano Reservations,**
Tel. 967-7244
oder vom Festland: Tel. 1-800-736-7140
www.volcano-hawaii.com

vermittelt Unterkünfte im Bereich des Vulkans vom B&B, über das Ferienhäuschen bis zur Lodge.

●Weitere **Infos zu Unterkünften** etc. um den Vulkan: www.volcanovillage.com.

Hilo

(ab 40 $ pro Nacht und Doppelzimmer)

●**Hale O Panaewa**
HCR-1 Vox 1-A
Hilo, Hawaii 96720
Tel. 959-7432
Fax 982-9091

●**Wild Ginger Inn**
100 Puueo Street
Hilo, Hawaii 96720
Tel. 935-5556
(oder vom Kontinent: 1-800-882-1887)
http://wildgingerinnhilo.com

●**Arnott's Lodge**
98 Apapane Road
Hilo, Hawaii 96720
Tel. 969-7097, 1-800-368-8752
Fax 961-9638
www.arnottslodge.com

Arnott's Lodge ist eine Mischung aus Bed & Breakfast und Jugendherberge. Den Liegeplatz für den eigenen Schlafsack gibt's für 20 $ pro Person und Nacht, das Doppelzimmer für knapp 50 $. Es gibt einen *Tenting Lawn*, also einen Zeltplatz.

Hamakua-Küste

●**Suds' Acres Vacation Rental**
P.O. Box 277
Paauilo, Hawaii 96776
Tel. 776-1611 oder 776-1592
oder 1-800-735-3262

Kona

●**Patey's Place**
75-195 Ala-Ona Ona
Kailua-Kona 96740
Tel. 326-7018
ähnlich wie Arnott's Lodge in Hilo

●**The Rainbow Plantation**
P.O. Box 122
Captain Cook, Hi 96704

Tel. 323-2393, Fax 323-9445,
gebührenfrei vom US-Festland:
Tel. 1-800-494-2829
Die Inhaber sprechen auch Deutsch

●**Merryman's Bed & Breakfast**
P.O. Box 474
Kealakekua, Hawaii 96750
Tel. 323-2276

Big Island

Molokai

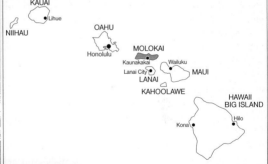

Typisch Molokai: Einsame Strände

Überblick

Auf Molokai geht es ruhig und gemächlich zu. Wer Ruhe in angenehmer Umgebung bei akzeptablen Preisen sucht, kommt auf der Insel mit dem Beinamen *The friendly Island* (die freundliche Insel) sicherlich auf seine Kosten.

Infos:
- www.visitmolokai.com
  (Visitors Bureau)
- www.molokai-hawaii.com
  (Molokai Visitor Association)
- www.molokai.com
  nicht immer ganz aktuelle, recht individuell gestaltete Kommerz-Seite
- http://molokai-aloha.com
  (ohne „www"), eine sehr umfangreiche Link-Sammlung zu vielen verschiedenen Themen.

Molokai ist auch die Insel, die von der Mentalität her dem ursprünglichen Hawaii am nächsten kommt. Das könnte sich allerdings in den nächsten Jahren beachtlich ändern, wenn die Molokai Ranch ihre touristischen Expansionspläne wahr macht.

Molokai liegt zwischen Maui und Oahu; nach Maui sind es 14 km, nach Oahu 47 km und nach Lanai ebenfalls 14 km. Zusammen mit Lanai befindet sich Molokai etwa in der Mitte der acht Hauptinseln. Mit einer Gesamtfläche von 676 Quadratkilometern ist es die fünftgrößte Insel des Archipels. Damit ist Molokai etwas kleiner als das Bundesland Hamburg (748 km^2).Die langgestreckte Insel weist eine maximale Ausdehnung in Ost-West-Richtung von 61 km und in Nord-Süd-Richtung von 16 km auf. Hier leben knapp 8000 Einwohner. Ein Teil hiervon sind Pendler, die täglich nach Honolulu zur Arbeit fliegen. Wie auch Lanai gehört Molokai zum *Maui County*, dem Bezirk Maui.

Höchster Berg ist der **Kamakou** mit 1512 m Höhe. An der Nordküste befindet sich in der Nähe des **Umilehi Point** die höchste Meeresklippe der Welt mit einer über 1000 m hohen, senkrechten Wand. Der langgestreckte Teil der Insel besteht aus zwei schlafenden Vulkanen. Die **Kalaupapa-Halbinsel** entstand durch einen separaten, erheblich späteren Vulkanausbruch. Während Ost-Molokai bergig ist, zeichnet sich der Westen durch eine relativ flache Landschaft aus. Im Westen befinden sich auch die schönen Strände.

Obwohl Molokai über einige schöne Strände, unter anderem den längsten weißen Strand von ganz Hawaii, verfügt, sind nur wenige Möglichkeiten zum Baden im Meer vorhanden. Daher entfällt das Unterkapitel Strände.

Die touristische Infrastruktur ist kaum entwickelt. Zwar weisen die Hotels den für ihre Preiskategorie üblichen (oder gar einen besseren) Standard auf, aber es gibt so gut wie keine Veranstalter von Aktivitäten.

Klima

Während Molokais Nordküste meist wolkenverhangen ist, präsentiert sich die Westküste fast immer in strahlendem Sonnenschein. Je weiter man von Westen nach Osten kommt, um so üppiger wird die Vegetation, um so häufiger regnet es. Vor allem im bergigen, östlichen Drittel der Insel sind Niederschläge keine Seltenheit.

Zeitplanung

Auf Molokai fällt die Zeitplanung etwas leichter als auf den anderen Inseln. Man benötigt jeweils etwa einen Tag für die Tour zum **Halawa Valley** und für die **Halbinsel Kalaupapa (Makanalua)**. Bei einem Bad an den Stränden der Westküste kann man den Tag ausklingen lassen. Alle weiteren Tage dienen dann als Bade- und Ruhetage.

Infrastruktur

Straßen

Lebensader von Molokai sind die im Hauptort **Kaunakakai** aufeinander treffenden Highways 460 (Maunaloa Hwy) im Westen und 450 (Kamehameha Hwy) im Osten. Zur Nordküste zweigt in der Nähe des **Flughafens Hoolehua** der Highway 470 (Kalae Hwy) ab. Eine Stichstraße namens Ka-

luakoi Road führt vom Maunaloa Hwy zu den Stränden der Westküste. All diese Straßen sind geteert. Es gibt auf der Insel keine Verkehrsampeln und keinen McDonald's. Das einzige einer Fast-Food-Kette angehörige Restaurant auf der Insel ist der *Kentucky Fried Chicken* in Maunalo.

Flughäfen

Hoolehua Airport

Molokai verfügt über zwei Flughäfen. Für den Flugverkehr zwischen den Inseln ist nur der Hoolehua Airport (Flughafen-Code: MKK) von Bedeutung. Nach Molokai flogen noch vor einigen Jahren nur Propellermaschinen, jetzt landet *Hawaiian Airlines* regelmäßig mit Jets des Typs DC 9/ Boeing 717 auf der kleinen Piste. Da es keine Tankstelle für Flugzeuge in Hoolehua gibt und die Landebahn für Langstreckenflugzeuge zu kurz ist, wird die Insel nicht nonstop vom Festland angeflogen, aber es gibt massive Bestrebungen, dieses Infrastruktur-„Manko" zu beseitigen. Diese Jets nehmen stets das gesamte Gepäck (inkl. Kajaks, Surfboards etc. – natürlich

Molokai

Entfernungen von Kaunakakai nach:	Entfernung [Meilen]	Fahrzeit ca. [Std:Min]
Kapukahehu Beach	25	0:45
Kaluakoi Resort	20	0:30
Mauna Loa	17	0:25
Hoolehua Airport	7	0:10
Palaau State Park	11	0:20
Halawa Valley	27	2:00

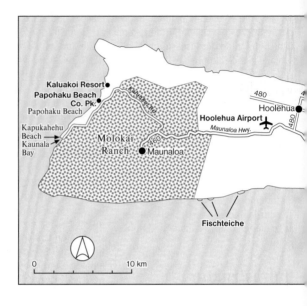

gegen Aufpreis) mit, was bei den Turboprop-Maschinen aus Gewichtsgründen nicht immer der Fall ist. Andererseits benötigen selbst die Kurzstrecken-Jets von Hawaiian Airlines schon eine viel längere Landebahn als die Propeller-Maschinen. Bei starken Winden aus der „falschen" Richtung können die Jets manchmal nicht auf der relativ kurzen Piste landen. Wenn dann die Maschine nach Honolulu zurückfliegt, erhält man einen Gutschein für einen Flug mit Hawaiian Airlines, kann also nicht umbuchen auf Island Air. Da die Landung aufgrund von *inclement weather,* also aufgrund höherer Gewalt, nicht stattfand, muss man für die Hotel-Zwangsübernachtung in Honolulu selbst aufkommen.

Flugrouten

Island Air fliegt knapp über fünfmal täglich und *Hawaiian Airlines* zweimal täglich von Honolulu nach Hoolehua. Außerdem fliegt *Island Air* mehrmals täglich von Kahului/Maui nach MKK. Hawaiian Airlines fliegt einmal täglich von Kahului nach MKK. Auch die für Touristen (schon aufgrund der restriktiven Gepäckbestimmungen) eher unbedeutenden Fluggesellschaften *Air Molokai* und *Panorama Air* fliegen MKK an.

Kalaupapa Airfield

Der Flugplatz Kalaupapa (LVP) auf der Halbinsel Makanalua wird nur im Bedarfsfall von Hoolehua, Honolulu oder Kahului aus von *Island Air* ange-

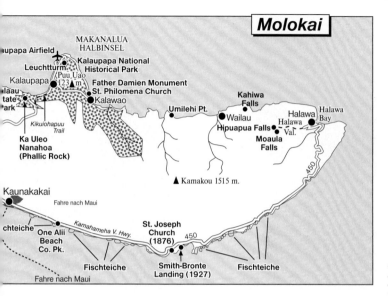

Molokai

MAKANALUA HALBINSEL
upapa Airfield
Leuchtturm
Puu Uao
Kalaupapa
123 m
Kalaupapa National Historical Park
Father Damien Monument
St. Philomena Church
Kalawao
laau
tate
ark
Kikuiohapuu Trail
Ka Uleo Nanahoa (Phallic Rock)
Umilehi Pt.
Wailau
Hipuapua Falls
Kahiwa Falls
Halawa
Halawa Val.
Moaula Falls
Halawa Bay
▲ Kamakou 1515 m.
450
Kaunakakai
Fähre nach Maui
chteiche
One Alii Beach Co. Pk.
Kamehameha V. Hwy.
St. Joseph Church (1876)
450
Fischteiche
Smith-Bronte Landing (1927)
Fischteiche
Fähre nach Maui

Molokai

flogen. Ein fester Flugplan besteht nicht.

Hafen, Fähre

Der Hafen von Molokai liegt in Kaunakakai. Von hier aus startet zweimal täglich eine Fähre nach Lahaina auf Maui (Fahrzeit: 90 Minuten), wobei die Fahrzeiten auf die Bedürfnisse der auf Molokai lebenden und auf Maui arbeitenden Pendler abgestimmt sind. Der Fahrpreis beträgt 40 $ (one-way) inklusive zwei Handgepäckstücke; zusätzliches Gepäck schlägt mit jeweils 15 $ pro Stück zu Buche (bis 45 kg).

● Tel. 662-3355,
www.molokaiferry.com,
www.mauiprincess.com.

Das Problem der Fährverbindung ist weniger das relativ kleine Schiff, das bei starkem Seegang die Wellenbewegungen voll mitmacht, sondern mehr die Logistik drumherum sowie die damit verbundenen Kosten: Da eine Automiete für 5 Tage meist genauso viel kostet wie für eine Woche, kann es sinnvoll sein, den Mietwagen zwei Tage ungenutzt am Hafen in Lahaina auf Maui stehen zu lassen. Diverse Parkplätze bieten hier bis zu 72 Stunden Parken für 30 $ an.

Verkehrsmittel

Mietwagen

Eine Alternative zu den Autovermieter-Ketten ist der lokale Anbieter *Island*

Kine in Kaunakakai (Tel. 553-5242 oder gebührenfrei 1-866-527-7368). Das **einzig sinnvolle Verkehrsmittel** für Individualreisende, die die Insel erforschen möchten, ist der **Mietwagen.** Nur Budget und Dollar-Rent-a-Car haben Niederlassungen auf Molokai –

und zwar am Flughafen. Da schon so mancher Mieter auf Dirt Roads (ungeteerte Straßen) die Fahrzeuge beschädigt hat, sollte man den Wagen auf Molokai vor jeder Anmietung auf Schäden (auch auf der Unterseite) untersuchen und diese dokumentieren lassen. Bei der Rückgabe empfiehlt es sich, eine Bestätigung der Schadenfreiheit einzuholen.

Bei entsprechender Reservierung und einer vorherigen Rückbestätigung holen die Autovermieter auf Molokai ihre Kunden mittlerweile am Hafen ab bzw. bringen sie zurück.

Wer allerdings die Fähre früh morgens nimmt, muss das Fahrzeug am Abend vorher zurückgeben und am

Auf Molokai scheinen die Uhren langsamer zu ticken

Abend sowie am Morgen mit dem Taxi fahren. Nach entsprechender mündlicher Vereinbarung kann man auch das Auto zum Flughafen bringen und den Schlüssel im Auto stecken lassen. Die Vermieter praktizieren dies hier öfter, und anscheinend kommt es nicht zu Problemen, aber ein gewisses Restrisiko bleibt. Andererseits sperren viele Bewohner Molokais niemals ihre Haustüren ab ...

Vom Flughafen zur Fähre chauffiert *Heli Mai Taxi* (Tel. 336-0967) die Gäste inklusive Gepäck nach vorheriger Reservierung für etwa 25 $.

Sehr praktisch ist die Buchung eines **Komplettpakets** aus Fähre, Übernachtung und Mietwagen.

Wer allerdings seinen Urlaub mit ein paar ruhigen Tagen im Hotel am Strand ausklingen lassen möchte, der kann sich mit dem Taxi oder dem eventuell vorhandenen Hotel-Shuttlebus vom Flughafen abholen bzw. dorthin zurück bringen lassen.

Rund um die Insel

Für Ausflüge empfiehlt sich stets die Mitnahme eines **Lunchpakets,** denn nur in Kaunakakai und Maunaloa sowie den Hotels gibt es Läden oder Restaurants.

Kaunakakai und Umgebung

Kaunakakai wird offiziell als „Hauptstadt" von Molokai bezeichnet. In Wirklichkeit ist Kaunakakai ein Dorf im Wildweststil, in dem sich Fuchs und Hase gute Nacht sagen. Ein paar Läden, eine Bäckerei, ein paar sehr einfache Restaurants, ein Münzwaschsalon, Feuerwehr, Polizei, Post, Tankstelle, ein kleines Verwaltungsgebäude, ein Mini-Krankenhaus und einige Wohnhäuser, das ist Kaunakakai.

Einkaufen

Die wohl besten Einkaufsmöglichkeiten Molokais gibt es in **Kaunakakai:** Lebensmittel im *Friendly Market,* Obst und Gemüse bei *Outpost Health Food* und Alkoholika bei *Molokai Wine and Spirits.*

Essen und Trinken

Im Laden von Outpost Health Food (Tel. 553-3377) könnte man fast den winzig kleinen *Lunch Counter* übersehen, sollte man aber nicht. Hier gibt es qualitativ hochwertige, sehr kreative Sandwiches für Vegetarier und Pseudo-Meat-Lovers. Die rein vegetarische Küche bietet für jeweils um die 5 $ auch 100 % vegetarischen „Turkey", „Chicken" oder „Meatloaf" (normalerweise ein Fleischkloß, also Hackfleisch mit Gewürzen, ähnlich unserem Falschen Hasen) an. Leider nur Sonntag bis Freitag von jeweils 10 bis 15 Uhr geöffnet.

Sehenswertes

In der Nähe der Hafenmauer wohnte einst König Kamehameha in einem Gebäude namens **Malama.** Am westlichen Ortsausgang steht ein beachtlicher **Wald aus Kokospalmen,** und ge-

Molokai

In Kaunakakai

genüber liegt die so genannte **Church Row** – eine Ansammlung kleiner Kirchen verschiedener Glaubensrichtungen.

Schräg gegenüber der Tankstelle am Highway 460 in Kaunakakai befindet sich neben der Zufahrt zum Hafen das Büro der **Molokai Visitors Association** (Tel. 553-3876).

Nachtleben

Östlich von Kaunakakai liegt zwischen Meer und Straße das urige *Hotel Molokai* (Tel. 553-5347, www.hotel-molokai.com), in dem auch die Einheimischen gerne auf einen Drink oder zum Essen einkehren. Im zu allen Seiten hin offenen Restaurant *Hula Shores* gibt es für unter 20 $ ein rundum gutes Dinner (Lunch unter 10 $) zu Live-Musik. Pünktlich um 18 Uhr findet das *Torch Lighting* (anzünden der Fackeln) statt, danach beginnt die allabendliche musikalische Unterhaltung – freitags übrigens mit richtig guter hawaiianischer Musik, ansonsten eine eher internationale Musik mit (leicht) hawaiianischen Elementen. Im Hotel Molokai findet DAS Nachtleben der

Molokai

Insel statt. Nur auf der *Molokai Ranch* gibt es eine Alternative zum Nachtleben der *Locals*.

Von Kaunakakai zum Halawa Valley

Südküste

Entlang der Südküste kann man immer wieder Steinwälle im Meer entdecken, die etwa die Form eines Rechtecks mit abgerundeten Ecken haben und eine Diagonale von bis zu einem Kilometer aufweisen. Es handelt sich dabei um **Fischteiche,** die vermutlich bereits im 13. Jahrhundert von den polynesischen Siedlern angelegt wurden.

Etwa zehn Meilen östlich von Kaunakakai steht auf der Makai-Seite (zum Meer hin) die **St. Joseph Church,** eine der beiden Kirchen, die *Father Damien* (zur Person siehe Exkurs weiter unten) Ende des letzten Jahrhunderts baute.

Etwas weiter westlich, ganz in der Nähe der Kirche, erinnert ein unspektakuläres **Denkmal** an *Ernest Smith* und *Emory Bronte*, die hier im Jahre 1927 nach einer Crashlandung an Land gingen. Ihnen gelang es, den ersten Flug von Kalifornien nach Hawaii durchzuführen.

St. Joseph Church

Father Damien

Ende des vorletzten Jahrhunderts war Molokai bekannt für seine große Lepra-Kolonie. Am 6. Januar 1866 wurden die ersten Aussätzigen auf der Halbinsel Makanalua (übersetzt: *das gegebene Grab*) isoliert. Im Jahr 1873 kam der belgische Priester *Father Damien de Veuster* auf die Halbinsel, um sich um die Kranken zu kümmern, die bis dahin in sehr schlechten sozialen, hygienischen und sanitären Verhältnissen lebten. Weil erst in den 40er Jahren des letzten Jahrhunderts mit den Sulfonamiden und den Antibiotika ein Mittel gegen Lepra (im Englischen auch *Hansens's Desease* genannt) erfunden wurde, war die Halbinsel für die Aussätzigen sozusagen ein Gefängnis auf Lebenszeit. *Father Damien* half den Kranken, mit ihrer Situation fertig zu werden, und leitete sie an, mit ihm gemeinsam Felder zu bestellen und Häuser, eine Kirche sowie eine Wasserversorgung zu bauen.

1889 starb *Damien* an den Folgen der Krankheit im Alter von nicht einmal 50 Jahren. Die amerikanische Literatur spricht daher oftmals vom „Märtyrer von Molokai". Im Juni 1995 erfolgte in Brüssel die Seligsprechung *Father Damiens* durch *Papst Johannes Paul II* im Rahmen seines Belgienbesuches.

Mittlerweile leben nur noch wenige Menschen (87) auf der Halbinsel – die meisten von ihnen zwischen 50 und 80 Jahre alt. Weil durch die modernen Medikamente keine Ansteckungsgefahr mehr besteht, können sie die Halbinsel nach Belieben verlassen, aber auch wieder zurückkehren. Im Jahr 1980 wurde Makanalua zum *National Historic Park* erklärt und damit unter die Verwaltung des Innenministeriums in Washington gestellt (Tel. 567-6802, www. nps.gov/kala).

Kurz darauf passiert man die *mauka* (landeinwärts) gelegene **Our Lady of Sorrows Church,** ebenfalls von *Father Damien* gegen Ende des 18. Jahrhunderts erbaut.

Im weiteren Verlauf der Straße eröffnet sich nach ca. 7 Meilen der Blick auf **Mokuhooniki,** eine Felsinsel, die im zweiten Weltkrieg als Bombenziel diente.

Halawa Valley

Schließlich wird die Straße immer schlechter und windet sich zum **Halawa Valley Lookout** und von dort aus hinunter ins Halawa Valley. Es handelt sich dabei um das einzige der Nordküsten-Täler im Osten Molokais, das mit dem Auto erreichbar ist.

Wanderung

Ein paar hundert Meter vor der Küste beginnt neben einer kleinen Kapelle der Wanderweg zu den 75 m hohen **Moaula Falls** sowie den kleineren **Hipuapua Falls.** Für Hin- und Rückweg auf der knapp 4 km langen Strecke benötigt man knapp 3 Stunden; die Höhendifferenz beträgt nicht einmal 100 m. Die Wanderung selbst führt an überwucherten Terrassen mit ehemaligen Tarofeldern, Guavenhainen und Ingwerpflanzen vorbei. Auf der Wanderung ist der Halawa Stream zu überqueren, was bei Hochwasser lebensgefährlich ist. Nachdem der Wanderweg viele Jahre lang ganz gesperrt war, ist er jetzt wieder beschränkt zugänglich. Aus versicherungstechnischen Gründen (der Wanderweg führt über Privatgrund) sind nur noch geführte Wanderungen zu den Halawa Falls erlaubt. Das Monopol auf diese Wanderung hat die *Molokai Fish & Dive Company* (siehe Aktivitäten). Die Tour dauert insgesamt 5 Stunden (inklusive gut zwei Stunden für den Transport von der Ranch und wieder zurück). Zwar sind die Halawa Falls wirklich schön (siehe Farbteil „Wasserfälle" oben rechts), aber bei durchschnittlichem bis knappem Budget sind die 75 $ (plus Tax) für die geführte Tour sicherlich anderweitig besser angelegt, wenn man z. B. die Hanakapiai Falls an der Nordküste Kauais und/oder die Waimoku Falls bei Hana auf Maui bereits erwandert hat.

Westküste

Maunaloa

Von Kaunakakai führt der Highway 460 durch relativ unattraktive Weidegebiete Richtung Westen bis nach Maunaloa. Der noch ziemlich verschlafene Ort befindet sich fest in der Hand der *Molokai Ranch* bzw. von Molokai Properties Limited, die über ein Drittel der Inselfläche besitzen. Am Ortseingang steht das Verwaltungsgebäude der Ranch mit der Lodge, einem geschmackvoll gestalteten Hotel. Alle Zimmer sind individuell gestaltet, und es herrscht eine wunderbare Atmosphäre. Das Essen in der Lodge ist sehr schmackhaft, und bei Preisen von meist unter 20 $ für einen Main Course bietet es ein sehr gutes Preis-Leistungs-Verhältnis. Auch ein Sonnenun-

tergang an der Bar ist nicht zu verachten, und manchmal finden Luaus statt. Abends gibt es hawaiianisch-orientierte Live-Musik in der Lobby.

Die Ranch bietet auch diverse touristische Aktivitäten an – vor allem für die Bewohner der zur Ranch gehörenden Camps. Weitere Infos hierzu am Ende des Inselkapitels.

So bietet das Unternehmen unter anderem Ausritte auf Pferden an, die zwar nicht unbedingt billiger sind als auf den anderen Inseln, aber durch sehr ruhiges Gebiet führen.

Zweimal wöchentlich wird mit dem *Malihini Rodeo* (Anfänger-Rodeo) ein halbtägiges **Cowboytraining** angeboten, das aber im Voraus gebucht werden muss.

In Maunaloa befindet sich die *Big Wind Kite Factory,* ein Drachen-Laden mit angegliederter Manufaktur, in der man den Drachenbauern bei ihrer Arbeit über die Schulter schauen kann. Tel. 552-2364, Fax 552-2988, Internet: www.molokai.com/kites.

Außerdem gibt es in Maunaloa ein hochmodernes **Kino** (Tel. 552-2707) und einen kleinen Lebensmittelladen mit ziemlich beschränktem Sortiment sowie eine Tankstelle, die nur an Wochentagen (und dann auch nur bis 13 Uhr) geöffnet hat.

Knapp zwei Meilen vor Maunaloa zweigt vom Hwy 460 die Kaluakoi Road ab, die zum **Kaluakoi Resort** an der Westküste führt.

Strand

Vom Kaluakoi Resort aus geht es auf enger Straße mehr oder minder paral-

Molokai

Phallic Rock

lel zur Westküste Richtung Süden bis zur **Kaunala Bay.** An mehreren Stellen zweigen Stichstraßen zum Strand hin ab – so auch zum **Papohaku Beach,** dem mit knapp 5 km Länge größten weißen Sandstrand der Inselkette. Wegen der starken Brandung ist Baden hier allerdings nur im Sommer möglich – und dann auch nicht immer. Dafür kommen die Surfer um so mehr auf ihre Kosten. Fährt man die Straße bis zum Ende, kommt man an einen relativ geschützt gelegenen kleinen Strand, an dem auch gute Bademög-

lichkeiten bestehen. Allerdings gibt es hier im Gegensatz zu den benachbarten Stränden keine Duschen.

Nordküste

Vier Meilen westlich von Kaunakakai zweigt der Highway 470 vom Maunaloa Hwy in nördlicher Richtung ab.

Coffees of Hawaii

Nach zwei Meilen erreicht man **Kaulapuu,** den zweitgrößten Ort der Insel. An der Kreuzung zum Highway 480 sind die Gebäude der Kaffeeplantage nicht zu übersehen. Hier wurde innerhalb weniger Jahre eine der jüngsten Kaffeeplantagen Hawaiis aus dem Boden gestampft, wobei das Unternehmen vom Anbau über die Röstung bis zum Verkauf alles in Eigenregie durchführt. Daher besteht bei der zweimal täglich stattfindenden Besichtigungstour, die erst im Muli-Wagen durch die Kaffee-Felder und dann durch die Verarbeitungsanlagen führt, die seltene Möglichkeit, den gesamten Prozess der Kaffeeerzeugung von der Aussaat bis zur Verpackung mitzuverfolgen. Im *Plantation Store* kann man die beiden hier angebauten Kaffeesorten probieren, Merchandising-Produkte der Kaffee-Plantage und Kunstwerke von über 30 einheimischen Künstlern bewundern.

● **Coffees of Hawaii, Inc.**
Kualapuu,
Tel. 567-9023
oder gebührenfrei: 1-800-709-BEAN,
www.molokaicoffee.com

Sugar Mill

Fährt man weiter Richtung Norden, liegt nach zwei Meilen linkerhand die *Rudolph Wilhelm Meyer Sugar Mill*. Mit einer jährlichen Maximalproduktion von 50 t war sie von 1878 bis 1889 Hawaiis kleinste Zuckerfabrik. War die Anlage zu Beginn des Wiederaufbaus 1972 nicht viel mehr als eine Ruine, so sind die Muli- und dampfbetriebenen Maschinen heute wieder voll funktionsfähig und können auf einer geführten Tour (täglich außer Sonntag) besichtigt werden. Der Mühle angeschlossen ist das **Molokai Museum and Cultural Center,** das sich in ständig wechselnden Ausstellungen vor allem mit der Geschichte der Insel beschäftigt. Hier gibt es auch Informationen über Wanderungen auf Molokai.

● **Molokai Museum and Cultural Center,**
Tel. 567-6436,
geöffnet Montag bis Samstag
von 10 bis 14 Uhr,
Eintritt: 2,50 $
(Kinder/Jugendliche bis 18: 1 $)

Palaau State Park

Am Ende der Straße liegt der Parkplatz des Palaau State Parks. Von hier aus führen kurze Pfade zum Phallic Rock und zum Kalaupapa Lookout.

Der **Phallic Rock** (Phallus-Felsen) trägt seinen Namen zu Recht, allerdings sollen die alten Hawaiianer bei der Formgebung noch etwas nachgeholfen haben. Um diesen Stein ranken sich verschiedene Sagen. Während der einen Sage zufolge eine Frau beim Berühren des Steines augenblicklich schwanger wird, ist der Felsen einer anderen Sage zufolge in der Lage, unfruchtbare Frauen und Männer wieder fruchtbar zu machen. Rund um den Felsen finden Sie weitere Steingebilde mit ungewöhnlichen Formen.

Der zweite Pfad führt vom Parkplatz zum **Kalaupapa Lookout,** von dem man einen guten Ausblick auf die ehemalige Leprakolonie hat. Die Ortschaft Kalaupapa liegt am Westrand der Halbinsel Makanalua, direkt unterhalb der hier 600 m hohen Steilküste. Oft wird auch die gesamte Halbinsel (und nicht nur die Ortschaft) als *Kalaupapa Peninsula* bezeichnet.

Purdy's Nuts

Fährt man in Kualapuu nach Westen auf den Highway 480 ab, so biegt nach ca. einer Meile in Hoolehua direkt vor der High School eine Straße

Molokai

nach rechts ab, an der **Purdy's Natural Macadamia Nut Farm** liegt. Bei einem Rundgang kann man sich hier über den Anbau der *Macnuts* kundig machen und die Nüsse sowie Macademiablüten-Honig probieren.

● **Purdy's Natural Macadamia Nut Farm,**
Tel. 567-6601,
www.molokai.com/eatnuts,
Öffnungszeiten: Montag bis Freitag
von 9.30 bis 15.30 Uhr,
samstags von 10 bis 14 Uhr.

Post-A-Nut

Folgt man dem Highway 480 weiter nach Westen, gelangt man nach kurzer Zeit an die Kreuzung mit der Verbindungsstraße zum Highway 460. An dieser Straße liegt das **Postamt von Hoolehua,** das mit einer etwas ungewöhnlichen Aktion für Aufsehen sorgt: Die Touristen werden hier ermuntert, ihre Urlaubsgrüße nicht auf gewöhnlichen Postkarten, sondern auf Kokosnüssen zu versenden. Und damit man sich nicht die Mühe machen muss, selbst Kokosnüsse zu sammeln, bekommt man sie im Postamt gratis ausgehändigt. Eine Kokosnuss innerhalb der USA zu verschicken, kostet ungefähr 3 $, nach Europa wird's einiges teurer: etwa 6 $ auf dem Seeweg und 12 $ per Luftpost. *Smiles guaranteed* versichert der Werbezettel des Postamts. Diese Idee *„Made in Molokai"* fand so großen Anklang, dass sie mittlerweile auch auf den anderen Inseln kopiert wurde.

Moomomi Bay

Kurz hinter der Kreuzung wird der Highway 480 zur *Dirt Road.* Folgt man

ihm bis zum Ende, gelangt man zur Moomomi Bay. Selbst bei Trockenheit ist diese Straße wegen ihres mehr als nur schlechten Zustands kaum ohne Allradfahrzeug befahrbar. Nach Ansicht des Autors lohnen sich Aufwand und Strapazen für einen Besuch der Bucht nicht. Darüber hinaus erlauben auch die Autovermieter das Befahren dieser *Dirt Road* nicht.

Täler der Nordküste

Die Nordküste selbst ist auf dem Landweg unzugänglich. Von der Seeseite her sind einige Täler in beschränktem Umfang begehbar. Je nach Tal steht man nach 50 bis 300 m Fußweg vor den steilen Felswänden. In den oberen Teilen einiger Wände konnte eine Pflanze namens **Alua** überleben. Um die *Alua* vor dem Aussterben zu bewahren, kommen einmal jährlich Wissenschaftler hierher, die sich an den Felsen abseilen, um die in Felsnischen sitzenden letzten *Aluas* zu bestäuben.

Sehr beeindruckend ist auch ein **Hubschrauberflug** entlang der Nordküste und zum höchsten Wasserfall (**Kahiwa Falls,** 530 m hoch) der Inselkette. Derartige Flüge werden von Maui aus durchgeführt, sind aber alles andere als preisgünstig.

Halbinsel Makanalua und Kalaupapa

Geführte Touren

Ohne ausdrückliche Sondergenehmigung darf man sich auf Makanalua nur im Rahmen einer **geführten Grup-**

Unterwegs auf der Halbinsel Makanalua

Als Wanderer haben wir uns für die Alternative *Hike Down* entschieden und sind rechtzeitig vor dem vereinbarten Termin um 10 Uhr am Treffpunkt. Um 10.30 Uhr kommt er schließlich: ein alter, klappriger, blau überstrichener Schulbus. Der Fahrer und *Tourguide* entschuldigt sich, der Bus hätte nicht anspringen wollen. Er weist uns alle darauf hin, dass wir die Menschen hier nur mit deren ausdrücklicher Genehmigung fotografieren dürfen. Es geht los. Nach ein paar hundert Metern stoppt das Gefährt. Ein geführter Museumsbesuch steht an.

Danach beginnt die eigentliche Fahrt – zunächst auf den höchsten Berg, den knapp über 100 m hohen Puu Uao. Plötzlich passiert es: Der Motor hat Feuer gefangen und muss mit Cola, Fanta und Sprite gelöscht werden; einen Feuerlöscher gibt es nicht.

Während wir die Aussicht entlang der steilen Nordküste Molokais genießen, holt der Fahrer einen Ersatzbus, dessen Sitzpolster zu gut der Hälfte mit Klebeband repariert sind. Aus dem Fahrersitz steht die Metallfederung heraus, der Schaltknüppel hat keinen Griff mehr, und der Türschließ-Mechanismus wird von einem Gummiseil gehalten.

Aber dieser Bus fährt – ständig schaukelnd – über einen Feldweg mit vielen Löchern, hinunter in den Ostteil der Insel zur Kirche *St. Philomena*, erbaut von *Father Damien*. Unten angekommen, nehmen wir in den ersten Bankreihen Platz. Unser Fahrer erzählt uns viel über *Father Damien* und seine Aktivitäten.

Einsteigen. Wir werden noch ein paar hundert Meter weitergeschaukelt bis zum Aussichtspunkt im Kalawao Park mit dem berühmten Blick entlang der Nordküste. Atemberaubend. Allein dieser Blick ist schon die Tour wert. Jeder packt sein mitgebrachtes Lunchpaket aus, und es entwickeln sich lebhafte Gespräche.

Der Fahrer blickt auf seine Uhr und wird hektisch. Denn um 15.30 Uhr geht das Flugzeug zurück zum Flughafen Hoolehua. Mit erheblich höherer Geschwindigkeit als zuvor werden wir bis zum anderen Ende der Halbinsel geschüttelt, vorbei am riesigen Friedhof zwischen dem Ort Kalaupapa und dem Flughafen. Der Bus fährt neben das Rollfeld, und die Flugpassagiere gehen direkt über den Rasen zum Flugzeug – ohne Check-in, ohne Sicherheitskontrolle. Der Pilot begrüßt sie und sammelt ihre Tickets ein.

Schließlich werden die Wanderer bis zum Fußpunkt des Wanderwegs nach oben gefahren. Der *Tourguide* fährt langsam an seinem Haus vorbei, deutet auf drei blaue Busse, die von hohem Gras umwuchert sind und meint: „Meine Touren finden immer statt. Ich habe genügend Ersatzbusse."

Anmerkung: Der Essay wurde für die Erstauflage dieses Buches im Jahr 1993 verfasst. Auch heute noch läuft die Tour in diesem Rahmen mit den klapperigen Bussen ab. Allerdings stehen jetzt ein paar Busse mehr im hoch wuchernden Gras und außerdem fährt der Bus nicht mehr die Stichstraße zur höchsten Erhebung der Halbinsel. Als der Autor den Tourguide fragte, warum es nicht mehr bis ganz hinauf geht, meinte dieser trocken: „Ich möchte noch einen Bus ruinieren."

Molokai

pe bewegen. In der Regel sind jeden Tag zwei Gruppen unterwegs: eine Gruppe, die den *Lunch* (Mittagessen) mitgebucht hat, und eine andere Gruppe, die ihren eigenen *Lunch* mitbringt. Diese Gruppen sind fast zeitgleich auf der Insel unterwegs, denn der Zeitplan wird von der Ankunft und dem Abflug des Flugzeugs diktiert. Meist sind in jeder Gruppe ein paar Independent Hikers (Wanderer), ein paar Teilnehmer, die auf dem Rücken eines Mulis herunterkamen, und ein paar, die mit dem Flugzeug die 15 km Luftlinie zwischen den beiden Flughäfen zurücklegen. Touren finden jeweils montags bis samstags, aber nicht am Sonntag statt (Mindestalter: 16 Jahre; siehe Essay am Ende dieses Kapitels).

Folgende Unternehmen bieten Touren an; eine Reservierung ist dringend erforderlich:

●**Molokai Mule Ride** bringt Sie per pedes, per Muli, per Flugzeug oder in einer Kombination daraus nach Makanalua, anschließend Rundfahrt. Die Preise reichen von 40 $ (hinein und heraus wandern; offizielle Warnung des Unternehmens: *Hikers should be in above average physical condition.*) über 120 $ für die „Fly in & out Tour" bis 150 $ (Auf einem Muli herunter- und wieder heraufschaukeln). Recht interessant ist für manche auch die „Hike in & Fly out Tour", bei der man zwar die 600 Höhenmeter hinuntergeht, aber mit dem Flugzeug wieder zurückfliegt, die für 90 $ zu haben ist. Der passende Airport Transfer (man muss ja zurück zum Auto kommen) kostet noch einmal 10 $ extra. Wanderer können sich in der Regel kurzfristig (ein paar Tage vorher buchen) entscheiden, während die Plätze im Flugzeug bei zu später Buchung erfahrungsgemäß exakt am Wunschtermin bereits alle vergeben sind. Tel. 567-6088 oder gebührenfrei: 1-800-567-7550, www.muleride.com.

●**Damien Molokai Tours**, per Flugzeug oder per pedes nach Makanalua, anschl. Rundfahrt. Die Tour kostet für Wanderer 30 $ cash. Tel. 567-6171.

Diese etwa vierstündigen Touren wandeln auf den Spuren *Father Damiens*, der sich auf der Halbinsel liebevoll für die dort isolierten Aussätzigen aufopferte. Ziele der Tour sind unter anderem die **Kirche St. Philomena** und der **Kalawao Park**. Wer Molokai besucht, sollte diese Tour auf keinen Fall auslassen.

Anreise

Es gibt drei Möglichkeiten, nach **Makanalua** zu gelangen:

●hinab- und wieder hinaufwandern

Der **Wanderweg** beginnt an der Stelle, an der der Highway 470 in den Parkplatz des Palaau State Park übergeht.

●auf dem Rücken eines Mulis hinab- und wieder hinaufgeschaukelt werden

●von **Hoolehua** auf die Halbinsel und zurück fliegen

Strände, Aktivitäten

Ob Wassersport (Tauchen, Schnorcheln, Angeln, Kajaken), Radfahren, Reiten, Wandern oder Sportschießen (Tontauben, Bogen sowie Paintball): stets ist die *Molokai Fish & Dive Company* in Kaunakakai der Ansprechpartner schlechthin auf der Insel.

●**Molokai Fish & Dive Company** Tel. 553-5926, www.molokaifishanddive.com

●**Molokai Outdoors Activities** (Tel. 553-4477 oder gebührenfrei 1-877-553-4477) befindet sich direkt auf dem Gelände des Hotel Molokai. Das Unternehmen verleiht ziemlich alles, was man im Wasser sinnvoll nutzen kann, führt diverse Touren und Kurse durch, arrangiert aber vom Transfer bis zum Komplettpaket auf Wunsch so gut wie alles. www.molokai-outdoors.com.

●Das **Molokai Ranch Outfitter Center** (Tel. 552-2791 oder 658-1717, www.molokai ranch.com) bietet ein breites Aktivitäten-Spektrum in, auf und am Wasser sowie auf dem Land an, zu denen auch hawaiianisch-kulturelle Veranstaltungen gehören. So können Sie auf der Ranch in Ruhe den traditio-

Molokai

nellen Hula lernen, erfahren, wie man ohne Streichholz und Feuerzeug ein Feuer entfacht oder einfach bei Touren mehr über die traditionelle hawaiianische Lebensweise erfahren. Außerdem veranstaltet die Ranch die einzigen Luaus der Insel.

● **Dayna Mosher** (Tel. 553-5663 oder 658-1717) vermietet Kajaks und Fahrräder, veranstaltet aber auch Touren.

● **Captain Mike Holmes** (Tel. 567-6789, www.molokaifishing.com) wiederum hat sich auf Aktivitäten auf dem Meer spezialisiert.

Molokais Nordküste
ist von steilen Klippen geprägt

Unterkunft

Hotels

Die einzigen Hotels der Insel befinden sich im Bereich Kaunakakai, in Maunaloa und an der Westküste im *Kaluakoi Resort*. Direkt neben dem *Kaluakoi Resort* liegt die Eigentumswohnanlage Kenanikai.

Camping

Auf Molokai gibt es vor allem drei akzeptable Campingplätze. Alle drei verfügen über Trinkwasser, sanitäre Einrichtungen und Kaltwasserduschen.

Hula vom Allerfeinsten

Auf Molokai geht es stets äußerst geruhsam zu bis auf eine Ausnahme: Jeweils am 3. Samstag im Mai ist die ganze Insel (zusammen mit Besuchern von anderen Inseln) auf den Beinen, denn dann findet das Fest **Molokai Ka Hula Piko** statt, was übersetzt *Molokai, das Zentrum des Tanzes* heißt. Wer zu dieser Zeit Molokai besucht, sollte sehr rechtzeitig Flüge bzw. die Fähre sowie die Unterkunft reservieren.

Beim Molokai Ka Hula Piko feiern alle im Papohaku Beach Park ganz im Westen der Insel die **Geburt des Hula.** Feiern heißt hier Musik, Gesang und Hula, Essen und Trinken sowie Kunsthandwerk, Spiele und jede Menge Leis.

Der Legende zufolge, zog *Laka*, die Göttin des Hula, einst von Insel zu Insel und lehrte allen Interessierten den Hula, bei dem jede Bewegung eine spirituelle Bedeutung hat. Je nach Legende gebar Laka den Hula förmlich oder sie erfuhr von ihrer Schwester Kapo, wie der Hula getanzt wird. Am meisten verbreitet ist die Legende der Geburt des Hula, und diese Geburtsstätte namens *Kaana* liegt am Heiligen Hügel Puu Nana auf Molokai – etwa auf halbem Weg zwischen Flughafen und Maunaloa. Man sagt, dass die Überreste von Laka an einem geheimen Ort in der Nähe des Hügels versteckt sind.

Nicht nur die Geburtstagsfeier am Papohaku Beach Park ist ein einmaliges Erlebnis, sondern auch die sehr früh morgens stattfindende feierliche Zeremonie, wenn die Tänzer im Sternenlicht den ersten Hula tanzen. In den Tagen vor dem Fest gibt es meist auch einstimmende Vorträge.

Im Gegensatz zum **Merrie Monarch Festival** auf Hawaii Big Island handelt es sich beim Molokai Ka Hula Piko nicht um einen Wettbewerb. Es geht einzig und allein darum, sich am Hula zu erfreuen.

County Parks

Der schönste Campground liegt im zentral gelegenen *One Alii County Beach Park* gut drei Meilen von Kaunakakai entfernt direkt zwischen Hwy 450 und dem Meer. Die Nützlichkeit des riesigen Pavillons haben auch die Einheimischen erkannt, so dass dieser besonders am Wochenende oft vermietet ist; Camper haben dann das Nachsehen. Trotzdem ist der One Alii die erste Wahl unter den Campingplätzen auf Molokai, zumal er durch seine Nähe zum Polizeipräsidium und die damit einhergehende häufige Polizeipräsenz wohl auch der sicherste Campingplatz der Insel ist.

Ebenfalls sehr schön ist der *Papohaku County Beach Park*. Er befindet sich an der Westküste in der Nähe des *Kaluakoi Resorts* direkt am längsten Strand der Inselkette. Auf dem Gelände leben zahlreiche verwilderte Katzen, was einen gravierenden Nachteil mit sich bringt: besonders abends erinnert der über den Wiesen liegende Duft an ein bekanntes Lied von *Helge Schneider* ...

Die für die beiden County Parks erforderliche **Camping Permit** erhält man für 3 $ pro Person im County Building in Kaunakakai beim *Department of Parks and Recreation*:

Das *Pauole Center* (Ainoa Street, Kaunakakai) befindet sich direkt neben Feuerwehr und Polizei. Wenn das Büro geschlossen ist, sollte man sich unbedingt bei der Polizei als Camper registrieren lassen. Sowohl der *Park Ranger* als auch die Polizei kontrollieren mit Vorliebe die *Camping Permits* – letztere auch mitten in der Nacht.

Die maximale **Aufenthaltsdauer** beträgt 3 aufeinander folgende Nächte pro Park, insgesamt maximal 14 Tage pro Jahr.

Palaau State Park

In dem am Ende des Hwys 470 gelegenen *Palaau State Park* gibt es einen schönen Campingplatz. Da der Park in 500 m Höhe liegt, ist es etwas kühler als in den Beach Parks. Größter Nachteil ist wohl, dass der Zeltuntergrund recht uneben ist. Permits (5 $ pro Zeltplatz und Nacht für maximal 10 Personen) erhält man vom *Dept. of Agriculture* in Hoolehua (im Gebäude des *Molokai Water Systems* am Hwy 480). Reservierung: www.state.hi.us/dlnr/dsp/dsp.html

Weitere Campingmöglichkeiten gibt es hier:

● Ein Campingplatz ohne Trinkwasser, aber mit Toiletten und Picknicktischen, der nur mit Allradfahrzeugen erreichbar ist, befindet sich im *Molokai State Forest Reserve* am Rande des Waikolu Valley. Permits gibt's unter Tel. 984-8100.
● Der fast schon am Ostende der Insel gelegene *Waialua Pavilion and Campground* gehört der Waialua Congregational Church. Weitere Infos und Permits unter Tel. 558-8150 bzw. e-mail vacate@aloha.net.

Camps

Eine der ungewöhnlichsten Übernachtungsmöglichkeiten auf den Inseln bieten die Camps der **Molokai Ranch.** Es handelt sich dabei um eine

Art Hotelzimmer im Zelt. Auf einer Holzplattform steht das „Zelt" mit festem Holzgerüst und Leinen-Außenhülle, im Innern ein normales Hotelbett, Nachttische und ein Schränkchen. Für Frischluft sorgen die Netzfenster und ein Deckenventilator. Auf der großzügigen Veranda gibt's Tisch und Stühle. Außerdem gehört zu der Einheit noch eine Nasszelle mit Waschbecken, Toilette und Dusche. Eine Besonderheit stellt die Energieversorgung dar: Warmwasser, Strom und die Beleuchtung werden ausschließlich durch Solarenergie gespeist. Die Preise im Bereich jenseits der 100-$-Marke (pro Nacht!) schließen zum Teil auch ein echt-hawaiianisches Kulturprogramm oder sportliche Aktivitäten und Verpflegung sowie die Transfers auf dem Gelände der Ranch mit ein. Das eigene Auto muss nämlich am *Outfitter Center* abgestellt werden. Die geländegängigen Kleinbusse fahren dann je nach Bedarf 1 bis 3 mal pro Stunde auf diversen Routen.

In den Sommermonaten ist das Camp oft restlos ausgebucht, denn dann kommen die Familien aus Oahu und von den anderen Inseln.

● **Molokai Ranch,**
Tel. 552-2681, 552-2741, 552-2791 oder gebührenfrei: 1-800-254-8871, www.molokairanch.com.

Lanai

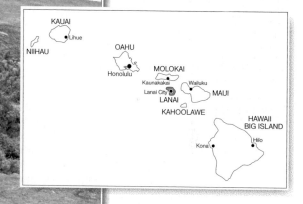

Am Munro Trail

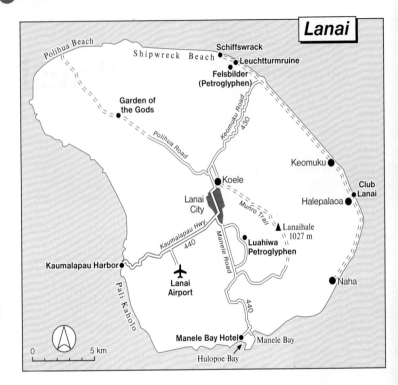

Überblick

Auf Lanai geht es außerhalb der beiden großen Hotels ruhig und gemütlich zu.

Seit den 1920er Jahren gab auf Lanai der **Ananasanbau** den Ton an: Auf 65 Quadratkilometern, was 18 % der Inselfläche entspricht, betrieb die *Dole Fruit Company* die größte Ananasplantage der Welt. Das brachte der Insel den Beinamen *Pineapple Island* (Ananasinsel) ein. Anfang der 1990er wurde der Ananasanbau mangels Rentabilität aufgegeben, und auf den einstigen Ananasfeldern grasen heute Rinder. Lediglich an der Straße zum Flughafen gibt es noch ein Ananasfeld, um die Touristen an dieses Kapitel der Inselgeschichte zu erinnern. Heute besitzt die *Lanai Company*, eine Tochter von *Castle & Cooke*, dem Mutterkonzern von *Dole*, 98 % der Insel. Das Unternehmen betreibt auch die beiden Luxushotels der Insel und zwei Golfplätze. Daher verwundert es nicht, dass Lanai heute den Beinamen *Private Island* (Privatinsel) trägt.

Der einzige wirklich bedeutende Wirtschaftsfaktor auf der Insel ist somit der **Tourismus.** Die beiden aufwendig und ausgesprochen geschmackvoll gestalteten **Hotels der Four-Seasons-Gruppe,** die *Lodge at Koele* im kühleren Hochland am Ortsrand von Lanai City sowie das *Manele Bay Hotel* an der Hulopoe Bay spielen dabei ganz klar die Hauptrolle, außerdem gibt es noch das alteingesessene *Hotel Lanai* und einige *Bed & Breakfasts*. Die beiden **Golfplätze** *Challenge at Manele* und *Experience at Koele* zählen zu den zehn besten Hawaiis und sind damit ein weiterer Besuchermagnet.

Wer die gediegene Gastlichkeit eines Luxushotels abseits der Hektik der Tourisumus-Zentren sucht, der kommt auf Lanai sicherlich auf seine Kosten. Im Vergleich zu dem Aufwand, der mit dem Besuch einer weiteren Insel verbunden ist, lohnt sich nach Ansicht des Autors ein mehrtägiger Lanai-Besuch nur, wenn man die anderen Inseln bereits kennt oder sich in einem Luxushotel entspannen will.

Auf Lanai sind nur wenige **Strände** mit Möglichkeiten zum Baden im Meer vorhanden, der eindeutig schönste und einzige bedeutende davon ist der Strand des *Manele Bay Hotels* an der Hulopoe Bay. Das Kapitel Strände entfällt somit. Abgesehen von den Hotelaktivitäten ist eine touristische Infrastruktur kaum entwickelt.

Mit einer Gesamtfläche von 361 km² ist es die sechstgrößte Insel des Archipels und damit die kleinste für Touristen zugängliche Insel. Damit ist Lanai noch kleiner als Deutschlands kleins-

tes Bundesland Bremen (404 km²). Die Insel weist eine maximale Ausdehnung in Ost-West-Richtung von 29 km und in Nord-Süd-Richtung von 21 km auf. Hier leben knapp 2500 Einwohner – fast alle in oder nahe bei der einzigen Ansiedlung der Insel, der etwa in der Inselmitte auf 550 m Höhe gelegenen Ortschaft **Lanai City.**

Klima

Nur rund um den höchsten Berg der Insel, den 1027 m hohen Lanaihale, sammeln sich die Wolken. Abgesehen vom Munro Trail, einem nur mit dem Geländewagen befahrbaren Weg, herrscht in allen für Touristen zugänglichen Teilen der Insel, vor allem aber im Westen, fast immer Bilderbuchwetter, denn die meisten Niederschläge regnen sich bereits an den (höheren) Bergen von Molokai und Maui ab.

Zeitplanung

Um die Sehenswürdigkeiten von Lanai zu erkunden, genügt bei gutem Wetter ein langer Tag: morgens, bevor noch Wolken aufziehen, auf den Munro Trail (wenn er nicht durch den Regen unpassierbar wurde), danach zur Hulopoe Bay, mittags eine kurze Rundfahrt durch Lanai City, dann zum Shipwreck Beach, und eine Stunde vor Sonnenuntergang zum Garden of the Gods. Liegt man gut in der Zeit oder ist der Munro Trail nicht passierbar, lohnt sich noch ein Besuch bei den Luahiwa Petroglyphs (Felszeichnungen) und die Fahrt zum Polihua Beach.

Lanai

¶nfrastruktur

Straßen

Drei Straßen auf der Insel sind in gutem, geteertem Zustand: der Kaumalapau Highway (Hwy 440) vom Hafen Kaumalapau über den Flughafen nach Lanai City, die Manele Road (ebenfalls Hwy 440) von Lanai City zur Hulopoe bzw. Manele Bay und die Keomuku Road (Hwy 430) von Lanai City zur Nordküste. Das Verkehrsaufkommen auf Lanai ist sehr gering, auch auf diesen Hauptstraßen.

Dirt Roads

Alle anderen Straßen der Insel sind echte *Dirt Roads* (Erdstraßen). Das Befahren dieser *Dirt Roads* ist nur mit Geländewagen möglich. Der dabei unweigerlich aufgewirbelte rote Staub setzt sich nicht nur in alle Ecken des Fahrzeugs, sondern auch in die Kleidung, in Ohren, Nase etc.

Flughafen

Lanais Flughafen wurde vor einigen Jahren komplett erneuert und verfügt jetzt über ein richtiges Flughafengebäude und eine Rollbahn, auf der auch kleine Düsenflugzeuge (gerade so) starten und landen können. *Island Air* fliegt etwa fünfmal täglich und *Hawaiian Airlines* ein- bis zweimal täglich von Honolulu nach Lanai. Außerdem bietet *Island Air* drei Flüge pro Tag von Kahului/Maui nach Lanai.

Da am Flughafen keine Mietwagen zur Verfügung stehen, sollte man sich schon vor dem Flug nach Lanai um einen **Transfer zur Unterkunft** bzw. zum Autovermieter kümmern.

Beim *Manele Bay Hotel* und der *Lodge at Koele* ist dies nicht notwendig, da deren Busse bei jeder Landung die Gäste am Flughafen abholen. An einem eigenen kleinen Schalter werden Gepäckanhänger an die Gäste ausgegeben und an den Gepäckstücken befestigt, so dass man sich um deren Transport bis ins Hotelzimmer dann nicht weiter kümmern muss.

Verkehrsmittel

Es gibt auf Lanai keine öffentlichen Verkehrsmittel.

Geländewagen

Das einzig sinnvolle Verkehrsmittel für Individualreisende, die die Insel erforschen möchten, ist ein Geländewa-

Entfernungen von Lanai City nach:	Entfernung [Meilen]	Fahrzeit ca. [Std:Min]
Airport	4,5	0:10
Kaumalapau Harbor	7,5	0:20
Manele Bay	8	0:30
Shipwreck Beach	9,5	0:45
Garden of the Gods	6,5	0:30

gen (150 $ pro Tag); mit einem normalen PKW kommt man auf Lanai nicht weit. Wer allerdings seinen Urlaub mit ein paar ruhigen Tagen im Luxushotel ausklingen lassen möchte, der kann sich auch mit dem Hotel-Shuttlebus vom Flughafen abholen bzw. dorthin zurück bringen lassen.

Der einzige große **Mietwagen-Verleiher** auf der Insel ist *Dollar Rent a Car*.

Spätestens hier erkennt man, warum die Autovermieter das Befahren des Strands von Lanai strikt verbieten.

Achtung: Auch mit einem Allrad-Fahrzeug ist das Befahren von Strandbereichen sehr schwierig. Ohne entsprechende Erfahrung sollten Sie auch mit dem 4WD nicht auf den Strand fahren, um ein Festfahren zu verhindern.

Fähre von Maui

Binnen einer Stunde legt die Passagierfähre *Expeditions* fünfmal am Tag die Strecke zwischen dem Hafen von Lahaina/Maui und der Manele Bay auf Lanai zurück. Auch ganze Pakete aus Überfahrt, Transport und Übernachtung sind erhältlich. Die reine Überfahrt kostet 25 $ (one way), Tel. 661-3756 oder gebührenfrei: 1-800-695-2624, www.go-lanai.com

Rund um die Insel

Lanai City

Der Name „City" ist mehr als irreführend, denn das Wort „Dorf" kennzeichnet die einzige Ortschaft der Insel erheblich besser. Zwei Restaurants, die nur tagsüber geöffnet haben, einige *General Stores* und Souvenirshops, ein *Family Store,* der Möbel verkauft und Videos verleiht, eine Münzwäscherei, ein Kino und eine Tankstelle bilden neben Postamt, Krankenhaus und Verwaltungsgebäude den Stadtkern. Die Stadt wurde 1924 gegründet, um den Plantagenarbeitern Wohn- und Einkaufsmöglichkeiten zu bieten.

Einkaufen

Die meisten Geschäfte haben nur von 8 bis 12 Uhr sowie von 13.30 bis 17.30 Uhr geöffnet und bleiben sonntags geschlossen.

Dole Park

In der Mitte des Ortes liegt als Oase der Ruhe inmitten einer sowieso schon ruhigen Ansiedlung der *Dole-Park,* der von hohen Norfolk-Pines eingerahmt wird.

Aufgrund seiner Lage in der Mitte der Insel, am Schnittpunkt der Straßen, dient Lanai City als Ausgangspunkt für Ausflüge zu allen Zielen der Insel.

Nordküste

Shipwreck Beach

Vom Ende des geteerten Teils der Keomoku Road führt eine etwa eine Meile lange *Dirt Road* nach links (Richtung Nordwesten) an der Nordküste entlang bis zur Ruine eines alten **Leuchtturms.**

In diesem Bereich findet man mehrere sehr einfache Felsbilder, wenn man den weißen Markierungen folgt.

Nach etwa zehn Minuten Wanderung am Strand entlang sieht man in der Ferne ein **Schiffswrack** aus dem Wasser ragen. Allerdings handelt es sich bei diesem Wrack bei Weitem nicht um das einzige; besonders in der Zeit unmittelbar nach dem Zweiten Weltkrieg wurden hier viele Schiffe, für die man keine Verwendung mehr hatte, versenkt. Zum Baden ist dieser Strand schlecht geeignet, aber er wimmelt nur so von kleinen Krebsen und anderem Getier, das sich in den Tidepools heimisch fühlt. An sehr windigen Tagen wird einem aber auch dies durch umherwehenden Sand vergällt.

Am Ende der Keomoku Road führt auch nach rechts (Richtung Südosten) eine *Dirt Road,* die jedoch landschaftlich nichts Besonderes bietet. Die Fahrt wird selbst mit dem Jeep immer schwieriger, so dass der Reiz dieser Strecke vor allem in der **Jeepfahrt** selbst liegt. Die einfache Fahrt vom Ende der Teerstraße bis zur Geisterstadt Keomoku dauert etwa eine Stunde. Keomoku ist leicht an der hübsch renovierten Kirche rechts direkt neben der Piste zu erkennen. Einst als Arbeiterstadt für eine Zuckerrohrplantage entlang der Küste gegründet, hatte Keomoku zu seiner Blütezeit gegen Ende des vorletzten Jahrhunderts nahezu 2000 Einwohner. Der Zuckerrohranbau scheiterte jedoch am Wassermangel (zur Produktion von 1 kg Zucker werden ca. 2000 l Wasser benötigt). Auch mit dem Anbau von Baumwolle und Alfalfa-Sprossen hatten die Bewohner nicht viel Glück. Ab Anfang des letzten Jahrhundert betrieb die Familie Gay hier eine Ranch, die jedoch 1954 aufgegeben wurde. Die Ranch-Arbeiter zogen nach Lanai City, um für Dole zu arbeiten, und seither ist Keomoku eine Geisterstadt.

Etwa zwei Meilen weiter liegt ein Ort namens **Halepalaoa** (auch Kahalepalaoa genannt), an dem 1829 die damals siebzigjährige *Königin Kaahumanu* zu den Bewohnern von Lanai predigte, um sie zum Christentum zu bekehren. Später wurde hier ein Hafen zur Verschiffung des Zuckerrohrs nach Maui errichtet. Auch ein *Heiau* und ein japanischer Friedhof sind hier zu finden. Am Strand landen die Boote des **Club Lanai,** der täglich Badegäste und Wassersportler von Maui herüberbringt. Nach weiterer knapp 5 Meilen durch nicht sonderlich attraktives Gelände erreicht man das Ende der *Dirt Road* in Naha, wo der strandige Küstenabschnitt in eine Felsküste übergeht. Hier gibt es einen historischen Fischteich, und auch heute noch ist der Ort beliebt zum Fische fangen. Vom Ende der Teerstraße (Keomoku Road) bis hierher sollte man zweieinhalb Stunden für die einfache Strecke

einplanen – eine Strecke, die zwar mit geschichtsträchtigen Orten gespickt ist, auf der aber mangels wirklicher Sehenswürdigkeiten das Geländewagenfahren fast zum Selbstzweck wird.

Die Süd- und Westküste

Hulopoe Bay

Die Hulopoe Bay (am Ende der Manele Road) mit dem gleichnamigen Strand liegt unmittelbar unterhalb des *Manele Bay Hotels.* In der Bucht bieten sich hervorragende Schnorchel- und Bademöglichkeiten in meist ruhigem Wasser. Die *Tide Pools* der Bucht zeigen eine Vielfalt an maritimen Kleinlebewesen. Außerdem kann man hier sehr oft auch Delfine (*Spinner Dolphins)* beobachten. Die Bucht und das angrenzende Gewässer gehören zu einer *Marine Life Conservation Area*, also einem Unterwasser-Naturschutzgebiet. **Hulopoe Beach** ist der schönste Strand der Insel und der einzige, der gut fürs Baden geeignet ist. Die Nachbarbucht, **Manele Bay,** dient als Hafen für kleine Boote und Jachten.

Kaumalapau

Der Hafen von Kaumalapau dient heute zur Versorgung der Insel. Ursprünglich wurde er zum Abtransport der geernteten Ananasfrüchte angelegt.

Im Inselinnern

Luahiwa Petroglyphen

Biegt man an der Manele Road von Lanai City kommend in die erste *Dirt*

Lanai

Road auf der linken Seite ein und hält sich auch dann stets links, gelangt man zu den 34 Felsblöcken mit den *Petroglyphen von Luahiwa*. Die **Felszeichnungen** stammen aus verschiedenen Geschichtsepochen; da sie sehr empfindlich sind, sollte man sie möglichst nicht berühren.

Munro Trail

Der Munro Trail, eine oft als *Jeep Trail* bezeichnete *Dirt Road*, führt von der Manele Road (Beginn gegenüber einer aus dem Boden ragenden Wasserversorgungs-Installation), auf den **Lanaihale** (mit 1027 m die höchste Erhebung Lanais) und endet am Friedhof von Lanai City. In welche Richtung man den Trail am besten befährt, darüber sind sich die Einheimischen nicht ganz einig. Es ist aber auf jeden Fall empfehlenswert, vormittags zu fahren, da am Lanaihale tagsüber oft Wolken aufziehen. Neben dem Garden of the Gods bietet der Munro Trail die schönsten Landschaften der Insel, denn im Verlauf der Strecke hat man immer wieder Einblicke in hübsche Seitentäler (*Gulches*), und auch die Aussicht auf die übrigen Inseln ist nicht zu verachten. Vom 1027 m hohen Lanaihale aus hat man bei gutem Wetter einen schönen Blick auf die Inseln Oahu, Molokai, Maui, Kahoolawe, Molokini und Hawaii Big Island.

Der Trail ist mit Zu- und Abfahrt etwa zwölf Meilen lang; man sollte mindestens zwei Stunden dafür einplanen. Wenn es geregnet hat, ist die Strecke unpassierbar, in Zweifelsfällen gibt der Autovermieter Auskunft.

Es soll Mountainbiker geben, die sich auf Maui ein Rad leihen, die erste Fähre nach Lanai nehmen, auf dem Munro Trail zum Lanaihale fahren und abends mit der letzten Fähre zurückkehren. Falls Sie einen solchen Trip durchführen, freut sich der Autor über einen kleinen Bericht mit Foto (Fahrrad + Fahrer am 1027 m hohen Lanaihale) an info@reise-know-how.de.

Garden of the Gods

Der *Garden of the Gods* (Garten der Götter, hawaiianisch: *Kanepuu*) ist der landschaftlich schönste Teil Lanais. Am reizvollsten ist er von etwa 17.30 Uhr bis Sonnenuntergang, wenn Steine und Erde im warmen Abendlicht ihre Farbtönung ändern und lange Schatten werfen. Auch in den frühen Morgenstunden sind die erodierten Lavaformationen sehr hübsch. Über die staubige, ungeteerte Polihua Road erreicht man den Garten der Götter von Lanai City aus innerhalb einer halben Stunde. Auf dem Weg dorthin kommt man durch eines der letzten ursprünglichen Waldgebiete Hawaiis.

Polihua Beach

Die Weiterfahrt zum Polihua Beach ist nur für Freunde des **Allradfahrens** in rauhem Gelände ein Genuss. *Polihua Beach* bietet zwar einen hübschen Blick Richtung Molokai, ist aber wegen seiner Brandung und dem oft starken Wind zum Schwimmen nicht gut geeignet, und man sollte sich auch davor hüten, mit dem Jeep auf den Strand zu fahren, auf dem viele Seeschildkröten ihre Eier ablegen.

Aktivitäten

Buchungen

● Das in Lahaina/Maui ansässige Unternehmen **Trilogy** bietet Bootsausflüge auf einem Katamaran mit Möglichkeit zum Schnorcheln sowie spezielle Tauchausflüge an (Tel. 1-888-MAUI-800, 1-888-225-MAUI, www.sailtrilogy.com).

● Mit **Spinning Dolphin Charter of Lanai** (Tel. 565-6613) kann man Bootstouren zur Beobachtung von Delfinen und Seeschildkröten unternehmen. Es handelt sich um reine Chartertouren (max. 6 Personen). Außerdem lässt sich das Boot für Hochsee-Angeltouren chartern.

Geführte Reit-Touren und Kutschfahrten bieten die **Stables at Koele** (Tel. 565-4424) an.

Das **Adventure Lanai Ecocentre** (Tel. 565-7373) bietet ein breites Spektrum vom Mountainbike bis zum Quad-ATV oder Jeep, vom Kajak bis zur Tauchausrüstung an. Das Unternehmen holt die Gäste von der Fähre ab. www.adventurelanai.com.

Weitere Infos unter:
www.lanai-activities.com.

„Garden of the Gods"

234ha Foto: av

Shipwreck Beach

Unterkunft

Hotels

Bis 1989 war das **Hotel Lanai** mit seinen zehn Zimmern nicht nur das einzige Hotel der Insel, sondern auch das einzige Restaurant, das zum Dinner geöffnet hatte. Dann kam 1990 die am Stadtrand von Lanai City gelegene **Lodge at Koele** mit gut 100 Zimmern direkt neben dem Golfplatz *Experience at Koele* hinzu. Seit 1991 thront direkt über dem Strand der Hulopoe Bay das luxuriöse **Manele Bay Hotel** mit 250 Zimmern, ebenfalls an einem Golfplatz, der *Challenge at Manele* gelegen. Beide Hotels sind luxuriös, aber auch für europäische Verhältnisse durchaus geschmackvoll gestaltet. Die Einbettung in die natürliche Umgebung erfolgte so behutsam, dass man beim Anblick der Hotels kaum glauben möchte, dass diese gerade zehn Jahre alt sind.

● **Manele Bay Hotel,**
Tel. 565-7700
● **Lodge at Koele,**
Tel. 565-7300

Lanai hat sich aufgrund dieser Hotel-struktur zum Luxus-Reiseziel entwickelt. Das *Hotel Lanai* zog daraufhin nach, renovierte im Inneren grundlegend, entfernte die alte Zimmereinrichtung aus den 1920er Jahren und setzte den Preis für ein Doppelzimmer von 60 $ auf 100 $ hinauf.

Da nicht jedes Reisebüro das Hotel Lanai buchen kann (oder will), hier die Adresse:

●**Hotel Lanai,**
Tel. 565-7211 oder
gebührenfrei: 1-877-ONLANAI,
www.hotellanai.com.

Privat-Unterkunft

●**Dreams Come True,**
Lanai City, Tel. 565-6961 oder
gebührenfrei: 1-800-566-6961,
www.dreamscometruelanai.com.
   Doppelzimmer 120 $ pro Nacht; für 480 $ kann man auch die komplett mit Küche etc. ausgestattete Villa mieten, die maximal acht Personen Platz bietet. Im üppig bewachsenen Garten gedeihen diverse Blütenpflanzen und Früchte (Banane, Limone, Avocado, Papaya u. a.). Die Eigentümer bieten auch Tauch- und Kajak-Touren an. Für 100 $/Tag kann man einen gebrauchten, für 130 $/24 h einen neuen Jeep leihen.

Camping

Direkt an der Hulopoe Bay liegt ein kleiner, schöner Campingplatz mit sechs Stellplätzen. Der Preis pro Person und Nacht beträgt 5 $ plus weitere 5 $ Registrierungsgebühr. Die maximale Aufenthaltsdauer beträgt sieben Nächte. Eine Reservierung empfiehlt sich über Wochen (besser: Monate) im Voraus unter Tel. 565-3982.

Geld regiert die Welt: Bill Gates auf Lanai

Bill Gates, der Chef des Software-Riesen *Microsoft* und einer der reichsten Männer der Welt (wenn nicht gar der reichste), heiratete Anfang 1994 auf Lanai und verbrachte dann seine Flitterwochen auf der Insel. Nach Angaben eines Lanai-Bewohners lief dieser Besuch unter recht ungewöhnlichen Umständen ab. Die folgenden Zeilen basieren auf den Schilderungen dieses Einheimischen:

   Um zu verhindern, dass ungeladene Gäste den Aufenthalt des Superreichen stören bzw. überhaupt auf die Insel gelangen können, mietete *Bill Gates* unter anderem jedes Zimmer auf der Insel an und charterte sämtliche Hubschrauber. Als schließlich dennoch ein Reporter auftauchte, wurde er wegen unerlaubten Betretens festgenommen und im Gefängnis festgehalten, obwohl er sich auf *public land,* also auf öffentlichem Gelände befand. Ein paar Tage diskutierten die Inselbewohner heftig über diese besondere Form der Freiheitsberaubung, aber mit einem Schlag herrschte absolute Stille. Es ging daraufhin das Gerücht um, dass *Bill Gates* diesen Reporter mit einer sehr stattlichen Summe abgefunden hat, um einerseits keine negativen Schlagzeilen zu machen (wer die amerikanischen Medien kennt, der weiß, mit welcher Vorliebe sie derartige Fälle breittreten) und andererseits eine Anklage vor Gericht zu verhindern. Der Reporter dürfte für den Rest seines Lebens ausgesorgt haben.

Lanai

Niihau und Kahoolawe

Niihau

Im Jahr 1864 kaufte die Schottin *Elizabeth Sinclair* die gesamte Insel Niihau von König *Kamehameha V.* Seitdem ist diese Insel **Privatbesitz** – mittlerweile im Besitz der Familie *Robinson*, die Niihau als letztes Refugium des ursprünglichen Hawaiis erhält. Die etwa 200 Inselbewohner sprechen auf der Insel nur Hawaiianisch und sind durchweg polynesischen Ursprungs. Englisch wird als Pflicht-Fremdsprache an der Schule gelehrt. Um eine weiterführende Schule zu besuchen, müssen die Kinder in ein Internat auf einer der anderen Inseln.

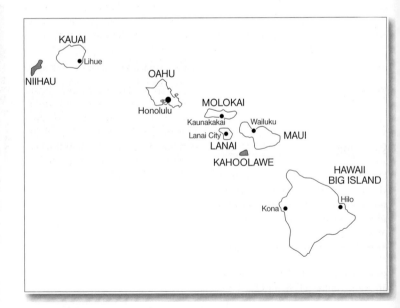

Verbotene Insel

Für Bewohner der anderen Hawaii-Inseln und für Touristen ist der Besuch von Niihau verboten, um die kulturelle Ursprünglichkeit nicht zu stören. Daher wird Niihau auch *The Forbidden Island* und *The Private Island* genannt.

Obwohl Niihau mit einer maximalen Ausdehnung in Ost-West-Richtung von 10 km und in Nord-Süd-Richtung von 29 km bei einer Fläche von 180 Quadratkilometern die kleinste der sieben bewohnten Hawaii-Inseln ist, befindet sich auf ihr dennoch der größte See der Inselkette: der flache, etwa 3 Quadratkilometer große **Halalii Lake.** Während langer Trockenzeiten trocknet der See manchmal aus. Im Gegensatz zur lediglich 27 km entfernten Insel Kauai ist Niihau nämlich ziemlich niederschlagsarm. Höchste Erhebung ist der 390 m hohe **Berg Paniau,** dicht gefolgt vom 313 m hohen Kaali und dem 310 m hohen Kaeo.

Wirtschaft

Haupterwerbszweig ist die Schaf- und Rinderzucht, gefolgt vom Frucht- und Gemüseanbau sowie der Herstellung von Muschelketten. Diese **Niihau Shell Leis** sind sehr kostbar und auf den sechs Hauptinseln eher in den Auslagen der Juweliere als in den Souvenirläden zu finden.

Infrastruktur

Auf Niihau gibt es keine Elektrizität, keine Wasser- und Abwasserleitungen, keine geteerten Straßen, keine Autos, keinen Flugplatz, ja nicht einmal eine Polizei. Als Verbindung zur Außenwelt dient eine Telefonleitung. Zur Fortbewegung dienen Pferde und einfache Fahrräder. Wer die Insel verlassen möchte, ist auf einen Hubschrauber oder ein gechartertes Boot angewiesen.

Das einzige Dorf heißt **Puuwai** und liegt in der Mitte der Westküste. Verwaltungstechnisch gehört Niihau zu Kauai, aber auf der Insel gibt es keinen Vertreter der öffentlichen Verwaltung (State, County etc.). Eine Ausnahme in puncto Elektrizität gibt es jedoch: In der kleinen Schule steht ein solarbetriebener Computer des Herstellers Apple.

Von Kauai aus gibt es einige Touren zu dieser Insel. Nähere Infos unter „Aktivitäten" im Kapitel „Kauai".

Lehua Island

Knapp einen Kilometer nördlich von Niihau ragt die sichelförmige Insel Lehua Island aus dem Meer. Die unbewohnte, aus den Resten einer eingestürzten Kaldera bestehende Insel hat eine Landfläche von ungefähr 1,2 Quadratkilometern.

Niihau & Kahoolawe

Kahoolawe

Als *Captain Cook* Hawaii „entdeckte", sollen auf Kahoolawe mehrere Siedlungen existiert haben. Mittlerweile lebt niemand mehr auf der vor Maui gelegenen, 117 Quadratkilometer großen Insel.

Für die Unabhängigkeitsbewegung Hawaiis ist die Rückgabe von Kahoolawe ein wichtiger erster Schritt

Zeitweise diente Kahoolawe als **Strafkolonie** und als **Gefangeneninsel.** Danach wurde die Insel so lange als Weideland benutzt, bis sie regelrecht kahl gefressen war, woraufhin Anfang des letzten Jahrhunderts wieder aufgeforstet wurde.

Dennoch hat in einem abgelegenen Teil von Kahoolawe eine extrem seltene Pflanze namens *Ka palupalu o Kanaloa* (übersetzt: Die Freundlichkeit von Kanaloa, (lateinisch: Kanaloa kahoolawensis)) überlebt. An den *Aleale Puuloae* genannten Klippen konnten sich zwei dieser Pflanzen halten.

Militärisches Sperrgebiet

Die *US Navy* (Marine) nutzte Kahoolawe seit dem Zweiten Weltkrieg als **Zielscheibe für Bomben, Granaten und Raketen.** Mit der Eingliederung Hawaiis als 50. Bundesstaat in die USA fiel die Insel offiziell unter die Verwaltung der *Navy*.

Mitte der 1970er Jahre eskalierte der immerwährende, bis dahin leise **Protest der Hawaiianer** gegen die Annexion Kahoolawes durch die Militärs in einer formalen Besetzung der Insel durch einige junge Hawaiianer. Die Besetzer wurden abgeführt und wegen unerlaubten Eindringens in ein militärisches Sperrgebiet verhaftet. Wachgerüttelt durch diese Aktion, setzten sich immer mehr Bürger und Politiker für einen Stopp der Bombenabwürfe, die Rückgabe der Insel an den Staat von Hawaii und eine Beseitigung der Bombenspuren ein.

Vor einigen Jahren erreichten sie damit zumindest die **Einstellung der Bombardements.** Da Kahoolawe, die achtgrößte der Hawaii-Inseln, jedoch von Blindgängern übersät ist, darf die Insel nur mit einer Sondergenehmigung betreten werden.

Rückgabe an Hawaii

Die Proteste haben sich gelohnt: Am 12. November 2003 übergab die US Navy am Iolani Palace in Honolulu in einer feierlichen Zeremonie offiziell die Hoheit über die Insel an den Staat Hawaii. Seitdem überwacht die Kahoolawe Island Reserve Commission den Zugang zu der Insel.

Bis die Insel jedoch für Touristen zugänglich wird, dürften noch mindestens zehn Jahre vergehen, aber bis dahin werden sicherlich noch einige Neuauflagen dieses Reiseführers erschienen sein. Weitere Infos zum Status Quo gibt es unter www.kahoola we.org.

Niihau & Kahoolawe

Anhang

229ha Foto: av

230ha Foto: av

Strelizie (Bird of Paradise)

Auf Kauai

Bei derart hohen Wellen
kann das Baden sehr gefährlich sein

Literaturhinweise

●**Michener, James A.: Hawaii**

Der Roman über Hawaii schlechthin, übersetzt in viele Sprachen der Welt. Als Taschenbuch ist er auch in deutscher Sprache erhältlich. Michener versteht es in seinem 1959 verfassten Roman, Fakten und Fiktion derart miteinander zu kombinieren, dass die Leser sowohl von der Handlung fasziniert sind, als auch Hintergrundwissen über die Inselkette erhalten. Sehr lesenswert für Romanfans, die nach Hawaii wollen oder dort am Strand liegen.

●**Chisholm, Craig: Hawaiian Hiking Trails**

Das Buch in englischer Sprache für alle, die noch mehr Wanderungen unternehmen wollen, als in diesem Buch beschrieben sind. Das beste Wanderbuch überhaupt. Es beschränkt sich jedoch auf ausführliche Wege- und Anfahrtsbeschreibungen inkl. Höhendifferenz, benötigte Zeit und Kalorien (!) sowie jeweils eine einfache, nicht metrische Karte.

●**Morey, Kathy: Hawaii Trails**

Walks, Strolls and Treks on the Big Island

Extrem ausführliches Buch in englischer Sprache zu Wanderungen und Spaziergängen auf Hawaii Big Island. Der gleiche Inhalt ließe sich auch auf der halben Seitenzahl drucken. Das Buch ist übersichtlich aufgebaut und zeigt teilweise sogar Ansätze von Wertungen – allerdings aus der Sicht von Amerikanern. Für den sehr, sehr ausführlichen Big-Island-Trip durchaus geeignet.

●**Morey, Kathy: Maui Trails**

Walks, Strolls and Treks on the Valley Isle

Wie Hawaii Trails, aber für Maui

●**Morey, Kathy: Kauai Trails**

Walks, Strolls and Treks on the Garden Isle

Wie Hawaii Trails, aber für Kauai

●**Morey, Kathy: Oahu Trails**

Walks, Strolls and Treks on the Capital Isle

Wie Hawaii Trails, aber für Oahu

●**Wright /Takahashi/ Griggs: Hawaii Volcano Watch**

A Pictorial History, 1779-1991

Ein ausführlicher Bildband, der die Geschichte der Vulkanforschung auf Big Island in englischer Sprache mit einfachen Worten erklärt. Auch auf die vulkanologischen und geologischen Zusammenhänge wird eingegangen. Ein populärwissenschaftliches Buch mit beeindruckenden Bildern – weit mehr als nur ein Bildband.

●**Peebles, Douglas: The Outdoor Circle: Pua Nani**

Hawaii is a Garden

Ein ansprechend gemachter Bildband mit englischsprachigem Kommentar über die vielfältige Pflanzenwelt der Inselkette. Dabei stehen nicht nur die exotischen, importierten Pflanzen und Blüten, sondern auch die ur-hawaiianischen Gewächse wie z. B. Farne im Mittelpunkt.

● **Gnass, Jeff:**
Hawaii. Magnificent Wilderness

Preiswerter Bildband (vor allem die kartonierte Ausgabe), der liebevoll fotografiert, aber mit sehr spärlichem englischen Kommentar versehen ist.

● **Lodge, David:**
Neueste Paradies Nachrichten
(Auf Deutsch im *Diana Verlag* erschienen)

Die englische Originalversion des britischen Romanautors gibt's bei Penguin Books für 4,99 Pfund Sterling unter dem Titel „Paradise News": Eine interessante Story über eine englische Reisegruppe auf Pauschalreise nach Hawaii. Während die anderen Reiseteilnehmer das Paradies Waikiki auf ihre jeweils sehr individuelle Art und Weise genießen, besucht der Ex-Priester Bernhard Walsh zusammen mit seinem Vater, der partout nicht auf diese Reise gehen wollte, seine Tante, die vor ihrem Ableben mit ihrer Familie ins Reine kommen möchte.

Amüsant geschrieben und sicherlich eine gute, wenn auch etwas ungewöhliche Einstimmung auf Hawaii in Romanform.

● **Gavan Daws: Shoal of Time.**
A History of the Hawaiian Islands

Ein ganz besonderer Leckerbissen für Liebhaber von Geschichtsbüchern und für historisch Interessierte ist „diese große Geschichte über kleine Inseln". In neun essayistisch geschriebe-

nen Kapiteln schildert der australische Geschichtsprofessor die neuzeitliche Geschichte Hawaiis von der Ankunft Captain Cooks bis zur Aufnahme als US-Bundesstaat. Der Schreiber erläutert dabei nicht nur die Strukturen von Politik, Wirtschaft, Gesellschaft und Kultur, sondern erzählt auch Geschichten über den Alltag der Walfänger, Missionare, Plantagenarbeiter und Händler. Episoden aus dem Leben der gesellschaftlichen Eliten wie der Königsfamilie und den reichen Zucker- und Ananasbaronen vervollständigen das vielschichtige Bild. Auch das von tiefen Umbrüchen geprägte Leben der Ureinwohner behält der Autor im Blick. Wie ganz nebenbei gelingt es dem Historiker zudem, Erkenntnisse zu vermitteln, die für alle Menschen, Epochen und Orte gleichermaßen gültig sind – große Geschichtsschreibung über ein kleines Fleckchen Erde inmitten eines riesigen Ozeans. Das Buch ist nicht nur eines der besten historischen Bücher über Hawaii, sondern auch noch ein hervorragendes Geschichtsbuch in englischer Sprache. In gut sortierten Buchhandlungen Hawaiis für rund $ 14 erhältlich (*Andreas Plecko*).

Der Literaturkritiker Marcel Reich-Ranicki sieht dieses Buch wie folgt: „Ein witzig, geistreich und intelligent geschriebener Roman. Eine Literatur, die dringend gebraucht wird."

● **Geo Spezial: Hawaii**

Interessante Hintergrundinformation mit vielen Bildern. Gut zur Einstimmung bzw. zum Vorherlesen.

Anhang

Weiterführende Infos aus dem Internet

Sämtliche hier aufgeführte Internetseiten sind in englischer Sprache. Der beste Ausgangspunkt fürs Surfen ist die Website des HVCBs *(Hawaii Visitor and Convention Bureau):* www.go hawaii.com

Suchmaschine

- www.search-hawaii.com/index.shtml

Umwelt

- www.hear.org
  Auch sehr detaillierte, wissenschaftliche Daten

Bevölkerung

- www.hawaiianhistory.org
  Hawaiian Historical Society
- http://hawaii-nation.org
  Unabhängigkeitsbewegung von Hawaii

Hula: Musik und Tanz

- www.mele.com
- www.hawaii-music.com
  Hawaiianische Musik zum Anhören
- www.hawaiianmusicstore.com
  Der Online-Shop von Paradise Music.

Sprache

(Achtung: Die Aussprachregeln sind aus amerikanischer Sicht!)
- http://hawaiianlanguage.com
  Alles zur Hawaiianischen Sprache
- www.olelo.hawaii.edu
  Texte auf Hawaiianisch inkl. Online-Lexikon
- www.hisurf.com/hawaiian/dictionary. html
  Wörterbuch Englisch-Hawaiianisch

Webcams

- www.islestyle.com/webcams
  The Definitive Guide to Hawaii's Webcams: Die wohl umfangreichste Sammlung hawaiianischer Webcams
- www.eng.hawaii.edu/~csp/Trafficam/Cam List/cameras.html"
  Honolulu Traffic Cameras: Verkehrsüberwachungskamera in Honolulu

Sonstiges

- http://satftp.soest.hawaii.edu/space/ha waii/ virtual.field.trips.html
  Jede Menge Luftbilder von den Inseln. Die Bilder wurden nicht gerade von Fotokünstlern gemacht, sind aber dennoch recht informativ.
- www.aloha.com/~lifeguards
  Beach and Surf Conditions: Tausend Tipps gegen das Ertrinken und die ganzen anderen Hazards
- www.hawaiimuseums.org
  Museen auf allen Inseln
- http://visibleearth.nasa.gov/view_set.php? categoryID=2286
  Hawaii aus dem Weltraum gesehen. Falls der Link inaktiv ist, auf http://visibleearth. nasa.gov gehen und weitersurfen.
  Hawaii aus dem Weltraum gesehen
- http://southport.jpl.nasa.gov/cdrom/sir ced03/cdrom/ROADMAP/PICSROOM/OC EANS/KILAUEA.HTM
  Kilauea aus dem Weltraum gesehen
- http://gohawaii.miningco.com/travel/ goha waii/library/gallery/blhawaiifrom space.htm
  Hawaii aus dem Weltraum gesehen
- www.aloha.net/~icarus
  Aloha Airlines Flight 243 – Aircraft Accident – Maui Hawaii (Die Geschichte vom Cabrio-Flugzeug ...)

Online-Magazine

- www.islander-magazine.com
  Web-Magazin über Hawaii (wenig Werbung, aber eher auf Insider zugeschnitten)
- www.thisweek.com
  This Week in der Online-Version: Werbung pur – aber durchaus brauchbar, wenn man Kontakte zu Hotels, Tauchschulen, Anbieter von Bootstouren etc. sucht
- www.planet-hawaii.com
  Ein kommerzieller Mix

- www.aloha-hawaii.com
  „Hawaii's award-winning web-site"
  Kommerzielles und Interessantes
- www.spiritofaloha.com
  Bordbuch der Aloha Airlines

Link-Sammlungen

- www.thebus.org/pop/pop.asp
  Ein buntes Allerlei von Links
- www.ealoha.com/eahaw.htm
  Origineller Mix von Links
- www.alternative-hawaii.com
  Ein Travel Guide zum „alternativen" Hawaii
  mit interessanten Links
- www.hisurf.com
  Gut zum Einsteigen
- www.hawaii.com
  Links querbeet

Über 250 weitere direkt kontext-bezogene Internet-Adressen finden Sie in den jeweils relevanten Kapiteln dieses Buches.

Hawaiianisch für Anfänger

Englisch ist zwar die Landessprache in Hawaii, aber Hawaiianisch erlebt derzeit eine regelrechte Renaissance. Erwachsene drücken noch einmal die Schulbank, um die Sprache ihrer Ahnen neu zu lernen.

Geschichte

Bis zur Ankunft der Missionare gab es auf den Inseln **keine Schriftsprache.** Das Kulturgut wurde in Form von Liedern und Tänzen (Hula) an die folgende Generation weitergegeben.

Erst die **Missionare** pressten die melodiöse hawaiianische Sprache in ein Gerüst aus Buchstaben – auch wenn dies nicht immer eindeutig möglich war. So gab es beispielsweise im Hawaiianischen zu Anfang des vorletzten Jahrhunderts einen Laut, der irgendwo zwischen „L" und „R" gelegen hat. Daher ist es nicht verwunderlich, dass in alten Schriften noch von *Hurra (Hula)* oder *Aroha (Aloha)* die Rede ist.

Buchstaben

Eigentlich ist Hawaiianisch einfach, denn es gibt nur die sieben **Konsonanten** H, K, L, M, N, P und W sowie unsere fünf **Vokale** A, E, I, O und U.

Da ergeben sich eben für uns so ungewöhnliche, teilweise sehr **ähnlich klingende Namen** wie Manamana (Finger), manamana lima nui (Dau-

Anhang

men) und malamalama (Licht). In vielen Ortsnamen kommt auch *Wai* (Wasser) vor: Waimea, Waimanu, Waikoloa, Waialee, Waianae und natürlich Waikiki (Schäumendes Wasser).

Jawohl,
Whoa ist hawaiianisch und heißt Stop!

Aussprache

Für Deutsche, Österreicher und Schweizer ist die Aussprache sehr einfach, denn sie müssen die hawaiianischen Wörter lediglich so aussprechen wie ein deutsches Wort. Wichtig ist dabei nur, dass sämtliche **Vokale einzeln** ausgesprochen werden. Das Wort *Heiau* wird somit He-i-a-u gesprochen und nicht Hei-au.

Wer etwas übt, kann bei den Einheimischen schnell einen guten Eindruck hinterlassen. Als der Autor beispielsweise in einem Laden nachfragte, ob sie auch Postkarten mit der Abbildung eines *Humuhumunukunukuapuaa* (der Staatsfisch von Hawaii, gesprochen:

Humu-humu-nuku-nuku-apua-a) hätten, fragte die Verkäuferin ihn, ob er Hawaiianisch in der Schule gelernt habe. Amerikaner tun sich nämlich relativ schwer mit der Aussprache der Worte. Man sollte sich davon nicht beirren lassen. Die Garteninsel heißt nach wie vor Ka-u-a-i und nicht, wie Amerikaner gerne sagen, „Koaaii". Der Ort Kapaa heißt somit schlicht und einfach Kapa-a und nicht „Käpä-ä".

Ein sehr langsames, schmalziges **hawaiianisches Lied** hat beispielsweise den Titel *Ma kuu poli mai oe e kuu ipo aloha,* was übersetzt „Komm heran an meine Brust, geliebtes Herz" heißt.

Das **Staatsmotto** lautet *Ua mau ke ea o ka a aina i ka pono.* In der offiziellen englischen Übersetzung heißt das *The life of the land is perpetuated in righteousness,* auf Deutsch „Das Land lebt ewig fort in Rechtschaffenheit". Selbst ganz profane Sätze wie „Wie viel Uhr ist es?" (*Hola ehia keia*) klingen in dieser Sprache melodiös.

Die wichtigsten Worte

Zwei Worte gehören auf jeden Fall zum hawaiianischen Grundwissen: **Aloha** (Guten Tag, auf Wiedersehen, Liebe, gute Gefühle, ...) und **Mahalo** (Danke). Fast genau so wichtig im Alltagsleben sind **Kokua** (bitte; Verständnis) und **Kapu** (tabu; verboten; gesperrt; Zutritt verboten).

Diese Wörter werden oftmals in englische Sätze eingebaut. Beispiele hierfür sind: *Good evening and our warmest Aloha; Aloha ladies and gentlemen; Mahalo for flying xy airlines.*

Der längste Name

Ein Hawaiianer rühmt sich übrigens, den längsten Vornamen der Welt zu haben. Im Februar 1967 wurde *Dawne N. Lee* in Honolulu geboren. Das *N.* in seinem Namen steht für *Napuamahalanaonekawehionakuahiweanenawawakehookakehoaalekeeaonanainaiakeao.* Es heißt übersetzt etwa „Die reichen, schönen Blüten der Berge und Täler fangen an, die Luft Hawaiis überall mit Duft zu erfüllen."

Grundwortschatz Hawaiianisch

Ahi	Feuer
Aina	Land
Alii	Häuptling
Aloha	Guten Tag; auf Wiedersehen, Liebe, gute Gefühle, ...
Hale	Haus
Hana ho	Noch einmal
Hauoli lahanau	Herzlichen Glückwunsch zum Geburtstag!
Hauoli Makahiki Hou	Alles Gute zum neuen Jahr!
Heiau Heiau	Steintempel aus vorchristlicher Zeit; meist nur noch Grundmauern
Honua	Erde
Hukilau	Auswerfen der Fischernetze
Iki	klein
Kamaaina	Inselbewohner Einheimische

Anhang

Kaukau	Essen	**Mauka**	Richtung Berge, dem
Kane	Mann		Landesinneren zu
Kapu	tabu; verboten;	**Mele**	Lied, Gedicht, singen
	Betreten verboten	**Mele**	
Keiki	Kind	**Kalikimaka**	Frohe Weihnachten!
Kii	geschnitzte,	**Nui**	viel, groß
	hawaiianische	**Ohana**	Familie
	Holzfigur	**Ono**	gut (im Sinne von
Kokua	bitte; Verständnis		wohlschmeckend)
Kupuna	Senioren	**Opu**	Magen
Lanai	Terrasse, Balkon,	**Paniolo**	Hawaiianischer
	Veranda		Cowboy
Lei	hawaiianische	**Pau**	fertig; beendet
	Blumenkette	**Poi**	gemahlene Taro-
Lua	Toilette		pflanze; rosafarbener,
Mahalo	Danke		zäher Brei
Makai	Richtung Meer	**Puka**	Loch
Malihini	Erstbesucher der	**Pupu**	Vorspeise
	Inseln; oder:	**Tiki**	schmale geschnitzte,
	ruhige Brandung		hawaiianische
Mana	spirituelle Kraft;		Holzfigur
	teilweise: aus dem	**Wahine**	Frau
	spirituellen Erbe	**Wai**	Wasser
	gewonnene Kraft	**Wikiwiki**	schnell, Beeilung!

Anhang

HILFE!

Dieses Reisehandbuch ist gespickt mit unzähligen Adressen, Preisen, Tipps und Infos. Nur vor Ort kann überprüft werden, was noch stimmt, was sich verändert hat, ob Preise gestiegen oder gefallen sind, ob ein Hotel, ein Restaurant immer noch empfehlenswert ist oder nicht mehr, ob ein Ziel noch oder jetzt erreichbar ist, ob es eine lohnende Alternative gibt usw.

Unsere Autoren sind zwar stetig unterwegs und versuchen, alle zwei Jahre eine komplette Aktualisierung zu erstellen, aber auf die Mithilfe von Reisenden können sie nicht verzichten.

Darum: Schreiben Sie uns, was sich geändert hat, was besser sein könnte, was gestrichen bzw. ergänzt werden soll. Nur so bleibt dieses Buch immer aktuell und zuverlässig. Wenn sich die Infos direkt auf das Buch beziehen, würde die Seitenangabe uns die Arbeit sehr erleichtern. Gut verwertbare Informationen belohnt der Verlag mit einem Sprechführer Ihrer Wahl aus der über 200 Bände umfassenden Reihe „Kauderwelsch" (siehe unten). Bitte schreiben Sie an:

REISE KNOW-HOW Verlag Peter Rump GmbH, Postfach 140666, D-33626 Bielefeld, oder per e-mail an: info@reise-know-how.de

Danke!

Kauderwelsch-Sprechführer –
sprechen und verstehen rund um den Globus

Afrikaans ● Albanisch ● Amerikanisch – *American Slang, More American Slang,* Amerikanisch oder Britisch? ● Amharisch ● Arabisch – Hocharabisch, für Ägypten, Algerien, Golfstaaten, Irak, Jemen, Marokko, ● Palästina & Syrien, Sudan, Tunesien ● Armenisch ● *Bairisch* ● Balinesisch ● Baskisch ● Bengali ● *Berlinerisch* ● Brasilianisch ● Bulgarisch ● Burmesisch ● Cebuano ● Chinesisch – Hochchinesisch, kulinarisch ● Dänisch ● Deutsch – *Allemand, Almanca, Duits, German, Nemjetzkii, Tedesco* ● *Elsässisch* ● Englisch – *British Slang, Australian Slang, Canadian Slang, Neuseeland Slang,* für Australien, für Indien ● Färöisch ● Esperanto ● Estnisch ● Finnisch ● Französisch – für Restaurant & Supermarkt, für den Senegal, für Tunesien, *Französisch Slang, Franko-Kanadisch* ● Galicisch ● Georgisch ● Griechisch ● Guarani ● Gujarati ● Hausa ● Hebräisch ● Hieroglyphisch ● Hindi ● Indonesisch ● Irisch-Gälisch ● Isländisch ● Italienisch – *Italienisch Slang,* für Opernfans, kulinarisch ● Japanisch ● Javanisch ● Jiddisch ● Kantonesisch ● Kasachisch ● Katalanisch ● Khmer ● Kirgisisch ● Kisuaheli ● Kinyarwanda ● *Kölsch* ● Koreanisch ● Kreol für Trinidad & Tobago ● Kroatisch ● Kurdisch ● Laotisch ● Lettisch ● Lëtzebuergesch ● Lingala ● Litauisch ● Madagassisch ● Mazedonisch ● Malaiisch ● Mallorquinisch ● Maltesisch ● Mandinka ● Marathi ● Mongolisch ● Nepali ● Niederländisch – *Niederländisch Slang,* Flämisch ● Norwegisch ● Paschto ● Patois ● Persisch ● Pidgin-English ● *Plattdüütsch* ● Polnisch ● Portugiesisch ● Punjabi ● Quechua ● *Ruhrdeutsch* ● Rumänisch ● Russisch ● *Sächsisch* ● *Schwäbisch* ● Schwedisch ● *Schwiizertüütsch* ● *Scots* ● Serbisch ● Singhalesisch ● Sizilianisch ● Slowakisch ● Slowenisch ● Spanisch – *Spanisch Slang,* für Lateinamerika, für Argentinien, Chile, Costa Rica, Cuba, Dominikanische Republik, Ecuador, Guatemala, Honduras, Mexiko, Nicaragua, Panama, Peru, Venezuela, kulinarisch ● Tadschikisch ● Tagalog ● Tamil ● Tatarisch ● Thai ● Tibetisch ● Tschechisch ● Türkisch ● Twi ● Ukrainisch ● Ungarisch ● Urdu ● Usbekisch ● Vietnamesisch ● Walisisch ● Weißrussisch ● *Wienerisch* ● Wolof ● Xhosa

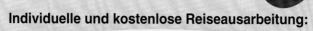
Anhang

Aktuelle Reise-Gesundheits-Informationen im Überblick: Hawaii

Stand: 18. Juli 2006
© Centrum für Reisemedizin 2006

Die nachstehenden Angaben dienen der Orientierung, was für eine geplante Reise in das Land an Gesundheitsvorsorgemaßnahmen zu berücksichtigen ist. Die Informationen wurden uns freundlicherweise vom *Centrum für Reisemedizin* zur Verfügung gestellt. Auf der Homepage: **www.travelmed.de** werden diese Informationen stetig aktualisiert. Es lohnt sich, dort noch einmal nachzuschauen.

Einreise-Impfvorschriften

Bei einem Direktflug aus Europa sind keine Impfungen vorgeschrieben.

Wichtiger Hinweis

Welche Impfungen letztendlich vorzunehmen sind, ist abhängig vom aktuellen Infektionsrisiko vor Ort, von der Art und Dauer der geplanten Reise, vom Gesundheitszustand sowie dem eventuell noch vorhandenen Impfschutz des Reisenden. Da im Einzelfall unterschiedliche Aspekte zu berücksichtigen sind, empfiehlt es sich immer, rechtzeitig (etwa 4-6 Wochen) vor der Reise eine persönliche Reise-Gesundheits-Beratung bei einem reisemedizinisch erfahrenen Arzt oder Apotheker in Anspruch zu nehmen.

Empfohlener Impfschutz

Generell: Tetanus, Diphtherie

Je nach Reisestil und Aufenthaltsbedingungen im Lande sind außerdem zu erwägen:

Impfschutz	Reisebedingung 1*	Reisebedingung 2**	Reisebedingung 3***
Hepatits A	x		
Hepatitis B [1]	x		

[1] vor allem bei Langzeitaufenthalten und engerem Kontakt zur einheimischen Bevölkerung
[2] bei vorhersehbarem Umgang mit Tieren
[3] bei besonderen Aufenthaltsbedingungen in bestimmten ländlichen Gebieten. Impfstoff in Deutschland nicht zugelassen. Beschaffung über Apotheken mit entsprechender Erfahrung.

*Reisebedingung 1: Reise durch das Landesinnere unter einfachen Bedingungen (Rucksack-/Trecking-/Individualreise) mit einfachen Quartieren/Hotels; Camping-Reisen, Langzeitaufenthalte, praktische Tätigkeit im Gesundheits- oder Sozialwesen, enger Kontakt zur einheimischen Bevölkerung wahrscheinlich.

**Reisebedingung 2: Aufenthalt in Städten oder touristischen Zentren mit (organisierten) Ausflügen ins Landesinnere (Pauschalreise, Unterkunft und Verpflegung in Hotels bzw. Restaurants mittleren bis gehobenen Standards)

***Reisebedingung 3: Aufenthalt ausschl. in Großstädten oder Touristikzentren (Unterkunft und Verpflegung in Hotels bzw. Restaurants gehobenen bzw. europäischen Standards)

Malaria-Risiko

Die Inseln sind **malariafrei!**

Aktuelle Meldungen

HIV/Aids: Die USA melden weltweit die höchsten Fallzahlen. Die Durchseuchung mit dem HIV-Virus ist auch in Hawaii hoch, vor allem unter den Risikogruppen. Sexuelle Kontakte sind entsprechend risikobelastet.

Ratschläge zur Reiseapotheke

Vergessen Sie nicht, eine kleinere oder größere Reiseapotheke mitzunehmen (wenigstens Medikamente gegen Durchfall, Fieber und Schmerzen sowie Verbandstoff, Pflaster und Wunddesinfektion), damit Sie für kleinere Notfälle gerüstet sind.

Nicht vergessen: Medikamente, die der Reisende ständig einnehmen muss!

Wenn Sie spezielle Fragen zur Reiseapotheke haben, wenden Sie sich am besten an eine Apotheke mit reisemedizinisch qualifizierten Mitarbeitern.

Anhang

Die Reiseführer von Reis

Reisehandbücher
Urlaubshandbücher
Reisesachbücher
Rad & Bike

Know-How auf einen Blick

Anhang

Anhang

Anhang

Register

Kartenverzeichnis

Kartenlegende

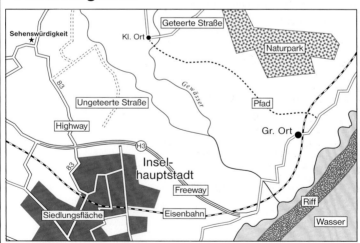

Auf den als ungeteert (gestrichelt) eingezeichneten Straßen erlischt normalerweise der Versicherungsschutz für Mietwagen. Im einzelnen sind die Bedingungen bei der jeweiligen Inselbeschreibung angegeben.

Anhang

Der Autor

Einige Jahre nach Abschluss seines Studiums hatte der Dipl. Ing. Alfred Vollmer, Jahrgang 1963, genug von seiner damaligen Arbeit und beschloss zu kündigen. Bevor er eine neue Stellung antrat, bereiste er 1988 ein Vierteljahr lang den Südwesten der USA und Hawaii. Vollmer hatte Feuer gefangen und besonders Hawaii hatte ihn in seinen Bann geschlagen.

Viele Male bereiste er seitdem die USA, wobei Hawaii stets eine ganz besondere Faszination auf ihn ausübte. Manchmal flog er gleich zwei Mal im Jahr auf die Inselgruppe, die er wie seine Westentasche kennt. Mittlerweile ist er zehntausende von Kilometern auf den Inseln mit dem Auto gefahren und er flog ensprechend oft zwischen den Inseln hin und her.

Vor einigen Jahren machte der Autor sein ursprüngliches Hobby zum Beruf und machte sich selbstständig, um sich ganz dem Reisejournalismus in Wort und Bild zu widmen. Seine ständig aktualisierten Live-Multimedia-Shows über Hawaii, Neuseeland, Australien, Kanada und die USA (Südwesten, Neuengland, Florida sowie Kurzvorträge zu verschiedenen USA-Zielen) begeisterten bereits mehrere Hunderttausend Zuschauer in ganz Zentraleuropa.

Inseln der Kontraste: Schnee auf über 4000 m Höhe am Mauna Kea/Big Island und Riesenpflanzen *(Elephant Ear)* an Mauis Nordküste.

Blumen und Düfte

Viele der oftmals wild am Straßenrand wachsenden, bunten Pflanzen wurden erst von den Siedlern auf die Inselkette gebracht. Das ideale Klima sorgte für eine gründliche Verbreitung. Die tropischen Blüten werden auch zu den berühmten hawaiianischen Blumenketten, den **Leis,** verarbeitet. Oft kann man bei der Herstellung zusehen (o.l.). Heute prägen diese Pflanzen aus aller Welt das bunte Bild von Hawaii. **Protea,** ursprünglich Afrika (rechts).

Vegetationsformen

Hawaiis Vegetation ist vielfältig: **Wüste** im Haleakala-Krater auf Maui (o.l.), aber auch **Regenwald** an den Nordküsten. Die **Amau-Farne** (gr. Bild) sind auf Hawaii ebenso endemisch wie das **Silberschwert** (u.r.) im Haleakala-Krater. Auf Kauai kann man den **Waimea Canyon** (o.m.) erkunden und auf Maui einen der schönsten **Bambuswälder** (o.r.) durchstreifen.

"Hawaiian Wildlife"

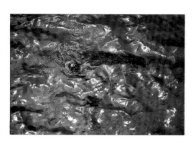

Während die **Papageien** sich sofort brav für das spontane Touristenfoto in Lahaina/Maui (gr. Bild) gruppieren, besteht beim Schwimmen mit den **Delphinen** in Waikoloa/Big Island (o.l.) sogar eine Warteliste.

Nur in den Gewässern um Hawaii kommt die hawaiianische **Meeresschildkröte** (o.r.) vor. Diese Tierart ist älter als etwa die Dinosaurier, ist aber heute durch die Menschen vom Aussterben bedroht, da einige "Gourmets" ihr Fleisch schätzen und die Souvenirjäger den Panzern nachstellen.

Auch die mit der Gans verwandte **Nene** (m.r., u.r.) gibt es nur in Hawaii. Sie lebt ausschließlich in den höheren Lagen des Haleakala auf Maui sowie der Berge Mauna Loa und Mauna Kea auf Big Island. Die Nene gilt als das Wappentier Hawaiis.

Wasserfälle

Vor allem an den niederschlagsreichen *Nordküsten* der sechs Hauptinseln stürzen Unmengen von Wasser zu Tal, so etwa auf Kauai (gr. Bild). Im Bereich der Hamakua-Küste auf Big Island reihen sich die dicht überwucherten Täler, **Gulches** genannt, aneinander (o.l.). Die nahegelegenen **Akaka-Falls** (o.m., u.r.) sind bei jedem Wetter ein Touristenmagnet.

Lava

Nirgendwo sonst auf der Welt ist die Lava derart berechenbar wie auf Hawaii Big Island. Trotzdem darf man selten so dicht an die *flüssige Lava* herangehen (gr. Bild), denn allzuoft fließt unter einer scheinbar festen, in Wirklichkeit aber sehr spröden und dünnen Kruste noch die heiße Lava. Daher ist das von der Lava bedrohte Gelände großräumig abgesperrt (u.r.). Wenn die

Lava nach einigen Monaten erkaltet ist, zeigt sich die Verwüstung im Detail (o.l.).

Autowracks

Die Natur erobert ihr Terrain zurück. Der Fahrer des von Lava eingeschlossenen Fahrzeugs (o.l.) konnte noch per Hubschrauber gerettet werden, das Fahrzeug wird vielleicht gerade jetzt, wenn Sie diese Zeilen lesen, von einer neuen Lavaschicht bedeckt.

Aber nicht nur die heißglühende und manchmal überaschend schnell fließende

Lava zerstört Straßen, Häuser mit allem was sich nicht schnell genug in Sicherheit bringt. Auch von der Pflanzenwelt werden die Zeugen der Zivilisation zwar nicht so spektakulär, aber doch genauso nachhaltig – und bisweilen höchst romantisch – überwuchert.

Strände

Nur an zwei Stränden Hawaiis herrscht wirklich Trubel: Am **Waikiki Beach** (gr. Bild) und in der **Hanauma Bay** (o.r.) — beide auf Oahu. Vor allem auf Kauai finden sich einige kaum genutzte Traumstrände, der noch bekannteste davon ist **Brennecke Beach** (o.l.). Die Strände auf Big Island sind teilweise schwarz, einer ist sogar grün (m.r.). Auf Maui gibt es in einer Bucht einen roten Sandstrand (u.r.).

Das Spiel
mit der Brandung

Schon die alten Hawaiianer wußten die Brandung Hawaiis zu schätzen (o.l; Foto: Hawaii State Archive).

Während die Profis der **Surfer** sich in der Weihnachtszeit an der Nordküste Oahus bei 8 m hohen Wellen ihr Stell-

dichein geben, tummeln sich die Freizeitsurfer und **Boogie-Boarder** (r.) das ganze Jahr über vor den Stränden.

Jedes Jahr im April findet in Paia auf Maui die Weltmeisterschaft im **Windsurfen** statt (o.m. und gr. Bild). Man kann diesem Spektakel kostenlos beiwohnen; als Tribüne dienen die Dünen. Mit einem Fernglas oder Teleobjektiv macht Zusehen noch mehr Spaß.

Fotos und Fotografen

Kaum ein Urlauber auf Hawaii, der nicht dem Bilderrausch erliegt. Sei es bei der Foto-Pirsch zu Lande und zu Wasser oder bei der Dokumentation eigener und fremder Sportlichkeit, sei es das Urlaubsfoto mit dem Blumenkranz im Haar oder immer wie-

der die atemberaubende Landschaft: Fast jeden reizen die vielfältigen **Motive** – in diesem Falle sind es die Fotografen selbst, die dem Autor vor die Linse kamen.

Wohl dem, der da genügend Ersatzfilme dabei hat, denn **Filmmaterial** ist teurer als in Deutschland und insbesondere Diafilme sind selten zu bekommen.

Übrigens: Vergessen Sie nicht einen Skylight- oder **UV-Filter** mitzunehmen; die Bilder werden meist deutlich besser.

Transport

Vielfältig sind in Hawaii die Fortbewegungsmittel. Auf Lanai geht ohne **Allrad** (r.u.) nur
wenig, in Honolulu erspart der **Waikiki
Trolley** (r. 2.v.u.) die Parkplatzsuche, und
bei Lahaina faucht die **Zuckerrohreisen-
bahn** (r. 2.v.o) durch die Felder. Vor allem
auf Kauai und Big Island lohnt sich ein
Hubschrauberflug (l.o.). Ob auf dem **Segelschiff** (gr. Bild) oder im **U-Boot** (o.r.),
Ausflugsmöglichkeiten gibt es genügend.

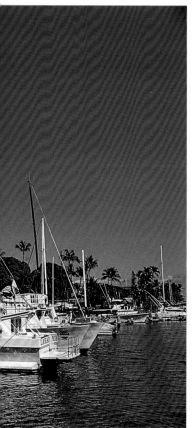

Tanz und Show –
Touristenspektakel

Hula – einst als Kommunikationsmittel zur Weitergabe der Bräuche unentbehrlich – ist heute oftmals zur reinen Touristenattraktion auf einem ***Luau*** verkommen (kleine Bilder).

In einigen Vorführungen wird auch die Besiedlung der Inselkette durch die Weißen dargestellt (gr. Bild).

Aber auch diese **Shows** sind ja inzwischen zu Brauchtum geworden und gehören nun zu Hawaii wie Ananas und Hawaii-Hemden – unverzeihlich also, sie nicht mitzuerleben.

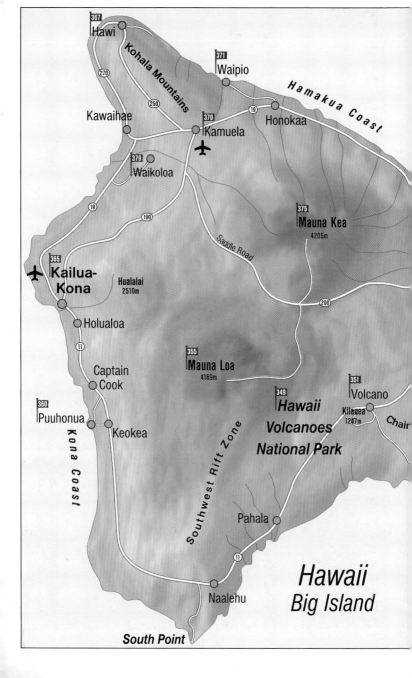